Romantische Städte in Deutschland entdecken und erleben

GRIEBEN-VERLAG GMBH
STUTTGART · WIEN · BERN

Informationen

über einen Ort oder eine Region von den zuständigen Auskunftsstellen, Verkehrsbüros, Kurverwaltungen und Gemeindeämter.

Sport

Bademöglichkeiten, Tennis, Reiten, Golf, Wassersportangebot und Angaben zum Wintersport.

Sehenswertes

Museen, Kirchen, Schlösser, Burgen, Parkanlagen, besondere Architektur.

Veranstaltungen

Theater, Konzerte, Heimatabende, Hobbykurse, organisierte Stadtrundfahrten, Wanderungen oder Ausflüge.

In der Umgebung

Spaziergänge, Wanderungen, kurze Ausflüge oder Rundfahrten von einem Standort aus.

Bearbeitung des Bandes: Dr. Udo Moll
Pläne und Zeichnungen: B. + F. Lerche

Redaktionsanschrift:
Grieben Verlag
Verlagsgruppe Fink-Kümmerly + Frey
Zeppelinstraße 29-31
D-7302 Ostfildern 4

Printed in Germany
ISBN 3-7744-0399-6

Vorwort

Wer mit offenen Augen in Deutschland unterwegs ist, der stößt überall auf die unzähligen Schönheiten unserer Landschaften sowie auf die Zeugnisse unserer Kultur und Geschichte. Ganz besondere »Schatzkammern« sind die vielen romantischen Städtchen und Städte, die sich über viele Jahrhunderte hinweg ihr altertümliches Gesicht bewahren konnten. Idyllische Fachwerkhäuser, prächtige Sakralbauten, trutzige Stadttore oder prunkvolle Rathausfassaden zeugen fast überall noch vom einstigen Wohlstand, den geschäftstüchtige Kaufleute und fleißige Handwerker seit dem Mittelalter geschaffen haben.
Die Zahl der romantischen Städte in unserem Land ist jedoch zu groß, als daß alle von ihnen im vorliegenden Buch hätten Platz finden können. Die Redaktion hat sich deshalb bemüht, ihren Lesern eine repräsentative Auswahl von fast 200 Kleinoden zusammenzustellen, über die Sie alles Wissens- und Sehenswerte erfahren. Wo auch immer Sie gerade unterwegs sind – zwischen Nordsee und Alpen – finden Sie mehrere lohnende Ziele ganz in Ihrer Nähe. Nicht nur idyllische Kleinstädtchen und beschauliche Mittelstädte, sondern von Fall zu Fall auch besonders schöne Großstädte und durch ganzseitige Umrahmungen hervorgehobene Metropolen, in denen es trotz Hektik, Hochhäusern und Verkehrslärm noch Romantisches zu entdecken gibt.
Verlag und Redaktion wünschen Ihren Lesern viele schöne Entdeckungsfahrten und viel Freude bei der Benutzung dieses umfangreichen Städteführers.

Inhaltsverzeichnis

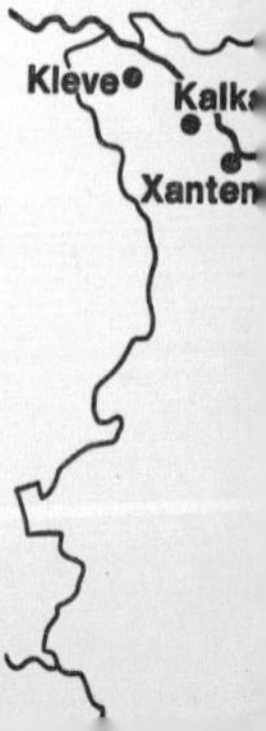
Kleve
Xanten

Flensburg
Kappeln
Husum
Schleswig
Friedrichstadt
Kiel
Burg
auf Fehmar
Meldorf
Eutin
Wilster
Bad Segeberg
Glückstadt
Lübeck
Ratzeburg
Hamburg
Stade
Mölln
Greetsiel
Emden
Lauenburg
Leer
Lüneburg
Oldenburg
Bremen
Verden
Celle
Hannover
Osnabrück
Königslutter
Bückeburg
Wolfenbüttel
Hameln
Münster
Bad Pyrmont
Bodenwerder
Detmold
Goslar
Einbeck
Paderborn
Uslar
Osterode
Bad
Karlshafen
Northeim
Soest
Göttingen
Duderstadt
Brilon
Münden
Düsseldorf
Arolsen
Kassel
Attendorn
Burg
Hallenberg
Eschwege
Bad Berleburg
Köln
Freudenberg
Ziegenhain
Alsfeld
Marburg

Romantische Städte in Deutschland

Übersichtskarte Süd
(mit Berlin)

An der Nordsee Schleswig-Holsteins

Von der Elbmündung bis zur dänischen Grenze erstreckt sich eine geschlossene Kette künstlich errichteter Deiche, hinter denen sich kunstvoll entwässertes, fruchtbares Marschland viele Kilometer weit landeinwärts ausdehnt. Die Marschen bestehen aus feinkörnigem Sand- und Schlickmaterial, das im Lauf der letzten 4000 Jahre von der Nordsee und den einmündenden Flüssen angeschwemmt worden ist; ihre Oberfläche liegt nur wenige Meter über dem mittleren Meeresspiegel, teilweise sogar darunter.

Überschwemmungssicheres Gebiet – auch ohne den Schutz der Deiche – ist erst die weiter landeinwärts folgende Geest, die sich durch eine Geländestufe von der Marsch abhebt. Der hochwasserfreie Geestrand war deshalb schon sehr früh ein bevorzugter Siedlungsraum, und hier drängen sich die schmucken alten Dörfer und Städte aneinander wie Perlen auf einer Schnur: Husum, Meldorf, Wilster, Glückstadt und Friedrichstadt.

Wer in dieser Gegend unterwegs ist, wird jedoch nicht nur die schönen Städte besichtigen, sondern insbesondere auch die Nordseeküste und ihre vorgelagerten Inseln besuchen.

Nordfrieslands ziemlich geradlinig nach Norden ziehende Küste weist kaum Badebetrieb auf. Der entwickelt sich dafür um so lebhafter auf den Inseln, von denen insbesondere Sylt, Föhr und Amrum seit langem beliebte Urlaubsziele sind – verschieden im Charakter, aber ähnlich im Freizeitangebot und für einen abwechslungsreichen Ausflug geradezu ideal. Die Anfahrt ist zu den Inseln Sylt und Nordstrand mit dem Auto direkt über lange Verbindungsdämme möglich, während Föhr, Amrum, Pellworm und die Halligen nur nach einer nicht allzu langen Schiffsfahrt erreicht werden können, wobei selbstverständlich auch das Auto mit an Bord genommen werden kann.

Die Nordfriesischen Inseln haben ein unverkennbares Gesicht. Am vielfältigsten ist das langgestreckte Sylt mit steilen Kliffs, hohen Dünen, urigen Dörfern und mondänen Badeorten wie Westerland oder Kampen. Noch schönere Dünen und einen der breitesten Strände Europas (den Kniepsand) besitzt Amrum, sicher die »friesischste« der Inseln.

Föhr hat den Ruf, mit seinem Wäldchen und seinen Weiden eine grüne Insel zu sein, der drei mittelalterliche Kirchen von Rang auch kulturelle Eigenart verleihen.

Pellworm und Nordstrand dagegen haben keinen Sand-, sondern Grasstrand, sind flach und fast baumlos. Beide Inseln lohnen wegen ihrer schönen Kirchen einen Ausflug. Die von maritimer Romantik umwitterten Halligen (vor allem Hooge, Langeneß, Oland) lassen ihre Eigenart schon dadurch erkennen, daß alle Höfe auf erhöhten Warften stehen, die hier an Stelle von Deichen Schutz vor Sturmfluten gewähren. Wer nicht nur in der kräftigen Brandung baden will, kann bei Ebbe kerngesunde Wanderungen ins Watt hinaus machen, teilweise auch von der einen zur anderen Insel.

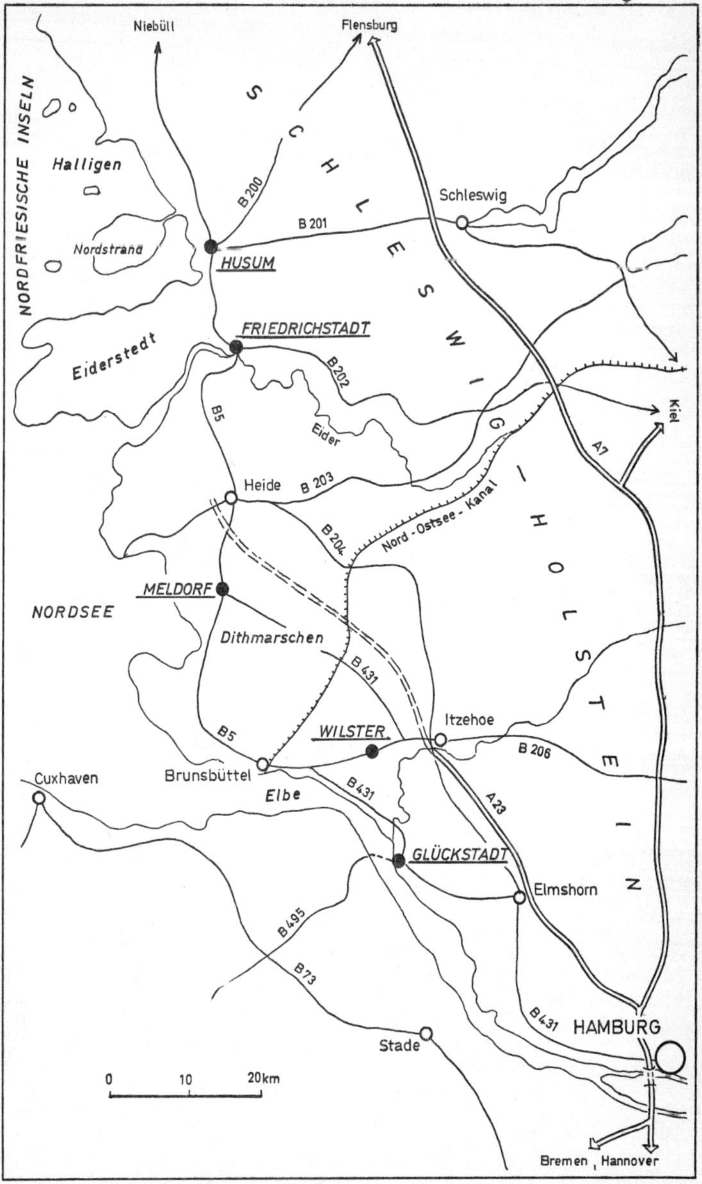
Niebüll
Flensburg
NORDFRIESISCHE INSELN
Halligen
SCHLESWIG-HOLSTEIN
B 200
B 201
Schleswig
Nordstrand
HUSUM
FRIEDRICHSTADT
Eiderstedt
B 202
B 5
Eider
Kiel
A 7
Heide
B 203
B 204
Nord-Ostsee-Kanal
MELDORF
NORDSEE
Dithmarschen
B 431
Itzehoe
WILSTER
B 5
B 206
Cuxhaven
Brunsbüttel
Elbe
B 431
A 23
GLÜCKSTADT
Elmshorn
B 495
B 73
B 431
HAMBURG
Stade
0
10
20km
Bremen, Hannover

Friedrichstadt

Kr. Nordfriesland, 2700 Einw. Staatlich anerkannter Luftkurort am Zusammenfluß von Treene und Eider. Aufgrund der zahlreichen Kanäle und 13 Brücken im Stadtgebiet nennt man Friedrichstadt auch das »Venedig des Nordens«.

Auskunft: Tourist-Information, Am Mittelburgwall, 2254 Friedrichstadt, Tel. 04881/7240.

Verkehr: Autobahn A 7, Anschlußstelle Owschlag (30 km). – Kreuzungspunkt der B 5 (Grüne Küstenstraße) Hamburg – Heide – Husum und der B 202 Rendsburg – St. Peter-Ording. – Bahnstation. – Busverbindung mit Schleswig und Heide.

Geschichte:

Die Stadt wurde 1621 unter Herzog Friedrich III. (daher auch der Name) von Schleswig-Holstein-Gottorf durch vertriebene holländische Remonstranten gegründet. Die Stadtplanung erfolgte nach holländischem Vorbild zwischen den zwei Sielzügen von 1570, die den Abfluß der vor ihrer Mündung abgedämmten Treene durch drei Schleusen regeln und das Mündungsdreieck vor Überschwemmungen schützen. Diese beiden Sielzüge werden durch zwei gerade Grachten miteinander verbunden.

Herzog Friedrich III. verfolgte hochgesteckte Absichten mit dem Bau der Stadt. Wertvolle Waren, besonders teure Seide, sollten auf dem Landweg Persien – Rußland – Ostsee – Kiel – Friedrichstadt befördert werden, um Friedrichstadt zu einem großen Handelshafen auszubauen. Diese Pläne scheiterten. Bedeutung erwarb sich die Stadt dagegen auf anderem Gebiet: Als religiöse Freistatt gegründet, war sie von jeher Ziel für Glaubensverfolgte. Im 17. Jh. lebten hier 7 verschiedene Religionsgemeinschaften friedlich nebeneinander (heute noch 5). Im Verlauf der Befreiungskriege zogen Ende des Jahres 1813 russische Kosaken ein. Schlimm wirkte sich die Belagerung durch schleswig-holsteinische Truppen im Dänischen Krieg (29. 9.–4.10. 1850) aus. Damals wurde beinahe der gesamte Südteil der Stadt zerstört. 137 Häuser brannten nieder, darunter Rathaus und Remonstrantenkirche, die beide im alten Stil wiederaufgebaut wurden.

Sehenswert:
Niederländisches Stadtbild mit Kanälen und rechtwinkligem Gassensystem, das die späte, nach rein rationalen Plänen erfolgte Gründung der Stadt verrät. Der Mittelburgwall trennt die bevorzugte Vorderstadt von der Hinterstadt.

Bürgerhäuser, welche die holländische Herkunft verraten: vorgeneigte Treppengiebel der holländischen Renaissance. Engelköpfe, Hausmarken mit Tier- und Pflanzenmotiven, Zunftzeichen, Kachelbilder und bunt bemalte Haustüren. Erwähnenswert u. a. das *Paludanushaus* von 1637 (Prinzenstr. 28), ehemals Sitz der reichen Weinhändler; *Haus Mittelburgwall 24* (holländische Teestube), das die Wohnung eines reichen Bürgers mit nach holländischer Art verschachtelten Räumen zeigt und das *Grafenhaus* von 1622 (Lohbergerstr. 8), erbaut von Pieter de Graef, einem Bruder des damaligen Amsterdamer Bürgermeisters. Im reich geschnitzten Eingang das Motto »Omne solum forte viro patria – der Tapfere betritt überall Heimatboden«.

Alte Münze, 1626 vom Statthalter Adolf van de Wael erbaut, aber nie als Münzstätte genutzt, beherbergt seit 1708 in seinem Südteil den Kirchenraum der Mennonitengemeinde mit puritanisch einfachem Betsaal. Im Nordflügel (mit Sandstein verzierte Backsteinfassade) ist das Stadtarchiv und die Sammlung »Vögel der Westküste« untergebracht (ca. 200 präparierte Vögel, geöffnet Mo–Do 7–16.30, Fr 7–12.30 Uhr, in der Hauptsaison auch Sa und So 14–17 Uhr).

Marktplatz, großer viereckiger Platz mit schönen alten Linden und altem Haubenbrunnen. Buntes Brunnenhäuschen mit Pumpe und Sprüchen des plattdeutschen Dichters Klaus Groth. Typische Backsteinhäuser mit Treppengiebeln, so das schmale Edam-Haus. Nebenan eine Apotheke von 1724 mit Freitreppe und frühklassizistischem Portal.

Pfarrkirche, 1643–1649 errichtet, schlichte Saalkirche. Der Westturm erhielt seine heutige Gestalt durch teilweisen Abbruch einer Schleuse und des ursprünglichen Baus von 1656 (Tobias Wendler/1762). Die Ziegel besorgte man in Holland. Im Innern bemerkenswertes Altarbild (1675), eine Beweinung Christi vom Rembrandt-Schüler Jürgen Ovens mit geschnitztem Blumen- und Fruchtwerk als Rahmen. Votivschiff aus dem Jahr 1738, das die Bedeutung der Schifferzunft hervorhebt. Kanzel aus dem Anfang des 17. Jh.

Kirche der Remonstranten, 1850 abgebrannt, Neubau von 1852–54 in Form einer spätklassizistischen Saalkirche.

Große Brücke von 1773, ein massiver Granitquaderbogen über den Mittelburgwall. 1916 wurde in Friedrichstadt die erste Brücke über die Eider gebaut und damit zugleich erstmals eine Straßenanbindung Dithmarschens an die umliegenden Gebiete erreicht. Früher war die Anreise nur über Fähren möglich, abgesehen von der Brücke bei Grünental über den Nord-Ostsee-Kanal.

Mit plattdeutschen Sprüchen verziert: Der Haubenbrunnen auf dem Marktplatz

Veranstaltungen: Alljährlich Ringreiten der Ringreitergilden; Vogelschießen der Schützengilde (jedes 3. Jahr), alljährlich im August Friedrichstädter Festtage.

Glückstadt

Kr. Steinburg, 3 m, 11 800 Einw. Hafenstadt und beliebter Ausflugsort an der hier schon 4 km breiten Unterelbe in der Kremper Marsch.

Auskunft: Verkehrsverein und Stadtverwaltung, Am Markt, 2208 Glückstadt, Tel. 04 24/20 11.
Verkehr: Autobahn A 23, Anschlußstelle Elmshorn (23 km). – B 431 Elmshorn – Meldorf. – Bahnstation.

Geschichte:
Glückstadt wurde 1617 unter König Christian IV. von Dänemark als Festung planmäßig angelegt und erst 1814 durch die gegen Napoleon kämpfenden Allianztruppen geschleift. Der ursprüngliche ovalsternförmige Grundriß ist heute noch besonders im Nordosten der Stadt erkennbar. Auch zeigt das Stadtbild noch heute Bauten aus der Spätrenaissance.

Sehenswert:
Stadtbild mit dem typischen sternförmigen Grundriß einer Festungsstadt, die den Handelsverkehr Hamburgs kontrollieren sollte. – Sechseckiger **Marktplatz,** von dem 13 Straßen sternförmig ausgehen.

Im **Stadtpark** alte Bastionen und Festungsgräben in unmittelbarer Nähe des Bahnhofs.

Kirche, einschiffiger Backsteinbau von 1618 bis 1623, Altar aus Alabaster und schwarzem Mamor von 1695 mit Gemälde von 1836. Reiche Holzkanzel (1640–1650). Empore mit Szenen aus dem Alten und Neuen Testament, Ende 17. Jh. Gemälde, Epitaphe, Lettner von 1706.

Brockdorffpalais (1631/32) mit Barockportal. Detlefsmuseum für Heimatkunde und Walfangmuseum, Am Fleth 42, Öffnungszeiten: Sa 15.30–17.30, So 10–12, 15–18 Uhr.

Wasmerpalais, Königstr. 36, 17. Jh., Saal mit zwei Kaminen, Stukkaturen von Andrea Maini von 1728 bis 1730.

Rathaus im Stil der niederländischen Spätrenaissance, wurde 1872 nach dem Muster des Vorgängerbaus aus dem 17. Jh. von König Christian IV. errichtet, mit doppelläufiger Freitreppe.

Königshof, von 1840, Am Hafen 40. – Ehem. Zuchthaus von 1738, Am Rethövel 9. – Ehem. **Stadtapotheke** (18. Jh.). Große Deichstr. mit älteren Nebenhäusern. Im Hof altes Laboratorium als Museum.

Veranstaltungen:
Alljährlich Schützen- und Volksfest. Im Mai und September Märkte. – Matjeswochen im Juni.

Husum

24 000 Einw. Husum war schon im 15. Jh. wichtiger Hafen- und Handelsplatz am Priel Heverstrom. Vor allem der Handel mit den Niederlanden war lange wirtschaftsbestimmend. Es ist die Geburtsstadt des Dichters Theodor Storm, der 1817 hier geboren wurde und dessen Grab sich ebenfalls hier befindet.

Auskunft: Tourist-Information, Rathaus, 2250 Husum, Tel. 0 48 41/66 61 33.

Sehenswert:
Das **Schloß** (1577–1582) mit seinen sieben Türmen und prächtigen hohen Giebeln zählt zu den bedeutendsten Zeugnissen der Renaissance. 1752 wurde es renoviert und anschließend barock verändert. Im Innern sind Rittersaal, Empfangsräume und das Treppenhaus erhalten und als Museum zugänglich. Im Aufbau befinden sich Sammlungen zur Volkskunde und Geschichte Nordfrieslands. Geöffnet April bis Okt. Di–So 10 bis 12 und 14 bis 17 Uhr, sonst Di, Do und Sa 15 bis 17 Uhr.

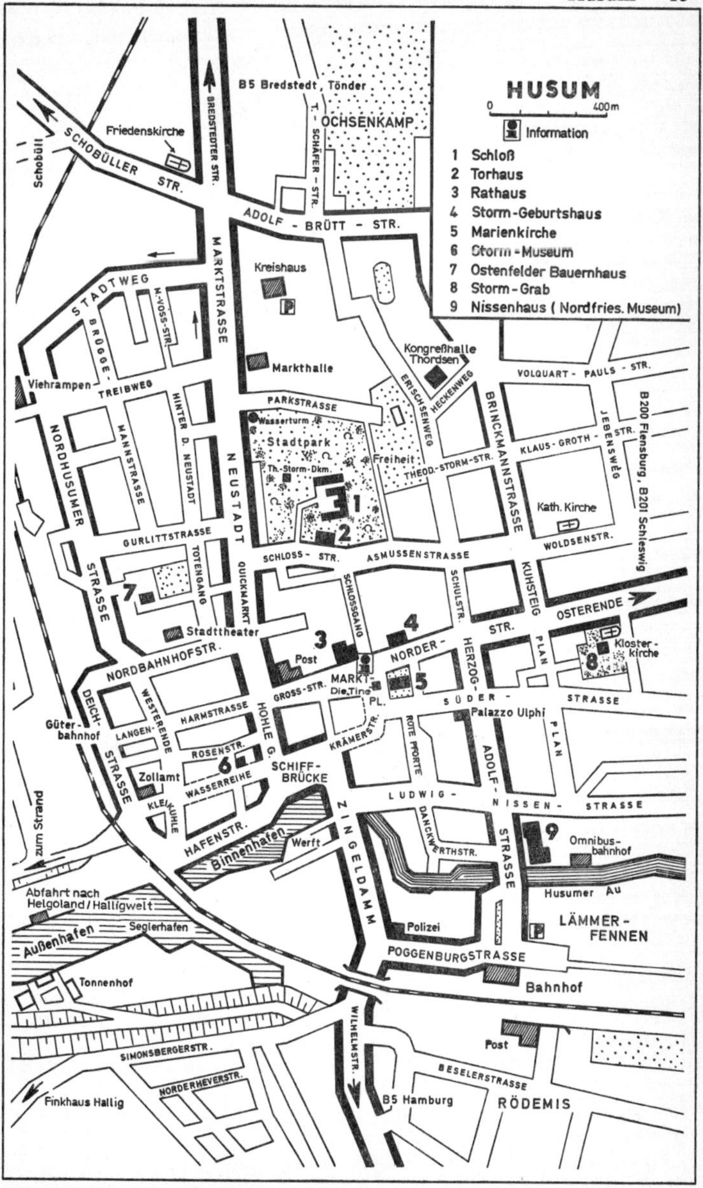
HUSUM
0
400m
Information
1 Schloß
2 Torhaus
3 Rathaus
4 Storm-Geburtshaus
5 Marienkirche
6 Storm-Museum
7 Ostenfelder Bauernhaus
8 Storm-Grab
9 Nissenhaus (Nordfries. Museum)
B5 Bredstedt, Tönder
OCHSENKAMP
Friedenskirche
SCHOBÜLLER STR.
Schobüll
BREDSTEDTER STR.
T.-SCHÄFER-STR.
ADOLF-BRÜTT-STR.
MARKTSTRASSE
Kreishaus
Markthalle
Kongreßhalle Thordsen
STADTWEG
BRÜGGE-TREIBWEG
M.-VOSS-STR.
Viehrampen
HINTER D. NEUSTADT
MANNSTRASSE
NORDHUSUMER STRASSE
NEUSTADT
PARKSTRASSE
Wasserturm
Stadtpark
Th.-Storm-Dkm.
Freiheit
ERICHSENWEG
HECKENWEG
THEOD.-STORM-STR.
BRINCKMANNSTRASSE
VOLQUART-PAULS-STR.
KLAUS-GROTH-STR.
JEBENSWEG
B200 Flensburg, B201 Schleswig
Kath. Kirche
WOLDSENSTR.
GURLITTSTRASSE
TOTENGANG
QUICKMARKT
SCHLOSS-STR.
ASMUSSENSTRASSE
SCHLOSSGANG
SCHULSTR.
KUHSTEIG
OSTERENDE
Stadttheater
NORDBAHNHOFSTR.
Post
MARKT-PL.
Die Tine
NORDER-STR.
HERZOG-PLAN
Kloster-kirche
DEICHSTRASSE
WESTERENDE
HARMSTRASSE
GROSS-STR.
SÜDER-STRASSE
Palazzo Ulphi
PLAN
Güterbahnhof
LANGEN-
HOHLE G.
KRÄMERSTR.
ROTE PFORTE
ADOLF-STRASSE
ROSENSTR.
SCHIFFBRÜCKE
Zollamt
WASSERREIHE
LUDWIG-NISSEN-STRASSE
KLEIKUHLE
zum Strand
HAFENSTR.
Binnenhafen
Werft
ZINGELDAMM
DANCKWERTHSTR.
Omnibusbahnhof
Husumer Au
Abfahrt nach Helgoland/Halligwelt
Seglerhafen
Außenhafen
Polizei
LÄMMERFENNEN
POGGENBURGSTRASSE
Bahnhof
Tonnenhof
WILHELMSTR.
Post
SIMONSBERGERSTR.
BESELERSTRASSE
NORDERHEVERSTR.
Finkhaus Hallig
B5 Hamburg
RÖDEMIS

Torhaus des Schlosses an der Schloßstraße. Mit seinen Schweifwerkgiebeln und reich dekoriertem Portal zeigt es den ursprünglichen Renaissancestil der ganzen Schloßanlage.

Schloßpark, mit dem *Storm-Denkmal* von Adolf Brütt (1898). Besonders schön ist der Park im Frühling zur Zeit der Krokusblüte.

Marktplatz, südlich des Schloßbezirks. Schöne, geschlossen wirkende Anlage mit zahlreichen alten Gebäuden.

Geburtshaus Theodor Storms (1817–1888) an der Nordseite des Marktplatzes.

Marienkirche, an der Ostseite des Marktplatzes, 1827 unter der Leitung des Staatsbaumeisters Christian Frederik Hansen neu errichtet. Sie ist ein schönes Beispiel des klaren klassizistischen Stils.

Kaufmannshäuser (16./17. Jh.), an der Großstraße, mit ihren typischen hohen Staffelgiebeln und Luken.

Storm-Museum, Wasserreihe 31. Altes Bürgerhaus von 1730, in dem Theodor Storm von 1866 bis 1880 wohnte. Als Museum eingerichtet, zeigt es Handschriften, Erstausgaben und Illustrationen. Geöffnet April–Okt., Di–Fr 10–12 und Sa, So 14–17 Uhr.

Ostenfelder Bauernhaus (Nordhusumer Str.), ein altsächsisches Fachhallenhaus des 16./17. Jh., das Ende des 19. Jh. vom östlich gelegenen Dorf Ostenfeld hierher transportiert und original wieder aufgebaut wurde. Geöffnet Juni–August täglich 10–12, 14–17 Uhr; April, Mai, Sept., Di–So bis 16 Uhr.

Klosterkirchhof, im Süden der Straße Osterende. Hier befindet sich das Grab des Dichters Theodor Storm in der alten Familiengruft.

Gildehaus, Süderstr. 42. Hierher verlegte Storm Szenen aus seinem »Pole Poppenspäler«.

Nordfriesisches Museum im Nissenhaus, Herzog-Adolf-Str. 25. Interessante Sammlungen zur Erdgeschichte (Geest und Marschen in Modellen, Schaustücke zur Moränen- und Gletscherkunde), zur Landschafts-, Natur- und Völkerkunde sowie zur Kunst- und Kulturgeschichte. Geöffnet April–Okt., werktags 10–12, 14–17 Uhr, So 10–17, im Winter jeweils bis 16 Uhr.

In der Umgebung:
Schiffsausflüge zu den Nordfriesischen Inseln und den **Halligen** des Wattenmeeres sowie nach Helgoland, im Sommer täglich. Im Wattenmeer der schleswig-holsteinischen Nordseeküste, zwischen der Halbinsel Eiderstedt und den über Geestkernen aufgebauten Inseln Amrum und Föhr, liegen neben den eingedeichten Marschinseln Nordstrand und Pellworm die 10 Halligen mit den ihnen westlich vorgelagerten großen Außensänden.

Meldorf

Kr. Dithmarschen, 16 m, 7300 Einw. Die reizvolle Kleinstadt liegt am Kreuzungspunkt alter Landstraßen auf einer weit nach Westen reichenden Geesthalbinsel unweit der Meldorfer Bucht, deren Küste durch einen 1978 angelegten Deich um 4 km weiter entrückt ist. Nachdem der Platz bereits früher als Thingstätte der Dithmarscher gedient hatte, ent-

wickelte sich im 9. Jh. eine Siedlung (»Melindorp«), die zwischen 1227 und 1447 Sitz der Landesversammlung und damit Hauptstadt des Bauernfreistaats Dithmarschen war. 1447 zog der Rat der 48 nach Heide um, und nach der Niederlage der Dithmarscher wurden Meldorf sogar die Stadtrechte entzogen (1598). Erst 1869 erneut Stadt. Der Hafen verlor im Laufe der Zeit erheblich an Bedeutung. Heute nur noch Seglerhafen am vorverlegten Deich. In Meldorf lebt noch die alte Handweberei, die Goldschmiedekunst der Stadt steht in hohem Ansehen. Daneben zahlreiche Industriebetriebe: Gemüse- und Konservenfabriken, Papier- und Holzverarbeitung, Textilindustrie.

Auskunft: Fremdenverkehrsverein Meldorf – Meldorfer Umland, Zingelstraße 27, 2223 Meldorf, Tel. 04832/7045 u. 7046.

Verkehr: B 5 (Grüne Küstenstraße) Hamburg – Heide – Brunsbüttel; Endpunkt der B 431 nach Itzehoe. – Bahnstation. – Busverbindungen.

Sehenswert:
Pfarrkirche St. Johannes, der größte mittelalterliche Kirchenbau an der schleswig-holsteinischen Westküste (»Dom der Dithmarscher«), an der Stelle einer alten Feldsteinkirche, die ca. 810 als erste Kirche Dithmarschens errichtet worden war. Der heutige Backsteinbau entstand 1230–1300 als dreischiffige Gewölbebasilika mit Querschiff, im 15. Jh. teilweise im gotischen Stil erweitert, im 19. Jh. restauriert und mit einem neugotischen Turm versehen. Im Innern besticht die Ausstrahlung gotischer Formensprache und die wertvolle Ausstattung.

Bedeutendster Kirchenbau der Nordseeküste: der Meldorfer Dom

Besonders beachtenswert sind die Gewölbemalereien in der Vierung (um 1300, im 19. Jh. restauriert), die hervorragenden geschnitzten Chorgitter im Renaissancestil von 1603, der spätgotische Schnitzaltar von 1520, romanisches Bronzetaufbekken aus dem 13., Triumphkreuz von um 1500 und die barocken Kronleuchter.

Dithmarscher Landesmuseum, Bütjestraße 4, mit reichen Sammlungen zur Dithmarscher Bauernkultur. Prunktstück ist der Pesel des Marcus Swin von 1568, eine vollständig ausgestattete Renaissancebauernstube (ursprünglich in Lunden). Ebenfalls ausgestellt Teile eines Frachtschiffes aus dem 17. Jh., das 1717/18 beim Deichbruch des Hedwigenkooges in der Nordermarsch angespült wurde (1969 entdeckt). Daneben Spielzeugschau, Schiffsmodelle und Darstellungen zur Landgewinnung und zum Deichbau, geöffnet März–Okt., Di–Fr, 9–17.30, Sa, So 10–16 Uhr, sonst Di–Sa 9–17.30 (vom 15. Sept. bis 5. Okt. geschl.). Als Außenstelle des Landesmuseums eine **Neuzeitabteilung** in der benachbarten ehemaligen Gelehrtenschule (seit 1975) mit Schulklasse, Dorfläden, Arztpraxis, Küche und Stuben der Jahrhundertwende, Industriearbeit u. ä.

Freilichtmuseum am Jungfernstieg 4a, ein altes, original eingerichtetes Bauernhaus aus dem 17. Jh. Geöffnet 15. April–14. Sept., Di–Fr 9–12 und 13–17 Uhr, Sa, So 10–12 und 13–16 Uhr.

Die **Meldorfer Altstadt** weist noch eine ganze Reihe alter Bürgerhäuser aus dem 16. Jh. bis 19. Jh. auf, mehrere reizvolle Häuser befinden sich in der Burgstraße (Nr. 22–24), am Südermarkt (u. a. die klassizistische Apotheke, Nr. 8), in der Österstraße 59 und Zengelstraße 8. Eine gute Vorstellung über die typische Architektur des Bürgertums im 16. Jh. gibt noch die Fassade des **Alten Pastorats.**

Wilster

Kr. Steinburg, 2 m, 4500 Einw. Landstadt und Mittelpunkt der nach ihr benannten Wilstermarsch; sie wurde bereits im 11. Jh. eingedeicht, wird heute durch ein Netz von Gräben entwässert und ist die Grundlage einer intensiven Viehwirtschaft (Spezialität: »Wilstermarschkäse«). Durch Jahrhunderte erfolgte die Entwässerung mit Hilfe von 300 sogenannten Bockmühlen, die das Wasser in Kanäle hoben. Heute gibt es davon nur noch eine einzige: die Bockmühle von Honigfleth/Stördorf.

Auskunft: Stadtverwaltung, Rathaus, 2213 Wilster, Tel. 04823/502.
Verkehr: B 5 (Grüne Küstenstraße) Itzehoe – Brunsbüttel. – Bahnstation. – Busverbindung mit Brokdorf, Brunsbüttel und Itzehoe.

Geschichte:
Die Stadt ist 1164 erstmals als Kirchdorf beurkundet und erhielt 1282 von Graf Gerhard II. das lübische Stadtrecht, worauf alsbald die Anlage der Befestigungen folgte. Sie zählt zu den ältesten holsteinischen Städten.

Sehenswert:
Bartholomäuskirche auf dem Marktplatz, einer der bedeutendsten barocken Kirchenbauten des

Landes, 1775–1780 von dem bekannten Hamburger Baumeister Ernst Georg Sonnin errichtet, der Turm stammt z. T. noch von dem älteren Vorgängerbau; im Innern bemerkenswert der Kanzelaltar von E. Strangard aus dem Jahre 1779.

Altes Rathaus, bedeutender Renaissancebau von 1585 mit einheitlicher Inneneinrichtung; beherbergt das

Das alte Rathaus in Wilster

Stadtarchiv mit wertvollen Urkunden und Büchern (z. B. Ratsbuch von 1370), sowie die *Doosesche Bibliothek,* eine jahrhundertealte Sammlung alter und seltener Drukke von hohem wissenschaftlichen und künstlerischen Wert aus allen Wissensgebieten, vor allem die Schedelsche Weltchronik von 1493, und eine aus dem gleichen Jahr stammende Landkarte von Deutschland.

Neues Rathaus, das sogenannte Bürgermeisterhaus, 1785 wahrscheinlich nach Plänen von E. G. Sonnin errichtet, ebenfalls reiche Inneneinrichtung (Stukkaturen, Möbel), ein Beispiel bürgerlicher Lebenskultur des 18. Jh. Hübscher Barockgarten.

Veranstaltungen:
Ende Juni wird in Wilster das Fest der Bürgerschützengilde gefeiert. Im August findet alljährlich mit dem Wilsterjahrmarkt der größte Jahrmarkt an der schleswig-holsteinischen Westküste statt.

Spaziergänge, Wanderungen:
Bürgermeistergarten im Ort. – **Kasenort,** entlang der Wilster Au zur Stör mit der Schleuse und nach **Stördorf,** bis hier etwa 1¼ Std. südöstlich. – **Rumfleth,** 25 Min. nordwestlich.

Itzehoe, die Wilster Au abwärts, dann links die Stör aufwärts und in Heiligenstedten über die Brücke, dann teils auf Fußweg durch die Marschen, etwa 3 Std. östlich, auch Bahn oder Bus. – Wilster Au auf- und störabwärts, zum Teil auf Abkürzungswegen, über Beidenfleth und Wewelsfleth zur Elbe bei der **Störmündung,** 3½ Std. südöstlich.

In der Umgebung:
Glückstadt (s. dort), 19 km südlich über **Hochfeld** (4 km), malerische Barghäuser des 17. Jh. auf den Höfen Heesch und Thoole, Holländer-Windmühle von 1897. – Weiter nach **Beidenfleth** (10 km) mit spätromanischer Backsteinkirche (13. Jh.), hölzerner Westturm. Innen ein sehenswerter Schnitzaltar von 1636, gotische Bronzetaufe, Pietà und Anna Selbdritt. Galerie-Windmühle mit zwei Müllerhäusern von 1813.

Burg, 13 km nordwestlich über **Neuendorf** (5,5 km), tiefste deutsche Landstelle, 4 m unter dem Meeresspiegel. – Mit der Autofähre über den Nord-Ostsee-Kanal und auf dem Geestrücken nach Burg.

Ostseeküste und Holsteinische Schweiz

Wenige deutsche Landschaften vereinen so erholungsfreundliche Vorzüge wie die Ostseeküste zwischen Lübeck und Flensburg mit dem teilweise anschließenden Seen-Waldgebiet der Holsteinischen Schweiz. Die 383 Kilometer lange Ostseeküste, die südlich in die DDR, nördlich nach Dänemark übergeht, besitzt annähernd zwei Dutzend bekannte Ostseebäder sowie mit Lübeck, Kiel, Schleswig und Flensburg einige der bedeutendsten Städte des Landes. Schleswig-Holsteins Ostsee hat nach der Abgrenzung der beliebten Strände der DDR und Polens nach 1945 eine sprunghafte Entwicklung erlebt, die sich auch in der Schaffung von sechs modernen Ferienzentren ausdrückt.

Die Küsten sind überwiegend flach und sandig. Sie wechseln jedoch ab mit Steilküsten. Nur stellenweise schließt sich an die Küste unmittelbar Wald an – häufiger sind Feld- und Knicklandschaften (Knicks sind Hecken, die Felder voneinander trennen). Typisch sind neben langgezogenen Buchten fjordartige Einschnitte, die Förden, wie sie sich bei Kiel und Flensburg finden. Tiefste Förde ist die 40 Kilometer lange Schlei, in der Ostseewasser bis nach Schleswig fließt und schon im frühen Mittelalter Handelswege entstanden. Einzige Ostseeinsel der Bundesrepublik ist das 80 Quadratkilometer große Fehmarn, eine flache und durch Anbau von Weizen und Gemüse charakterisierte fruchtbare Insel, die seit 1963 durch die Fehmarnsundbrücke im Zug der Vogelfluglinie mit dem Festland verbunden ist. Ihr Fährhafen Puttgarden ist eine der wichtigsten Verbindungen nach Dänemark.

Die Holsteinische Schweiz, die ihren werbewirksamen Namen um 1885 durch einen geschäftstüchtigen Hotelier erhielt, ist eine durch die letzte Eiszeit geschaffene, abwechslungsreiche und anmutige Moränen- und Seenlandschaft mit den schönsten deutschen Buchenwaldungen. Sie besitzt auch den höchsten »Gipfel« Schleswig-Holsteins, den 168 Meter hohen Bungsberg, der als Kuriosum sogar einen Skilift aufweist. Von den rund 200 Seen ist der Große Plöner See (neben dem Steinhuder Meer) der größte norddeutsche Binnensee.

Begleitet werden diese landschaftlichen Eigenarten von beachtlichen kulturellen Akzenten. Die im Norden eigenständig geschaffene Backsteingotik zeigt sich in Lübeck und Flensburg mit einigen ihrer Höhepunkte. Große Meister der bildenden Kunst wie Bernt Notke oder Hans Brüggemann wirkten hier ebenso wie Homer-Übersetzer Voß und die Schriftsteller Thomas und Heinrich Mann oder Wilhelm Lehmann. Prähistorische Zeugnisse (Hünengräber, Oldenburger Wall, Wikingerstadt Haithabu bei Schleswig) wechseln ab mit bedeutenden Renaissance-Schlössern und stolzen Herrenhäusern als Kontrapunkte zu reetgedeckten Bauernkaten.

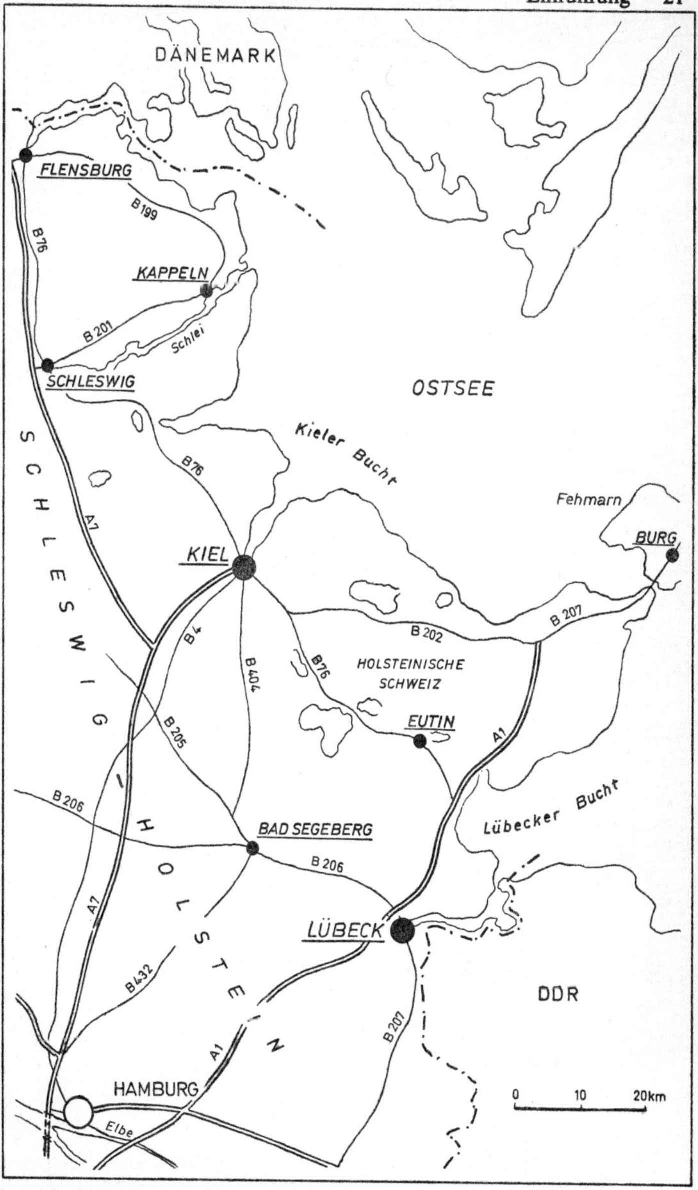
DÄNEMARK
FLENSBURG
B199
B76
KAPPELN
B 201
Schlei
SCHLESWIG
OSTSEE
Kieler Bucht
B76
SCHLESWIG-HOLSTEIN
A7
KIEL
Fehmarn
BURG
B 207
B 202
B4
B404
B76
HOLSTEINISCHE SCHWEIZ
EUTIN
A1
B 205
B 206
BAD SEGEBERG
B 206
Lübecker Bucht
A7
LÜBECK
B432
DDR
B 207
A1
HAMBURG
Elbe
0 10 20km

Bad Segeberg

Kreisstadt des Kr. Segeberg, 13200 Einw. Luftkurort und Solebad in der Landschaft Stormarn gelegen. Bekannt geworden ist die südlich der Holsteinischen Schweiz gelegene Stadt im Verkehrsdreieck Lübeck – Kiel – Hamburg durch die Karl-May-Spiele und die Kalkberghöhle.

Auskunft: Fremdenverkehrsamt Stadt Bad Segeberg, 2360 Bad Segeberg, Tel. 04551/571 und 57233.
Verkehr: Kreuzungspunkt der B 205, 206, 404 und 432. – Bahnverbindungen nach allen Richtungen.

Geschichte:
Die Stadt entstand im 12. Jh. unterhalb der von Kaiser Lothar errichteten »Siegesburg« auf dem Kalkfelsen und erhielt 1244 Stadtrechte. Der blühende Marktflecken war 1460–1490 sogar Residenz König Christians I. Burg und Stadt wurden aber im Dreißigjährigen Krieg fast völlig durch Brand zerstört.

Sehenswert:
Marienkirche, ehemalige Klosterkirche eines von Kaiser Lothar gegründeten Augustinerchorherrenstiftes, erbaut 1160 in romanischem Stil, eindrucksvolles Inneres mit spätgotischem (1510), prachtvollem Dreiflügelaltar von einem Schüler des berühmten Hans Brüggemann, Taufbecken von 1447, Triumphkreuz von 1515. Kanzel im Spätrenaissancestil (1612), ein Eichenholzepitaph von Johann Henning (1645) sowie ein 1562 von Heinrich Rantzau für seinen Großvater Gerdt Walstorp aus Gotländer Kalkstein errichtetes Epitaph.

Rantzau-Kapelle; der dänische Statthalter Heinrich Rantzau (1554–1597) errichtete 1588 neben der Kapelle eine Pyramide aus Segeberger Gips. Graf Friedrich Rantzau ließ den quadratischen Unterbau 1770 zu einer Kapelle umbauen.

Kalkberg, der sich im östlichen Stadtteil als freier Felsen 91 m hoch erhebt (früher höher, durch den jetzt eingestellten Gipsabbau etwa 30 m abgetragen). Von seinem auf Treppen bequem zu besteigenden Gipfel öffnet sich ein weiter Blick auf die schleswig-holsteinische Landschaft mit ihren zahlreichen Seen, Wäldern und Knicks. Im Inneren des Kalkberges erstrecken sich in einer Länge von etwa 800 m die von spielenden Kindern 1913 entdeckten, durch Auslaugung entstandenen **Kalkberghöhlen,** die einmalig in Norddeutschland sind. Hier leben nachweislich 135 Tierarten ohne Sonnenlicht. April bis Nov. tägl. Führungen 9–18 Uhr außer Mo. Der Steilfelsen des Kalkberges bildet die Kulisse für ein Freilichttheater, in dem die Karl-May-Festspiele und weitere Veranstaltungen durchgeführt werden. Die Sole für den Badebetrieb wird aus Salzlagern unterhalb der Gipsschichten emporgepumpt.

Veranstaltungen:
Die **Karl-May-Spiele** im Freilichttheater am Kalkberg, die unter Mitwirkung von 140 Schauspielern und Statisten alljährlich von Anfang Juli bis Mitte August stattfinden. Tel. 04551/571. – 8 Tage vor Pfingsten **Segelregatta** auf dem Großen Segeberger See; Pfingsten Norddeutsches Indianertreffen. – Segeberger Woche (1. Woche im September, Straßenfeste, kulturelle Veranstaltungen). – Im September auf

dem Landesturnierplatz das **Landesreitturnier,** die große Schau holsteinischer Pferdezucht, verbunden mit den Deutschen Fahrmeisterschaften.

Burg auf Fehmarn

5900 Einw. Ostseeheilbad und Inselhauptstadt. Eine der schönsten Kleinstädte Schleswig-Holsteins. Bereits im 13. Jh. erwähnt und mit Stadtrechten versehen. Der Stadtname erinnert an eine Burg, die ehemals auf dem Gelände der heutigen Schule an der Orthstraße lag. Ursprünglich war hier auch der Burger Hafen. Nach dessen Verlandung im 15. Jh. Bau einer neuen Hafenanlage, zunächst in der Neuen Tiefe, ab 1867/70 in **Burgstaaken.** *Auf der 2,5 km südlich der Stadt gelegenen* **Burgtiefe** *der einzige Sandstrand der deutschen Ostseeküste in direkter Südlage. Hier ist seit 1973 das Kur-*

Die Holländer Windmühle von 1787 ist heute noch betriebsfähig

und Sportzentrum Südstrand mit Appartementhäusern, Strandbungalows, Restaurants, Geschäften, Boutiquen und einem Yachthafen entstanden. Wirtschaftliche Grundlage von Burg sind daneben u. a. Fischerei- und Getreideverarbeitung.

Auskunft: Kurverwaltung, 2448 Burg auf Fehmarn, Tel. 04371/4011.

Verkehr: B 207 Lübeck – Puttgarden. – Busverbindung zu den meisten Inselorten und zum Festland. – Bahnstation.

Sehenswert:

St.-Nicolai-Kirche, Breite Str. 53, gotische Backsteinkirche von 1240 mit 40 m hohem Glokkenturm. In späteren Jahrhunderten vielfach verändert. Im Innern gotische Ausmalung und zahlreiche Kunstschätze. Beachtenswert vor allem der spätgotische quergeteilte Flügelschrein aus Holz, der Blasiusaltar mit Baldachin, auf drei Löwenköpfen ruhendes Bronzetaufbecken von 1391, die hölzerne Barockkanzel, mehrere spätgotische Schnitzfiguren und einige schöne Holzepitaphe.

Bürgerhäuser aus dem 17. und 18. Jh.; neben der Kirche, in der Breiten Str. (45–51), schöne Fachwerkbauten. Hier befindet sich auch das **Peter-Wiepert-Museum**; große Sammlung zur Siedlungs-, Kultur- und Wirtschaftsgeschichte Fehmarns (u. a. wertvolle Lübecker Intarsienmöbel, Schiffsmodelle), geöffnet Juni bis September, Mo, Mi, Sa 14–18 Uhr und an Regennachmittagen.

St.-Jürgen-Stift, Kapellenweg 13, Backsteinkapelle und erneuerte Wohnhäuser sind ehemalige Bestandteile einer für Kranke und Aussätzige errichteten Anlage aus dem 15. Jh. Restaurierte dekorative Ausmalung aus der Bauzeit, schönes Sakramentshaus aus dem 13. Jh.

Rathaus, romantischer Bau mit mehreren Erkern und Balkonen von 1901. Im Innern historischer Sitzungssaal (zu besichtigen). – Im Haus des Kurgastes finden ständig wechselnde Ausstellungen statt.

Bootshafen am Burger Binnensee; eine Besonderheit ist der kreisförmige, frei im Wasser liegende Laufsteg mit beiderseitigen Liegeplätzen und breitem Verbindungssteg zum Ufer.

Burg Glambek, am Südrand, errichtet um 1210 auf einer Landzunge am Eingang zum ehemaligen Burger Hafen. Einzige größere Burgruine in Schleswig-Holstein. Als Sitz zunächst dänischer, später auch lübischer Amtmänner war sie vielfach umkämpft und verfiel im Dreißigjährigen Krieg. 1908 wieder ausgegraben. Erhalten sind noch die Grundmauern der rechteckigen Anlage und ein Turmrest mit Brunnen.

In der Umgebung:
Lemkendorf (8 km), großer Dorfanger. Abstecher nach **Lemkenhafen** (3 km südlich), frühe Stadtrechte, schindelverkleidete, unter Denkmalschutz stehende Holländer-Windmühle von 1787, heute noch betriebsfähig. Einzige noch in Europa existierende Segelwindmühle. Heute *Mühlen- und Landwirtschaftsmuseum* im Innern, mit eindrucksvollem Überblick über die Geschichte und Gegenwart der ländlichen Kultur auf Fehmarn und Informationsmaterial über die Mühlen der Insel, geöffnet im Juni–Sept. täglich außer Mi, 14–18 Uhr und nach Vereinbarung.

Eutin

Kreisstadt des Landkreises Ostholstein, 34 m, 18 000 Einw. Luftkurort und frühere Residenz des Fürstbistums Lübeck-Eutin. Die »Rosenstadt« Eutin ist dank ihrer Lage inmitten der ostholsteinischen Hügel- und Seenlandschaft einer der bedeutendsten Fremdenverkehrsorte im Ostteil der Holsteinischen Schweiz und Ausgangspunkt für Fahrten und Wanderungen in die nahe und weitere Umgebung.

Auskunft: Fremdenverkehrsamt, Am Großen Eutiner See, 2420 Eutin, Tel. 04521/3155.
Verkehr: B 76 Kiel – Lübeck-Travemünde. – Bahnstation.

Geschichte:
1143 gründete Graf Adolf II. von Schauenburg Eutin als deutsche Kolonialsiedlung. Die günstige geographische Lage, die ausreichend Sicherheit bot, förderte die Entwicklung, so daß schon 1256 oder 1257 dem Ort das Stadtrecht nach dem Lübischen Recht verliehen wurde. Zu Beginn des 14. Jh. verlegte der Bischof des Bistums Lübeck seinen Sitz von Lübeck nach Eutin. Die Stadt war eine barocke Fürstenresidenz. Am Ausgang des 18. Jh. und zu Beginn des 19. Jh. erlebte die Residenzstadt Eutin eine kulturelle Blütezeit, die der Stadt den Ruf eines »Weimar des Nordens« einbrachte. Persönlichkeiten wie Johann Heinrich Voß, Klopstock, Tischbein und viele andere bestimmten das geistige Leben.

Sehenswert:
Sankt-Michaelis-Kirche am Kirchplatz (um 1200), spätromanischer, dreischiffiger Backsteinbau mit gotischem Chor, Ausmalung 14.

Jh., Marienleuchter (1322), neues Kreuz mit spätgotischem Korpus, Taufbecken auf drei knienden Engeln (1511) und Kanzel von 1653.

Schloß aus dem 17./18. Jh. mit schlichtem Schloßhof, zu dem man über eine schöne Steinbrükke kommt. Das Schloß entstand auf den Grundmauern der Burg der Bischöfe von Lübeck aus dem 13. Jh. Aus dieser Zeit sind noch Teile der Keller und der innere Bogen der Tordurchfahrt erhalten. In den Innenräumen die *Großherzogliche Sammlung* mit Gemälden (u. a. Tischbein), Porzellan und Gobelins sowie einer großen fürstlichen Portraitsammlung. Beachtenswerte Räume sind vor allem der Blaue Saal mit Stuckdekorationen und die Schloßkapelle mit schöner Einrichtung des 17. Jh. Das Schloß ist im Besitz der ehem. Großherzöge von Oldenburg (geöffnet 15. 5.–30. 9., Führungen um 11, 15 und 16 Uhr und n. V.). Am Vorhof zwei klassizistische Marstallgebäude und ein Kavaliershaus (1836).

Schloßpark, ein ehem. Barockgarten, ab 1785 in einen engl. Landschaftsgarten umgewandelt; Orangerie von 1772, Lindenallee am See als letzter Rest des Barockgartens, Sonnentempel und Tuffsteintempel von 1793 nach Entwürfen C. F. Hansens. Im Park auch die Freilichtbühne der »Eutiner Sommerspiele« sowie des »Internationalen Jazzfestivals« im Juli.

Geburtshaus des Komponisten Karl Maria v. Weber, Lübecker Str. 48. Es stammt aus dem 18. Jh. Heute ist hier ein Café eingerichtet.

Weber-Museum, Lübecker Str. 6, mit Erinnerungsstücken an den Komponisten, geöffnet Mo–Fr 8.30–12 und 14.30–18 Uhr, Sa bis 12, So 10–12 Uhr.

Voßhaus, am Voßplatz 6/8, heute ein altertümliches Gasthaus mit Erinnerungen an den Dichter und Homer-Übersetzer Johann H. Voß.

Veranstaltungen:
Eutiner Sommerspiele, die auf der Freilichtbühne im Schloßgarten Opern in jährlich wechselndem Programm bringen. – Alljährlich im Juli »Internationales Jazzfestival«.

In der Umgebung:
Mit Motorbooten *Rundfahrten* auf dem Großen Eutiner See, auf dem Kellersee, Verbindungen vom Fissauer Fährhaus nach Sielbeck und Malente.

Größte Sehenswürdigkeit in Eutin ist das Schloß aus dem 17./18. Jh.

Flensburg

Kreisfreie Stadt, 2–58 m, 87 900 Einw. Deutschlands nördlichste und Schleswig-Holsteins drittgrößte Stadt liegt nur 3 km südlich der deutsch-dänischen Grenzübergänge Ellund und Kupfermühle/Kruså. Die Stadt umschließt die Südspitze der Flensburger Förde, die hier einen natürlichen Hafen bildet.

Auskunft: Verkehrsverein, Norderstr. 6, 2390 Flensburg, Tel. 0461/23090.
Verkehr: Autobahn A 7, Anschlußstelle Flensburg-Harrislee.

Geschichte:
Vermutlich im 12. Jh. aus einem Fischerdorf mit der Kirche St. Johannis entstanden, später Entwicklung zum Handelsplatz (Nordermarkt), 1284 Stadtrecht, Bildung eines zweiten Zentrums (Südermarkt mit St. Nikolai) an der Kreuzung der Talstraße mit dem Weg von Friesland nach Angeln, beide Zentren im 14. Jh. von Mauern umgeben. Zu Beginn des 15. Jh. Bau der Duburg, von der sich Königin Margarethe I. erhoffte, Flensburg für das Königreich Dänemark sichern zu können. 1460 Vertrag von Ripen, der dänische König blieb Herzog des Landesteils Schleswig, Flensburg wurde von Kopenhagen aus mitverwaltet und mitregiert. Wirtschaftlicher Aufschwung, auch bedingt durch den Niedergang der Hanse im späten 16. Jh. Entwicklung zum größten Seehandelshafen der vereinigten Herzogtümer und sogar Dänemarks (200 Schiffe, 5000 Einw.). Besetzungen, Plünderungen und Brandschatzung im Dreißigjährigen Krieg setzten dieser Blüte ein Ende. Neuer Aufschwung durch Handel mit Norwegen (landwirtschaftliche Erzeugnisse gegen Holz, Fisch und Tran) und Belieferung der Ostseehäfen. Handel mit Spanien und Frankreich. Seit Anfang des 18. Jh. Fahrten nach Dänisch-Westindien (Einfuhr von Rum), zudem Vergrößerung des Stadtgebiets nach Norden, Osten und Süden und Ausbreitung auf die umliegende Endmoräne hinauf. 1867 wurde Schleswig-Holstein preußische Provinz, ab 1871 gehörte es zum Deutschen Reich. Gegen Ende des Ersten Weltkriegs wurde der Landesteil Schleswig geteilt – Nordschleswig kam zu Dänemark, so daß Flensburg zu einer Grenzstadt ohne Hinterland wurde.

Sehenswert:
Nordertor, das Wahrzeichen der Stadt, ein mittelalterliches Staffelgiebeltor von 1595.

Schiffahrtsmuseum, Schiffbrücke 41, Schiffsbilder und -modelle, Galionsfiguren, nautische Instrumente, Seekarten u. ä., Stadtmodell um 1600 (Di–Sa 10–17 Uhr, So 10–13 Uhr geöffnet). Am Bollwerk Traditionssegler des Vereins Museumshafen, am gegenüberliegenden Ufer »Alexandra«, das älteste Dampfschiff der Flensburger Fördeflotte, erbaut 1908.

Flensborg-Hus, Norderstr. 74, ehemaliges Waisenhaus, 1725 aus Steinen der abgerissenen Duburg erbaut. Über der Toreinfahrt Spiegelmonogramm Friedrichs IV. – Über die Marientreppe Aufstieg zum *Schloßwall* oberhalb der Norderstraße, ehemaliger Standort der Duburg, von dort besonders schöne Aussicht über Stadt, Hafen, Förde und das dänische Ufer.

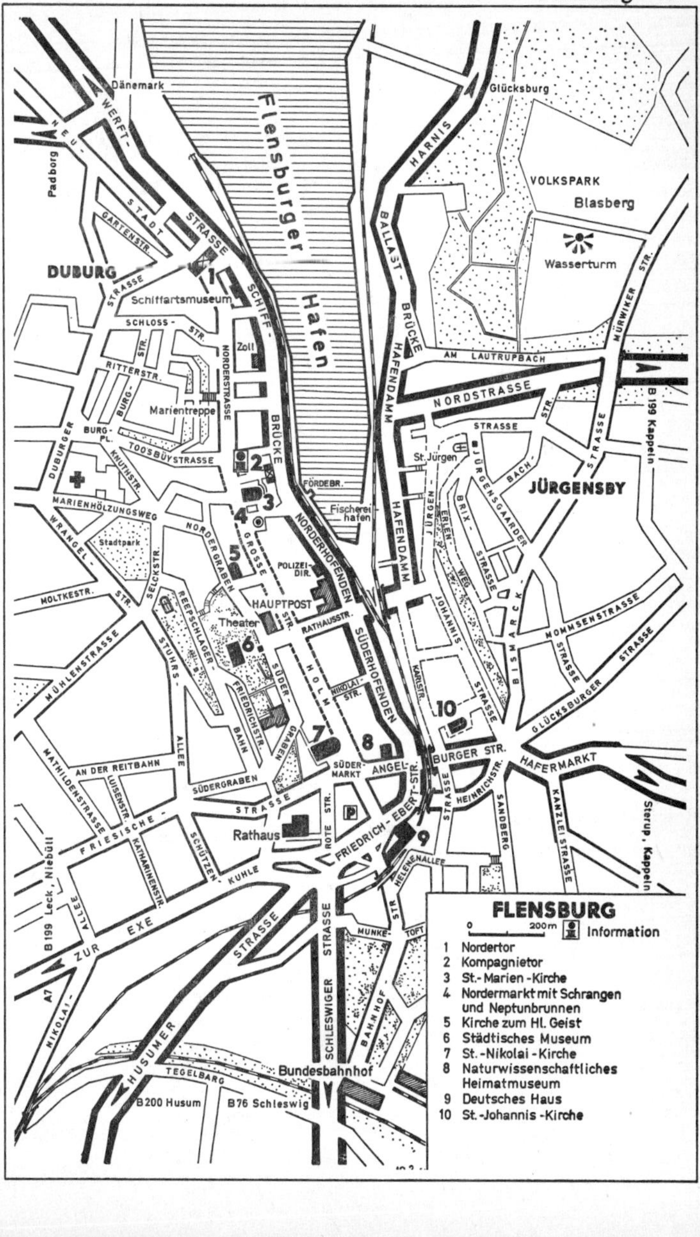
FLENSBURG
0 200 m
Information
1 Nordertor
2 Kompagnietor
3 St.-Marien-Kirche
4 Nordermarkt mit Schrangen und Neptunbrunnen
5 Kirche zum Hl. Geist
6 Städtisches Museum
7 St.-Nikolai-Kirche
8 Naturwissenschaftliches Heimatmuseum
9 Deutsches Haus
10 St.-Johannis-Kirche
Flensburger Hafen
Dänemark
Padborg
Glücksburg
VOLKSPARK
Blasberg
Wasserturm
DUBURG
JÜRGENSBY
Schiffartsmuseum
Zoll
Marientreppe
St. Jürgen
Fördebr.
Fischereihafen
Polizei-Dir.
HAUPTPOST
Theater
Stadtpark
Rathaus
Bundesbahnhof
Südermarkt
NEUSTADT
WERFTSTRASSE
GARTENSTR.
DUBURGER STRASSE
SCHLOSS-STR.
RITTERSTR.
BURG-STR.
BURG-PL.
NORDERSTRASSE
TOOSBÜYSTRASSE
KNUTHSTR.
DUBURGER
MARIENHÖLZUNGSWEG
WRANGEL-STR.
MOLTKESTR.
SELCKSTR.
NORDERGRABEN
GROSSE STR.
SCHIFFBRÜCKE
NORDERHOFENDEN
HAFERMARKT
HARNIS
BALLAST-BRÜCKE
HAFENDAMM
AM LAUTRUPBACH
NORDSTRASSE
MÜRWIKER STR.
BACH-STRASSE
JÜRGENSGAARDER STRASSE
JÜRGENSTR.
ERLENWEG
BRIX-STRASSE
JOHANNISSTRASSE
KARLSTR.
BISMARCKSTRASSE
MOMMSENSTRASSE
GLÜCKSBURGER STRASSE
BURGER STR.
ANGELBURGER STR.
HEINRICHSTR.
SANDBERG
KANZLEISTRASSE
RATHAUSSTR.
HOLM
NIKOLAISTR.
SÜDERHOFENDEN
SÜDERGRABEN
REEPSCHLÄGERBAHN
FRIEDRICHSTR.
SÜDERGRABEN
STUHRS-ALLEE
MÜHLENSTRASSE
MATHILDENSTRASSE
AN DER REITBAHN
LUISENSTR.
FRIESISCHE STRASSE
KATHARINENSTR.
SCHÜTZENKUHLE
ROTE STR.
FRIEDRICH-EBERT-STR.
HELENENALLEE
ZUR EXE
ALLEE
NIKOLAI-ALLEE
HUSUMER STRASSE
SCHLESWIGER STRASSE
BAHNHOFSTR.
MUNKETOFT
TEGELBARG
B 199 Kappeln
Sterup, Kappeln
B 199 Leck, Niebüll
A 7
B 200 Husum
B 76 Schleswig

Kompagnietor, ein Gildehaus der Schiffer und Kaufleute von 1602 mit den für jene Zeit charakteristischen, abwechselnd roten und gelben Ziegelschichten, ehemaliges Durchgangstor zum Hafen, am Torgebäude Hochwassermarken.

St.-Marien-Kirche, ein gotischer Bau (erste Anlage 1824) mit neugotischem Turm von 1880, spätmittelalterliche Deckenmalereien, Bronzetaufbecken von Michael Dibler (1591), Altar von »Bildsnider« Ringeringk und dem holländischen Maler von Enum (1598), Altar und Kanzel von Hinrich Mattes (1579), Epitaphien. In der ersten Nische rechts die älteste gemalte Darstellung Flensburgs aus dem Jahr 1591, eindrucksvolle Glasfenster der Flensburgerin Käte Lassen (1880–1956).

Nordermarkt mit Schrangen Bogenganggebäude von 1595 zwischen Kirche und Markt, früherer Standplatz der Bäcker und Schlachter und des Prangers (an der Giebelseite der Schrangen noch erhaltene Halterung für das Halseisen). Neptunbrunnen im Rokokostil von 1758.

Westindienspeicher aus dem Jahr 1789 (Große Str. 24), Objekt der Altstadtsanierung, Zeugnis des blühenden Westindienhandels im 18. Jh.

Hof Holm 19/21 (16. Jh.), der älteste noch erhaltene Handelshof aus der Flensburger Blütezeit vor dem Dreißigjährigen Krieg. Die meisten der für Flensburg typischen Handelshöfe beiderseits der Hauptstraßen, v. a. zwischen Holm bzw. Großer Straße und Hafen, gehen auf das 18. Jh. zurück. Sie zeigen die charakteristische Abfolge von Wohnhaus mit Laden, Saalbau, Speicher und Werkstätten, entsprechend dem Weg der von See bezogenen Waren.

Städtisches Museum am Lutherplatz 1 mit bedeutenden Sammlungsbeständen der Kunst- und Kulturgeschichte aus dem gesamten Landesteil Schleswig (Di–Sa 10–13 und 15–17 Uhr, So 10–13 geöffnet).

St.-Nikolai-Kirche, eine Stufenhalle westfälischer Bauart, 1332 erstmals bezeugt, größte Kirche der Stadt mit reichgeschnitzter, berühmter Renaissance-Orgelfassade, die als beste des ganzen Nordens gilt (Ringeringk/1609), Bronzetaufstein (Peter Hansen/1497), Kanzel von 1570.

Südermarkt, neben der Kirche, eines der ältesten Zentren der Stadt, mittwochs und samstags Wochenmarkt, schöne Häuserfronten des alten Flensburg, u. a. das Eckhaus der Fa. Heesch, das als ältestes Wohnhaus der Stadt einen verheerenden Stadtbrand im Jahr 1485 überstand.

Naturwissenschaftliches Heimatmuseum, Süderhofenden 40/42, Ausstellungsstücke der Tier- und Pflanzenwelt sowie der Geologie, Versteinerungen.

Deutsches Haus im Bauhaus-Stil (1929/30) mit dem größten Kongreßsaal des Landes.

Spaziergänge, Wanderungen: **Flensburger Förde,** die hier einen natürlichen Hafen bildet. Die Flensburger Förde ist mit einer Länge von 34 km einer der tiefsten Einschnitte der Ostsee in das schleswigholsteinische Festland. Durch die weit nach Nordosten vorstoßende Halbinsel Holnis wird sie in die schmalere, etwa 15 km lange Innenförde und die sich weit öffnende Außenförde geteilt. In der Mitte der Förde verläuft die deutsch-dänische Grenze, das deutsche Südufer gehört zur Landschaft Angeln.

Kappeln

Kr. Schleswig-Flensburg, 16 m, 11 500 Einw. Kleinstadt an der Schlei mit den Ortsteilen Olpenitz, Kooperby und Mehlby. Kappeln wurde 1387 zum ersten Mal erwähnt und besitzt seit 1870 Stadtrechte. Die Haupterwerbszweige der im Südosten der Landschaft Angeln gelegenen Stadt sind die Fischerei, Schiffswerften und die Textilindustrie.

Auskunft: Fremdenverkehrsverein, Schleswiger Str. 1, 2340 Kappeln, Tel. 0 46 42/45 55.
Verkehr: B 199 Flensburg – Kappeln, B 201 Schleswig – Kappeln, B 203 Eckernförder – Kappeln. – Nächste Bahnstation Süderbrarup (11 km).

Sehenswert:
Nikolaikirche am Rathausmarkt, 1789/93 von H. A. Richter an der Stelle einer ursprünglich für Seefahrer bestimmten Kapelle erbaut (Kappeln = Kapellenort). Letzter großer Kirchenbau des Spätbarock in Schleswig-Holstein. Vorbild der Backsteinkirche war die Stadtkirche von Wilster. Im Inneren Reste aus der alten Kapelle: an der Nordwand überreich ausgestatteter ehemaliger Altaraufsatz (1641) im Knorpelbarock von Hans Gudewerdt dem Jüngeren, gegenüber das marmorne Grabmal für General D. v. Rumohr (gefallen 1678), an der Südwand Kruzifix aus dem 13. Jh. (1969 restauriert).

Zahlreiche **Bürgerhäuser** des 18. und 19. Jh., die einen interessanten Eindruck vom historischen Kappeln vermitteln, sind noch im Dehnthof und anderen Altstadtstraßen erhalten.

Kappelner Windmühle, größte Holländermühle Schleswig-Holsteins im Westen der Stadt, 1888 erbaut, 1978 renoviert, heute Sitz des Fremdenverkehrsvereins.

Drehbrücke von 1927 über die Schlei. Unmittelbar davor der letzte funktionstüchtige **Heringszaun** Europas. In den geflochtenen Reusen verfangen sich die aus der Ostsee die Schlei hinaufziehenden Heringe aufgrund einer speziellen Konstruktion sowohl bei fallendem als auch bei steigendem Wasser. In früherer Zeit war das eine weitverbreitete Fischfangmethode.

Veranstaltungen:
Jedes Jahr ab Christi Himmelfahrt 4tägiges Volksfest »Kappelner Heringstage« mit verschiedenen Veranstaltungen und Heringsspezialitäten. Gildefest mit »Türkenumzug« am 1. Samstag im Februar. Juni–September an den Wochenenden Fahrten mit der Dampfeisenbahn Kappeln–Süderbrarup. Auskunft: Tel. 04 61/2 93 48 u. 5 48 20.

In der Umgebung:
Arnis, 1 Std., die mit knapp 600 Einwohnern kleinste Stadt Deutschlands. Stiller Ort auf einer erst im 19. Jh. landfest gemachten Schleiinsel. Seit 1667 entstand hier eine neue Heimat für die Schiffer und Fischer aus Kappeln, die dem dortigen Gutsherrn v. Rumohr den Huldigungseid der Leibeigenschaft verweigerten. Seit 1934 Stadtrecht. Die planmäßig angelegte Siedlung besteht praktisch nur aus der langgezogenen, beiderseits mit kleinen Giebel- und Traufhäusern bebauten »Langen Straße«.

Kiel

Landeshauptstadt mit berühmtem Hafen und großer Marinetradition

Kreisfreie Stadt und Landeshauptstadt. Mit 250000 Einwohnern zugleich die größte Stadt Schleswig-Holsteins. Die Stadt liegt am Südende der 17 km tief ins Land einschneidenden Kieler Förde, einem hervorragenden Naturhafen. Als Zentrum der deutschen Marine hatte die Stadt unter schweren Kriegsschäden zu leiden. Nach 1945 Neuaufbau des Wirtschaftslebens. Verwaltungs-, Wirtschafts- und Einkaufszentrum für ein weites Umland. Auch heute spielt der Hafen mit seinen Werften und schiffsbauorientierten Spezialbetrieben (Maschinenbau, Elektronik, Informationstechnik u. a.) eine große Rolle. Weitere Industriebetriebe (Feinmechanik, Nahrungsmittel-, bes. Konservenindustrie) und zahlreiche Landesbehörden haben hier ihren Sitz. Als Universitäts- und Theaterstadt ist Kiel auch geistiger und kultureller Mittelpunkt des Landes.

i *Auskunft:* Verkehrsverein der Landeshauptstadt Kiel, Auguste-Viktoria-Straße 16, 2300 Kiel, Tel. 0431/62230.
Verkehr: Endpunkt der Bundesautobahn A 215.

Geschichte:
Kiel wurde zwischen 1233 und 1242 vom Grafen Adolf von Schauenburg nach seinem Sieg über den dänischen König gegründet und erhielt schon bald lübisches Stadtrecht. Die alte Stadt entstand an einer geschützten Stelle zwischen Kieler Förde sowie deren Nebenarm »Kleiner Kiel« und war nur nach Norden mit dem Festland verbunden (Doppelkreuz der auf den zentralen Markt zulaufenden Straßenzüge, als Relikt der ursprünglichen Stadt noch heute erkennbar). Zunächst blühte der Handel mit Skandinavien, jedoch stellte sich bereits im 15. Jh. die abseitige Lage von den Hauptschiffahrtswegen als Nachteil heraus. Auch in der Hanse (1284–1517) blieb Kiel relativ bedeutungslos. 1497 wurde Kiel Sitz des »Vierstädtegerichts« der vier schleswig-holsteinischen Städte mit lübischem Recht. Vom 15. bis 19. Jh. Bedeutung als zentraler Markt für Geldgeschäfte und Waren. 1665 Gründung der Universität. Im 18. Jh. mehrmaliger Besitzwechsel (1767 Einmarsch dänischer Besatzungstruppen).

Im Jahre 1848 konstituierte sich in Kiel eine »Provisorische Regierung«, aber in den darauffolgenden Kämpfen mit Dänemark unterlagen die Herzogtümer Schleswig und Holstein, und wieder rückte eine dänische Truppe in Kiel ein. Als dann 1863 das dänische Königshaus im Mannesstamme ausstarb, griff der Deutsche Bund unter Führung Preußens und Österreichs ein und befreite auch die Stadt Kiel im Deutsch-dänischen Krieg, und zwar am 29. Dezember 1863. Noch 1857 war Kiel eine bescheidene Kleinstadt mit 24000 Einwohnern. Erst nach der Reichsgründung begann mit dem Ausbau der Kriegsmarine (seit 1856 schon preußischer Kriegshafen) eine Phase raschen Wachstums. 1895 Einweihung des Nord-Ostsee-Kanals. Die durch Ausbau der Kriegsmarine und Rüstungsindustrie auf 300000 Einwohner angewachsene Stadt erlitt umfangreiche Kriegsschäden im Zweiten Weltkrieg (75–80% der Stadt wurden zerstört). Beim Wiederaufbau erhielt Kiel durch großzügige städtebauliche Planung ein neues, modernes Gesicht. Seit 1946 ist Kiel die Hauptstadt Schleswig-Holsteins.

Sehenswert:
Markt, auch »Alter Markt« genannt, Zentrum der mittelalterlichen Stadt. Heute weitgehend modern gestalteter Platz, nur das alte **Rathaus** (1596) und zahlreiche Fachwerk-Bürgerhäuser sowie das Doppelkreuz der auf den Markt zulaufenden Straßenzüge lassen noch die ursprüngliche Stadtanlage erkennen.

Nicolaikirche, im Osten, ein ursprünglich spätgotischer Ziegelbau aus dem 13. Jh., 1878–1884 teilweise restauriert und nach schwerem Bombenschaden 1950 bis 1951 wiederhergestellt; der 75 m hohe Turm wurde 1953 aus Spendenmitteln des Kieler Reeders Grammerstorf erneuert. Im Innern der Kirche einige gerettete Teile der alten Ausstattung: ein Schnitzaltar von 1460, der spätgotische Nebenaltar und ein großes Triumphkreuz von 1490, ein Taufbecken von 1344 und eine Kanzel von Theodor Allers (1705). Bemerkenswert feine Schnitzereien von 1543 am sog. Rantzaugestühl unter der Orgelempore. Messingkronleuchter aus dem 17. Jh., Coventrykreuz, von der im Krieg ebenfalls schwer zerstörten Stadt Coventry gestiftet. Pommernkapelle. Links vor dem Kircheneingang das Bronzedenkmal »Der Geistkämpfer« von Ernst Barlach.

Zwischen Klosterkirchhof und Falckstraße, an der Nordseite des Marktes, eine Grünanlage an Stelle der zerstörten Heiligengeistkirche mit mittelalterlichen und neueren Grabplatten sowie Resten des ehemaligen **Franziskanerklosters** (Klosterkirchhof 8), ältestes Gebäude Kiels aus der Mitte des 13. Jh. Im Kreuzgang der aus der Heiligengeistkirche geborgene Grabstein Adolfs IV., des Stadtgründers, der das Kloster erbaute und hier 1261 sein Leben beschloß.

Viele reizvolle Giebelhäuser mußten seit 1900 der neuen City weichen. Nach dem Zweiten Weltkrieg blieb lediglich in der Dänischen Str. 19 der **Warleberger Hof,** ein 1616 erbauter alter Adelssitz mit Rokokoportal übrig. Heute *Kieler Stadtmuseum* (15. April bis 14. Okt. tägl. geöffnet von 10–18 Uhr, sonst Di–So 10–17 Uhr) mit wechselnden Ausstellungen.

Kieler Schloß, östlich auf der ehemaligen Landzunge zwischen Förde und Kleiner Kiel. Nach Kriegszerstörung neu errichtet und 1955 eröffnet. In den Gebäuden befinden sich die Landesbibliothek, Funk- und Fernsehstudio des NDR, ein Kulturzentrum mit Konzerthalle für 1400 Personen, Tagungsräume, die historische Landeshalle mit *Landesgeschichtlicher Sammlung* (Bilder, Handschriften, Bücher usw., geöffnet Di, Do 10–13, 15–19 Uhr, Mi 10–13 Uhr, So 11–13 Uhr). Im Rantzau-Bau, dem erhaltengebliebenen Westflügel des alten Schlosses mit barockem Treppenhaus, die *Gemäldesammlung der Stiftung Pommern* mit Werken u. a. von Hals, C. D. Friedrich, Runge, Feuerbach, Uhde, van Gogh, Utrillo. Daneben Graphische und Kulturgeschichtliche Sammlung. Alle Museumsstücke ursprünglich im Städt. Museum Stettin, nach dem Krieg bis 1971 in Coburg (geöffnet Di–Fr 10–13 Uhr und 14–18 Uhr, Sa, So 14–18 Uhr).

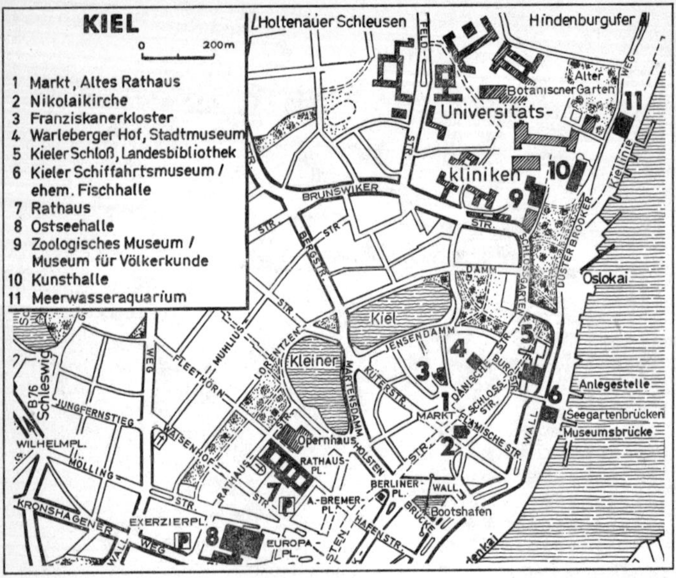

Oslokai, nordöstlich des Schlosses, Ausgangspunkt der Fährschiffe nach Dänemark und Norwegen. Die Seeseite der Altstadt wird begrenzt vom Wall, einem beliebten Straßenzug. Zwischen Wall und Sartorikai der **Sartorispeicher** (Klinkerbau von 1925/26).

> Am Wall 65 die unter Denkmalschutz gestellte Fischhalle von 1909/10. Seit 1978 **Schiffahrtsgeschichtliche Abteilung** des Stadtmuseums mit Segelschiffmodellen verschiedener Länder (17.–20. Jh.) und den weiteren Schwerpunkten Kieler Schiffbau und Schiffahrt, Fördefischerei, Fördelandschaft u. a. Öffnungszeiten s. Stadtmuseum. An der Museumsbrücke zwei **Oldtimerschiffe** (Tonnenleger »Bussard«, Seenotrettungskreuzer »Hindenburg«).

Schwedenkai und Bollhörnkai, südlich, 1982 eröffnet, modernster Terminal Europas mit großzügiger Anbindung an den Innenstadtbereich. Anlegeplatz für Fährschiffe von und nach Schweden sowie für Kreuzfahrtenschiffe.

Am Südufer des Kleinen Kiel befinden sich die Kielsäule und das **Opernhaus,** Backsteinbau von 1907, nach dem Krieg wiederhergestellt. Auf dem Rathausplatz Schwertträgerfigur von Adolf Brütt.

Rathaus, von Prof. Billing 1907–1911 erbaut. Langgestreckter Bau mit drei Innenhöfen, im Krieg relativ wenig zerstört. Turm (106 m) mit Gockenspiel, dem wegen der hohen Baukosten des Rathauses der Spruch unterlegt wird: »Kiel hat kein Geld, das weiß die Welt, ob's noch was kricht, das weiß man nicht.« Vom 67 m hohen obersten

Umgang (Fahrstuhl) lohnender Rundblick über Stadt und Hafen. Im Innern im Jugendstil errichtetes Ratsherrenzimmer mit einem Stadtbild von Kiel um 1696 und den Ratsherrnwappen. Rotunde als repräsentativer Empfangsraum, Wandelhalle, Ratssaal, Magistratssaal, daneben auch Stadtarchiv. Besichtigung mit Turmfahrt täglich 10.30 und 11.30 Uhr (kostenlos).

Zoologisches Museum mit Sammlungen zur Tierwelt Australiens, Indiens, der malaiischen Inselwelt, Afrikas, Süd- und Mittelamerikas, der Antarktis, lokalen Eiszeitformen u. a. und **Museum für Völkerkunde** mit Sammlungen Kieler Seeleute aus Südsee und Afrika. Beide geöffnet Di–Sa von 10–17 Uhr, So von 10–13 Uhr.

Kunsthalle, nordöstlich am Düsternbrooker Weg 1–7; das im Krieg schwer getroffene Gebäude von Lohr (1911) ist wieder aufgebaut. Gemäldesammlung und Plastiken vorwiegend deutscher, insbesondere schleswig-holsteinischer Künstler des 17. bis 20. Jh., Höhepunkt der Sammlung liegt im 19. Jh. sowie in einer geschlossenen Werkgruppe von Nolde, bedeutende Graphische Sammlung (v. a. Holländer des 16. und 17. Jh.), Kupferstichkabinett, Bibliothek. Im Erdgeschoß antike Kleinkunst. Wechselnde Ausstellungen, geöffnet tägl. außer Mo.

Am diesseitigen Ufer befindet sich das international anerkannte Institut für Meereskunde der Universität mit sehenswertem **Meerwasseraquarium.**

Von der **Bellevue-Brücke,** Anlegestelle der Fördeschiffe am Hindenburgufer (nordöstlich das Düsternbrooker Gehölz), blickt man nach Norden auf die Wiker Bucht mit der Tirpitzmole, den Schleusen des Nord-Ostsee-Kanals, dahinter Holtenau und Friedrichsort mit Leuchtturm; gegenüber am östlichen Ufer der bewaldete Vorsprung des Fördeortes Kitzeberg, die Heikendorfer Bucht, das U-Boot-Ehrenmal in Möltenort und weit draußen Laboe mit dem eindrucksvollen Marine-Ehrenmal.

An der Mündung des Nord-Ostsee-Kanals in die Kieler Förde die **Holtenauer Schleusen,** deren Besichtigung sich besonders lohnt.

Molfsee (6 km), Kieler Vorort mit dem **Schleswig-Holsteinischen Freilichtmuseum,** in der Regel auch als Freilichtmuseum Kiel-Molfsee bezeichnet. Hier wurden seit 1961 über 50 alte schleswig-holsteinische Bauernhäuser aus dem ganzen Land zusammengetragen und wieder aufgebaut. Weitere sind noch im Aufbau, insgesamt sind 75 geplant. Sie sind trotz Vielfalt und farbenfroher Ausstattung originalgetreu eingerichtet. In den für Schleswig-Holstein typischen Katen werden z. T. noch die alten Handwerke ausgeübt: Brotbäckerei, Meierei, Wind- und Wassermühle.

Veranstaltungen:
Alljährlich im Juni die **Kieler Woche,** 1882 zum erstenmal durchgeführt, traditionelle internationale Segelregatten, ergänzt durch Theatergastspiele bedeutender Bühnen, wissenschaftliche Vorträge, Kulturpreise und Ausstellungen, Höhepunkt sind die großen Kreuzerregatten nach Eckernförde, Fehmarn, Flensburg und die populäre Seeregatta um den Senatspreis der Stadt Hamburg.

Kieler Umschlag, seit 1431 aktenkundiges, aber nach 1900 erloschenes, seit 1975 wieder beliebt gewordenes Volksfest.

Lübeck

Kreisfreie Stadt, 220000 Einw. Die traditionsreiche Hansestadt ist heute zweitgrößte Stadt Schleswig-Holsteins. Trotz Zerstörungen im Zweiten Weltkrieg blieb in der historischen Altstadt eine beachtliche Zahl von Baudenkmälern und Kunstschätzen erhalten, die das Bild der einst reichen mittelalterlichen Handelsstadt lebendig werden läßt. Graf Adolf II. von Schauenburg-Holstein gründete 1143 als Nachfolgerin für die 1138 zerstörte wendische Siedlung Liubice, 6 km traveabwärts das heutige Lübeck. 1188 wurde es kaiserliche Stadt mit weitgehenden Privilegien und erlangte nach kurzer dänischer Herrschaft am 14. 6. 1226 die Reichsfreiheit. Als Ausgangspunkt des Handels mit den Ostseeländern gelangte es zu großer Bedeutung und wurde Haupt des mächtigen Städtebundes der Hanse.

Auskunft: Amt für Stadtwerbung und Fremdenverkehr, Beckergrube 95, 2400 Lübeck, Tel. 0451/1228109.

Sehenswert:
Holstentor, Wahrzeichen der Stadt. Das von zwei mächtigen Rundtürmen flankierte Tor mit Stufengiebel, von Hinrich Helmstede erbaut, 1477 vollendet, lag ursprünglich vor der Stadt. Es birgt außer den vollständig erhaltenen alten Kasematten ein kleines *Museum* zur Stadtgeschichte und zur Geschichte der Hanse (großes Stadtmodell von 1650). – Unweit südlich an der Trave die malerische Gruppe der alten

Salzspeicher aus dem 16. und 17. Jh., in denen das aus der Lüneburger Saline stammende Salz aufbewahrt wurde. Es wurde über die »Alte Salzstraße« oder auf dem »Stecknitzkanal«, dem ersten Schleusenkanal Nordeuropas, durch das Herzogtum Lauenburg herantransportiert. – Am *Markt,* von Neubauten umgeben, das

Holstentor, welberühmtes Wahrzeichen der Hansestadt Lübeck

Rathaus, ein gotischer Backsteinbau aus dem 13.–15. Jh. Es gilt als eines der schönsten deutschen Rathäuser. Im Inneren sehenswert der Audienzsaal von 1755, die Eingangshalle mit Ratsherrenbildern und Denkmal des Schwedenkönigs Gustav Wasa sowie die mächtigen Gewölbe des Ratskellers. Die malerisch wirkenden Arkaden des Rathauses waren bis ins 19. Jh. mit eingebauten Marktbuden ausgefüllt.

Marienkirche, bedeutendster Bau der kirchlichen Backsteingotik, als Rats- und Marktkirche der Hansestadt in der zweiten Hälfte des 13. Jh. auf den Resten einer romanischen Basilika begonnen, dann nach französischen und flandrischen Vorbildern mit Chorumgang, Kapellennischen und Doppelturmfassade um 1350 vollendet. Die reiche Innenausstattung ging 1942 in Flammen auf, aber vieles blieb erhalten. In der nahen Mengstraße das wiederaufgebaute **Schabbelhaus** und das **Buddenbrookhaus.**

Heiligen-Geist-Hospital, eine der besterhaltensten bürgerlichen Hospitalanlagen des Mittelalters, im 13. Jh. erbaut, später mehrfach erweitert und verändert.

St.-Annen-Museum, *St.-Annen-Str. 15,* als Augustinerinnenkloster 1502–15 erbaut, heute Museum für Kunst- und Kulturgeschichte mit reichen Sammlungen aus der kirchlichen und bürgerlichen Kultur der Stadt.

Dom, 1173/74 von Herzog Heinrich dem Löwen gegründet. 1220/30 Fertigstellung der spätromanischen Basilika (Chorquadrat, Querschiff, Mittelschiff des Langhauses, Westturmfront), im Stil der Gotik in der zweiten Hälfte des 13. Jh. erweitert und umgebaut, noch einmal im 14. und 15. Jh.; nach Bombenschäden im Zweiten Weltkrieg wiederhergestellt. Einer der ältesten großen Backsteinbauten Norddeutschlands.

Im Inneren bedeutende Ausstattung. Reste gotischer Ausmalung in der Nord-Ost-Ecke des Querschiffs und im Seitenschiff. Gotischer Lettner mit Figuren sowie gewaltiges Triumphkreuz von Bernt Notke, 1477 (zweimal restauriert, zuletzt 1977); Kanzel im Renaissance-Stil mit Alabasterrelief und kunstvollem Eisengitter (Teufelsgitter); Bronze-Taufbecken von 1455; gotische Madonna mit Sternenkrone (nördliches Querschiff), 1450; Madonna (südliches Seitenschiff), 1509; Barockuhr (1627); Bronze-Grabplatte des Bischofs Bocholt, 1341; Grabplatte des Bischofs Tidemann von Matthias Benning, 1563; weitere Grabmäler in den Grabkapellen.

Im gotischen Baustil: das Lübekker Rathaus mit Marienkirche

An der Südseite das **Dommuseum** (Kreuzgangflügel, um 1250), Schauwand des Predigthauses (um 1460).

Wohngänge, zum größten Teil im 16. Jh. entstanden, als die Wohnungsnot in der expandierenden Stadt fast unerträglich wurde. Viele Haus- und Grundeigentümer errichteten in den Gärten niedrige Reihenhäuser, die durch schmale Gänge erreichbar waren. Etwa 10 dieser sozialgeschichtlich aufschlußreichen Anlagen existieren noch, z. B. Effen- und Engelsgrube, beiderseits der Glockengießerstraße und am Heiligen-Geist-Hospital.

Schleswig

Kr. Schleswig-Flensburg, 14 m, 29800 Einw. Ehem. Residenz, besonders hübsch am Ende der ca. 40 km langen Schlei gelegen, mit einer langen bewegten Vergangenheit. Vorgelagert die unter Naturschutz stehende kleine Insel Möwenberg. Bekannt durch die Ausgrabungen der alten Wikingersiedlung Haithabu und durch eine Reihe von kulturgeschichtlich wertvollen Bauten, vor allem den romanisch-gotischen St.-Peter-Dom, das Wahrzeichen der Stadt.

Auskunft: Städtisches Touristbüro, Plessenstr. 7, 2380 Schleswig, Tel. 04621/814-226 und 814-0.
Verkehr: Autobahnanschlußstellen zur A 7 Hamburg – Flensburg.

Geschichte:
Älteste Stadt Schleswig-Holsteins, bereits als »Sliasthorp«, später auch als »Sliaswich« erwähnt. Dieses am Haddebyer Noor gelegene frühe Schleswig wurde jedoch nach mehrfacher Verwüstung aufgegeben. Übersiedlung auf das Nordufer der Schlei und Übernahme der Funktionen Haithabus. Bistum seit 804, Stadtrecht um 1200, Sitz der Herzöge von Schleswig und Gottorf.

Nach der Verlegung der Residenz nach Gottorf (1565) neue Siedlungsausweitung im 16. und 17. Jh. für den Adel und seine Bediensteten (Lollfuß, Friedrichsberg, Hestenberg, Hühnerhäuser). Ab 1870 Hauptstadt der preußischen Provinz Schleswig-Holstein. 1945 Verlegung der Regierung nach Kiel.

Sehenswert:
Altstadt mit interessanten Bürgerhäusern, Adelshöfen und Kirchen (Rundweg Nr. 1, Markierung grün, 2 Std. ab Schleihallenbrücke).

Dom St. Petri, eine gotische Backstein-Hallenkirche, auf den Resten einer romanischen Basilika, die um 1100 entstanden sein dürfte, erbaut, und um 1500 vollendet. Romanisch sind noch Querschiff und Petersportal im Süden mit sechs Säulen und Christusrelief von 1180, mehrere Löwenskulpturen aus Granit in der »Löwengrube«.

Zunächst turmlos mit einem abseits stehenden Glockenhaus, der 112 m hohe Turm stammt aus dem 19. Jh. Der fünfschiffige Bau besitzt einige herausragende Kunstschätze. Einzigartig der *Bordesholmer Altar* im hohen Chor von Hans Brüggemann (1514–1521) mit nahezu 400 Figuren (z. T. Dürer nachempfundene Passionsdarstellungen), in Eiche geschnitzt, von der Klosterkirche in Bordesholm 1666 nach Schleswig gebracht, heute der größte spätgotische Schnitzaltar Norddeutschlands.

Holm, malerische Kleinbürger-Fischersiedlung abseits der Hauptstraßen mit **St.-Johannis-Kloster.**

Graukloster, als Franziskanerkloster 1234–1240 mit Kirche St. Paul erbaut, später erweitert, nach 1528 Hospital. Umbau der Kirche zum Rathaus, 1794 Abbruch der Klosterkirche und Neubau des heutigen **Rathauses** im klassizistischen Stil. Im Innern ehemaliger Ständesaal.

Schloß Gottorf auf der heutigen Schloßinsel im Burgsee, im 12. Jh. Bischofssitz, seit 1268 herzogliche Residenz. Heutiger Bau auf den alten Fundamenten errichtet aus der Zeit nach 1492 (mehrere Brände). Nach dem 2. Weltkrieg Aufnahme der Landesmuseen und des Landesarchivs. Vierflügelanlage mit repräsentativer Südfassade von 1698–1703. Als größtes Fürstenschloß des Landes war es vom 16. bis 18. Jh. Residenz der Herzöge von Schleswig-Holstein-Gottorf.

Landesmuseum für Vor- und Frühgeschichte, demonstriert übersichtlich die Entwicklung des Landes bis zu den Wikingern. Größte prähistorische Sammlung in der Bundesrepublik, urgeschichtliche Sammlung mit Funden aus der Rentierjägerkultur der Alt- und Mittelsteinzeit, Goldkammer der Bronzezeit, Gestaltungsformen und Komplexe ausgegrabener Siedlungen. Grabfunde aus vorrömischer und römischer Zeit. Frühgeschichtliche Abteilung Waffen, Schmuck u. a. aus der Wikingerzeit, heute z. T. im Haithabu-Museum. Von besonderem Interesse die *Nydamhalle* mit der Hauptattraktion, dem 23 m langen Ruderschiff (ältestes erhaltenes Großschiff Nordeuropas aus dem 4. Jh.) und mehreren etwa 2000 Jahre alten Moorleichen sowie großen Opferfunden von Nydam (nördlich von Dybbøl/Dänemark) und aus dem Thorsberger Moor (bei Süderbrarup).

Schleswig-Holsteinisches Landesmuseum mit reichen Schätzen aus der Kunst- und Kulturgeschichte des Landes vom 11. Jh. bis zur Gegenwart. Geöffnet April bis Oktober, täglich 9–17 Uhr, Mo nur Nydamhalle und mittelalterliche Kunst zu besichtigen, im Winter Di bis So 9.30–16 Uhr, Tel. 0 46 21/6 14-0.

Spaziergänge, Wanderungen: **Haithabu,** am Haddebyer Noor, 1¼ Std., Vorläuferin der heutigen Stadt Schleswig, von den Wikingern aus dem Ostseeraum so benannt (= Ort an der Heide), von den Chronisten südlich der Eider als Sliasthorp und Sliaswich bezeichnet. Von dem größten Handelsplatz Nordeuropas in der Wikingerzeit (um 800 erwähnt) blieben eindrucksvolle Reste erhalten. Seit Oktober 1985 gibt es ein *Haithabu-Museum* am Haddebyer Noor (neben dem berühmten Wikingerschiff sind weitere Funde ausgestellt, wie Schmuck, Münzen, Waffen u. v. a.).

Dannewerk, 1½ Std. westlich. Weitläufige Reste des vom Stadtwall Haithabus ausgehenden dänischen Grenzwalls *Danewerk,* einer im 9. Jh. angelegten und vier Jahrhunderte hindurch ständig ausgebauten Befestigungsanlage, die Schleswig-Holstein an seiner schmalsten Stelle zwischen der inneren Schlei und dem damals unpassierbaren Flußsystem Treene/Eider in einer Länge von 15 km abriegelte.

Der Dom zu Schleswig. Im Innern sein berühmter Schnitzaltar

Ostfriesland und Emsland

Wie ein breites Bollwerk ragt der deichbewehrte ostfriesische Festlandkopf zwischen Dollart und Jadebusen in die Nordsee. Ein Blick auf die Karte läßt erkennen, daß der große, jetzt vom Jadebusen unterbrochene Festungswall gegen das Meer ursprünglich bis an die Wesermündung reichte. Vor der Küste dienen die sieben »Ostfriesen«, die sich im Kampf gegen die Naturgewalten seit Jahrhunderten wacker schlagen, als Wellenbrecher.

Die Ostfriesischen Inseln sind nicht, wie man vermuten könnte, Reste überfluteten früheren Festlandes, sondern sie enstanden erst im Laufe der letzten 2000 Jahre durch Aufschwemmung gewaltiger Sandmassen an der Abbruchkante des Wattenmeeres zu größeren Tiefen. Zwischen den Inseln schuf sich das Wasser die »Gats« – niederdeutsch für Loch oder Tor – für den Durchfluß des Tidestroms, also der bei Flut in den Wattenraum einfließenden und bei Ebbe wieder herausströmenden Wassermassen.

Das eingedeichte ostfriesische Festland wird von einem flachen Geestrücken durchzogen, der sich ostwärts im Oldenburgischen fortsetzt und auf dem auch die Stadt Aurich etwa im Mittelpunkt Ostfrieslands liegt. Nach Norden, Osten und Süden sind Flach- und größtenteils bereits kultivierte Hochmoore angeschlossen, die meerwärts ein breites Marschenland umsäumt.

Was hinter der Küste Ostfrieslands beginnt, setzt sich weiter nach Süden fort: die weite Landschaft des niedersächsischen Nordwestraumes zwischen Ems und Weser.

Im Gegensatz zum Nordteil des Nordwestdeutschen Tieflands, wo Großstädte wie Oldenburg als Sitz des Regierungsbezirkes Weser-Ems und Wilhelmshaven als Marine- und Ölhafen Bebauungsschwerpunkte setzen, beherrscht in diesem Gebiet nur eine Vielzahl von mittelgroßen Städten die Landschaft.

Aus den flachen Geestplatten um Delmenhorst und um Wildeshausen mit der Ahlhorner Heide gehen die Oberflächenformen hier stellenweise auch zu leichten Höhenzügen über, die beispielsweise im Hümmling mit dem Windberg 73 Meter und – weiter südlich – in den Ankumer Bergen bereits über 100 Meter sowie schließlich in den Dammer Bergen mit dem Signalberg sogar 145 Meter erreichen.

Einige dieser Landschaften und Höhen wurden wegen ihrer Schönheit und Unberührtheit als Naturparks ausgewiesen.

Zu den Sehenswürdigkeiten dieses südlichsten Teils des Gebietes zwischen Ems und Weser zählen neben der landschaftlichen Schönheit und einigen bemerkenswerten Museen – darunter die Museumseisenbahn von Bruchhausen-Vilsen und das Museumsdorf Cloppenburg – vor allem auch eine große Zahl von vorgeschichtlichen Steingräbern, die unsere Urahnen aus Findlingsblökken errichteten.

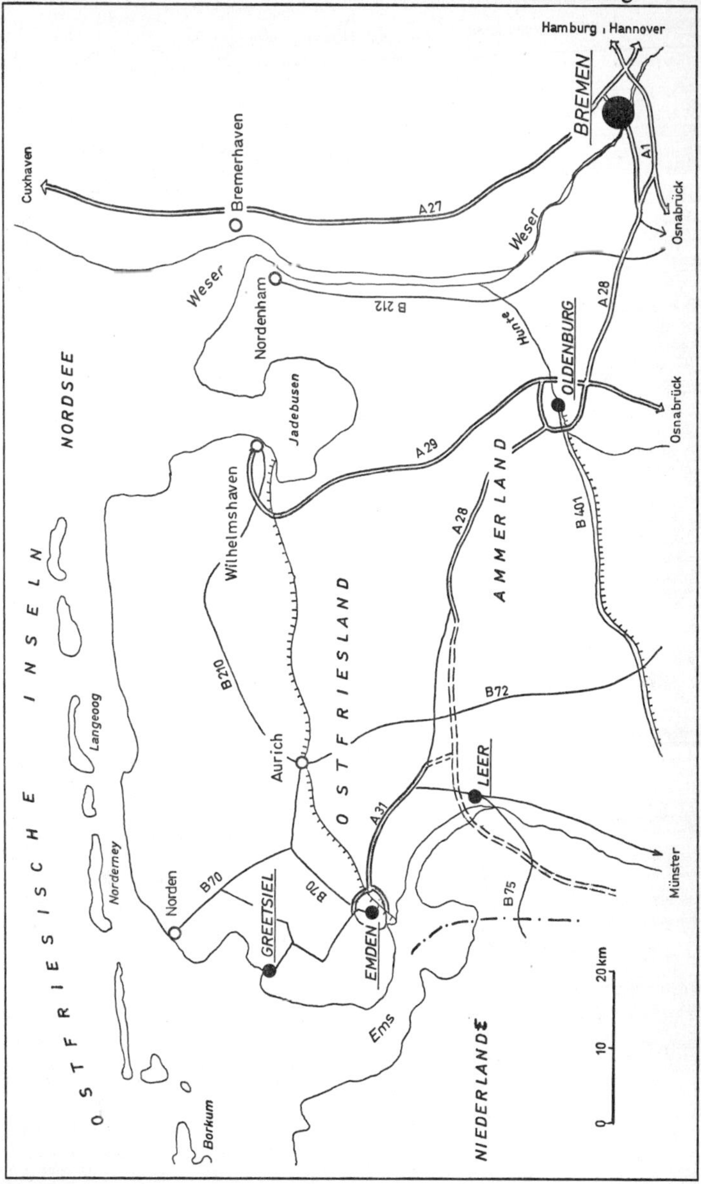
Hamburg, Hannover
BREMEN
Cuxhaven
Bremerhaven
A27
A1
Osnabrück
Weser
Nordenham
B 212
Hunte
OLDENBURG
A 28
NORDSEE
Jadebusen
Osnabrück
A29
Wilhelmshaven
AMMERLAND
A28
B401
OSTFRIESISCHE INSELN
OSTFRIESLAND
B210
B72
Langeoog
Aurich
LEER
Münster
A31
Norderney
Norden
B70
GREETSIEL
B70
EMDEN
B75
Ems
NIEDERLANDE
Borkum
0
10
20km

Bremen

530000 Einw. Freie Hansestadt und Hauptstadt des Bundeslandes Bremen. Bremen ist zweitgrößter Seehafen der Bundesrepublik, Welthandelsplatz sowie Standort leistungsfähiger Werften und vielseitiger Industrie. Die Sehenswürdigkeiten der Stadt sind sehr vielseitig, so daß hier nur die wichtigsten genannt werden können.

Auskunft: Verkehrsverein, Bahnhofsplatz 29, 2800 Bremen, Tel. 0421/363 61.

Geschichte:

Bremen trat im 8. Jh. in die Geschichte ein, 787 ernannte Karl der Große Willehad oder Wilhadus zum Bischof. Die erste Blütezeit des Handels erlebte das Erzbistum Bremen im 11. Jh. unter Adalbert von Bremen (1043–1072). Zu seiner Zeit galt Bremen als das »Rom des Nordens«. Zu dieser Zeit wurden die ersten Handelszweige bis nach Finnland, Island und Grönland errichtet. 1358 trat Bremen der deutschen Hanse bei. Im 14. und 15. Jh. war die Stadt durch Partei- und Verfassungskämpfe innerlich zerrissen. Schließlich wurde die Ratsverfassung wieder eingesetzt, die dann im wesentlichen unverändert bis ins 19. Jh. bestand.

Dem Bürgermeister Johann Smidt (1773–1857) hat Bremen viel zu verdanken. Er erkannte die Gefahr, die durch Versanden der Weser drohte; auf seine Veranlassung erwarb daher die Stadt 1827 vom Königreich Hannover ein größeres Areal unmittelbar an der Mündung der Weser, wo der neue bremische Seehafen – Bremerhaven – angelegt wurde, der sich zum großen deutschen Passa-

Hier gibt es viel Altes: am Marktplatz, im Schnoorviertel, im Dom...

gier- und Stückguthafen entwickelt hat.

Aufschwung als Handelsstadt nahm Bremen im 19. Jh. in erster Linie durch Handelsbeziehungen zu den Vereinigten Staaten von Nordamerika.

Sehenswert:
Böttcherstraße. Der bremische Kaffeekaufmann Ludwig Roselius ließ nach dem Abbruch der alten, verfallenen Häuser dieser ursprünglichen Handwerkergasse die Straße in den Jahren von 1924 bis 1931 zu einer Museums- und Ladenstraße umgestalten. Das einzige alte Gebäude ist das Ludwig-Roselius-Haus, ein Patrizierhaus aus dem Jahr 1588. Um 12, 15 und 18 Uhr Glockenspiel (Meißner Porzellanglocken).

Mühle am Herdentor in den *Wallanlagen;* letzte der ursprünglich zwölf, rund um die Innenstadt auf den Wällen verteilten Windmühlen.

Rathaus am *Marktplatz.* Der gotische Grundbau wurde 1405 bis 1409 errichtet. 1609 bis 1612 wurde ihm von Ratsbaumeister Lüder von Bentheim eine Renaissancefassade zum Marktplatz hin vorgesetzt. Die Figuren des Kaisers und der sieben Kurfürsten an den beiden Schmalseiten gehören zum gotischen Bau. Im Erdgeschoß eine gotische Halle, die den Stilcharakter ihrer Bauzeit unverfälscht offenbart. Im Obergeschoß die große Festhalle (40 m lang, 13 m breit, 8 m hoch) mit Erinnerungen an alle Epochen der Bremer Geschichte. Unter der Decke Medaillonporträts der deutschen Kaiser von Karl dem Großen bis zu

Sigismund (Kopien der Bilder im alten Frankfurter Römer).

Ratskeller unter dem alten Rathaus, 1408 errichtet, einer der ältesten deutschen Stadtweinkeller. In einem der angrenzenden Kellerräume liegen die jahrhundertealten Apostelweine (im Simonfaß ein Rüdesheimer Wein von 1723) und der berühmte Roséwein, ein Rüdesheimer aus dem Jahr 1653. Im Hauffkeller Fresken von Max Slevogt mit Motiven aus Hauffs »Phantasien im Bremer Ratskeller« und der Bremer Stadtmusikanten. Im Bacchuskeller Fresken von dem Bremer Maler Karl Dannemann.

Roland am Marktplatz, 1404 errichtet. Rolandsäulen finden sich in einer ganzen Reihe norddeutscher Städte; sie wurden von den Bürgern als Symbol der städtischen Freiheiten und Rechte aufgestellt.

Stadtmusikanten. Die Märchenfiguren der Bremer Stadtmusikanten fanden in Bremen verschiedenerlei figürliche Darstellung. Die prominenteste ist aber fraglos die Bronzeplastik von Professor Gerhard Marcks an der Nordwestecke des Alten Rathauses.

Schütting am *Markt.* Erbaut 1537–39 als Gildehaus der Kaufmannschaft.

St.-Petri-Dom, die Kathedrale der Erzbischöfe von Bremen. Erster Bauherr war einer der bedeutendsten deutschen Staatsmänner des 11. Jh., Erzbischof Adalbert von Bremen (1043–1072). Mit dem Bau der dreischiffigen Pfeilerbasilika wurde 1043 begonnen.

Schnoorviertel zwischen Tiefer und Domsheide. Das älteste erhaltene Wohnviertel mit zahlreichen Häusern aus dem 15. bis 18. Jh., in denen heute reizvolle Gaststätten, Galerien, Werkstätten und Läden zu finden sind.

Hafenrundfahrten finden ab *Martini-Anleger* in den Sommermonaten regelmäßig statt. Dauer: 1¼ Std.

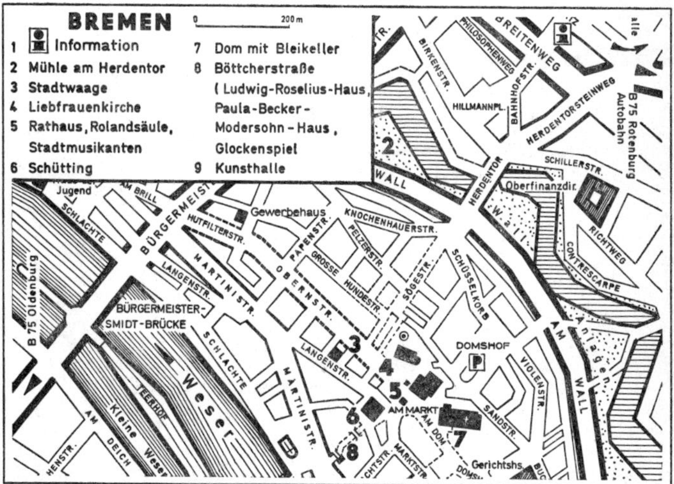

Rathaus von Emden

Emden

51 000 Einw., ist die größte Stadt Ostfrieslands, gelegen an der Emsmündung, am Dortmund-Ems-Kanal und Ems-Jade-Kanal. Drittgrößter Seehafen der Bundesrepublik, Massenguthafen für das östliche Ruhrgebiet mit Umschlagsmöglichkeiten für Erz, Kohle, Mineralöl, Getreide, Baustoffe und anderes: bedeutender Exporthafen für Kraftfahrzeuge, Standort mehrerer Werften und eines VW-Werkes. Kraftwerke, Erdölraffinerie, Erdnußgroßrösterei, Anlandestation für Erdgas aus der Nordsee.

Auskunft: Stadtverwaltung, Gräfin-Anna-Straße, 2970 Emden, Tel. 04921/871 und Verkehrsverein Seehafenstadt Emden, Feuerschiff im Ratsdelft, 2970 Emden, Tel. 04921/32528.

Geschichte:
Emden hat eine über tausendjährige, wechselvolle Geschichte. Im Zweiten Weltkrieg wurde die Innenstadt fast völlig durch Bombenangriffe vernichtet, der Wiederaufbau etwa 25 Jahre später abgeschlossen.

Sehenswert: **Ostfriesisches Landesmuseum,** Städtische Rüstkammer und Stadtarchiv im nach dem Krieg wiedererbauten Rathaus am Delft (geöffnet Di–Fr 10–13 und 15–17 Uhr, Sa und So 11–13 Uhr). Gemäldegalerie, Silberschatz, Sammlungen zur Vor- und Stadtgeschichte, Abteilungen Hafen, Schiffahrt und Volkskunde. Die berühmte Rüstkammer enthält etwa 1000 alte Waffen und Rüstungen; den Kern bildet die Ausrüstung der 21 Emder Bürgerkompanien. – **Hafenanlagen** im Binnen- und Außenhafen; Rundfahrten ab Ratsdelft.

Greetsiel

Ortsteil der Gemeinde Krummhörn. Der Erholungs- und Fischerort liegt an der ostfriesischen Leybucht in der Landschaft Krummhörn. – Das Häuptlingsgeschlecht der Cirksena hatte hier seine Stammburg. – Geburtsort des ostfriesischen Gelehrten Ubbo Emmius, des ersten Rektors der Universität in Groningen.

Auskunft: Fremdenverkehrs-GmbH Krummhörn-Greetsiel, Sielstr. 17, 2974 Krummhörn 3, Tel. 04926/1331 und 1332.

Sehenswert:
Das Bild einer fast holländisch anmutenden Fischer- und Hafenstadt. Am Siel malerische **Hausgiebel** aus der Barockzeit. – Zwei **Windmühlen.** – **Neulandgewinnung** durch stückweises Eindeichen der Leybucht.

Leer/Ostfriesland

Kreisstadt, 31 000 Einw. Rege Handels-, Industrie- und Hafenstadt an der schiffbaren Leda, unweit ihrer Mündung in die Ems, genannt das »Tor Ostfrieslands«.

Auskunft: Stadtverwaltung, Rathausstr. 1, 2950 Leer, Tel. 0491/820.

Sehenswert:
Rathaus, erbaut 1894 im niederländischen Renaissancestil; schöner Blick vom Rathausturm, stündliches Glockenspiel.

Heimatmuseum mit vor- und frühgeschichtlichen Funden, einer naturkundlichen Abteilung sowie einer Darstellung der Küsten- und Flußschiffahrt.

Alte Stadtwaage von 1714 am Ufer des Hafens, heute Gaststätte.

Haus Samson (Weinhandlung Wolff), Rathausstr. 18, Bürgerhaus von 1643 mit schöner, alter Giebelfront und kultivierten Innenräumen (Sammlungen zur bürgerlichen Wohnkultur vergangener Zeiten).

Haneburg, benannt nach ihrem Erbauer Jost Hane; linker Flügel des Herrenhauses in Formen der Spätrenaissance (1621), Querhaus mit Freitreppe (1677) und Rokokoportal.

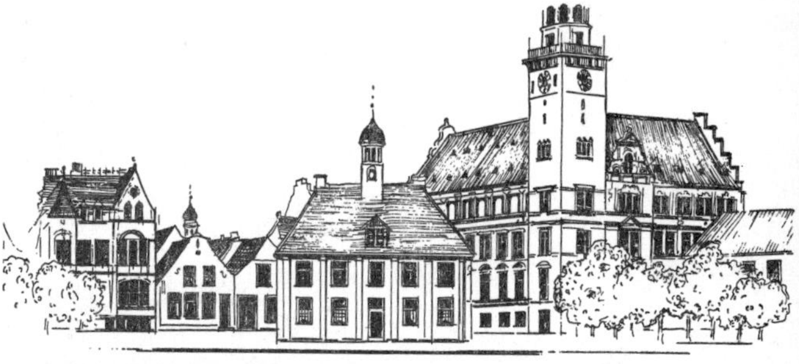

Am Hafen von Leer stehen die alte Waage und das Rathaus

Oldenburg in Oldb.

Kreisfreie Stadt, 7 m, 138 000 Einw., drittgrößte Stadt im Bundesland Niedersachsen, an der Hunte gelegen. Regierungssitz des Niedersächsischen Verwaltungsbezirks Oldenburg. Zentrum der oldenburgischen Landwirtschaft und Universitätsstadt. Historische Residenzstadt, die sich zu einer modernen, durch ausgedehnte Grünanlagen aufgelockerten Großstadt entwickelt hat.

Das Auricher Landschaftshaus

Auskunft: Verkehrsverein, Lange Str. 3, 2900 Oldenburg, Tel. 0441/25092.
Verkehr: Autobahn A 29 nach Delmenhorst und A 28 nach Westerstede (Anschlußstellen im Stadtgebiet).

Geschichte:
Oldenburg verdankt seinen Namen einer wichtigen, alten Grenzfeste, der »olden (alten) Borg« am Hunteknie. Vor der Burg entstand eine Siedlung von Handwerkern und Kaufleuten, und lebhafter Marktbetrieb förderte den Pferdehandel und den Umsatz von Landesprodukten. Die Ammerschen Grafen (sie saßen ursprünglich im Ammerland), die sich später Grafen von Oldenburg und Delmenhorst nannten, verliehen dem rasch sich entwickelnden Ort schon im Jahr 1345 das Stadtrecht. Graf Diederich heiratete im 15. Jh. eine holsteinische Prinzessin und wurde dadurch zum Stammvater der nordischen Regenten. Letzter Graf von Oldenburg und Delmenhorst war der Graf Anton Günther (Regierungszeit 1603–1667). Seiner Förderung verdankt die oldenburgische Pferdezucht ihre bis heute andauernde Bedeutung. 1773 wurde Oldenburg unter dem Fürstbischof Friedrich August von Lübeck zum Herzogtum erhoben.

Als das Oldenburger Land durch die Ämter Wildeshausen, Vechta und Cloppenburg sowie die Fürstentümer Lübeck und Birkenfeld beträchtlich vergrößert wurde, rückte es zum Großherzogtum auf. Die Großherzöge residierten bis 1918 in einem der drei Schlösser Oldenburgs oder in der Sommerresidenz Rastede.

Sehenswert:
Altes Palais, *Damm 1,* Ecke Huntestraße. Erbaut 1821–1826 unter Herzog Peter Friedrich Ludwig, heute Verwaltungsgebäude.

Altes Schloß (Landesmuseum für Kunst- und Kulturgeschichte), die ehemalige Residenz der Großherzöge. Unter Benutzung alter Teile der Burg ab 1607 durch Graf Anton Günther errichtet und im 18. und 19. Jh. mit Ost- und Westflügel erweitert. Baumeister war der Mecklenburger Andre Speza. Teile des plastischen Mauerschmucks stammen von Ludwig Münstermann.

Augusteum, *Elisabethstraße 1,* als Kunsthalle 1867 von Klingenberg im Florentiner Palazzostil erbaut. Im Garten Pavillon des Kunstvereins.

Die **Eisenbahnbrücke** für den Zugverkehr Oldenburg – Bremen und Oldenburg – Osnabrück ist die größte Doppelklappbrücke Europas.

Elisabeth-Anna-Palais, *Schloßgarten,* 1893–1896 von Freese im Stil der niederländischen Backsteinrenaissance erbaut. Wohnsitz des Großherzogs bis 1918, dann Verwaltungsgebäude.

Gertrudenkapelle, an der Gabelung der *Alexander-* und *Nadorster Straße* im Gertrudenfriedhof, um 1428 in schlichter Backsteingotik erbaut, das einzige erhaltengebliebene mittelalterliche Bauwerk der Stadt. Im Innern gotische Wandmalereien, 1908 von Wilhelm Morisse entdeckt, freigelegt und restauriert.

Hafen. Der alte, malerische Hafen am »Stau« hat sich durch die Anlage des Küstenkanals zu einem bedeutenden Binnen- und Seehafen entwickelt. Die ältesten Urkunden über den Seehandel stadtoldenburger Firmen stammen aus dem Anfang des 15. Jh.

Hotel Graf Anton Günther, *Lange Straße 76,* ein Renaissancebau von 1682. An der Außenseite zur Kurwickstraße hin das überlebensgroße Bild des Oldenburger Grafen auf seinem Lieblingspferd »Kranich«, gemalt von Prof. August Oetken. Im Innern Wandbilder von Prof. Bernhard Winter.

Lambertkirche (evangelisch). Ursprünglich gotischer Bau von 1270, 1795 innen in eine römische Rotunde mit einer von 12 griechischen Säulen getragenen Kuppel umgewandelt und später mit mehreren Türmen und der neuen, gotischen Umkleidung versehen.

Schloßgarten, staatlich, 17 ha groß, zwischen der *Gartenstraße* und der *Alten Hunte.* 1804 von Herzog Peter Friedrich Ludwig nach englischem Vorbild angelegt. Interessanter, alter Baumbestand (botanische Besonderheiten sind mit Namensschildern versehen), gepflegte Blumenanlagen und großer Rosengarten. – Schöne Spazierwege haben auch das nahe Everstenholz, und, ein Idyll inmitten des Großstadtverkehrs, der Rosengarten am Stadtmuseum, Raiffeisenstraße.

Museum für Naturkunde und Vorgeschichte, *Damm 40* (geöffnet Di, Fr und So 10–13 Uhr, Mi 15–18 Uhr).

Stadtmuseum, *Raiffeisenstraße 32/33,* mit den Abteilungen »Theodor-Francksen-Stiftung« (oldenburgische Kulturgeschichte, Stadtgeschichte, graphische Sammlungen, antike Kleinkunst), »Bernhard-Winter-Ausstellung« und »Neue Galerie« (Malerei und Plastik des 20. Jh.). (Geöffnet Di, Do und Fr 10–13 Uhr und 15–17 Uhr, Mi 10–13 Uhr und 15–19.30 Uhr, Sa und So 10–13 Uhr).

Veranstaltungen: Oldenburger Universitätswoche in Zusammenarbeit mit verschiedenen Universitäten; im Januar. – Alle zwei Jahre Ausstellung »Landwirtschaft und Technik«. – Oldenburger Kramermarkt (Anfang Oktober). – Hengstkörung und Viehauktionen.

Von Hadeln nach Lauenburg

Nicht jeder wird sofort wissen, wo er dieses Gebiet eigentlich suchen muß. Es spannt sich in der Tat weit durch Norddeutschland – vom Land Hadeln (in Niedersachsen) mit Cuxhaven nach Lauenburg an der Elbe (in Schleswig-Holstein). Die Elbe ist die Achse, die für viele der sehenswerten Städte bestimmend ist. Manche freilich liegen auch weit von ihr entfernt. Man kann sich also ebenso von der geographischen Vielfalt wie von der Unterschiedlichkeit der Möglichkeiten überraschen lassen.

Die Elbe verläuft hier als Grenze zwischen den Ländern Niedersachsen und Schleswig-Holstein, hinter Lauenburg jedoch wird sie zum Grenzfluß zur DDR. Beherrschende Elbstadt ist Deutschlands zweitgrößte Stadt Hamburg, gewiß auch ein Ausflugsziel; aber eine Millionenstadt kann nur von Fall zu Fall Anlaß für einen Ausflug sein.

Marsch und Geest wechseln sich hier ständig ab, wobei der Unterschied dieser beiden typisch nordwestdeutschen Landschaftsformen mühelos deutlich wird. Marschen sind das fruchtbare flache Ackerland oder die grünen Weiden mit dem zufriedenen Vieh. Geest, das ist der sandige, wenig fruchtbare Boden landeinwärts dahinter, der jedoch durch seine Hügelbildung den Wald und die Ausblicke zu ihrem Recht kommen läßt. Geest sind die Moränen der vorletzten Eiszeit. Marsch ist das nacheiszeitliche Schwemmland des Meeres oder der Flüsse. Beide gemeinsam machen unser Ausflugsgebiet abwechslungsreich. Dabei erreichen die Geesthöhen immerhin (mit den Hüttener Bergen) annähernd 100 Meter, was in einem sonst ziemlich auf Meereshöhe liegenden Gelände recht beachtlich wirkt. Es ist durchaus nicht nur eine liebevolle Übertreibung, von »Bergen« zu sprechen.

Von den Sand- und Grasstränden Cuxhavens bis zum Elbufer bei Lauenburg, von malerischen Altstädten wie denen von Otterndorf oder Stade bis zu den Bauernhäusern des Alten Landes oder der Elbmarschen Schleswig-Holsteins reichen die Möglichkeiten. Dabei werden auch einige der schönsten Naturparks des Nordens einbezogen, wie es die Hüttener Berge, Aukrug und nicht zuletzt der Bereich der Lauenburger Seen sind, die in unmittelbarer Nähe zur DDR-Grenze liegen. Der Sachsenwald, mit dem Namen von Bismarck eng verbunden, stellt das größte Waldgebiet Schleswig-Holsteins dar und bildet im Nahverkehrsbereich von Hamburg eine grüne Oase für die Weltstadt, wie es ähnlich in südlicher Richtung mit der Lüneburger Heide der Fall ist. Wer den Norden als eintönig ansieht, wird hier vom Gegenteil überzeugt.

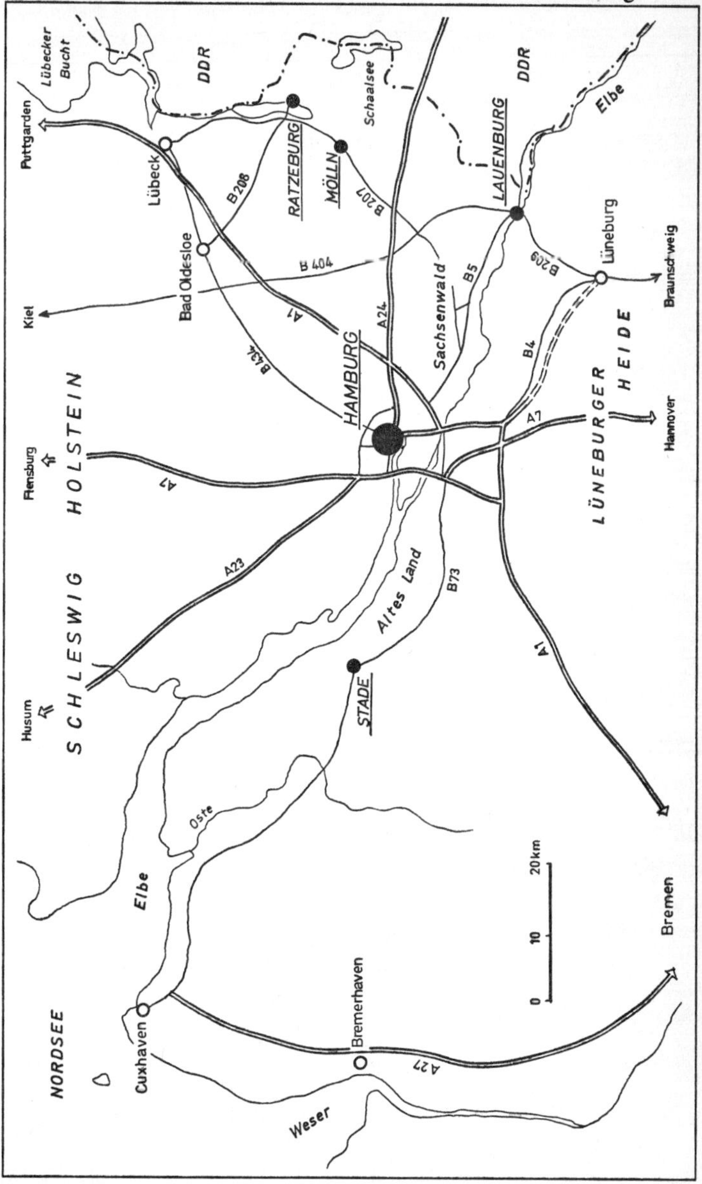
Lübecker Bucht
DDR
Puttgarden
Lübeck
RATZEBURG
MÖLLN
Schaalsee
LAUENBURG
DDR
Elbe
B208
B207
Bad Oldesloe
B 404
Kiel
Sachsenwald
B5
B209
Lüneburg
Braunschweig
A1
A24
HAMBURG
B434
B4
HEIDE
SCHLESWIG HOLSTEIN
Flensburg
A7
A7
LÜNEBURGER
Hannover
A23
Altes Land
B73
A1
STADE
Husum
Oste
Elbe
20km
10
0
Bremen
NORDSEE
Cuxhaven
Bremerhaven
A27
Weser

Hamburg

Tor zur Welt, Stadt der Hanse und des Hafens

Die Freie und Hansestadt Hamburg, gelegen an der Einmündung von Alster und Bille in die Elbe, ist trotz Werftensterben und Hafenkrisen immer noch der größte deutsche Seehafen und der bedeutendste Außenhandelsplatz des Bundesgebiets. Hamburg ist Land der Bundesrepublik Deutschland, fast 755 km² groß, liegt durchschnittlich 10 m über NN und hat über 1,65 Mio. Einw. (eine weitere Million wohnt im engeren Einzugsgebiet der Stadt). Es ist eine der führenden deutschen Industriestädte und nimmt eine Spitzenstellung als Medienmetropole ein (Presse, Film, Fernsehen, Funk, Werbung). Neben zwei Universitäten (Universität Hamburg und Technische Universität Hamburg-Harburg) gibt es sechs Hochschulen und zahlreiche Forschungsinstitute, z. T. von weltweiter Bedeutung.

i *Auskunft:* Tourist Information Bieberhaus, Hochmannplatz 1, 2000 Hamburg 1, Tel. 040/248 70-0. Information in der City, Gerhart-Hauptmann-Platz, Tel. 32 47 58. – Tourist Information und Hotelnachweis in der Wandelhalle des Hauptbahnhofes, Tel. 24 87 02 30.

Geschichte:

Die karolingische Hammaburg war um 800 n. Chr. Keimzelle Hamburgs. Ludwig der Fromme gründete 831 hier ein Erzbistum. Im 12. Jh. begann eine neue Epoche für Hamburg. Sachsenherzog Lüder (später Kaiser Lothar III.) setzte 1111 als Lehnsherrn über Holstein und Stormarn die aus dem Wesergebiet stammenden Schauenburger Grafen ein. Sie erwarben sich große Verdienste um die Entwicklung Hamburgs. Den bedeutungsvollsten Impuls für Hamburgs Zukunft löste Graf Adolf III. aus. Im Jahr 1188 gründete er eine Siedlung für Schiffer und Händler an der unteren Alster, am Nikolaifleet. Hier entstand, neben der erzbischöflichen »Altstadt«, als Wirtschaftsplatz eine »Neustadt«. 1189 erhielt Hamburg vom Kaiser einen »Freibrief« mit vielen Privilegien für die Bürger seiner Hafengründung. So durften sie fortan alle Waren per Schiff auf der Unterelbe bis in die See zollfrei ein- und ausführen. Dieser 7. Mai wird als »Hafengeburtstag« noch heute von der Stadt in großem Stil gefeiert.

Im 14. Jh. entstand als mächtiger kaufmännischer Interessenverband auf freiwilliger Grundlage der Städtebund der »Deutschen Hanse«. Bedeutendster Repräsentant war das mit Hamburg zusammenarbeitende Lübeck.

Als Mitglied der Hanse hatte sich Hamburg im 14. und 15. Jh. zu einem Seehandelsstaat mit weitgehenden Selbständigkeitsansprüchen entwickelt und seine Stellung nach dem Niedergang des Städtebundes nicht nur behauptet, sondern noch verstärkt. 1415 wurde es Freie Reichsstadt. Gestützt auf die Wirtschaftskraft des Reiches, verstand Hamburg die weltweite kommerzielle Konjunktur in der zweiten Hälfte des 19. Jh. und anfangs des 20. Jh. zu nutzen. Es profitierte auch von der rasch voranschreitenden Industrialisierung. 1913 war Hamburg nach London und New York einer der größten Häfen der Welt. Seit 10 Jahren sieht sich Hamburg mit seinem Hafen Problemen gegenüber: der Rotterdamer Hafen mit seiner günstigen Lage zum Atlantik läuft Hamburg zunehmend den Rang ab. Dazu kommt ein allgemein geringeres Ansteigen des Weltschiffsverkehrs und eine große Konkurrenz im Schiffbau der ostasiatischen Länder. Hamburgs Industrie sucht neue Wege, weg von den »alten« Industrien, hin zu neuen Technologien (Meeresbiotechnologie, Computertechnik).

Sehenswert:
Rathaus, Sitz der hamburgischen Landesregierung, des »Senats« (Exekutive) und des Parlaments, der »Bürgerschaft« (Legislative). Der Bau (sechstes Rathaus in der Geschichte der Stadt) wurde 1886–1897 als Werk einer Gemeinschaft von neun Hamburger Architekten im Stil der nordischen Renaissance errichtet. Die Vorderfront schmücken 18 Statuen deutscher Kaiser (eine Erinnerung an Hamburgs ehemalige Stellung als »Freye Reichsstadt«) sowie – neben der Turmloggia – Standbilder von Karl dem Großen und Friedrich Barbarossa; ersterer schuf die politischen Voraussetzungen für die Entstehung der Stadt, der zweite verlieh ihr wichtige Privilegien für ihre Entwicklung zur Seestadt. *Führungen* (auch engl. und franz.): Mo–Fr 10–15 Uhr, Sa und So 10–13 Uhr. Während offizieller Veranstaltungen finden keine Führungen statt.

Rathausmarkt. Der weite Platz vor dem Rathaus mit der Kleinen Alster, im Blickfeld Jungfernstieg und Binnenalster, wurde 1982 neugestaltet: Eine große Freitreppe führt zum Wasser hinunter. Blickpunkt ist die Bronzestatue des Dichters Heinrich Heine. Hunderte von Lampen erhellen am Abend den zum Flanieren und Verweilen angelegten Platz. Beliebter Treffpunkt sind die gläsernen Arkaden.

Alljährlich am 7. Mai feiert der Hamburger Hafen seinen Gründungstag (»Hafengeburtstag«) von 1189

Jungfernstieg, breite Prachtstraße an der Binnenalster, wird an der Stadtseite beherrscht von Bank-, Geschäfts- und Kaufhausfassaden. Über die ganze Breite der Wasserseite erstreckt sich eine geräumige Uferterrasse, flankiert von dem traditionsreichen **Alsterpavillon** (dem sechsten seiner Art seit 1799) und einem Restaurant im Nachkriegsstil. An dieser Uferpromenade befinden sich auch die Abfahrtsstellen der **Alster-Schiffahrt** (April bis Oktober): Alster-Rundfahrten; Fleetfahrten; Kanal-Fahrten; Dämmertörn, Vierlande-Fahrten. Information: Tel. 341145.

Börse, Adolphsplatz (Eingang Handelskammer). Sie wurde als eine der ersten deutschen Börsen 1558 von der Vereinigung »Gemeiner Kaufmann« gegründet. Mo–Fr von 11.30–13.30 Uhr Börsenversammlungen: Allgemeine Börse; Wertpapierbörse; Getreidebörse; Kaffeebörse; Versicherungsbörse (einzige in der Bundesrepublik). Führungen: 11.15 Uhr.

Krameramtswohnungen, Krayenkamp 10, unweit des Michels, 1676 von der Krameramtsgilde für die Witwen der dem Krameramt angehörenden Kleinhändler erbaut, bis 1969 bewohnt, seit 1974 restauriert. Haus C im Biedermeierstil als Museum eingerichtet (tägl. außer Mo 10–17 Uhr zugänglich). Ferner Galerie, Gaststätte.

Chilehaus, Burchardplatz, von F. Höger, das lange Zeit zu den größten Bürogebäuden Europas zählte.

Hafenrundfahrt der »HADAG Seetouristik und Fährdienst AG« (Tel. 3196-1) mit Motorschiffen (fachkundige Erklärung, Gastronomie ohne Verzehrzwang, im Winter geheizte Schiffe) sowie Hafenrundfahrten privater **Barkassen** (Brücken 1, 3, 4 und 7).

St.-Pauli-Landungsbrücken, ein in seiner Art einmaliger »Wasserbahnhof«, dessen schwimmende Brükkenpontons beweglich miteinander verbunden sind und mit den Gezeiten auf- und absteigen.

Altonaer Fischmarkt, jeden Sonntag zwischen 6 und 10 Uhr »unten an der Küste« von St. Pauli.

Sehenswerte **Kirchen:** St. Michaelis, bekannt als Hamburger »Michel«, St. Petri, St. Katharina und St. Nikolai.

Veranstaltungen:
Hamburger Dom, ein Jahrmarkt auf dem Heiligengeistfeld, Nov./Dez. u. Juli/Aug. – **Hafengeburtstag** am 7. Mai, mit Regatten. – Ballett-Tage, Mai/Juni. – Tagungen und Kongresse im Congreß-Center-Hamburg (CCH) am Park »Planten un Blomen« beim Bahnhof Dammtor.

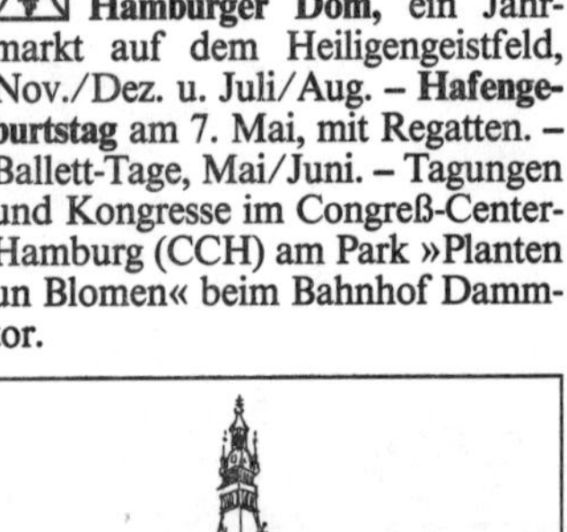

Zeuge aus der Gründerzeit: das prunkende Rathaus

Lauenburg

11300 Einw. Die alte Schifferstadt am steil abfallenden Nordufer der Oberelbe und am Elbe-Lübeck-Kanal gelegen, ist heute die südlichste Stadt Schleswig-Holsteins. 1248 Verleihung des Stadtrechts. Die Askanier erhoben etwas später die Burg zur Residenz ihres Herzogtums, womit die Grundlage für die wirtschaftliche Entwicklung des Ortes gelegt wurde. 1619 wurde die herzogliche Residenz nach Ratzeburg verlegt.

Auskunft: Amt für Wirtschaftsförderung und Fremdenverkehr, Schloß, 2058 Lauenburg, Tel. 04153/13209.

Sehenswert:
Lauenburger Elbbrücke mit Blick auf Hafen und Stadt; die schönen Aussichten von verschiedenen Punkten der **Oberstadt** (Schloßterrasse) und dem Hohen Elbufer.

Unterstadt mit zahlreichen alten Fachwerkhäusern aus dem 16. und 17. Jh., am Markt ältestes Haus von 1573.

Maria-Magdalena-Kirche aus dem 13. Jh.; unter dem Altarraum die Fürstengruft mit 18 Zinksärgen der hier bestatteten Angehörigen der herzoglichen Familie.

Heimatmuseum mit Elbschiffahrtsmuseum der Stadt Lauenburg, Elbstraße 59, im ehemaligen Rathaus.

Veranstaltungen:
Im Januar Fest der Lauenburger Schiffsbrüderschaft, genannt »Schipperhöge« (»Höge« ist das niederdeutsche Wort für Freunde), im Juni Schloßgartenfest, im Juli Schützenfest der Lauenburger Schützengilde, in Jahren mit gerader Jahreszahl »Elbschiffahrtstag«, mit ungerader Jahreszahl »Internationale Musiktage«.

Mölln

15500 Einw. Die »Eulenspiegelstadt« liegt mitten im Naturpark Lauenburgische Seen zwischen Wäldern und Seen am Elbe-Lübeck-Kanal. Schon 1104 urkundlich erwähnt, wurde Mölln bereits im Jahr 1202 Stadt. – Heute ist Mölln staatlich anerkannter Kneippkurort.

Auskunft: Kurverwaltung, Am Kurpark, 2410 Mölln, Tel. 04542/7090 und 7099.

Sehenswert:
Die hochgelegene **St.-Nikolai-Kirche,** die Möllns Altstadt weithin sichtbar überragt. Baubeginn um 1200, Chor spätromanisch, Langhaus frühgotisch, romanisches Gießgefäß in Löwenform aus dem 12. Jh., Triumphkreuz aus dem Jahr 1501, Wandmalereien zum Teil gotisch. In die Kirchenmauern eingemauert der angebliche **Grabstein Till Eulenspiegels,** der im Möllner Heiliggeisthospital seine letzten Lebensjahre verbrachte und dort 1350 an der Pest starb.

Eulenspiegelbrunnen des Möllner Bildhauers Goedtke auf dem historischen Marktplatz unterhalb der St.-Nikolai-Kirche.

Veranstaltungen:
Möllner Altstadtfest und Festival der Trachten- und Tanzgruppen, alle 2 Jahre.

Ratzeburg

Kreisstadt des Kreises Herzogtum Lauenburg (13 000 Einw.). Erste urkundliche Erwähnung 1062, Luftkurort und Inselstadt, umgeben von vier waldumsäumten Seen (Ratzeburger See, Domsee, Küchensee und Stadtsee) und mit dem Festland durch drei Dämme und Brücken verbunden. Schon im 11. Jh. wird Ratzeburg als Sitz eines Bistums genannt, und hier befand sich auch die Gauburg des Polabengaues. 1154 wurde das Bistum von Heinrich dem Löwen neu gestiftet und 1272 die Stadt gegründet. Im 13. Jh. kam Ratzeburg zum Herzogtum Lauenburg, dessen Residenz es ab 1616 wurde. Ratzeburg ist Sitz der Deutschen Ruderakademie.

Auskunft: Städtisches Verkehrsamt, »Alte Wache« am Markt, 2418 Ratzeburg, Tel. 04541/800081.

Sehenswert:
Domhof mit dem 800jährigen romanischen Dom, der Dompropstei, dem Kreuzgang und dem Steintor.

Der **Dom** ist der älteste romanische Backsteindom Norddeutschlands. Als dreischiffige Pfeilerbasilika 1154 auf Grund einer Stiftung Heinrichs des Löwen errichtet, steht er in beherrschender Lage und ist baugeschichtlich von großer Bedeutung. Eindrucksvolles Inneres, 17 m hohes Mittelschiff, Kreuzigungsgruppe aus dem 13. Jh., alter Hochaltar aus Wesersandstein (15. Jh.), Hauptaltar von 1629, Chorgestühl 14. Jh. und Grabplatten aus dem Mittelalter.

Domkloster (13. Jh.) mit dem schönen Klosterhof und **Kreuzgang** mit mittelalterlichen Wandmalereien. Besonders sehenswert der Kapitelsaal (1251). Im Klosterhof Plastik von Ernst Barlach »Der Bettler auf Krücken«. Barlach ist in Ratzeburg begraben.

Steintor auf dem Domhof, unterhalb der sogenannten »Bischofsherberge«.

Dompropstei am Domhof rechter Hand, erbaut 1764. Hier das *Kreismuseum des Herzogtums Lauenburg,* mit vorgeschichtlichen und heimatkundlichen Sammlungen.

Ernst-Barlach-Museum, im Vaterhaus des Künstlers, am Barlachplatz 3. Geöffnet Di–So 10–12 und 15–18 Uhr.

Veranstaltungen:
Theateraufführungen im Burgtheater, Konzerte, Kino, Sommerkonzerte im Dom. – Mecklenburger Heimattage (Juni), Bürgerfest (August).

Stade

Kreisstadt, 45 000 Einw. Mittelalterliche Stadt auf dem linken Ufer der Unterelbe, wegen ihrer Anlagen auch »Grüne Stadt der Niederelbe« genannt. Die Schwinge, die bei Bremervörde entsteht und mit der Oster am Oberlauf durch einen Kanal verbunden ist, umfließt den alten, unzerstörten Stadtkern, der seine fast tausend Jahre alte Geschichte noch an vielen Stellen erkennen läßt und seinen mittelalterlichen Grundriß bewahrt hat, in Form eines Burggrabens und mündet 6 km weiter nordöstlich in die Elbe; dort liegt der Vorhafen Stadersand.

Auskunft: Fremdenverkehrsamt, Bahnhofstr. 7a, 2160 Stade, Tel. 04141/3738 und 14215.

Sehenswert:
St.-Cosmae-und-Damiani-Kirche, die alte Wik- und Ratskapelle, die wohl schon im 11. Jh. gegründet wurde. Der heutige Bau stammt aus dem 13. Jh., er erfuhr nach dem Brand von 1659 umfangreiche Erneuerungen. Der weithin sichtbare Barockhelm auf dem achteckigen wuchtigen Mauerwerk des gotischen Turmbaues wurde 1685 von Daniel Sommer und Andreas Henne geschaffen.

Im Innern wertvolle Ausstattung, u. a. Marmortaufstein von 1665, Schreinaltar der hl. Gertrud, eine Hamburger Arbeit von um 1500, die Vincent-Lübeck-Orgel, ein Frühwerk der Meister Berend Hueß und Arp Schnitger von 1673, der barokke Hauptaltar des Meisters Christian Precht von 1674, schöne Kronleuchter aus dem 16./17. Jh., großartige schmiedeeiserne Portalgitter aus dem 17. Jh., bemerkenswerte Epitaphien.

St.-Wilhadi-Kirche, wohl die älteste Kirche der Stadt, soll von ihrem Namensgeber, dem hl. Willehad, erstem Bischof von Bremen, im 8. Jh. gegründet worden sein. Der heutige gotische Bau wurde um 1340 errichtet, der Turm schon Ende des 13. Jh., die große dreischiffige Hallenkirche erfuhr jedoch nach dem Brand von 1659 sowie im 19. Jh. wesentliche Veränderungen: Das Innere hat durch die durchgreifende Restaurierung von 1958 seinen wohl ursprünglichen Zustand wiedergewonnen. Bemerkenswert von der Ausstattung sind: Altar und Kanzel aus dem 17. Jh., wertvolle Orgel des Meisters Erasmus Bielfeldt aus Bremen von 1730 bis 1735, schöne Kronleuchter aus dem 16./17. Jh.

Rathaus, Hökerstraße. Von dem gotischen Bau von 1279 haben nur die eindrucksvollen mächtigen Kellergewölbe den Brand von 1659 überdauert; der heutige Bau wurde 1667/68 von Daniel Sommer und Andreas Henne errichtet. Die Fassade in flämischem Frühbarock ziert ein reich ornamentiertes Renaissanceportal in Sandstein sowie reicher Figurenschmuck. Beachtenswert im Inneren das Treppenhaus, die geschnitzten Türrahmen und die Stukkaturen der Räume.

Zeughaus von 1698 am Pferdemarkt, schwedischer Festungsbau auf den Fundamenten des abgebrochenen St.-Georgen-Klosters.

Schwedenspeicher am Wasser West, Backsteinbau von 1705, ebenfalls Teilwerk der schwedischen Festung. Hier befindet sich das **Urgeschichtsmuseum** mit Funden von 20000 v. Chr. bis 1000 n. Chr., u. a. der Dolch von Wiepenkathen, der Goldreif von Himmelpforten und der hl. Wagen von um 700 v. Chr.

Schöne **Marktplätze** (Fischmarkt, Sand und Pferdemarkt) und zahlreiche alte **Fachwerkbauten** des 16. und 17. Jh., so besonders in der Bungenstraße, Bäckerstraße und Hökerstraße sowie vor allem am Alten Hafen das **Bürgermeister-Hintze-Haus** mit reicher Barockfassade von 1621.

Von den alten schwedischen Festungsanlagen sind u. a. die alten Bastionen erhalten, die steil zum Burggraben abfallen. Die Wälle wurden im Laufe der Zeit zu schönen Anlagen umgewandelt.

Lüneburger Heide

Mit dem Begriff »Lüneburger Heide« verbinden viele, auch außerhalb des deutschen Nordens, die Vorstellung von Stille, Einsamkeit, Urwüchsigkeit. Das ist richtig und falsch zugleich. Denn heute ist diese Landschaft längst das Ziel der Großstädter aus allen Himmelsrichtungen, sind Teile der Heide zu Truppenübungsplätzen zweckentfremdet worden. Auch die Heide nimmt heute am Massentourismus teil. Wer denkt schon noch daran, daß zu Beginn des vorigen Jahrhunderts die Heide als Sandeinöde gemieden wurde?

Seit damals hat die Heide ihr Gesicht allerdings erheblich gewandelt. Beinahe grotesk mutet es an, daß die »richtige« Heide, das Produkt weidender Heidschnuckenherden, heutzutage mühsam geschützt und betreut werden muß. Denn von beinahe einer halben Million Heidschnucken vor einem Jahrhundert sind bis heute nur ein paar Tausend Tiere übrig geblieben. Um das Rätsel zu lösen: Heide blieb als Vegetationsform nur dort erhalten, wo Heidschnucken die zwischen dem Heidekraut sprießenden Bäume und Sträucher auch heute noch emsig beseitigen. Dort, wo die Heidschnuckenzucht aufgegeben wurde, entstanden anstelle der Heide dichte Wälder. Sicher ein Vorzug für Wanderer und Naturfreunde. Aber die »echte« Heide mit ihren violetten kleinen Blütenglocken, die weite Fläche im August und September verzaubert, ist in größerem Ausmaß nur noch im Naturschutzpark Lüneburger Heide rings um den Wilseder Berg zu finden. Man mußte sie hier unter Naturschutz stellen und die Heidschnucken dazu in den Dienst der Landschaft stellen. Heidschnukken gibt es deshalb überwiegend hier in größeren Herden. Und auch die typischen Ställe sind andernorts weitgehend verschwunden.

Die Lüneburger Heide ist heute überwiegend ein Wald- und Hügelgebiet, das insgesamt rund 7200 Quadratkilometer umfaßt und neben seinen einsamen Landschaften auch einige bedeutende Städte einschließt. Celle und Lüneburg begeistern durch ihre Fachwerkhäuser, was auch für Teile von Verden gilt. Und wer erwartet schon, ausgerechnet in der Lüneburger Heide Klöster zu finden, wie sie in Ebstorf, Wienhausen oder Isenhagen erhalten geblieben sind! Weit über diesen Raum hinaus von Bedeutung sind die Kirchen von Bardowick, wiederum Lüneburg und Celle, auch die Rathäuser dieser Städte und die Museen von Verden, Lüneburg, Wilsede oder Walsrode (mit Lönszimmer).

Ungewöhnlich groß ist in der Heide das Angebot an Tierparks oder Wildgehegen, da hier genügend Platz zur Verfügung steht. Der Besucher kann hier nicht nur heimisches Wild kennenlernen, sondern auch Tiere aus exotischen Ländern, wie z. B. in Walsrodes Vogelpark oder im Hodenhagener Safaripark.

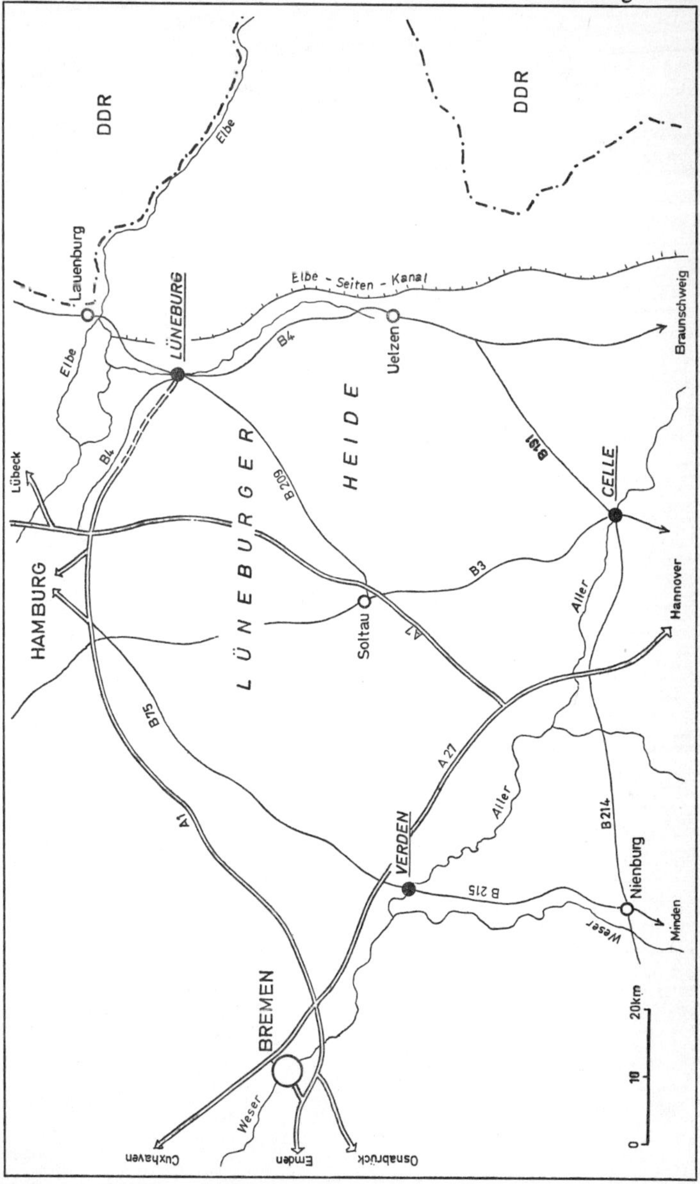
DDR
Elbe
Lauenburg
LÜNEBURG
Elbe - Seiten - Kanal
DDR
Elbe
B4
Uelzen
Braunschweig
B4
Lübeck
HEIDE
B191
CELLE
LÜNEBURGER
B209
HAMBURG
Soltau
B3
A7
Hannover
Aller
B75
A27
A1
Aller
VERDEN
B214
B 215
Nienburg
Weser
Minden
BREMEN
20km
10
0
Weser
Cuxhaven
Emden
Osnabrück

Celle

Große selbständige Stadt, Sitz des Kreises Celle, 40 m, 80000 Einw. Alte Residenzstadt an der Aller, ehemaliger Sitz der Herzöge von Braunschweig-Lüneburg. Celle ist das südlichste Tor in der Lüneburger Heide und für Ausflüge dorthin günstig gelegen. Die Stadt breitet sich mit ausgedehnten Parkanlagen und reizvollen Plätzen um das Schloß aus. Sie bietet mit ihren farbig gestalteten Fachwerkbauten ein selten gut erhaltenes Bild spätmittelalterlicher Städtebaukunst.

Auskunft: Verkehrsverein, Schloßplatz 6A, 3100 Celle, Tel. 05141/23031.

Verkehr: Kreuzungspunkt der B 3 (Hannover – Soltau) und B 214 (Braunschweig – Nienburg); Ausgangspunkt der B 191 nach Uelzen. – Autobahnanschlußstelle Mellendorf (16 km).

Geschichte:

Celle, dessen erste urkundliche Erwähnung in das Jahr 990 datiert, erhielt 1248 das Stadtrecht und war von 1378 bis 1705 Residenz der lüneburgischen Herzöge. Herzog Ernst der Bekenner führte 1527 die Reformation durch, zudem erweiterte und verschönerte er, wie auch Herzog Georg Wilhelm, die Stadt in erheblichem Maße. Seit 1771 befindet sich in Celle ein Hoher Gerichtshof, der heute noch als Oberlandesgericht besteht. Von 1837 bis 1866 wird Celle zweite Residenz des Königreiches Hannover und wird dann Preußen angegliedert. Der Zweite Weltkrieg verschonte die Stadt, ihre historische Bausubstanz blieb dadurch fast vollständig erhalten.

Sehenswert:
Schloß, der alte Sitz der Herzöge von Braunschweig und Lüneburg. Der Ostflügel an der Stadtseite zeigt Frührenaissanceformen. Die anderen Flügel sind im italienischen Barockstil erbaut. Die herrlichen Stukkaturen der Prunkräume stammen von dem Italiener Tornielli.

Im Innern (Führungen täglich, auch sonntags, stündlich von 9–12 Uhr und 14–16 Uhr) die reichsten Stuckdecken in Niedersachsen, von der Hand italienischer Meister geschaffen. – Besondere Beachtung verdient die **Schloßkapelle** mit vollständig erhaltener schöner Renaissance-Innenausstattung aus dem Jahre 1570 und 70 farbenprächtigen Gemälden von Marten de Vos. Porträtdarstellung auf Medaillons im Stil der Renaissance befinden sich am Kapellenturm. Das **Schloßtheater** (1674 eingebaut) ist das älteste bespielte fürstliche Theater in Deutschland, in dem auch heute noch ständig Aufführungen stattfinden.

Schloßanlagen mit dem Albrecht-Thaer-Denkmal, erinnernd an den Begründer der rationellen Landwirtschaft, der 1752 im Hause Schuhstraße 26 geboren wurde.

Bomann-Museum, eines der bedeutendsten Heimatmuseen Nordwestdeutschlands. – Mo–Sa 10–17 Uhr; So 10–13 Uhr, Eintrittsgebühr.

Werck- und Zuchthaus, Barockbau von 1710, noch heute Strafanstalt, in seinen Ausmaßen an eine Schloßanlage erinnernd; daran anschließend schlichte Bauten alter Adelshöfe aus der Barockzeit mit schönen Portalen.

Das Museum zeigt die alte Wirtschaftsform und Kultur der Lüneburger Heide durch ein vollständig eingerichtetes Bauernhaus von 1571, Haus- und Wirtschaftsgeräte, Trachten, Bauern, fürstliche Bildnisse, althannoversche Uniformsammlung, Handwerksaltertümer, bürgerlichen Hausrat, Kleidung und Wohnung der Empire- bzw. Biedermeierzeit.

Stadtkirche. Das Innere etwa 1680 im Barockstil umgestaltet; die Stukkaturen stammen von Tornielli. Älter sind die Triumphbogengruppen aus der Spätgotik und der frühbarocke Altar von 1613. Schöne Holzkanzel von 1682 bis 1686. Reichgeschnitzte Orgel mit hervorragendem Werk, darunter Fürstenempore im Spätrenaissancestil; sehenswerte **Fürstengruft.**

Rathaus von 1579 mit drei prachtvollen Renaissancegiebeln an der Nordseite; an dem rechten Giebel zwei Porträtmedaillons.

Poststraße, reichgeschnitztes Patrizierhaus, 1532 erbaut, erinnert an den Amtsrentmeister Simon Hoppener. Daneben drei weitere charakteristische Giebelhäuser aus den Jahren 1649 und 1701 und aus der Barockzeit.

Französischer Garten, angelegt von Eleonore d'Olbreuse, der Gemahlin des letzten Herzogs Georg Wilhelm. *Bienen-Institut* im Französischen Garten. Östlich des Französischen Gartens **Blumenläger Kirche** von 1392, im 17. Jh. vergrößert, mit einem spätgotischen Altar.

Ludwigskirche, von Johann Anton Spetzler 1835 bis 1838 im klassizistischen Stil erbaut.

Veranstaltungen: »Celler Hengstparade« am letzten September- und ersten Oktobersonntag und jeweils mittwochs vor den Sonntagsveranstaltungen.

Lüneburg

Große selbständige Stadt, 17 m (68 000 Einw.), am Durchbruch der Ilmenau durch den Geestrand gelegen. Lüneburg besitzt bedeutende Baudenkmäler der niederdeutschen Backsteingotik, ein eindrucksvolles Rathaus, Kirchen aus dem 13. und 14. Jh. und Straßenzeilen von hochstrebenden Giebelhäusern aus dem späten Mittelalter sowie eine tausendjährige Saline (seit 1980 wird die Sole nur noch für den Kurbetrieb gewonnen).

Nach dem Niedergang Bardowicks im 12. Jh. wurde Lüneburg ein sehr wichtiger Platz für den Handel zwischen den Ostseeländern und Süd- bzw. Westdeutschland. Die Lüneburger Saline versorgte mit ihrer Salzerzeugung den überwiegenden Teil Nordosteuropas, und ab Ende des 14. Jh. war die Stadt auch Mitglied der Hanse.

Auskunft: Werbe- und Verkehrsamt, Am Markt, 2120 Lüneburg, Tel. 04131/25493 und 32200.

Sehenswert:
Museum für das Fürstentum Lüneburg Kulturgeschichtliches Museum, Stadtgeschichte, Vorgeschichte, volkskundliche Altertümer. Führungen Di–Fr 10–16 Uhr, Sa und So 10–13 Uhr.

St.-Johannis-Kirche, ein ausdrucksvoller Backsteinbau mit mächtigem, patinagrünem Turm, 109 m (täglich um 9 Uhr Turmblasen). Ursprünglich eine dreischiffige gotische Hallenkirche, wurde sie gegen 1370 durch zwei Seitenschiffe erweitert, zu denen auf jeder Seite noch eine Reihe von Kapellen hinzukommt. Im Inneren schöne Raumwirkung. Sehenswert die Orgel aus dem 16.

Jh. mit Barockprospekt von 1712/1715, großer Flügelaltar von 1484 mit Schnitzwerk und Gemälden von Hinrik Funhof, den wertvollsten niedersächsischen Malereien aus der zweiten Hälfte des 15. Jh. Kreuzigungsaltar vom Anfang des 16. Jh., Epitaph des Fabian Ludich (gest. 1571) von Albert von Soest, Grabdenkmäler von zwei Lüneburger Bürgermeistern im Stil der Renaissance, reich geschnitztes Chorgestühl von 1593 u. a. Vor der Johanniskirche erstreckt sich der Platz *Am Sande* mit zahlreichen alten **Lüneburger Giebelhäusern.** Am Markt steht das

Rathaus in Lüneburg aus dem Mittelalter, Ausdruck eines selbstbewußten Bürgertums

Rathaus, eines der größten mittelalterlichen Rathäuser Deutschlands, Fassade von 1720. Im Huldigungssaal und Traubensaal (Barockstil) Wand- und Deckengemälde, Leuchter usw. Die im Renaissancestil gehaltene große Ratsstube, 1564–1583 eingerichtet, enthält vortreffliche Holzschnitzereien von Albert von Soest (16. Jh.) und Wandgemälde des Malers und Kartographen Daniel Frese aus der gleichen Zeit. Die Gerichtslaube, der alte Ratssaal im gotischen Stil aus dem 14. Jh., enthält prächtige Glasmalereien und Wandgemälde. Noch rein mittelalterliches Gepräge trägt die Körkammer (1491), in der die Bürgermeisterwahlen stattfanden.

Der Untergrund von Lüneburg

Der westliche Teil der Innenstadt steht auf einem Salzstock, dessen Mitte durch den Kalkberg dargestellt wird. Aus rund 4000 m Tiefe ist ein Salzhorst mit fast senkrechten Wänden emporgestiegen, dessen Oberfläche jetzt in 40 m Tiefe liegt. Er entstammt der Zechsteinzeit und hat beim Emporndringen die darüberliegenden Ablagerungen aufgebogen, so daß um den Salzstock herum insbesondere die Kreidekalke bis an die Oberfläche gekommen sind. Auf dem Kalkstock liegt ein Gipshut, dessen höchste Spitze der 57 m hohe Kalkberg bildet. Leider ist in den letzten 300 Jahren der größte Teil des Berges abgetragen worden.

Da der Salzstock sehr stark vom Grundwasser angegriffen wird und auch wohl eine tektonische Eigenbewegung hat, hat sich im westlichen Teil der Innenstadt ein Senkungsgebiet von etwa 1 qkm Umfang gebildet. An den Grenzen zeigen sich nun zum Teil recht erhebliche Störungen, die bei Häusern und Straßen zu Erscheinungen führen, die in dieser Form nur hier auftreten.

Sehenswert ist weiterhin das **Kaufhaus** (ehem. Herringhaus, jetzt Feuerwehrzentrale) mit seiner barocken Fassade (1741–1745) und dem **Alten Kran,** einem Wahrzeichen der Stadt, schon 1332 urkundlich genannt.

Verden

24 200 Einw. »Reiterstadt« an der Aller, ehemalige Bischofsresidenz mit einem zur Allerseite hin geschlossenen mittelalterlichen Stadtbild.

Auskunft: Verkehrsamt, Ostertorstr. 79, 2810 Verden/Aller, Tel. 0 42 31/1 23 17.

Geschichte:
Verden, das Thulipurdium der Römer, besitzt seit fast 1000 Jahren Stadtrechte. Verden war Mitglied der Hanse und wurde 1210 befestigt. Reichsstadt von 1405 bis 1648. Damals kam das Bistum Verden als Reichslehen zusammen mit dem Erzbistum Bremen unter dem Namen »Herzogtümer Bremen und Verden« an Schweden, 1719 durch Kauf an Kur-Hannover und 1866 zu Preußen.

Deutsches Pferdemuseum in Verden

Sehenswert:
Mittelalterliches **Stadtbild,** das durch den Krieg nicht beschädigt wurde, mit schönen Fachwerkhäusern und Resten der Stadtmauer. Ältestes Bürgerhaus von 1577.

Großer **Dom,** der ursprüngliche Bau wurde 1270 durch einen schweren Brand, der nur den Turm verschonte, vernichtet. Der daraufhin begonnene Neubau konnte erst 1490 zum Abschluß gebracht werden. Trotz langer Bauzeit hat der Dom seinen einheitlichen Gesamtcharakter erhalten; weithin sichtbar ist das mächtige Kupferdach. Das Innere ist weiträumig und schmucklos.

St.-Johannis-Kirche, ursprünglich einschiffige Kirche, Reste im Turm, Chor und Mittelschiffstützen erhalten; im 15. Jh. erweitert. Im Innern Altaraufsatz von 1632, Triumphkreuz und Sakramentshäuschen aus dem 15. Jh. Die Kirche wurde 1969 renoviert, wobei herrliche Wand- und Deckenmalereien freigelegt wurden, u. a. ein Stuckrelief des Jüngsten Gerichts. Sie gilt als älteste Ziegelsteinkirche Deutschlands.

Heimatmuseum mit besonders gepflegter vorgeschichtlicher Abteilung, ältester Speer der Welt (150 000 Jahre). – **Deutsches Pferdemuseum.**

Veranstaltungen:
Alljährlich im Juni Domweih. – Im Frühjahr und Herbst regelmäßig Elite-Reitpferdeauktionen, Fohlenauktionen und Pferdeschauen.

Münsterland

Von der Oberflächengestalt und den erdgeschichtlichen Bedingungen her ist die Westfälische Bucht relativ einheitlich und übersichtlich gestaltet: Der Gesteinsuntergrund des gesamten Raums zwischen den Bentheimer Höhen, dem Teutoburger Wald, dem Eggegebirge, dem Sauerland und den Schotterterrassen des Niederrheins besteht weitgehend aus in der Kreidezeit entstandenen, heute im Zentrum eingetieften und an den Rändern teller- oder schüsselförmig hochgebogenen Kalk-, Mergel- oder Sandsteinbänken, aus denen vor allem die Flußsysteme von Ems und Lippe im Laufe von Jahrmillionen eine Schichtstufenlandschaft herauspräpariert haben, deren Zentrum die bis zu 180 Meter hohen Platten der Beckumer Berge und der Baumberge sind. Sein Feinrelief erhielt dieser Raum dann während des Eiszeitalters durch das Inlandeis, seine Moränen und Schmelzwassersande.

Die einstigen geistlichen Staaten, allen voran die ehemaligen Fürstbistümer Münster und Paderborn, erlebten seit dem Mittelalter trotz weitgehender wirtschaftlicher Stagnation des Münsterlandes eine kulturelle Blüte, deren Träger, der einheimische Stiftsadel wie auch die Herren der noch bestehenden eingesprengten Kleinterritorien, eine reiche geistige und künstlerische Entwicklung einleiteten. Im Ergebnis behielt so das Münsterland seinen noch ausgeprägt ländlichen Charakter und wurde mit seinen urigen Bauernwirtschaften, idyllischen Kirchdörfern und Beschaulichkeit ausstrahlenden Landstädtchen und nicht zuletzt seinen noch zahlreich erhaltenen Wasserschlössern und Herrensitzen edelfreier Geschlechter und bischöflicher Ministerialien ein bevorzugter, an Kunstschätzen reicher Naherholungsraum für das Ballungsgebiet zwischen Ruhr und Lippe.

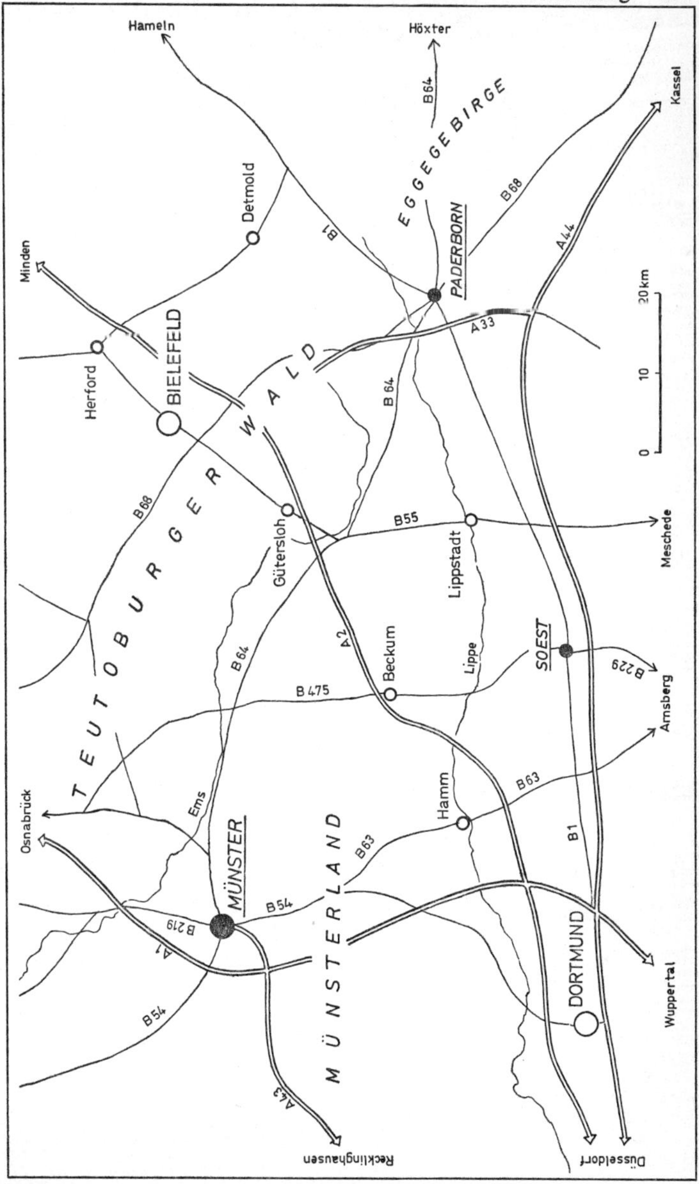
Hameln
Höxter
B64
EGGEGEBIRGE
Kassel
Detmold
Minden
B1
PADERBORN
B68
A44
20 km
10
0
A33
BIELEFELD
Herford
TEUTOBURGER WALD
B 64
B68
Gütersloh
B55
Lippstadt
Meschede
A2
B64
Beckum
Lippe
SOEST
B229
Arnsberg
B 475
Ems
Osnabrück
MÜNSTER
Hamm
B63
B63
B1
MÜNSTERLAND
B54
B219
A1
DORTMUND
Wuppertal
B54
A43
Recklinghausen
Düsseldorf

Münster

Kreisfreie Stadt, 60 m, 250 000 Einw. Sitz des gleichnamigen Regierungsbezirkes, Bischofs- und Universitätsstadt, Sitz des Landschaftsverbandes Westfalen-Lippe und zahlreicher Behörden, gelegen im Mittelpunkt der fruchtbaren Münsterschen Bucht an der Aa, einem kleinen Nebenfluß der Ems sowie am Dortmund-Ems-Kanal. Rege Industrie- und Handelsstadt, Zentrum des westfälischen Zuchtviehmarktes, wichtiger Umschlagsort für Getreide, Holz und Baumaterialien. Bevorzugte Kongreß- und Ausstellungsstadt, attraktives Touristenziel mit zahlreichen bedeutenden Sehenswürdigkeiten.

Auskunft: Städtisches Werbe- und Verkehrsamt, Berliner Platz 22, 4400 Münster, Tel. 0251/492313.
Verkehr: Kreuzungspunkt der B 51 (Haltern – Telgte) und der B 54 (Gronau – Lünen); Ausgangspunkt der B 219 nach Greven. – Autobahnanschlußstellen.

Geschichte:

Die Stadt Münster bildete sich als Kaufmannsniederlassung seit dem 10. Jh. rund um eine karolingische Domburg. Ihre günstige Verkehrslage sicherte der Stadt im 14.–16. Jh. eine hervorragende Stellung in der Hanse. Gleichzeitig entwickelte sich Münster zu einem Zentrum des Kunst- und Kulturschaffens, erlitt auf diesem Gebiet jedoch durch die Schreckensherrschaft der »Wiedertäufer« (1534/35) einen vernichtenden Rückschlag. 1643–1648 tagte der Westfälische Friedenskongreß in der Stadt; Unterzeichnung des Westfälischen Friedens am 24. Oktober 1648. Die Gründung von Universität und Theater durch den Minister Franz von Fürstenberg (1773) machte Münster wieder zum geistigen Zentrum Westfalens. 1802 verlor Münster seinen Rang als Fürstbistums-Hauptstadt. 14 Jahre später wurde es Hauptstadt Westfalens.

Sehenswert:
St.-Paulus-Dom, größtes kirchliches Bauwerk Westfalens, 13. Jh., mit Resten eines früheren Baues und leichten Veränderungen aus spätgotischer Zeit. In der Eingangshalle, dem »Paradies«, einzigartige Monumentalplastiken aus dem 13. Jh. An den Vierungspfeilern die überlebensgroßen Plastiken der vier Evangelisten, ebenfalls 13. Jh. Grabdenkmäler des 17. und 18. Jh. zum Teil ausgeführt von der Familie Gröninger. Astronomische Uhr von 1542 mit Glockenspiel (täglich 12 Uhr), Domschatz mit bedeutenden Werken aller Kunstepochen.

St.-Mauritz-Stiftskirche, St. Mauritz Freiheit, 11. Jh., mit spätgotischem Chor, 15. Jh., Erneuerung im 19. Jh., im Stiftsschatz wertvolles romanisches Vortragkreuz aus dem 11. Jh. An den Osttürmen Sandsteinrelief von um 1090.

Liebfrauenkirche (Überwasserkirche), 14. Jh., mächtigster und schönster gotischer Turm Westfalens.

Ludgerikirche, Marienplatz, romanisch-gotischer Vierungsturm, vollendet Ende des 14. Jh., Westtürme im 19. Jh. ergänzt.

Martinikirche, Neubrückenstraße, gotische Hallenkirche aus dem 14. Jh., romanischer Turm mit barokkem Helm.

Apostelkirche (ehemalige Minoritenkirche), Neubrückenstraße,

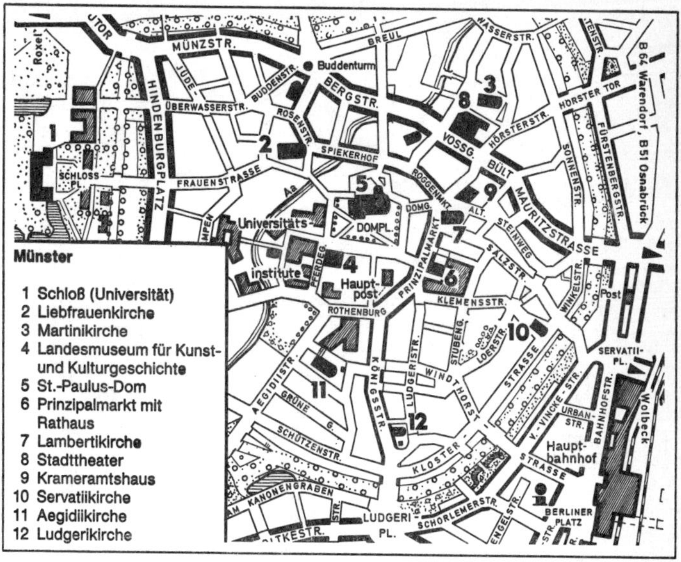

frühgotisch 13./14. Jh., mit Resten alter Gewölbemalereien.

Lambertikirche, Prinzipalmarkt, 14./15. Jh., typische westfälische Hallenkirche, Turm im 19. Jh. erneuert. Apostelfiguren im Chor von Joh. Kroess, um 1600. Am Turm drei Wiedertäuferkäfige von 1536.

Petrikirche, Johannisstraße, von 1590–1597. Portale im späten Renaissancestil; Vorbild für viele deutsche Jesuitenkirchen des 17. Jh.

Servatiikirche, Servatiikirchplatz, älteste erhaltene Pfarrkirche der Stadt, im Innern Marienaltar von um 1480.

Aegidiikirche, Aegidiikirchplatz, barock, Fassade von J. C. Schlaun, 1724–1729; geschnitzte Kanzel, J. C. Schlaun zugeschrieben.

Clemenskirche, Clemensstraße, 1744–1753 von J. C. Schlaun errichtet, Kuppelgemälde von J. A. Schöpf, 1750.

Dominikanerkirche, Salzstraße, 1705 bis 1725 von L. F. von Corfey nach Plänen von P. Pictorius errichtet. Imposante Giebelwand in römischem Barock; heute katholische Universitätskirche.

Rathaus am Prinzipalmarkt, 14. Jh. (die Fassade von 1335 wurde nach schwerer Kriegszerstörung originalgetreu wiedererrichtet), einer der bedeutendsten gotischen Rathausbauten Deutschlands. Im Innern die alte Ratskammer (der sogenannte Friedenssaal von 1648) mit zeitgenössischen Gemälden der Friedensgesandten; prachtvolle Ausstattung.

Alte und neue **Bogenhäuser** am Prinzipalmarkt, Drubbel und an der Bogenstraße.

Ehemaliges **Schloß der Fürstbischöfe** (heute Universität), das Meisterwerk des großen westfälischen Barockbaumeisters Johann Conrad Schlaun, 1767–1787 errichtet; dreiflügelige Anlage mit üppigem Skulpturenschmuck.

Krameramtshaus (Stadtbibliothek), Alter Steinweg; stattliches altes Gildehaus von 1589, Renaissance, Wohnhaus der niederländischen Gesandten während der Friedensverhandlungen am Ende des Dreißigjährigen Krieges.

Freilichtmuseum »Mühlenhof« mit Bauwerken und reichen Innenausstattungen aus vier Jahrhunderten, Sentruper Str. 185.

Allwetter-Zoo mit großem Tierbestand, Delphinarium und schönen Gartenanlagen. Geöffnet: täglich 9–19 Uhr, Einlaß bis 17 Uhr.

Geologisches Museum, Pferdegasse 3. Geöffnet: Mi 15–17 und So 11–12.30 Uhr.

Landesmuseum für Kunst- und Kulturgeschichte, Domplatz 10–15. Geöffnet: täglich außer Mo 10–18 Uhr.

Landesmuseum für Naturkunde, Himmelreichallee 50. Geöffnet: täglich außer Mo 10–17, So 13–17 Uhr.

Landesmuseum für Vor- und Frühgeschichte, Rothenburg 30. Geöffnet: Di bis Sa 10–13 Uhr und 14–18 Uhr, So 10–13 Uhr, Mo geschlossen.

Annette-von-Droste-Hülshoff-Museum, Haus Rüschhaus. Geöffnet: täglich 9–12 und 14.30–17 Uhr.

Veranstaltungen: Stadttheater, Städtisches Symphonieorchester; Niederdeutsche Bühne, Plattdeutsche Spielgruppe. – Lambertusfeier, Münster-Woche (September/Oktober). – Frühjahrsend, Peter- und Paulsend, Herbstend (Jahrmärkte). – Traditioneller Karneval und Rosenmontagszug. – Brandprozession am 2. Montag im Juli. – Cäcilienfest Ende November. – Der Türmer von Lamberti bläst die Stunden von 22–6 Uhr.

Laubengänge am Prinzipalmarkt

Paderborn

Kreisstadt, 94–380 m, 109 000 Einw., alte Kaiser- und Hansestadt an den 200 Quellen der Pader, Zentrum des Paderborner Landes, im Schnittpunkt von Teutoburger Wald, Eggegebirge und Sauerland, am Ostrand der münsterländischen Tiefebene. Sitz eines Erzbistums. Beliebter Tagungsort und Universitätsstadt.

Auskunft: Verkehrsverein, Marienplatz 2 A, 4790 Paderborn, Tel. 05251/26461.

Geschichte:
An den Paderquellen entstand vor 2000 Jahren eine Siedlung. Hier hielt Karl der Große 777 seinen ersten Reichstag auf dem eroberten sächsischen Boden ab. Die Stätte der Zusammenkunft des Frankenkönigs mit Papst Leo III. (799) entwickelte sich schnell zu einem einflußreichen Bischofssitz (seit 806). – 1803 fiel das säkularisierte Bistum an Preußen.

Sehenswert:
Rathaus, dreigiebeliger Bau der »Weserrenaissance« (1613 bis 1620 von H. Baumhauer); einzigartig in Deutschland.

Bürgerhaus (»Heisingsches Haus«), aus dem Anfang des 17. Jh. am Marienplatz, ebenfalls prächtiger Renaissancebau, von H. Baumhauer.

Dom, dreischiffige Hallenkirche von eindrucksvoller Raumwirkung. Der westliche, frühromanische Teil, mit machtvollem Turm, im Kern aus dem Jahr 1068, das frühgotische Langhaus nach 1230 erbaut. Hauptportal (Paradies) an der Südseite mit beachtenswerter figürlicher Plastik (1250); am Südgiebel des östlichen Querhauses die klugen und die törichten Jungfrauen (Ende des 13. Jh.). – Im Innern barocke Ausstattung, prächtige Kapellenportale, Grabmäler von Bischöfen, darunter das riesige des Theodor von Fürstenberg von H. Gröninger; Krypta; Kreuzgang mit Grabmälern der adeligen Domherren aus vier Jahrhunderten; im Binnenhof das Hasenfenster (drei Hasen mit je zwei Ohren und zusammen nur drei Ohren). Domschatz mit dem Tragaltar des Roger von Helmarshausen (1100), prunkvollem Liboriusschrein sowie zahlreichen kirchlichen Goldschmiedearbeiten.

Paderborn und seine Quellen

Die berühmten Paderquellen befinden sich in dem nach Norden hin tiefliegenden Teil der Stadt beim Dom. Sie sprudeln an mehr als 200 Stellen unter altem Gestein, hängenden Büschen und Häusern hervor. Die fünf Quellarme werden in westöstlicher Folge bezeichnet als Warme Pader, Damm- oder Kalk-Pader, Börne-Pader, Rothoborn-Pader, Dom- oder Dielen-Pader. Sie vereinigen sich noch vor der Stadtmauer zur Pader. Die Quellen haben Sommer und Winter gleichbleibende Temperatur, so daß das Paderwasser auch im strengsten Winter nicht gefriert. Die Paderarme führen regelmäßig so viel Wasser mit sich, daß sie innerhalb der Stadt in der Lage sind, Mühlen zu treiben. Vier Kilometer weiter wird die Pader bereits von der Lippe aufgenommen. Nach der Zerstörung der Stadt im Zweiten Weltkrieg ist das westliche Becken des Paderquellengebietes zu einer sehenswerten Anlage ausgebaut worden.

Gaukirche, romanische Basilika (Ende 12. Jh.) mit achteckigem Turm. Prächtige Barockfassade (1746). Gabelkreuz (14. Jh.).

Abdinghofkirche, ehemalige Benediktinerklosterkirche, frühromanische, flach gedeckte Pfeilerbasilika (tonnengewölbte Krypta), nach Zerstörung im Zweiten Weltkrieg wieder aufgebaut. Unter ihrem Bauplatz hat man die Fundamente eines großen karolingischen Kirchenbaues, der Salvatorkirche des Jahres 777, gefunden.

Busdorfkirche, im 11. Jh. gegründet. Von dem ehemaligen Bau blieben die beiden östlichen Rundtürme und der Chor erhalten; barockes Portal von 1672. Interessante »Blütenlüchten«-Fenster (Außenleuchten), Renaissancehochaltar, Reste des romanischen Kreuzgangs (»Pürting«).

Bartholomäuskapelle, vermutlich älteste Hallenkirche Deutschlands, 1017 durch griechische Bauleute errichtet.

Diözesanmuseum, am Domplatz; Kunstwerke aus dem Erzbistum, darunter als bedeutendstes die Madonna des Bischofs Imad aus der zweiten Hälfte des 11. Jh. Geöffnet: Di–So 10–17 Uhr, Do auch 19–21 Uhr, Mo geschlossen.

Veranstaltungen: Westfälische Kammerspiele (beim Rathaus); Konzerte. – Kirchliches Libori-Fest am Samstag nach dem 23. Juli, verbunden mit achttägiger Kirmes. – Schloßfestwochen mit Freilichtspielen in Schloß Neuhaus.

In der Umgebung: **Schloß Neuhaus**, ehemaliger Bischofssitz am Zusammenfluß von Lippe, Pader und Alme, Geburtsort des Apothekers F. W. A. Sertürner (1783–1841), des Entdeckers des Morphiums. Großer vierflügeliger Schloßbau der frühen Weserrenaissance, mehrfach erweitert; heute Realschule. Schloßwache nach Plänen von J. C. Schlaun.

Soest

Kreisstadt, 98 m, 43 000 Einw., »Stadt des deutschen Mittelalters« in der fruchtbaren Soester Börde, am Rand des westfälischen Industriegebietes und der Münsterschen Tieflandsbucht, alte Kunst- und Handelsstadt mit schönen, aus grünem Sandstein erbauten Kirchen. Malerisches Stadtbild mit einem Labyrinth krummer Gäßchen, alten Fachwerk- und Patrizierhäusern innerhalb hübscher Gärten sowie gut erhaltener Umwallung.

Auskunft: Städtisches Verkehrsamt, Am Seel 5, 4770 Soest, Tel. 0 29 21/10 33 23.
Verkehr: B 1 Unna – Paderborn. Ausgangspunkt der B 229 nach Arnsberg und der B 475 nach Bekkum. – Autobahnanschlußstellen.

Geschichte:
Soest, das »ehrenreiche«, verdankt wohl seinen Ursprung und seine Bedeutung als Handelsstadt im Mittelalter seiner Lage in einer fruchtbaren Ebene (Börde, die »Kornkammer Westfalens«), an ergiebigen Salzquellen und am Hellweg, der uralten Völker- und Heerstraße, die sich zwischen Lippe und Ruhr vom Rhein zur Weser zieht. In kirchlicher wie politischer Beziehung gehörte Soest acht Jahrhunderte zum Erzstift Köln. 964 gründete Erzbischof Bruno von Köln das Chorherrenstift St. Patroklus, das bedeutendste und reichste im kurkölni-

schen Westfalen. Als Vorort der westfälischen Hansestädte hatte Soest Sitz und Stimme auf den Hansetagen. Sein Stadtrecht, die Soester Schrae, war Vorbild für viele Städte, besonders für Lübeck und damit für zahlreiche Städte an der Ostseeküste. In der Soester Fehde 1444–1449 verteidigte die Stadt ihre Privilegien erfolgreich gegen den Landesherren, Erzbischof Dietrich von Moers, und verbündete sich mit dem Herzog von Cleve.

Sehenswert:
Rathaus, von 1713 bis 1718, offene, neunbogige Halle, Giebel mit hl. Patroklus von J. Volmer, 1716, unter den Bogen Erinnerungstafeln an die Soester Fehde. Im Stadtarchiv »Nequambuch« mit Miniaturen von um 1315.

St.-Patrokli-Münster, etwa in den Jahren 954–1230 erbaut, dreischiffige Basilika, eines der bedeutendsten frühromanischen Bauwerke Westfalens mit gewaltigem Westturm und Westwerk von 1190 bis 1230, neue Krypta und moderne Glasfenster.

Petrikirche, 1150–1322 erbaut. Südliches Querschiffportal mit eindrucksvollem Tympanon des 12. Jh.; innen gotische Fresken der Soester Malschule von Conrad von Soest, um 1400. Geöffnet: April–September 9–12 Uhr und 14.30–18 Uhr, Oktober bis März 10–12 Uhr und 14–16 Uhr.

St. Maria zur Höhe (Hohnekirche), um 1200 erbaut, der südliche Erweiterungsbau Anfang des 13. Jh. Architektonisch interessant, mit romanischen Wand- und Deckengemälden. Altar vom Meister von Liesborn, um 1470. Geöffnet: siehe Petrikirche.

St. Maria zur Wiese, 1314–1376 erbaut, eine der schönsten Hallenkirchen Deutschlands; interessante Glasfenster mit dem sogenannten »Westfälischen Abendmahl«. Südportal mit schöner Muttergottes von um 1400. Geöffnet: April–September 9–12 Uhr und 14.30–18 Uhr, So ab 14.30 Uhr; Oktober–März nach Vereinbarung.

Alt-Thomäkirche des 12./13. Jh. mit schiefem Turm.

Paulikirche, 14./15. Jh. (Schlüssel beim Küster, Paulistr. 11).

Brunsteinkapelle, um 1400 (Schlüssel beim Pastor Boneß, Schonekindstr. 15).

Ressource; bis Anfang des 19. Jh. Standort der Georgskirche.

Nikolaikapelle, Ende des 12. Jh., mit Altarbild vom Meister Conrad von Soest von um 1400. Anmeldung zur Besichtigung beim Domküster zur Heiden, Probst-Nübel-Str. 1.

Osthofentor, vollständig erhaltenes Stadttor, 1526.

Katzenturm, ehemaliger Wehrturm des 13. Jh.

Stadtarchiv, im 1. Stock des Rathauses, eines der bedeutendsten Archive in Westfalen, mit Soester Schrae und Nequambuch.

Wilhelm-Morgner-Haus, 1962, mit Städtischen Kunstsammlungen. Geöffnet: täglich 10.30–12 Uhr und 15–17 Uhr, So 10.30–12.30 Uhr.

Kunstpavillon im Theodor-Heuß-Park; wechselnde Ausstellungen. Geöffnet: 11–12.30 Uhr und 15–17 Uhr.

Veranstaltungen:
Theater, Konzerte. – Allerheiligenmarkt um den Dom.

Weserbergland

Wie eine vorgeschobene Bastion ragt das landschaftlich wie kulturell selbst für deutsche Verhältnisse ungewöhnlich abwechslungsreiche Bergland beiderseits der Oberweser weit in das Norddeutsche Tiefland hinein. Während im Süden die Übergänge zum Hessischen Bergland eher als fließend bezeichnet werden müssen und im Osten eine Staffel von Schichtkämmen und -stufen zum Harzvorland überleitet, grenzen im Südwesten und Norden langgestreckte Gebirgskämme, großen Festungswällen ähnlich, das anmutig durch zahllose Bergkuppen, Mulden, Hochflächen, Becken, Bergzüge und Talungen gegliederte Berg- und Hügelland zwischen Teutoburger Wald und Leinegraben scharf gegen die Westfälische Bucht und das westfälisch-niedersächsische Tiefland ab.

Schon zur Römerzeit nutzten die Germanenstämme die natürliche Schutzfunktion dieser »Weserfestung«, die auch während des Mittelalters manchem Edelherrn und Grafen die Möglichkeit zur Entwicklung und Sicherung weltlicher Kleinterritorien bot. Zur naturräumlich vorgezeichneten Vielgestaltigkeit dieses Raums gesellte sich so im Laufe der Zeit ein buntes Gefüge historischer und kultureller Eigenentwicklungen, die sich in zahlreichen erhaltenen Stadtbildern, Burgen, Klöstern und Dörfern widerspiegeln und häufig längs der vorhandenen Pässe und Taldurchbrüche auf das benachbarte Norddeutsche Tiefland ausstrahlen.

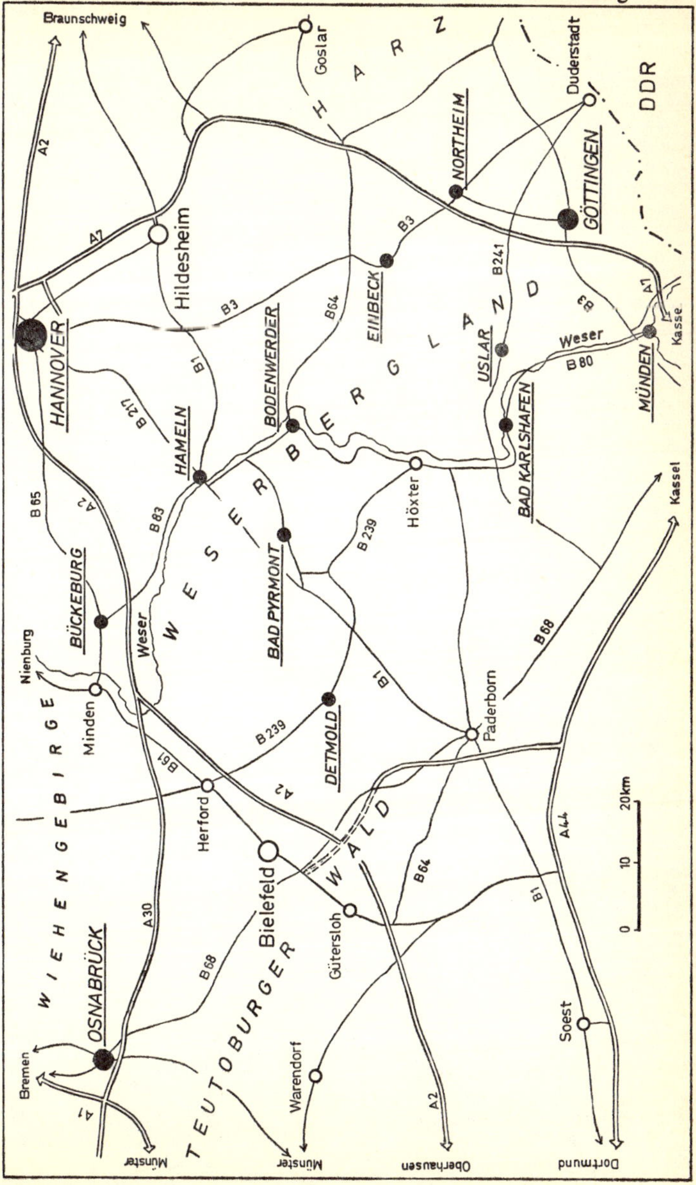

Braunschweig
Goslar
HARZ
Duderstadt
DDR
NORTHEIM
GÖTTINGEN
Hildesheim
A2
A7
B3
EINBECK
B241
B64
HANNOVER
BODENWERDER
USLAR
WESERBERGLAND
A7
B3
Weser
B80
Kassel
MÜNDEN
B217
B1
HAMELN
BAD KARLSHAFEN
B65
A2
B83
Höxter
B239
Kassel
BÜCKEBURG
BAD PYRMONT
Weser
B68
Nienburg
Minden
B1
Paderborn
WIEHENGEBIRGE
B239
DETMOLD
B61
Herford
A2
A44
20km
10
0
Bielefeld
B64
A30
Gütersloh
B1
OSNABRÜCK
B68
TEUTOBURGER WALD
Soest
Bremen
Warendorf
A1
A2
Münster
Münster
Oberhausen
Dortmund

Bad Karlshafen

4800 Einw. Heilbad an der Oberweser bei der Mündung der Diemel. Der Kurort liegt zwischen den bewaldeten Bergzügen des Sollings und Reinhardswaldes.

Auskunft: Kurverwaltung, 3522 Bad Karlshafen, Tel. 05672/1022 und 1091.

Geschichte:

Karlshafen wurde 1699 planvoll als Hugenottensiedlung angelegt, die zunächst den Namen Sieburg erhielt, 1717 aber nach ihrem Gründer Landgraf Carl von Hessen-Kassel in Carlshafen umbenannt wurde. Gegründet wurde Karlshafen, um die Stadt Münden wegen des »Stapelrechts« zu umgehen; der Umgehungskanal wurde jedoch nie fertiggestellt.

Sehenswert:

Rathaus, 1715–18 gegründet, ursprünglich Jagdschloß mit Ratsstube. Das steile Walmdach wird von einem achtseitigen Dachreiter bekrönt, im Unterbau findet man offene Arkaden. Im Festsaal reicher Régence-Stuck von Andrea Gallasini.

Invalidenhaus, 1704–10 als südlicher Eckpfeiler der Stadt errichtet, dreigeschossig. Das im Jahre 1699 als erstes erbaute Haus der Stadt ist der heutige Gasthof »Zum Landgraf Carl«. In der Mitte der Stadt bildet der von der Diemel gespeiste Hafen mit seiner von Anlagen umsäumten Wasserfläche einen besonderen Schmuck. Obgleich er mit der Weser durch eine Schleuse verbunden war, hatte er keinen Schiffsverkehr, weil der von Landgraf Carl geplante Kanal nach Kassel nie zustande kam.

Bad Pyrmont

22500 Einw. Weltbekanntes niedersächsisches Heilbad zwischen den bewaldeten Bergzügen des Weserberglandes und Ausläufern des Teutoburger Waldes im Tal der Emmer. Bad Pyrmont besitzt aufgrund seiner nach Norden, Osten und Westen geschützten Lage ein ausgesprochenes Schonklima.

Auskunft: Kur- und Verkehrsverein, Arkaden 14, 3280 Bad Pyrmont, Tel. 05281/4627.

Geschichte:

Der reiche Fund bei Neufassung der Pyrmonter Quellen im Herbst 1863 (Schmuck, Schöpfgefäße, römische Münzen aus dem 1. und 2. Jh. n. Chr., Hunderte von bronzenen Nadeln usw.) beweist, daß Pyrmonts Brunnen schon in alten Zeiten bekannt waren und in göttlicher Verehrung standen (Hylliger Born, Hylliger Anger); sie waren zugleich Opferstellen. Der historische Nachweis des Bades beginnt mit dem 14. Jh. Im 16. Jh. war der Zustrom von Kranken außerordentlich und der Glaube an eine Wundertätigkeit der Quellen sehr verbreitet.

In späteren Jahren zählten Könige und Fürsten (1681 weilten 40 gekrönte Gäste auf einmal zur Kur) ebenso wie Humboldt und Goethe zu den illustren Besuchern. Am Schellenberg steht noch die Buche, in deren Rinde Königin Luise ihren Namen schnitt.

Sehenswert:

Schloß, das 1706 seine jetzige Form erhielt und 1562 als Wasserburg von den Grafen von Spiegelberg erbaut wurde. Heute dient das Schloß mit seinen im Stil jener Zeit eingerichteten Lese- und Aufenthaltsräumen den Kurgästen als Erholungsstätte. Einen Besuch lohnt auch die sehenswerte Dunsthöhle.

Kurpark mit prachtvollen gärtnerischen Anlagen, darunter mehrere hundert Jahre alte Alleen, seltene Bäume und Sträucher sowie ein wundervoller Palmengarten; der Park geht in den angrenzenden Hochwald über.

In der Umgebung: **Hämelschenburg,** eines der schönsten Bauwerke im Stil der Weserrenaissance.

Bodenwerder

6200 Einw. Bodenwerder ist ein ganz von Bergen umschlossener, staatlicher Luftkurort und Jod-Solbad in einer Schleife der Oberweser bei der Mündung der Lenne. Die hübsche Stadt ist Geburtsort des Freiherrn von Münchhausen, des Schöpfers der berühmten Münchhausiaden, der hier 1797 starb und in der Klosterkirche des Ortsteils Kemnade beigesetzt wurde.

Münchhausen-Denkmal

Auskunft: Städtisches Verkehrsamt, Brückenstr. 7, 3452 Bodenwerder, Tel. 0 55 33/25 60

Sehenswert: Das **Rathaus,** Münchhausens Heimathaus, um 1605 erbaut, mit kleinem Münchhausenmuseum. In diesem Gebäude wurde er 1720 geboren und 1797 starb er hier.

Bückeburg

Kr. Schaumburg-Lippe, 63 m, 21 000 Einw., freundliche Villenstadt am Fuß des buchenbewaldeten Harrl zwischen Weser und Mittellandkanal, ehemalige Residenz der Fürsten zu Schaumburg-Lippe mit bedeutenden Bauten des frühen Barock.

Auskunft: Städtisches Verkehrsbüro, Rathaus, 3062 Bückeburg, Tel. 0 57 22/2 06 24.
Verkehr: Autobahnanschlußstelle Bad Eilsen (7 km).

Geschichte:
Der Name Bückeburg stammt von einer alten Befestigung in der Nähe von Obernkirchen. Er wurde zunächst auf die von den Schaumburger Grafen um 1300 errichtete Burg und dann auf den hier entstehenden Flecken übertragen. 1609 bekam Bückeburg Stadtrechte und wurde von dem prachtliebenden und kunstverständigen Fürsten Ernst zu einer typischen Residenzstadt des frühen Barock ausgebaut. Auch unter den seit 1648 hier regierenden Grafen von Schaumburg-Lippe war Bückeburg ein Ort reger kultureller Tätigkeit. U. a. wirkten hier der »Bückeburger Bach«, der dritte Sohn J. S. Bachs, und J. G. Herder. In Bückeburg schrieb Hermann Löns 1909/10 seinen »Werwolf«.

Sehenswert:
Residenzschloß mit bedeutender Gemäldegalerie italienischer, niederländischer, spanischer und deutscher Meister des 16.–18. Jh. Die Anfänge des heutigen Baues gehen bis ins 14. Jh. zurück, später wurde das Schloß vielfach umgebaut, zuletzt im 18. und 19. Jh. bedeutend vergrößert; der goldene Saal mit seiner prachtvollen barocken Türrahmung ist besonders reich ausgestattet. Die **Schloßkapelle** aus dem 14. Jh. wurde von 1601 bis 1604 zu einem Glanzstück des Frühbarock gemacht. Die Schloßbrücke trägt Bronzestandbilder von Adrian de Vries (Kopien), das malerische Schloßtor aus dem Anfang des 17. Jh. ist gekrönt von allegorischen Figuren. Rings um das Schloß schöne Parkanlagen.

Stadtkirche von 1615, eine der schönsten Kirchenbauten des frühen Barock in Deutschland und zugleich eine der frühesten protestantischen Monumentalbauten mit prächtiger Orgel, kostbaren Taufbecken und reichgeschnitzter Kanzel aus der Erbauungszeit. Neben der Kirche **Herder-Denkmal.**

Heimatmuseum mit Sammlungen zur Stadt- und Landesgeschichte; das altertümliche Gebäude ist einer der vier Burgmannshöfe, die sich als erste beim Schloß ansiedelten.

Hubschrauber-Museum; es zeigt die Entwicklung von der ersten Idee Leonardo da Vincis bis zu den Flugzeugen unserer Zeit.

Detmold

Kreisstadt des Kreises Lippe, 134 m, 65 000 Einw., Fremdenverkehrs- und Kongreßstadt am Nordrand des Teutoburger Waldes. Sitz der Nordwestdeutschen Musikakademie. Detmold war über 400 Jahre (1501–1918) Residenz der lippischen Fürsten.

Auskunft: Städtisches Verkehrsamt, Rathaus, Lange Str., 4930 Detmold, Tel. 05231/771.
Verkehr: B 239 Herford – Höxter. Ausgangspunkt der B 238 nach Lemgo. – Bahnstation. – Busverbindungen.

Sehenswert:
Residenzschloß, Renaissancebau, 16. Jh., umgeben vom Hofgarten. Innen zahlreiche Prunkräume; besonders sehenswert die »Königszimmer« mit wertvollen Gobelins sowie eine Sammlung alten Porzellans. *Führungen:* 1. 4.–30. 10. täglich außer Mo 9–12 Uhr und 14–17 Uhr; 1. 11.–31. 3. Di–Sa 10, 11, 15 und 16 Uhr.

Landestheater, 1914/18 anstelle des alten Hoftheaters erbaut.

Marktkirche (Erlöserkirche), zweischiffige Hallenkirche, um 1400 und 16. Jh., mit Gruft der Grafen und Fürsten zur Lippe. Auf dem gleichen Platz Rathaus und Donopbrunnen.

Lippisches Landesmuseum und Heimathäuser, Ameide 4. Geöffnet: täglich 9–12 Uhr und 14–17 Uhr außer Mo und an Samstagnachmittagen. Eintritt frei.

Westfälisches Freilichtmuseum bäuerlicher Kulturdenkmale, Krummes Haus; auf 80 ha sind insgesamt 100 bäuerliche Bauten Westfalen-Lippes zu sehen. Geöffnet: 1. 4.–1. 11. täglich 10–18 Uhr (Einlaß bis 17 Uhr) außer Mo oder nach Vereinbarung.

Neues Palais, erbaut 1706–1718, ehemaliger Witwensitz der Fürstinnen zur Lippe. Heute Nordwestdeutsche Musikakademie. Im Palaisgarten seltene Bäume und neue Musikhalle.

Geburtshäuser der Dichter Christian Dietrich Grabbe (Bruchstraße 27) und Ferdinand Freiligrath (unter der Wehme) sowie Grabbes Sterbehaus (Unter der Wehme).

Bundesforschungsanstalt für Getreideverarbeitung auf dem Schützenberg.

Sehenswert in Detmold-Berlebeck, 5 km südlich: **Adlerwarte** mit gezähmten, täglich freifliegenden Adlern und Lämmergeiern.

In der Umgebung: **Hermannsdenkmal** auf dem Berg Grotenburg, 386 m, 3 km südlich von Detmold, 26 m hohes Standbild des Cheruskerfürsten Arminius auf 30 m hohem Sockel, 1838–1846 von E. v. Bandel, 1875 vollendet. Inschrift des 7 m langen und 550 kg schweren Schwertes der mit Kupferplatten bedeckten Figur: »Deutschlands Einigkeit – meine Stärke, meine Stärke – Deutschlands Macht«. Hier soll im Jahre 9 n. Chr. der römische Feldherr Varus eine vernichtende Niederlage erlitten haben. Der Schlachtort ist allerdings immer noch nicht ganz sicher.

Externsteine, durch Verwitterung entstandene eindrucksvolle Felsengruppe im *Lippischen Wald,* etwa 10 km südlich von Detmold; der höchste Fels ragt 37,5 m empor. Der Name wird auf die verschiedenste Weise gedeutet, eine sichere Erklärung fehlt indessen.

Veranstaltungen: Landestheater Detmold (Schauspiel, Oper, Operette, Ballett), Spielzeit: September bis Juni, Tel. 28031.

Einbeck

Kr. Northeim, 114 m 29800 Einw., mit 31 Ortsteilen, darunter Salzderhelden, reizvolle alte Hansestadt im Ilmetal zwischen Solling und Harz, mit Stadtmauer und Wachtürmen, schönen Fachwerkbauten und vielen Sehenswürdigkeiten. Die Stadt ist nicht nur durch das berühmte Einbekker Bier bekannt; eine vielseitige Industrie hat hier ihren Sitz. – Südöstlich des Ortsteils Salzderhelden entstand im Zusammenhang mit Maßnahmen der Leineregulierung der Erholungspark »Einbecker See« mit einer rund 350 ha großen Wasserfläche und zahlreichen Freizeiteinrichtungen.

Auskunft: Fremdenverkehrsamt, 3352 Einbeck, Tel. 05561/3181.
Verkehr: B 3 Hannover – Northeim. Autobahnanschlußstelle Northeim (13 km).

Geschichte:
Unter Konrad II. wurde um 1030 ein Gut Einbeck erstmals erwähnt. In der zweiten Hälfte des 11. Jh. gründete Graf Dietrich II. von Calenburg ein Alexanderstift in »Einbike«, das sich zu einem Wallfahrtsort entwickelte. Der 1239 zur Stadt ernannte Ort besaß späterhin eine machtvolle Stellung gegenüber dem Herzog von Grubenhagen. Seit 1368 war die Bier-, Leinen- und Tuchstadt Mitglied der Hanse und besaß größere Bedeutung als Hannover. Feuersbrünste vernichteten

1540, 1549 und 1826 Teile der Stadt, der Dreißigjährige und der Siebenjährige Krieg fügten ihr schweren Schaden zu. Der mittelalterliche Stadtkern mit zahlreichen Fachwerkhäusern ist noch von großen Teilen der einstigen Stadtmauer umgeben.

Sehenswert:

Alte Apotheke aus dem Jahre 1600, in der Sertürner die Eigenschaften des Morphiums erforschte (er ist in der Bartholomäuskapelle begraben).

Am Markt das um 1555 wiederhergestellte **Rathaus** mit steinernem Erdgeschoß, reich geschnitztem und bemaltem Fachwerkoberbau und drei spitzen schiefergedeckten Türmchen.

Ratswaage von 1565, ebenfalls durch Schnitzereien verziert.

Marktkirche St. Jacobi aus dem 13. Jh., die im 18. Jh. eine Barockfassade de erhielt. Die Kanzel mit ihren derben Schnitzereien stammt von 1637.

Stiftskirche (Münsterkirche), eine dreischiffige gotische Hallenkirche, deren Chor und Krypta 1316 vollendet wurden. Das frühgotische Chorgestühl stammt aus dem Jahre 1288. In der Hl.-Blut-Kapelle ein Taufbecken von 1427 aus Messingguß.

Eickesches Haus von 1600.

Die schönste Straße Einbecks ist die **Tiedexer Straße.**

Von den alten Befestigungen sind noch große Teile der Stadtmauer, Türme, Wälle und Gräben, vor allem der hohe **Storchenturm** und der massige **Diekturm** erhalten.

Ruine Heldenburg, im Stadtteil Salzderhelden, erstmals 1320 erwähnt, gelangte im 14. Jh. an die Welfen. Die oft belagerte Burg geriet seit dem 18. Jh. in Verfall.

Spaziergänge, Wanderungen:

Vom Stadtteil Salzderhelden zum **Dohrenberg,** 237 m, ½ Std. nordöstlich. – **Fuchshöhlenberg,** 348 m, 2 Std. nördlich. – Sülbecker Berg, 177 m, ½ Std. südlich.

Die einstige Bierstadt des Nordens

Das Einbecker Bier war schon Ende des 14. Jh. berühmt. Um 1600 gab es hier über 700 Brauhäuser, d. h. Häuser, mit denen die Braugerechtsame verbunden war und die man noch heute vielfach an den großen Torbogen erkennen kann. Im Mittelalter waren große Feste ohne das Einbecker Bier undenkbar. Die Sendungen gingen bis Finnland, Schweden und Dänemark. Die hohen Transportkosten veranlaßten 1612 die bayerischen Herzöge, ein eigenes Hofbräuhaus in München zu errichten und mit Hilfe eines Einbecker Braumeisters echtes »ainpöckisches« Bier zu brauen, das den Weltruf des bayerischen Bieres begründete und heute noch im »Bockbier« fortlebt. Im ***Biermuseum,*** *dem Urbockkeller, sind hierüber viele Urkunden und andere Schrifstücke über das Bier- und Brauwesen zu finden.*

Ratsapotheke in Einbeck

Göttingen

138 000 Einw. Die alte Universitätsstadt im Leinetal ist umgeben von bewaldeten Höhen. Beliebte Kongreß- und Touristenstadt, Sitz namhafter feinmechanischer und optischer Industrie. (Große moderne Kongreßhalle.) Kulturzentrum im südlichen Niedersachsen, Sitz der Max-Planck-Gesellschaft zur Förderung der Wissenschaften und der Göttinger Akademie der Wissenschaften. An der weltberühmten, durch Georg II. von Hannover und England im Jahre 1737 gegründeten Universität haben u. a. die Mathematiker und Physiker Gauß und Weber, der Physiker und Philosoph G. Chr. Lichtenberg, der Mathematiker David Hilbert, der Chemiker F. Wöhler, die Brüder Jakob und Wilhelm Grimm, der Theologe Ritschel sowie die Philosophen Paul de Lagarde, Leonhard Nelson und Nicolai Hartmann gelehrt.

Auskunft: Tourist Office am Bahnhof, 3400 Göttingen, Tel. 0551/56000.

Geschichte:
Im frühen 13. Jh. erhielt der Ort Stadtrechte und wurde befestigt. Seine günstige Lage an der Kreuzung wichtiger Handelswege begünstigte einen schnellen Aufstieg zu Ansehen und Reichtum. 1351 trat Göttingen der Hanse bei, ein Schritt, der die Bedeutung des Ortes über 200 Jahre weiter steigen läßt. In der schweren Zeit des 30jährigen Krieges hatte Göttingen besonders zu leiden, es verlor seine Bedeutung und verarmte völlig. 1734 erst – mit der Gründung der welfischen Landesuniversität – setzte ein neuer rascher Aufstieg ein. Die Stadt wurde ein bedeutender geistiger Mittelpunkt, der zahlreiche berühmte Gelehrte anzog. In dieser Zeit der erneuten Blüte war Göttingen Sitz eines kurzlebigen, aber auf die deutsche Literatur sehr einflußreichen Freundschaftsbundes, des »Göttinger Dichterbundes«.

Sehenswert:
Rathaus aus der Anfangszeit der Stadt, 1369 erweitert. Die Rathaushalle wurde vor 1340 erbaut und erhielt 1401 ihre Balkendecke; berühmter alter Ratskeller. Vor dem Rathaus der schöne und von den Göttinger Bürgern und Studenten gleichermaßen verehrte *Gänselieselbrunnen* von 1901. Die bronzene »Gänseliesel« dürfte das wohl meistgeküßte Mädchen der Welt sein: nach altem Brauch gibt ihr jeder Student nach abgelegtem Doktorexamen einen Dankeskuß.

Mustergültige gärtnerische **Wallanlagen** umgeben das innere Stadtgebiet. Schöner Rundgang.

Junkernschänke von 1549, Renaissancebau mit reichen Holzschnitzereien.

Zahlreiche schöne **Fachwerk-Bürgerhäuser** aus dem 15.–16. Jh.

Bismarckhäuschen, das letzte alte Bollwerk der Stadtbefestigung; es diente 1832/33 Bismarck während seines Studiums als Wohnung.

Johanniskirche, 1300–1412 erbaut, mit eindrucksvollem Westbau und das von einem älteren Bau stammende, rundbogige Nordportal; schöner Rundblick vom Turm.

Veranstaltungen:
Händelfestspiele.

Hameln

Schöne alte Stadt im fruchtbaren, von Bergzügen geschützten Wesertal zwischen Süntel und Weserbergland mit bedeutenden Bauwerken der Weserrenaissance. Schauplatz der weltbekannten Rattenfängersage.

Auskunft: Verkehrsverein, Deisterallee, 3550 Hameln, Tel. 0 51 51/20 25 17.

Geschichte:
Am Übergang der Heerstraße Rhein – Elbe über die Weser gab es bereits eine altsächsische Siedlung, aus der sich im 12. Jh. die Stadt Hameln entwickelte, die Queren-Hameln, d. h. Mühlen-Hameln, genannt wurde, weil die Müllerei ein Haupterwerbszweig der Bewohner war. Als Mitglied der Hanse im 13. Jh. stark und mächtig geworden, trat Hameln in offener Fehde gegen den Bischof Wedekind von Minden auf, der von dem Abt zu Fulda die Hoheitsrechte über die Stadt erworben hatte; es erlitt jedoch im Jahre 1259 bei Sedemünder eine schwere Niederlage und verlor seine ganze waffenfähige Jugend (vielleicht Ursprung der Rattenfängersage).

Das Rattenfängerdenkmal in Hameln

Sehenswert:
An der Osterstraße Nr. 28 steht ein stattliches Haus mit hohem Giebel, Rundbogentor und reicher Ornamentik von 1602; das **Rattenfängerhaus** im Stil der Weserrenaissance. An der nach der Bungelosenstraße (»bungelose« meint trommellos, weil dort seit dem Verschwinden der Kinder bis heute weder Musik noch Tanz stattfinden) gerichteten Seitenwand trägt es diese Inschrift: »Anno 1284 am Dage Johannis et Pauli War der 26. Junii Dorch einen Piper mit allerlei Farve bekledet Gewesen CXXX Kinder verledet Binnen Hamelen gebo(re)n To Calvarie bi den Koppen verloren.«

Leist'sches Haus (1589) in der gleichen Straße. Ein Bau der Weserrenaissance, und das **Stiftsherrenhaus** (1558), Hamelns schönster Fachwerkbau. Hier ist das *Heimatmuseum* untergebracht (geöffnet Di–Fr 10–13, 14–17 Uhr; Sa, So 10–13 Uhr).

Hochzeitshaus. Am Ende der Osterstraße rechts das 1610–17 erbaute und im Innern erneuerte Hochzeitshaus, das als Rathaus dient und mit seiner 42 m langen Front der größte Bau der Weserrenaissance in Hameln ist. Am Pferdemarkt links an der Ecke, Markt 7, das **Dempterhaus** von 1607 mit steinernem Unterbau, Aufbau und Giebel in Fachwerk.

Veranstaltungen:
Täglich 13, 15.30 und 17.30 Uhr Rattenfänger-Kunst- und Glokkenspiel im Westgiebel des Hochzeitshauses. Im Juni bis September sonntags 12 Uhr Rattenfängerspiel auf der Rathausterrasse (Zutritt frei).

Hannover

Hauptstadt des Landes Niedersachsen, 55 m, 536 000 Einw. (Großraum über 1 Mio.), bedeutendes Wirtschaftszentrum im Schnittpunkt wichtiger europäischer Verkehrslinien. Die ehemalige Residenzstadt, heute Sitz der Hannover-Messe, liegt an der Leine, an der Grenze zwischen dem mitteldeutschen Bergland und dem norddeutschen Flachland. Ihr Name kommt vom mitteldeutschen »Honovere«, das heißt hohes Ufer und deutet an, daß hier, oberhalb der im Frühjahr überschwemmten Niederungen im Süden und Norden, jederzeit der Übergang über den Fluß möglich war. Die Wohnviertel gliedern sich strahlenförmig um die Altstadt, dazwischen liegen große Grünflächen, denen Hannover die Bezeichnung »Großstadt im Grünen« verdankt. Von Osten stoßen der Stadtwald, die Eilenriede, von Nordwesten die Herrenhäuser Gärten und von Süden der Maschsee bis an den Stadtkern vor.

Auskunft: Verkehrsbüro Hannover, Ernst-August-Platz 8, 3000 Hannover 1, Tel. 0511/ 1682319.
Verkehr: Kreuzungspunkt B 3, B 6, B 65, B 217. Autobahnanschlußstellen.

Geschichte:

Ausgrabungen in der Altstadt haben erwiesen, daß das Ostufer der Leine hier schon im 10. und 11. Jh. besiedelt war. Hannover wurde urkundlich erstmals 1163 erwähnt, als Heinrich der Löwe hier einen Hoftag abhielt. 1189 wurde die bereits befestigte Stadt durch den Sohn Barbarossas erstmals zerstört, aber sofort wieder aufgebaut. 1367 wurde Hannover Mitglied der Hanse,

Messestadt von Weltruf und Stadt der barocken Gärten

1533 wurde die Reformation eingeführt. 1636 wurde Hannover Residenzstadt der Herzöge von Calenberg, die 1692 Kurfürsten von Hannover wurden. Von 1714 bis 1837 waren sie zugleich Könige von England. Seit 1816 Königreich, verlor es seine Selbständigkeit 1886 an Preußen.

Der Fayence-Löwe gehört zu den kostbarsten Exponaten des Kestner-Museums

Seit 1946 ist Hannover die Landeshauptstadt des Bundeslandes Niedersachsen. Im Wiederaufbau der deutschen Städte nach den Zerstörungen des Zweiten Weltkrieges hatte Hannover eine führende und beispielgebende Rolle inne. Insbesondere die Verkehrsplanung gilt als vorbildlich.

HANNOVER
0 200 m
Information
1 Opernhaus
2 Ballhof
3 Historisches Museum, Beginenturm
4 Marktkirche
5 Altes Rathaus
6 Lemieschloß
7 Kestner-Museum
8 Rathaus
9 Landesmuseum
10 Sprengel-Museum
Autobahn, Flughafen
B3 Autobahn, Celle
OSTSTADT
MITTE
Hauptpost
Hauptbahnhof
KRÖPCKE
Künstlerhaus
FRIEDERIKEN-PLATZ
AEGIDIENTOR-PLATZ
TRAMMPLATZ
Polizei-direktion
Maschpark
Maschteich
Haus der Jugend
Messegelände
Spielcasino
Maschsee
Funkhaus
Niedersachsen-stadion
Schwimmhalle
Strandbad
Eilenriede, Zoologischer Garten
B65 Autobahn, Braunschweig
B6 Autobahn, Bremen
B 217 Hameln, B3 Göttingen
Engelboste
FRIEDRICHSWALL
MARIEN-STRASSE
HILDESHEIMER STR.
RUDOLF-VON-BENNISSEN-UFER
LEIBNIZUFER
NORDUFER
OMNIBUS-BAHNHOF
ERNST-AUGUST-PLATZ
RASCH-PLATZ
THIELEN-PLATZ

Sehenswert:

Altes Rathaus, 1410 bis 1455 in später Backsteingotik erbaut, der schönste mittelalterliche Profanbau der Stadt, heute zentrales Standesamt und Ratskeller-Gaststätte.

Marktkirche aus dem 14. Jh., gotische Hallenkirche mit bedeutendem Klappschrein von 1490, drei bemalten Chorfenstern um 1400 und bronzenem Taufbecken aus dem 15. Jh. Der mit dem Dachreiter 98 m hohe Turm der Kirche ist das Wahrzeichen Hannovers.

Das **Opernhaus,** 1845–1852 von Laves erbaut, zählt zu den schönsten Opernbauten Deutschlands.

Leineschloß, 1637–1642 als Residenz der Welfen erbaut, mit klassizistischem Portikus von Laves. Der im letzten Krieg schwer beschädigte Bau wurde als Sitz des Niedersächsischen Landtages ausgebaut.

St.-Johannis-Kirche (Neustädter Kirche), 1666–72 von Sartorio erbaut, mit Satteldach und markantem Turm, der eine welsche Haube trägt. Im Innern 12 Pastorenepitaphe aus dem 17. und 18. Jh. und das Grab des bedeutenden Gelehrten Gottfried Wilhelm Leibniz.

Aegidienkirche, ursprünglich romanische Basilika, soll als Gedächtnisstätte Ruine bleiben. Am Strebepfeiler der Südseite der Siebenmännerstein von 1480. Vom neuen Turm erklingt täglich um 8, 12, 18 und 21 Uhr ein Glockenspiel.

Ballhof, das schönste erhalten gebliebene Fachwerkhaus der Altstadt aus dem 17. Jh. Hier fand 1672 die erste Opernaufführung in Hannover statt, heute spielt hier das Schauspiel des Staatstheaters. – In der Burgstraße (Nr. 12) das Traufenhaus von 1566, ältestes Fachwerkhaus der Stadt.

Beginenturm, der älteste Zeuge der wehrhaften Stadt, bereits 1357 als der »nye Torn« erwähnt. Unmittelbar neben dem Turm das **Historische Museum am Hohen Ufer.**

Rathaus, 1913 auf 6000 Buchenpfählen erbaut, Kuppel 98 m hoch (Fahrstuhl). Im Hodler-Saal Kolossalgemälde »Der Treuschwur« des Schweizer Malers Ferdinand Hodler; von März bis November regelmäßig Führungen.

Herrenhäuser Königsgärten, 1666 Anlage eines Lustgartens durch den Gärtner M. Grosse, ab 1680 Ausgestaltung des Großen Gartens durch den Gärtner Charbonnier nach den Ideen der Kurfürstin Sophie; die einzige unverändert erhalten gebliebene Gartenanlage des Frühbarocks mit großer Fontäne (82 m) und ältestem Gartentheater Deutschlands. Im Sommer: »Musik und Theater in Herrenhausen«.

Landesmuseum. Am Maschpark 5, Di–Sa 10–16, So 9–14 Uhr; Landesgalerie auch Fr 10–18 Uhr. Abteilungen für Kunst (Meisterwerke abendländischer Malerei sowie Plastiken berühmter Meister, darunter solche von Tilman Riemenschneider), Naturkunde, Urgeschichte und Völkerkunde.

Kestner-Museum, Trammplatz 3, geöffnet Di–Fr 10–16, Mi 20, Sa und So 10–18 Uhr. Das Museum enthält Kostbarkeiten aus sechs Jahrtausenden, z. B. antike Kleinkunst, ägyptische Altertümer, mittelalterliches Kunstgewerbe, Wiegendrucke, Graphik, Fayencen, Porzellan, Gläser, Münzen, Kupferstichkabinett mit wechselnden Ausstellungen. Die ägyptische Sammlung ist eine der bedeutendsten in Deutschland.

Münden

(früher Hann. Münden) die schönste Fachwerkstadt des gesamten Weserlands, am Zusammenfluß von Werra und Fulda, die hier den Namen Weser erhalten. Alexander von Humboldt zählte Münden zu den sieben am schönsten gelegenen Städten der Welt.

Auskunft: Verkehrsbüro Naturpark Münden, 3510 Münden, Tel. 05541/75313 und 75314.

Geschichte:

Münden wurde vermutlich um 1170 von Heinrich dem Löwen zur Stadt erhoben. Sie erhielt 1247 vom Enkel Heinrich das Stapelrecht, das erst 1823 durch die Weserschiffahrtsakte aufgehoben wurde. Durch dieses Privileg wurde die Stadt außerordentlich wohlhabend.

Sehenswert:

Die schönsten **Fachwerkhäuser** Mündens finden Sie in der Langen Straße. Haus Nr. 34 ist das Sterbehaus des berühmten Dr. Eisenbart, der in Münden »praktizierte«. Am Markt das ehem. gotische, ab 1600 im Stil der Weserrenaissance ausgebaute prächtige **Rathaus,** vor dessen Prunkfassade im Sommer »Das Spiel vom Doktor Eisenbart« aufgeführt wird. Vom Markt links durch die Tanzwerderstraße zum *Tanzwerder,* eine von den beiden Fuldaarmen eingeschlossene Insel, die noch heute u. a. als Platz für Volksfeste dient.

Weserstein (1899) am Zusammenfluß von Werra und Fulda mit der bekannten Inschrift: »Wo Werra sich und Fulda küssen, sie ihre Namen büßen müssen. Und hier entsteht durch diesen Kuß, deutsch bis zum Meer, der Weserfluß.« Hier ist auch die Anlegestelle der Weserdampfer.

St.-Blasi-Kirche (Besichtigung im Sommer 10–12 und 15–18 Uhr, So 14–18 Uhr), eine dreischiffige gotische Hallenkirche mit steilem Satteldach, im 12. Jh. begonnen und 1583 vollendet.

Veranstaltungen:

Freilichtaufführungen »Das Spiel vom Doktor Eisenbart« an Sonntagen im Sommer vor dem Rathaus, bei Regen in der Rathaushalle.

Mündens Fachwerk: für Besucher eine Augenweide

Osnabrück

150 000 Einw., mit den Teilen Voxtrup, Nahne, Lüstringen, Darum, Hellern, Sutthausen und Atter an der Hase, zwischen Teutoburger Wald und Wiehengebirge gelegen. Die Großstadt ist das Wirtschafts- und Kulturzentrum Westniedersachsens mit bedeutenden Metallwerken, Maschinen- und Textilfabriken, Automobilindustrie sowie Hafen am Stichkanal zum Mittellandkanal.

Innenansicht des Doms zu Osnabrück

Auskunft: Verkehrsamt, Markt 22, 4500 Osnabrück, Tel. 05 41/3 23 22 02, und Tourist-Information, Schloßwall 1–9, 4500 Osnabrück, Tel. 05 41/2 37 24.
Verkehr: Kreuzungspunkt der B 51 (Diepholz–Bad Iburg), B 65 (Ibbenbüren–Lübbecke) und der B 68 (Bramsche–Halle). – Autobahn.

Geschichte:
Onsabrück wurde um 785 durch Karl den Großen als Bistum gegründet und entwickelte sich schnell zur Stadt. 1157 Besuch Kaiser Barbarossas und Verleihung des Befestigungsrechtes. Im Mittelalter gehörte Osnabrück dem Westfälischen Städtebund wie auch der Hanse an und war als Markt und Handelsplatz für Leinen sehr bedeutend. Mit der Wahl Osnabrücks neben Münster zum Verhandlungsort für den Westfälischen Frieden (1648) rückte die Stadt in den Mittelpunkt der europäischen Geschichte.

Der Reichsdeputationshauptschluß 1803 brachte das Ende der politischen Selbständigkeit des Bistums Osnabrück und seine Eingliederung in das ehemalige Kurfürstentum Hannover.

Sehenswert:
Dom St. Peter, eine romanische Pfeilerbasilika mit geradem, geschlossenem Chor. In der Taufkapelle bemerkenswertes Bronzetaufbecken des Meisters Gerardus (1225); Triumphkreuz von um 1250; im Hauptschiff acht Apostelfiguren aus Sandstein ca. von 1525. In der Marienkapelle Margarethenaltar von 1520. Im Chorumgang zwei Epitaphe von J. C. Schlaun. Interessante schmiedeeiserne Tore im Chorumgang. Domschatz und Diözesanmuseum in der Kleinen Domfreiheit 24, geöffnet Di–Fr 10–13, 15–17 Uhr; Sa, So 10–13 Uhr.

Gymnasialkirche (Südflügel des ehemaligen Jesuitenkollegs) von 1683 bis 1686, mit Kalvarienbergszene von 1525.

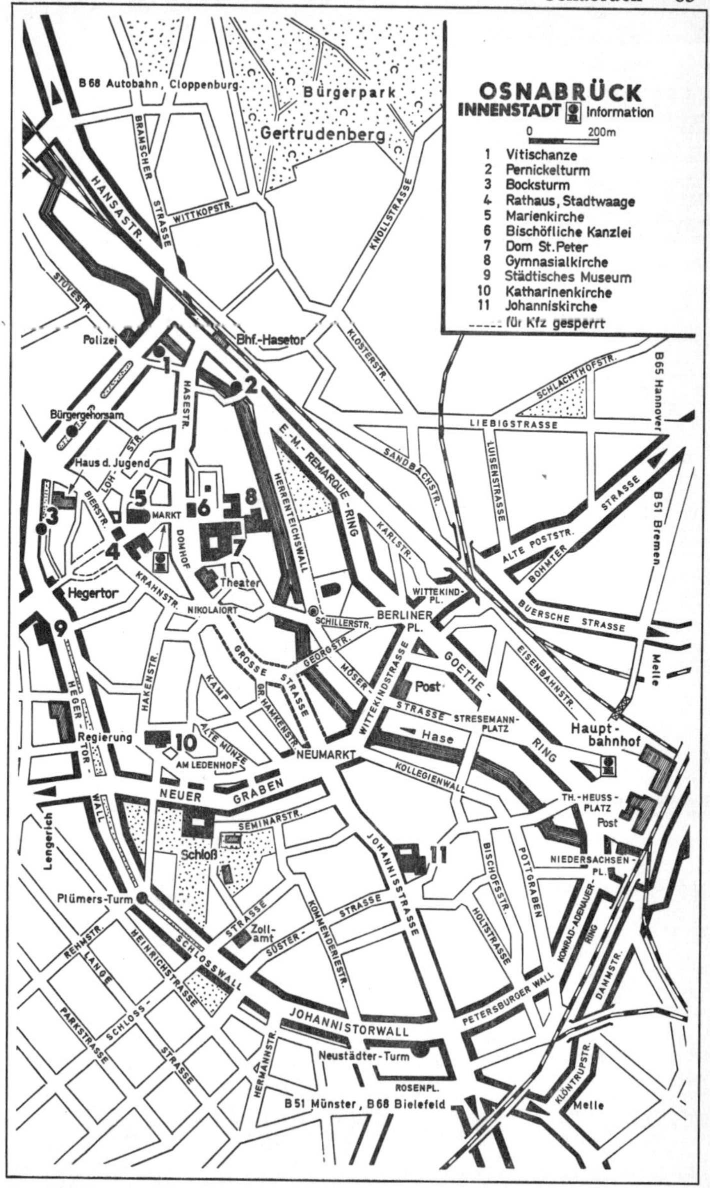
OSNABRÜCK
INNENSTADT Information
0 200m
1 Vitischanze
2 Pernickelturm
3 Bocksturm
4 Rathaus, Stadtwaage
5 Marienkirche
6 Bischöfliche Kanzlei
7 Dom St. Peter
8 Gymnasialkirche
9 Städtisches Museum
10 Katharinenkirche
11 Johanniskirche
für Kfz gesperrt
B 68 Autobahn, Cloppenburg
Bürgerpark
Gertrudenberg
B65 Hannover
B51 Bremen
Melle
Lengerich
B51 Münster, B68 Bielefeld
Hauptbahnhof
Bhf.-Hasetor
Polizei
Bürgergehorsam
Haus d. Jugend
Hegertor
Theater
Post
Regierung
Schloß
Zollamt
Plümers-Turm
Neustädter-Turm
Hase
MARKT
NEUMARKT
BERLINER PL.
WITTEKIND-PL.
STRESEMANN-PLATZ
TH.-HEUSS-PLATZ
NIEDERSACHSEN-PL.
ROSENPL.
HANSASTR.
BRAMSCHER STRASSE
WITTKOPSTR.
KNOLLSTRASSE
KLOSTERSTR.
SCHLACHTHOFSTR.
LIEBIGSTRASSE
LUISENSTRASSE
SANDBACHSTR.
KARLSTR.
ALTE POSTSTR.
BOHMTER STRASSE
BUERSCHE STRASSE
EISENBAHNSTR.
GOETHE-RING
E.-M.-REMARQUE-RING
HERRENTEICHSWALL
HASESTR.
STÜVESTR.
LOHSTR.
BIERSTR.
DOMHOF
KRAHNSTR.
NIKOLAIORT
SCHILLERSTR.
GEORGSTR.
MÖSER
WITTEKINDSTRASSE
GROSSE STRASSE
KAMP
GR. HAMKENSTR.
HAKENSTR.
HEGER-TOR-WALL
ALTE MÜNZE
AM LEDENHOF
NEUER GRABEN
SEMINARSTR.
KOLLEGIENWALL
JOHANNISSTRASSE
BISCHOFSSTR.
POTTGRABEN
HOLTSTRASSE
KONRAD-ADENAUER-RING
DAMMSTR.
PETERSBURGER WALL
SÜSTER-STRASSE
KOMMENDERIESTR.
JOHANNISTORWALL
HERMANNSTR.
SCHLOSSWALL
HEINRICHSTRASSE
REHMSTR.
LANGE
PARKSTRASSE
SCHLOSS-STRASSE
KLÖNTRUPSTR.

Johanniskirche, frühgotische Hallenkirche (1256–1291) mit Querschiff, gerade geschlossenem Chor und Kreuzgang; Levitenstuhl von 1360 und Sandstein-Sakramentshaus, um 1440.

Marienkirche, gotische Hallenkirche, Langhaus von 1306–1324. Innen Triumphkreuz von um 1320, Antwerpener Altar aus dem Anfang des 16. Jh., Taufstein von 1560 und Epitaphien der Renaissance; im Chorumgang stehende Muttergottes (um 1480) aus Holz.

Katharinenkirche, gotische, dreischiffige Hallenkirche des 14. Jh. mit 103,5 m hohem Turm.

Fürstbischöfliches Residenzschloß (Frühbarock, 1668 begonnen), heute Pädagogische Akademie.

Bischöfliche Kanzlei (1783–1785), klassizistischer Bau mit hohem Walmdach.

Von großem kunsthistorischen Wert: der Domschatz

Alte Bürgerhäuser mit stattlichen Fachwerkgiebeln und reichverzierten Sandsteinfassaden (Krahnstraße).

Rathaus am alten Marktplatz, 1487–1512 im Stil der Spätgotik erbaut. Von der Freitreppe aus wurde 1648 der Westfälische Friede verkündet. Spitzbogiges Portal, darüber Statue Karls des Großen. Im Innern der Friedenssaal mit geschnitztem Gestühl aus der 2. Hälfte des 16. Jh. In der Ratsschatzkammer berühmter Kaiserpokal.

Stadtwaage (1532) und eine Anzahl Kaufmannshäuser mit Treppengiebeln aus dem 15.–19. Jh. (am Marktplatz).

Kulturgeschichtliches Museum, Heger-Tor-Wall 28, Sammlung zur Volkskunde von Stadt und Bistum.

Reste der alten Stadtbefestigung: **Pernickelturm, Bürgergehorsam, Bocksturm** und **Vitischanze.**

Botanischer Garten im Schloßgartengelände.

Zoo im Schölerberg, mit zahlreichen europäischen und außereuropäischen Tierarten. Geöffnet: Im Sommer ab 8 Uhr und im Winter ab 8.30 Uhr bis zum Eintritt der Dunkelheit.

Löwenpudel, Gerichtsstätte aus den Tagen Heinrichs des Löwen auf dem Domhof.

Heger Tor, 1817 zum Ehrenmal für die Osnabrücker Waterloo-Kämpfer umgebaut.

Veranstaltungen: Theater, Konzerte, Rathausspiele. – Traditionelles Steckenpferdreiten am 25. Oktober; Mailiedsingen in der Nacht vom 30. April zum 1. Mai am Denkmal des Komponisten J. W. Lyra (»Der Mai ist gekommen«).

Fachwerk einer Häuserzeile in der Langen Straße von Uslar

Uslar

Kr. Northeim, 173–300 m, 17500 Einw., Kleinstadt und anerkannter Erholungsort zwischen Weser und Leine im Ahletal, Eingangstor in das Waldgebiet des Sollings mit den Ortsteilen Volpriehausen und Schlarpe. Uslar ist der kulturelle und wirtschaftliche Mittelpunkt des Südsollings, hier hat Europas größte Kleinmöbelfabrik ihren Sitz. Seit dem 13. Jh. im Besitz des Stadtrechts.

Auskunft: Touristbüro, Rathaus, 3418 Uslar, Tel. 05571/3393.
Verkehr: B 241 Beverungen – Northeim. – Bahnstation.

Sehenswert:
Johanniskirche mit romanischem Turm des 13. Jh. und spätgotischem Chor von 1428; der Altar ist ein Triptychon, Schnitzereien und Glasmalereien stammen aus dem 15. Jh.

Rathaus, Fachwerkbau aus der 2. Hälfte des 17. Jh.

Heimatmuseum.

Schloßruine Freudenthal von 1560.

Stattliche **Fachwerkhäuser** der Renaissance.

Eichholz mit alten mächtigen Eichen direkt bei der Stadt.

Spaziergänge, Wanderungen: **Strotberg,** 444 m, mit Aussichtsturm, 1 Std. nördlich. – **Großer Steinberg,** 491 m, 1½ Std. nordöstlich. – Im Ahletal zum **Allenberg,** 249 m, ¾ Std. südlich. – **Bodenfelde** im Wesertal, 1½ Std. westlich. – Vom Ortsteil Volpriehausen: Zum Bergsee bei **Delliehausen,** mit Badegelegenheit, 40 Min. nördlich. – Rund um den **Rothenberg,** 1½ Std. südlich. – **Bramburg** mit Basaltsteinbruch, 461 m, 2 Std. südlich.

Der Harz und sein Vorland

Der dicht bewaldete Harz ist das höchste und wohl auch schönste Mittelgebirge Norddeutschlands: eine Freizeitlandschaft par excellence, die zu ausgedehnten Ausflügen, Wanderungen und Museumsbesuchen einlädt. Kein anderes deutsches Mittelgebirge reicht so weit nach Norden wie der Harz. Seine Höhen steigen immerhin auf über 1000 Meter an. Der höchste Gipfel, der Brocken (1142 m), liegt allerdings jenseits der Grenze, in der DDR. So bleibt dem bundesrepublikanischen Harz, dem Westharz, als größte Berghöhe nur die des Wurmbergs bei Braunlage, mit 971 Metern knapp unter der Tausendergrenze. Nicht jeder, wenn er nicht gerade in Harznähe wohnt, weiß mit dem Hüben und Drüben genau Bescheid. Wenn schon Städte geteilt wurden, verwundert es eigentlich nicht, wenn auch der Harz von der Grenze mitten durchschnitten wurde. Man mag darüber streiten, wer den besseren Teil bekommen hat.

Jäh steigen die Harzhöhen aus dem Norddeutschen Tiefland auf. Dabei unterscheidet man den Oberharz mit den Hochflächen von Clausthal-Zellerfeld bis hin zum Brockenmassiv und der Hochfläche von St. Andreasberg vom östlichen Unterharz.

Der Harz ist ein altes Gebirge, dessen äußerst harte Gesteine (oft Granit) in Millionen Jahren nicht abgetragen werden konnten. Als »klassische Quadratmeile der Geologie« hat man das Okertal bezeichnet, weil in ihm alle Schichten der Erdrinde auf engem Raum zusammengedrängt erscheinen – das ist auf der Erde einmalig.

Das Harzklima ist nicht besonders mild und regenarm. Aber der Regen des Sommers fällt im Winter als Schnee und lockt zum Wintersport, auch wenn der Harz keinesfalls als »schneesicher« gelten kann. Aber als Ersatz kann man im Winter häufig mit Inversionswetterlagen rechnen, bei denen oberhalb des nebligkühlen Unterlandes ab Höhen von etwa 400 Meter strahlend die Sonne über den Schneeflächen scheint.

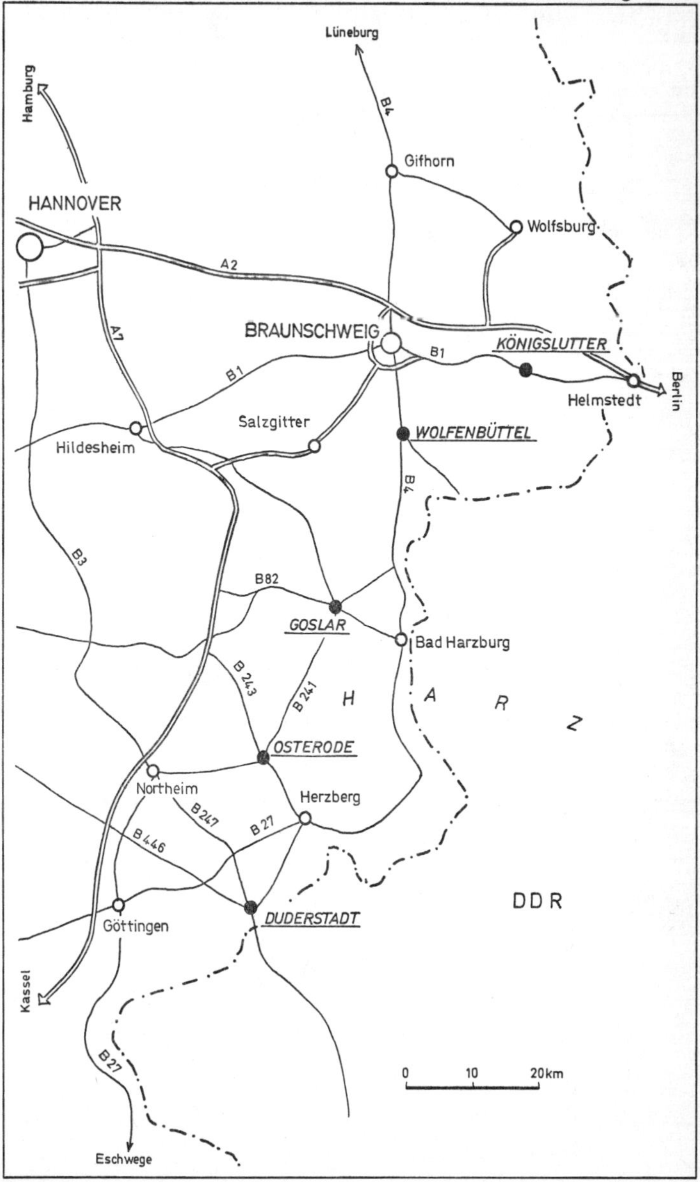

Lüneburg
Hamburg
B4
Gifhorn
HANNOVER
Wolfsburg
A2
A7
BRAUNSCHWEIG
KÖNIGSLUTTER
B1
B1
Berlin
Helmstedt
Salzgitter
WOLFENBÜTTEL
Hildesheim
B4
B3
B82
GOSLAR
Bad Harzburg
B 243
B 241
H
A
R
Z
OSTERODE
Northeim
Herzberg
B 247
B 27
B 446
DDR
Göttingen
DUDERSTADT
Kassel
B 27
0
10
20km
Eschwege

Duderstadt

Kr. Göttingen, 175 m, 24 000 Einw. Erholungsort im nördlichen Eichsfeld mit unverändertem mittelalterlichem Stadtbild am Grenzübergang nach Worbis (DDR). Duderstadt gehört mit über 400 Fachwerkhäusern zu den schönsten Fachwerkstädten Deutschlands.

Auskunft: Städtisches Verkehrsamt, Städt. Verkehrsbüro, Rathaus, 3428 Duderstadt 1, Tel. 0 55 27/84 12 00.
Verkehr: Kreuzungspunkt der B 446 (Nörten-Hardenberg – Duderstadt) und B 247 (Gieboldehausen – Worbis/DDR). Autobahnanschlußstelle Göttingen (30 km).

Geschichte:
Duderstadt, als sächsischer Königshof urkundlich erstmals 929 erwähnt, liegt an der Kreuzung der alten Straße von Nordhausen nach Göttingen und der Nürnberger Handels- und Heerstraße vom Mittelmeer zu den norddeutschen Hansestädten. Duderstadt ist das Zentrum der »Goldenen Mark«, einem flachen Hügelland im Einzugsgebiet der Gewässer Rhume und Hahle. Die erstmals 1189 so genannte »Goldene Mark« zählt zum Eichsfeld, einem geographischen und volkstümlichen Raum. Im 13. Jh. (das Jahr ist unbekannt) erhielt Duderstadt Stadtrechte. 1334 an Kurmainz verpfändet, blieb Duderstadt bis 1802 Teil des mainzischen Fürstentums. Da an einer Handelsstraße gelegen, erlebte die Stadt im Mittelalter eine wirtschaftliche Blüte; Duderstadts Kaufleute reisten bis Nowgorod. 1424 wurde die Hälfte der Stadt von einem Brand vernichtet, 1436 wurde der Ort durch die Gründung der Neustadt erweitert. Da Duderstadt während des Bauernkrieges 1525 zu den Aufständischen unter Thomas Münzer hielt, verlor es verschiedene Privilegien. In dieser Zeit begann der wirtschaftliche Niedergang, der sich in der Folge fortsetzte; insbesondere hatte Duderstadt durch den Dreißigjährigen Krieg und später durch den Siebenjährigen Krieg sehr zu leiden, hinzu kamen die Pest (1682) und mehrere Brände. Da zu Beginn der Neuzeit auch der Verkehr nicht mehr über Duderstadt führte, gelangte der Ort in einen »toten Winkel«.

Sehenswert:
Geschlossenes **mittelalterliches Stadtbild** mit ansehnlichen Resten der ehemaligen Befestigung: Westertor, 1424 begonnen, gedrehte Turmhaube; vollständig erhaltene Stadtumwallung aus dem 16. Jh., der Ringwall ist über 3 km lang; Stadtmauer, 14. Jh.

St. Cyriakus, frühgotisches Westwerk, eine spätgotische dreischiffige Hallenkirche mit zwei gotischen Altären, barocken Pfeilerfiguren, großer Barockorgel von 1733–1737 und Gildeleuchtern.

Rathaus, einer der ältesten Rathausbauten Deutschlands, der Bau wurde um 1230 mit zweigeschossigem Saal-Langbau begonnen, Südostflügel 1423 bis 1435, Fachwerkstock mit Erkertürmen und Laube 1525–1536, Freitreppe 1673, im Westturm »Anreischke« mit Glockenspiel (täglich 9, 11, 13, 15, 17 Uhr). – In der historischen Salzkammer des Rathauses ständige Ausstellung seltener Archivalien (seit 1148) und Folterkammer, beides kann besichtigt werden. – Ratsweinkeller (1432).

Duderstadt, Rathaus

Goslar

Sitz des Landkreises Goslar, 265–325 m, 54 000 Einw. Vielbesuchte, alte und historisch bedeutsame Stadt, Zugleich moderne Fremdenverkehrs- und Touristenstadt am Nordrand des Harzes, am Abhang des Rammelsberges im Naturpark Harz.

Auskunft: Kur- und Fremdenverkehrsgesellschaft Goslar-Hahnenklee mbH, Markt 7, 3380 Goslar, Tel. 0 53 21/28 46
Verkehr: Kreuzungspunkt der B 6, B 82 (zur Autobahnanschlußstelle), B 241 und B 498.

Geschichte:
Goslar wurde im Jahre 922 von König Heinrich I. als Marktsiedlung gegründet. Unter seinem Sohn Kaiser Otto I. wurde um 968 mit dem Bergbau am Rammelsberg begonnen; der Bergbau wurde den deutschen Kaisern eine wichtige materielle Stütze ihrer Macht. Aus der Zeit Heinrichs II. (1002–1024) gibt es die ersten Nachrichten über die Bauten der Kaiserpfalz. Konrad II. (1024–1039) begann den Neubau; sein Nachfolger, Heinrich III., setzte den Ausbau fort, und die Kaiserpfalz wurde nun zur Lieblingspfalz der salischen Kaiser. Unter Heinrich V. (1106–1125) und Friedrich Barbarossa (1152–1190) fanden wiederholt glänzende Reichsversammlungen in Goslar statt. Nach dem Untergang der Hohenstaufen in Italien sank die Bedeutung der Goslarer Kaiserpfalz. Die aufgeblühte Stadt – seit 1267/68 im Kreis der Hansestädte nachweisbar – erwarb 1290/1340 die Stellung einer Freien Reichsstadt, die sie bis 1802 innehatte. Der Goslarer Adler bildete das Zeichen der Freien Reichsstadt.
Nach 1500 erlebte die Stadt ihre zweite Blüte; 19 Gruben und Hütten standen in Betrieb. Die Stadt umgab sich mit neuen Befestigungsanlagen, unter deren Schutz die Bürger ihr prächtiges Rathaus und auch die schönen Gildehäuser erbauten. Nach den Wirren der Reformationszeit verlor die Stadt 1552 ihre Rechte am Rammelsberg an die Herzöge von Braunschweig und ist nie wieder in deren Besitz gekommen. Der Dreißigjährige Krieg brachte mancherlei Lasten; große Schäden schufen zwei große Stadtbrände der Jahre 1728 und 1780. 1802 wurde Goslar preußisch, von 1816 bis 1866 gehörte es zu Hannover, 1866 kam es wieder zu Preußen und gehört seit 1946 zum Bundesland Niedersachsen. Im Zweiten Weltkrieg war es Lazarettstadt und blieb von Bombenangriffen ver-

schont. Im Jahre 1955 übernahm die Stadt die Kaiserpfalz in ihre Verwaltung.

Sehenswert:
Kaiserpfalz mit Dom. Von den Baulichkeiten der alten Kaiserpfalz, die zu den wichtigsten Profanbauten Deutschlands aus dem 11. Jh. zählt, sind das »Kaiserhaus« mit Saalbau sowie die Ulrichskapelle noch erhalten.

Die Kaiserpfalz, von Kaiser Heinrich III. (1039–1056) großzügig angelegt, nach Verfall mit großen Kosten 1868–1879 wiederhergestellt, besteht aus einem langgestreckten zweigeschossigen Hauptbau; das Untergeschoß, jetzt durch gotische Gewölbe aufgeteilt, enthielt einst die Räume für das Gefolge, das Obergeschoß dagegen mit seinen großen offenen Bogenöffnungen diente den Reichstagen. Die großen Wandflächen des Reichssaales sind in den Jahren 1879–1897 von dem Düsseldorfer Maler Prof. Hermann Wislicenus mit einer Folge von monumentalen Gemälden zur deutschen Kaisergeschichte ausgeschmückt worden.

Südlich vom Saalbau und mit ihm durch einen neuen Gang verbunden liegt die **St. Ulrichs-Kapelle,** die der 1. Hälfte des 12. Jh. angehört und durch ihre doppelgeschossige Anlage ein bemerkenswertes Beispiel solcher Palastkapellen bildet. Im unteren Raum das aus dem Dom nach hier übertragene Grabmal Heinrichs III., das in einer vergoldeten Kapsel das Herz des Kaisers birgt; im Obergeschoß die Andachtsstätte der kaiserlichen Familie. Gegenüber stand der sog. Goslarer »Dom«, das Chorherrenstift St. Simeon und Judas, eine Gründung Heinrichs III. Von der dreischiffigen Basilika, die 1050 geweiht, nach Verfall 1820–1822 abgebrochen wurde, blieb vom Abbruch nur die um 1150 angebaute »Domvorhalle« verschont, die 1824 zur Aufbewahrung der letzten Reste der einstigen Ausstattung bestimmt wurde. Hier ist heute der berühmte *Kaiserstuhl* zu finden, der früher im Dom stand (Teile der Innenausstattung des ehemaligen Domes sind im Stadtmuseum zu sehen, unter ihnen der Krodo-Altar aus dem 11. Jh.). Geöffnet Mai–September 9–17.30 Uhr; letzte Führung 30 Minuten vor Besichtigungsschluß. – Domvorhalle: Juni–September, wochentags 10–13 Uhr und 14.30–16.30 Uhr, So

Goslars Kaiserpfalz mit St.-Ulrichs-Kapelle

10–13 Uhr; Oktober–Mai täglich 10.30–12 Uhr (Anmeldung Kasse Kaiserpfalz).

Das **Rathaus** stammt aus dem 12. Jh., wurde jedoch in der Mitte des 15. Jh. durch den jetzigen steinernen Arkadenbau mit seinen fünf Spitzbogen im Erdgeschoß ersetzt. Eine Freitreppe von 1537 führt hinauf zu den Repräsentationsräumen und zur Diele, die von gotischen Fenstern erhellt ist (die heutigen stammen erst aus dem Jahre 1926). Unter der Hauptfront der Ratskeller mit gotischem Gewölbe. Im Obergeschoß des Arkadenbaues hängen drei alte Leuchter aus der Zeit um 1500. Eine spätgotische Tür führt über einen schmalen Gang zum Ratsherrenzimmer, dem sogenannten **»Huldigungssaal«**. Dieser Raum ist ein bemerkenswertes Beispiel profaner Innenarchitektur aus der Zeit um 1500 und mit großartigen Gemälden aus dem Anfang des 16. Jh. eines unbekannten Meisters geschmückt. Im großen Sitzungssaal, dem alten Gerichtsraum, wurde 1959 ein eindrucksvolles Tafelwandgemälde mit einer Darstellung des »Jüngsten Gerichts« freigelegt. Bemerkenswert noch die silberne Bergkanne, ein Prachtstück der Silberschmiedekunst (1477), und ein Evangelienbuch (um 1230) mit herrlichen Buchmalereien. Geöffnet: Juni–September 9.30–17.30; Oktober–Mai 10–16 Uhr. Letzte Führung: 15 Minuten vor Besichtigungsbeschluß.

Der **Marktbrunnen** ist ein Werk der Erzgießerkunst aus der 1. Hälfte des 13. Jh.; über steinernem Sockel bronzene Doppelschalen, die vom vergoldeten Reichsadler gekrönt werden.

Goslar, Marktbrunnen mit Reichsadler

Der Adler war das Wahrzeichen für Goslars Stellung als Freie Reichsstadt und seit 1340 auch im Stadtwappen.

Von den **Gildehäusern,** die um den Markt lagen, ist die 1494 erbaute **Kaiserworth,** das Haus der vornehmen Gilde der Gewandschneider (Kaufleute und Großhändler in Tuchen), am besten erhalten (heute Hotel Kaiserworth); auf Rundbogen und achteckigen Pfeilern ruht der Erkerturm mit einem vergoldeten Reichsadler, zwischen den Fenstern Standbilder der deutschen Kaiser, an der Ostseite Herkules und die volkstümliche Figur des Dukatenmännchens. Von weiteren Gildehäusern ist noch das **Bäckergildehaus** (1501–1557) an der Ecke Marktstraße und Bergstraße bemerkenswert, von alten Bürgerhäusern das **Brusttuch** (1521–1526) an der

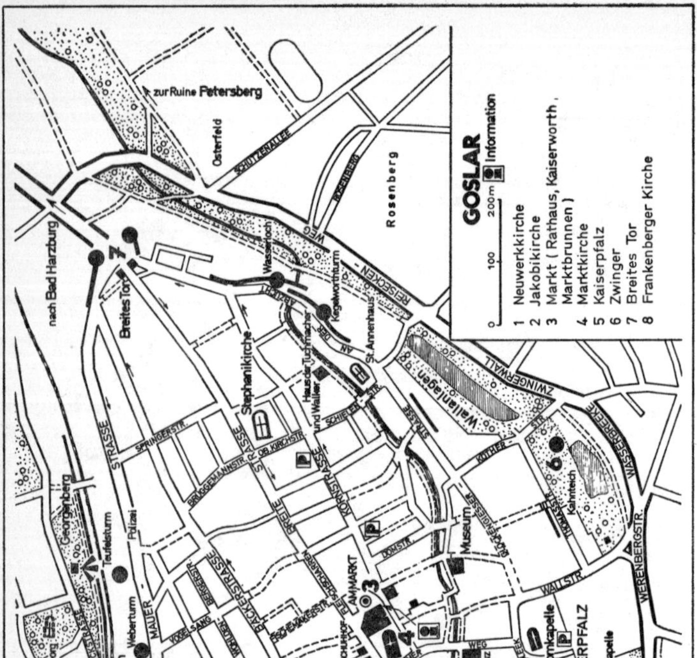
GOSLAR
0 100 200m
Information
1 Neuwerkkirche
2 Jakobikirche
3 Markt (Rathaus, Kaiserworth, Marktbrunnen)
4 Marktkirche
5 Kaiserpfalz
6 Zwinger
7 Breites Tor
8 Frankenberger Kirche
nach Bad Harzburg
zur Ruine Petersberg
Osterfeld
Rosenberg
Breites Tor
Stephanikirche
Wasserloch
Kegelworthturm
St. Annenhaus
Wallanlagen
Georgenberg
Teufelsturm
Polizei
Weberturm
Achtermann
Ruine St. Georg
Kloster Neuwerk
Museum
Domkapelle
KAISERPFALZ
St. Ulrichs-Kapelle
Liebfrauenberg
Schneiderturm
Clauskapelle
Siemenshaus
Bäckergildehaus
Mönchehaus
Vititor
Bahnhof
Post
Heiliges Grab
GREIFPLATZ
FRANKENBERGER PLAN
Kl. Heiliges Kreuz
Gr. Hlg. Kreuz
zur Autobahn
Fußweg zum Steinberg
zum Steinberg
nach Clausthal-Zellerfeld
MARKT
Brusttuch

Ecke Schreiber- und Bergstraße das **Siemenshaus,** 1693 von einem Vorfahren des Technikers und Erfin ders Werner von Siemens erbaut, sowie das **Mönchehaus** (Ecke Mönchestr./Jakobistr.) 1528, mit Apostelzimmer von 1561, und das Haus Marktstr. (1526). Geöffnet Di–Sa 10–13 und 15–17 Uhr, So 10–13 Uhr.

Die ehemalige **Klosterkirche Neuwerk** der Zisterzienserinnen (seit 1570 evangelisch) stammt aus der Zeit um 1200, die dreischiffige Pfeilerbasilika zeigt noch heute ihre ursprüngliche Gestalt. Alte Fresken aus dem 13. Jh. waren später übertüncht worden, sind heute teilweise freigelegt und weisen byzantinische Einflüsse auf.

Von der ehemaligen **Stadtbefestigung** sind erhalten: Teile der Stadtmauer, Türme, Wälle, der Zwinger.

Goslarer Museum (Stadtgeschichtsmuseum), Königstr. 1, 1932–1936 neu eingerichtet, besonders sehenswert der Domraum mit dem Krodo-Altar des 11. Jh., der Rammelsbergraum mit sog. Praetoriusorgel sowie die geologische Sammlung, die u. a. die »klassische geologische Quadratmeile« von Goslar veranschaulicht. Geöffnet: Juni–September wochentags 9–13 und 14.30–17 Uhr; Oktober–Mai 10–13 und 15–17 Uhr, So 10–13 Uhr.

Mönchehaus-Museum für moderne Kunst, Mönchestr. 3. Geöffnet: Di–Sa 10–13 und 15–17 Uhr, So 10–13 Uhr. Mo geschlossen.

Rüst-, Folter- und Waffenkammer im *Zwinger.* Geöffnet: täglich von 9–18 Uhr. Im Winter Mo geschlossen.

Königslutter am Elm

Kr. Helmstedt, 123 m, 17000 Einw. Ferienort im Naturpark Elm-Lappwald und Städtchen des Braunschweiger Landes, in waldreicher Umgebung am Nordhang des Elm gelegen.

Auskunft: Verkehrsamt der Stadt, Am Pastorenkamp 13, 3308 Königslutter am Elm, Tel. 05353/1011.
Verkehr: B 1 Braunschweig – Helmstedt. – Autobahnanschlußstelle.

Geschichte:
In dem 956 erstmals erwähnten Ort wurde im 11. Jh. ein Kanonissenstift gegründet, das 1135 von Kaiser Lothar III. in ein Benediktinerkloster umgewandelt wurde, das im 12. und 13. Jh. seine Blütezeit hatte. Im Schutze einer um 1200 entstandenen Wasserburg erhielt Königslutter um 1300 Markt- und um 1400 Stadtrechte. 1541 wurde die Reformation eingeführt. Blütezeit der Stadt im 18. Jh. durch das Brauen des Drucksteinbiers, das vor allem nach Magdeburg und in die Mark Brandenburg exportiert wurde.

Sehenswert:
Kaiserdom, 12. Jh., ehemalige Abteikirche des Benediktinerklosters, zu dem Kaiser Lothar und Kaiserin Richenza den Grundstein legten. Der Dom ist eine der bedeutendsten romanischen Pfeilerbasiliken Deutschlands, mit den Gräbern Kaiser Lothars von Süpplingenburg (1137), Herzog Heinrichs des Stolzen (Vater Heinrichs des Löwen, 1139) und der Kaiserinwitwe (1141).

Großartige Arbeiten von italienischen Steinmetzen sind das lombardische Löwenportal, der Chor der Kirche und der *Rundbogenfries* an der Außenwand der Hauptapsis: der Jagdfries, der in sieben Bildern eine Hasenjagd zeigt, dabei die Jäger, die zur Jagd blasen, hetzende Hunde, das flüchtende Wild, die Beute, und in der Mitte einen Jäger, der gefesselt unter zwei Hasen liegt. Vom Konventsgebäude haben sich die Sakristei, der romanische *Kreuzgang* mit reichverzierten Kapitellen und das *Abtshaus* erhalten. Bei Instandsetzungsarbeiten am Grabmal des Kaisers wurden beachtliche Fragmente der im 17. Jh. zerstörten mittelalterlichen Vorgängertumba aufgefunden, die den Kaiser, seine Gemahlin und ihren Sohn zeigt. Im ehemaligen Klosterhof steht die 800jährige Kaiserlinde, die der Überlieferung nach Lothar noch selbst gepflanzt haben soll.

Nur wenige **Fachwerkhäuser** blieben von den Zerstörungen des Dreißigjährigen Krieges verschont. Als das schönste gilt das Haus Am Markt 14, dessen vorspringenden Erker aus dem Jahre 1674 Knaben mit Schleiern tragen.

Northeim

Kreisstadt, 116–326 m, 32 500 Einw., Stadt zwischen Harz und Solling, in günstiger Lage an der Vereinigung des Rhumetales mit dem Leinetal, mit gut erhaltenem mittelalterlichem Stadtteil; auch ein Teil des Mauerringes ist erhalten.

Auskunft: Fremdenverkehrsverein, Breite Str. 52, 3410 Northeim, Tel. 0 55 51/36 50.
Verkehr: Kreuzungspunkt der **B 3**, 241, 247 und 248; Autobahnanschlußstellen.

Geschichte:
Alte Siedlung, die zwei Flußübergänge (Leine und Rhume) beherrschte. Stammsitz der Grafen von Northeim. Um 1100 Gründung des Familienklosters St. Blasien. Stadtrecht 1265. 1832 zerstörte ein Brand die Mitte der Altstadt und vernichtete u. a. das staatliche Rathaus.

Sehenswert:
Hospital St. Spiritus (jetzt Apotheke), eindrucksvoller Fachwerkbau von 1500.

Reste des **Benediktinerklosters St. Blasii** (hervorgegangen aus einem ehem. Grafenhof), gegründet um 1099 als Kollegiatstift, seit etwa 1117 Kloster mit Kapelle aus dem Anfang des 16. Jh.; östlich anschließend ältestes Fachwerkhaus, am Münsterplatz (1474, Inschrift).

St.-Sixti-Kirche, spätgotische dreischiffige Hallenkirche 1467–1498, gedrehter Turm, Flügelaltäre im Chor (Anfang 15. Jh.), in der Taufkapelle (um 1520) und in der Sakristei (um 1500); Bronzetaufe (1510); spätgotische Glasmalereien (um 1480); Barockorgel (1721–1734).

Alte **Fachwerkhäuser** (Traufenhäuser), besonders in den Straßen Am Münster, Breite Straße, Hagenstraße und Entenmarkt; u. a. typische Vertreter verschiedener Bauepochen wie Gotik, Renaissance, Barock, Rokoko und Klassik; zur Kennzeichnung sind Tafeln in Wappenform an ausgewählten Häusern angebracht.

Stadtmauer, etwa ⅔ davon sind erhalten; besonders sehenswert: zwischen Adolf-Hueg-Wall und Straße Zwinder (alte Streichwehr), Obere Straße, Mauerstraße und zwischen Altem Friedhof und der Zwingeranlage am Oberen Tore.

Osterode am Harz

Kreisstadt und Sitz des gleichnamigen Landkreises, 200–300 m, 30 000 Einw. Fremdenverkehrsstadt, in grüne Berghügel am Südwesthang des Harzes eingebettet, wo das Lerbachtal und das Sösetal in spitzem Winkel zusammentreffen, gegen rauhe Ostwinde durch Brocken, Bruchberg- und Ackergebiet geschützt. – Wahrscheinlich wurde in Osterode Tilman Riemenschneider (um 1460 bis 1531) geboren; diese Annahme ist jedoch noch nicht endgültig bewiesen. Die bisher selbständigen Gemeinden Dorste, Düna, Förste, Freiheit, Katzenstein, Lasfelde, Lerbach, Marke, Nienstedt, Petershütte, Riefensbeek-Kamschlacken und Schwiegershausen wurden mit Osterode zusammengeschlossen.

Auskunft: Fremdenverkehrsamt, Postfach 1720, 3360 Osterode am Harz 1, Tel. 05522/318-1.
Verkehr: Kreuzungspunkt der B 241, B 243 und B 498. Autobahnanschlußstelle Eichte (20 km).

Geschichte:
Als Rode-Ort gehört Osterode zu einer der Siedlungen, die zwischen dem 9. und dem 11. Jh. am Harzrand entstanden. Auf der seit dem 11. Jh. bekannten Burg wurden seit 1151 Burgmannen erwähnt. 1152 wurde der bereits blühende Ort im Verlaufe einer Fehde Heinrichs des Löwen mit Markgraf Albrecht dem Bären zerstört. 1238 wurde in Anlehnung an den alten Markt eine »neue Stadt« gegründet, die 1293 das Goslarer Stadtrecht erhielt. Das 1233 erwähnte St.-Jakobi-Kloster, ein Frauenstift nach den Ordensregeln der Zisterzienser, wurde 1540 aufgehoben und die Gebäude 1561 zu einem Schloß umgebaut. Die Blütezeit Osterodes fällt in das 16. und 17. Jh. Im 18. Jh. lebte rund ein Viertel der Gesamtbevölkerung vom Tuchmachergewerbe; um Osterode standen viele Eisenhütten.

Sehenswert:
Rathaus, 1388 erbaut, 1552 erneuert.

Osterode, Marktplatz

Harzkornmagazin, Barockbau, 1719–1722 für die Versorgung der Bergknappen erbaut; das Gebäude faßte in seinen Getreideböden 15 000 Malter, das sind ungefähr 40 000 Zentner.

Guterhaltene alte **Stadtmauer** mit Wehrtürmen, 1233.

Die alte **Burg** vor dem Johannistor, das Wahrzeichen Osterodes, 1130 zuerst als Eigentum Heinrichs des Löwen erwähnt.

Ratswaage von 1550, »Hus vür Hochziter«, Inschrift: »Dat sin nicht alle jeger, de de horne blasen!«

Marktkirche St. Ägidien, 1545 abgebrannt, 1552 neuerrichtet, wuchtiger Turm, wertvolle Grabplatten der letzten Herzöge von Braunschweig-Grubenhagen, Taufbecken von 1589, Kanzelaltar des 17. Jh.

Schloßkirche St. Jacobi des ehem. Zisterzienserinnen-Klosters, das in ein Schloß der Herzöge von Grubenhagen umgewandelt wurde, Kirche wesentlich umgebaut 1752, Flügelaltar, 15. Jh., barocke Bildwerke.

Marienkirche, Altar mit spätgotischen Plastiken und Malereien, 1517 von Berhold Kastrop.

Heimatmuseum am Rollberg, einem schönen Fachwerkbau von 1640, mit reichen heimatkundlichen Sammlungen aus dem Harzvorland. Geöffnet: Di–Fr 10.30–16 Uhr, Sa 10–12 Uhr, So 9–12 Uhr. Mo geschlossen.

Spaziergänge, Wanderungen: Im Südwesten in 10 Min. auf den **Ührder Berg,** 288 m, mit Soldaten-Ehrenmal, anschließend die Kalkberge mit Gipsbrüchen. – Im Norden in 10 Min. zum **Röddenberg,** 296 m. – Südöstlich die **Teufelsbäder,** 45 Min., und das **Teufelsloch** (Erdfall). – Südlich die **Jettenhöhle,** in 1½ Std. über den Wartberg, 305 m, und die Höfe von Düna.

Wanderungen: Auf Wanderweg 3 F (blauer Balken) nach **Osterode-Lerbach,** 1½ Std. nordöstlich. – Auf Wanderweg 8 H (roter Balken), 4 E (blauer Balken) zur **Sösetalsperre** mit Terrassencafé, 1½ Std. östlich. – **Pipinsburg,** keltische Befestigung, 1 Std. westlich.

Wolfenbüttel

Kreisstadt und Sitz des gleichnamigen Landkreises, 75 m, 52 000 Einw. Ehemalige Residenzstadt, auch in Erinnerung an G. E. Lessing als »Lessingstadt« bezeichnet, zwischen Braunschweig und dem Harz an der Oker gelegen.

Auskunft: Verkehrsverein, Breite Herzogstr. 25, 3340 Wolfenbüttel, Tel. 0 53 31/23 37.
Verkehr: Kreuzungspunkt der B 4 und B 79. – Autobahnanschlußstelle.

Geschichte:

Erste Erwähnung 1118. Eroberung der Burg Wolfenbüttel durch Heinrich den Löwen 1192 und Zerstörung durch seinen Urenkel Albrecht im Jahre 1255. Die seit 1283 von den Welfenherzögen erbaute Wasserburg war bis 1432 eine der Residenzburgen, dann bis 1754 die Hauptresidenz der Herzöge zu Braunschweig und Lüneburg (Haus Braunschweig); sie wurde mehrfach umkämpft, seit etwa 1575 zu einer mächtigen Festung ausgebaut, und gleichzeitig erfolgte die planmäßige Anlage der Stadt im Renaissancestil. Herzog Heinrich Julius (1589–1613), der selbst Dramen dichtete, holte Schauspieler aus England, die ersten in Deutschland wirkenden Berufsschauspieler. 1609 wurde in Wolfenbüttel die erste deutsche Zeitung, der »Aviso«, gedruckt. Im Dreißigjährigen Krieg hatte die Stadt durch Belagerungen und Besatzungen zu leiden. Herzog August gründete 1666 die Handschriftenbibliothek, die »Augusta«. Als deren Bibliothekar war von 1770 bis 1781 Gotthold Ephraim Lessing tätig; er vollendete 1772 »Emilia Galotti«, schrieb die »Wolffenbütteler Fragmente« und 1779 den »Nathan«. 1724 wurden Residenz und Regierung nach Braunschweig verlegt. Von 1845 bis 1862 lebte Wilhelm Raabe hier; Wilhelm Busch hielt sich von 1862 bis 1887 jedes Jahr einige Zeit in Wolfenbüttel auf.

Sehenswert:
Das **Stadtbild** mit seinen an die einstige politische Macht und kulturelle Blüte der Stadt erinnernden Renaissance- und Barockgroßbauten und den mehr als 500 Fachwerkhäusern.

Das ehemalige **Residenzschloß** der Herzöge von Braunschweig und Lüneburg auf dem geräumigen Schloßplatz, das größte erhaltene Schloß Niedersachsens. Eine erste Anlage stammt aus dem frühen Mittelalter, wurde dann im Laufe der Jahrhunderte mehrmals verändert und erhielt im frühen 18. Jh. die heutigen Fassaden. Die säulenreichen Schloßhoffronten stammen von 1643. Der Hausmannsturm von 1614 bietet eine weite Rundsicht. Im Innern des Schlosses Renaissance- und Barocksäle mit kostbarer Ausstattung, zugleich *Heimatmuseum* mit zahlreichen Sammlungen. Hier wohnte von 1770 bis 1776 Lessing. Öffnungszeiten der historischen Schloßräume: Di–So 9.30–12,30, Mi 15–17, Fr und Sa 15–18 Uhr.

Das **Rathaus** am Stadtmarkt ist ein Fachwerkbau (um 1600) mit Ratskeller und früherer Stadtwaage.

Das **Zeughaus**, begonnen 1613, ist ein ausgedehnter Renaissancebau.

Lessinghaus, Lessingplatz 2, 1735 errichtet, Lessings Wohnung von 1777 bis zu seinem Tode. Geöffnet täglich 10–13 Uhr und 14–16 Uhr, werktags Führungen um 14 Uhr.

Herzog-August-Bibliothek, um 1670 eine der größten Bibliotheken Europas, heutiger Bestand rund 8000 Handschriften (berühmt das Reichenauer Evangeliar des 10. Jh.), 4000 Wiegendrucke, 450 000 Bücher, 2000 Bibeln und zahlreiche Landkarten. Führungen.

Evangelische **Hauptkirche Beatae Mariae Virginis** oder **Marienkirche**, in der Hauptsache 1607 bis 1623 von Paul Francke errichtet, damals bedeutendster Kirchenbau des Protestantismus in Deutschland; eine gotisierende Renaissancekirche mit großem Schmuckreichtum und wertvoller Ausstattung, reiche Fürstengruft.

Johanniskirche, Fachwerkbau von 1633 mit reicher Renaissance-Ausstattung.

Trinitatiskirche, 1719 errichtet, barocker Zentralbau, zahlreiche bemerkenswerte Grabdenksteine.

Klein-Venedig, ein grachtenartiger Okerarm, von Fachwerkhäusern eingefaßt, umgeben von einstigen Hof- und Verwaltungshäusern (Fachwerk). Die ehemalige Kanzlei, 1588, früher Sitz der gesamten Landesverwaltung, enthält heute die Urgeschichtliche Abteilung des **Braunschweigischen Landesmuseums.**

Veranstaltungen:
Lessingtheater und Schloßtheater.

Niederrhein

Die auffallend tief in das Rheinische Schiefergebirge hineingreifende und sich trichterförmig nach Südosten hin verengende Niederrheinische Bucht hat sich im Verlauf der letzten 35 Millionen Jahre nach und nach durch bruchtektonisch bedingte Absenkungen des Grundgebirges herausgebildet. Diese Krustenbewegungen sind, wie Erdbeben belegen, auch heute noch nicht zum Stillstand gekommen.

Dieses Bruchfeld war aber schon seit dem Jungtertiär immer wieder sogleich mit Geröllen und Sanden des Rheins aufgefüllt und zuletzt noch einmal während der Eiszeit großflächig von Rhein und Maas aufgeschottert worden. Dementsprechend entstand das heute beobachtbare Feinrelief erst in dem jahrtausendealten Wechselspiel zwischen Aufschotterungen und Abtragungen vor allem durch den Rhein, der zwar heute zwischen hohen Deichen behäbig hin- und herpendelt, einst jedoch »verwildert« immer wieder sein Bett verlagerte.

Indirekt bewirkte der Rhein auch die Entstehung der bewaldeten linksrheinischen Höhen von Krefeld über Xanten und Kleve bis Nimwegen, weil in seinem erwärmten Flußbett die vorletzte große Vereisung zum Stillstand kam und in ihrem Vorfeld Moränen abgelagert und bis zu 100 Meter hoch aufgestaucht wurden.

Trotz gewisser geologischer Gemeinsamkeiten lassen sich am Niederrhein zwei Großlandschaften unterscheiden: Während in der Niederrheinischen Bucht zwischen dem Rheinischen Schiefergebirge und der Linie Düsseldorf – Mönchengladbach – Erkelenz waldarme, offene, insgesamt recht fruchtbare, trockene und klimatisch milde Böden dominieren, die durch Siedlungsverdichtungen und Bergbau jedoch ständig Flächenanteile verlieren, findet man im nördlich gelegenen Niederrheinischen Tiefland eher die Landschaftselemente, die man gemeinhin mit dem Niederrhein verbindet: pappel- und kopfweidenbegleitete, sattgrüne Geländemulden mit verträumten Altwässern und nebelreichen Kolken zwischen den tischebenen Ackerfluren der Niederterrassen.

Dem abwechslungsreichen Landschaftsbild der Niederrheinlande entspricht die Vielfalt historischer und kultureller Einzelentwicklungen: Die einstige Zersplitterung in eine Vielzahl selbständiger Einzelterritorien führte zwar einerseits immer wieder zu zahlreichen kriegerischen Auseinandersetzungen und Zerstörungen, andererseits aber auch zu einer unerhörten Fülle bau-, kunst- und kulturgeschichtlicher Impulse auf engstem Raum, die sich in Schlössern und Burgen, Kirchen und Städten sinnfällig widerspiegeln und auf ihre Entdeckung warten. Massentourismus ist am Niederrhein noch weitestgehend kleingeschrieben, so daß Ausflüge in dieses reizvolle Gebiet besonders angenehm sein können.

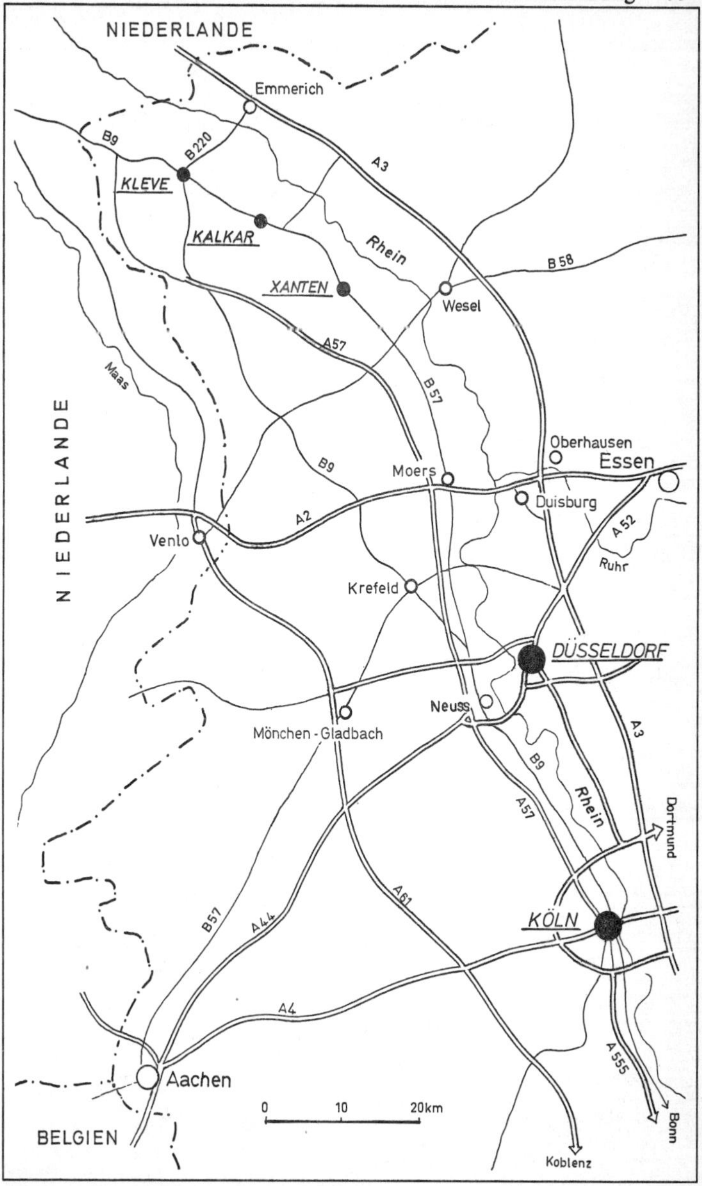
NIEDERLANDE
Emmerich
B9
B220
KLEVE
A3
KALKAR
Rhein
B 58
XANTEN
Wesel
A57
Maas
B 57
NIEDERLANDE
Oberhausen
Essen
B9
Moers
Duisburg
A2
A 52
Venlo
Ruhr
Krefeld
DÜSSELDORF
Neuss
Mönchen-Gladbach
A3
B9
Rhein
A57
Dortmund
A61
KÖLN
B57
A44
A4
A 555
Aachen
0
10
20km
Bonn
BELGIEN
Koblenz

Düsseldorf

Kreisfreie Stadt, 38 m, 564 000 Einw., Hauptstadt des Landes Nordrhein-Westfalen, an beiden Ufern des hier 300 m breiten Rheines, moderne und rege Handels-, Mode-, Universitäts- und Kunststadt, Verwaltungssitz zahlreicher großer Konzerne und Verbände. Mittelpunkt der rheinisch-westfälischen Industrie mit großem Rheinhafen, bedeutende Messe-, Kongreß- und Ausstellungsstadt. Neben Köln und Mainz ein Zentrum des rheinischen Karnevals. Geburtsort u. a. des Bekämpfers des Hexenwahns und Liederdichters Friedrich von Spee (1591–1635), des Dichters Heinrich Heine (1797–1856), der Pianistin Elly Ney (1882 bis 1968), des Erzählers Heinrich Spoerl (1887–1955) und des Schauspielers Gustaf Gründgens (1899–1963).

Auskunft: Amt für Fremdenverkehr und Wirtschaftsförderung, Ehrenhof 3, 4000 Düsseldorf, Tel. 02 11/8 99 38 22.
Verkehr: Kreuzungspunkt B 1, B 7, B 8, B 326. – Autobahnanschlußstellen.

Geschichte:
Die älteren und daher historisch reicheren Stadtteile Düsseldorfs sind Kaiserswerth und Gerresheim. Kaiserswerth, 877 bereits als »Werid« erwähnt, war schon um die Wende des 7./8. Jh. eine Klostersiedlung um das vom hl. Suitbert gegründete Benediktinerkloster. 1181 bekam sie durch Kaiser Friedrich I. Barbarossa die Stadtrechte und wurde reichsunmittelbar. Die berühmte Kaiserpfalz sah oft Könige und Kaiser in ihren Mauern. Gerresheims erste urkundliche Erwähnung stammt von um 870, aus welcher

Rheinmetropole und mondänes Modezentrum mit liebenswerter Altstadt

Zeit es als »Gerichesheim« überliefert ist. Die Siedlung entstand um ein Stift, das der Edle Gerrich um 870 gegründet hat. Stadtrechte erhielt sie um 1380. Düsseldorf selbst entstand aus einer unbedeutenden fränkischen Siedlung an der Mündung des Düsselbaches in den Rhein. 1135 fand diese als »Düsseldorp« erstmals urkundliche Erwähnung. Nach der Schlacht bei Worringen gegen den Kölner Erzbischof wurde sie 1288 durch den Grafen Adolf von Berg zur Stadt erhoben und als Festung ausgebaut. Ab 1386 wurde sie Residenz der Bergischen Herzöge.

Im Siebenjährigen Krieg und in der Folge der Französischen Revolution erlitt die Stadt mehrfach französische Besetzung. 1815 kam sie an Preußen. Zu dieser Zeit begann auch der wirtschaftliche Aufstieg, der die Stadt zum Mittelpunkt der westdeutschen Industrie werden ließ.

Sehenswert:
Lambertuskirche am Stiftsplatz, ursprünglich romanische Dorfkirche aus dem 12./13. Jh., in der heutigen Form eine dreischiffige gotische Hallenkirche von 1370–94. Im Innern ein spätgotisches Sakramentshäuschen von 1475–79, Hochaltar und Kanzel aus dem 17. Jh., Grabmal Herzog Wilhelms des Reichen von 1595–99, von Gerhard Scheben im Stil der italienisch-flämischen Renaissance geschaffen. Die Fenster und das Hauptportal sind modern, letzteres 1960 von E. Mataré geschaffen.

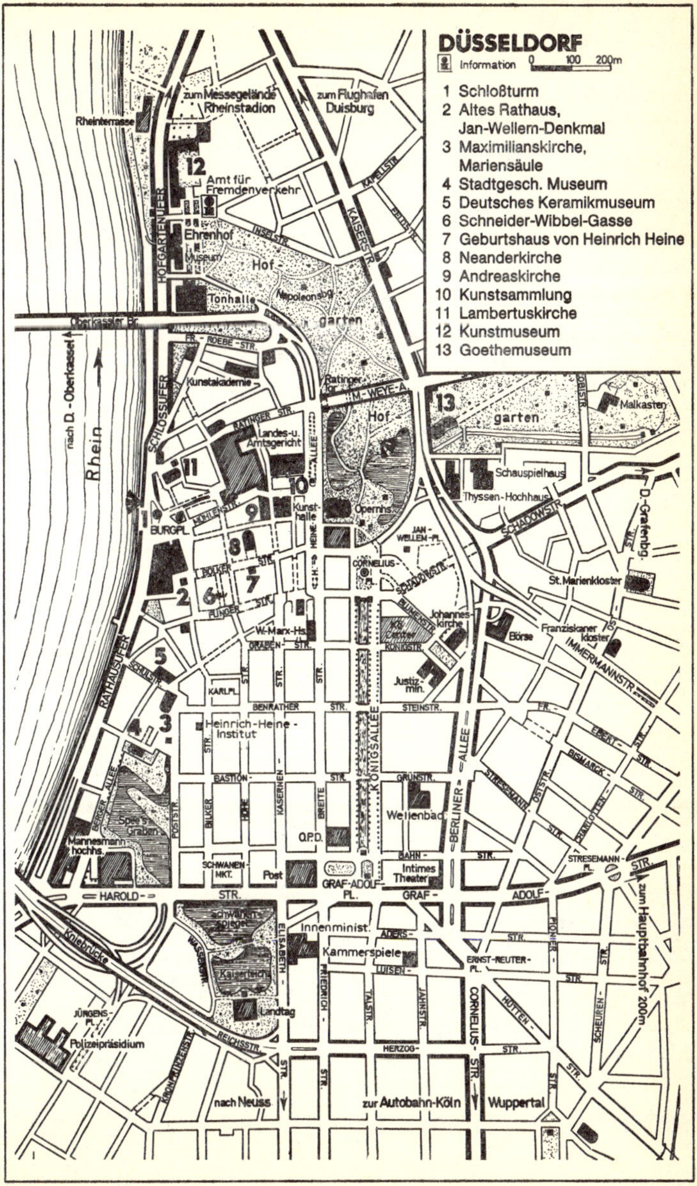
DÜSSELDORF
Information
0 100 200m
1 Schloßturm
2 Altes Rathaus, Jan-Wellem-Denkmal
3 Maximilianskirche, Mariensäule
4 Stadtgesch. Museum
5 Deutsches Keramikmuseum
6 Schneider-Wibbel-Gasse
7 Geburtshaus von Heinrich Heine
8 Neanderkirche
9 Andreaskirche
10 Kunstsammlung
11 Lambertuskirche
12 Kunstmuseum
13 Goethemuseum
zum Messegelände Rheinstadion
zum Flughafen Duisburg
Rheinterrasse
Amt für Fremdenverkehr
Ehrenhof
Museum
Hofgarten
Napoleonsbg.
Tonhalle
Oberkassler Br.
nach D.-Oberkassel
Rhein
Kunstakademie
Ratinger Tor
Landes-u. Amtsgericht
Kunsthalle
Opernhs.
Malkasten
Schauspielhaus
Thyssen-Hochhaus
D.-Grafenbg.
St. Marienkloster
Johanneskirche
Börse
Franziskanerkloster
KÖ Center
Justizmin.
W.-Marx-Hs.
Heinrich-Heine-Institut
Wellenbad
O.P.D.
Post
Intimes Theater
Spee's Graben
Mannesmann-hochhs.
Schwanenspiegel
Kaiserteich
Landtag
Innenminist.
Kammerspiele
Polizeipräsidium
Kniebrücke
zum Hauptbahnhof 200m
nach Neuss
zur Autobahn-Köln
Wuppertal

Andreaskirche, Andreasstraße, ehem. Hof- und Jesuitenkirche, gestiftet von Herzog Wolfgang Wilhelm, der sich für die Gegenreformation einsetzte. 1622–29 errichtet. Mausoleum Pfälzischer Kurfürsten, u. a. Sarkophag Johann Wilhelms II., mit Porträt-Relief von Gabriel de Grupello.

Maximilianskirche am Maxplatz, ehem. Franziskanerkirche, 1734 bis 1737 neu errichtet, Rokokoeinrichtung; im Antoniussaal (ehem. Refektorium) beachtenswerte Stukkaturen von 1766; schöner Kreuzgang. Bei der Kirche die **Mariensäule** von 1873.

St.-Rochus-Kirche am Rochusmarkt, moderne katholische Pfarrkirche, ein eigenwilliger Kuppelbau, von P. Schneider-Esleben 1955 errichtet. Der alte abseitsstehende, neuromanische Turm von 1897 wurde in die neue Anlage mit einbezogen.

Altes Rathaus am Markt, Backsteinbau mit Renaissancegiebel, 1570–73 erbaut, um 1750 umgebaut und erweitert, zuletzt erneuert 1958–60. Vor dem Rathaus das **Jan-Wellem-Denkmal,** bedeutendes barockes Reiterstandbild des Kurfürsten Johann Wilhelm II., 1703–1711 von Gabriel de Grupello geschaffen. Sockel und Gitter errichtete A. v. Vagedes 1830.

Königsallee, kurz »Kö«, mit zahlreichen stilvollen Läden, Cafés und Restaurants mit Terrassen, Kunst- und Modesalons.

Schneider-Wibbel-Gasse mit Schneider-Wibbel-Uhr, Glockenspiel um 11, 13, 15, 18 und 21 Uhr.

Schloß Benrath (Linie 18), Neubau von 1755–1773 unter Leitung von Nicolas de Pigage, Gartenschloß in reinem Rokokostil, von Kurfürst Theodor als Sommerresidenz ausersehen. In großartiger, typisch barocker Konzeption verband N. de Pigage den Schloßbau mit der Anlage eines einzigartigen, von Wasserkünsten belebten Barockparkes, der allerdings im 19. Jh. weitgehend im englischen Stil umgewandelt wurde. Der Hauptbau liegt am Südende des Schloßteiches, eingerahmt von den beiden selbständigen dreiflügeligen Kavaliersbauten, die in ihrer Form zum Schloßteich hin im offenen Bogen geführt sind und gleichsam wie im Hohlspiegel den Blick auf das etwas erhöhte, im Mittelpunkt zurückliegende Schloß hinlenken. Der reiche plastische Schmuck an den Giebeln des Hauptschlosses und im Park stammt von Peter Anton von Verschaffelt, der vorher in Rom und Mannheim gewirkt hat. Im Innern mehr als 80 Räume in 2 bzw. 4 Geschossen um 2 kleine Lichthöfe aufgeteilt, die in prächtigem Rokoko Stukkaturen von G. A. Alubzio, Gemälde von Lamb, Krahe und Franz A. Leitenstorfer sowie Holzplastiken der Meister J. M. von den Branden, Franz Zeller und Augustin Egell zeigen.

Veranstaltungen:
Rosenmontagszug, Schützenfest, alljährlich in der zweiten Julihälfte, zur Zeit des Namensfestes des Stadtpatrons St. Apollinaris. St.-Martins-Fest alljährlich im November, mit St.-Martins-Zug am Abend durch die Altstadt. Galopprennen auf der Rennbahn in Grafenberg.

Hochherrschaftlicher Reiter: Kurfürst Johann Wilhelm

Kalkar

Kr. Kleve, 17 m, 11 000 Einw., alte Stadt und beliebtes Ausflugsziel in der anmutigen Landschaft des linken Niederrheingebietes, unweit des Rheinstromes auf einer alten Rheininsel gelegen. Die Stadt des »lebendigen Mittelalters am Niederrhein« ist vor allem berühmt wegen ihrer Kunstwerke aus Spätgotik und Frührenaissance.

Auskunft: Städtisches Verkehrsamt im Rathaus, 4192 Kalkar, Tel. 0 28 24/1 31 38.
Verkehr: Kreuzungspunkt der B 57 Kleve – Xanten und B 67 Goch – Rees.

Geschichte:
Kalkar ging im wesentlichen aus einer planmäßigen Anlage des 13. Jh. hervor, ihr Gründer war Graf Derik V. von Kleve, die Stadtrechte datieren aus den Jahren 1242/43. Im 14. Jh. wurde die Stadt befestigt. Wirtschaftliche Grundlage waren schon sehr früh die Tuchmachereien und der Getreidehandel; sie führte die Stadt im 14. Jh. zu einer langandauernden Blütezeit, ein kanalisierter Nebenarm des Rheins führte seit 1430 an die Stadt und gestattete die Anlage eines kleinen Hafens.

Sehenswert:
St.-Nikolai-Kirche, die größte dreischiffige gotische Hallenkirche am Niederrhein mit reichgegliedertem Westturm, Neubau nach Brand von 1409 durch Johann Wyrenberg, Chor 1450 vollendet, 1481–1505 mehrfach erweitert. Die Kirche birgt heute noch einen ungewöhnlich reichen Schatz an Holzschnitzwerken und Gemälden der Kalkarer Schule des 15./16. Jh.

Im Innern: Der **Hochaltar** ist das größte und schönste Werk: Er wurde 1489–1500 von verschiedenen Meistern ausgeführt und enthält 208 geschnitzte Figuren sowie 20 gemalte Flügelfelder. Meister Arnt von Zwolle, aus Kalkar gebürtig, begann 1489 mit der Arbeit an dem gewaltigen Schrein. Meister Loedewich (Ludwig Juppe von Marburg) vollendete ihn bis 1500; die Gemälde der Flügel schuf Jan Joest van Kalkar 1505–08 nach Vorarbeit des Meisters Matthaeus.

Ein Meisterwerk der Schnitzkunst ist auch der **Altar der sieben Schmerzen Mariens,** 1518–22 von Henrik Douvermann geschaffen. An Stelle der neuzeitlichen Holzplastik in der mittleren Nische trug der Altar ursprünglich ein Gnadenbild, das aber 1811 entfernt wurde. – Der **Marienleben-Altar** stammt aus den Jahren um 1510, auch er ein Werk des Meisters Loedewich; sein Untersatz zeigt Szenen aus dem Leben des Evangelisten Johannes. Der **Dreifaltigkeitsaltar** von um 1540, ein Spätwerk eines noch nicht sicher ermittelten Meisters, in reichen Renaissanceformen, nach niederländischem Vorbild. Der **Altar des hl. Georg** ist der älteste der Kirche.

Rathaus, an der Ostseite des Marktplatzes, 1436–45 von Johann Wyrenberg errichtet, imponierende feststehende Anlage, im letzten Krieg arg zerstört, im alten Stil, aber leicht verändert, wieder aufgebaut; mit einzigartigem Ratskeller. – Schöne Backsteingiebelhäuser des 16./17. Jh. säumen den großen Marktplatz; weitere Giebelhäuser in den Seitenstraßen.

Reste der alten **Stadtmauer.**

Kleve

Kreisstadt, 46–106 m, 46 000 Einw., alte Residenzstadt der Grafen und späteren Herzöge von Kleve, wirtschaftlicher und kultureller Mittelpunkt am linken unteren Niederrhein. Kleve ist die Stadt der Lohengrinsage und liegt in unmittelbarer Nähe des Reichswaldes.

Auskunft: Städtisches Verkehrsamt, 4190 Kleve, Tel. 028 21/8 42 54.

Verkehr: B 9 Krefeld – niederländische Grenze. Ausgangspunkt der B 57 nach Xanten und B 220 nach Emmerich. – Autobahnanschlußstelle Emmerich (13 km).

Geschichte:

Im 10. Jh. entstand um die Pfarrkirche ein Dorf, das von der Burg den Namen Kleve erhielt. Eine neuere Siedlung wurde auf dem Heideberg angelegt, die am 25. April 1242 Stadtrechte erhielt. Das spätere Stadtbild verdankte Kleve dem brandenburgischen Stadthalter, Johann Moritz, Fürst von Nassau (1647–79). Die fast vollständige Zerstörung der Stadt zu Ende des Zweiten Weltkrieges haben nur wenige Bauwerke von Rang überstanden, so u. a. die imposante Burg.

Blick auf Kleve mit seiner berühmten Schwanenburg

Sehenswert:

Schwanenburg, Stammburg der Grafen und späteren Herzöge von Kleve. Die ältesten Bauteile stammen aus dem 12./13. Jh., erhalten sind hiervon die Ringmauer und die im Innenhof vermauerten Reste eines Prunkportales. Vom spätmittelalterlichen Ausbau stammen der Spiegelturm (1428) und der Schwanenturm (1440/41) mit seiner mächtigen Gestalt (Aussicht!), die Wohnbauten wurden 1664–66 in ihre heutige Form gebracht. Im Krieg waren große Teile der Burg zerstört worden.

Stiftskirche, 14./15. Jh., nach dem Zweiten Weltkrieg im neugeordneten Innenraum wieder errichtet, von der z. T. reichen Ausstattung blieben eine thronende Madonna, 14. Jh., eine Beweinung und eine Triumphkreuzgruppe, 15. Jh., sowie die Grabmäler der klevischen Grafen und Herzöge (restauriert) erhalten.

Minoritenkirche aus dem 15. Jh. mit der erhaltenen Barockkanzel von 1698 und dem Chorgestühl von 1474, bedeutendes Werk der klevischen Bildschnitzerei.

Städtisches Museum Haus Koekkoek mit umfangreichen Sammlungen der niederrheinischen Kunst.

Köln

36 m, 965000 Einw. Größte Stadt Nordrhein-Westfalens, Metropole des Rheinlandes, berühmte Dom-, Universitäts- und internationale Messestadt, Sitz des Kölner Erzbischofes, Hauptstadt eines Regierungsbezirkes, Verkehrskreuz des Westens mit Kulturzentrum, Sitz zahlreicher Bundes- und internationaler Verbände der Wirtschaft und des Handels sowie zahlreicher ausländischer Missionen. Mehrere Großbanken und Versicherungen haben hier ihren Hauptsitz.

Köln, zu beiden Seiten des Rheins in der weiten Terrassenlandschaft der Kölner Tieflandbucht gelegen, hat eine über zweitausendjährige Geschichte, ist mit Mainz und Trier eine der ältesten Städte Deutschlands überhaupt und eine der frühesten Pflegestätten der abendländischen Kultur. Selbst nach den schweren Zerstörungen im Zweiten Weltkrieg (im Durchschnitt über 75%) und trotz ihrer durchgreifenden Modernisierung stößt man noch überall auf die Zeugen ihrer jahrtausendealten Geschichte, wenn auch viele der wertvollen uralten Kulturdenkmäler sorgsamster Restaurierungsarbeiten bedurften.

i *Auskunft:* Verkehrsamt der Stadt Köln, gegenüber dem Dom, 5000 Köln, Tel. 0221/2213345.
Verkehr: Kreuzungspunkt der B 8, 9, 51, 55, 59, 264, 265 und 506. Autobahnanschlußstellen. – Anlegestelle der »Köln-Düsseldorfer«.

Geschichte:

Im Jahre 50 n. Chr. verlieh die Kaiserin Agrippina, Tochter des Feldherrn Germanicus und Mutter Neros, Stadtrechte und den Namen

Zwischen Römerzeit, Karneval und Deutschlands größtem Dom

»Colonia Claudia Ara Agrippinensium. Aus der bald darauf nur noch gebräuchlichen Abkürzung »Colonia« entwickelte sich der heutige Name Köln. Römische Veteranen und Handelsleute siedelten sich an. Die bald einsetzende Blütezeit der Stadt – hervorgerufen durch die politische und wirtschaftliche Bedeutung – hielt über einige Jahrhunderte an. Karl der Große erhob die Stadt 785 zum Erzbistum und förderte sie auf großzügige Weise. 881 erlebte sie schwere Verwüstungen durch die rheinaufwärts vordringenden Normannen. Die sächsischen Kaiser festigten in der Folgezeit das Reich, und unter ihrem Schutz konnte sich das Leben Kölns erneut zu höchster Blüte entwickeln. 1248 erfolgte bereits die Grundsteinlegung des Kölner Doms durch Erzbischof Konrad von Hochstaden. Nach 1388 Gründung der Universität. Trotz mancher inneren Fehden zwischen adligen Geschlechtern und den bürgerlichen Zünften setzte sich der Aufstieg der Stadt fort. Köln wurde Mitglied des Rheinischen Städtebundes und der Hanse, seit 1360 besaß es Messerechte, 1475 wurde es durch Kaiser Friedrich III. zur Freien Reichsstadt erklärt.

Nach den Befreiungskriegen wurde Köln 1815 preußisch und in der Folgezeit als Festungsstadt ausgebaut. Es begann wieder ein allgemeiner Aufstieg, unterstützt vor allem durch die technischen Errungenschaften des Zeitalters, so des Dampfschiffes und der Eisenbahn. Köln wurde wieder Verkehrszentrum und Handelsplatz ersten europäischen Ranges. Auch das kulturelle Leben nahm wieder bedeutenden Aufschwung, 1842 konnte König Friedrich Wilhelm IV. von Preußen den Weiterbau des Doms freigeben, der durch die geistige Elite des ganzen Deutschen Reiches gefordert worden war (Fertigstellung des Doms 1880).

Sehenswert:
Dom St. Peter, Wahrzeichen der Stadt, wohl das vollendetste Meitsterwerk hochgotischer Baukunst auf deutschem Boden und einer der bedeutendsten Kirchenbauten der Welt. 1248 Grundsteinlegung an der Stelle eines älteren, durch Brand zerstörten Doms, auf historischem Boden durch Erzbischof Konrad von Hochstaden. 1560 Einstellung der Bautätigkeit für nahezu drei Jahrhunderte. Bis dahin nur Teile des Quer- und Langhauses, im ganzen ein gewaltiger, eindrucksvoller Torso. In der Folgezeit Verfall. 1842 Grundsteinlegung durch König Friedrich Wilhelm IV. zum Weiterbau.

Maße: Langhaus 144 m lang und 60 m breit; Querhaus 86 m lang; Gewölbehöhe 44 m; beide Westtürme etwa 160 m hoch (Südturm kann bestiegen werden, prachtvolle Aussicht); Flächenraum 6170 qm. Mit diesen Maßen sollte der Dom das gewaltigste Bauwerk der Erde werden, noch 1880 war er mit seinen Westtürmen der höchste Bau der Welt.

Der Dom ist eine Basilika in klar ausgeprägter Kreuzform mit fünfschiffigem Chor und Langhaus und dreischiffigem Querhaus, welches um je 4 Joche zu beiden Seiten über die quadratische Vierung hinausragt. Ein Kranz von 7 gleichförmigen Kapellen bildet den Chorumgang, die Portalfront mit den 2 mächtigen Türmen vervollständigt das Bild einer bis zur Vollendung durchdachten Harmonie. Das Innere ist von außerordentlichem Reichtum.

St. Andreas, 13. Jh., mit Resten eines ottonischen Vorgängerbaues. Chor von um 1420. In der neugestalteten Krypta römischer **Sarkophag** mit den Gebeinen des bedeutenden Heiligen und Philosophen Albertus Magnus (1193–1280). Dreischiffige, fast quadratische romanische Basilika mit spätgotischem Querschiff und Chor sowie einem achteckigen Vierungsturm. Reiche Innenausstattung: Reste von **Fresken** aus dem 14. Jh. in der 2. Seitenkapelle. **Flügelaltar** von um 1500 in der 1. Kapelle. Reliquienschrein der Makkabäer, 1504–27. Gotisches **Chorgestühl** von um 1420.

Antoniterkirche, 14. Jh., evangelische Pfarrkirche, gotische Basilika mit starken Umgestaltungen im Innern. In der nördlichen Seitenkapelle (Krieger-Gedenkstätte) hängt der berühmte **Todesengel** von Ernst Barlach (Zweitguß von 1938 nach dem im Zweiten Weltkrieg eingeschmolzenen Original von 1927 zu Güstrow), der die Züge von Käthe Kollwitz trägt, ein äußerst ausdrucksstarkes Meisterwerk des deutschen Expressionismus.

St. Aposteln, 11.–13. Jh., eine der bedeutendsten und ausgereiftesten romanischen Kirchenbauten in den Rheinlanden. Dreischiffige Pfeilerbasilika mit westlichem Querschiff und hohem Westturm, großartiger Choranbau in Kleeblattform, **Krypta** (1955–57 ausgegraben und als Taufkapelle hergerichtet). In der 1956 angebauten Werktagskapelle **Holzplastiken** der Zwölf Apostel von um 1330.

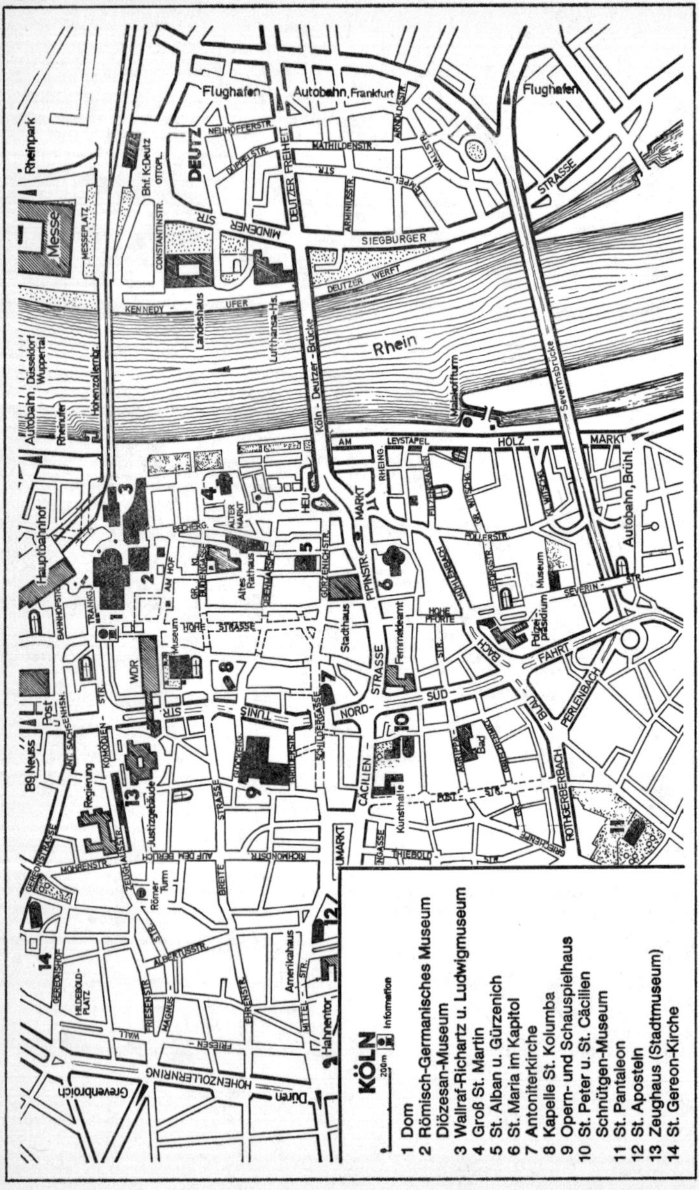
KÖLN
200m
Information
1 Dom
2 Römisch-Germanisches Museum
Diözesan-Museum
3 Wallraf-Richartz u. Ludwigmuseum
4 Groß St. Martin
5 St. Alban u. Gürzenich
6 St. Maria im Kapitol
7 Antoniterkirche
8 Kapelle St. Kolumba
9 Opern- und Schauspielhaus
10 St. Peter u. St. Cäcilien
Schnütgen-Museum
11 St. Pantaleon
12 St. Aposteln
13 Zeughaus (Stadtmuseum)
14 St. Gereon-Kirche
Rhein
DEUTZ
Flughafen
Autobahn, Frankfurt
Messe
Rheinpark
Hauptbahnhof
Köln - Deutzer - Brücke
Severinsbrücke
Hohenzollernbr.
Autobahn, Düsseldorf, Wuppertal
Autobahn, Brühl
B9 Neuss
Grevenbroich
Düren
Hahnentor
HOHENZOLLERNRING
Stadthaus
Altes Rathaus
Landeshaus
Lufthansa-Hs.
Regierung
Justizgebäude
Römer Turm
Amerikahaus
Kunsthalle
Polizeipräsidium
Fernmeldeamt
WDR
Post

St. Cäcilien, ehemalige Stiftskirche, 1150–70 erbaut, einzelne Bauteile aus dem 10. Jh., romanische dreischiffige Pfeilerbasilika, 1803 aufgehoben und profanisiert, heute beherbergt sie das **Schnütgenmuseum,** eine wertvolle Sammlung kirchlicher Kunst vom frühesten Mittelalter bis zum Barock.

St. Gereon, ältester noch erhaltener und zugleich wohl der eigenartigste Kirchenbau der Stadt. Im 4. Jh. als Märtyrerkirche zum Gedächtnis an den Opfertod des hl. Gereon errichtet. Chor und Krypta 11. Jh., im 12. Jh. erweitert und Errichtung der Türme, im 13./14. Jh. Fertigstellung. Der römische Zentralbau wurde 1219–27 in seine heutige Form gebracht, die Taufkapelle enthält **Fresken** von um 1230. Reiche Ausstattung im Chor und in der Sakristei.

In der Krypta ausgezeichnete **Mosaike,** Märtyrersarkophage, Wandmalereien und moderne **Glasfenster** von Manessier.

St. Pantaleon, 10. Jh., im 12. und 17. Jh. Erweiterungen. Einer der bedeutendsten ottonischen Bauten Deutschlands. Wertvollste Ausstattungsstücke sind die **Reliquienschreine** des hl. Mauritius und des hl. Albinus, beide aus dem 12. Jh., und andere Reste des ottonischen **Kreuzgangs** aus dem 10. Jh. an der Nordseite. Grabstätten der Kaiserin Theophanu (Gemahlin Kaiser Ottos II.) und des hl. Bruno.

St. Severin, im wesentlichen 15./16. Jh., spätgotische dreischiffige Basilika über dem Grund, der die älteste christliche Kirche trug. Ausgedehnter Ausgrabungsbereich (zugänglich) unter dem Langhaus, der die frühen 5 Bauperioden vom 4. bis 9. Jh. widerspiegelt.

Die 6. und 7. Bauperiode sind im heutigen Bau vereint. Die Einrichtung ist reich, die wertvollsten Stükke sind u. a. die Statue **Madonna mit Kind** aus Kalkstein von um 1280/90, das **Pestkreuz** aus dem 14. Jh., **Chormosaik** aus dem 13. Jh. und **Chorgestühl** von um 1300. **Tafelgemälde** des Meisters von St. Severin von um 1500.

St. Ursula, 12. Jh., erste romanische Emporenbasilika am Niederrhein, Ausgrabungen weisen auf eine Märtyrerkirche aus dem 4. Jh. hin. Chor frühgotisch, 13. Jh. Reiche Ausstattung, einzigartiger **Schrein** des hl. Aetherius, um 1170, berühmte »Goldene Kammer«, **Schatzkammer** mit zahlreichen Reliquien aus verschiedenen Jahrhunderten, u. a. 122 Reliquienbüsten, z. T. von sehr hohem künstlerischem Rang.

Gürzenich, 1437–44 als Tanz- und Festhaus erbaut, bedeutendster gotischer Profanbau Kölns und größter Saalbau des Mittelalters überhaupt, mit reicher Geschichte. Kaiser und Könige wurden in ihm empfangen, bedeutende Künstler dirigierten hier ihre Werke oder waren hier zu Gast. 1952–1955 von Karl Band und Rudolf Schwarz wiederaufgebaut und mit der Ruine von Alt-St. Alban verbunden.

Overstolzenhaus, 13. Jh., im 19. Jh. stark erneuert, reiche Fenstergliederung und mächtige Treppengiebel. Im Innern Wandgemälde profaner Themen aus dem 13. Jh. Beherbergt Wechselausstellungen des Kunstgewerbemuseums.

Römisch-Germanisches Museum im Neubau an der Südseite des Doms, mit weltberühmter Sammlung römischer Gläser und Kunst der Völkerwanderungszeit, Dionysos-Mosaik, Poblicius-Grabmal (14 m hoch), römischer Triumphwagen u. a. (geöffnet: Di–So 10–17, Do 10–20 Uhr). (Römische Funde auch unter dem Rathaus [Praetorium].)

Wallraf-Richartz-Museum am Funkhaus, größte Gemäldesammlung des Rheinlandes (geöffnet: Di–So 10–17, Di 10–20 Uhr; Kunstbibliothek von 10–17 Uhr), mit Schwerpunkten bei der alten Kölner Malerschule.

Stadtmuseum im Renaissance-Ziegelbau des alten Zeughauses (1594) mit Sammlungen zur Geschichte Kölns von den Anfängen bis ins 20. Jh. (geöffnet: Di–So 10–17, Do 10–20 Uhr). Eines der interessantesten Exponate ist das berühmte Stadtmodell nach Mercator. Dieses einzigartige Kleinod stammt aus dem Jahr 1571.

Veranstaltungen:
Kölner Karneval mit Hunderten von Sitzungen und Bällen im Januar/Februar und berühmten Rosenmontagszug. – Mülheimer Gottestracht (Schiffsprozession auf dem Rhein) zu Fronleichnam.

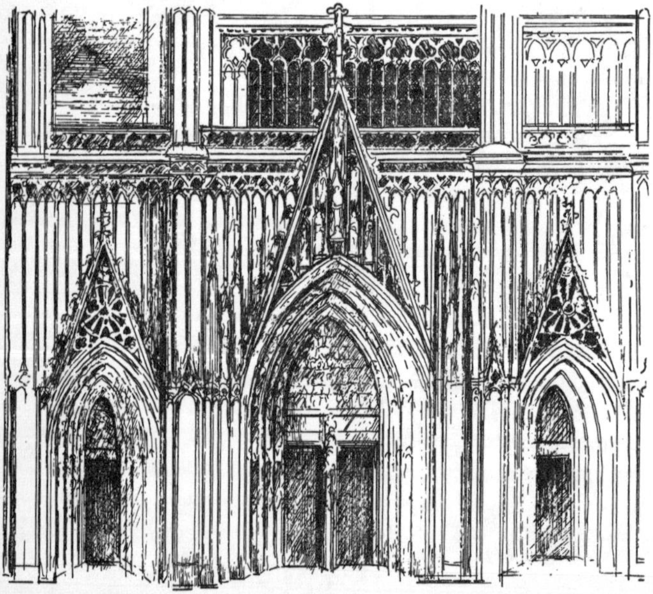

Die imposante Fassade des Doms ist ein Meisterwerk hochgotischer Baukunst, wie hier im Detail das Südportal

Xanten

Kr. Moers, 24–27 m, 15800 Einw., alte Stadt mit historischer Vergangenheit und bedeutender Fremdenverkehrsort u. a. mit den Ortsteilen Birten und Marienbaum am unteren Niederrhein. Die Stadt war schon zur Römerzeit ein wichtiger Stützpunkt und soll zur Merowingerzeit Sitz der Frankenkönige gewesen sein. Sie ist verknüpft mit der Siegfriedsage und dem Nibelungenlied.

Auskunft: Verkehrsamt, 4232 Xanten, Tel. 02801/2461. *Verkehr:* B 57 Kleve – Moers.

Geschichte:
Schon zur frühen Römerzeit hatte die Gegend Bedeutung als Stützpunkt für die militärischen Aktionen der Römer in Niederdeutschland. Die Castra Vetera – südlich des heutigen Stadtgebietes – war eng verbunden mit dem Bataveraufstand um 70 n. Chr. Die eigentliche Siedlung war nördlich des heutigen Stadtgebietes entstanden; im Kern wohl von einheimischer Bevölkerung gebildet, war sie später eine regelrechte römische Colonia, besetzt mit römischen Veteranen und Handelsleuten. Benannt war sie nach ihrem Gründer, dem Kaiser Trajan, als »Colonia Trajana«. Von 838 stammt die erste urkundliche Erwähnung als »Sanctos«. Damals schon war Xanten ein bedeutender Marktort, der im 11. Jh. dann stadtähnlichen Charakter hatte. Stadtrechte wurden 1228 verliehen.

Sehenswert:
St.-Viktor-Dom, aus einer Grabkapelle des 4. Jh. n. Chr. hervorgegangen, in den folgenden Jahrhunderten häufig umgebaut und erweitert, in der heutigen Form

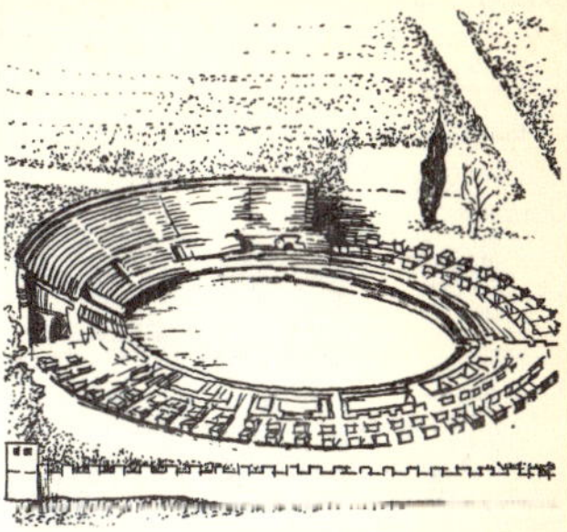

Originalgetreu rekonstruierte Römerstadt vor den Toren Xantens

als fünfschiffige Basilika aus verschiedenen Bauabschnitten von 1190–1530. Nach schweren Zerstörungen im Zweiten Weltkrieg in mühevoller langjähriger Arbeit wiederaufgebaut. Der Dom gilt als bedeutendstes kirchliches Bauwerk der Gotik am Niederrhein, lebendig verbunden mit den romanischen Elementen des Westbaues. Im Inneren konnte der größte Teil der äußerst wertvollen Ausstattung vor der Vernichtung bewahrt werden, u. a. **Glasmalereien** von um 1300 bis ins 16. Jh., **Chorgestühl** von um 1240 (das älteste des Rheinlandes), der **Hochaltar** von 1529–49 mit **Viktorschrein** von um 1150 (eine wertvolle Goldschmiedearbeit), der **Marienaltar** von 1535/36 (Hauptwerk des Meisters Henrik Douvermann).

Zahlreiche weitere Kunstwerke birgt das **Dommuseum** im Kapitelsaal. An den Dom schließen nördlich die Stiftsgebäude, 15./16. Jh., mit dem hervorragenden **Kreuzgang** von 1543–46 an. Letzterer birgt zahlreiche Grabmäler der Stiftsherren aus dem 16./17. Jh.

Ausgrabungen der **Colonia Trajana** mit Amphitheater. – Ausgrabungen der **Castra Vetera** bei Birten.

Im Land der tausend Berge

Sauerland, Siegerland und Bergisches Land bilden den rechtsrheinischen nördlichen Teil des Rheinischen Schiefergebirges. Reiche Niederschläge und sehr viele Quellen sorgen für eine außerordentlich dichte Zertalung des Gebietes. Fachleute errechneten, daß Sauerland, Siegerland und Bergisches Land das tälerreichste Gebiet Deutschlands sind, bezogen auf den Quadratkilometer. So ist das Relief sehr abwechslungsreich. Die Behauptung, das Land zwischen Ruhr und Sieg sei das Land der 1000 Berge, ist kein billiger Slogan. Man könnte es aber auch das Land der vielen Seen nennen: Rund 40 Talsperren füllen grüne Täler aus und beweisen, daß unser Gebiet der »Wasserturm« des Ruhrgebiets ist. Die küstlichen Seen sind besondere Sehenswürdigkeiten im Land der 1000 Berge. Auf fast der Hälfte von ihnen kann Wassersport getrieben werden, da sie den industriellen Brauchwasserbedarf decken.

Nicht nur für die Menschen an Rhein und Ruhr sind Sauerland, Siegerland und Bergisches Land bevorzugte Erholungsgebiete. Der Wanderfreund findet hervorragend markierte Wege, die das ganze Bergland durchziehen. Er kann, wenn er die richtigen Wege wählt, tagelang durch weite Wälder streifen, auf Du und Du mit Reh, Wildsau und Hirsch. Er kann in liebliche Tälchen absteigen und dort die vielen sehr sauberen Dörfer bewundern. Schwarz und weiß sind die Farben des Fachwerks, meist glänzen die Häuser wie frisch gewaschen, auch wenn sie oft mit grauen Schieferplatten beschlagen sind. In keinem anderen deutschen Landstrich gibt es so viele Orte, die im Wettbewerb »Unser Dorf soll schöner werden« Preisträger wurden.

Wer will, der kann auch in die Erde steigen. Neun große und viele kleine Höhlen bieten ihr Wunderreich an, darunter zwei, die um den Ruhm streiten, Deutschlands schönste Tropfsteinhöhle zu sein: Dechenhöhle und Attahöhle.

Sauerland, Siegerland und Bergisches Land werben um den Gast mit der Schönheit ihrer Landschaft. Vergessen aber darf man nicht die oft verborgenen Schätze der Kultur in den Schlössern, Kirchen, Museen und Städten des Landes oder auch viele technische Sehenswürdigkeiten. Eine der schönsten gotischen Kirchen Deutschlands, der Altenberger Dom, ist beispielsweise im Bergischen Land zu finden, und in Wuppertal fährt man nicht, man schwebt. Und ganz in der Nähe überspannt Deutschlands höchste Eisenbahnbrücke die Wupper.

Das Land zwischen Rhein, Ruhr und Sieg bietet keine Sensationen, keine himmelragenden Gipfel, es bietet aber eine ungeheure landschaftliche Vielfalt, viel Wald, romantische Täler und weite Höhen, frische Bergwinde und klare Bäche, in denen noch Forellen leben. Es bietet gute Erholung auf stillen Wegen.

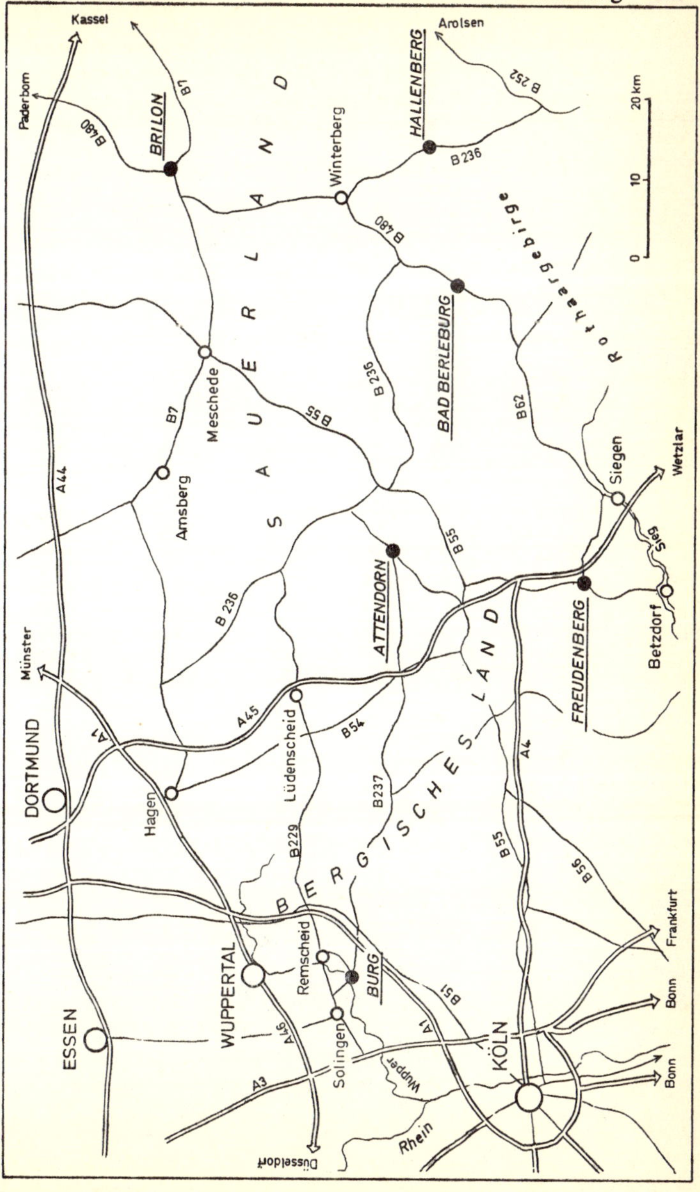
Kassel
Paderborn
Arolsen
BRILON
HALLENBERG
Winterberg
B7
B480
B 252
B 236
20 km
10
0
S A U E R L A N D
Rothaargebirge
B 480
BAD BERLEBURG
Meschede
B 236
B55
B62
A44
Arnsberg
Siegen
Wetzlar
Sieg
ATTENDORN
B55
B 236
FREUDENBERG
Betzdorf
Münster
A45
Lüdenscheid
B54
DORTMUND
A1
Hagen
B237
B E R G I S C H E S L A N D
A4
B229
B55
B56
Frankfurt
WUPPERTAL
Remscheid
BURG
B51
Bonn
ESSEN
A46
Solingen
A1
KÖLN
Wupper
A3
Rhein
Düsseldorf

Attendorn

Kr. Olpe, 255–627 m, 23 000 Einw., malerisch im Talkessel der Bigge gelegene und von Wäldern umgebene alte Hanse- und Festungsstadt. In unmittelbarer Nähe liegen der Bigge-, der Lister- und der Ahauser Stausee. Mit Attendorn wurden rund 60 unter der Bezeichnung »Attendorn-Land« zusammengefaßte kleine Orte, unter anderen Helden, Neu-Listernohl und Windhausen zusammengeschlossen. Beim Biggestaudamm wurde ein modernes Erholungszentrum eingerichtet.

Auskunft: Reise- u. FV-GmbH, Rathauspassage, 5952 Attendorn, Tel. 0 27 22/6 42 27. *Verkehr:* B 236 Lennestadt – Plettenberg, Abzweigung bei Finnentrop. Autobahnanschlußstelle Olpe (14 km).

Geschichte:
Attendorn kam 1180 an Kurköln, trat der Hanse bei, bekam 1222 Stadtrecht (Soester Recht) durch Erzbischof Engelbert v. Köln, sein Handel ging im 16. Jh. stark zurück, 1634 trotzte die Stadt einem Schwedenangriff.

Sehenswert:
Katholische Pfarrkirche (»Sauerländer Dom«), 14. Jh., romanischer Turm mit barockem Helm, dreischiffig, Chor mit Sakristeibauten.

Burg Schnellenberg, 17. Jh., die größte Burganlage Südwestfalens, heute Hotel und Museum.

Kreisheimatmuseum im alten Rathaus am Markt.

Die **Attahöhle,** Hauptgang etwa 3 km lang, ist eine der größten und schönsten Tropfsteinhöhlen Deutschlands. Sie wurde 1907 durch Zufall bei Sprengungen entdeckt und nach dem Ort Attendorn benannt. Der Name Attahöhle geht auf eine Fürstin Atta, die die Gründerin Attendorns gewesen sein soll, zurück. Die Höhle ist elektrisch beleuchtet, die Wege sind geebnet, doch naß. Prachtvolle Tropfsteinbildungen; Stalaktiten und Stalagmiten, wundervolle Vorhangbildungen, sogenannte Gardinen. In der Nähe der elektrischen Lampen finden sich Moosbildungen auf den Tropfsteinen.

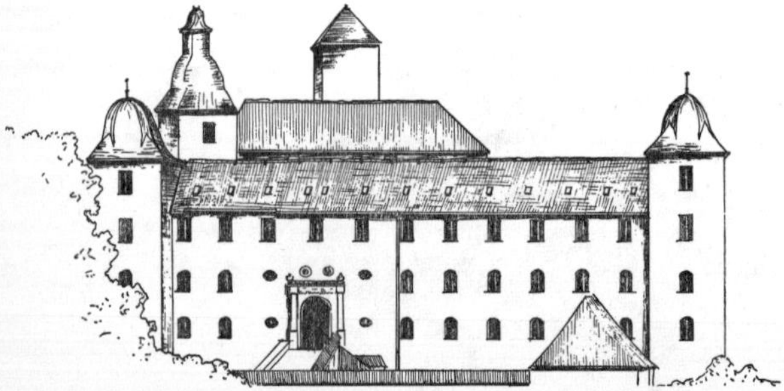

Burg Schnellenberg bei Attendorn ist ein vielbesuchtes Ausflugsziel

Veranstaltungen:
Alle 5 Jahre »Trillertanz« zur Erinnerung an den Schwedenangriff.

Bad Berleburg

Kreis Siegen, 370–816 m, 22000 Einw., davon 7500 in der Kernstadt, im Wittgensteiner Land inmitten des Naturparks Rothaargebirge, im untern Odeborntal reizend gelegenes Kneipp-Heilbad und Luftkurort.

Auskunft: Kurverwaltung, 5920 Bad Berleburg, Tel. 02751/821.
Verkehr: B 480 Winterberg, B 62.

Sehenswert:
Renaissanceschloß (mit Waffensammlung, kann besichtigt werden) des Fürsten Sayn-Wittgenstein-Berleburg (Fassade des Mittelbaues 1733). – Schloßpark mit prächtigem Baumbestand.

Ludwigsburg in der Unterstadt, früherer Fürstensitz.

Brilon

Hochsauerlandkreis, 450 m, 25000 Einw., staatlich anerkannter Luftkurort im Hochsauerland auf waldreicher Hochebene, zwischen dem Naturpark Arnsberger Wald und dem Naturpark Diemelsee. Die urkundlich erstmals 973 genannte ehemalige Hansestadt war früher Hauptstadt des Herzogtums Westfalen; sie leitet ihren Namen von »brede-lohe« (= breiter Wald) ab.

Auskunft: Verkehrsamt, 5790 Brilon, Tel. 02961/94202.
Verkehr: Kreuzungspunkt der B 7 (Meschede – Niedermarsberg) und B 480 (Paderborn – Winterberg). Autobahnanschlußstelle Haaren (30 km).

Sehenswert:
Rathaus (13. Jh.), Fassade barockisiert. – Alte Bürgerhäuser mit Schnitzwerk. – Derker Tor. – Katholische **Pfarrkirche** (1276), spätromanischer Hallenbau, frühgotischer Turm.

Gymnasialkirche (Ende 18. Jh.).

Spaziergänge, Wanderungen:
Über den Borberg zu den **Bruchhauser Steinen,** 2½ Std. südlich. – Über Pulvermühle und Bontkirchen zum **Diemelstausee,** 3 Std. südöstlich. – In den **Naturpark Arnsberger Wald,** mit über 300 km Wanderwegen, westlich.

Burg a. d. Wupper

Amtliche Bezeichnung Solingen-Burg, Stadtteil von Solingen, Rheinisch-Bergischer Kreis, 203 m, 2000 Einw., alte Residenzstadt an der Wupper, beliebter Ausflugsort im Herzen des Bergischen Landes.

Auskunft: Presse- u. Informationsamt, 5650 Solingen 1, Tel. 0212/2902333.
Verkehr: B 229 Langenfeld – Remscheid, Abzweigung in Solingen. Autobahnanschlußstelle Schloß Burg/Wermelskirchen (3 km).

Geschichte:
Die Burg wurde im Jahre 1118 als Sitz der Grafen von Berg erbaut und von diesen bis 1288 bewohnt. Nach dem Zerfall der Burg wurde sie 1887 durch den Schloßverein als nationales Denkmal und Museum wieder aufgebaut.

Sehenswert:
Schloß Burg, beim Wiederaufbau wurde nach Möglichkeit

Seit 1897 ist die Müngstener Brücke die höchste Eisenbahnbrücke Deutschlands

der alte Zustand hergestellt. Von den älteren Anlagen stammen Bergfried, Palas und innerer Bering, Vorburg und äußerer Bering und Ostteil aus dem Ende des 12. Jh. Unter- und Oberburg ist mit einer Seilbahn verbunden.

Katholische **Pfarrkirche** von 1228, mit Anbau vom 17. Jh.

Bergisches Museum Schloß Burg (vor- und frühgeschichtliche Sammlungen, Plastiken, Musikzimmer, gewerbliche Erzeugnisse, Waffen-, Münz- und historische Möbelsammlung). – Historisches Schloßrestaurant. Öffnungszeiten der Burg: März–Oktober 9–17.30, Mo 13–17.30 Uhr; November–Februar 9–16.30, Mo geschlossen.

Veranstaltungen: Schloßhofspiele, Rittersaalspiele, Burgmusik, Schützenfeste: in Oberburg am Wochenende nach Fronleichnam, in Unterburg zu Pfingsten und am letzten Wochenende im Juni.

Spaziergänge, Wanderungen (Wandertafel bei der Schule Unterburg, in der Moritz-Hasenclever-Straße): **Müngstener Brücke,** 107 m hohe Eisenbahnbrücke über die Wupper, 1¼ Std. nordwestlich.

Freudenberg

Kr. Siegen, 300–500 m, 16000 Einw., Luftkurort mit malerischem Stadtbild inmitten von Fichten- und Laubwald im Weibetal, einstmals Sitz eines Rittergeschlechtes. In den letzten Jahren wurden der Stadt 16 umliegende Gemeinden angeschlossen.

Auskunft: Verkehrsamt, 5905 Freudenberg, Tel. 02734/4364.
Verkehr: B 62 Siegen – Wissen, Abzweigung bei Kirchen. Autobahnanschlußstelle.

Sehenswert:
Unter Denkmalschutz stehende, über 300 Jahre alte Fachwerkhäuser; Kirche in Oberholzklau (um 1250); Wasserschloß Krottorf.

Veranstaltungen:
Theater (Freilichtbühne; Aufführungen samstags und sonntags von Juni bis August), Konzerte, Heimatabende.

Hallenberg

Hochsauerlandkreis, 420–815 m, 6000 Einw., Sommerfrische im Nuhnetal im Hochsauerland inmitten sanfter Höhen. Wildreiche Nadel- und Laubwälder.

Auskunft: Verkehrsbüro, 5789 Hallenberg, Tel. 02984/203.
Verkehr: B 236 Winterberg – Battenberg. – Nächste Bahnstation Winterberg (15 km).

Sehenswert:
Schöne alte Fachwerkbauten (18. Jh.) und Reste der Stadtbefestigung.
Pfarrkirche von 1250, im 16. Jh. umgebaut, spätgotische und barocke Ausstattungsteile. – Romanische »Unterkirche« von Merklinghausen, **Wallfahrtskapelle,** 10. Jh. – Freilichtbühne.

Veranstaltungen:
Freilichttheater mit Märchen- und Klassikeraufführungen im Juni, Juli und August. Schützenfest am 2. Sonntag im Juli.

Die über 300 Jahre alten malerischen Fachwerkhäuser von Freudenberg stehen unter Denkmalschutz

Hessisches Bergland

Der Landschaftsname »Hessisches Bergland« vereint in sich eine Fülle kleiner und kleinster Gebirge: charaktervolle Landschaften, die nicht sehr bekannt und deshalb, von einigen Gebieten abgesehen, noch nicht überlaufen sind. Habichtswald und Kaufunger Wald, Meißner und Ringgau, Upland und Kellerwald, Söhre und Seulingswald, Knüll, Vogelsberg und Burgwald, Ederhöhen und Richelsdorfer Gebirge, Quiller und Riedforst. Jedes Gebirge hat seine Eigenheiten, jedes lohnt schon für sich eine eigene Ausflugsfahrt.

Die Hessen halten nicht viel von düsterem Fichtenwald. Heller Laubwald scheint ihnen lieber zu sein. Die zuständigen Wandervereine markieren die schönsten Pfade, die sehr prosaische Namen haben: Stammesbrücke, Studentenpfad, Barbarossapfad, Wildbahn, Lulluspfad, Franzosenweg. Besonders Nordhessen ist das ideale Wanderland; es ist nicht pathetisch und gigantisch, sondern intim und schlicht. Schlicht sind auch die Fachwerkkirchen: Fast in jedem Dorf gibt es eine, alle sind verschieden, kleine Kostbarkeiten, von Bauern und Handwerkern mit Liebe gebaut.

Land der Mitte war das Hessische Bergland schon immer. Es lag und liegt allen Einflüssen offen, sowohl angenehmen als auch unguten. Bleiben wir bei den angenehmen: Nur wenige Gebiete Deutschlands haben sich so viel altes Brauchtum bewahrt. Man denke nur an die Schwälmer Trachten und an die hessischen Feste. In keinem anderen Landstrich liegen so zahlreiche Residenzen so eng beieinander: Kassel, Arolsen, Rotenburg, Eschwege, Fritzlar, Marburg, Waldeck, Hatzfeld, Ziegenhain. In diese Orte bauten die alten Landesherren ihre Burgen und Schlösser und hinterließen so ihre Spuren. Am mächtigsten waren die Landgrafen von Kassel. Sie ließen den herrlichen Bergpark Wilhelmshöhe erbauen, den größten und schönsten Bergpark Europas.

Jedes kleine Städtchen ist ein Individuum eigener Art. Fachwerkseligkeit drückt sich aus, braunweiße Hauskunst in Vollendung. Man braucht nicht nach Rothenburg ob der Tauber zu reisen, jener weltberühmten Bilderbuchstadt aus dem süddeutschen Mittelalter, will man in Romantik schwelgen: Arolsen, Marburg, Eschwege, Schlitz, Ziegenhain und ganz besonders Alsfeld, die Musterstadt, entzücken mit ihren Gassen und verschwiegenen Winkeln das Auge.

Nordhessen ist außerdem ein Märchenland: In Kassel saßen die Brüder Grimm zu Füßen der Viehmännin und schrieben auf, was sie erzählte. Aus den großen Wäldern, um die alten Mauern weht der Märchenzauber dieses Landes. Hier kann man noch still genießen, ohne vom Lärm des Massentourismus gestört zu werden.

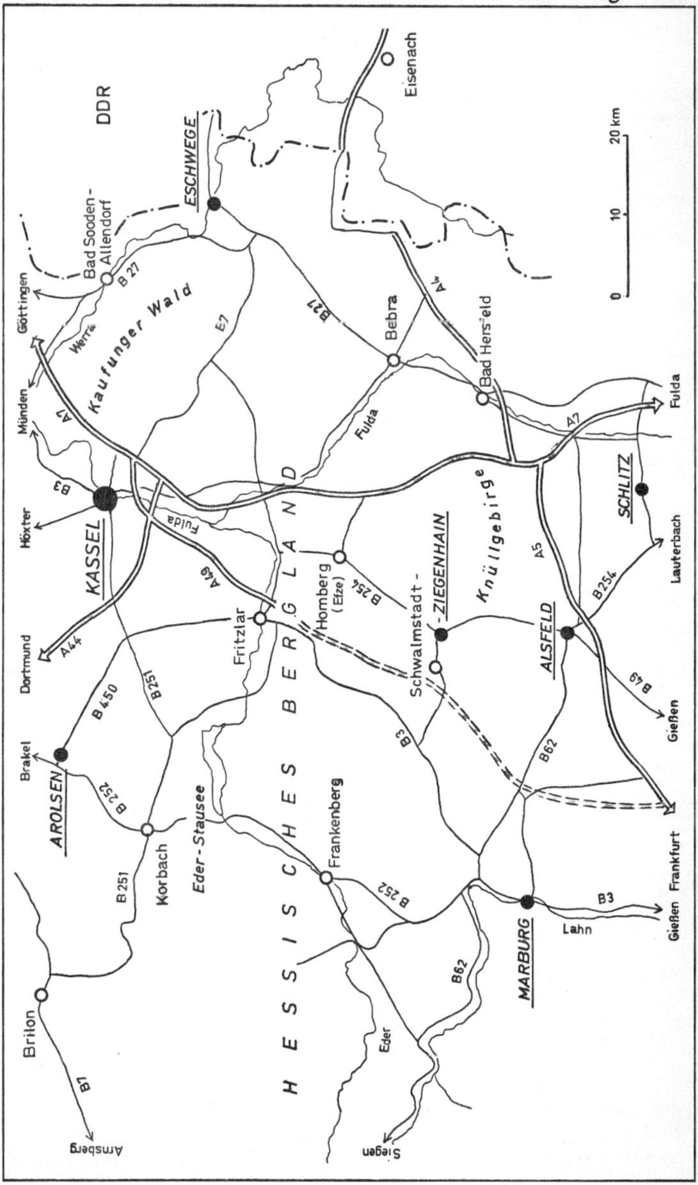
DDR
ESCHWEGE
Eisenach
Bad Sooden-Allendorf
Göttingen
B 27
Kaufunger Wald
Werra
E7
B27
A4
Bebra
Bad Hersfeld
Münden
A7
Fulda
Höxter
KASSEL
B3
Fulda
A49
HESSISCHES BERGLAND
Homberg (Efze)
B 254
Schwalmstadt-ZIEGENHAIN
Knüllgebirge
A5
SCHLITZ
Lauterbach
B254
ALSFELD
B 49
Gießen
Dortmund
A44
Fritzlar
B450
B251
Brakel
AROLSEN
B 252
Korbach
Eder-Stausee
Frankenberg
B62
B3
Frankfurt
Briton
B 251
B 252
MARBURG
Lahn
Gießen
B62
Eder
B7
Arnsberg
Siegen
0
10
20 km

Alsfeld

18000 Einw. Zentrale aufstrebende Stadt Oberhessens an der Deutschen Ferienstraße Alpen – Ostsee und der Deutschen Märchenstraße. Das schöne mittelalterliche Stadtbild ist ein hervorragendes Zeugnis althessischer Bau- und Handwerkskunst und wurde in neuerer Zeit durch große gepflegte Parkanlagen verschönt. Alsfeld ist »Europäische Modellstadt für Denkmalschutz« sowie Wirtschafts- und Einkaufszentrum des Vogelsbergkreises.

Auskunft: Städtisches Verkehrsamt, 6320 Alsfeld, Tel. 06631/182-240 oder 4300.

Geschichte:
Alsfeld, als karolingischer Hofsitz gegründet, 1069 erstmals, 1222 als Stadt erwähnt, gehörte zur Landgrafschaft Thüringen und seit 1247 zu Hessen. Es war im 14. Jh. Residenz des Landgrafen Hermann des Gelehrten. Im 16. Jh. bedeutendes Zunftwesen und rege Bautätigkeit. Nach Zerstörungen im Dreißigjährigen Krieg bescheidenes Dasein als Ackerbürgerstadt. Erst mit Industrialisierung und Eisenbahn- sowie Autobahnbau folgte ein neuer wirtschaftlicher Aufschwung.

Sehenswert:
Interessanter, mittelalterlicher **Marktplatz** mit **Rathaus**, historischer Fachwerkbau von 1512 bis 1516 mit Türmchen und Arkaden.

Minnigerodehaus (1687, mit schöner Wendeltreppe) und **Neurath-Haus** (1688) mit Prunktür (heute Regional-Museum) in der Rittergasse.

Hochzeitshaus von 1564 bis 1571. – **Walpurgiskirche.** – Ruine des Augustinerklosters mit **Dreifaltigkeitskirche.**

Leonhardsturm (1386) und Teile der alten **Stadtmauer.** – **Ständerhaus** (1370) und viele Fachwerkhäuser (14. bis 19. Jh.).

Veranstaltungen:
Turmblasen im Mai. – Christkindwiegen am Heiligen Abend (Männerchor mit Blasmusik vom Walpurgiskirchturm).

Arolsen

Kr. Waldeck-Frankenberg, 286 m, 6600 Einw. (Gesamtgemeinde 15800 Einw.). Der staatlich anerkannte Luftkurort (mit Heilquelle), »sonntägliche Stadt am Walde« genannt, liegt in schöner, hügeliger Landschaft und ist von ausgedehnten, prächtigen Wäldern umgeben. Ruhe und die kultivierte Atmosphäre der einstigen Residenzstadt bestimmen noch heute den Charakter der idyllischen Kleinstadt, die durch Alleen und Parks aufgelockert ist und wegen ihres Barockschlosses als Ausflugsziel einen Namen hat.

Auskunft: Kur- und Verkehrsverwaltung, Professor-Klapp-Str. 14, 3548 Arolsen, Tel. 05691/2030.
Verkehr: Kreuzungspunkt B 252 (Korbach – Scherfede), B 450 (von Wolfhagen). Autobahn A 44 Ruhrgebiet – Kassel, Anschlußstelle Diemelstadt (19 km).

Geschichte:
Kern der Siedlung, die sich später zur Stadt Arolsen entwickelte, war schon vor 800 der sächsische Edelhof Haroldshusen. Im 12. Jh. wurde hier ein Kloster errichtet, das im 16. Jh. in ein Schloß umgebaut wurde.

Ihre politische und kulturelle Blütezeit erlebte die Stadt zwischen 1719 und 1929 als fürstlich-waldeckische Residenz. Zahlreiche berühmte Männer stammen aus Arolsen, so der Maler Wilhelm v. Kaulbach (1805–1874), der Bildhauer Christian Daniel Rauch (1777–1857), der Chirurg Rudolf Klapp (1873–1949), Schüler des aus Helsen (jetzt Stadtteil von Arolsen) gebürtigen Chirurgen August Bier (1861–1949).

Sehenswert: Ehemaliges **Residenzschloß,** unter Fürst Friedrich Anton v. Waldeck 1713–1728 als Kleinod barocker Baukunst nach Versailler Vorbild durch Julius Ludwig Rothweil errichtet. Besonders bemerkenswert sind das Treppenhaus und der Steinerne Saal; Kunstschätze im Schloß: Gemälde von Aldegrever, Meytens, Ziesenis, Heinrich und Friedrich August Tischbein, Friedrich Maul; Stuckarbeiten von Andreas Gallasini; Deckengemälde von Carlo Castelli; Plastiken von Rauch, Rietschel, Trippel; Möbel des Barock, Rokoko, Empire; Waffensammlung (Führungen Mai bis Sept. täglich 9–11.30 Uhr, 14–16.30 Uhr, Okt. bis April Mi 15 Uhr).

Stadtkirche mit Plastiken »Glaube«, »Liebe« und »Hoffnung« von Rauch (geöffnet 8–12 Uhr, 14–18 Uhr).

Kaulbach-Museum, Kaulbachstr. 3 (Führungen Mi 15–17 Uhr, Sa und So 10–12 Uhr und nach Vereinbarung).

Im Stadtteil Mengeringhausen: Fachwerkhäuser aus dem 16. bis 18. Jh., besonders sehenswert das **Nicolaihaus,** Geburtshaus des Reformators und Kirchenliederdichters Philipp Nicolai (1556–1606); Besichtigung nach Vereinbarung mit dem Küster, Nicolaistr. 11.

Veranstaltungen: Tanzabende; Sommerfeste. – Kram- und Viehmarkt (großes Waldecker Volksfest) am 1. Wochenende im August. – Blumenfest mit Blumenkorso am 1. Wochenende im September. – Im Stadtteil Mengeringhausen alle sieben Jahre historisches Freischießen (1993).

Eschwege

25 000 Einw. Ferien- und Tagungsort im Werratal, bedeutende Industriestadt, überragt durch die Leuchtberge, inmitten einer vielgestaltigen Landschaft im DDR-Grenzgebiet. Die deutschen Kaiser des Mittelalters weilten oft in Eschwege, besonders Heinrich IV. Eschwege wurde im 12. Jh. reichsunmittelbar. Eine Urkunde von 1188 (Kaiser Friedrich I. Barbarossa) nennt Eschwege als Marktort. Seit 1264 zu Hessen gehörig. Ende des 13. Jh. wurde südlich der Altstadt die Neustadt angelegt mit regelmäßig rechteckigem Straßennetz. 1637 wurde die Stadt durch Graf Isolanis Kroaten fast vollständig vernichtet.

Auskunft: Verkehrsamt, 3440 Eschwege, Tel. 05651/304236.

Sehenswert: **Landgrafenschloß** (heute Landratsamt), durch Landgraf Wilhelm IV. von Hessen im 16. Jh. aus gotischen Bauelementen von 1386, im Renaissancestil erweitert. – **Altes Rathaus,** Fachwerkbau von 1660.

Raiffeisenhaus am Stad, Fachwerkbau aus dem 17. Jh.

Kassel

Kreisfreie Stadt und Hauptstadt des gleichnamigen Regierungsbezirks, 190 000 Einw. Drittgrößte Stadt des Landes Hessen, Verkehrs- und Handelszentrum des nordhessischen Industrie-, Wirtschafts- und Landwirtschaftsraums. Sitz zahlreicher Landes- und Bundesbehörden. Kassel liegt zu beiden Seiten der Fulda und erstreckt sich bis zu den das Kasseler Becken begrenzenden bewaldeten Höhenzügen, so u. a. Kaufunger Wald, Söhre und Habichtswald. Im Zentrum die historische Karlsaue an der Fulda, im Westen die berühmte, 6 km lange Wilhelmshöher Allee von der Stadtmitte in gerader Richtung zum Schloß und Park Wilhelmshöhe. Kassel ist altes Kulturzentrum Nordhessens – u. a. besitzt es eine weltberühmte Gemäldegalerie mit wertvoller Rembrandtsammlung – und Ausstellungsort der »documenta«, einer internationalen Großschau moderner Kunst.

i *Auskunft:* Amt für Wirtschaftsförderung u. Fremdenverkehr, Rathaus, 3500 Kassel, Tel. 0561/7878007.

Geschichte:

Die Geschichte der Stadt Kassel steht eng mit der Geschichte Hessens in Verbindung (600 Jahre Residenz der Landgrafen). Im Jahr 913 wurde Kassel zum ersten Mal urkundlich erwähnt. Um diesen Königshof bildete sich eine Ansiedlung, die im 12. Jh. (vor 1189) Stadtrechte erhielt.

Der erste Landgraf von Hessen, Heinrich I. (1265–1308), machte Kassel zu seiner Residenzstadt und erbaute um 1270 an der Stelle des ehemaligen Königshofes das hessische Landgrafenschloß. Besonders entscheidend prägte Landgraf Karl (1677–1730) das Stadtbild. Er ließ als Park – heute fast im Zentrum der Großstadt – die Karlsaue mit dem Orangerieschloß und Marmorbad anlegen. Die Karlsaue hatte schon zu seiner Zeit europäischen Ruf. Außerdem ließ Landgraf Karl in Wilhelmshöhe die Kaskaden mit Oktogon und Herkules erbauen und schuf dadurch die Grundlage für jenen Park, den als »Deutschlands Gartenwunder« noch heute Gäste aus aller Welt besuchen.

Landgraf Friedrich II. (1760–1785) ließ die Befestigungsanlagen Kassels schleifen und schuf dadurch die Möglichkeit für die Weiterentwicklung zur Großstadt. Er legte den Königsplatz und den Friedrichsplatz an. Am Friedrichsplatz erbaute er 1769–1779 das Museum Fridericianum. Friedrich II. gründete die Kasseler Maler- und Bildhauerakademie, deren Tradition heute noch fortgeführt wird. Er gab Kassel außerdem verkehrstechnisch erhebliche Neuerungen, indem er die durchgehenden Straßen nach Leipzig, Berlin und Holland verbesserte.

Durch Landgraf Wilhelm IX. (1785–1821), der im Jahr 1803 die Kurwürde erhielt, wurde Kassel die Hauptstadt des Kurfürstentums Hessen. Während dieser Zeit, von 1807 bis 1813, war es die Hauptstadt des Königreiches Westfalen, zu der es durch Napoleon I., den Kaiser der Franzosen, gemacht worden war. Jérôme, der jüngste Bruder Napoleons, wurde König von Westfalen und residierte in Kassel, dem der Hof des leichtlebigen Königs seinen Stempel aufdrückte.

Sehenswert:
Kassel ist eine Stadt der Parks und der Museen. Höhepunkt eines

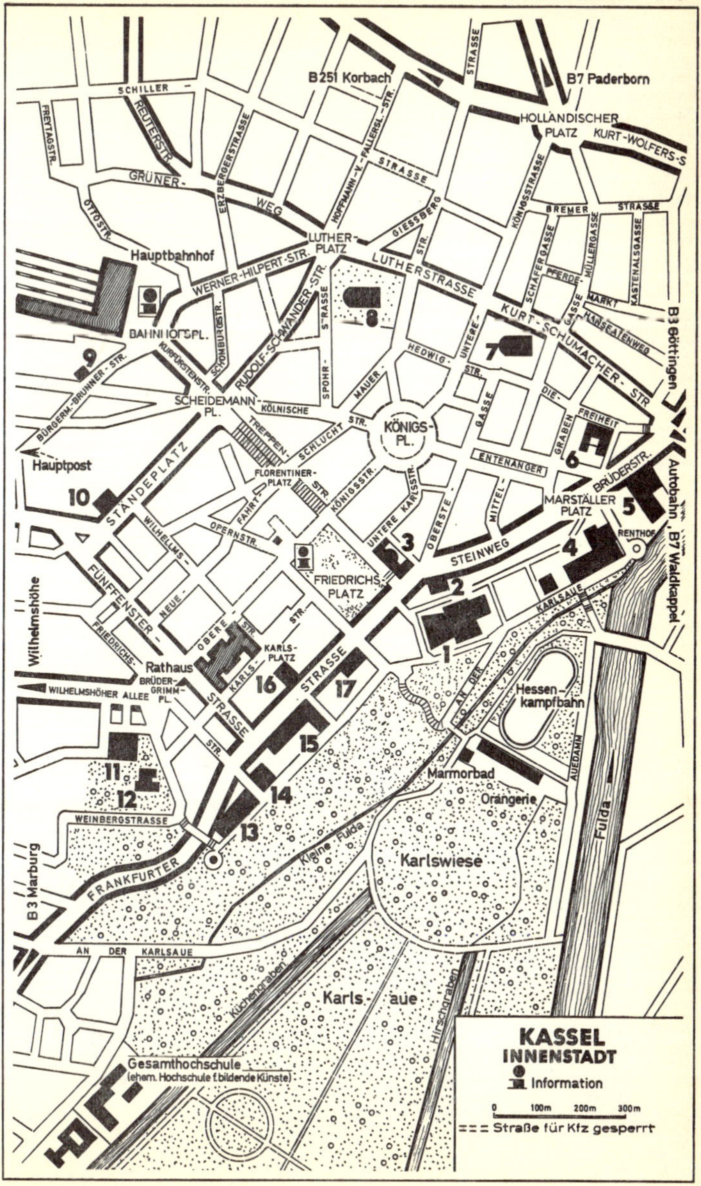
KASSEL
INNENSTADT
Information
0 100m 200m 300m
Straße für Kfz gesperrt
B251 Korbach
B7 Paderborn
Hauptbahnhof
Hauptpost
Rathaus
Marmorbad
Orangerie
Karlswiese
Karls- aue
Hessen-kampfbahn
Fulda
Kleine Fulda
Küchengraben
Hirschgraben
Gesamthochschule
(ehem. Hochschule f. bildende Künste)
B3 Marburg
B3 Göttingen
Autobahn, B7 Waldkappel
Wilhelmshöhe
WILHELMSHÖHER ALLEE
KÖNIGS-PL.
FRIEDRICHS-PLATZ
STÄNDEPLATZ
SCHEIDEMANN-PL.
LUTHER-PLATZ
LUTHERSTRASSE
HOLLÄNDISCHER PLATZ
KURT-SCHUMACHER-STR
KURT-WOLFERS-S
STEINWEG
MARSTÄLLER PLATZ
BRÜDERSTR.
RENTHOF
KARLSAUE
FRANKFURTER
AN DER KARLSAUE
WEINBERGSTRASSE
BRÜDER-GRIMM-PL.
KARLS-PLATZ
FLORENTINER-PLATZ
GRÜNER-WEG
SCHILLER
1 2 3 4 5 6 7 8 9 10 11 12 13 14 15 16 17

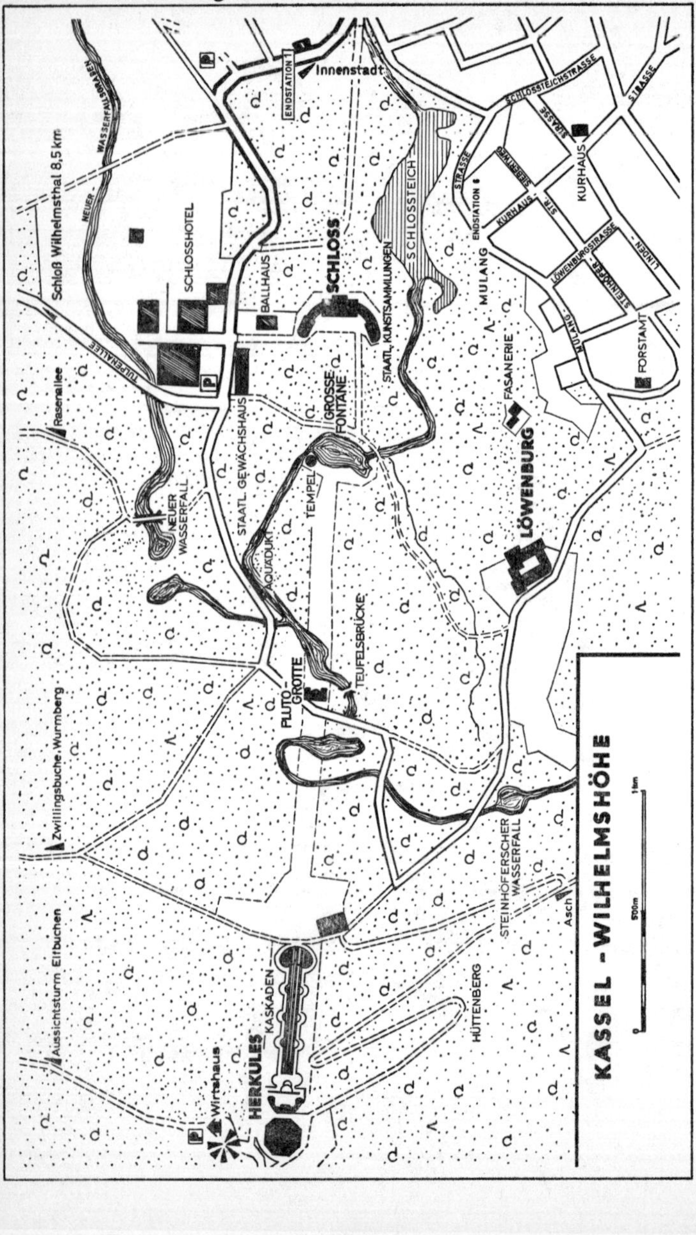
KASSEL - WILHELMSHÖHE
0
500m
1km
HERKULES
KASKADEN
Wirtshaus
Aussichtsturm Elfbuchen
Zwillingsbuche · Wurmberg
Rasenallee
Schloß Wilhelmsthal 8,5 km
TULPENALLEE
NEUER WASSERFALLGRABEN
SCHLOSSHOTEL
NEUER WASSERFALL
STAATL. GEWÄCHSHAUS
AQUÄDUKT
PLUTO-GROTTE
TEUFELSBRÜCKE
TEMPEL
GROSSE FONTÄNE
BALLHAUS
SCHLOSS
STAATL. KUNSTSAMMLUNGEN
SCHLOSSTEICH
Innenstadt
ENDSTATION 1
ENDSTATION 6
MULANG
FASANERIE
LÖWENBURG
STEINHÖFERSCHER WASSERFALL
Asch
HÜTTENBERG
FORSTAMT
KURHAUS
SCHLOSSTEICHSTRASSE
KURHAUS-STR.
LÖWENBURGSTRASSE
STEINHÖFER-STR.
LINDEN-STRASSE

Besuchs in Kassel bildet der weltberühmte barocke **Bergpark Wilhelmshöhe** mit dem *Schloß,* den *Wasserkünsten,* dem *Herkules* und der *Löwenburg.*

Vom **Herkules** auf der Höhe des Habichtswaldes aus überschaut man nicht nur Kassel, sondern große Teile des hessischen Berglands. Zu Füßen des mächtigen *Oktogons,* auf dessen Spitze der monumentale Riese steht, erstreckt sich der »schönste Bergpark Europas« bis zu dem rotbraunen Schloß Wilhelmshöhe, das wie ein Riegel vor der Stadt liegt. Der Superlativ ist vollauf berechtigt: Der Italiener Giovanni Guemiero schuf bis 1719 für den Landgrafen Karl diesen Park, eine geniale Verbindung von Natur und Kunst. Der Park mit seinen 330 Kilometer(!) Wanderwegen nimmt den ganzen Osthang des Habichtswaldes ein. Schon die vielen Baumriesen, zum Teil seltene Arten, fallen dem auf, der an den 250 Meter langen **Kaskaden** vorbei zur Höhe marschiert und dabei die **Löwenburg** berührt, eine künstliche Ruine, erst im vorigen Jahrhundert geschaffen.

Die Wasserkünste machen den Bergpark weltberühmt. Vom Herkules abwärts strömt Wasser über Kaskaden, Teiche, Aquädukte und Fälle bis zum großen Teich oberhalb des Schlosses. Wer das faszinierende Schauspiel ganz genießen möchte, steige mit dem Wasser von oben nach unten ab. Sein Weg endet an der hohen Fontäne.

Im **Schloß** unten bewahrt man kostbare Kunstschätze auf; von berühmten Malern sind keine geringeren als Rubens, Rembrandt, Hals, van Dyck und Tizian vertreten. Phidias, bester Bildhauer des klassischen Griechenlands, meißelte seinen Apoll. Davon machten einst die Römer einen Abdruck, der heute im Schloß als Kasseler Apoll steht. – Kassel besitzt noch einen zweiten herrlichen Park:

die **Karlsaue** an der Fulda, ebenfalls von Landgraf Karl angelegt. Der Park ist künstlerischer, farbiger, heiterer; auch seine Gebäude, die *Orangerie* und *Schloß Bellevue,* wirken verspielter als die wuchtige Wilhelmshöhe. In Bellevue ist das sehr sehenswerte *Brüder-Grimm-Museum* untergebracht.

Tapetenmuseum, Brüder-Grimm-Platz 5. Es besitzt Einmaligkeitscharakter (geöffnet Di–So 10–17 Uhr).

Hessisches Landesmuseum, Brüder-Grimm-Platz 5: Hochinteressante vorgeschichtliche, technographische (wertvolle Sammlung mathematischer Instrumente und alter Uhren), mittelalterliche, kunsthandwerkliche, landesgeschichtliche und ostasiatische Abteilung, Münzkabinett, physikalisch-astronomisches Kabinett, Möbel, Keramik, Trachten und Spielzeug. Geöffnet Di–So 10–17 Uhr.

Neue Galerie, Schöne Aussicht 1 (gegenüber dem Schloß Bellevue): Malerei und Plastik von 1750 bis zur Gegenwart aus städtischem Kunstbesitz. – Geöffnet: Di–So 10–17 Uhr; von Nov. bis Febr. Mo–Fr 10–16 Uhr.

Naturkundemuseum, Steinweg 2 (im Ottoneum): Vorgeschichte, Zoologie, Geologie, Mineralogie, Holzbibliothek, ältestes Herbarium der Bundesrepublik; Elefantenschädel, an dem Goethe seine Forschungen über den Zwischenkieferknochen machte. Terrarien und Aquarien. – Geöffnet: Di–Fr 10–16.30 Uhr, Sa und So 10–13 Uhr.

Marburg/Lahn

75 000 Einw. Marburg ist eine berühmte Universitäts- und ehemalige Residenzstadt in schöner Lage, mit dem größeren Teil der alten Stadt am Hang des rechtsufrigen Schloßberges terrassenartig ansteigend.

Auskunft: Verkehrsamt, Postfach 23 05, 3550 Marburg, Tel. 0 64 21/20 12 49 oder 20 12 62.

Geschichte: Marburg bekam erst Bedeutung durch den Aufenthalt der hl. Elisabeth, die nach dem Tode ihres Gemahls, des Landgrafen Ludwig IV. von Thüringen, hier ihr Leben in aufopfernder Pflege für Arme und Kranke zubrachte und 1231 starb. Durch Wallfahrten zu dem Grab der 1235 vom Papst Heiliggesprochenen kam für Marburg eine Blütezeit. Die 1527 vom Landgrafen Philipp dem Großmütigen gestiftete Universität war die erste protestantische Hochschule.

Sehenswert:
Elisabethkirche, 1235 bis 1335 als Kirche des Deutschritterordens und zugleich als Wallfahrtskirche im frühgotischen Stil zu Ehren der hl. Elisabeth erbaut. Neben der Trierer Liebfrauenkirche die älteste gotische Kirche Deutschlands. Die alte Innenausstattung ist fast vollständig erhalten und von seltener Stileinheit. Im Chor vorzügliche Glasgemälde aus dem 13. und 14. Jh. Besonders interessant die Szenen aus dem Leben der hl. Elisabeth. Feiner gotischer Hochaltar, um 1290, oben die Statue der hl. Elisabeth, Holzschnitzerei aus dem 16. Jh. Die Sakristei mit dem goldenen *Schrein der hl. Elisabeth,* einem Meisterwerk der Feinschmiedekunst, der bis 1539 ihre Gebeine barg.

Deutsches Haus, hinter der Elisabethkirche, bis 1809 Sitz einer Komturei des Deutschen Ordens. Erhalten ist das älteste Bruderhaus und die Komturwohnung, spätgotischer Bau mit Staffelgiebel und Erker, sowie der große Fruchtspeicher.

Alte Universität am Ende der Reitgasse.

Rathaus am Markt, von 1512–1514, ein Bruchsteinbau mit Staffelgiebeln und einer Uhr mit beweglichen Figuren. Über der Tür des Treppenhauses ein Steinrelief der hl. Elisabeth mit dem Modell der Kirche als Schutzherrin der Stadt von Bildhauer Ludwig Juppe, 1524.

Schloß, in beherrschender Lage über der Lahn. Größtenteils aus dem 13. bis 16. Jh. Das Schloß war vom 13. bis 16. Jh. Residenz der Landgrafen von Hessen und die Geburtsstätte Philipps des Großmütigen. Im Hauptbau mit dem inneren Schloßhof der frühgotische *Rittersaal* (1976 restauriert) als künstlerisch bedeutendster Teil des Baues.

Schlitz

Vogelsbergkreis, 230 m, 4800 Einw. (Gesamtgemeinde 9400 Einw.). Staatlich anerkannter Erholungsort an der Schlitz mit Parkanlagen am Stadtrand, inmitten großer Waldungen. Schlitz wird oft als Burgenstädtchen bezeichnet, da es von vier Burgen der Grafen von Schlitz, genannt Goertz, überragt wird. Mittelpunkt des Schlitzer Ländchens.

Auskunft: Verkehrsbüro im Rathaus, 6407 Schlitz, Tel. 0 66 42/50 51 bis 50 53.

Verkehr: B 254 Fulda – Kassel, Abzweigung bei Lauterbach (14 km); Autobahn A 7 Kassel – Fulda, Anschlußstelle Hünfeld/Schlitz (11,5 km).

Geschichte:
Schlitz war schon eine vorgeschichtliche Siedlung, 812 wurde es bereits als »Slitisa« urkundlich erwähnt, als Stadt aber erst 1439 genannt. Seit dem 9. Jh. in Fuldaer Besitz. 1116 als Lehen an die Herren von Schlitz, genannt Goertz, die 1726 Reichsgrafen wurden. 1806 kam ihr Territorium, das Schlitzer Ländchen, an Hessen-Darmstadt.

Sehenswert:
Sehr reizvolles mittelalterliches **Stadtbild.**

Stadtkirche, 13. bis 18. Jh., mit älteren Resten, die vermutlich vom Erstlingsbau von 812 stammen. Zahlreiche interessante Grabgedenksteine.

Friedhofskapelle von 1612, ebenfalls mit zahlreichen Grabsteinen.

Spätgotisches **Rathaus** mit Glockentürmchen, davor schöner **Marktplatz** mit Brunnen.

Zahlreiche **Fachwerkbauten** des 16. bis 18. Jh.

Die **Burgen** der Grafen von Schlitz, 15. bis 18. Jh. *Heimatmuseum* in der Vorderburg (geöffnet: täglich 14–16 Uhr, außerdem So 10–11.30 Uhr); am Turm der Vorderburg bekanntes *Glockenspiel*, täglich 15 und 17 Uhr (26 Glocken). Vom Bergfried (mit Fahrstuhl) der Hinterburg schöner Ausblick.

Schloß Hallenburg, 1755 erbaut, ehemaliges Wohnschloß der Grafen von Schlitz, heute beherbergt es das Schlitzer Gymnasium. Schöner Schloßpark.

Veranstaltungen:
Alle zwei Jahre im Juli Heimat- und Trachtenfest.

Ziegenhain

3700 Einw. Ortsteil von Schwalmstadt. Mittelpunkt der Schwalm und des Schwälmer Trachtengebiets, günstiger Ausgangspunkt für Wanderungen in das Knüllgebirge. Die hessischen Landgrafen bauten die Stadt zur Festung aus.

Auskunft: Verkehrsamt, 3578 Schwalmstadt, Tel. 06691/20021.

Sehenswert:
Gut erhaltene **Festungsanlage** aus dem 13. und 16. Jh.

Landgrafenschloß, ursprünglich Burg der Grafen von Ziegenhain.

Steinernes Haus am Paradeplatz, jetzt *Museum* der Schwalm mit Schwälmer Trachten, Hausrat und Handwerkskunst, Modell der Festung Ziegenhain, Wappen und Waffen, Kunstkabinett mit regelmäßigen Ausstellungen (geöffnet: täglich außer Mo 10–12 Uhr, 15–17 Uhr).

Fachwerkhäuser in malerischen Winkeln. – **Stadtkirche,** erbaut 1665–1667.

Veranstaltungen:
Ziegenhainer »Salatkirmes«, bedeutendes Heimatfest der Schwalm mit historischem Trachtenumzug, jährlich am 2. Sonntag nach Pfingsten. Das Festspiel »Der letzte Graf von Ziegenhain« wird alle 10 Jahre aufgeführt.

Eifel, Hunsrück, Moseltal

Zwischen den zu den ältesten Gebirgszügen Mitteleuropas zählenden Regionen Eifel und Hunsrück zieht die Mosel mit zahlreichen Schnörkeln und Schleifen ihrem Ziel, dem Rhein am Deutschen Eck in Koblenz entgegen. Zusammen mit ihren Nebenflüssen Saar und Ruwer sorgt sie für den jedermann bekannten Etikettendreiklang. Nicht der vielbesungene »Vater Rhein«, sondern die Mosel ist Deutschlands Weinfluß schlechthin. An ihren Ufern sollen sich die steilsten Rebhänge Europas befinden, und so mancher Ortsname findet wohl seine Verlängerung in bekannten Weinbezeichnungen: Kröv mit »Nacktarsch«, Trittenheim mit »Altärchen«, Ürzig mit »Schwarzlay«, Zell mit »Schwarze Katz«.

Aber nicht nur der Wein übt seine Anziehungskraft auf die Besucher aus. Zum Träumen verleiten auch malerische Gäßchen oder majestätische Burgen – häufig allerdings nur noch deren Reste, die der pfälzisch-französische Erbfolgekrieg hinterlassen hat. Unversehrt überstand lediglich die märchenhafte Burg Eltz die Wirren der Geschichte. Etwas abseits der Mosel, im Elzbachtal gelegen, ist sie nur auf Schusters Rappen zu erreichen.

Weitere rund 190 Burgen krönen die Eifel, von denen noch das Märchenschloß Bürresheim als besonders schönes Beispiel genannt werden sollte. Aber auch zahlreiche Bilderbuchstädtchen laden zu Kurz- oder Langzeitbesuchen ein. Naturliebhaber finden in dieser Region, deren kulturellen Rang die großen und frühen Klöster bestimmt haben, Talsperren, Bergseen, Maare, Vulkane, Tierparks, Höhlen, bizarre Felsgebilde, Mineralquellen usw., die man auch über ein ausgezeichnetes Wanderwegenetz erreichen kann. Freunde roter Weine werden sicher bei einer Eifelvisite das Ahrtal nicht aussparen. Besuchenswert sind auch die vielen Eifelmuseen, wobei das Freilichtmuseum in Kommern auf der Rangliste ganz oben steht.

Trotz mannigfacher Freizeitangebote ist die Eifel bis heute ein lohnendes Reisegebiet für Individualisten geblieben, wo jeder, der die Einsamkeit sucht, sie auch findet. Massentourismus gibt es nur an einigen wenigen Brennpunkten.

In noch größerem Maße gilt das für den Hunsrück. Hier kann man noch nach Herzenslust so richtig Sommerfrischen wie zu Großvaters Zeiten, mit Möglichkeiten zum Wandern, Reiten, Angeln und Planwagenfahren. Das ist besonders für die kleinen Gäste ein besonderes Vergnügen. Das Revier des »Jägers aus Kurpfalz« lädt zum Entdecken ein – über- und unterirdisch. Letzteres z. B. im Steinkaulenberg in Idar-Oberstein, wo man mit Glück und Geduld auf Schatzsuche gehen und Edelsteine finden kann. Nach den Entdeckermühen finden wir Stärkung bei Schaukelbraten und einem Krug Nahewein. Wer könnte da widerstehen?

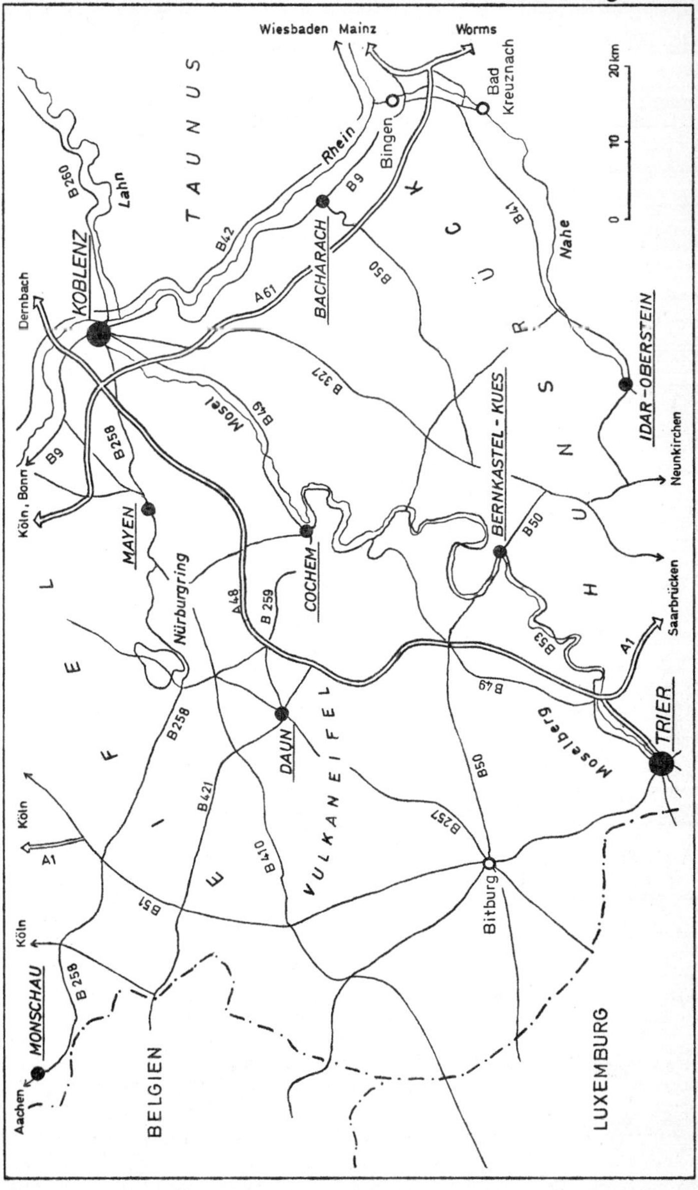
Wiesbaden
Mainz
Worms
Bad Kreuznach
Bingen
Rhein
TAUNUS
Lahn
B260
B42
B9
A61
B50
B41
Nahe
HUNSRÜCK
KOBLENZ
Dernbach
BACHARACH
B327
B49
Mosel
Köln, Bonn
B9
B258
MAYEN
COCHEM
BERNKASTEL-KUES
IDAR-OBERSTEIN
Neunkirchen
Saarbrücken
B50
B53
A1
Nürburgring
A48
B259
B49
TRIER
Moselberg
EIFEL
B258
DAUN
VULKANEIFEL
B421
B410
B257
B50
Bitburg
Köln
A1
B51
Köln
MONSCHAU
B258
Aachen
BELGIEN
LUXEMBURG
0
10
20 km

Bacharach

2900 Einw. Linkshreinischer alter Weinort, von alten Ringmauern und Wehrtürmen umgeben, zu Füßen der Burg Stahleck am Eingang des Steegertals und unweit der weithin sichtbaren Ruine Schloß Fürstenberg.

Auskunft: Verbandsgemeindeverwaltung, 6530 Bingen-Bingerbrück, Tel. 06721/3040.

Geschichte:

Ursprung wahrscheinlich in einem Bacchus-Heiligtum der Römer: »Bacchiara«. Im Mittelalter schon ein bekannter Weinort.

Sehenswert:

Rheinanlagen (etwa 20000 qm umfassend). – **Stadtbefestigung** aus dem 14. Jh. mit Ringmauer und zahlreichen guterhaltenen Türmen (interessanter Spaziergang über den Wehrkranz an der Rheinfront).

Peterskirche, 11.–14. Jh., romanisch-gotischer Übergangsstil, mittelalterliche Fresken und interessante Grabdenkmäler.

St.-Werner-Kapelle, 13. Jh. begonnen, 1337 Chorweihe, nach Bauunterbrechung 1428 weitergebaut, jedoch 1689 im Pfälzischen Erbfolgekrieg zerstört. Wahrzeichen der Stadt in edelster Gotik.

Pfarrkirche St. Nikolaus, 1688 erbaut, ehem. Kapuzinerkirche mit Kloster, im Innern gute Kopie von Correggios »Maria Magdalena« durch Gerhard von Kügelgen sowie Barockaltäre.

Veranstaltungen:

Weinblütenfest in Verbindung mit Johannisweinprobe am 1. Wochenende vor Johanni (24. Juni). Bacharacher Weinlesefest (ältestes am Mittelrhein) am ersten Oktobersamstag beginnend. Tanzaufführungen der Bacharacher Winzer- und Trachtengruppen. Traditioneller Festzug am Sonntag.

Bernkastel-Kues

7500 Einw. Vielbesuchte, altertümliche und sehr malerische Stadt inmitten einer der reichsten Weinberglandschaften der Mittelmosel. An der Einmündung des romantischen Tiefenbachtals, überragt von der Ruine der Burg Landshut. Bernkastel ist seit 1905 mit dem auf dem linken Ufer liegenden Kues vereinigt und durch eine 219 m lange Brücke verbunden. An den Rebhängen beider Ufer reifen die köstlichsten Kreszenzen, deren berühmteste der »Bernkasteler Doktor« ist.

Auskunft: Tourist-Information, Gestade 5, 5550 Bernkastel-Kues, Tel. 06531/4023.

Sehenswert:

Bei einem Rundgang durch die heiteren Gassen von *Bernkastel* scheinen die verflossenen Jahrhunderte wieder lebendig zu werden.

Am Moselgestade steht die frühgotische, Ende des 14. Jh. erbaute **St.-Michaels-Kirche,** mit großartigem Heiligen Grab von Heinrich Hoffmann, dem Sohn des bekannten Trierer Bildhauers Hans Ruprecht Hoffmann (1606).

Michaelsturm, gleich neben der Kirche, von um 1300, einst Wehrturm der Stadtbefestigung.

Voller malerischer Motive ist der **Marktplatz** mit dem steingefaßten

St.-Michaels-Brunnen im Renaissancestil von 1606.

Renaissance-Rathaus von 1608 mit wappengeschmücktem Erker und ehemals offener Laube, jetzt Ratskeller.

Um den Marktplatz und in dessen Nähe stehen für die Zimmermannskunst des Mosellandes charakteristische **Fachwerkhäuser** mit kunstvollen Erkern und Giebeln, mit geschnitzten Balken, städtebauliche Kleinode, wie man sie sonst selten findet.

In Kues: **St.-Nikolaus-Hospital** von Kardinal Nikolaus Cusanus (1401–1464), einem der wesentlichen Denker der Philosophiegeschichte, gestiftet.

In der **Kapelle,** deren achteckiger Mittelpfeiler vier Steingewölbe trägt, befindet sich ein Hochaltar nach der Manier des »Kölner Meisters des Marienlebens« mit Stifterbildnis des Kardinals.

Bibliothek mit wertvollen Handschriften, Inkunabeln, teils aus der Feder Cusanus' selbst stammend, und seinen astronomischen Geräten, darunter der älteste deutsche Himmelsglobus.

Geburtshaus von Nikolaus Cusanus, Nikolausufer 49/50, in der Nähe des Moselhafens. – Geöffnet: Di–Sa 9.30–12 Uhr und 14.30–17.30 Uhr, So und feiertags 9.30–12 Uhr.

Veranstaltungen: Brunnenfest, letztes Maiwochenende; Kulinarische Woche, 4. Juniwoche; Weinfest der Mittelmosel mit Trachtenumzug am ersten Septemberwochenende; St.-Michaels-Weinkirmes, letztes Septemberwochenende. – Weinproben mit Kellerbesichtigungen. – Wochenend-Weinseminare.

Cochem

7100 Einw., Stadt am linken Moselufer, in der Mitte der letzten, groß und kühn angelegten Schleife, welche die Mosel auf ihrem Weg von Trier nach Koblenz zieht, dem Cochemer Krampen, und an der Einmündung des Endertbachtals in das Moseltal gelegen. Seiner schönen Umgebung wegen sowohl als Standquartier für Ausflüge ins Gebiet der Mittelmosel, in die Eifel und den Hunsrück, als auch für Wochenend- und längeren Erholungsaufenthalt gleich vorzüglich geeignet. Weinbau und ein bedeutender Weinhandel bestimmen das Wirtschaftsleben dieser Stadt und ihrer Umgebung.

Auskunft: Verkehrsamt, Endertplatz, 5590 Cochem, Tel. 02671/3971.

Bergbahn: Sessellift zum Pinnerkreuz.

Geschichte:
Schwertfunde aus der späten Bronzezeit, römische Fundamente und fränkisch-karolingische Gräberfunde deuten auf eine frühe Besiedlung hin.

Sehenswert: Von den alten Befestigungswerken der aus zwei selbständigen Bauteilen bestehenden **Enderttorturm;** das **Balduinstor** mit Wehrturm an der Kirchhofsmauer. – Der **Wehrgang** am Burgfriedentor. – Schönes, 1739 im Barockstil erbautes **Rathaus** mit Ratssaal. – **Marktplatz** mit Martinsbrunnen. – **Wildpark. – Märchenwald.**

Spaziergang: Der Aufstieg zur ehemaligen **Reichsburg Cochem,** von der Stadt aus etwa 15 Min., ist sehr lohnend.

Führungen durch die Burg mit ihrem mächtigen Bergfried und Palas, Erkern und Türmen finden täglich von 9–18 Uhr statt; interessante alte Innenausstattung.

Veranstaltungen: Promenadenkonzerte, Heimatfest Ende August, Weinfest, letztes Wochenende im August. – Weinproben.

Daun

8200 Einw. Freundliches, altes Städtchen an der Lieser, im Zentrum der Vulkaneifel bergumrahmt gelegen und von ausgedehnten Waldungen umgeben. Daun ist heilklimatischer Kurort, Kneippkurort und Mineralheilbad mit einem Mineralschwimmbad (28° C), das von der Dunaris-Heilquelle gespeist wird.

Auskunft: Städtisches Verkehrsamt, 5568 Daun, Tel. 06592/71477–79.

Geschichte:
731 baute der Edle Sigumbert auf dem ihm von König Dagobert geschenkten Boden die Burg »Dune«, wahrscheinlich die Altburg, 3 km südlich der Stadt. Nach 1407 gingen Namen und Wappen (rotes Gitter auf goldenem Feld) an ein Burgmannengeschlecht über. Mehrere Feldmarschälle gingen aus dieser Familie hervor, so Wirich von Daun, der 1706 bei Turin, 1707 bei Neapel siegte und Vizekönig von Neapel wurde, ferner sein Sohn, der berühmte Feldmarschall Leopold von Daun, Gegner Friedrichs des Großen und Sieger von Kolin (1757) und Hochkirch (1758).

Die mittelalterliche Geschichte Dauns unterscheidet Stadt, Siedlung im Tal und Burg (oppidum, vallis et castrum de Duna). Die östlich des Burgberges gelegene Vorburg wurde 1337 erstmalig »Stadt« genannt, nachdem König Johann von Böhmen sie Gilles von Daun in einem Lehensvertrag übertragen hatte; 1340 wurden Stadt, Tal und Burg luxemburgisches Lehen. Schon wenig später, 1353, besiegelte ein gemeinsamer Feldzug der Erzbischöfe von Köln und Trier durch völlige Zerstörung das Schicksal der »Stadt des Gilles«, während die Siedlung im Tal erhalten blieb. Bald darauf, nach dem Aussterben der Dauner, zog das Erzstift Trier den wichtigen Platz ganz an sich. Er wurde kurtrierischer Amtssitz. Im Jahre 1650 und mehr noch 1689 hatte das Städtchen durch Kriege schwer zu leiden, wurde von den Franzosen geplündert und verbrannt und mußte in den Koalitionskriegen die damals hohe Summe von über 800000 Mark an die Franzosen zahlen. Erst als Daun Sitz einer preußischen Kreisverwaltung wurde, setzte ein neuer Aufstieg ein, der zur heutigen Blüte als Kurort führte.

Sehenswert:
Von der auf schroffem Basaltfelsen gelegenen **Ruine** der Stammburg der Grafen von Daun aus dem 12. und 17. Jh. schöne Aussicht. Im Burgbergring Renthaus von 1712, jetzt Hotel; daneben evangelische Kirche von 1865.

Pfarrkirche, ein typischer urwüchsiger Kirchenbau aus verschiedenen Bauepochen des Mittelalters, 1945 zerstört, inzwischen wieder aufgebaut; die alte Krypta wurde erweitert. – Neue **Thomas-Morus-Kirche,** 1970 erbaut.

Heimatmuseum mit Gesteinssammlung. Geöffnet: Do 15–17 und So

10.30–12.30 Uhr. – Eifelgemälde von Fritz von Wille im neuen Landratsamt. – **Hirsch- und Saupark** Daun an der Deutschen Wildstraße.

Wanderung: **Dauner Maare,** 2–2½ Std. südlich, drei typische Kraterseen am Mäuseberg, inmitten eines Kranzes von ehemaligen Vulkanen. Der Besuch aller drei Seen ist auch mit dem Auto möglich.

Gemündener Maar, ½ Std. südlich, von Daun auf der Straße nach Manderscheid. Der kreisrunde, klare See ist von steilen und bewaldeten Kraterwänden eingeschlossen, Badeanstalt, Bootsverleih. Rechts aufwärts im Kraterkessel in 20 Min. zum **Mäuseberg,** 561 m (im Winter Skisportgelände mit Schlepplift); herrliche Aussicht auf die Vulkane und Täler der südlichen Eifel. Am Fuß des Ostabhangs das **Weinfelder-** oder **Totenmaar,** 51 m tief, dessen Wasser infolge des Lavabodens fast schwarz scheint.

Schalkenmehrener Maar, von der Kirche aus nördlich, mit Badeanstalt. Unmittelbar benachbart das Dorf Schalkenmehren mit der Eifeler Heimweberei, Genossenschaft kleinbäuerlicher Heimweber, die nach alter Überlieferung das vortreffliche handgewebte »Maartuch« herstellen. Besichtigung lohnend.

Veranstaltungen: Geologisch-botanische Exkursionen, Pilzseminar; Broschüre für 61 Freizeitmöglichkeiten beim Kreisverkehrsamt, Tel. 17202.

Idar-Oberstein

37000 Einw. Die Stadt der Edelsteine, Diamanten und des Schmucks liegt malerisch zwischen felsigen Steilhängen im engen Nahetal an der Mündung des Idarbachs in die Nahe, umgeben von den bewaldeten Höhen des südlichen Hunsrücks, zwischen Idarwald und Nordpfälzer Bergland.

Das Totenmaar ist einer der berühmtesten Eifeler Maarseen

Im Stadtteil Oberstein drängen sich die Häuser zwischen dem Flußbett und den Steilhängen neben- und übereinander, bekrönt von der Felsenkirche und den beiden Schloßruinen. Seit 1986 ist das Flußbett der Nahe leider mit der Betontrasse der B 41 verbaut, so daß vom einstigen romantischen Stadtbild sehr viel verlorengegangen ist. Das heftig umstrittene Projekt wurde gegen den Widerstand zahlreicher Stellen durchgesetzt. Im Idarbachtal schließt sich der Stadtteil Idar an, der zusammen mit

Oberstein, Tiefenstein, Algenrodt und 9 weiteren Gemeinden die Stadt Idar-Oberstein bildet.

Die 1974 hier eröffnete Diamanten- und Edelstein-Börse dokumentiert die Bedeutung Idar-Obersteins als international anerkanntes (neben Amsterdam) europäisches Handelszentrum der Edelstein- und Diamanten-Industrie. Hier beginnt die Deutsche Edelsteinstraße (große Rundfahrt 48 km; kleine Rundfahrt 23 km), welche die Besichtigung von 60 Edelstein- und Schmuckbetrieben ermöglicht. Die Betriebe haben außen das offizielle Symbol der Edelsteinstraße ausgehängt (weißer Kristall auf gelbem Grund).

Auskunft: Städtisches Fremdenverkehrsamt am Bahnhof, 6580 Idar-Oberstein, Tel. 06781/2705.

Geschichte:

Von römischer Besiedlung zeugen Münzen- und Urnenfunde. Die älteste Urkunde stammt von 1075. Im 15. Jh. Blütezeit des Geschlechts von Daun-Oberstein. 1669 kam der Ort an das Haus Leiningen-Heidesheim. Im Dreißigjährigen Krieg, in den Reunionskriegen (1678–1687) und im Spanischen Erbfolgekrieg (1688–1697; 1707–1714) erlitt er schwere Verwüstungen. 1794–1814 französische Besetzung, dann kam Oberstein mit Birkenfeld zu Oldenburg, 1937 wurde es preußisch, jetzt gehört es zum Bundesland Rheinland-Pfalz.

Sehenswert:

Die markantesten Sehenswürdigkeiten Idar-Obersteins sind die sagenumwobene und weltbekannte **Felsenkirche** (s. unten) und

Idar-Obersteins Edelsteinindustrie

Die Edelstein- und Schmuckindustrie hat ihren Ursprung in der Verwertung der Achate. Diese entstanden in Hohlräumen des vulkanischen Melaphirsteins durch jahrtausendealte Kristallisation von Kieselsäure. Möglicherweise haben schon die Römer lose Achatstücke außer Landes gebracht. Der systematische Abbau (Gruben bei Freisen und Oberkirchen im Kr. St. Wendel, bei Idar und bei Baumholder) und zumal die örtliche typische Schleifmethode (auch in Breisach am Rhein) sind erst seit dem 15. Jh. sicher bezeugt. 1609 gab Graf Philipp Franz von Daun-Oberstein den Achatschleifern eine Zunftordnung, mit der die kontinuierliche Aufwärtsentwicklung dieses Handwerks begann. Die heimischen Lager von Achat, Jaspis und Chalcedon (ebenfalls faserige, wasserfreie Kieselsäure) waren im 19. Jh. keineswegs erschöpft, als bessere, ausländische Rohstoffe billiger Eingang fanden. Nach Brasilien ausgewanderte Idarer Achatschleifer, die sich dort als umherziehende Musiker ihr Brot verdienten, hatten durch Zufall bei einer Hofpflasterung Achatsteine entdeckt. Bei der Ausbeutung der brasilianischen Achatvorkommen fanden sich auch andere Edelsteine, die importiert wurden, so daß die Idarer Schleifindustrie sich auch nach dieser Seite hin entwickelte. Seit zwei Jahrzehnten spielen außerdem künstliche (synthetische) Edelsteine eine bedeutende Rolle. Die Bearbeitung der Edelsteine erfolgt in größeren und kleineren Edelsteinschleifereien. Die alten Achatschleifen, die noch Ende des letzten Jahrhunderts in großer Zahl am Idarbach und an der Nahe anzutreffen waren, sind heute fast alle verschwunden.

die beiden **Schloßruinen** in *Oberstein.*

Museum Idar-Oberstein am Fuß der Felsenkirche (Heimatmuseum), Hauptstr. 436 (geöffnet: 9–17.30 Uhr). In 10 Räumen und in der naturgetreuen Nachbildung einer alten Achatschleife, die besichtigt werden kann, sind Edelsteine, Mineralien, eine alte Goldschmiedewerkstatt, Gegenstände aus der Stadtgeschichte und eine biologische Abteilung der heimischen Tier- und Vogelwelt zu sehen.

Vom Museum Idar-Oberstein bzw. dem Obersteiner Marktplatz aus führen 212 Treppenstufen zu der 60 Meter über der Stadt gelegenen

Felsenkirche empor, die in die Felsenwand eingebaut ist und noch heute der evangelischen Kirchengemeinde als Gotteshaus dient. Sie wurde 1482 errichtet – der Sage nach als Sühne für einen Brudermord. Im Innern sind besonders bemerkenswert ein gemalter Flügelaltar von etwa 1415, ein Bergkristall-Kruzifix und in der Sakristei Glasfenster von 1482 sowie eine Felsenquelle. – Geöffnet: 1. 4. bis Mitte Okt. 9–12 und 14–18 Uhr.

Neues Schloß, um 1300 erbaut, 1855 durch Feuer zerstört. Die unterirdischen Räume konnten zum Teil erhalten werden und wurden nach dem Ersten Weltkrieg als Jugendherberge ausgebaut. 1957 wurde auf dem hochgelegenen Hohlgelände eine moderne Jugendherberge erbaut.

Das **Alte Schloß** aus dem 11. Jh. ist seit 1600 verfallen, erhalten sind ein runder Turmstumpf und Reste des Palas. Zwischen beiden Burgen liegt das Kriegerdenkmal von 1870, umgeben von schönen Grünanlagen.

Von den Burgen hat man einen herrlichen Blick auf die Stadt, das Nahetal, die Winterhauch und die Hunsrückberge.

Von Oberstein aus erreicht man auf der B 41 oder mit dem Bus den Stadtteil *Idar.* Der Weg führt an zahlreichen Edelsteinschleifereien und Juweliergeschäften vorbei. An der Straße zwischen den Stadtteilen Idar und Tiefenstein liegt die

Weiherschleife, die einzige, noch durch Wasserkraft betriebene Achatschleife am Idarbach. – Geöffnet: 1. 11. bis Ostern 8–12 und 14–17 Uhr, Sa und So geschlossen; Ostern bis 31. 10. 8–12 und 14–17 Uhr, Sa und So 10–12 und 14–16 Uhr.

Deutsches Edelsteinmuseum, die größte Schau dieser Art in Europa mit Edelsteinen aus allen Ländern in rohem und geschliffenem Zustand. – Geöffnet: 1. 5. bis 30. 9. 9–18 Uhr, 1. 10. bis 30. 4. 9–17 Uhr. – Beschichtigung von **Edelsteinbetrieben** (*Auskunft* beim Städt. Verkehrsamt).

Veranstaltungen: Spießbratenfest am letzten Wochenende im Juni. Der Spießbraten ist eine Idar-Obersteiner Spezialität, deren Zubereitungsrezept einheimische Edelsteinsucher vor etwa 150 Jahren aus Brasilien mitbrachten: ein ausgesuchtes Stück Fleisch, gut mit Zwiebeln, Pfeffer und Salz gewürzt, wird an einem offenen Feuer am Spieß gebraten. – Hunsrück-Safari-Ferien im Planwagen. – Kinderferien im Indianerlager in Niederwörresbach. – Informationstage »Welt der Edelsteine« (wöchentliche Veranstaltungen). – Geologische und Edelsteinseminare, Edelstein-Schleifkurse, Goldschmiedeseminare, Edelsteinschürfen (Gebühr). – Pilzseminare.

Koblenz

113 000 Einw. Ehemalige Residenz der Kurfürsten von Trier und die ehemalige Landeshauptstadt von Rheinland-Pfalz. Wichtiger Verkehrsknotenpunkt an der Mündung der Mosel in den Rhein, nahe der Lahnmündung, am Eckpunkt von Eifel, Hunsrück, Westerwald und Taunus.

Auskunft: Fremdenverkehrsverband Rheinland-Pfalz, Postfach 1420, 5400 Koblenz, Tel. 0261/31079, und Fremdenverkehrsamt (gegenüber Hauptbahnhof), 5400 Koblenz, Tel. 0261/31303.

Geschichte:
Koblenz ist eine römische Gründung, entstanden aus dem Militärlager »Confluentes« zur Zeit des Kaisers Tiberius, 14 n. Chr., das bald zu einer Römerstadt mit Befestigungen und je einer Brücke über Mosel und Rhein ausgebaut wurde. 1018 schenkte Kaiser Heinrich II. Koblenz dem Erzstift Trier. 1138 fand hier die Kaiserwahl Konrads III. statt. 1216 Errichtung einer Komturei des Deutschen Ritterordens neben der Kastorkirche (seitdem Bezeichnung der Rhein-Mosel-Mündung als »Deutsches Eck«). Im 13. Jh. Befestigung der Stadt mit einer Mauer und 1280 Bau der »Alten Burg«. 1794 Einbruch der französischen Revolutionsarmee unter General Marceau und damit Ende des Kurstaates Trier. Koblenz wurde darauf Sitz der Départementsverwaltung Rhein und Mosel unter französischer Herrschaft. Durch den Wiener Kongreß (1814–1815) fiel es dann an Preußen. Von 1948 bis 1950 war Koblenz Landeshauptstadt von Rheinland-Pfalz.

Sehenswert:
Vom *Konrad-Adenauer-Ufer* (Landungsplatz der Rheinschiffe) rheinabwärts. Links die ehemalige Deutschordensballei oder das **Deutschherrenhaus** von 1216.

An der Moselmündung das **»Deutsche Eck«,** jetzt »Mahnmal der deutschen Einheit«, ursprünglich Denkmal Kaiser Wilhelms I. – Durch die *Moselufer-Anlagen* links zum

Castorhof, wo die Reste eines spätstaufischen Hauses von 1230 bis 1250, des ehemaligen Wohnhauses der Stiftsherren von St. Castor, restauriert wurden.

Stiftskirche St. Castor, daneben, 836 durch Erzbischof Hetti als Chorherrenstift gegründet. Im Jahr 842 wurde hier der 843 in Verdun unterfertigte Vertrag über die Teilung des Frankenreiches beschlossen.

Durch die Castorpfaffengasse südlich zur *Rheinstraße,* dann rechts am *Görresplatz* vorbei zum *Jesuitenplatz* mit dem ehemaligen Jesuitenkolleg von 1695, jetzt **Rathaus,** und an der Ecke Jesuitenkirche mit erhaltenem schönem Portal.

Schängelbrunnen, hinter dem Bogengang (Urbild eines Koblenzer Lausbuben, der Passanten mit Wasser bespuckt). Vom Jesuitenplatz weiter durch die *Jesuitengasse,* dann rechts in die *Kornpfortstraße,* am sog.

»Dreikönigenhaus« vorbei (ehemals Eltz-Rübenacher Hof, heute Stadtbibliothek). Das schöne große Haus wurde 1701 erbaut. In seiner Anlage entsprach es dem *»Krämerzunfthaus«* an der gegenüberliegenden Straßenecke.

Der Danne folgend, wird der *Florinsmarkt* mit der **Florinskirche** erreicht, einer im Kern romanischen, auf römischen Mauerresten im 12. Jh. erbauten Pfeilerbasilika mit hochgotischem Chor. Der Florinsmarkt bietet jetzt wieder ein relativ geschlossenes mittelalterliches Bild, nachdem annähernd alle durch den letzten Krieg entstandenen Lücken geschlossen sind.

Etwas weiter folgt das

Mittelrheinmuseum mit u. a. 50 Madonnen und Skulpturen aus Gotik und Barock, Besuch sehr lohnend. Geöffnet Di–Sa 10–13 Uhr und 14.30–17.30 Uhr (Di bis 20 Uhr), So 10–13 Uhr. Eintritt frei.

»Bürresheimer Hof«, daneben, 1659/60 als Adelshof für den Freiherrn von der Leyen erbaut. Den Florinsmarkt überqueren bis zur *Burgstraße* und der

Alten Burg der Trierer Kurfürsten und Erzbischöfe, erbaut 1280 mit zwei mächtigen Rundtürmen.

Dicht dabei die 1343 von Kurfürst Balduin begonnene, 320 m lange und vierzehnbogige **Balduinbrücke,** die älteste Steinbrücke im Mittelrheingebiet.

Zurück durch die *Burgstraße,* rechts durch den Bogen über den *Münzplatz* mit dem Geburtshaus des Fürsten Metternich, 1977 restauriert, und der ehemaligen kurfürstlichen Münze.

Liebfrauenkirche, eine auf romanischen Ursprüngen im 12. Jh. entstandene Pfeilerbasilika, die auf dem höchsten Punkt eines römischen Kastells entstand, mit sehenswerten Grabsteinen und gotischem Chor.

Weindorf, oberhalb der Pfaffendorfer Brücke, einer der Hauptanziehungspunkte, 1925 als Ausstellungsgaststätte erbaut und 1951 erneuert, mit typischen Winzerhäusern der deutschen Weinbaugebiete Mosel, Pfalz-Nahe, Württemberg-Baden, Mittelrhein. Von Juni bis September täglich Weinfest.

Schloß, 1780–86 von Kurfürst Clemens Wenzeslaus im klassizistischen Stil mit einem von acht ionischen Säulen getragenen Vorbau errichtet; es diente bis 1794 als kurfürstliche Residenz.

Am rechten Rheinufer thront die

Felsenfeste Ehrenbreitstein auf 118 m hohem, steil abfallendem Schieferfelsen mit übereinandergetürmten Bastionen, Redouten und Contregarden, Wehrmauern und einem steil aufwärtsführenden Kolonnenweg. Im Rücken der Festung führt seit 1955 ein *Sessellift* zum Festungsplateau. *Staatliche Sammlung technischer Altertürmer* im **Landesmuseum** auf der Festung Ehrenbreitstein.

Veranstaltungen:
Blütenfest im Stadtteil Guls. – »Buntes Wochenende« am ersten Wochenende im Juli. – Serenaden im »Blumenhof« des Deutschherrenhauses am Deutschen Eck. – Winzerfeste im »Weindorf«. – Festbeleuchtung »Der Rhein in Flammen« mit Großbeleuchtung von Braubach bis Koblenz, Großfeuerwerk. – Wein- und Erntefest im Stadtteil Lay. – Frühjahrs- und Herbst-Schaumessen. – Ruder- und Segelregatten auf dem Moselstausee. – Karneval mit Festzug am Rosenmontag.

Mayen

Große Kreisstadt und Sitz des Kreises Mayen-Koblenz, 240–524 m, 21 200 Einw. Weit ausgedehnter Erholungsort mit den Stadtteilen Alzheim, Hausen, Kürrenberg und Nitztal in der Südosteifel, im Gebiet der vulkanischen Steine und Erden, von der Nette durchflossen, die bei Weißenthurm in den Rhein mündet. Zentrum der Natursteinindustrie mit Basalt und Lava sowie des Schieferbergbaus.

Auskunft: Verkehrsamt, 5440 Mayen, Tel. 0 26 51/8 82 60. *Verkehr:* B 258 Koblenz – Nürburg; Ausgangspunkt der B 256 nach Neuwied. – Autobahnanschlußstelle Mayen (5 km).

Geschichte:
Zur Römerzeit war Mayen Handelsort und Knotenpunkt der zu Heerstraßen ausgebauten uralten Handelsstraßen, die vom Mittelmeer über Trier, Kaiseresch und von Belgien über Kelberg zum Rhein führten, in fränkischer Zeit Sitz der Gaugrafen vom Mayengau (Meginavelt, Maifeld). Darunter befand sich jener Siegfried (gest. 754), der mit Karl Martell bei Poitiers den Sieg über die Araber erkämpfte. Rudolf von Habsburg gab 1291 Mayen das Stadtrecht. Im Mittelalter war die Stadt Sitz eines kurtrierischen Amtmannes und Bollwerk des Erzbistums Trier gegen Kur-Köln, dessen Grenze nur 20 km nördlich lag, und das im nahen Andernach, einer seiner vier »Hauptstädte«, einen starken Stützpunkt hatte.

Sehenswert:
Von der bis 1944 weitgehend erhaltenen **Stadtbefestigung,** von den Trierer Erzbischöfen 1291 bis 1326 erbaut, stehen heute noch große Teile einer hohen Basaltmauer, besonders längs der Nette, hier auch das breite Brückentor; wenig westlich der **Mühlenturm** sowie, entlang dem Habsburgring südwärts, das fünfgeschossige **Obertor** mit spätgotischen Ecktürmchen.

Rathaus, 1717/18 erbaut (Barock) mit risalitartig vortretendem Uhrturm und Wappenportal, geschwungenem Balkon und Mansarddach.

Pfarrkirche **St. Clemens** (Katholisch) aus dem 14. und 15. Jh., eine der frühesten linksrheinischen Hallenkirchen, 1953 originalgetreu wiederaufgebaut, mit dem Wahrzeichen Mayens, dem im Dach schiefen und gedrehten Kirchturm aus dem 12. Jh.

Genovevaburg mit dem runden, 34 m hohen Goloturm, dem höchsten der vier Ecktürme. Die Burg wurde 1281 zuerst erwähnt; im heutigen Grundriß vom Trierer Erzbischof Heinrich von Vinstingen als Grenzfestung gegen das Erzbistum Köln erbaut, 1689 von den Franzosen zerstört. Anfang des 18. Jh. von Hugo von Orsbeck, Kurfürst von Trier, erneuert und ausgebaut. Zu Beginn des 19. Jh. von den Franzosen veräußert, später zu Wohn- und gewerblichen Zwecken verändert und mehrfach durch Feuersbrunst zerstört. 1919 in der jetzigen Gestalt teilweise neu errichtet, jetzt Eigentum der Stadt.

Im Ostflügel der Burg das **Eifeler Landschaftsmuseum** mit Bodenfunden aus Mayen und Umgebung von der älteren Steinzeit bis zur Frankenzeit; es sind ferner ausgestellt Gewerbe- und Kunsterzeugnisse des Mittelalters bis zur Neuzeit, zehn Alt-Eifeler Wohn- und Handwerkerstuben, Trachtenstücke sowie eine geologische Sammlung mit einer Übersicht der Entwicklung der Mayener Steinindustrie. – Geöffnet: Di–Sa 9–12 und 14–17 Uhr, So 10–13 Uhr.

Monschau

Kr. Aachen, 350–650 m, 11800 Einw. Stadt in geschützter Lage im Tal der Rur, Fremdenverkehrsort und Wintersportplatz im Naturpark Nordeifel, unmittelbar an der deutsch-belgischen Grenze. Der Stadtkern von Monschau liegt im enggewundenen Felsental der Rur; er wird überragt von mächtigen mittelalterlichen Burg- und Befestigungsanlagen. Das malerische Stadtbild und die schöne Landschaft machen den Besuch von Monschau zu einem der Höhepunkte einer Reise durch die Eifel.

Auskunft: Stadtverwaltung, Fremdenverkehrsamt, 5108 Monschau, Tel. 02472/3300.
Verkehr: Endpunkt der B 258 von Schleiden und der B 399 von Düren.

Geschichte:
Ende des 11. Jh. tauchte der Name Monschau erstmalig als Walramus de Monte Joci, 1217 der der Burg als Castrum in Munioie auf. Den Limburgern folgte ab 1266 deren Seitenlinie Falkenburg, die 1352 als Besitzer von den Grafen von Schönforst und 1433 von den Herzögen von Jülich abgelöst wurde. Das jülichsche Amt Monschau kam nach dem Tod des letzten Herzogs (1609) durch den Jülich-Clevischen Erbfolgestreit zunächst an Brandenburg und Kurpfalz, 1685 an Pfalz-Neuburg, 1815 gelangte die Stadt an Preußen. Die Stadt im Tal, deren von Kaiser Karl IV. gewährten Rechte eine Urkunde von 1356 bestätigte, hatte durch ihre von vertriebenen Aachener Protestanten begründete Tuchindustrie im 18. Jh. Berühmtheit erlangt. Es war vor allem der 1705 geborene Johann Heinrich Scheibler, der den Monschauer Spitzenerzeugnissen durch eine großzügige Verkaufsorganisation den Weltmarkt erschloß.

Monschau, gepflegte alte Fachwerkhäuser an der Rur

Sehenswert:
Die **Burg** aus dem 13. Jh., von der trotz des allmählichen Verfalls nach der letzten Zerstörung 1689 noch beträchtliche Reste erhalten sind.

Charakteristisch für das schöne Stadtbild im engen Felsental der Rur ist die sehr große Zahl wohlerhaltener, alter **Bürgerhäuser,** die sich in engen Sträßchen und winkeligen Gäßchen aneinanderreihen. Sie stammen im wesentlichen aus dem 17. und 18. Jh., haben sichtbares Fachwerk oder verschieferte Giebel.

Trier

100 000 Einw. Älteste Stadt Deutschlands, im 4. Jh. römische Kaiserresidenz, frühchristlicher Bischofssitz und später Sitz der Trierer Erzbischöfe und nachmaligen Kurfürsten. Seit Anfang des 19. Jh. Verwaltungssitz des Regierungsbezirks Trier, Universitätsstadt.

Die mehr als zweitausendjährige Geschichte Triers, insbesondere aber ihre kunstgeschichtlichen Denkmäler, ließen die Stadt zu einem der interessantesten Orte Deutschlands werden. Hervorragende Baudenkmäler aus römischer, romanischer und gotischer Zeit, aus der Renaissance und dem Barock sind noch erhalten, so daß die Entwicklung der Architektur durch viele Jahrhunderte hindurch verfolgt werden kann.

Von dem Glanz jener Tage, als Trier noch neben Rom, Alexandria und Byzanz (Konstantinopel) zu den Weltstädten des Altertums zählte, mit annähernd 70 000 Einwohnern ein Gebiet von 285 ha umschloß, dreimal größer als das römische Köln, zeugen noch heute die Großbauten aus der Römerzeit.

Als Mittelpunkt des Weinbaugebietes an Mosel, Saar und Ruwer besitzt die Stadt zahlreiche Wein- und Sektkellereien und ist Sitz einer Versuchsanstalt für Weinbau, Gartenbau und Landwirtschaft.

Auskunft: Verkehrsamt Trier, Simeonstift an der Porta Nigra, 5500 Trier, Tel. 06 51/4 80 71.

Sehenswert:
Römische Bauwerke

Porta Nigra. Römisches Stadttor, um 200, Porta-Nigra-Platz/Simeonstraße (vom 1. 10. bis 31. 3. Mo geschlossen). 36 m lang, fast 30 m hoch und bis zu 21,5 m tief ist es das gewaltigste und besterhaltene Stadttor, das die Römer hinterlassen haben (ca. 2. Jh.). Über 200 römische Steinbruchmarken sind allein auf den Schauseiten der Sandsteinquader zu sehen.

Kaiserthermen, 4. Jh., Ostallee/Ecke Kaiserstraße (vom 1. 10. bis 31. 3. Mo geschlossen). Erhalten ist noch die malerische Ruine des Warmwasserbades.

Amphitheater, um 100, Olewigstraße, bei den Kaiserthermen (vom 1. 10. bis 31. 3. Mo geschlossen).

Barbarathermen, um 150, Südallee/Ecke Friedrich-Wilhelm-Straße (Mo geschlossen).

Römische Palastaula (*Konstantin-Basilika* genannt), um 300, Konstantinplatz/Palastgarten.

Römerbrücke, 4. Jh., mit römischen Strompfeilern.

Mittelalterliche und sonstige Bauwerke

Dom, mit römischem Kernbau aus dem 4. Jh., mit romanischem Westchor (um 1050) und Ostchor (um 1200); Domschatzkammer. Domkreuzgang.

Simeonstift, frühromanischer, zweigeschossiger Kreuzgang aus dem 11. Jh., neben der Porta Nigra, Simeonstraße.

Frankenturm, romanischer Wohnturm, 11. Jh., Dietrichstraße.

Dreikönigenhaus, spätromanischer Wohnturm, 13. Jh., Simeonstraße.

St. Matthias (früher St. Eucharius), Benediktinerabtei, 11.–12. Jh., Abteiplatz.

Heiligkreuzkapelle, Mitte 11. Jh., Arnulfstraße.

Porta Nigra, das nördliche Tor der antiken Stadtmauer

Liebfrauenkirche, 1235–1260, neben dem Dom, Liebfrauenstraße.

St. Gangolf, 15. Jh., mit wehrhaftstarkem Turm von 1507, am Hauptmarkt.

St. Paulin, 1734–1754 nach Plänen von Balthasar Neumann errichtet, Balthasar-Neumann-Straße.

Kurfürstlicher Palast, 17./18. Jh., Palastgarten.

Museen:

Rheinisches Landesmuseum, Ostallee 44; mit Ausgrabungsfunden aus vorgeschichtlicher, römischer und fränkischer Zeit, mittelalterliche Kunstwerke. – Geöffnet: Mo–Sa 10–13 Uhr, 14–17 Uhr; So und feiertags 9–13 Uhr.

Bischöfliches Museum, Banthusstr. 9; mit Bodenfunden aus frühchristlicher Zeit, kirchliche Kunstwerke. Geöffnet: Mo–Sa 10–12 Uhr, 15–17 Uhr, So und feiertags 10–13 Uhr.

Städtisches Museum im Simeonstift: Geschichte des Stadtbildes, Kunstwerke von der Gotik bis zur Romantik und zum Realismus, Wechselausstellungen zeitgenössischer Kunst. – Geöffnet: täglich 10–18 Uhr.

Karl-Marx-Haus, Museum im Geburtshaus von Karl Marx, Brükkenstr. 10. – Geöffnet: täglich außer Mo 10–13 Uhr, 15–18 Uhr.

Stadtbibliothek mit Schatzkammer, Weberbach 25. – Geöffnet: Mo–Fr 9–12 Uhr, 15–18 Uhr, Sa 9–12 Uhr.

Die Öffnungszeiten werden gelegentlich geändert: Auskunft erteilt die Tourist-Information an der Porta Nigra.

Stadtrundfahrten: Ab 1. 6. werktags 10 Uhr und 15 Uhr, auf Bestellung während des ganzen Jahres. – *Stadtrundgang:* werktags 10.30–12.30 Uhr.

Westerwald, Taunus, Wetterau

Diese Region zwischen Sieg, Main, Nidda und Rhein weist eine Vielzahl bekannter Kurorte auf. Selbst die hessische Landeshauptstadt Wiesbaden darf in die Liste der hier in diesem Landstrich beheimateten Kurbäder von Weltruf eingereiht werden. Schon vor 2000 Jahren wußten die römischen Invasoren die Heilkraft der hiesigen Quellen zu schätzen. Aber auch später kamen königliche und kaiserliche Hoheiten zum Kurieren ihrer Wehwehchen.

Bad Ems, wo sich im letzten Jahrhundert Kaiser und Könige ein Stelldichein gaben und Bad Homburg, wo der Saimtempel daran erinnert, daß hier einst auch gesalbte Häupter aus Fernost weilten, seien als Beispiele genannt. Die 1975 aus der Taufe gehobene »Bäderstraße«, die sich als Signet eines lorbeerbekränzten, fröhlich zechenden Römers im Badebottich bedient, führt heute den streßgeplagten Wochenendtouristen in die bekanntesten Taunusbäder, wo er nach Herzenslust promenieren und kuren sowie sonstigen Freizeitbeschäftigungen nachgehen kann. Mancherorts darf er sogar sein Glück am Spieltisch eines Casinos herausfordern. Deren Wiege »stand« übrigens in Bad Homburg, wo 1841 das erste Spielcasino der Welt eröffnet wurde, das gar mancher seitdem mit leerem Beutel verlassen hat. Darunter auch ein gewisser Dostojewski, dessen zu Weltruhm gelangter Roman »Der Spieler« diesem Casino ein bleibendes Denkmal setzte.

Neben der Bäderstraße wurden in den letzten Jahren noch weitere Ferienstraßen ins Leben gerufen, die ein bequemes Erschließen der interessantesten Regionen ermöglichen: Loreley-Burgen-Straße, Kannenbäckerstraße, Rheingoldstraße, Hochtaunusstraße und Rheingauer Riesling-Route. Eines haben sie alle gemeinsam: Sie führen den Autotouristen in eine landschaftlich und kulturelle reizvolle Mittelgebirgslandschaft.

Dieses Gebiet hat aber auch für den Gaumen Überraschungen zu bieten. Ob Kartoffelbrot, Eierkäs, Handkäs mit Musik, Frankfurter Würstchen – es gibt vieles zu entdekken. Seine typischen Getränke sind hingegen eher als weltbekannt zu bezeichnen. So gilt der Assmannshäuser Rotwein als der beste Deutschlands, der Rheingauer Riesling als einer der bekanntesten Weine der Welt überhaupt – und der Apfelwein, wer hätte noch nicht davon gehört? Letzterer wird in Frankfurt sogar in einer als rollende Kneipe hergerichteten Straßenbahn serviert. Wenn das kein Grund ist, einen Ausflug zu unternehmen?

Daß hier allerdings nicht nur Essen, Trinken und die Freizeitgestaltung großgeschrieben werden, das mögen zwei bekannte und grundverschiedene Söhne des Gebietes beweisen: Der Frankfurter Goethe und der Holzhausener Viertakter-Otto, dessen Erfindung die ganze Welt revolutionierte.

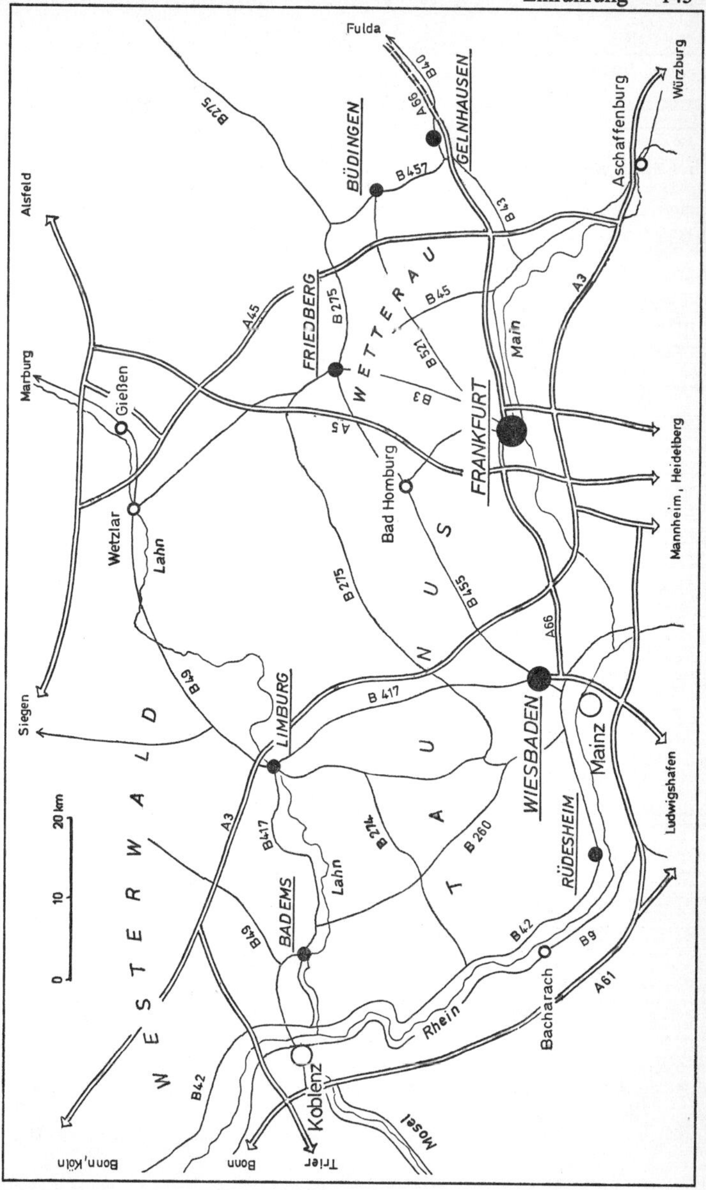
Fulda
B40
A66
GELNHAUSEN
BÜDINGEN
B457
B275
Alsfeld
Aschaffenburg
Würzburg
B43
WETTERAU
FRIEDBERG
B275
B45
A45
A3
Main
B521
Marburg
Gießen
B3
A5
FRANKFURT
Bad Homburg
Mannheim, Heidelberg
Wetzlar
Lahn
B275
B455
TAUNUS
A66
B49
WIESBADEN
Mainz
Ludwigshafen
Siegen
LIMBURG
B417
WESTERWALD
A3
B417
B274
B260
RÜDESHEIM
0
10
20 km
BAD EMS
Lahn
B49
B42
B9
Bacharach
A61
Rhein
Koblenz
B42
Mosel
Bonn, Köln
Bonn
Trier

Bad Ems

18900 Einw. Der elegante Badeort ist im engen, von steilen, waldbedeckten Höhen des Taunus und des Westerwaldes eingeschlossenen Lahntal reizvoll gelegen. Der Ort erstreckt sich lang und schmal an beiden Ufern des Flusses, zieht sich in die Seitentäler hinauf und ist gegen den Zutritt kalter Nord- und Südwinde geschützt; sein Klima ist sehr mild. Die Emser Quellen (Kränchen, Kesselbrunnen) werden mit einer natürlichen Temperatur von 24 bis 50° C zu Trink- und Badekuren, zum Gurgeln, für Duschen und Inhalationen angewendet.

Auskunft: Kurverwaltung, 5427 Bad Ems, Tel. 02603/73213.

Geschichte:
Schon die Römer, deren Grenzwall, »Limes« genannt, mitten durch das heutige Bad Ems verlief, benutzten die heilkräftigen Quellen, wie die Aufdeckung einer römischen Badeanstalt beweist. Auf das Jahr 1172 geht die erste urkundliche Erwähnung der Emser Thermen zurück. 1324 Stadtrechte durch Kaiser Ludwig den Bayern. 1715 wurde auf Betreiben des Prinzen von Nassau-Oranien das jetzige obere Kurhaus gebaut. Den größten Aufschwung erlebte Bad Ems in der 2. Hälfte des 19. Jh. als Treffpunkt gekrönter Häupter, u. a. des Zaren Alexander II. von Rußland, der Kaiserin Eugenie von Frankreich, die sich um den späteren Kaiser Wilhelm I. scharten. Hier traf er sich, noch als König von Preußen, am 13. Juli 1870 zu der Unterredung mit dem französischen Gesandten Benedetti, die zum Krieg mit Frankreich führte (»Emser Depesche« Bismarcks).

Sehenswert:
Kurhaus, 18. Jh., 1952–1953

Die thermischen Quellen von Bad Ems wurden schon in der Römerzeit wohltuend genutzt

erneuert, mit Trinkhalle, Kolonnade und elegantem Kursaal.

Kurpark mit Benedetti-Stein. Hier wurde Kaiser Wilhelm I. am 13. Juli 1870 9 Uhr 10 Min. von dem französischen Gesandten Benedetti angesprochen. – Denkmal Kaiser Wilhelms I. – Russische Kirche (Gottesdienst). – **Thurn-und-Taxissche Posthalterei** von 1649, Lahnstraße. Ortsmuseum (historisch). – Kurmittelhaus auf dem linken Lahnufer mit dem charaktcristischen Quellenturm.

Veranstaltungen:
Jährlich im Juli »Kaiser-Regatta«, Blumenkorso beim Emser Heimatfest, Bartholomäusmarkt.

Büdingen

Wetteraukreis, 135–377 m, 16 700 Einw. Oberhessischer, staatlich anerkannter Luftkurort im Seemenbachtal, in der Nähe großer Wälder. Mittelalterliches Stadtbild, in seltener Geschlossenheit, ähnlich Rothenburg o. d. Tauber. – 15 Nachbarorte sind Stadtteile von Büdingen.

Auskunft: Städt. Verkehrsamt, Zum Stadtgraben 7, 6470 Büdingen, Tel. 0 60 42/30 91. – Informationspavillon auf dem Marktplatz (geöffnet 1. 4.–30. 9.).
Verkehr: B 457 Gießen – Gelnhausen. B 521 Bad Vilbel – Büdingen. – Autobahn A 45 Gießen – Hanau, Anschlußstelle Altenstadt (11 km).

Geschichte:
Die Stadt war Reichslehen der Herren von Büdingen und wurde 1131 erstmals urkundlich erwähnt. 1258 kam sie an Ysenburg, 1816 an Hessen-Darmstadt.

Sehenswert:
Vollkommen erhaltenes mittelalterliches **Stadtbild** mit Stadtmauer und Wehrtürmen.

Achthundertjähriges **Schloß** der Fürsten zu Ysenburg-Büdingen mit Schloßpark, Palas, Bergfried, Ludwigsbau, Schloßmuseum, Schloßkapelle des 15. Jh. und fürstlicher Bibliothek (25 000 Bände).

Untertor, meist auch **Jerusalemer Tor** genannt, um 1500. – Rathaus. – Schlaghaus. – **Steinernes Haus.** – **Schloßgasse** mit Burgmannenbauten. – **Hexenturm.**

Remigiuskapelle im Friedhof, im Jahr 700 errichtet, später mehrfach erweitert und umgebaut. – **Marienkirche** (Liebfrauenkapelle).

Heimatmuseum (Karl-Heuson-Museum), Rathausgasse 6.

Veranstaltungen:
Schützenfest zu Pfingsten. – Gallusmarkt im September.

Spaziergänge, Wanderungen:
Schöne Waldwege in die fast in die Stadt hineinreichenden Wälder und in das Seemenbachtal. Wildpark und Leohütte, 1 Std. – Ins **Jägertal,** 1 Std. nördlich. – Zur **Casimirhöhe,** 1 Std. südöstlich. – Zur **Ronneburg,** um 1250; eine der besterhaltenen Burgen Hessens, wo 1736 Graf von Zinzendorf (1700–1760) mit seiner Brüdergemeinde Unterkunft fand; der Brunnen ist 84 m tief, der Bergfried 38 m hoch; herrliche Aussicht. Die Burg liegt bei Altwiedermus, 2 Std. südwestlich.

Wanderungen: Nach **Wächtersbach** über Geisweiher, Forsthaus Weiherhof, Wittgenborn, 4 Std. südöstlich. – Nach **Gelnhausen** über Tiergarten, Hain-Gründau, Hühnerhof, Punkt 333, 3½ Std. südlich.

Frankfurt am Main

Mittelalterliche Idylle im Schatten moderner Wolkenkratzer

Metropole im Rhein-Main-Becken, 188 bis 212 m, 613 000 Einw. Größte Stadt des Bundeslandes Hessen, Sitz einer Universität und zahlreicher wissenschaftlicher Institute sowie Industrie-, Wirtschafts-, Handels- und Finanzzentrum, internationale Messestadt und europäischer Verkehrsknotenpunkt mit dem wichtigsten Flughafen der Bundesrepublik Deutschland, dem Rhein-Main-Flughafen. Im Zweiten Weltkrieg erlebte Frankfurt zahlreiche schwere Fliegerangriffe, die vor allem die malerische und verwinkelte Altstadt fast völlig zerstörten, wobei vor allem die zahlreichen Fachwerkbauten dem Brand zum Opfer fielen. Die wichtigsten historischen Bauten wurden inzwischen wieder errichtet. Das Frankfurt der achtziger Jahre mit seinen Bankhochhäusern, Verwaltungs- und Industriebauten, breiten Straßen und neu entstandenen Wohnsiedlungen trägt die Züge einer jungen, modernen, pulsierenden Großstadt.

i *Auskunft:* Frankfurter Verkehrsamt, Direktion: Gutleutstr. 7–9, Tel. 2128800. Informationszentren: Hauptbahnhof gegenüber Gleis 23, Tel. 2128849-51.

Hauptwache B-Ebene, Tel. 2128708, geöffnet werktags 9–18.30 Uhr, Sa 9–14 Uhr, So geschlossen; Flughafen, Informationszentrum Terminal Mitte, Halle B, Ebene 1, Tel. 690-2595, geöffnet täglich von 8–21 Uhr.

Geschichte:

Aus der bewegten Geschichte der Stadt hier einige wesentliche Daten: 894 erste urkundliche Erwähnung (»Franconofurd«); Karl der Große residierte in Frankfurt.

12. Jh.: Die erste Mainbrücke wurde gebaut; Frankfurt und Sachsenhausen werden zum erstenmal mit Mauern und Türmen umgeben. Die erste Wahl eines deutschen Königs in Frankfurt (Friedrich I. Barbarossa) findet 1152 statt.

1240: Frankfurter Herbstmessen werden erstmals erwähnt.

14. Jh.: Die Stadt dehnt sich bis zum heutigen Anlagenring aus; eine neue Stadtmauer wird errichtet.

1356: Durch die »Goldene Bulle« Karls VI. wird Frankfurt zur ständigen Wahlstadt des Deutschen Reiches bestimmt.

1362: Frankfurt wird Freie Reichsstadt.

1405: Der Rat der Stadt erwirbt die Patrizierhäuser »Römer« und »Schwan« und baut sie zum Rathaus um.

1525: Die Reformation wird durch den Rat der Stadt eingeführt.

1562: Maximilian II. wird als erster deutscher Kaiser in Frankfurt gekrönt.

1631–1635: Besetzung durch den Schwedenkönig Gustav Adolf.

1749: Geburt Goethes.

1792: Franz II. wird in Frankfurt zum letzten Kaiser des Römischen Reiches Deutscher Nation gekrönt.

1815: Frankfurt wird freie Stadt und Sitz des Deutschen Bundestages.

1848: Die Frankfurter Paulskirche ist Tagungsort der deutschen Nationalversammlung.

1866: Die Stadt verliert endgültig ihre Souveränität und wird dem preußischen Staat einverleibt.

1912: Einweihung der Frankfurter Universität.

1936: Eröffnung des Rhein-Main-Flughafens.

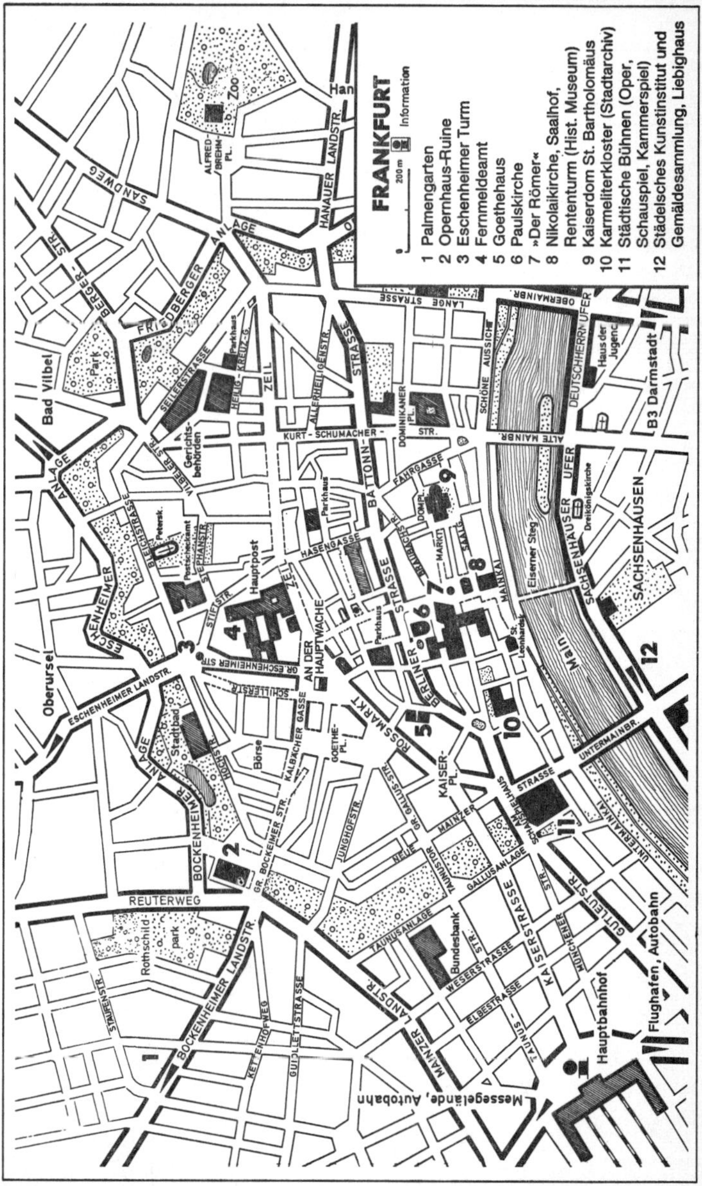
FRANKFURT
200 m
Information
1 Palmengarten
2 Opernhaus-Ruine
3 Eschenheimer Turm
4 Fernmeldeamt
5 Goethehaus
6 Paulskirche
7 »Der Römer«
8 Nikolaikirche, Saalhof, Rententurm (Hist. Museum)
9 Kaiserdom St. Bartholomäus
10 Karmeliterkloster (Stadtarchiv)
11 Städtische Bühnen (Oper, Schauspiel, Kammerspiel)
12 Städelsches Kunstinstitut und Gemäldesammlung, Liebighaus
Bad Vilbel
Oberursel
Zoo
Main
Eiserner Steg
SACHSENHAUSEN
Hauptbahnhof
Flughafen, Autobahn
Messegelände, Autobahn
B3 Darmstadt
Hauptpost
Börse
Stadtbad
Bundesbank
Rothschild park
Park
Gerichtsbehörden
Haus der Jugend
Dreikönigskirche
ZEIL
REUTERWEG
SANDWEG
HANAUER LANDSTR.
KAISERSTRASSE
TAUNUSANLAGE
GALLUSANLAGE
UNTERMAINKAI
UNTERMAINBR.
ALTE MAINBR.
OBERMAINBR.

Sehenswert:

Börse, *Börsenplatz.* 1847 bis 1879 von Burnitz und Sommer erbauter Kuppelbau im Stil der Neurenaissance, nach Kriegszerstörung neu errichtet. Bedeutendste Effekten- und Getreidebörse der Bundesrepublik, Sitz der Industrie- und Handelskammer und von Wirtschaftsorganisationen. Unter der Kuppel befindet sich der große Börsensaal der Wertpapierbörse.

Bolongaropalast, Stadtteil *Höchst.* 1772–1775 für die aus Italien stammenden Schnupftabakfabrikanten Bolongaro erbaut – Fürstlicher Palast – mit Terrassen, Pavillons und figurengeschmückten Parkanlagen am Ufer des Mains. Seit 1908 Sitz der Stadtverwaltung für die westlichen Stadtbezirke.

Botanischer Garten, *Siesmayerstraße.* Er schließt sich an den Palmengarten an. Angelegt nach den Naturlandschaften und Pflanzengemeinschaften der Welt. Im Garten die modernen biologischen Universitätsinstitute.

Deutschherrenhaus am südlichen Brückenkopf der *Alten Brücke.* 1709–1730 von Maximilian von Welsch auf gotischen Fundamenten errichtetes, spätbarockes Haus des Deutschen Ordens. Es brannte 1944 aus und wurde seit 1958 vom Hochmeister des Deutschen Ordens, Dr. Marian Tumler, wiederaufgebaut. Es nimmt heute das Priorat der Ballei Deutschland, eine Galerie für Ausstellungen Frankfurter Künstler und eine Ausstellung von römischen Funden aus dem römischen Nida bei Heddernheim auf.

Dom St. Bartholomäus. Hervorgegangen aus der karolingischen Pfalzkapelle, entstand im 9. Jh. die Stiftskirche St. Salvator; im 13. Jh. wurde sie dem hl. Bartholomäus geweiht, dann als gotische Hallenkirche mit drei Schiffen und einem auffallend breiten Querhaus neu erbaut. Gesamtlänge innen 70 m, Breite des Querschiffes 61 m. Der das Stadtbild beherrschende, mächtige, im 13. bis 15. Jh. nach einem Entwurf Madern Gerteners erbaute Turm aus rotem Mainsandstein ist 94,75 m hoch. Er wurde 1483 von Hans von Ingelheim überarbeitet. 1356 wurde der Dom durch die »Goldene Bulle« zur Wahlstätte der deutschen Könige bestimmt, die seit 1562 auch hier gekrönt wurden, weshalb er meist auch »Kaiserdom« genannt wird.

Frankfurter Paulskirche

Eiserner Steg, zwischen *Mainkai* und *Sachsenhäuser Ufer.* Eine 1868 erbaute, 1911 umgebaute, 1949 gesprengte und wiederhergestellte Fußgängerbrücke. Sie ist eine Stiftung von Frankfurter Bürgern und eines der frühen Denkmäler moderner Technik.

Eschenheimer Turm, 47 m hoch. Letzter der einst 42 mittelalterlichen Stadtmauertürme und eines der Wahrzeichen Frankfurts, 1426 bis 1428 von Madern Gertener erbaut, der auch den Frankfurter Adler auf der Stadtseite und den Reichsadler auf der anderen Seite schuf.

Gerechtigkeitsbrunnen. 1611 als Zeichen der Marktgerechtigkeit von Johann Hocheisen für den Römerberg geschaffen. Das Original ist heute im Historischen Museum und wurde durch einen Bronzeabguß ersetzt.

Goethehaus und Goethemuseum, *Großer Hirschgraben 23.* 1730 erwarb hier Goethes Großmutter zwei Fachwerkhäuser, die 1754 Goethes Vater, der Kaiserliche Rat Johann Caspar Goethe, in das stattliche – im Äußeren gotische, innen ganz barocke – Wohnhaus der Familie umbaute. Nach seinem Tod veräußerte seine Witwe das Anwesen, das ihr nun zu groß war. 1863 erwarb es Dr. Otto Volger für das Freie Deutsche Hochstift und richtete es als Gedenkstätte ein. 1944 wurde es zum größten Teil zerstört und nach dem Krieg unter Benutzung der Ruinen auf Grund genauester Pläne und zahlreicher Fotografien wiederaufgebaut.

Die Einrichtung (Bilder, Bibliothek des Vaters, Küchengeschirr) war rechtzeitig ausgelagert worden und ist erhalten geblieben. So bietet das Haus heute eine genaue Vorstellung von der Umwelt, in der der Dichter heranwuchs.

Hauptwache. Von J. J. Samheimer 1730 anstelle eines Holzhauses erbautes Wachgebäude mit einem schönen Mansarddach, das leider nach 1945 bei der Wiederherstellung durch ein einfaches Walmdach ersetzt wurde. Das heutige Café war Wachlokal, im Dachgeschoß unterhielt der Rat ein Gefängnis für »honette Personen«. Beim Bau der U-Bahn wurde das Gebäude versetzt. Der nach der Hauptwache benannte Platz ist heute Drehscheibe des Frankfurter Verkehrs (zahlreiche Ausfallstraßen, Hauptkreuzungspunkt der Straßenbahnen, U-Bahnhof, unterirdisches Einkaufszentrum).

Historisches Museum und Münzkabinett, *Untermainkai 14.* Besichtigungszeiten Mo–Fr 10–13 Uhr (die Bestände sind magaziniert). Es enthält eine Gemäldegalerie, eine graphische Sammlung, Insignien, Steindenkmäler, Zunftaltertümer, Möbel, Waffen, Keramik; vor allem Frankfurter Fayencen und Höchster Porzellan, Musikinstrumente, Kostüme.

Bundespostmuseum, *Schaumainkai 53.* Geöffnet täglich außer Mo 10–17 Uhr, Mi bis 20 Uhr. Gegenstände aus der Geschichte des Post- und Fernmeldewesens, Postwertzeichen-Sonderschau.

Städelsches Kunstinstitut und Städtische Galerie, *Schaumainkai 63.* Geöffnet täglich außer Mo 10–17 Uhr, Mi bis 20 Uhr. Sammlungen bedeutender Gemälde aller Epochen.

Naturmuseum Senckenberg, *Senckenberg-Anlage 25.* Geöffnet täglich 9–16 Uhr, Mi bis 20 Uhr. Stiftung der 1817 von der Frankfurter Bürgerschaft ins Leben gerufenen »Senckenbergischen Naturforschenden Gesellschaft«, die bis heute besteht und großangelegte Forschungsunternehmen, u. a. eine eigene meeresbiologische Station in Wilhelmshaven, unterhält, Herausgeberin der Zeitschrift »Natur und Volk« und anderer wissenschaftlicher Publikationen. Eines der bedeutendsten naturwissenschaftlichen Museen in Europa. – Vor dem Haus das *Denkmal* für den Stifter.

Besonders sehenswert sind die Lebensgruppen, die jeweils das Biotop mehrerer Arten veranschaulichen. Großartige Sammlung von prähistorischen Tieren, insbesondere das 20 m lange Skelett der Donnerechse (Diplodocus) und die Versteinerungen aus dem Jurameer (Solnhofen). Beispielhaft für die moderne Museumstechnik ist der Walsaal. Außerdem besitzt das Museum die Ausbeute vieler Forschungsreisen.

Städtische Skulpturensammlung Liebighaus, *Schaumainkai 71* (in der ehemaligen Villa des Barons Liebig, 1904 der Stadt Frankfurt überlassen). Geöffnet täglich außer Mo 10–17 Uhr, Mi bis 20 Uhr. Sammlungen von Plastiken fast aller Völker. Studiensammlung geöffnet Di–Sa 10–13 Uhr (Skulpturen des 13. bis 18. Jh.) und 14–17 Uhr (ägyptische, antike und koptische Kunst).

Palmengarten, im Stadtteil *Westend.* Berühmter Park im Stil der englischen Landschaftsgärtnerei, 1869–1871 angelegt. Exotische Pflanzen aus aller Welt in einem großen Palmenhaus und 14 Schauhäusern. Gesellschaftshaus für Festlichkeiten, Booteteich, Kinderspiel- und Tennisplätze. Geöffnet: von 8 Uhr bis zum Eintritt der Dunkelheit. An den Palmengarten schließt sich der Botanische Garten an.

Paulskirche, am *Paulsplatz.* An der Stelle der gotischen Barfüßerkirche wurde 1789–1833 der elliptische Rundbau in klassizistischen Formen als evangelische Saalkirche errichtet. 1944 brannte das Gotteshaus völlig aus und wurde zum 18. Mai 1948 mit Spenden aus ganz Deutschland wiederaufgebaut. Damals beging man die Jahrhundertfeier der Deutschen Nationalversammlung, die hier 1848/49 getagt hatte und den Versuch unternahm, Deutschland eine einheitliche, demokratische Verfassung zu geben, der am Widerstand der reaktionären Fürsten scheiterte. Heute ist die Paulskirche nationale Gedenkstätte und wird für die Feierstunden benutzt (Friedenspreis des Deutschen Buchhandels, Frankfurter Goethepreis). Die Kirchengemeinde der Paulskirche erhielt als Ersatz die wiederaufgebaute Kirche des Dominikanerklosters. An der Paulskirche sind Gedenktafeln für die Frankfurter Ehrenbürger Karl Freiherr vom Stein und Altbundespräsident Prof. Dr. Theodor Heuss sowie für den ersten Reichspräsidenten Friedrich Ebert (»Stehender« von Richard Scheibe) und für John. F. Kennedy angebracht, der am 25. Juni 1963 in der Paulskirche sprach.

Rhein-Main-Flughafen. Nach dem Flughafen von London-Heathrow der zweitgrößte in Europa, etwa 9 km südlich der Stadtmitte beim Autobahnkreuz Frankfurt gelegen, mit dem »Jumbo-Hangar«, der größten Flugzeug-Wartungshalle der Welt. Eine S-Bahn-Linie verbindet den Flughafen mit dem Frankfurter Hauptbahnhof. Empfehlenswert die Rundfahrten, die täglich nach Voranmeldung stattfinden.

Römer. Aus acht Bürgerhäusern zusammengewachsener historischer Rathauskomplex, dessen drei gotische Staffelgiebel der Häuser »Alt-Limpurg«, »Zum Römer« und »Löwenstein« zu Frankfurts berühmtesten Wahrzeichen geworden sind. Im Untergeschoß des Hauses »Zum Römer« liegt die Römerhalle mit dem wertvollen Portal der zerstörten Kaisertreppe von 1741; im Obergeschoß der Kaisersaal, nach dem Zweiten Weltkrieg rekonstruiert und wieder ausgestattet mit den 52 Kaiserbildnissen (1838–1853 von Künstlern wie Eduard von Steinle, Passavant, Alfred Rethel, Waldmüller und Veith gemalt), die ausgelagert worden waren.

Sachsenhausen. Der linksmainische Stadtteil des alten Frankfurt entstand aus einem ursprünglichen Brückenkopf. Sein Name wurde erstmals im 11. Jh. urkundlich erwähnt. Der bis in die zweite Hälfte des 19. Jh. von Mauern und Türmen geschützte Ortskern war verhältnismäßig klein. Nur das Affentor und der Kuhhirtenturm blieben erhalten. Bis in jene Zeit bildeten vornehmlich Gärtner, Fischer und Lohgerber die Bevölkerung dieses Stadtteils. Sie waren für ihre rauhe, urwüchsige Art bekannt und spielen daher in der Frankfurter Lokalliteratur eine bedeutende Rolle. Bis heute haben sich im östlichen Alt-Sachsenhausen einige Straßenzüge mit den alten, auf der Wetterseite verschieferten Fachwerkhäusern erhalten; hier findet man vor allem die bekannten *Apfelweinlokale*.

Die Innenräume des früheren Frankfurter Rathauses erzählen ein Stück deutscher Geschichte

Friedberg

Wetteraukreis, 159 m, 25 000 Einw. Mit den Stadtteilen Bauernheim, Bruchenbrücken, Dorheim, Ockstadt und Ossenheim ehemals Freie Reichsstadt, heute Verwaltungs- und kulturelles Zentrum in der Wetterau.

Auskunft: Stadtverwaltung, Bismarckstr. 2, 6360 Friedberg, Tel. 06031/88205.
Verkehr: Autobahn A 5 Anschlußstelle Friedberg (10 km). – B 275 Idstein – Lauterbach; Endpunkt der B 3 von Frankfurt.

Sehenswert:
Die kaiserliche **Burg,** auf den Trümmern eines Römerkastells 1170 von Kaiser Barbarossa gegründet; sie gehört zu den weiträumigsten und geschlossensten Wehranlagen des Mittelalters mit dem Dicken Turm, 1500 errichtet, mit 18,7 m Durchmesser und 5,7 m Mauerstärke. Vom Burggarten herrlicher, weiter Blick. Der Adolfsturm von 1347, Wahrzeichen Friedbergs, einer der schönsten Bergfriede Deutschlands, durch eine zweifache Toranlage geschützt, wurde von Lösegeldern des Grafen Adolf von Nassau errichtet und nach ihm benannt; 50 m hoher Rundturm mit vier Erkern. Über trutzigen Felsen stehen innen alte Burgmannenhäuser, wie das Haus Riedesel von 1553. Im Burginnern ferner die Burgkanzlei von 1705, das Deutschordenshaus (Finanzamt) von 1604–1610, der spätbarocke St.-Georgs-Brunnen von 1738 sowie eine Wachstube von 1772. Die Burgkirche stammt von 1808.

Das **Renaissanceschloß** wird durch ein dreibogiges Renaissancetor erreicht; es war einst Residenz der Burggrafen und wurde 1604–1610 erbaut.

Ein vollendetes Denkmal frühgotischer Baukunst ist die **Liebfrauenkirche,** hessische Hallenkirche, erbaut 1260–1410 an Stelle einer dreischiffigen romanischen Anlage. Außen Maßwerkfenster und Strebepfeiler; am Südquerschiffportal sog. Brauttüre, gutes frühgotisches Tympanon von 1306, an der Vierung 2 oktogonale Treppentürme. Innen 3 gleichhohe Schiffe mit Querung; frühgotischer Ziborienaltar und spätgotischer Lettner mit Holzkruzifixus von 1470 und die steinerne sog. **Friedberger Madonna** vom späten 13. Jh.; herrliche **Chorfenster** und kostbares, 14 m hohes **Sakramentshäuschen** von 1482.

Judenbad, erbaut um 1260, eine sechszackige Spitzbogenpforte führt in den 25 m tiefen Gewölberaum mit Spitzbogennischen und 72 Stufen, unten Tauchbad im heute 5 m hohen Grundwasserstrom von 7 bis 9° C; das Bad verdankt sein Entstehen einer ritualen Vorschrift für die Frauen der im Mittelalter recht starken jüdischen Gemeinde.

Wetterau-Museum (Mo–Fr 9–12 und 14–17, Sa 9–12, So 10–12 Uhr), *Haagstr. 16,* Schätze aus der Geschichte der Stadt und ihrer Umgebung.

Gelnhausen

18 500 Einw. Die alte Kaiser- und Freie Reichsstadt ist heute klimatischer Luftkurort

Auskunft: Verkehrsamt Kirchgasse 2, 6460 Gelnhausen, Tel. 06051/820054.

Geschichte:
Die Burg Gelnhausen ging 1170 in den Besitz des Staufenkaisers Friedrich I. über, der die Stadt gründete und die Burg zu einer Kaiserpfalz ausbaute. Sie war reichsunmittelbar und ab 1180 auch Münzstätte. Von Kaiser Barbarossa (1152–1190) bis Kaiser Maximilian I. (1459–1519) haben alle deutschen Kaiser in der Kaiserpfalz einmal Hof gehalten. Die Staufenkaiser hielten sich allein dreißigmal in Gelnhausen auf und hielten hier 1180 auch einen Reichstag ab, auf dem die Reichslehen des geächteten Heinrich des Löwen verteilt wurden. In Gelnhausen wurde 1622 Hans Jakob Christoffel von Grimmelshausen, der Verfasser des »Abentheuerlichen Simplicissimus« (1669), geboren. Auch Philipp Reis, der 1861 (vor Bell) das Telefon erfand, stammt von hier (1834–1874).

Sehenswert:
Ruine der **Kaiserpfalz,** geplant von Friedrich Barbarossa, eine auf einer Kinzig-Insel auf einem Rost von Eichenpfählen erbaute Wasserburg, eine der besterhaltenen und künstlerisch edelsten staufischen Pfalzen, mit Arkaden, 1220 vollendet, seit der Mitte des 14. Jh. verfallen.

Marienkirche, erbaut im 12./13. Jh., viertürmig, Übergang von der Romanik zur Gotik, kreuzförmige Basilika mit fünf Portalen und prachtvollen Ornamenten an Kapitellen und Konsolen, im Chor Fresken von 1240; das Wahrzeichen der Stadt.

Romanisches Haus, das älteste Amtshaus Deutschlands, von 1150.

Gotisches Haus, ältestes Fachwerkhaus in Hessen, von 1346. – **Heimatmuseum** mit Grimmelshausen- und Reis-Gedächtnisraum und Funden aus Jungsteinzeit, Eisen- und Bronzezeit.

Veranstaltungen:
Dreitägiger Schelmenmarkt, jährlich Anfang Oktober.

Limburg an der Lahn

Kr. Limburg-Weilburg, 15 000 Einw. (Gesamtgemeinde 30 000 Einw.). Stadt beiderseits der Lahn gelegen, teils noch mittelalterliches Stadtbild, beherrscht vom imposanten Dom. Verkehrs- und Wirtschaftszentrum.

Auskunft: Touristik-Service, Hospitalstr. 2, 6250 Limburg, Tel. 06431/93221.
Verkehr: Autobahn A 3, Anschlußstellen Limburg-Süd und Limburg-Nord. – Kreuzungspunkt der B 8 Altenkirchen – Königstein, der B 49 Koblenz – Weilburg, der B 54 Bad Schwalbach – Siegen und der B 417 Wiesbaden – Nassau.

Geschichte:
Die »Lintburc« auf dem steilen Felsen über der Lahn gehörte Konrad Kurzbold, Gaugraf des Niederlahngaus, der auf demselben Felsen eine Kirche erbauen ließ, die er mit einem Chorherrenstift verband. Im 13. und 14. Jh. erlebte Limburg als Mittelpunkt für Handel und Verkehr seine Blütezeit, es hatte damals schon 20 000 Einwohner. Von 1344 bis 1803 gehörte es zu Kurtrier.

Sehenswert:
Siebentürmiger **St.-Georgs-Dom** (unbekannter Baumeister), 1235 geweiht, anstelle der alten Stiftskirche St. Georg von

910, in der Grundanlage spätromanisch, in den jüngeren Bauelementen schon teilweise frühgotisch. Er wächst gewissermaßen aus dem mächtigen Kalkfelsen steil über der Lahn empor. (Schöne Ansicht von der alten Brücke aus.)

Das Innere wirkt ungewöhnlich reich durch das gleichartig durchgeführte vierteilige System des Ausbaus. Die **Erdgeschoßarkaden** mit viereckigen Pfeilern, der Bogen ungegliedert. Die **Empore** (2. Geschoß) mit 2 Öffnungen, schlanken Säulchen, die Bogen profiliert. Im **3. Geschoß** 4 Öffnungen. Im **4. Geschoß** hohes Fenster mit glatter Leibung. Die Empore bildet einen ununterbrochenen Umgang um die ganze Kirche, womit lediglich eine konstruktive (als Widerlager) und eine ästhetische Wirkung erzielt werden sollte. Querschiff und Chor zeigen durch die dreiteilige Emporenöffnung eine Abweichung zur übrigen Empore. Die Raumwirkung ist, im Gegensatz zu den großen Flächen romanischer Bauten, die durch Wandmalereien belebt wurden, hier allein durch reiche architektonische Gliederung erreicht. Daher sind im Limburger Dom nur wenig Wandmalereien zu finden; die bei der Restaurierung entdeckten Reste wurden erneuert, geben aber von der ursprünglichen Wirkung keine volle Anschauung.

Stadtpfarrkirche St. Sebastian am Roßmarkt, eine der ältesten Franziskanerkirchen Deutschlands.

Im Schloß der **Domschatz,** einer der kostbarsten in Deutschland, u. a. das Kreuzreliquiar, byzantinische Arbeit aus der 2. Hälfte des 10. Jh.

Rüdesheim

10600 Einw. Bekannter Weinort rechtsrheinisch im Rheingau gegenüber der Nahemündung, mit mittelalterlichem Stadtkern.

Auskunft: Städt. Verkehrsamt, Rheinstr. 16, 6220 Rüdesheim, Tel. 06722/2962 und 1012.

Geschichte:

Schon während der Römerherrschaft wurde Weinbau betrieben. Gründung der heutigen Stadt in fränkischer Zeit, 6./7. Jh. Im Mittelalter Sitz wehrhafter Rittergeschlechter. Bis zur Sprengung der Felsriffe und Beseitigung der Stromschnellen im Binger Loch war Rüdesheim wichtiger Umschlagplatz für alle Waren, die von den Rheinschiffen auf der alten Kaufmannsstraße von Rüdesheim über

Die weltberühmte Rüdesheimer Drosselgasse

das Gebirge nach Lorch oder umgekehrt geschafft werden mußten.

Sehenswert:
Brömserburg (früher Niederburg), vermutlich römisches Kastell, in der heutigen Gestalt um etwa 800 erbaut, älteste rheinische Burg, Stammburg der Ritter von Rüdesheim. Heute Eigentum der Stadt mit sehenswertem Heimatmuseum (u. a. Sammlung wertvoller Wein- und Trinkgefäße von der Urzeit bis zur Gegenwart).

Ober- oder **Boosenburg,** früheres mittelalterliches Lehen, jetzt im Besitz der Weinfirma Dr. Carl Jung. – Am Markt interessante **Fachwerkbauten. Drosselgasse** mit alten Weinschenken.

Im Ortsteil Eibingen
Abtei St. Hildegard, 1904, mit Klosterkirche, Inneres im Beuroner Stil (Reliquien der hl. Hildegard in der Pfarrkirche).

Niederwalddenkmal, 300 m über dem Rhein zwischen steilen Weinbergen (diese sind vor der Weinlese geschlossen) und Wäldern, 1876–1883 als Denkmal zur Erinnerung an die Einigung Deutschlands (1871) nach Entwürfen des Bildhauers Prof. J. Schilling und des Architekten Prof. K. Weisbach errichtet. Auf 25 m hohem Unterbau steht die »Germania«.

Nahebei (links vom Denkmal, 20 Min.) hinter der Adolfshöhe künstliche **Ruine Rossel** mit Rundsicht vom Turm auf Binger Loch, Burg Ehrenfels bei Rüdesheim, Burg Rheinstein mit Schweizerhaus gegenüber Aßmannshausen, 3 Min. waldeinwärts sogenannte Zauberhöhle mit Ausblick auf Rheinstein und Falkenburg.

Jagdschloß Niederwald, 8 Min., ursprünglich Jagdhaus der Mainzer Kurfürsten, 1764, später nach dem Vorbild von Versailles und Trianon prunkvoll ausgebaut, 1924 nach einem Brand erneuert. Jetzt Hotel. Aussicht auf das Rheintal zwischen Lorch und Bacharach.

Spaziergänge:
(Ortstafeln beim Verkehrsamt, beim Bahnhof und an einigen Parkplätzen):

Burgruine Ehrenfels, ¾ Std. westlich, durch das Feldtor und Weinberge oder am Rhein entlang.

Ausflüge:
Aßmannshausen. Heimat eines berühmten Rotweins (Spätburgunder) und anerkannter Erholungsort, am rechten Rheinufer, am Beginn des romantischen Durchbruches des Rheins durch das Rheinische Schiefergebirge.

Sehenswert:
Historische Gaststätten, z. B. die Hotels Anker mit Bismarckstube und Krone. – In der Nähe der Mäuseturm im Rhein.

Ruine Ehrenfels mit prächtigem Doppelturm in den Rebhängen zwischen Aßmannshausen und Rüdesheim, 1208 erbaut.

Lorch, an der Einmündung des Wispertales, rechtsrheinisch gelegen, eines der ältesten Rheinstädtchen (römisch: »Laureacum«, altdeutsch: »Laurecha«) mit bedeutendem Weinbau.

Sehenswert:
St.-Martins-Kirche, Anfang 13. Jh., mit kostbarem Hochaltar, 1483, von Meister Syrlein. – **Hilchenhaus,** 1546, Renaissancebau, Sitz der Familie Hilchen von Lorch (Joh. Hilchen war ein Waffengenosse Franz v. Sickingens). Burg Nollig, 11. Jh., vorgeschobener Befestigungspunkt, 176 m über dem Rhein.

Wiesbaden

Landeshauptstadt von Hessen (267 000 Einw.). Altbewährtes Rheumaheilbad, internationale Kongreßstadt, landschaftlich reizvoll gelegen mit Rheinufer im Süden und Ausläufern des Taunus im Norden. Die zentrale Verkehrslage im Rhein-Main-Gebiet und die Landschaft begünstigen seit alters her seine Entwicklung und Bedeutung. Seine Glanzzeit erlebte Wiesbaden als Weltkurstadt im 19. Jh. bis zum Ende des Ersten Weltkrieges. Architektonisch dominieren im Stadtbild die Grünanlagen und Parks einerseits, die Bauten der wilhelminischen Epoche andererseits. Eigenwillige Hochhäuser setzen hier und da moderne Akzente. Mittelpunkt der Stadt ist das der Klassik nachempfundene vornehme und anmutige Kur- und Theaterviertel. Das alte Quellengebiet wandelte sich zum vielseitigen Einkaufsareal (Fußgängerzone).

Auskunft: Kurbetriebe der Landeshauptstadt Wiesbaden, Verkehrsbüro Wilhelm-/Rheinstr., 6200 Wiesbaden, Tel. 06121/312847 und 374353 oder Verkehrsbüro im Hauptbahnhof, 6200 Wiesbaden, Tel. 06121/312848.

Geschichte:
Wiesbaden ist schon im Mittelalter Badeort und befestigter Flecken mit Turmburg Castrum Wisibada (heutiger Schloßplatz) gewesen. Burg und Stadt waren seit dem 13. Jh. in Händen der Grafen von Nassau. Biebrich wurde Mitte des 18. Jh. erste nassauische Residenz am Rhein, von wo der Landesfürst Wiesbadens Ruhm als Weltbad durch Bau des (ersten) Kurhauses (1810) und die Anlage der heutigen Wilhelmstraße begründete. Der letzte deutsche Kaiser, Wilhelm II., löste die letzte Glanzepoche der Stadt aus, die mit dem Bau des jetzigen prächtigen Kurhauses, einem neuen Hauptbahnhof und anderen repräsentativen Bauwerken ihren Höhepunkt im ersten Jahrzehnt unseres Jahrhunderts erreichte. Nach dem Zweiten Weltkrieg avancierte Wiesbaden zur Landeshauptstadt.

Sehenswert:
Im Zentrum die *Wilhelmstraße,* Wiesbadens elegante »rue«, benannt nach ihrem Erbauer, dem Herzog Wilhelm von Nassau (etwa 1810–1820). An der Frankfurter/Friedrichstraße beginnt die Grünanlage *Warmer Damm,* benannt nach den hier unterirdisch abfließenden Thermalquellen. Auf der linken Seite das

Prinzenpalais im klassizistischen Stil, erbaut von Christian Zais, 1817, heute Sitz der Industrie- und Handelskammer. Hinter den Anlagen am Warmen Damm erhebt sich der Kolossalbau des

Hessischen Staatstheaters, erbaut im Neo-Renaissance-Stil von Ferdinand Fellner und Hermann Helmer, 1894 vollendet als Preußisches Hoftheater.

Das **Kurhaus,** von Prof. Friedrich von Thiersch, München, 1907 vollendet, zählt zu den großzügigsten Repräsentativbauten dieser Art in Deutschland.

Sehr eindrucksvoll die *Wandelhalle,* die auf das Vorbild römischer Thermenhallen zurückgeht. Im Kurhaus ist heute auch die *Spielbank* untergebracht mit den Großen Spielen Roulette und Black Jack sowie dem Kleinen Spiel.

An den Kolonnaden vorbei, die *Wilhelmstraße* überquerend, in die Burgstraße, an eleganten Geschäften vorbei, links abbiegend zum

Zu Wiesbadens Repräsentativbauten zählt auch das Staatstheater

Schloßplatz, beherrscht von der neogotischen

Marktkirche, evangelische Hauptkirche, Backsteingotik 1853 bis 1862. Davor das Denkmal des Prinzen Wilhelm von Nassau-Oranien. Auf der linken Seite Durchblick zum Obst- und Gemüsemarkt.

Rathaus, 1884–1887 von Georg von Hauberisser im Stil der Hochrenaissance erbaut. Sitz des Magistrates, der Stadtverordnetenversammlung und von Verwaltungsdienststellen.

Stadtschloß, gegenüber. Residenz des letzten Herzogs, Adolph von Nassau, der es 1841 bezog und nach der Niederlage von 1866 verließ.

Vom Schloßplatz zum *Marktplatz* (Fußgängerzone); an der *Marktstraße* auf der linken Seite das

Alte Rathaus (1609), ältestes Bauwerk in Wiesbaden, dessen spätere Biedermeier-Fassade des 19. Jh. allerdings abgetragen wurde.

Kurmittelhaus Kaiser-Friedrich-Bad, nahebei, erbaut 1913. Hier ist das eigentliche Quellenviertel. Bei kühlem Wetter werden die Dämpfe der heißen Wasser sichtbar. Auf der rechten Seite des *Kranplatzes* das luxuriöse Hotel »Schwarzer Bock«, Badehotel mit eigener Thermalwasserzuleitung und Therapieabteilung, Thermal-Hallenschwimmbad und Saunas. Auf der linken Seite der **Kochbrunnentempel** mit »Springer« und die Kochbrunnen-Grünanlage.

Griechische Kapelle, auf dem Neroberg, 1855 geweiht als Gruftkirche für die jung verstorbene erste Gemahlin des Herzogs Adolph von Nassau, ausgestattet mit kostbaren Ikonen.

Unterhaltung:
Hessisches Staatstheater – Großes Haus, Kleines Haus, Studio Souterrain für Oper, Operette, Schauspiel und Ballett; Kleine Komödie mit Boulevardstücken. Zyklus- und Meisterkonzerte im Kurhaus. Regelmäßige Kurkonzerte dreimal täglich. *Spielbank* (Roulette, Black Jack und die Goldene 13) im Kurhaus. Veranstaltungen in der *Rhein-Main-Halle.* Sommerfeste im *Kurpark. Internationale Maifestspiele* im Hessischen Staatstheater. Hafenfest Wiesbaden-Schierstein im Juli; Sommernachtsfeste mit Illumination und Feuerwerk im Kurpark; *Internationales Reit- und Springturnier* zu Pfingsten im Biebricher Schloßpark; Tanzturniere im Kurhaus; Kurhaus-Maskenbälle, *Rheingauer Weinfest* im Oktober, Andreasfest im Dezember.

Von der Saar zur Pfalz

Buchstäblich im Herzen Europas liegen die Regionen Saar und Pfalz. Während letzere als Ausflugs- und Urlaubsland bekannt ist, können über die Schönheiten der Saar meist nur die Einheimischen berichten. Wer hierher kommt, der betritt zwischen Lothringen, Luxemburg, Mosel und Hunsrück uraltes Kulturland, in dem sich schon die Kelten recht wohl gefühlt haben.

Nach ihnen kamen die Römer in dieses Gebiet, brachten Kastelle und den Komfort der Landhäuser, aber auch den wohlschmeckenden Wein. All das finden wir heute bei einer Ausflugsfahrt an die Saar vor: die ehemaligen Kulturstätten, natürlich vom Zahn der Zeit etwas in Mitleidenschaft gezogen, und die Ableger jenes köstlichen Gewächses, dessen Saft zu jenen berauschenden Getränken weiterverarbeitet wird, die mit einem Saar-Pfalz-Ausflug wohl fest verbunden sind.

Nach diesen Darlegungen muß man sich also nicht wundern, wenn hier fast völlig unerwartet touristische Superlative aufgeboten werden, so z. B. das besterhaltenste römische Fußbodenmosaik nördlich der Alpen. Aber auch an Naturschönheiten hat das Saarland seinen Besuchern einiges zu bieten: Hier seien z. B. nur die berühmte Saarschleife bei Mettlach und die Schloßberghöhlen in Homburg – Europas größte Buntsandsteinhöhlen – genannt.

Damit jeder Besucher auch auf »Schusters Rappen« die Möglichkeit hat, alle Sehens- und Liebenswürdigkeiten des Landes kennenzulernen, wurde der 270 Kilometer lange Saarland-Rundwanderweg eingerichtet – ein wahrer Geheimtip für Wanderfreunde.

Aber auch die Pfalz hat ein Herz für Wanderer, und sie bietet als »Vier-Jahreszeiten-Aktivkur« den immerhin 375 Kilometer langen »Großen Westpfalz-Wanderweg« mit Gepäckservice etc. für den geübten Wanderer an. Keine Angst, wem das auf Anhieb zu viel ist, dem werden auch 8 Teiletappen mit gleicher Rundumbetreuung offeriert.

Jedoch auch an die Autofahrer, die nun auf den fahrbaren Untersatz nicht verzichten und dennoch Land und Leute kennenlernen wollen, ist gedacht. Ob Wein- oder Schuhstraße, gute Kennzeichnungen ersparen dem Chauffeur viel Wegweiser-Suchaufwand und führen ihn zu zahlreichen geologisch, historisch und volkskundlich äußerst interessanten Stätten. Da Pfalz und Wein ein festes Begriffspaar darstellen, haben sich die Fremdenverkehrsplaner sogar etwas für trinkfreudige Führerscheinbesitzer einfallen lassen: den Wanderweg Deutsche Weinstraße. Wer hier der Wander- und nicht der Straßenmarkierung folgt, der erspart sich nicht nur die wahrscheinlich höchst unangenehmen Folgen des eventuellen Pustens ins Röhrchen, sondern »marschiert« auch noch die ja ebenfalls nur in der Wirkung nachweisbaren »Kaloriechen« ab.

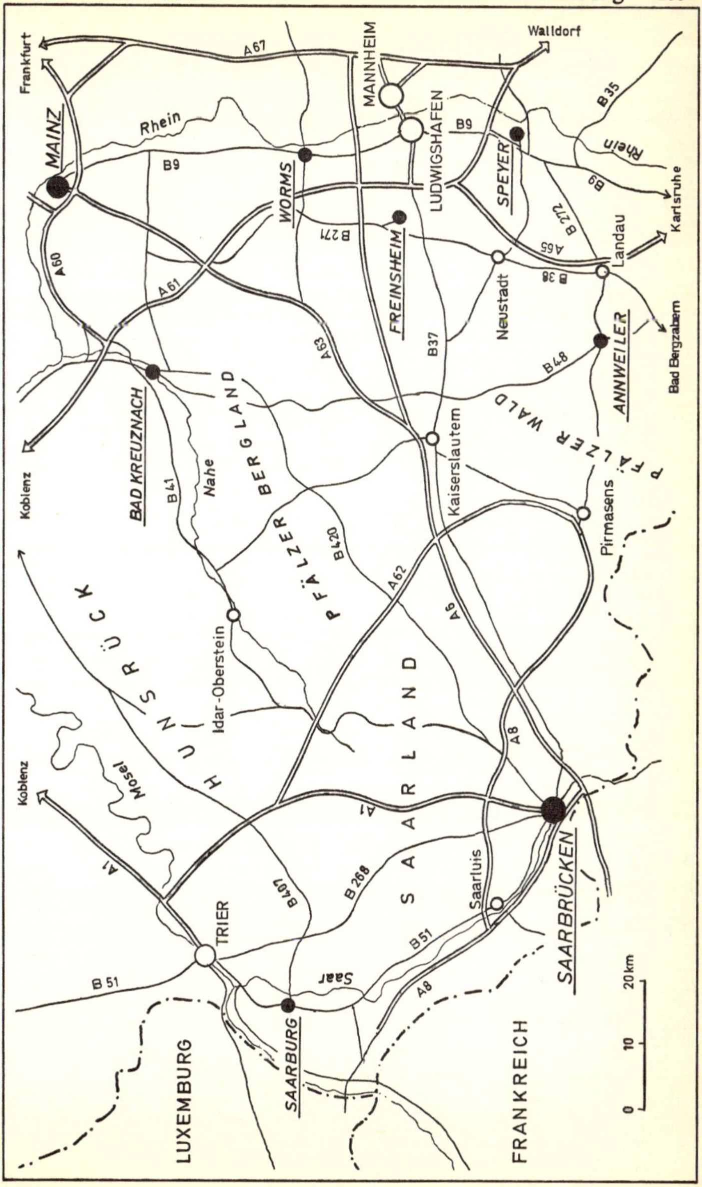
MAINZ
Frankfurt
A67
MANNHEIM
Walldorf
LUDWIGSHAFEN
B35
Rhein
B9
SPEYER
Karlsruhe
WORMS
B271
FREINSHEIM
B272
A65
Landau
A60
A61
B38
Neustadt
A63
B37
Bad Bergzabern
ANNWEILER
B48
BAD KREUZNACH
BERGLAND
PFÄLZER WALD
Kaiserslautern
Koblenz
B41
Nahe
PFÄLZER
B420
Pirmasens
HUNSRÜCK
A62
Idar-Oberstein
A6
SAARLAND
A8
Mosel
Koblenz
A1
TRIER
B407
B268
Saarlouis
SAARBRÜCKEN
B51
B 51
Saar
SAARBURG
LUXEMBURG
FRANKREICH
0
10
20 km

Annweiler am Trifels

7700 Einw. Ehemalige alte Reichsstadt zu Füßen des Trifels und vielbesuchter staatlich anerkannter Luftkurort im romantischen Queichtal zwischen den Höhenzügen der Haardt und den bizarren Felsgebilden des Wasgaus.

Auskunft: Verkehrsamt 6747 Annweiler am Trifels, Tel. 06346/2200.

Geschichte:

Die Dreiburgenstadt Annweiler erhielt bereits 1219 von dem Hohenstaufen Friedrich II. »aus besonderer Liebe zu unserem darob liegenden Schlosse« die Stadtrechtsprivilegien mit Zollfreiheit im ganzen Reich sowie Asyl- und Münzrecht.

Sehenswert:
Burg Trifels (Aufstieg 20 Min.), eine der bedeutendsten Erinnerungsstätten an die Zeit der salischen und staufischen Kaiser, Reichsfeste auf vorgeschobener felsiger Höhe, Lieblingsburg Barbarossas, 1193/94 Gefängnis des Königs Richard Löwenherz von England. Erhalten ist der starke Bergfried, darin die Doppelkapelle, wo von 1126 bis 1273 die Reichskleinodien aufbewahrt wurden. Nachbildungen der Reichsinsignien (Reichskrone, Reichskreuz, Reichsapfel und Szepter) sind zu besichtigen (geöffnet täglich außer Mo; Dezember geschlossen).

Im Ort schöne alte **Fachwerkbauten.** – Großartige **Freskomalereien** von Adolf Kessler in der katholischen Kirche, im Hohenstaufensaal und im Rathaussaal.

Veranstaltungen:
Trifelsfest am 2. Augustsonntag, Sommerzug am Lätaresonntag.

Bad Kreuznach

Kreisstadt, 104 m, 43 000 Einw. Malerisch gelegene Stadt südlich von Bingen. Mittelpunkt eines berühmten Edelweinbaugebietes im romantischen, burgenreichen Tal der Nahe mit vielen Zeugen uralter Kultur, ältestes Radonsolbad Deutschlands. Ein südlich mildes Klima zeichnet Bad Kreuznach und seine Umgebung aus.

Auskunft: Kur- und Salinenbetriebe, 6550 Bad Kreuznach, Tel. 0671/92325. – Kreisverkehrsamt, Salinenstr. 47, Tel. 95393.
Verkehr: Kreuzungspunkt der B 48 (Rockenhausen – Bingen) und der B 41 (Kirn – Ingelheim). – Autobahnanschlußstellen Gau-Bickelheim (13 km) und Bingen (20 km).

Geschichte:

Um 365 n. Chr. wurde im römischen Vicus ein Kastell zum Schutz des Straßenknotenpunktes und des Hinterlandes gebaut. Die Merowinger richteten nach 500 in den Kastellmauern einen fränkischen Königshof ein. Eine Kirche ist 742 beurkundet. Aus dem Königshof entstand der älteste Stadtteil, später Osterburg genannt. Aus dem zum königlichen Palatium gehörigen Wirtschaftshof entwickelte sich auf dem linken Naheufer ein Stadtteil, später Neustadt genannt, in dem die Grafen von Sponheim bereits Anfang des 12. Jh. eine Burg hatten.

Um 1200 legten die Grafen rechts der Nahe gegenüber der Neustadt einen neuen Stadtteil an, der allmählich die alte Kastellsiedlung aufsog und deshalb später Altstadt genannt wurde. Um 1240 gaben die Sponheimer Grafen dem Ort Stadtfreiheiten, und 1290 bestätigte Kaiser Rudolf von Habsburg die Rechte der Stadt. Anfang des 18. Jh. betrieben die Kurfürsten von der Pfalz die Salzgewinnung bereits intensiv. 1732 und 1742 wurden die beiden Salinen Karlshalle und Theodorhalle gebaut.

Sehenswert:
Am *Eiermarkt* die **Nikolauskirche,** erbaut um 1260. 1281 von den Karmelitern frühgotisch erweitert, Chor im 14. Jh. vollendet, mit Grabsteinen der Sponheimer Grafen und sehenswertem Kirchenschatz, u. a. mit einem Kreuzreliquiar aus dem 15. Jh.

Alte Brücke, im 13. Jh. achtbogig erbaut, eine Hälfte wurde im Krieg gesprengt. Auf den Pfeilern stehen die berühmten **Brückenhäuser,** zum Teil vor 1495 erbaut (Wahrzeichen der Stadt). Auf der Insel zwischen Nahe und Mühlenteich, dem Badewörth, findet man die sehenswerte **Pauluskirche** (1311–1332). Der noch erhaltene gotische Chor heißt heute »Englische Kirche«. Er wurde eine zeitlang von den zahlreichen englischen Kurgästen zu Gottesdiensten benutzt. Schiff und Turm wurden nach der Zerstörung 1869 wieder aufgebaut (1952–55 renoviert).

Veranstaltungen:
Kurkonzerte, Gartenfeste, Theateraufführungen. Abwechslungsreiches Programm mit Darbietungen künstlerischer, unterhaltender und gesellschaftlicher Art, internationale Tanzturniere, Rosenball, Chrysanthemenball. Kurse in Bauernmalerei.
Auskunft: Galerie Kurt Degro, 6536 Langenlonsheim/Nahe.

Freinsheim

3800 Einw. Reizvolles altertümliches Städtchen, genannt »Pfälzisches Rothenburg«, mit gut erhaltener mittelalterlicher Stadtbefestigung, Weinort mit bekannten Lagen im Hügelland zwischen Haardtgebirge und Rheinebene, Mittelpunkt des Obstbaugebietes.

Auskunft: Fremdenverkehrsverein, Hauptstr. 2, 6713 Freinsheim, Tel. 06353/50152 oder 1779.

Sehenswert:
Eisernes Tor, äußeres Tor der Stadtbefestigung des 15. Jh. mit starken Flankierungstürmen.

Rathaus von 1750 mit säulenüberdachter Freitreppe.

Kirche, um 1470 erbaut, mit Renaissanceportal und Steinkanzel aus dem 17. Jh.

Auf dem Friedhof **Turm** aus der Hohenstaufenzeit, von dort herrlicher Rundblick.

Geburtshaus des Komponisten Gottfried Weber (Erinnerungstafel) in der *Gottfried-Weber-Straße 5,* im gleichen Haus früher kurpfälzisches Hofgericht. – Schöne Wohnbauten aus dem 18. Jh.

Mainz

Hauptstadt des Bundeslandes Rheinland-Pfalz, 88 m, 185 000 Einw. Mainz liegt gegenüber der Mündung des Mains an der großen Rheinschleife in einer der fruchtbarsten und reizvollsten Landschaften der Bundesrepublik und ist Mittelpunkt des rheinischen Weinhandels sowie einer der wichtigsten Verkehrsplätze und Industriezentren am Mittelrhein. Das zweitausendjährige »Goldene Mainz«, Geburtsstätte der »Schwarzen Kunst« (Buchdruck), die das Geistesleben des Abendlandes revolutionierte, war früher Residenz der Erzbischöfe und Kurfürsten von Mainz und ist wieder Bischofssitz und Universitätsstadt.

Auskunft: Verkehrsverein, Bahnhofstraße 15, 6500 Mainz, Tel. 0 61 31/23 37 41-45.
Verkehr: Kreuzungspunkt der B 9 (Oppenheim), B 40 (Alzey – Weilbach) und B 455 (Wiesbaden – Erbenheim); Autobahnanschlußstellen. – Bahnstation. – Flughafen Rhein-Main (25 km). – Rheinhafen. Anlegestelle der »Köln-Düsseldorfer«.

Geschichte:

Es bestand hier eine frühe vorrömische Kultur in Verbindung mit den Völkern des Südens und Westens. Das Jahr 38 v. Chr. wird als Gründungsdatum angenommen. Marcus Vipsanius Agrippa schlug hier, gegenüber der Mainmündung, ein befestigtes Erdlager auf, das daraufhin Mittelpunkt der römisch-germanischen Militärgrenzbefestigungen und Hauptstadt des römischen Obergermanien (Germania superior) wurde. Im 2. bis 4. Jh. erfolgte die Christianisierung. Im 5. bis 9. Jh.

Das Panorama der Landeshauptstadt beherrscht der Kaiserdom

war der Ort wichtiger Stützpunkt des Frankenreichs und Residenz eines merowingischen Gaugrafen. 747 wurde Bonifatius Erzbischof von Mainz. Aus der Stiftung der fürstlichen Würde für die Mainzer Erzbischöfe entwickelte sich das spätere Kurfürstentum mit der Würde des Erzkanzlers des Heiligen Römischen Reiches Deutscher Nation. Ein glänzender Aufstieg der Stadt vollzog sich im Mittelalter, daher stammt die Bezeichnung »Goldenes Mainz«. 1397 wurde in den Mauern von Mainz Johannes Gensfleisch zum Gutenberg geboren, der mit der Erfindung der Buchdruckkunst um 1446 eine weltweite Umwälzung im abendländischen Geistesleben einleitete.

Sehenswert:
Dom St. Martin und St. Stephan (geöffnet 8–18 Uhr; So vormittags keine Besichtigung), eine dreischiffige gewölbte Pfeilerbasilika mit zwei Querschiffen, zwei Chören, zwei Vierungstürmen, zwei weiteren kleinen Türmen und einem Kranz von Kapellen. Er ist eine der interessantesten und zugleich ältesten romanischen rheinischen Kirchen und einer der drei berühmten Kaiserdome des Mittelrheins.

Inneres: Langhaus mit schlicht ausgeführtem gotischem Rippengewölbe, durch Anbau der Seitenkapellen jedoch verdunkelt und im Raumeindruck beeinträchtigt. Großer Reichtum an historisch sehr bedeutsamen **Grabplastiken** als großartige Beispiele der deutschen Bildhauerkunst von der Romanik bis zum Barock (13.–18. Jh.).

Der zweigeschossige gotische **Kreuzgang** (14. Jh.), der den Garten der alten Stiftsgebäude umschließt, dient mit den anschließenden Kapitelsälen als **Diözesan-Museum** mit reichen und überaus wertvollen Sammlungen mittelalterlicher Holz- und Steinplastiken (Jüngstes Gericht, Reste des Westlettners u. a., Frühwerke des Naumburger Meisters, um 1240; berühmte Madonna aus der Fuststraße, Werk eines mittelrheinischen Meisters von um 1250; Gobelins, Psaltarien u. a. m.).

Weltmuseum der Druckkunst – Gutenbergmuseum (geöffnet Di–Sa 10–13 Uhr, 15–18 Uhr, So 10–13 Uhr, Mo geschlossen) im wiedererrichteten Haus »Zum römischen Kaiser« (1664) am *Liebfrauenplatz,* gegründet als Gedenkstätte für Johannes Gutenberg. Hier befinden sich Verwaltung und Archive. Die Ausstellungsräume sind in einem modernen Bau untergebracht, der durch einen geschmackvoll gestalteten Innenhof mit dem »Römischen Kaiser« verbunden ist.

Außer über das Werk Gutenbergs gibt das Museum einen Überblick über das Wesen von Schrifttum und Buch, Druck und Buchillustration in Vergangenheit und Gegenwart; gezeigt werden u. a. Gutenberg-Werkstatt, 42zeilige Gutenberg-Bibel, Handschriften, Frühdrucke, Schriftgeschichte, Buchkunst der Gegenwart, Papiergeschichte, Bucheinband, Druckmaschinen.

Kurfürstliches Schloß, 1627 bis 1631 und 1675 bis 1678 errichtet, im 18. Jh. vollendet, nach teilweiser Kriegszerstörung wiederhergestellt, beherbergt das Römisch-Germanische Zentralmuseum.

Mittelrheinisches Landesmuseum (vormals Altertumsmuseum und Gemäldegalerie, geöffnet Di–So 10–17 Uhr, Mo geschlossen) in der ehemaligen Golden-Roß-Kaserne (kurfürstlicher Marstall), *Große Bleiche 49/51.* In der Neuaufstellung von 1962 sind die beiden 1814 getrennt gegründeten Sammlungen vereinigt. 1979 wurde sie nach Renovierung und Erweiterung wiedereröffnet.

Der weltberühmte Kaiserdom ist eine der schönsten romanischen Kirchen überhaupt

Prinz-Johann-Georg-Sammlung (geöffnet Mo bis Fr 10–12 Uhr, 14–17 Uhr) im Haus des Kunstgeschichtlichen Instituts, *Binger Straße 26,* Ecke Saarstraße, Wechselausstellungen.

Veranstaltungen: Frühjahrs- und Herbstmesse. – Mainzer Weinmarkt Ende August, Anfang September. – Mainzer Johannisnacht, Mitte Juni.

Saarbrücken

Saarländische Metropole, Industrie und Barockbauten

Landeshauptstadt des Saarlandes, 220 m, 186000 Einw. Sitz der Landesregierung, politisches und kulturelles Zentrum des Saarlandes, bedeutendes Wirtschafts- und Industriezentrum an der deutsch-französischen Grenze, Mittelpunkt und Drehscheibe des Verkehrs im Saarraum. Die Stadt liegt im weiten grünen Tal der Saar und an der Einmündung ihrer Nebentäler; sie wird von bewaldeten Höhenzügen (im Süden von Wackenberg, Winterberg, Triller und Engenberg, nördlich des Flusses von Halberg, Kaninchenberg, Eschberg, Schwarzenberg, Ludwigsberg und Matzenberg) umschlossen. So wird der Besucher, der eine Industriestadt, ein Kohlenrevier erwartet, durch ein bewegtes Stadtbild inmitten waldbedeckter Hügel und Berge überrascht.

Auskunft: Amt für Öffentlichkeitsarbeit, Rathaus, 6600 Saarbrücken, Tel. 0681/3001-304/305; Amt für Wirtschafts- und Verkehrsförderung, Rathaus, Tel. 3001-306/493; Verkehrsverein, Information und Zimmernachweis, Rathaus, Tel. 35197, 36901 und Verkehrsamt der Stadt Saarbrükken, Trierer Straße 2, nahe dem Hauptbahnhof, Tel. 3001-209.
Verkehr: Kreuzungspunkt B 268 (Heusweiler), B 41 (Friedrichsthal – französische Grenze), B 406 (Hostenbach – französische Grenze), B 51 (Bübingen – Bous). – Autobahnanschlußstellen.

Geschichte:

Am Halberg entstand eine gallo-römische Siedlung, die später durch ein Kastell gesichert wurde. Dieses römische Saarbrücken am Schnittpunkt zweier alter Wege lag dort, wo der Fluß überquert wurde; eine Brücke hatte auch der Siedlung den Namen gegeben. Im 4. Jh. nahmen die Franken, von Niederrhein und Moseltal herkommend, vom Saartal Besitz und vertrieben die Römer. Im 9. Jh. errichteten fränkische Könige in der Nähe des Halbergs eine Burg, die nach der frühen Brücken über die Saar »Sarabrucca« benannt wurde. Erstmals wurde die Burg im Jahre 999 urkundlich erwähnt, als Kaiser Otto III. sie dem Bischof Adalbert von Metz schenkte; dessen Nachfolger übertrugen sie den Grafen des Saargaues als Lehen, und unter deren Schutz entfaltete sich das mittelalterliche Saarbrücken, dessen beide, durch den Fluß getrennte Siedlungen, »stat Sarbrukken und Sente Johan dat dorf«, im Jahre 1321 mit dem Freiheitsbrief des Grafen Johann zu einer Stadtgemeinde erhoben wurden.

Die Familien Stumm und Röchling trugen im Laufe des 19. Jh. wesentlich zur Entwicklung der Industriestadt bei; die Grundlagen bildeten die eigene Steinkohle und das Eisenerz, welches zunächst das Lahngebiet, später das benachbarte Lothringen lieferte. Mit dem Jahr 1909 begann durch Zusammenschluß die Geschichte der Großstadt Saarbrükken.

Sehenswert:
Ludwigskirche, der bedeutendste protestantische Kirchenbau des Südwestens. Grundsteinlegung durch Fürst Wilhelm Heinrich 1761, Pläne und Bau durch Baumeister Friedrich Joachim Stengel, als dessen reifstes

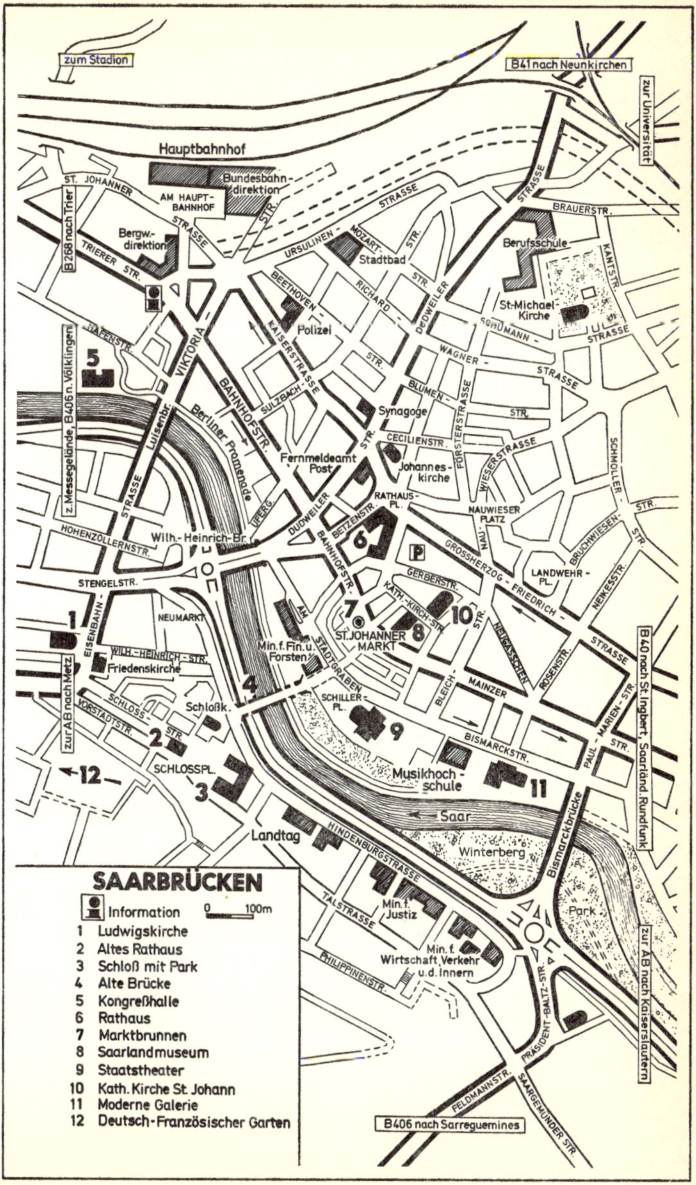
zum Stadion
B41 nach Neunkirchen
zur Universität
Hauptbahnhof
Bundesbahndirektion
AM HAUPTBAHNHOF
ST. JOHANNER STRASSE
B268 nach Trier
Bergw.-direktion
TRIERER STR.
URSULINEN - STRASSE
MOZART - STR.
Stadtbad
BRAUERSTR.
Berufsschule
KANTSTR.
St.Michael-Kirche
SCHUMANN - STRASSE
BEETHOVEN - STR.
RICHARD - WAGNER - STRASSE
DUDWEILER STR.
Polizei
KAISERSTRASSE
VIKTORIA STR.
z. Messegelände, B406 n. Völklingen
HAFENSTR.
5
SULZBACH - STR.
BLUMEN - STR.
Synagoge
FORSTERSTRASSE
BAHNHOFSTR.
Berliner Promenade
Luisenbr.
CECILIENSTR.
Fernmeldeamt Post
Johannes-kirche
WIESERSTRASSE
SCHMOLLER - STR.
RATHAUS-PL.
NAUWIESER PLATZ
NAU-
UFERG.
DUDWEILER STR.
BETZENSTR.
HOHENZOLLERNSTR.
Wilh.-Heinrich-Br.
6
GROSSHERZOG - FRIEDRICH - STRASSE
BRUCHWIESEN - STR.
LANDWEHR - PL.
NEIKESSTR.
STENGELSTR.
GERBERSTR.
KATH.-KIRCH-STR.
10
1
EISENBAHN - STR.
NEUMARKT
AM STADTGRABEN
7
8
ST. JOHANNER MARKT
NEUGASSCHEN
ROSENSTR.
B40 nach St. Ingbert, Saarländ. Rundfunk
WILH.-HEINRICH-STR.
Friedenskirche
Min. f. Fin. u. Forsten
4
zur AB nach Metz
SCHILLER-PL.
BLEICH - STR.
MAINZER STR.
PAUL - MARIEN - STR.
SCHLOSS - STR.
VORSTADTSTR.
Schloßk.
2
9
BISMARCKSTR.
12
SCHLOSSPL.
3
Musikhochschule
11
Saar
Landtag
HINDENBURGSTRASSE
Bismarckbrücke
Winterberg
TALSTRASSE
Min. f. Justiz
Park
zur AB nach Kaiserslautern
Min. f. Wirtschaft, Verkehr u. d. Innern
PHILIPPINENSTR.
PRÄSIDENT-BALTZ-STR.
FELDMANNSTR.
SAARGEMÜNDER STR.
B406 nach Sarreguemines
SAARBRÜCKEN
Information
0 100m
1 Ludwigskirche
2 Altes Rathaus
3 Schloß mit Park
4 Alte Brücke
5 Kongreßhalle
6 Rathaus
7 Marktbrunnen
8 Saarlandmuseum
9 Staatstheater
10 Kath. Kirche St. Johann
11 Moderne Galerie
12 Deutsch-Französischer Garten

Werk die Kirche gilt; 1775 Einweihung. 1944 brannte der schöne Bau aus, und die Innenausstattung ging verloren. Wiederaufbau nach dem Zweiten Weltkrieg, neue Innenausstattung. – Vor der Ludwigskirche der von F. J. Stengel weitläufig geplante **Ludwigsplatz** mit repräsentativen Bauten. Von Stengel stammt auch das westlich der Saar gelegene **Alte Rathaus,** 1750–1760.

Schloß, 1617 auf dem Platz der früheren Burg als Fürstenresidenz errichtet, 1677 zerstört, 1696 neuaufgebaut und 1738 bis 1748 von F. J. Stengel völlig umgebaut. Nach erneuter Beschädigung im Jahr 1793 wurde es erst im 19. Jh. von Saarbrücker Bürgern unter Verwendung alter Mauern wiederaufgebaut, doch steht heute nur noch ein bescheidener Rest. Der Wiederaufbau im Barockstil ist neuerdings im Gespräch. – **Schloßgarten** mit Statuen, Putten, Pavillon, Treppen und kunstvoll geschnittenen Hecken.

Schloßkirche am Schloßberg, um 1615 entstanden, beim großen Stadtbrand von 1677 zerstört, wiederhergestellt; im Zweiten Weltkrieg erneut schwer beschädigt, bis 1958 wiederaufgebaut. Im Innern fallen die Glasfenster von Prof. Meistermann durch kühne Farbkompositionen auf. Grabdenkmäler des Grafen Grato und seiner Gemahlin, Gustav Adolfs und Wilhelm Heinrichs.

Stiftskirche in St. Arnual, eines der hervorragendsten Bauwerke Südwestdeutschlands. Als dreischiffige Basilika um 1300 erbaut, diente die Kirche seit Mitte des 15. Jh. als Grabkirche der Grafen von Nassau-Saarbrücken und enthält einige schöne alte Grabplastiken. Die im Zweiten Weltkrieg zerstörten Glasfenster wurden durch neuzeitliche Glasmalereien ersetzt.

Museum für Vor- und Frühgeschichte, *Ludwigsplatz 15;* u. a. enthält es den Reinheimer Goldschmuck einer Fürstin aus der Keltenzeit (geöffnet Di–Fr 10–16 Uhr, Sa 10–13 Uhr, So 10–18 Uhr, Mo geschlossen).

Saarland-Museum am St. Johanner Markt, mit Kunst und Kunstgewerbe. Im Innenhof sind Zeugnisse der Garten- und Architekturplastik Saarbrückens aus dem 18. Jh. ausgestellt (geöffnet täglich von 10–18 Uhr, Mo geschlossen, Eintritt frei).

Zoologischer Garten am östlichen Stadtrand, mit Gehegen für in- und ausländische Tiere auf einem Gelände mit Steinbrüchen, Felsschluchten, Baumgruppen und Büschen.

Veranstaltungen:
Bergmannsfest. – Karneval mit Rosenmontagsumzug, Altstadt.

Konzerte des Großen Symphonie-Orchesters und des Kammer-Orchesters des Saarländischen Rundfunks, Konzerte der Staatlichen Musikhochschule; »Musik des 20. Jahrhunderts«, Veranstaltungen des Saarländischen Rundfunks, alljährlich im Juni. Aufführungen im Staatstheater, *Schillerplatz 1–3,* am Saarufer gegenüber dem Schloßgarten, ferner im Saarländischen Landestheater, *Scharnhorststraße 10.*

Internationale Saarmesse, seit 1950 alljährlich im April/Mai, eine Leistungs- und Musterschau der Saarwirtschaft; Messegelände am Schanzenberg südlich der Saar; auf einer Gesamtfläche von 90 000 qm sind 26 000 qm gedeckte Ausstellungsfläche vorhanden. Ein Drittel der Aussteller waren bisher ausländische Firmen.

Saarburg

Kr. Trier-Saarburg, 148–342 m, 6500 Einw. Am Unterlauf der Saar gelegen. Saarburg ist Mittelpunkt des Erholungsgebiets Saartal und Metropole des bekanntesten Saarweinanbaugebiets. Zwischen bunten Fachwerkhäusern und Barockbauten, unterhalb der Burganlage, 20 m hoher Wasserfall des Leukbachs inmitten der Stadt sowie die alten kurfürstlichen Mühlen.

Auskunft: Verkehrsamt-Information, 5510 Saarburg, Tel. 06581/81215.

Verkehr: Kreuzungspunkt B 51 (Merzig – Konz), B 407 (Reinsfeld – luxemburgische Grenze).

Geschichte:

Am 17. 9. 964 mit Erzbischof Heinrich von Trier durch Tauschvertrag besiegelt, erhielt Graf Siegfried, Gründer und Stammvater Luxemburgs, Nachfahre aus der fränkischen Hochadelssippe Karls des Großen, den Berg Churbelum und benannte ihn Saarburg. Sein Sohn und Nachfolger, Propst Adalbert, ließ die Burg vergrößern und verschönern. Die stürmische Geschichte der Stadt selbst verlief analog der der Burg. Kaum 100 Feuerstätten groß, erhielt Saarburg durch Kaiser Rudolf von Habsburg auf Ersuchen Erzbischofs Boemund I., am 29. 5. 1291 die Stadtrechte. Nach 1793 verlor die Feste immer mehr an Bedeutung. Durch den Wiener Kongreß 1814/15 fiel Saarburg an Preußen. Um sie vor dem völligen Verfall zu bewahren, erwarb die Stadt Feste und Schloßruine.

Sehenswert:

14 Wehrtürme, 3 Stadttore, Bachtürme mit Fallgitter und Wassergräben, wovon der **Kunoturm** und **Kautzenturm** erhalten blieben, schützten die Stadt.

Pfarrkirche St. Laurentius, an deren Stelle im 13. Jh. eine Kreuzkapelle stand. Die Kirche erhielt 1370 das Taufrecht, wurde 1698 dreischiffig ausgebaut und 1854 in neugotischem Stil neu errichtet.

Leukbach, dessen Wasserfall zwischen bunten Fachwerkhäusern und Barockbauten 20 m in die Tiefe stürzt und die Wasserräder der alten kurfürstlichen Mühlen antreibt.

Über 1000jährige **Burgruine Saarburg** mit dem weithin sichtbaren und nie zerstörten Bergfried. Von hier eine umfassende Aussicht über die Stadt und das rebenbewachsene Saartal. Im oberen Burghof, in den Fels getrieben, erreichte der Burgbrunnen eine unglaubliche Tiefe bis zur Saarsohle. Die Saarburg war im 14. Jh. bevorzugte Residenz der Trierer Erzbischöfe.

> In der Altstadt die weltbekannte **Glockengießerei Mabilon,** deren Werke in Übersee und fast allen Ländern Europas verbreitet sind.

Über die beiden Straßenbrücken, an der rechten Saarseite, zu einer der schönsten **Wallfahrtskirchen** des kurtrierischen Landes. Die Franziskanerchronik berichtet, daß im Jahr 1304 das Gnadenbild der stillenden Mutter im Wald gefunden und hier eine Kapelle erbaut wurde. 1479 Bau einer Gnadenkapelle, 1608 Gründung eines Klosters. 1622 stifteten Angehörige der Familie von Warsberg den Gnadenaltar, ebenso 1631 den hl. Kreuzaltar.

Veranstaltungen:

Saarburger Markttage mit Weinbergsfeuerwerk, 1. Wochenende im Juli; Saarweinfest, 1. Wochenende im September.

Speyer

Kreisfreie Stadt, 104 m, 44 500 Einw. Alte Kaiserstadt und ehemalige Freie Reichsstadt am linken Ufer des Rheins, eine der ältesten Ansiedlungen des Oberrheins mit vielen sehenswerten Bauten. Sitz eines bischöflichen Ordinariats, des evangelischen Landeskirchenrats der Pfalz und der Hochschule für Verwaltungswissenschaften. Speyer besitzt zwei Rheinhäfen sowie Groß- und Mittelindustrie. Im reizvollen Althrein-Ufergebiet verlaufen angenehme Spazierwege.

Auskunft: Verkehrsamt der Stadt Speyer, 6720 Speyer, Tel. 06232/14395.
Verkehr: Kreuzungspunkt B 9 (Ludwigshafen – Wörth) und B 39 (Neustadt – Walldorf). – Autobahnkreuz Speyer.

Geschichte:

Die älteste Ansiedlung hieß »Noviomagus«. Sie war eine Niederlassung des kelto-germanischen Stammes der Nemeter. Die im Anschluß an ein um 10 v. Chr. errichtetes römisches Kastell entstandene Römerstadt »Civitas Nemetum« wurde im 5. Jh., zur Völkerwanderungszeit, zerstört, in fränkischer Zeit wiederbesiedelt, und 614 ist erstmals der Name »Spira« für den Hauptort des Speyergaus bezeugt. Schon im 4. Jh. war Speyer ein Zentrum des Christentums, seit dem 7. Jh. Bischofssitz. Heinrich V. verlieh der Stadt 1111 die ersten Privilegien; sie entwickelte sich bis 1294 zur Freien Reichsstadt. Von 838, als Ludwig der Fromme hier Hof hielt, bis 1570 fanden in Speyer über 50 Reichstage statt, darunter jener denkwürdige der Protestation von 1529.

Sehenswert:
Altpörtel, eines der schönsten deutschen Stadttore, Torturm aus dem 13. Jh. mit spätgotischer Galerie aus dem 16. Jh. (besteigbar, lohnender Rundblick).

Kaiserdom, ein Meisterwerk der romanischen Baukunst, ist das hervorragendste Bau- und Kunstwerk der Rheinpfalz. Als Ruhestätte von vier Kaisern und vier Königen nebst drei Kaiserinnen und einer Prinzessin ist er stolzes Sinnbild für das deutsche Kaisertum des Mittelalters.

Die 1961 beendeten Wiederherstellungsarbeiten haben dem stolzen Bau seine ursprüngliche großartige Wirkung wiedergegeben. Er ist 133,52 m lang, bis zu 55,19 m breit, die Osttürme sind 72 m, die Westtürme 66 m hoch.

Kaiser Konrad II. legte um 1030 den Grundstein zu dem Dom, unter Heinrich IV. wurde er umgebaut und vollendet.

Historisches Museum der Pfalz, *Große Pfaffengasse.* Es bietet einen umfassenden Überblick über die gesamte Geschichte der Pfalz von der Urzeit bis in unsere Tage und enthält außerdem das **Diözesanmuseum** mit den Funden aus den Kaisergräbern. Im Untergeschoß das einzigartige **Weinmuseum** mit einem Winzermesser des 3. Jh., aus gleicher Zeit eine Glasflasche mit flüssig erhaltenem Wein.

Veranstaltungen:
Speyerer Brezelfest am 2. Wochenende im Juli. – Frühjahrsmesse am Sonntag vor Himmelfahrt bis Sonntag danach. – Herbstmesse am Sonntag vor Allerheiligen bis Sonntag danach.

Worms

Kreisfreie Stadt, 100 m, 78000 Einw. Berühmte Nibelungenstadt am Rhein, Mittelpunkt des Wonnegaus und Eingangspforte zum rheinhessischen und rheinpfälzischen Weinland, eine der ältesten und geschichtlich interessantesten Städte Süddeutschlands.

Auskunft: Stadtinformation, 6520 Worms, Tel. 06241/25045.
Verkehr: Kreuzungspunkt der B 9 (Ludwigshafen – Guntersblum) und B 47 (Bürstadt – Monsheim). – Autobahnkreuz Worms (A 61).

Geschichte:
Unter den Römern war die Stadt zunächst Militärlager, nach dem Bau des Limes größere Etappensiedlung mit Toren, Tempel, Theater, Gerichtsbasilika und Markt. Der römische Kaiser Honorius hatte um 400 den von der Insel Bornholm kommenden Burgundern hier Siedlungsrecht zugestanden. Sie gründeten um 405, nachdem die Römer den Rhein militärisch hatten entblößen müssen, ihr erstes Reich mit dem Mittelpunkt Worms, das so zum Schauplatz der Nibelungensage wurde; die Burgunder wurden 437 von in römischen Diensten stehenden Hunnen zerrieben, Bischof Burchard vollendete im frühen 11. Jh. die Stadtmauer, Voraussetzung für die Bedeutung von Worms als Tagungsort der Reichstage. Im Investiturstreit hielt Worms zu Heinrich IV., der ihm daraufhin Zollfreiheit gewährte, und in der Stadt wurde dieser Streit 1122 mit dem sogenannten Wormser Konkordat einstweilen beigelegt. Unter den Staufern wurde Worms Reichsmittelpunkt. Friedrich Barbarossa übergab der Stadt 1184 den großen Freiheitsbrief, der im Stadtarchiv aufbewahrt ist.

Sehenswert:
Dom, dreischiffige hochromanische Pfeilerbasilika mit doppeltem Chor, Ostquerschiff und oktogonalem Vierungsturm sowie Westwerk und vielfacher Zwerggalerie, Anfang des 11. Jh. an der Stelle einer römischen und merowingischen Anlage erbaut zu der Zeit, als auch das Nibelungenlied entstand; er ist eines der schönsten Baudenkmäler am Rhein.

Der heutige Bau mit einer Länge von 110 m, einer Breite des Mittelschiffs von 12 m und einer Höhe von 27 m stammt im wesentlichen aus dem späten 12. Jh. (Ostteil) und frühen 13. Jh. (Westchor).

Stiftung Kunsthaus Heylshof und **Schloßgarten** in der *Stephansgasse* beim Dom (geöffnet täglich 10–12 und 14–16 Uhr, Mo geschlossen), große Kunstsammlung mit Gemälden und Plastiken vom 15. bis zum 19. Jh. Glasmalereien, bedeutende Porzellan- und Glassammlung, Keramik und Kleinkunst.

Andreaskirche, *Weckerlingplatz 7,* 1020 von Bischof Burchard als Stiftskirche begonnen, um 1200 erneuert. Kirche und Stift dienen als **Museum der Stadt Worms** (geöffnet 9–12 und 14–17 Uhr, im Winter 10–12 und 14–16 Uhr), große Sammlung von Altertümern aus dem Stadtgebiet und dem Landkreis Worms.

Veranstaltungen:
Farbenfrohes Backfischfest alljährlich vom letzten Augustsamstag bis zum ersten Septembersonntag mit Festzug und Gesellentanz, Fischstechen, Rheinillumination und großem Höhenfeuerwerk.

Odenwald, Spessart, Rhön

*E*ine Vielzahl Naturparks, idyllische und meist einsame Berge und Täler, insbesondere aber ausgedehnte Wälder sind das Charakteristikum dieser Mittelgebirgsregion, die politisch zu Hessen und Bayern gehört, an der aber auch Baden-Württemberg mit einigen besonders hübschen Fleckchen partizipiert.

*D*ie Ballungsgebiete an Rhein, Main und Neckar vergißt man sehr schnell, sobald man den ersten Odenwald-Höhenzug hinter sich gelassen hat. Auch an »Bilderbuch-Wochenenden« wird man hier kaum einmal eine Invasion von Städtern erleben, denn das Gebiet ist so groß, daß sich auch Menschenschwärme schnell auflösen. Dieses Ferien- und Ausflugsgebiet hat für jeden eine ganze Menge zu bieten. Wer gerne über Berge und durch Täler wandert und dabei die landschaftliche Abwechslung liebt, der wird sicher bald eine gewisse Vorliebe zum Odenwald entdecken. Wer auf seiner Mittelgebirgswanderung jedoch nicht ständig auf eine neue Ortschaft treffen möchte und statt dessen ausgedehnte Waldspaziergänge liebt, für den dürfte der Spessart eine besondere Empfehlung darstellen. Abenteuertypen, die während der Wochenendwanderung gerne eine rauhere Landschaft in ihrer natürlichen Ursprünglichkeit erleben möchten, werden sich schnell in die Rhön verlieben.

*A*ber keineswegs sind es nur die natürlichen Gegebenheiten und die Menschen, die einen kürzeren oder längeren Aufenthalt in dieser Region attraktiv machen. Sehr viele kulturelle Stätten locken alljährlich Millionen Besucher aus nah und fern an. Die Kaiserpfalz in Gelnhausen, Fulda mit Schloß, Dom, St.-Michaels-Kirche und Fasanerie, das Schloß in Aschaffenburg, die Stadt Darmstadt, in der laut Poststempelangabe die Künste leben, und insbesondere Heidelberg, der Inbegriff einer romantischen Stadt, können als einige wenige der typischen Beispiele aufgezählt werden. Auch technische Sehenswürdigkeiten gibt es in Hülle und Fülle, sei es der seit 2000 Jahren den Odenwald durchziehende Limes oder das Segelflugmuseum auf der Wasserkuppe, um zwei Extreme zu nennen. Sie lohnen – neben vielen anderen Stätten – selbstverständlich auch einen Besuch.

*S*icherlich scheint vielen diese Region zu weit von zu Hause entfernt zu liegen. Gar mancher wird dennoch auf der Fahrt in den Urlaub oder von dort zurück die bekannte Bergstraße von der Autobahn aus kennengelernt haben. An diesem anmutigen Odenwald-Westrand zieht bekanntlich in Deutschland der Frühling ein. Wie wäre es mit einem Besuch zu dieser Jahreszeit, wo anderswo oft die Natur einen noch nicht gerade einladenden Eindruck macht? Sicher werden die lieblichen Täler und Höhen, Burgen und Schlösser dann zum Wiederkommen motivieren.

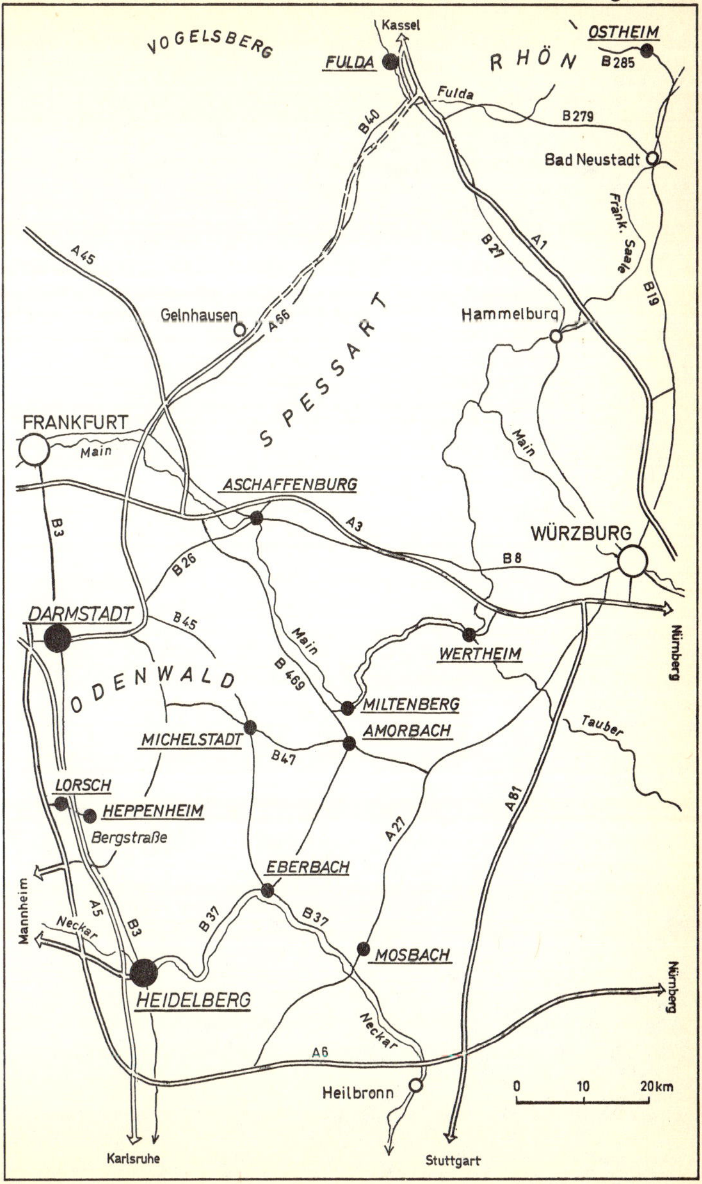
Kassel
VOGELSBERG
FULDA
RHÖN
OSTHEIM
B 285
Fulda
B 40
B 279
Bad Neustadt
Fränk. Saale
B 27
A 1
B 19
A 45
Gelnhausen
A 66
SPESSART
Hammelburg
FRANKFURT
Main
Main
ASCHAFFENBURG
A 3
WÜRZBURG
B 3
B 26
B 8
DARMSTADT
B 45
Main
WERTHEIM
Nürnberg
ODENWALD
B 469
MILTENBERG
AMORBACH
MICHELSTADT
B 47
Tauber
LORSCH
HEPPENHEIM
Bergstraße
A 27
A 81
EBERBACH
Mannheim
A 5
Neckar
B 3
B 37
B 37
MOSBACH
HEIDELBERG
Nürnberg
Neckar
A 6
Heilbronn
0
10
20km
Karlsruhe
Stuttgart

Amorbach

5000 Einw. Staatlich anerkannter Luftkurort im östlichen Odenwald inmitten dicht bewaldeter Berge an der Vereinigung von fünf Tälern gelegen. Amorbach ist ein altfränkisches Barockstädtchen und ein vielbesuchter Ferienort mit mildem Klima, geeignet auch als Stützpunkt für Wanderungen im östlichen Odenwald und im Maintal.

Auskunft: Städtisches Verkehrsamt, Rathaus, 8762 Amorbach, Tel. 093 73/7 78.

Geschichte:

Historisch gesichert ist das 8. Jh. als Zeitpunkt der Klostergründung in Amorbach. 993 verlor Amorbach seine reichsunmittelbare Stellung und unterstand von nun an bis 1150 dem Bistum Würzburg, danach den Herren von Dürn, die dem Ort 1253 Stadtrechte verliehen. 1525 zog Götz von Berlichingen in Amorbach ein und ließ sich im Gebäude der Amtskellerei nieder. Am 4. Mai wurden hier die Götz von Berlichingen von den Bauern vorgelegten 12 Artikel von Wendel Hipler umgearbeitet und gingen schließlich als »Amorbacher Deklaration« in die Geschichte ein. Nach den Wirren der Bauernkriege blieb die Stadt von kriegerischen Auseinandersetzungen weitgehend verschont. 1734 feierte das Kloster sein 1000jähriges Bestehen. Aus diesem Anlaß ließ Abt Engelberg Kinbacher einen Kirchenneubau ausschreiben, der schließlich von dem mainzischen Hofarchitekten Maximilian von Welsch ausgeführt wurde. Fast gleichzeitig wurde mit dem Bau der Stadtpfarrkirche begonnen, und zwar nach Plänen des Mainzers Alexander Jakob Schmidt.

Sehenswert:
Die Abtei mit Abteikirche, Konventbau. Der **Konventbau** wurde nach Plänen eines Sohnes Balthasar Neumanns 1783–1787 erbaut, im Nordflügel interessante Bibliothek, im Südflügel ein Festsaal, der sogenannte »Grüne Saal«.

Die **Abteikirche,** heute evangelisch, ist aus einer romanischen kreuzförmigen Basilika umgebaut worden. Die beiden ursprünglich romanischen Türme sowie die Grundkonzeption sind erhalten. Der Umbau erfolgte 1742–1747 nach dem Entwurf des kurmainzischen Hofbaumeisters Maximilian von Welsch. Der Westseite ist eine sehr wirkungsvolle Barockfassade aus rotem Sandstein mit vorgelagerter Freitreppe vorgebaut.

Das *Innere* der dreischiffigen Kirche wird durch die »in unübertroffenem Gleichmaß der Gesamtwirkung durchgeführte Dekoration« ausgezeichnet, die zu den besten Werken des deutschen Rokoko gehört. Stuckarbeiten und Seitenaltäre von Feichtmayr und Uebelhoer, Deckengemälde mit ausgezeichneter perspektivischer Wirkung von Matth. Günther aus Augsburg. Die Orgel, 1774–1782 von den Brüdern Stumm gebaut, zählte mit ihren 3000 Pfeifen, 63 Registern, 3 Manualen und Pedal bereits zur damaligen Zeit zu den berühmtesten Orgelwerken Deutschlands und ist heute eine der klangschönsten Barockorgeln Europas.

Kath. **Pfarrkirche** von 1751–1753, mit zwei Zwiebeltürmen, dreischiffiger Hallenbau in rotem Sandstein, am Markt; am Hochaltar vorzügliche Bildwerke (hervorzuheben der hl. Sebastian), die Deckengemälde sind von Johann Zick.

Aschaffenburg

56 000 Einw. Aschaffenburg ist Bindeglied zwischen dem fränkischen und dem rheinmainischen Wirtschafts- und Kulturkreis, »Pforte zum Spessart«. Beliebter Ausflugs- und Tagungsort.

Auskunft: Verkehrsverein, Dalbergstr. 6, 8750 Aschaffenburg, Tel. 06021/30426 und 23744.

Geschichte:
Urkundlich wird Aschaffenburg erstmals 974 genannt, als Kaiser Otto II. dem Kollegiatstift St. Peter und Alexander zwei königliche Eigenkirchen schenkte. 1122 wird Aschaffenburg Sitz eines erzbischöflichen Viztums, und Erzbischof Adalbert befestigt die verfallene Burg. Der Kurmainzer Epoche verdankt die Stadt ihre bedeutendsten Bauten und Kunstschätze.

Sehenswert:
Malerisch der *Stiftsplatz* mit hochgelegener **Stiftskirche St. Peter und Alexander,** kreuzförmige Basilika mit Langhaus aus dem 12. Jh. Das Innere der Stiftskirche birgt eine Fülle bedeutender Kunstschätze.

Museum der Stadt Aschaffenburg im alten Gebäude des Stiftskapitels.

Schloß Johannisburg, hoch über dem rechten Mainufer. Es wurde 1605–1614 durch Georg Ridinger von Straßburg erbaut.

Nach der Zerstörung im letzten Krieg wurde das Schloß in jahrelanger Arbeit wiederaufgebaut. Das Äußere ist vollständig wiederhergestellt.

Inneres: Im *Nordwestflügel* liegt die

Direkt am Ufer des Mains liegt das imposante Schloß Johannisburg

Schloßkapelle mit Renaissanceportal und Relief der Taufe Christi von Hans Juncker.
Im *Erdgeschoß des Mainflügels* die Hof- und Stiftsbibliothek mit etwa 63 000 Bänden.

Im *1. und 2. Geschoß* befindet sich die Staatsgemäldesammlung (Schloßgalerie) mit über 300 Bildern, vor allem Werken holländischer und flämischer Maler des 17. Jh. sowie altdeutscher Meister.

Im *Obergeschoß* die Stilräume mit den Gegenständen der Schloßeinrichtung vom Ende des 18. Jh.

Öffnungszeiten: Staatsgemäldesammlung und Stilräume: Im Sommer (1. 4.–30. 9.) täglich außer Mo 9–12 und 13–17 Uhr, im Winter (1. 10.–31. 3.) täglich außer Mo 10–12 und 13–16 Uhr.

Im anschließenden Park des Kapuzinerklosters steht am Steilhang zum Main das **Pompejanum.**

Darmstadt

132 000 Einw. Darmstadt, mit den Stadtteilen Arheilgen und Wixhausen (im Norden) und Eberstadt (im Süden), ist eine moderne Großstadt am nördlichen Beginn der Bergstraße. Dank seiner landschaftlichen Reize ist Darmstadt von jeher ein beliebter Wohnort, die Großstadt am Walde, ehemals Hauptstadt des Großherzogtums, später des Volksstaates Hessen, heute Sitz eines der zwei hessischen Regierungspräsidien. Im Zweiten Weltkrieg wurde Darmstadt 1944 zu 78% zerstört, seither jedoch völlig wiederaufgebaut. Darmstadt beherbergt u. a. das europäische Operationszentrum für Weltraumforschung und ist Sitz der Deutschen Akademie für Sprache und Dichtung und des PEN-Zentrums.

i *Auskunft:* Verkehrsamt, Luisenplatz 5, 6100 Darmstadt, Tel. 0 61 51/13 27 80-2.

Geschichte:
Bodenfunde beweisen, daß Darmstadts Umgebung schon in vor- und frühgeschichtlicher Zeit besiedelt war. Während der Römerzeit kreuzten sich hier bereits wichtige Straßen, und für die Zeit um 600 n. Chr. sind erste Siedlungen nachzuweisen. Sueben und Franken wurden hier ansässig. Um 900 brach sich das Christentum in der Gegend Darmstadts Bahn. 1013 erhielt der Bischof von Würzburg die Grafschaft Bessungen aus der Hand Heinrichs II. Unklar ist, woher der Name Darmstadt kommt. Wahrscheinlich ist jene Etymologie, nach der sich der Name von Dar-munde-stat ableitet, was soviel wie »Siedlung am befestigten Übergang« bedeutet. Als solches ist Darmstadt auch zum erstenmal Ende des 11. Jh. urkundlich erwähnt. Im Mittelalter entwickelte sich die Siedlung an der Wasserburg zu einem kleinen Landstädtchen, mit dem Würzburg 1256 die mittelrheinischen Grafen von Katzenelnbogen belehnte. Diese erlangten 1330 für Darmstadt von Kaiser Ludwig dem Bayern Stadtrechte. Etwa 150 Jahre später wurde Darmstadt hessisch, durch Erbschaft fiel es Landgraf Heinrich III. von Hessen zu. Aber erst Georg I. von Hessen nahm, nachdem er 1567 die Obergrafschaft von seinem Vater Philipp erhalten hatte, in Darmstadt Residenz. Damit begann der kulturelle und wirtschaftliche Aufstieg Darmstadts, eine rege Bautätigkeit setzte ein, in deren Folge Ende des 16. und Anfang des 17. Jh. im Norden die sogenannte »Alte Vorstadt« entstand.

Bis 1806 blieb Darmstadt Hauptstadt der Landgrafen von Hessen-Darmstadt, von 1806 bis 1918 war es Haupt- und Residenzstadt der hessischen Herzöge. Neben Kunst, Musik und Architektur erfuhr auch die Literatur besondere Pflege durch die Landgrafen von Hessen. Die »Große Landgräfin« Caroline (1721–1774) holte Goethe und Herder nach Darmstadt und veranlaßte 1771 die Erstausgabe der Oden und Elegien Klopstocks.

In der Nacht zum 12. September 1944 wurde die Innenstadt durch einen Großangriff englischer Bomber zerstört. Nach dem Zweiten Weltkrieg bemühte die Stadt sich, wieder ein Mittelpunkt des geistigen Lebens zu werden. 1951 wurde das wiederaufgebaute Ernst-Ludwig-Haus Sitz der Deutschen Akademie für Sprache und Dichtung. Wissenschaftliche Institutionen, Hochschulen, Fachhochschulen, Theater, Museen, Archive und Bibliotheken gaben der Stadt ihren Ruf als kulturelles Zentrum. Darüber hinaus wurde Darmstadt Sitz des Deutschen PEN-Zentrums. Im Herbst 1977 wurde die Innenstadt-Neugestaltung abgeschlossen. Durch die Verlegung der Hauptverkehrsstraße unter die Erde wurde auch für Darmstadt das Innenstadt-Zentrum zur Füßgängerzone ausgebaut.

Sehenswert:
Der Rundgang beginnt auf dem *Ernst-Ludwig-Platz* vor dem

Weißen Turm. Dieser ehemals niedrige Eckturm der Stadtbefestigung aus dem 14. Jh. erhielt erst zu Beginn des 18. Jh. seine jetzige Höhe. Gleich rechts liegt der Marktplatz mit seinem Marktbrunnen und dem **Renaissance-Rathaus** von 1599. Von hier aus führt der Weg durch das Südportal vom

Schloß. Der französische Baumeister Remy de la Fosse errichtete das Barockschloß zwischen 1716 und 1727 an Stelle der alten Wasserburg nach dem Vorbild von Versailles, brachte allerdings nur einen Teil des Projekts zur Ausführung.

Schloßmuseum. Im Glockenbau untergebracht. Es enthält eine repräsentative Sammlung zur Geschichte der ehemaligen Landgrafschaft und des späteren Großherzogtums Hessen. Besonders hervorzuheben ist die »Darmstädter Madonna«, von Hans Holbein 1526 gemalt.

Hinter dem Museum geht es rechts durch den zweiten Innenhof und von dort durch den Tunnel zum Nordtor. Über den Graben nun geradeaus zum

Alten Theater. Baumeister Georg Moller errichtete 1819 den klassizistischen Bau des Großen Hauses, der bis zu seiner Beschädigung im Zweiten Weltkrieg das Darmstädter Theater beherbergte. Heute ist er das Domizil des »Kleinen Theaters am Platanenhain«. Nun wendet man sich nach links zum

Landesmuseum mit seinen Kunst- und Historischen Sammlungen, der Gemäldegalerie, einer Ausstellung über Kunstgewerbe sowie der graphischen Sammlung und den Dokumentationen zur Ur- und Frühgeschichte. In unmittelbarer Nähe der **Herrngarten,** ein Park im englischen Stil. Bei der Durchquerung des Parks führt der Weg am **Grab** der Großen **Landgräfin Caroline** und am Goethe-Denkmal vorbei. Außerhalb des Gartens, an dessen nördlichem Ende, liegt auf der rechten Seite das **Porzellanschlößchen** mit seinen kostbaren Fayencen und Porzellanen des 18. und 19. Jh.

Außen vor dem Landesmuseum vorbei und gleich danach rechts in die Schleiermacherstraße und an deren Ende in die Bismarckstraße. Dann links über den Mathildenplatz und Luisenplatz. Hier liegt linkerhand das

Kollegiengebäude, der Sitz des Regierungspräsidenten. Dann folgen das Ludwigsmonument und das Luisencenter mit dem neuen Rathaus. Nun geht es geradeaus bis zur **Ludwigskirche,** die zwischen 1822 und 1827 von Georg Moller nach dem Vorbild des Pantheon in Rom erbaut wurde.

Der Rundweg biegt nun rechts in die Hügelstraße, gleich wieder links in die Schützenstraße und über den Ludwigsplatz mit dem Bismarckbrunnen. Hier halb rechts in die Ludwigstraße und nach wenigen Metern rechts durch eine Fußgängerpassage über die Piazza zur

Stadtkirche. 1369 wurde diese Kirche zur Stadtkirche ernannt, die Zeit des Baubeginns ist heute nicht mehr genau feststellbar. Etliche Umbauten haben ihr Äußeres im Laufe der Jahrhunderte verändert.

Spaziergang zur Mathildenhöhe:
Die Erich-Ollenhauer-Promenade beginnt an der alten Stadtmauer im Schloßgraben vor der Technischen Hochschule. Sie führt durch Grünanlagen an den Universitätsgebäuden vorbei, überquert die Pützerstraße und endet auf dem Europaplatz vor der Russischen Kapelle.

Die **Russische Kapelle** ist ein Fremdling zwischen den Jugendstil-Gebäuden auf der Mathildenhöhe. Sie wurde 1899 von dem russischen Professor Benois erbaut und war ein Geschenk des russischen Zaren Nikolaus II. an seine Gemahlin Alexandra, eine Schwester des letzten Darmstädter Großherzogs Ernst-Ludwig. In reichem orientalischem Schmuck, mit goldenen Kuppeln, Mosaiken und Majoliken gehört sie zum typischen slawischen Kirchenbau. Die Kapelle ist Sa und So nachmittags geöffnet.

Mathildenhöhe. Hier schuf der letzte Großherzog Ernst-Ludwig die erste »Künstlerkolonie«, der anfangs 7 Künstler angehörten. Nach ihrer Vorstellung entstanden ein Studio, Wohnhäuser und Ausstellungshallen. Diese Gebäude mit ihren Einrichtungen bildeten einen Teil der ersten Jugendstil-Ausstellung »Ein Dokument deutscher Kunst«, die hier 1901 stattfand. Prof. Olbrich, einer der Jugendstil-Künstler, erbaute 1905 den 48 m hohen **Hochzeitsturm.** Das Bauwerk war ein Geschenk der Darmstädter Bürger zur Hochzeit Großherzog Ernst-Ludwigs und seiner Gemahlin Eleonore. Die Bekrönung des Turms, den fünf Fingern der Hand nachgebildet, entstand nach einer Vorstellung des Großherzogs.

Der Weg führt nun durch die Pergola auf der rechten Seite der Ausstellungshallen eine kleine Treppe hinunter zum **Ernst-Ludwig-Haus** mit seinem malerischen Eingang und den Statuen von Adam und Eva.

Mit reichem orientalischen Schmuck: die russische Kapelle

Eberbach

5500 Einw. Kurort mit Heilquellen am Neckar, zwischen bewaldeten Berghängen, Gärten und Wiesen in einer Talweitung des Flusses. Beliebter Ferienort mit Heilquellen-Kurbetrieb.

Auskunft: Kurverwaltung, Kellereistr. 32–34, 6930 Eberbach, Tel. 06271/4899.

Geschichte:
Durch Schenkung des Frankenkönigs Dagobert, die Karl der Große bestätigte, kam die Gegend in den Besitz des Bistums Worms, das im 11. Jh. die Burg Eberbach erbaute. In ihrem Schutz entstand der Ort, der aber erst 1196 erstmals urkundlich erwähnt wird. In Eberbach, zweitgrößter Schifferstadt am Neckar, wurde bereits 1351 der Schifferverein gegründet, der damit einer der ältesten Vereine Deutschlands ist.

Sehenswert:
Von dem einstigen **Mauerring** der viereckig angelegten Stadt stehen noch Reste am Neckar sowie vier **Türme:** der *Blaue Hut,* der *Pulver-* und der *Haspelturm* und der *Rosenturm.* Ihm gegenüber die älteste Schmiede Badens von 1483.

Thalheimsches Haus, 1390 erbaut, ältestes Gebäude Eberbachs, in der reichsstädtischen Zeit Sitz des kaiserlichen Vogts, später Jagdpalais der Leiningen.

Marktplatz mit der evang. Michaelskirche von 1841. – **St. Johannes Nepomuk,** 1884–1887 im Neurenaissancestil errichtet, mächtige Fassade und Glockentürme, Wahrzeichen der Stadt mit einer der größten nordbadischen Kirchenorgeln (3742 Pfeifen, 48 Stimmen).

Alte **Fachwerkhäuser** an der östlichen Mauer und am Neckarufer, u. a. der *Königliche Hof,* um 1470 mit Vorbau von 1570, das bedeutendste Fachwerkhaus der Stadt.

Rathaus im klassizistischen Stil von 1823 am Alten Markt. – **»Altes Badehaus«,** ältestes baden-württembergisches Badehaus, 1978 zum Hotel umgebaut.

Hotel Karpfen mit Bildern aus der Eberbacher Stadtgeschichte in Sgraffito-Fresken.

Wirtshaus »Krabbenstein«, ältestes Wirtshaus der Stadt, bereits 1627 erwähnt, mit Darstellungen alter Eberbacher Berufe, ebenfalls in Sgraffito-Fresken.

Burg Eberbach, nordöstlich über der Stadt. Sie war die größte Burg der Hohenstaufen, ihre drei Teile haben eine Länge von 200 m und eine Breite von 45 m. Die romanischen Fenster des Palas der Mittelburg ähneln denen der Kaiserpfalz von Bad Wimpfen. Der 11 m breite und 3 m dicke Bergfried der Mittelburg ist noch 8 m hoch.

Fulda

Kreisfreie Stadt und Sitz des Kreises Fulda-Hünfeld, 280 m, 60000 Einw. Die altehrwürdige Bischofsstadt in schöner Lage an der Fulda, zwischen den Naturparken Vogelsberg und Hessische Rhön, ist kultureller, wirtschaftlicher und administrativer Mittelpunkt der Planungsregion Osthessen. Die kulturhistorische Bedeutung der Stadt, seit der Gründung eines Klosters durch Bonifatius, den »Apostel der Deutschen« im Jahr 744, be-

zeugen Baudenkmäler aus karolingischer Zeit, als Kaiser und Könige in der Stadt weilten, um Reichstag zu halten. Den Titel »Stadt des deutschen Barock« verdankt Fulda der glanzvollen Regierungszeit seiner Fürstäbte. Der prächtige Dom und das reich ausgeschmückte Stadtschloß mit der Orangerie künden von der Verbindung geistlichen und weltlichen Fürstentums.

Auskunft: Städtisches Verkehrsbüro, Schloßstr. 1, 6400 Fulda, Tel. 0661/102345 und 346. *Verkehr:* Autobahn A 7 (Rhönlinie) Würzburg – Kassel.

Geschichte:

Die Benediktinerabtei Fulda unterstand seit 751 unmittelbar dem Päpstlichen Stuhl, was für ihre Entwicklung von großer Bedeutung war; sie wurde bald eine der angesehensten Stätten kirchlicher Kunst und Wissenschaft. In Fulda wurde die älteste erhaltene Fassung des Hildebrandliedes aufgezeichnet; Einhard, der Baumeister und Biograph Karls des Großen sowie Otfried von Weißenburg, der Schöpfer der ersten deutschen Evangeliendichtung, erhielten hier ihre umfassende Bildung. Die unter dem Abt Ratgar erbaute Basilika war um das Jahr 1000 das größte Gotteshaus nördlich der Alpen. Ihre Ost-West-Ausdehnung betrug 219 m. Da hier der Leichnam des hl. Bonifatius beigesetzt wurde, entwickelte sich Fulda zu einem bedeutenden Wallfahrtsort. Kaiser Friedrich I. Barbarossa verlieh Fulda anläßlich des hier 1157 abgehaltenen Reichstages das Stadtrecht. Der Erhebung der Äbte zu Reichsfürsten im Hochmittelalter folgten Verfall der Klosterzucht und Sieg der Reformation. Die Gegenreformation erfolgte unter Fürstabt Balthasar von Dermbach, 1570–1606. Nach den Wirren des Dreißigjährigen Krieges wurde das Stadtbild zu Beginn des 18. Jh. durch die Baulust prachtliebender Fürstäbte völlig umgestaltet. Es entstand das in sich geschlossene Barockviertel mit Dom, ehemaligem fürstäbtlichem Schloß, jetzt Stadtschloß, Orangerie, Hauptwache, Paulustor usw.

Sehenswert:
Dom St. Salvator und Bonifatius, am weiträumigen *Domplatz,* gegenüber dem Schloßpark, ist eines der Hauptwerke des Barockbaumeisters Johann Dientzenhofer (1665–1725), der in Rom und Prag seine künstlerische Reife fand (von ihm die Klosterkirche Banz, Schloß Pommersfelden, Bauten in Bamberg).

Fulda, Dom

1704 bis 1712 entstand die heutige dreischiffige kreuzförmige Stiftskirche (erst seit der Erhebung der Fuldaer Abtei zum Fürstbistum 1752 führt sie die Bezeichnung Dom). Sie ist 94 m lang und 32,7 m breit. Das Äußere der nach Westen (üblicherweise nach Osten) ausgerichteten Kirche zeigt die für Dientzenhofer charakteristische strenge, klare Form, die trotz der Vielzahl von Laternen auf Türmen, Kuppel und Kapellen außerordentliche Ruhe und vornehme Abgeklärtheit ausstrahlt.

Der **Hochaltar,** hervorragend in die Architektur Dientzenhofers eingegliedert, ist ein Meisterwerk: Limburger Marmorsteinhauer schufen die aus einem Stück gefertigten schwarzen Marmorsäulen. Sie tragen Johann Neudeckers Himmelfahrtsgruppe: Von Engeln und Voluten flankiert, wird Maria von Putten in Wolken zum Himmel getragen. Hinter dem Hochaltar führt eine Treppe zur **Bonifatiusgruft,** dem Nationalheiligtum des katholischen Deutschlands.

Dommuseum. Geöffnet 1. 4.–15. 10., 10–17 Uhr, Sa 10–14 Uhr, So 12.30–17 Uhr; im Winterhalbjahr 10–12 Uhr und 13.30–16 Uhr, Sa und So 12.30–16 Uhr. Es zeigt die Bonifatius-Heiligtümer, Architektur-Fragmente der karolingischen und ottonischen Zeit, Goldschmiedearbeiten und Gemälde sowie Paramente.

St. Michael, 822 als Friedhofskapelle der Abtei geweiht, im 11. und 12. Jh. wurde der Oberbau ergänzt und verändert sowie das Langhaus mit Westturm angefügt. Kern der Anlage ist der Rundbau mit zweigeschossigem Umgang.

Vom karolingischen Bau blieb die Krypta erhalten, ein weihevoller kreisrunder Raum, dessen einzige Mittelsäule Christus versinnbildlicht.

Stadtschloß, die ehemalige Residenz der Reichs- und Fürstäbte, heute Sitz der Stadtverwaltung und **Museum** (Kunst des 18. Jh.). Unter Einbeziehung der mittelalterlichen Abtsburg aus dem 14. Jh. (erhalten der Bergfried) entstand Anfang des 17. Jh. ein Renaissance-Schloß und 1707–1713 unter Johann Dientzenhofer das heutige Barock-Schloß. Die vorderen Seitenflügel vollendete Andreas Gallasini 1734.

Orangerie, eine elegante Schöpfung des höfischen Barocks, 1730 nach Plänen des Hofbaumeisters Maximilian von Welsch durch F. J. Stengel und Andreas Gallasini erbaut. Der Apollo-Saal wurde von Emanuel Wohlhaupter mit großem Dekkengemälde und prächtigen Stuck-Ornamenten geschmückt. Die Orangerie dient heute als Kongreß- und Tagungsgebäude mit Großgaststätte.

Historisches Rathaus (restauriert), ein prächtiger Fachwerkbau aus dem 16. Jh. mit steinernem Kernbau des 13. Jh. – In der Umgebung noch weitere schöne **Fachwerkhäuser:** das Palais des ehemaligen Fuldaer Kanzlers; das spätgotische Mollenhauer-Haus neben dem Postamt.

In der Umgebung:

Petersberg, 428 m, im Nordosten der Stadt (etwa 3 km vom Zentrum) mit sehenswerter **Propsteikirche St. Lioba.**

Schloß Fasanerie, 6 km südlich. Das ehemalige Jagdschloß der Fürst- und Reichsabtei Fulda ist Hessens schönstes Barockschloß.

Heidelberg

133 000 Einw. Eine der ältesten deutschen Universitätsstädte, am Austritt des Neckars aus einem engen und tiefeingeschnittenen Odenwaldtal in die Rheinebene gelegen. Eingezwängt zwischen Fluß und steilem Nordhang des 566 m hohen Königstuhls, präsentiert sich die Stadt am eindrucksvollsten im morgendlichen Gegenlicht. Die schönsten Ausblicke auf Heidelberg hat man von der nördlichen Neckarseite und vom Philosophenweg. Erst in den Nachmittagsstunden treten die Konturen klarer hervor. Dem Königstuhl gegenüber steht auf der Nordseite der etwa 440 m hohe Heiligenberg.

Auskunft: Verkehrsverein, Friedrich-Ebert-Anlage 2, 6900 Heidelberg, Tel. 06221/10821. Tourist-Info, am Hauptbahnhof, Tel. 06221/21341.

Geschichte:

Heidelberg, einst Sitz der Pfalzgrafen bei Rhein und stolze Residenz der Kurfürsten, hat eine bewegte und abwechslungsreiche Vergangenheit. Die Stadt wurde in den Jahren 1689 und 1693 von Mélac im Auftrag Ludwigs XIV. völlig zerstört, nur wenige Bauwerke, so die Heiliggeistkirche, der Ritter, der Marstall und – wenigstens als Ruine – das Schloß blieben erhalten. So ist Heidelberg in seiner heutigen Erscheinungsform eine verhältnismäßig junge Stadt. Das barocke Element tritt stark in den Vordergrund. In Heidelberg sucht man nicht wie anderswo lediglich architektonische Kostbarkeiten oder künstlerische Kleinode – die ganze Stadt, eingebettet in die herbe Schönheit einer üppigen landschaftlichen Szenerie, ist eine Sehenswürdigkeit.

Die Universität wurde, nach Wien und Prag, im Jahre 1386 gegründet und ist heute somit die älteste Universität auf deutschem Boden. Den schönsten Gesamtblick auf Heidelberg hat man zweifellos von der Ernst-Walz-Brücke.

Sehenswert:
Von der Stadthalle rechts ab zur *Hauptstraße*. Rechts das **Haus zum Riesen** (1707). Weiter, vorbei an der Providenzkirche von 1659, zum gegenüberliegenden

Kurpfälzischen Museum (geöffnet tägl. 10–13 Uhr, 14–17 Uhr, Mo geschlossen), es enthält wertvolle Sammlungen über Kunst und Kultur in der Kurpfalz mit besonderer Berücksichtigung der Geschichte Heidelbergs. – Auf der Hauptstraße weiter zum *Universitätsplatz*. Das

Alte Universitätsgebäude (1713) enthält die alte Aula und den originellen Karzer, die **Neue Universität,** 1929–1932 nach einem Entwurf von K. Gruber erbaut, die Aula und den Senatssaal; in den Neubau wurde der alte Hexenturm einbezogen.

> Gegenüber der Neuen Universität die **Universitätsbibliothek** (Besichtigung werktags 8.30–16.30 Uhr) mit etwa 1½ Millionen Bänden, etwa 1000 Wiegendrucken und 4000 Handschriften, darunter die berühmte Manessische *Minnesängerhandschrift* (um 1300). – Auf der Hauptstraße weiter zur

Heiliggeistkirche, einer dreischiffigen gotischen Hallenkirche, 1400 bis 1463 erbaut, der Turm ist aus den Jahren 1500 bis 1546, die Barockhaube von 1709. Nach der Reformation wurde die Kirche lange von Katholiken und Reformierten gemeinsam benutzt, der Kirchenraum war durch eine Mauer unterteilt. Kurfürst Karl Philipp wollte aus Heiliggeist eine Kathedralkirche machen, ließ die Mauer einreißen und sperrte die Reformierten aus. Hierauf schloß König Friedrich Wilhelm von Preußen sämtliche katholischen Kirchen in seinen Landen, bis die Mauer in Heiliggeist wiedererrichtet war. – Gegenüber steht das

Haus zum Ritter (jetzt Hotel und Gaststätte) mit einer herrlichen Renaissancefassade von 1592. – Hinter Heiliggeist befindet sich das

Rathaus, ein Bau aus den Jahren 1701 bis 1703, umgebaut 1924, mit Heimkehrer-Mahnmal.

Im weiteren Verlauf der *Hauptstraße* gelangt man zum

Kornmarkt (Madonna von 1718): Von hier aus bietet sich ein prachtvoller Blick auf das Schloß, und hier gehen Fußweg und Bergbahn zum Schloß ab. Vorbei an alten Studentenlokalen (Roter Ochse und Seppl) und alten Gebäuden geht es schließlich zum

Karlstor, 1775 von den Bürgern zu Ehren des Kurfürsten Karl Theodor errichtet (links Neckarstauwehr mit Steg). Am Ende des Platzes erreicht man die *Hirschgasse* mit berühmtem Studentenpauklokal und den Aufstieg zum Philosophenweg. Auf dem nördlichen Neckarufer führt der Rundweg zurück zur Alten **Brücke** (1786; 1976 restauriert) mit den Standbildern der Minerva und Karl Theodors.

Das **Heidelberger Schloß** auf dem Jettenbühel, 100 m über dem Neckar, einst Burg der Pfalzgrafen, wurde im Laufe der Jahrhunderte entsprechend seiner kurfürstlichen Würde ausgebaut und vergrößert.

Die ältesten Teile stammen aus der Zeit von 1400 bis 1500. Im 16. und Anfang des 17. Jh. entstanden die schönsten Abschnitte, denen das Schloß seinen Weltruhm verdankt: der *Gläserne Saalbau,* der *Ottheinrichsbau,* der *Friedrichsbau.*

Den *Englischen Bau* ließ Friedrich V., der Winterkönig, für seine Gemahlin Elisabeth von England errichten. 1689 und 1693 zerstörte Mélac auf Befehl Ludwigs XIV. das Schloß.

Heidelberg, Schloß

Heppenheim

24 000 Einw. Anerkannter Luftkurort; eine alte Stadt mit schönen Fachwerkhäusern am Fuß der weithin sichtbaren Starkenburg. Heppenheim ist Zentrum des ausgedehnten Wein- und Obstanbaugebietes Bergstraße. – Die Stadtteile Hambach, Kirschhausen, Mittershausen, Erbach, Wald-Erlenbach und Ober-Laudenbach erstrecken sich in die reizvollen Odenwaldseitentäler.

Auskunft: Verkehrsamt, 6148 Heppenheim, Tel. 06252/13170. Verkehrsbüro, 6148 Heppenheim, Tel. 06252/13171.

Sehenswert:
Alte *Fachwerkhäuser,* die schönsten sind das **Rathaus** von 1551 und die Apotheke, in der Justus Liebig als Lehrling tätig war, beide am brunnengeschmückten *Marktplatz* gelegen.

Kurmainzer Amtshof, ehemals Sommeraufenthalt der Mainzer Kurfürsten, mit Wandmalereien von 1385 und 1578; das hier eingerichtete *Heimatmuseum* zeigt das Odenwälder Jahresbrauchtum.

Kath. **Kirche,** der »Dom der Bergstraße«, mit altem eingemauertem Turm aus dem 11. Jh. – Reste der *Stadtbefestigung* mit malerischen angebauten Fachwerkhäuschen.

Starkenburg-Sternwarte, Führungen und Vorträge.

Lorsch

11 000 Einw. In der Rheinebene nahe der Bergstraße, unmittelbar an den beiden Autobahnen Frankfurt a. M. – Karlsruhe und Darmstadt – Heidelberg gelegenes Städtchen. Lorsch ist durch das Kloster bekannt geworden, dessen ehemalige Torhalle als das älteste deutsche Bauwerk gilt.

Auskunft: Kultur- und Verkehrsamt, Kaiser-Wilhelm-Platz 1, 6143 Lorsch, Tel. 06251/5041.

Sehenswert:
Bedeutendstes Baudenkmal ist die **Torhalle,** auch Königshalle oder Lorscher Halle genannt. Um 768 errichtet, ist dieser karolingische Bau eines der ältesten Baudenkmäler Deutschlands und diente ursprünglich wohl als Torhalle zum Vorhof des Klosters. Der rechteckige Querbau besteht aus zwei Geschossen, dessen unteres sich in drei großen Rundbögen nach beiden Seiten hin öffnet. Je drei Spitzgiebel des Obergeschosses entsprechen einem dieser Rundbögen im Untergeschoß.

Hervorzuheben sind auch die aus roten und weißen Steinen gefügten Mosaikmuster, die die Außen-

Lorsch, Königshalle

mauern ornamentartig gestalten. Im Innern führen zwei runde Treppentürme an den Schmalseiten ins Obergeschoß, dessen Wände mit karolingischen Malereien versehen sind, die fast völlig wieder hergestellt werden konnten. Ursprünglich von einer Flachdecke abgeschlossen, wurde im 14. Jh. ein Tonnengewölbe eingezogen, um den Raum dadurch zu erhöhen. Gotische Malereien, eine Marienkrönung an der Nordseite und eine Darstellung des Schmerzensmannes an der Südseite, schmücken die Decke.

Rathaus, Fachwerkbau von 1715. – Katholische Barockkirche.

Kloster Lorsch. Das berühmte karolingische Reichskloster Lorsch wurde 764 von Graf Kantzor gegründet, der hier Benediktinermönche aus Gorze in Lothringen einsetzte. Lorsch gelangte schnell zu einer außerordentlich hohen geistigen, kulturellen und politischen Bedeutung und wurde 772 unter Karl d. Gr. Reichskloster. Damit erhielten auch die jeweiligen Äbte des Klosters Lorsch das Amt und die Würde eines Reichsfürsten.

1090 wurden die karolingischen Klosterbauten weitgehend durch einen Großbrand zerstört, der Wiederaufbau wurde nur zögernd in Angriff genommen und dauerte bis 1130. Durch zunehmende Sittenlosigkeit und Verschwendungssucht der Äbte verlor das Kloster allmählich an Macht und Ansehen; Papst Gregor IX. nahm ihm daher die Selbständigkeit und übergab es dem Erzbistum Mainz 1231 zur Verwaltung. Später kamen Ort und Kloster als Pfandgut an die Pfalz. Im Zuge der dort einsetzenden Reformation wurde das Kloster 1556 aufgehoben, die Gebäude, nicht mehr genutzt, verfielen.

Michelstadt

14 000 Einw. Luftkurort im mittleren Odenwald, mit dem nahen Erbach fast zusammengewachsen. Michelstadt wird im Jahr 741 erstmals erwähnt, gehörte ab 840 zum Kloster Lorsch, seit dem 12. Jh. den Grafen zu Erbach; die Stadt wurde um 1400 mit Mauern, Wällen und Gräben umgeben, die teilweise noch erhalten sind. Mit seinen malerischen Winkeln und schönen Fachwerkbauten – das Rathaus ist markanter Mittelpunkt des Städtchens – bietet Michelstadt eines der am besten erhaltenen hessisch-fränkischen Städtebilder.

Auskunft: Verkehrsamt, 6120 Michelstadt, Tel. 06061/ 74146.

Sehenswert:
Markt und Rathaus, »ein kleinstädtisches Charakterbild von seltener Liebenswürdigkeit« (Dehio). – **Rathaus,** eines der ältesten und originellsten, 1484 erbaut, mit großer Halle, Spitzgiebel und zwei Erkertürmchen.

Marktbrunnen von 1541, Trog von 1575, auf einer Säule St. Michael mit Schwert, Seelenwaage und Luzifer.

Stadtkirche St. Michael und St. Kilian, 1461–1507 erbaut, ist eine spätgotische Hallenkirche, deren mächtiger Turm ein weiteres Wahrzeichen der Stadt ist.

Odenwald-Museum, neben der Kellerei, mit Funden aus der Kelten- und Römerzeit, ferner Hausgerät und volkskundliches Gut.

Wenige Minuten entfernt, im Stadtteil *Steinbach,* Ruine der **Einhardsbasilika** (Führung durch den Schloßhof und Basilika), eines der wenigen erhaltenen und zugleich interessantesten Baudenkmäler aus karolingischer Zeit.

Schloß Fürstenau, unmittelbar dabei, von einem schönen gepflegten Park mit alten Bäumen umgeben. Der älteste Teil stammt aus dem Mittelalter, Umbauten im 16./17. Jh. Die Gebäudegruppe ist von malerischer Gesamtwirkung. Im Hof ein eleganter Schwibbogen von 1588.

Deutsches Elfenbeinmuseum in Erbach, im Bürgerhaus (geöffnet werktags 10–12.30, 14–17 Uhr). Elfenbeinschnitzereibetriebe.

Schloß Erbach, Bau von 1736 mit Bergfried. Kunstsammlungen (geöffnet 8.30–12, 14–17 Uhr), sehenswerte Ausstellungen.

Miltenberg

10000 Einw. Vielbesuchter Luftkurort (die »Perle des Maintals« genannt) zwischen den bewaldeten Odenwald- und Spessarthängen an der Südwestspitze des Mainvierecks. Hier trafen früher die alten Verkehrswege vom Neckar, von Worms (Nibelungenstraße), von Regensburg – Nürnberg und der Eselsweg, die Salzstraße von Bad Orb, auf den Main.

Auskunft: Tourist-Information, Engelplatz 69, 8760 Miltenberg, Tel. 09371/67272.

Geschichte:

Miltenberg war wegen seiner Verkehrsgunst schon zur Römerzeit besiedelt. Der mittelalterliche Ort im Schutz einer Burg erhielt 1237 Stadtrecht. Reich an Zöllen und Einkünften aus regem Handel sowie Weinbau und Steinindustrie, blühte die Stadt mächtig auf und erhielt im 14. Jh. Münz-, Messe- und Stapelrecht.

Sehenswert:

Stadtpfarrkirche St. Jakobus aus heimatlichem Rotsandstein mit ihren Kunstwerken: Kanzel von 1653, Kruzifix von 1527 aus der Schule von Backoffen, gotisches Altarkreuz, Dreikönigsgruppe aus Rotsandstein von 1400, Gnadenbild aus der alten Wallfahrtskapelle »Maria uff den Staffeln«, barocker Alabasteraltar; zwei barocke Türme von 1829.

Franziskaner-Klosterkirche (1667 bis 1687), ein Bau des Hofbaumeisters Antonio Petrini, mit Barockorgel von P. Adam Ohninger (1681).

Altes Rathaus, spätgotischer Sandsteinbau, 1379 erstmals als Stadtwaage erwähnt, Kauf-, Lager-, Rat- und Tanzhaus. – Der 1504 als »Fürstenherberge« genannte Gasthof »Zum Riesen« gilt als der älteste in Deutschland. Das heutige an drei Seiten freistehende Fachwerkhaus ist ein typischer Renaissancebau von 1590.

Marktplatz mit weltbekannten Fachwerkhäusern: das ehemalige Gasthaus »Zur gülden cron« von 1623 besitzt einen Polygonerker, der erst im 2. Stock hervortritt. Alte Amtskellerei, 1541 als spätgotisches Haus errichtet, 1611 im Renaissancestil mit zwei verzierten Erkern umgebaut, seit 1967 städt. Museum mit Exponaten von der Vor- und Frühgeschichte bis zur Neuzeit; »Weinhaus am Alten Markt«, Fachwerkbau von 1508 mit ehemals offener Halle im Erdgeschoß, Polygonerker.

Marktbrunnen von 1583, eine Renaissanceschöpfung aus rotem

Sandstein mit schlanker, feingliedriger Brunnensäule. – Miltenberg wird überragt von der

Mildenburg, die durch den Turm des *Schnatterlochs* und durch den Schluchtweg zu erreichen ist. Im Burghof steht der Teutonenstein, eines der merkwürdigsten Steindenkmäler der römisch-germanischen Zeit. Die Burg wurde um 1200 als kurmainzische Grenzfeste gegen das Bistum Würzburg als Gegenstück zur Burg Freudenberg errichtet. Vom Bergfried aus überwältigender Rundblick auf Maintal und Spessart.

Mosbach

25 000 Einw. Malerisches Städtchen im Elztal, nahe der Mündung der Elz in den Neckar, von bewaldeten Höhen umgeben. Mosbach wurde im 8. Jh. als Benediktinerkloster gegründet, das 826 als Abtei erstmals urkundlich erwähnt wird. Im 13. Jh. erhielt Mosbach Stadtrechte und wurde 1291 in einer Urkunde erstmals als »oppidum«, d. h. »eine mit Türmen, Mauern und Gräben bewehrte Stadt« bezeichnet.

Auskunft: Städtisches Verkehrsamt, Rathaus, 6950 Mosbach, Tel. 06261/82236.

Sehenswert:
Fachwerkbauten, in fränkischer und alemannischer Bauweise, vorwiegend in der Hauptstraße, heute Fußgängerzone, und am Markt.

Stiftskirche, seit 1708 Langhaus evangelisch, der Chor katholisch. Im katholischen Teil Grabplatte der Pfalzgräfin Johanna (gest. 1444) sowie wertvolle Barockaltäre und Kanzel mit Relief von 1468 und Fresken aus dem 15. Jh. Geläute aus der Abtei Grüssau in Schlesien.

Rathaus von 1558/59, Turm 1566 vollendet. Im Rathausturm *Stadtarchiv* mit wertvollen Urkunden.

Altes Spital, heute Kulturzentrum mit Stadtbücherei, Volkshochschule und *Stadtmuseum.* In den vier Abteilungen des Museums Fayencensammlung, bemalte Bauernmöbel, ostdeutsches Kulturgut u. a.

Palmsches Haus am Marktplatz, prunkvollster Fachwerkbau der Stadt mit feinem Schnitzwerk, Rosetten und Neidköpfen aus dem Jahr 1610.

Das Palm'sche Haus in Mosbach ist ein Meisterstück des Fachwerkbaus

Hohenlohe und Mainfranken

*H*ohenlohe und Mainfranken haben vieles gemeinsam: den flachhügeligen, offenen Landschaftscharakter, fruchtbare Lößböden, den Muschelkalk als vorherrschendes Gestein, den freundlichen fränkischen Menschenschlag. Vielerorts wird Wein angebot, vor allem an Main und Tauber; um ihn vor Fälschungen zu schützen, gilt schon seit Jahrhunderten das Privileg, ihn in die »Bocksbeutel« abfüllen zu dürfen. Überall gibt es Kunst- und Baudenkmäler in großer Zahl, Zeugen aus Zeiten, da die schwäbisch-fränkische Kunst wegweisend in Mitteleuropa war.

*B*esieht man sich die Landschaften genauer, so fallen auch die Gegensätze auf. Hohenlohe, in der Nordostecke Württembergs gelegen, gelangte schon früh in den schwäbischen Hoheitsbereich. Das bedeutete: Im Erbfall wurden die Höfe geteilt. Felder und Höfe wurden im Lauf der Zeit immer kleiner, die Bevölkerung verarmte, obwohl die Böden sehr fruchtbar sind. Auch die Fürstentümer wurden sehr klein; die Duodezherrschaften regierten schließlich nur noch wenige Ortschaften, und beinahe jedes Dorf hat sein Schloß. Auf den württembergischen König geht auch die Ausbreitung des Obstbaus zurück.

*M*ainfranken, das heute zu Bayern gehört, präsentiert sich anders: keine Obstbaumkulturen, die Höfe wurden im Erbfall nicht geteilt. Riesige Gutshöfe und Feldfluren sieht man hier heute in den fruchtbaren Getreide- und Zuckerrüben-Anbaugebieten. Diese Gegend zwischen Spessart, Rhön und Steigerwald, um Würzburg, Schweinfurt und Ochsenfurt ist das Kernland Mainfrankens, durch das sich in weiten Mäandern der Main schlängelt. Was sonst noch zu Mainfranken gehört, erklärt jeder Reiseführer anders. In diesem Führer beziehen wir noch die Haßberge, jenes Waldland nördlich des Mains, mit ein. Das Landschaftsbild ist hier freilich ganz anders: Die Haßberge sind ein Keuperbergland, das sich scharf abgesetzt aus der Muschelkalkebene östlich von Schweinfurt erhebt.

*S*ieht man einmal von den Flußtälern mit ihren Weinbergen und Steinriegeln ab, so bieten Hohenlohe und Mainfranken wenig an spektakulärer Landschaft. Aber man schließt sie dennoch ins Herz. Spektakulärer sind die Kunstwerke: die Stadtbefestigungen, Burgen, Kirchen und Klöster des Mittelalters, die Bildhauerkunst der Gotik, die Veit Stoß und Tilman Riemenschneider zu höchster Blüte brachten, die Schlösser der Renaissance, schließlich die Barockbauten, deren Schöpfer häufig Balthasar Neumann war. Abseits der großen Industrie blieben viele Stadtbilder unverändert mittelalterlich: Ochsenfurt und Schwäbisch Hall, Langenburg, Iphofen, Dinkelsbühl und – ohne Zweifel als Krönung – Rothenburg ob der Tauber.

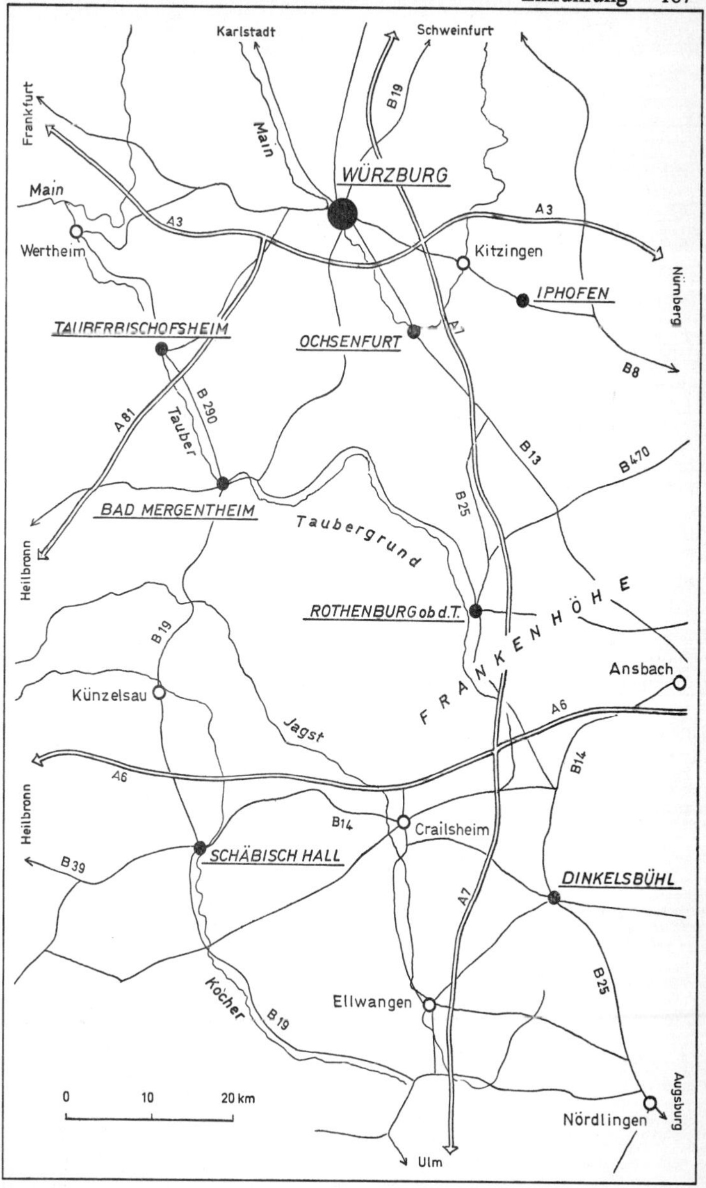
Karlstadt
Schweinfurt
Frankfurt
B19
Main
WÜRZBURG
Main
A3
Wertheim
A3
Kitzingen
Nürnberg
IPHOFEN
TAUBERBISCHOFSHEIM
OCHSENFURT
A7
B8
B 290
Tauber
A81
B13
B470
BAD MERGENTHEIM
Heilbronn
Taubergrund
B25
ROTHENBURG ob d.T.
FRANKENHÖHE
B19
Künzelsau
Ansbach
A6
Jagst
B14
A6
Heilbronn
B14
Crailsheim
SCHÄBISCH HALL
B39
DINKELSBÜHL
A7
B25
Kocher
B 19
Ellwangen
0
10
20 km
Augsburg
Nördlingen
Ulm

Bad Mergentheim

19000 Einw. Weltberühmtes Heilbad gegen Magen- und Darmleiden, im Taubertal gelegen. Die Stadt war von 1525 bis 1809 Residenz der Hoch- und Deutschmeister des Deutschen Ritterordens. – Zu Bad Mergentheim gehört der Stadtteil Stuppach, bekannt durch die sog. »Stuppacher Madonna« von Grünewald.

Auskunft: Städtisches Kultur- und Verkehrsamt, Marktplatz 3, 6990 Bad Mergentheim, Tel. 07931/57232.

Geschichte:

Den größten geschichtlichen Impuls erhielt Mergentheim durch das im benachbarten Weikersheim ursprünglich ansässige Haus Hohenlohe; drei Brüder aus diesem Hause schenkten ihren dortigen Besitz dem Deutschorden, der 1219 eine der ältesten Komtureien im Reich hier gründete. Heinrich von Hohenlohe wurde als Nachfolger Hermanns von Salza Hochmeister des Deutschen Ordens. Beethoven war als Bratschist Mitglied der Hofkapelle in Mergentheim, Mörike wohnte beinahe ein Jahrzehnt in der Stadt.

Sehenswert:
Residenzschloß der Hoch- und Deutschmeister des Deutschen Ritterordens mit Bläserturm, der die großartigste Wendeltreppe Deutschlands, ein Werk der Renaissance, zeigt (1574).

Schloßkirche, eine Perle der Barockbaukunst (1730–35), von Balth. Neumann. Sehenswerter Kapitelsaal. Deutschordensmuseum und Heimatmuseum.

Rathaus (1564), mit Denkmal des Hoch- und Deutschmeisters Wolfgang Schutzbar, genannt Milchling.

Stadtkirche von 1250–70.

Grabdenkmal des Hochmeisters Walter von Cronberg, von Peter Vischer entworfen. – Großangelegter **Marktplatz.**

In der Umgebung:
Stuppach, 7 km südlich. In der Pfarrkirche die sog. **»Stuppacher Madonna«** von Mathias Grünewald (richtiger: Meister Mathis Gothardt Neithardt), 1519, früher in der Stiftskirche von Aschaffenburg aufbewahrt. Das Marienbildnis ist eines der größten Werke der altdeutschen Malerei.

Veranstaltungen:
Alljährlich im Sommer Bad Mergentheimer Musikwochen in Verbindung mit den Internationalen Sommerkursen der Musikalischen Jugend Deutschlands auf Schloß Weikersheim. Regelmäßige Theatergastspiele und Sonderveranstaltungen im Kursaal und in der Wandelhalle. Alljährlich Ende Juli/Anfang August Bad Mergentheimer Volks- und Heimatfest.

Dinkelsbühl

10500 Einw. Ehemals Freie Reichsstadt am Ufer der Wörnitz. Die in ihrer baulichen Geschlossenheit seit dem 15. und 16. Jh. unverändert gebliebene Stadt ist breit und geräumig angelegt und bietet Straßenbilder von ungewöhnlichem mittelalterlichem Reiz. Charakteristisch sind die der Stadt vorgelagerten großen Weiher.

Auskunft: Tourist-Information, Marktplatz, 8804 Dinkelsbühl, Tel. 098 51/30 13.

Geschichte:

Der Name »Dinkelsbühl« dürfte »Bühl des Thingwulf (oder Thingolf)« bedeuten, der als fränkischer oder schwäbischer Sippenführer in der Merowingerzeit oder noch früher die Gegend in Besitz nahm. Das Stadtwappen, drei goldene Dinkel-(Korn-)Ähren auf drei silbernen Hügeln, beruht auf einer späteren volksetymologischen Deutung des Namens. Nach schweren Kämpfen mit den Grafen von Oettingen und unter großen finanziellen Opfern gelang es der Stadt 1351, durch einen Vertrag die um 1273 erlangte Reichsunmittelbarkeit endgültig durchzusetzen. Das 14. und 15. Jh. gilt als die Blütezeit der Stadt, in der sich die Zünfte zu immer größerer Bedeutung entwickelten. 1378 erhielten sie zwölf Vertreter im Rat der Stadt, der bis dahin aus Patriziern bestanden hatte. 1532 wurde, nach den schweren Unruhen des Bauernkrieges von 1525, die Reformation eingeführt. Der Dreißigjährige Krieg vernichtete den Wohlstand der Stadt. Mit der Aufhebung der Reichsfreiheit kam Dinkelsbühl 1802 an Bayern, gehörte 1804–1806 zu Ansbach-Bayreuth und wurde 1806 endgültig bayerisch.

Sehenswert:

Altes Rathaus aus dem 13. Jh. Es diente bis 1850 seinem Zweck als Verwaltungszentrum der Stadt. Im Hof Bogengänge und Kellergefängnisse von 1530.

St.-Georgs-Kirche (katholisch). Der 1448–99 errichtete, in der 2. Hälfte des 19. Jh. renovierte Kirchenbau ist ein hervorragendes Werk der Spätgotik. Baumeister waren Niklas Eseler von Alzey und Sohn, Der äußere Baukörper ist harmonisch und einheitlich, das Innere von großer Schönheit. Der Raum ist 77 m lang, 22,5 m breit und 21,5 m hoch. 22 Pfeiler tragen die schöngerippten Gewölbe. Interessant ist der schiffsbugähnliche Chorabschluß.

Das **Deutsche Haus** ist eines der schönsten Fachwerkhäuser der deutschen Renaissance in Süddeutschland, erbaut 1440, Fassade 1543.

Das massige Gebäude der **Schranne** (früheres Kornhaus) mit Barockgiebel von 1660. Im Saal der Schranne findet das Festspiel »Die Kinderzeche« alljährlich im Sommer statt.

Historisches **Heimatmuseum** (wochentags 9–12 und 13–17 Uhr, So und Fei 10–12 und 13–15 Uhr; mit Gemäldesammlung).

Rathaus, Barockbau, 1733 als Gasthaus gebaut. Sgraffito-Wandbild (Einführung der demokratischen Verfassung in Dinkelsbühl darstellend) von Rudolf Warnecke, darüber Wappen Dinkelsbühler Geschlechter. Rechts malerische Gäßchen, Gansberg, Nestleinsberg.

Deutschordensschloß (jetzt Ämtergebäude) als Sitz einer Komturei erbaut von 1761–64. Im Hof Portal und Aufgang zur Hauskapelle im Rokokostil. In der Klostergasse **Geburtshaus** Christoph von Schmids.

Karmeliterkloster mit schönem Renaissanceportal, im Kreuzgang Epitaphien aus der abgebrochenen Klosterkirche, an der Außenwand altes Standbild des Dinkelbauern, des sagenhaften Gründers der Stadt.

Rundgang um die Stadt (Dauer etwa 1 Std.): Der Rundgang um die sehr gut erhaltene Stadtmauer aus dem 15. Jh. bietet eine Fülle malerischer Bilder.

Veranstaltungen: Kinderzeche-Festwoche Mitte Juli jeden Jahres. Die Aufführung des Festspiels erfolgt zur Erinnerung an die Rettung der Stadt vor Zerstörung durch die Schweden 1632. Das Hauptspiel wird im Schrannensaal aufgeführt.

Anschließend ein Festzug, an dem die bekannte Dinkelsbühler Knabenkapelle mitwirkt. Nachmittags Schwertertanz und Zunftreigen, Volksfest auf dem Schießwasen (Nähe Bahnhof). – Frühjahr und Herbst Münzsammelbörse (Treffen der Münzensammler).

Iphofen

Kr. Kitzingen, 258 m, 4200 Einw. Berühmte Frankenwein-Stadt am Westabfall des Steigerwaldes mit prachtvoll erhaltenem Stadtbild altfränkischer Art, schon 741 urkundlich erwähnt, Stadt seit 1292. – Bekannte Weinlagen wie »Julius-Echter-Berg«, »Kronsberg«, »Kammer«, »Burgweg«, »Bettenberg« und »Kalb«.

Auskunft: Stadtverwaltung, 8715 Iphofen, Tel. 09323/3095.
Verkehr: B 8 Kitzingen – Enzlar. – Autobahnanschlußstellen.

Sehenswert: **Stadtmauer** mit Toren und Türmen, Gräben und Wällen. – **Barock-Rathaus** von 1717. – Gotische **Hallenkirche St. Veit** (Baubeginn 15. Jh., fertiggestellt 17. Jh.) mit bedeutenden Kunstwerken. – Spitalkirche, spätgotisch, anschließend das 1607 erweiterte Spitalgebäude. – Blutskirche, erbaut 1369, 1615 erneuert. – Wertvolles Archiv und kulturhistorische Sammlung.

Veranstaltungen: Winzerfest im Herbst.

Ochsenfurt

Kr. Würzburg, 192 m, 11 500 Einw. Stadt an der Südspitze des Maindreiecks bei der Einmündung des Thierbachs mit dem seit alters her wichtigen Mainübergang. Das reizvolle altertümliche Städtchen ist noch von seinem mittelalterlichen Befestigungsgürtel mit Ringmauer, Zwinger und Graben umgeben und besitzt drei guterhaltene wuchtige Stadttore.

Auskunft: Fremdenverkehrsbüro, 8703 Ochsenfurt, Tel. 09331/5855.
Verkehr: B 13 Würzburg – Uffenheim. – Autobahnanschlußstelle Würzburg/Randersacker, 10 km.

Sehenswert: Kath. **Pfarrkirche** mit Bauteilen aus dem 13., 14., 15. und 18. Jh., dreischiffige Hallenkirche mit schönem Maßwerk und bedeutenden Kunstwerken, u. a. von Tilman Riemenschneider und Peter Vischer.

Michaelskapelle aus dem 15. Jh. – **Kreuzkirche** und Spitalgebäude mit Fachwerklaube im Hof (16. und 17. Jh.). Ehrenhof für Gefallene. – **Wolfgangskapelle** vor der Stadt, 1463 begonnen, 1738 vollendet.

Rathaus, erbaut Ende des 15. Jh., einer der schönsten spätgotischen Bauten dieser Art in Franken mit Maßwerkbalustraden an der Freitreppe und achteckigem spitzbehelmtem Uhrtürmchen, dessen Spielwerk aus dem Jahre 1520 stammt. – **Altes Rathaus** aus dem 14. Jh. mit Pranger. – Fachwerkhäuser in der Haupt- und Brückenstraße. – **Mainbrücke** im 13. Jh. bereits erwähnt, ursprünglich aus Holz, 1512 aus Stein errichtet. – Heimatmuseum im Greisinghaus mit Abteilung »Ochsenfurter Gautracht«.

Rothenburg ob der Tauber

12 500 Einw. Ehemalige Freie Reichsstadt am Westrand Bayerns, nahe der württembergischen Grenze. Sie erstreckt sich mauerbewehrt und turmüberhöht am Steilrand des 60 m tiefen Tales der Tauber und gilt als Inbegriff der mittelalterlichen deutschen Stadt. Man nannte sie ihrer imponierende Lage wegen auch »fränkisches Jerusalem«.

Auskunft: Fremdenverkehrsamt, 8803 Rothenburg o. d. T., Tel. 09861/40492.

Geschichte:

Unter dem Schwabenherzog Friedrich begann von etwa 1170 an Rothenburgs Entwicklung zur Stadt durch Ansiedlung des Herzogsgefolges an der zur Burg führenden Herrngasse. Das 14. Jh. brachte den Anschluß der Stadt an die wichtige Handelsstraße von Würzburg über Rothenburg nach Augsburg.

Unter der Regierung von Rothenburgs berühmtem Bürgermeister Heinrich Toppler (1372–1408, s. den Roman von Paul Schreckenbach »Der König von Rothenburg«) erlebte die Stadt ihre größte Ausdehnung und Blüte. Unter seiner Regierung wurde sie ein macht- und einflußreicher Staat. Im Schwäbischen Städtebund spielte Rothenburg eine bedeutende Rolle.

Im Dreißigjährigen Krieg verhielt sich Rothenburg neutral. Am 30. Oktober 1631 wurde die Stadt nach erbitterter Gegenwehr von den kaiserlichen Truppen unter Tilly eingenommen. Durch den Meistertrunk rettete angeblich Altbürgermeister Nusch Stadt und Rat vor der Vernichtung. Das Ereignis, das allerdings geschichtlich nicht verbürgt ist, wird im Historischen Festspiel alljährlich zu Pfingsten und an den Reichsstadt-Festtagen Mitte September dargestellt. Der Krieg vernichtete den Wohlstand der Stadt gänzlich, so daß sie sich von diesem Schlag nicht mehr völlig erholte. Rothenburg geriet bis ans Ende des 19. Jh. in Vergessenheit und lag in einem Dornröschenschlaf. Von Malern, darunter dem Romantiker Ludwig Richter, wurden die baulichen Schönheiten wiederentdeckt, und Rothenburg gilt seither als schönste mittelalterliche Stadt.

Sehenswert:
Der leicht ansteigende **Marktplatz** ist einer der schönsten Plätze deutscher Städte. Beherrschendes Gebäude ist das Rathaus, rechts davon die Ratsherrentrinkstube mit Kunstuhr, an der Ostseite Patrizierhäuser, an der Südseite, hinter dem St.-Georgs- oder Herterichbrunnen, das ehemalige Fleisch- und Tanzhaus, heute Gewerbehalle mit Kunstausstellung des Rothenburger Künstlerbundes.

Das **Rathaus** besteht aus zwei zusammenhängenden Bauten, dem alten gotischen und dem späteren Renaissancebau. Der vordere Gebäudeteil an der Marktseite ist das Neue Rathaus, einer der schönsten und imposantesten Rathausbauten. Es wurde 1572–78 von den Rothenburger Baumeistern Leonhard Weidmann und Nikolaus Hofmann an Stelle des abgebrannten Teils des alten Rathauses erbaut.

Hieran schließt sich in der Herrngasse die Giebelfront des nach 1250 erbauten Teiles des Alten Rathauses in gotischen Bauformen an. Aus der Mitte des Giebels wächst ohne Fundamente der 55 Meter hohe Rathausturm empor, der bestiegen werden kann und von dem aus sich ein unvergeßlicher Blick über die gesamte Stadt bietet (Aufgang durch den Treppenturm des Rathauses).

In den Gewölben des Rathauses wurde das **Historiengewölbe** untergebracht, das die Situation Rothenburgs 1631 darstellt und die Waffentechnik während des Dreißigjährigen Krieges illustriert.

Rechts vom Rathaus, an der Nordseite des Marktplatzes, die ehemalige

Ratsherrentrinkstube, an deren Giebelfront sich eine Kunstuhr befindet, 1910 geschaffen, durch die täglich 11, 12, 13, 14, 15, 21 und 22 Uhr der Meistertrunk des Altbürgermeisters Nusch (rechts im Fenster) vorgeführt wird, während Tilly (im linken Fenster) befehlend seinen Marschallstab erhebt.

St.-Georgs-Brunnen oder Herterichbrunnen an der Südseite des Marktplatzes, der schönste der Stadt. Hinter dem Brunnen, dessen Kasten mit Brunnenfigur 1608 errichtet wurde, das ehemalige **Fleisch- und Tanzhaus.**

Die Herrngasse verbindet den Markt mit der Burg. Sie ist eine der ältesten Straßen der Stadt, von wappengeschmückten Patrizierhäusern mit breiten großen Tennen eingefaßt.

Franziskanerkirche, im unteren Teil der Straße. Sie wurde 1285 begonnen und 1309 geweiht. Das Franziskanerkloster, das dazu gehörte, wurde 1544 aufgelöst, in den Klostergebäuden wurde eine Schule eingerichtet. Die Kirche, die älteste erhaltene der Stadt, dient seit 1871 dem evangelischen Gottesdienst.

Staudt'sches Haus, gegenüber der Franziskanerkirche, ein seit 500 Jahren unverändertes Rothenburger Patrizierhaus mit sehenswertem Hof.

Burgtor mit hohem Turm, am westlichen Ende der Herrngasse. In dem mächtigen hölzernen Tor sind heute noch Schlupftürchen zu sehen, durch die früher bei Nacht Einlaß gewährt wurde.

Das 1258 gestiftete ehemalige **Dominikanerinnenkloster** ist zu einem sehenswerten **Museum** ausgestaltet worden, in welchem die ausgestellten Gegenstände organisch in die Umgebung eingefügt wurden. Die Räume – flachgedeckter Kreuzgang, uralte mittelalterliche Klosterküche, vollständig eingerichtet, Speise- und Konventsaal, Reste der ehemaligen Klosterkirche – zeigen in unverfälschter Weise die Anlage eines mittelalterlichen Nonnenklosters. – Führungen.

Die Klingengasse führt unter der Jakobskirche hindurch rechts am Pfarrhaus von St. Jakob vorbei. Rechts geht es zur sogenannten **Folterkammer,** einer Sammlung mittelalterlicher Rechtspflegemittel.

St.-Jakob-Kirche, evangelisch, das bedeutendste Sakralbauwerk der Stadt. Sie wurde im 14. und 15. Jh. erbaut und ist in drei Teile gegliedert: Ostchor, Mittelbau, Westchor. Zwölf Pfeiler tragen den dreischiffigen Mittelbau, der durch die beiden Chöre im Osten und Westen einschiffig fortgesetzt wird. Im Ostchor der Hochaltar, auch St.-Lienhards- oder *Zwölfboten-Altar* genannt, nach Dehio einer der bedeutendsten Deutschlands in seinem Aufbau und in der dekorativen Gesamtwirkung. Er wurde 1387 von Heinrich Toppler gestiftet, aber erst 1466 fertiggestellt. Im nördlichen Seitenschiff (links vom Ostchor) der holzgeschnitzte, unbemalte *Marienaltar*, wahrscheinlich aus der Riemenschneider-Schule. Auf der Empore des Westchors, wie vom Meister beabsichtigt, wurde der aus Lindenholz geschnitzte berühmte *Heilig-Blut-Altar* aufgestellt, ein Hauptwerk Tilman Riemenschneiders; 1501–06 angefertigt.

> Sehr lohnend ist ein Spaziergang auf dem Wehrgang der Stadtmauer vom Spitaltor über das Rödertor und Würzburger Tor zum Klingentor in rund ¾ Std. Dabei malerische Blicke auf Stadttürme, Giebel und Altstadt. Aufgänge befinden sich an mehreren Stellen, immer aber bei jedem Stadttor.

Veranstaltungen: »Hans-Sachs-Spiele«, Aufführungen im Kaisersaal des Rathauses Ostern, Pfingsten und mehrmals wöchentlich in den Sommermonaten (20 oder 20.30 Uhr). Historisches Festspiel »Der Meistertrunk«, Aufführungen im Kaisersaal des Rathauses jährlich am Pfingstsonntag (10 Uhr und 12.15 Uhr), Pfingstmontag (10 Uhr und 12.15 Uhr), ferner im Laufe des Sommers an mehreren Sonntagen. Am Pfingstmontag historischer Heereszug durch die Straßen der Stadt um 15 Uhr mit anschließendem Feldlager am Festplatz vor dem Galgentor. Der Verfasser des Festspiels ist der Rothenburger Glasermeister Adam Hörber. Die erste Aufführung des Festspiels fand 1881 statt.

Schäfertanz, am Pfingstsonntag um 14.30 Uhr und 16 Uhr auf dem Marktplatz sowie an verschiedenen Sonntagen während des Sommers. Die Mitwirkenden ziehen in alten Schäfer- und Bürgermädchentrachten zum Marktplatz, wo der Tanz aufgeführt wird, mit dem die Schäfer einst am Bartholomäustag ihrem Schutzheiligen huldigten.

Rothenburger Volksfest, allährlich Ende Juni. – Altdeutscher Weihnachts- und Reiterlesmarkt, dritte Dezemberwoche. – »Wintermärchen Rothenburg«, über Weihnachten und Neujahr.

Schwäbisch Hall

Kreisstadt, 270 m, 32 000 Einw., ehemalige Freie Reichsstadt, Fremdenverkehrsort und bekannter Freilichtspielort im Kochertal. Schwäbisch Hall zieht sich von der Kocheraue den Berg hinauf, gekrönt von der Michaelskirche und dem Neuen Bau. Die mittelalterliche Baukunst schuf sich hier in großartigen Gebäuden vielfältigen Ausdruck. Charakteristisch sind die vielen Treppen und Gäßchen, die strahlenförmig von allen Seiten zu dem hochgelegenen Marktplatz führen. »Halla Regia« (das königliche Hall) ist gleichermaßen reizvoll für Kunstkenner und Freunde der alten Vergangenheit wie für Erholungsuchende.

Auskunft: Städtisches Fremdenverkehrsamt, 7170 Schwäbisch Hall, Tel. 0791/751246.
Verkehr: Kreuzungspunkt B 14 Backnang – Crailsheim, B 19 Künzelsau – Gaildorf.

Geschichte:
Schon in der Keltenzeit wurde hier Salz gewonnen. Salz machte Hall so reich, daß die dort geprägte Münze,

der »Heller«, eine der bekanntesten Währungen des mittelalterlichen Reiches wurde. Die Hohenstaufen und andere Kaiser des Heiligen Römischen Reiches Deutscher Nation statteten diese Stadt mit Privilegien aus und weilten oft und gerne hier. Die Tradition der Siederzunft ist alt und ehrwürdig; noch heute gibt es ein »Haalamt«. Faust zechte hier mit den Siedern. Die Wohlhabenheit der Stadt erlitt schwere Einbuße im Dreißigjährigen Krieg, doch erlebte Schwäbisch Hall eine neue Blüte im 17. und 18. Jh. Mit der Entdeckung eines Salzlagers im nahen Wilhelmsglück büßte die Salzquelle ihre Bedeutung ein, auf dem Haalplatz neben dem Kocher wurden die Schöpfwerke und das Gradierhaus abgebrochen; Schwäbisch Hall versank anschließend in einen »Dornröschenschlaf«; die Sole wird heute noch zu therapeutischen Zwecken genutzt.

Sehenswert:
Marktplatz mit gotischem **Fischbrunnen,** 1509, **Pranger** und barockem **Rathaus.**

Über dem Marktplatz baut sich auf einer großartigen Treppe die **Michaelskirche** auf, rings umgeben von Patrizierhäusern mit Fachwerk und entzückenden Giebeln. Die Kirche hat einen romanischen Turm, mit Portal, 1156, und ein gotisches Schiff, 1427–1525. Im Innern berühmte Kunstwerke, darunter ein Marienaltar aus der Riemenschneider-Schule. Bemerkenswerter spätgotischer Kruzifixus, zahlreiche wertvolle Epitaphe. Hochaltar der holländischen Schule. Reichgegliedertes Netzgewölbe. Neu entdeckt im romanischen Turm die Turmkapelle aus dem Hochmittelalter.

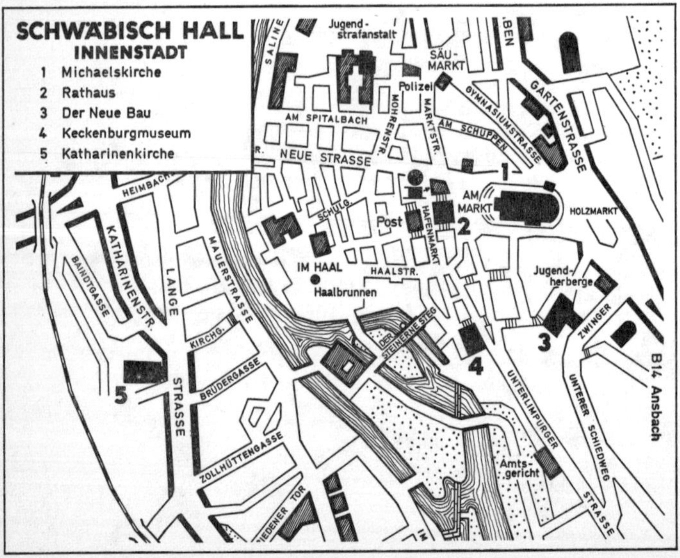

Der **Neue Bau,** 1527, Zeughaus der Stadt, überragt in vielen Stockwerken die Stadt. – Woherhaltene **Befestigungsanlage,** die selten in einer solchen Trutzigkeit und zugleich malerischen Schönheit erhalten ist. – Spätbarockes **Rathaus** mit reizvollen Innenräumen. – **Brücken** und **Tore** über den Kocher. – **Katharinenkirche.** – Gelbinger Gasse mit **Fachwerkhäusern** und Toren. – **Burgruine** der Schenken von Limpurg oberhalb der Limpurger Vorstadt.

Unmittelbar gegenüber die herrliche **Veste Comburg,** die deutsche Gralsburg. Ursprünglich Burg der Grafen Rothenburg-Comburg, wurde sie im 11. Jh. Benediktinerabtei, nachher Chorherrenstift mit Bauten der adeligen Chorherren. Einzigartiger romanischer Torbau, Kapelle mit sechseckigem Grundriß mit Stauferfresken. Münster mit romanischen Türmen und barokkem Umbau. In dieser Kirche zwei überragende Kunstwerke des 12. Jh.: der große **Radleuchter** und das in Goldblech getriebene Antependium (Altarvorsatz). Kreuzgang und Schenkenkapelle mit Bildnisgrabsteinen. Auf der Comburg: Akademie für Pädagogik. – Daneben **Kleincomburg,** romanische Basilika, 1106.

Keckenburgmuseum des Historischen Vereins für Württembergisch-Franken. Stadtarchiv mit Ratsbibliothek. – Hohenloher **Bauernmuseum.**

Veranstaltungen: Freichlichtspiele auf der Treppe der Michaelskirche, alljährlich im Juli und August, mit Aufführungen bedeutender Werke der Weltliteratur. – Konzerte, Theatergastspiele. – Salzsiederfeste: historische Salzsiedertänze auf dem Unterwöhrd, Pfingsten. – Sommernachtsfest, August. – Jakobimarkt, Juli. – »Gerhards Marionetten«, Juli. – Konzerte der Stadtkapelle auf dem Unterwöhrd, im Sommer.

Tauberbischofsheim

12 500 Einw. Altertümliches Städtchen im Bauland, das auch unter dem hübschen Namen »Madonnenländchen« bekannt ist. Einrichtungen für alle Kneippanwendungen, für Bäder und Massagen, Rund um die Stadt gibt es schöne Spazierwege. (Wanderparkpätze, Waldlehrpfad).

Auskunft: Verkehrsamt im Rathaus, 6972 Tauberbischofsheim, Tel. 09341/5041.

Sehenswert:
Schloß, 16. Jh., kurmainzisch, später leiningisch, mit feinem Erkervorbau, Bergfried aus dem 13. Jh. Im Schloß Landschaftsmuseum mit prähistorischer Sammlung.

Pfarrkirche St. Martin mit wertvollen Holzreliefs aus dem 16. Jh.

Liobakirche, barocke Hallenkirche aus dem 17. Jh. **Marktplatz** mit Amtshaus. **Straußsches Haus** mit Doppelfreitreppe. Fachwerkhäuser.

Bonifatiuskirche, modernes Gotteshaus mit großen Glasmalereien (4 Fenster je 120 m²). – **Sebastianskapelle,** spätgotisch, zweigeschossig, mit hübschen Strebepfeilern.

Würzburg

120 000 Einw. Hauptstadt des bayerischen Regierungsbezirks Unterfranken, alte Bischofs- und Universitätsstadt mit einer Hochschule für Musik. Hauptort des fränkischen Weinhandels im fruchtbaren Maindreieck. Die festliche Barockstadt mit ihren bedeutenden Kunstdenkmälern ist geistiger und kultureller Mittelpunkt Mainfrankens.

Auskunft: Fremdenverkehrsamt, 8700 Würzburg, Tel. 0931/37436.

Geschichte:
Würzburg ist uraltes Siedlungsgebiet, schon um 1000 v. Chr. stand eine Fliehburg auf dem Marienberg. 706 ließ Herzog Hetan II. auf dem Marienberg eine Rundkirche errichten, vielleicht der älteste erhaltene Steinkirchenbau rechts des Rheins. 742 ernannte der hl. Bonifatius in päpstlichem Auftrag den Angelsachsen Burkard zum Bischof von Würzburg. 788 und 793 hat Karl der Große hier sein Hoflager aufgeschlagen. 1030 verlieh Konrad II. dem Bischof Zoll-, Münz- und Marktrecht. Im 11. bis 12. Jh. wurde der Dom und um 1133 die erste steinerne Brücke gebaut. 1156 feierte Friedrich I. seine glanzvolle Hochzeit mit Beatrix von Burgund in Würzburgs Mauern. 1168 wurde dem Bischof von Würzburg der Titel des »Herzogs von Ostfranken« verliehen. Das rege geistige Leben, auf die Leistungen der Klöster und Stifte gegründet, erwarb der »Würzburger Schule« schon im 10. Jh. Berühmtheit. Kämpfe zwischen dem Bischof und der Bürgerschaft, die nach Reichsfreiheit strebte, kennzeichneten das 14. Jh. In der zweiten Hälfte des 15. Jh. brachte Rudolf von Scherenberg die Stadt zu neuer Blüte. Im Bauernkrieg war die Stadt auf seiten der Aufständischen, die vergebens versuchten, den Marienberg zu erstürmen.

Fürstbischof Julius Echter von Mespelbrunn führte die Stadt zu neuem Aufstieg. Die Neugründung der Universität (1582) war die Krönung seines Werkes. An die »Schönbornzeit« (drei Bischöfe aus diesem Geschlecht) erinnern die Residenz und andere Barockbauten.

Die Französische Revolution beendete die fürstbischöfliche Regierung. 1803 wurden Stadt und Hochstift an Kurbayern angeschlossen, 1814 endgültig bayerisch. 1866 Beschießung, Aufhebung der Festungseigenschaft.

Stadrundfahrten: Von Mai bis Oktober ab Pavillon am Bahnhofsplatz werktags 14.30 Uhr; ab Haus zum Falken um 14.40 Uhr, So ab Bahnhofsplatz 10.30, ab Haus zum Falken 10.40 Uhr.

Sehenswert:
Alte Mainbrücke, ursprünglich als erste Steinbrücke über den Main im 12. Jh. erbaut, 1473–1543 erneuert und im 18. Jh. mit überlebensgroßen Sandstein-Heiligenfiguren geschmückt.

Alte Universität, *Domerschulstraße,* weitläufiger Renaissancebau um einen quadratischen Hof. 1582 unter Julius Echter von Mespelbrunn nach Plänen des Mainzer Baumeisters Georg Robin erbaut. An der südlichen Hofseite *Universitätskirche* von 1586 mit Barockturm, 1696 von Antonio Petrini errichtet. An der östlichen Seite befinden sich das Priesterseminar und die *Michaelskirche.*

Bürgerspital zum Hl. Geist, Ecke *Theater-/Semmelstraße,* Stiftung reicher Bürger aus dem Jahr 1319 für arme Mitbürger. Malerischer Innenhof mit Arkaden. Kleine **gotische Kirche** mit wertvollen Plastiken. – Eigener Weinbau und Trinkstuben.

Dom St. Kilian, *Domstraße* und *Paradeplatz,* anstelle zweier kleinerer Bauten des 9./10. Jh. im 11./12. Jh. neuerbaute romanische, dreischiffige Kreuzbasilika (viertgrößte in Deutschland); im 13. Jh. Ausbau der Ostteile; um 1600, unter Julius Echter, im Innern verändert; um 1700 barockisiert; 1945 schwer beschädigt; bis 1967 wiederaufgebaut, wobei im Äußeren die alte Form wiederhergestellt wurde, während im Inneren, im historischen Rahmen, eine Lösung im Sinne der neuen Liturgie verwirklicht wurde.

Sehenswert im Innern die zahlreichen *Grabmäler* (von Tilman Riemenschneider die Grabmäler für den Fürstbischof Rudolf von Scherenberg und für den Fürstbischof Lorenz von Bibra). *Taufbecken,* 1279, einziger Bronzeguß aus dieser Zeit in Süddeutschland. *Renaissancekanzel,* 1609. *Dreikönigsgruppe,* 13. Jh. Rokokogitter von Markus Gattinger, 1752. Im Süden gotischer *Kreuzgang* mit vielen Grabmälern. Am Querhaus die *Schönbornkapelle,* Grabstätte der Fürstbischöfe, von Balthasar Neumann, dem Mainzer Hofarchitekten M. v. Welsch und dem Wiener L. v. Hildebrandt erbaut. *Sakristei* und Ornatkammer von Balthasar Neumann.

Franziskanerkirche, *Franziskanerplatz.* Nach Zerstörung 1945 wiederaufgebaute frühgotische Ordenskirche von 1221. Sehenswert eine **Pietà** von Tilman Riemenschneider sowie **Grabdenkmäler** aus der Renaissance.

Festung Marienberg, 266 m, auf der Höhe über dem linken Mainufer, ursprünglich keltische Fliehburg. Die 706 geweihte Marienkirche und spätere *Burgkirche,* ein Rundbau mit Tambourkuppel und spätromanischem Rundbogenfries, hat Berg und Festung den Namen gegeben. Seit dem 13. Jh. weiterer Ausbau zur mittelalterlichen Burg mit *Bergfried* (seit 1201). Aus dieser Zeit stammt auch der 104 m tiefe, später mit einem Renaissancetempelchen überbaute *Brunnen.*

Von 1253–1719 war die Burg Residenz der Fürstbischöfe. Nach einem Brand baute sie Bischof Julius Echter von Mespelbrunn zu einem prunkvollen Renaissanceschloß um. Fürstbischof Joh. Phil. von Schönborn begann eine großzügige Neubefestigung und legte den *Fürstengarten* an. Nach dem Bau der neuen Residenz in der Stadt wurde die Festung Kaserne und Arsenal. Geöffnet: Festung (Burgkirche, Brunnen, Fürstengarten) April bis Sept. Di–So 9–17 Uhr, Okt. bis März täglich außer Mo 10–16 Uhr.

Festung Marienberg

Grafeneckart und Rathaus, nahe der *alten Mainbrücke.* Der steil aufragende Graf-Eckard-Bau mit romanischem Turm und Wenzelsaal (13. Jh.) im Obergeschoß war usprünglich Sitz eines bischöflichen Beamten, seit 1316 Rathaus. Der anschließende »**Rote Bau**« in später Renaissance (1660 erbaut) sowie das ehem. **Karmeliterkloster** (1712 erbaut) wurden im 19. Jh. ebenfalls dem Rathaus angegliedert.

Haus zum Falken, *Marktplatz,* bedeutendste Leistung des bürgerlichen Rokoko in Süddeutschland. Das ehem. Gasthaus von 1752, mit üppiger Stuckdekoration, wurde 1945 schwer beschädigt. 1950 wurde die Fassade wiederhergestellt.

Juliusspital, *Juliuspromenade,* von Fürstbischof Julius Echter 1576 gegründet. Barockbau von schloßartigem Charakter. Fürstenbau mit **Rokokoapotheke** und Gartenfront von Antonio Petrini (1699); schlichte Straßenfront von Geigel (1789).

Käppele, *Johannisweg,* Wallfahrtskirche oberhalb der Stadt, von Balthasar Neumann in reichstem Rokoko erbaut. – Deckenfresken von Matthäus Günther, Stukkaturen von Feichtmayer.

Marienkapelle, *Marktplatz,* von den Bürgern 1377–1480 errichtet, eine der schönsten gotischen Hallenkirchen Frankens mit zahlreichen Zierplastiken (Portalfiguren Adam und Eva von T. Riemenschneider jetzt im Mainfränkischen Museum; Kopien).

Mainfränkisches Museum im ehemaligen Zeughaus der *Festung Marienberg.* Hervorragende Sammlung fränkischer Kunstwerke (bedeutende Plastiken von Tilman Riemenschneider); fränkisches Kunstgewerbe; Zeugnisse fränkischer Weinkultur (keltischer Bocksbeutel, aus gebranntem Ton); vorgeschichtliche Sammlung. – Geöffnet: April–Okt. täglich 10–17 Uhr; Nov.–März täglich 10–16 Uhr.

Martin-von-Wagner-Museum, im Südflügel der *Residenz.* – Antikensammlung (Tongefäße, Marmorplastik, Terrakotten), geöffnet: Di–Sa 14–17.30 Uhr, So 10–13 Uhr. – Gemäldegalerie (Gemälde, Plastik), geöffnet: Di–Sa 9.30–13 Uhr, So 10–13 Uhr. – Graphische Sammlung, geöffnet: Di und Do 16–18 Uhr.

Städtische Galerie, *Paradeplatz/ Hofstraße 3.* Malerei, Plastik und Graphik fränkischer Künstler des 19. und 20. Jh. (bemerkenswert die Werke Emy Roeders und des Expressionismus); ständige Wechselausstellungen. – Geöffnet: Di–Fr 10–17 Uhr, Sa, So und Fei 10–13 Uhr.

Neumünster, *St.-Kilians-Platz,* romanische Basilika, anstelle des ältesten Domes, der 855 zerstört wurde, im 11. bis 13. Jh. über dem Grab des Franken-Heiligen Kilian, der hier mit seinen Gefährten 689 ermordet wurde, erbaut. Turm aus dem 13. Jh., mächtiger Kuppelbau und Barockfassade von 1710–1716. Ein Teil der reichen Innenausstattung konnte 1945 gerettet werden. Im *Lusamgärtlein,* mit romanischem **Kreuzgangflügel,** ist nach einer mittelalterlichen Überlieferung der Minnesänger Walther von der Vogelweide (um 1230) begraben.

Residenz, *Residenzplatz,* ein Hauptwerk des süddeutschen Barock und eines der bedeutendsten Schlösser Europas. Erbaut 1719 bis 1744 nach Plänen von Balthasar Neumann unter Mitwirkung von L. v. Hildebrandt aus Wien und M. v. Welsch aus Mainz.

Die alte Mainbrücke wurde als erste Steinbrücke im 12. Jh. erbaut

Erhalten blieben das großartige *Treppenhaus* mit freitragendem Gewölbe von Balthasar Neumann und Deckengemälden des Venezianers G. B. Tiepolo. *Weißer Saal* mit reicher Stuckzier von A. Bossi. *Kaisersaal* mit Fresken von Tiepolo. *Prunkräume* der Gartenfront, in den letzten Jahren wiederhergestellt. *Gartensaal* mit Deckengemälde von Joh. Zick. Die *Hofkirche* im Südflügel mit Fresken von Byß und Altargemälde von Tiepolo.

Hofgarten der Residenz, mit zahlreichen Gartenplastiken und den bekannten Putten von P. Wagner sowie prachtvollen schmiedeeisernen Toren von J. Gg. Oegg. (Täglich geöffnet.)

Weinstuben: Bürgerspital mit Glockenspiel um 11.15 und 19 Uhr, Juliusspital, Hofkellerei-Weinstuben, Zur Kette, Maulaffenbeck, Stachel.

Die *Weinstube »Stachel«* ist das älteste Wein- und Speisehaus Würzburgs. Als Patrizierhaus erbaut, wurde es 1195 erstmalig als Cressenhof urkundlich erwähnt. 1525 bekam es seinen Namen »Stachel« wegen des aus dem Fenster gehängten Morgensterns, als Zeichen für das Standquartier der aufständischen Bauern.

Berühmte Leute wie Florian Geyer, Götz von Berlichingen und der Bürgermeister der Stadt, Tilman Riemenschneider, kamen hier zusammen.

Veranstaltungen:
Würzburger Mozartfest im Juni im Kaisersaal der Residenz sowie im Hofgarten. – Würzburger Bachtage im November. – Kiliani-Volksfest im Juli. – Würzburger Winzerfest jährlich Ende September/Anfang Oktober.

Vom Steigerwald zur Frankenalb

Steigerwald, Rangau, Frankenhöhe und Altmühltal, Regnitztal, Nürnberger Land und Fränkische Alb sind Landschaften, die von diesem Kapitel ganz oder teilweise erfaßt werden.

Der Steigerwald ist der mittlere Teil eines von Württemberg bis zur Fränkischen Saale reichenden Bergzuges, der im Norden durch den Main von den Haßbergen und im Süden durch die Aisch von der Frankenhöhe getrennt wird. Hier erstreckt sich, soweit das Auge reicht, der »Naturpark Steigerwald«. Er ist 128 000 Hektar groß.

Als Rangau wird das altfränkische Kulturland westlich des heutigen industriellen Ballungsgebietes um Nürnberg–Fürth–Erlangen bezeichnet, das nordwärts bis an die Aisch und nach Süden bis an die Obere Altmühl reicht. Der Rangau ist ein Hügelland mit reichen Waldbeständen, das den 97 000 Hektar großen Naturpark Frankenhöhe weitgehend einschließt.

Im Nordosten Mittelfrankens stellt das Regnitztal von Bamberg bis Fürth die Landschaftsgrenze zwischen Steigerwald im Westen und Fränkischer Alb auf der Ostseite dar. Die in Fürth aus Pegnitz und Rednitz zusammengeflossene Regnitz wird heute in ganzer Länge von der meist parallel laufenden Trasse des neuen Main-Donau-Kanals begleitet, der nur selten das alte Flußbett benutzt.

Die touristisch interessanten Großräume der Frankenalb sind die Fränkische Schweiz im Norden, der Naturpark Altmühltal auf der Südseite und dazwischen der Teil des Fränkischen Juras, der für sich heute als Reiseraum Frankenalb wirbt. Die Fränkische Schweiz – ein besonders gern besuchtes Ausflugsziel mit vielen bizarren Felsgruppen und engen Tälern, mit Burgen und Höhlen – ist seit 1973 Bestandteil eines fast 2500 Quadratkilometer großen Naturparks, der den Veldensteiner Forst und das Pegnitztal mit einschließt und somit nahezu die gesamte Erholungsfläche zwischen den Städten Bamberg, Bayreuth und Nürnberg umfaßt. Der Naturpark Altmühltal übertrifft mit seiner Ausdehnung von rund 3000 Quadratkilometern diese Landschaftskombination aber noch und darf sich deshalb auch weiterhin als größter Naturpark der Bundesrepublik bezeichnen. Zu seinen Besonderheiten gehören neben der eindrucksvollen Schönheit des Felsdurchbruchs der Altmühl zahlreiche Reste des römischen Grenzwalls Limes und die berühmten Plattenkalke mit ihren phantastischen Versteinerungen.

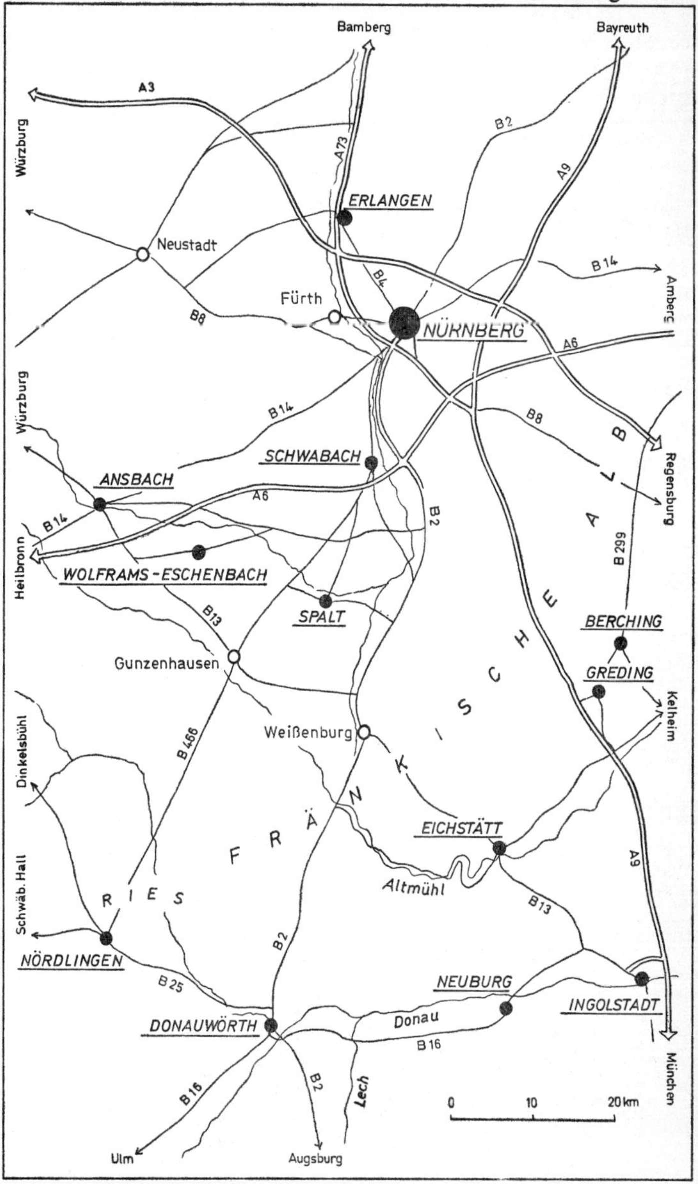
Bamberg
Bayreuth
A3
Würzburg
A73
B2
A9
ERLANGEN
Neustadt
B4
B14
Amberg
Fürth
B8
NÜRNBERG
A6
Würzburg
B14
B8
SCHWABACH
Regensburg
ANSBACH
A6
B2
B14
Heilbronn
B 299
WOLFRAMS-ESCHENBACH
SPALT
B13
BERCHING
Gunzenhausen
GREDING
Kelheim
Weißenburg
Dinkelsbühl
B 466
FRÄNKISCHE ALB
EICHSTÄTT
Schwäb. Hall
Altmühl
A9
RIES
B13
B2
NÖRDLINGEN
NEUBURG
B 25
INGOLSTADT
Donau
DONAUWÖRTH
B 16
B16
B2
Lech
0
10
20 km
München
Ulm
Augsburg

Ansbach

Hauptstadt des Regierungsbezirks Mittelfranken, kreisfreie Stadt und Sitz des gleichnamigen Kreises. 40 000 Einw. Bedeutender Verkehrsknotenpunkt im Rezattal, Stadt des fränkischen Rokoko mit zahlreichen Sehenswürdigkeiten und ehemalige Markgräfliche Residenz.

Auskunft: Städtisches Verkehrsamt, Rathaus, 8800 Ansbach, Tel. 09 81/5 12 43, 5 12 47.

Geschichte:
Eine Siedlung »Onoldsbach« ist seit 1040 bezeugt und erhielt 1056 Marktrecht, 1165 folgte die erste Umwallung, und seit 1221 erscheint sie als Stadt. Im 12. Jh. kam Ansbach an die Hohenstaufen und 1331 an die Nürnberger Burggrafen, die Hohenzollern. So wurde Ansbach (seit 1456) Sitz der Markgrafen von Brandenburg und durch die Dynastie Keimzelle des späteren Königreichs Preußen. Markgräfin Christiane Charlotte und ihr Sohn Karl traten in der ersten Hälfte des 18. Jh. durch Neubau des Schlosses und des südlichen Stadtviertels, genannt die »Neue Auslage«, um den Karlsplatz hervor. Sein Sohn Alexander vereinigte die Hohenzollern-Fürstentümer Ansbach und Bayreuth. 1805 war es mit der Preußenherrlichkeit zu Ende. Von 1831 bis zu seiner Ermordung 1833 lebte in Ansbach Kaspar Hauser, dessen Herkunft wohl nicht mehr geklärt werden kann.

Sehenswert:
Hofgarten mit Orangerie (1734; Konzertsaal), 250jährige Lindenallee. – In der Nähe der Allee *Gedenkstein des Kaspar Hauser,* der 1828 in Nürnberg auftauchte und 1833 in Ansbach ermordet wurde.

Prinzenschlößchen, 1699, von Gabrieli, auf halber Höhe gegen den Drechselgarten (Privatbesitz, Besichtigung nur auf Anfrage).

St.-Gumbertus-Kirche, ursprünglich romanisch mit gotischem Chor (1501–21) und barockem Langhaus (1738). Interessant die drei gotischen »Türme ohne Dach«, Wahrzeichen Ansbachs. Im Inneren der Kirche Schwanenritterkapelle, Mittelpunkt des süddeutschen Zweiges des Schwanenritterordens, der von Kurfürst Friedrich II. von Brandenburg 1440 gegründet worden war. Schwanenordensaltar von 1484 aus der Schule M. Wolgemuts, Kelterbild vermutlich von Dürer oder aus seiner Schule. Grabdenkmäler der Ordensritter. Romanische Krypta (1039–1042), Fürstengruft mit 25 Sarkophagen der markgräflichen Familie (zugänglich).

Markgrafenschloß, 1705–49 im italienischen Barockstil von Gabrieli, Zocha und Retti geschaffen, jetzt Sitz der Regierung. Prachtvolle Wirkung der Hauptfassade am Schloßplatz. Vornehmer Binnenhof, von Gabrieli gestaltet. Die Innenräume mit Prunksaal, Spiegelkabinett, Wohnräume der markgräflichen Familie, »Kachelsaal« und viele andere Meisterwerke der Rokoko-Innenarchitektur sind unverändert erhalten. Wertvolle Sammlungen, Ansbacher Fayence und Porzellan, Stukkaturen, Möbel (geöffnet Di–So 10–12 Uhr, 14–17 Uhr).

Veranstaltungen:
Internationale Bachwoche mit Gästen aus aller Welt alle zwei Jahre im letzten Julidrittel im Wechsel mit den Rokokospielen.

Berching

Kr. Neumarkt i. d. Opf., 390 m, 7700 Einw. Der staatlich anerkannte Erholungsort im Nordosten des Naturparks Altmühltal, im romantischen Tal der Sulz, kann auf eine mehr als tausendjährige Geschichte zurückblicken. Wegen der vollkommen erhaltenen Stadtbefestigung mit Türmen und Toren wird das einst fürstbischöfliche Städtchen das »Oberpfälzische Rothenburg« genannt.

Auskunft: Fremdenverkehrsverein Berching, 8434 Berching, Tel. 08462/320, 1260 und 2323.
Verkehr: B 299 Beilngries – Neumarkt/Opf. – Autobahnanschlußstellen Hilpoltstein und Greding zur A 9 München – Nürnberg.

Sehenswert:
Die vollkommen intakte **Stadtmauer** aus der zweiten Hälfte des 15. Jh. mit Wehrgängen und zwölf Türmen, darunter der originelle »Chinesenturm«, und Toren, umschließt das bereits 883 urkundlich genannte Städtchen. Vielfältige Giebel- und Fachwerkhäuser säumen die weiten Plätze und Straßenzüge und zeugen von der handwerklichen und kaufmännischen Tradition der Bevölkerung.

Pfarrkirche Mariae Himmelfahrt, Chor frühgotisch, Langhaus aus der Mitte des 18. Jh., mit galanten Fresken von J. M. Baader (1758) und dem Grabstein des Georg Keller (gest. 1542) aus der Werkstatt von Loy Hering.

St.-Lorenz-Kirche bewahrt noch Mauerteile aus der romanischen Zeit, vollständig erhalten blieb das Nordportal (frühes 13. Jh.). Ende des 17. Jh. wurde das Gotteshaus barockisiert. Im Inneren bedeutende Ausstattung, der Gemäldezyklus der Laurentius-Legende (1515), ein Werk der Donauschule, sowie eine Reihe von Skulpturen des 15. und 16. Jh.

Das **Heimatmuseum** gibt einen Überblick über Brauchtum und Volkskunst. – *Stadtführungen* veranstaltet der Fremdenverkehrsverein.

Donauwörth

17000 Einw. Ehemals Freie Reichsstadt, bedeutender alter Straßen- und Bahnknotenpunkt mit historischen Bauwerken an der Mündung der Wörnitz in die Donau.

Auskunft: Städtisches Verkehrsamt, Rathaus, 8850 Donauwörth, Tel. 0906/5021.

Geschichte:
Der Ort entwickelte sich nahe dem Endpunkt der römischen, über Augsburg heranziehenden »Via Claudia Augusta«, die sich im Mittelalter als Pilger- und Handelsstraße über Miltenberg nach Norden fortsetzte; auch die Fugger verkehrten über Donauwörth, wenn sie mit Nürnberg Handel trieben. 1030 ist Donauwörth als Königsgut bezeugt, 1301 reichsfrei.

Sehenswert:
Rathaus von 1236, spätgotisch. – **Stadtzollhaus** des 15. Jh.

Stadtpfarrkirche, 1444–67, gotisch, mit schönem Sakramentshäuschen von Erhart.

Fuggerhaus, 1505, Landratsamt, von den Fuggern als Umschlagplatz erworben und erweitert; 1632 wohnte hier Gustav Adolf.

Heiligkreuzkirche, barock, 1717–22 von dem Wessobrunner Josef Schmuzer erbaut; prachtvoller Innenraum mit Grabmal der Maria von Brabant, die 1256 als Gattin Herzog Ludwigs von Bayern unschuldig hingerichtet wurde.

Deutschordenshaus, 1774–78, innen schöne Fresken.

Kreisheimatmuseum, Bau des 15. Jh.

Veranstaltungen: Alljährlich vielbesuchte pädagogische Lehrgänge der Stiftung Cassianeum. Schloßkonzerte Mai–Oktober im Rokokosaal des Schlosses Leitheim (10 km).

Eichstätt

Hauptort des Altmühltales, alte Bischofsstadt im nördlichsten Teil Oberbayerns. Sitz der einzigen Katholischen Universität im deutschsprachigen Raum sowie mehrerer höherer Schulen und klösterlicher Niederlassungen. Seit Mitte des 8. Jh. ununterbrochen Bischofssitz, bis 1802 fürstbischöfliche Residenzstadt. Noch heute durch ihren unverfälscht erhaltenen, auch im letzten Krieg nicht zerstörten Residenzcharakter eine der sehenswertesten Städte Bayerns mit zahlreichen Denkmälern großartiger Architektur und Plastik.

Auskunft: Städtisches Fremdenverkehrsbüro, Domplatz 18, 8078 Eichstätt, Tel. 08421/ 7977.

Sehenswert:
Dom, dessen Anfänge auf den heiligen Willibald zurückgehen (700–787). Hallenkirche gegen 1410 vollendet. Schließlich erhielt der Dom noch eine Barockfassade an der Westseite durch den bedeutendsten Eichstätter Hofbaudirektor Gabriel de Gabrieli, vollendet 1718.

Mortuarium, an den Dom gebaut als Begräbnisstätte für Angehörige des Domkapitels, eine lichte zweischiffige Halle. Unter der Fülle der Einzelkunstwerke bemerkenswert die »Schöne Säule« mit Weiheinschrift von 1439, am nördlichen Ende der Pfeiler-Reihe die farbigen Glasfenster, die nach den Entwürfen des Augsburgers Hans Holbein d. Ä. um 1500 gefertigt wurden, und die vom Friedhof hierher versetzte Kreuzigungsgruppe von Loy Hering von 1541.

Domkreuzgang, anschließend, 1420–1450, mit seinem stimmungsvollen Innenhof ist er ein besonderes Kleinod, das nur wenige ebenbürtige Gegenstücke in Deutschland besitzt.

Diözesanmuseum, Zugang durch das Mortuarium, 1982 eröffnet, zwölf Ausstellungsräume in einem alten Kornspeicher und in Sälen, in denen früher die Verwaltung des Domkapitels untergebracht war. Darunter der historische Kapitelsaal.

Die **fürstbischöfliche Residenz** dient heute als Landratsamt. Der Westflügel (1702), von Jakob Engel, setzte den Maßstab für die Gestaltung des Südflügels durch Gabrieli. Das Treppenhaus und den sog. »Spiegelsaal« schuf Maurizio Pedetti (1767–1768).

In der Nähe ehemalige **Domherrenhöfe** (heute: Bischöfliches Ordinariat, evangelisches Pfarramt, Theologische Fakultät und Bischöfliches Palais). Wundervoller Durchblick zum Dom!

Der dreieckig angelegte *Marktplatz* ist Mittelpunkt der bürgerlichen Siedlung mit stattlichen Bürgerhäusern (in der Gabrielistraße das Wohnhaus Gabrielis). Auf den Markt münden mehrere Straßenzüge und Gassen.

Rathaus, ein spätgotischer Bau von 1444, zu seiner jetzigen Gestalt 1824 umgebaut, von einem Turm mit »Laterne« überragt. Davor der schöne *Willibaldsbrunnen* von 1695 mit der Bronzestatue des segnenden Bistumsgründers (wohl von Hans Krumper, 1628).

Benediktinerinnenabtei St. Walburg, in nächster Nähe des Marktplatzes (seit 1035) mit dem meisterhaft dem felsigen Steilabfall des Höhenzuges angepaßten Klosterkomplex St. Walburg, zur heutigen Form von Martin Barbieri 1531 umgebaut.

Östlich des Leonrodplatzes erreicht man die ehemalige fürstbischöfliche **Sommerresidenz** (Verwaltung der Universität). Das langgestreckte, vielgegliederte Gebäude wurde 1735 von Gabrieli errichtet.

Willibaldsburg, im 14. Jh. von Bischof Berthold von Zollern begründet, im 16./17. Jh. wesentlich erweitert, vor allem mit dem heute noch den Berg beherrschenden »Gemmingen-Bau«, für den der Augsburger Baumeister Elias Holl um 1609 die Pläne schuf, diente bis 1725 den Eichstätter Bischöfen als sichere Bergresidenz. Zu Beginn des 19. Jh. wurde die Burg anläßlich der Säkularisation verkauft und zum Teil als Steinbruch benützt. Trotzdem noch gut erhalten ist die mächtige Vorburg mit tunnelartigem Torweg, der Gemmingenbau mit schönem Renaissancehof und »tiefem Brunnen«. Im Gemmingenbau befinden sich heute zwei Museen.

Das **Jura-Museum** zeigt vor allem das versteinerte Leben der Jurazeit (vor 140 Mio. Jahren) vom kleinen Käfer bis zu großen Fischen und einem 4 m langen Krokodil. Interessantestes Stück ist das Skelett des Archaeopteryx (Urvogel).

Im **Ur- und frühgeschichtlichen Museum** sind Zeugnisse des Menschen seit seinem ersten Auftreten im Eichstätter Raum (Altsteinzeit) bis zur Merowingerzeit ausgestellt. Schwerpunkt des Museums ist die Römerzeit mit Funden aus den Kastellen Pfünz und Böhming und der Zivilsiedlung Nassenfels.

Veranstaltungen: Walburgidult, Jahrmarkt am 1. Maisonntag; Willibaldsdult am 2. Julisonntag. Volksfest Anfang September; Stadttheater im ehemaligen bischöfl. Getreidespeicher, Musikfestival im Altmühltal; Eichstätter Sommerspiele.

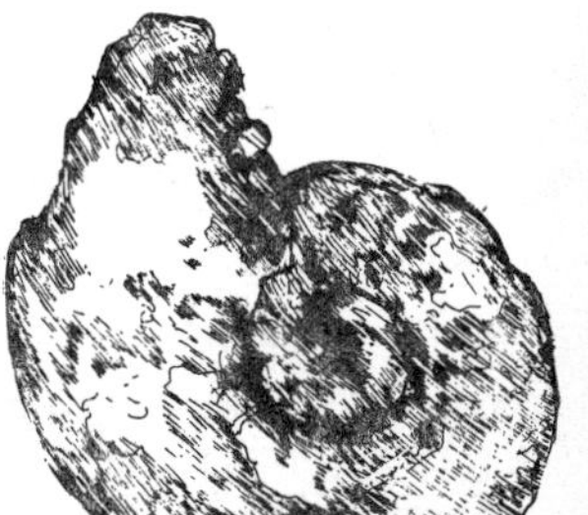

Die Fossilien des Solnhofener Museums sind Zeugen der Evolution

Erlangen

278 m, 98 000 Einw. Kreisfreie Stadt im Regierungsbezirk Mittelfranken. Die ehemalige Residenzstadt der Markgrafen von Brandenburg-Bayreuth und markgräfliche Hugenottenstadt an der Mündung der Schwabach in die Regnitz ist seit der letzten Eingemeindung umliegender Dörfer 1974 sechstgrößte Stadt Bayerns. Erlangen ist Sitz der Friedrich-Alexander-Universität Erlangen-Nürnberg mit Schwerpunkt Technik und Medizin, mit zahlreichen wissenschaftlichen Instituten und Kliniken sowie einer Landesanstalt für Bienenzucht und der für ihre Kunst- und Literaturschätze berühmten Universitätsbibliothek. Ihren guten Ruf als Industriestadt – elektrotechnische, chemische und pharmazeutische Industrie sowie Textil- und Maschinenbauindustrie, einschließlich Kommunikations-, Kraftwerks- und Kerntechnik – verdankt Erlangen namhaften Industrieunternehmen wie KWU und der Siemens AG, die nach dem Zweiten Weltkrieg hier eine Niederlassung gründete. Gleichzeitig entwickelte sich im Süden eine Gartenstadt, die inzwischen nach allen Seiten expandierte. Mit der Eröffnung eines Umschlaghafens am Europakanal 1970 nahm auch der Handel neuen Aufschwung.

Auskunft: Verkehrsbüro am Rathausplatz 1 und Pavillon am Hugenottenplatz, 8520 Erlangen, Tel. 0 91 31/2 50 74.
Verkehr: Autobahnanschlußstellen zur A 3 (München – Würzburg); zur A 9 (Nürnberg – Berlin) über Nürnberger Kreuz; A 73 (Nürnberg – Forchheim); B 4 Nürnberg – Bamberg.

Geschichte:
Urkundlich 1002 als »Villa erlangon« erstmals erwähnt. 1017 Kirchengut beim Bistum Bamberg. 1361 Verkauf an Kaiser Karl IV., der südlich davon 1364 die Stützpunktstadt Erlangen errichtete. 1374 Münzstätte, 1398 Bestätigung der Stadtrechte. Von 1402 bis 1806 war Erlangen im Besitz der Hohenzollern. 1528 erfolgte die Einführung der Reformation. 1686 trafen die ersten Hugenotten ein, für die Markgraf Christian Ernst von Brandenburg-Bayreuth die barocke Neustadt »Christian-Erlang« errichten ließ. Die französischen Glaubensflüchtlinge ergänzten die alteingesessene Tuchmacherei und Bierbrauerei mit der Fabrikation von Bildteppichen, mit Strumpfwirkerei und Kattundruck.

Nach einem Großbrand 1708 wurde auch die Neustadt im Barockstil wiederaufgebaut. Zu diesem Zeitpunkt wurde Erlangen markgräfliche Nebenresidenz, das Schloß neu erbaut. 1743 Stiftung der Universität durch Markgraf Friedrich von Brandenburg-Bayreuth. 1806 bis 1810 stand die Stadt unter französischer Verwaltung. 1810 erfolgte ihre Übernahme durch das Königreich Bayern.

Sehenswert:
Hugenottenplatz, unweit des Bahnhofs, mit dem Bronzestandbild des Markgrafen Friedrich, von Ludwig Schwanthaler; er wird beherrscht von der **Hugenottenkirche** (Französisch Reformierte Kirche) mit hohem Fassadenturm, 1686–1693 für die Hugenotten erbaut; Turm und Inneres im 18. Jh. verändert, mit kostbarer Barockorgel.

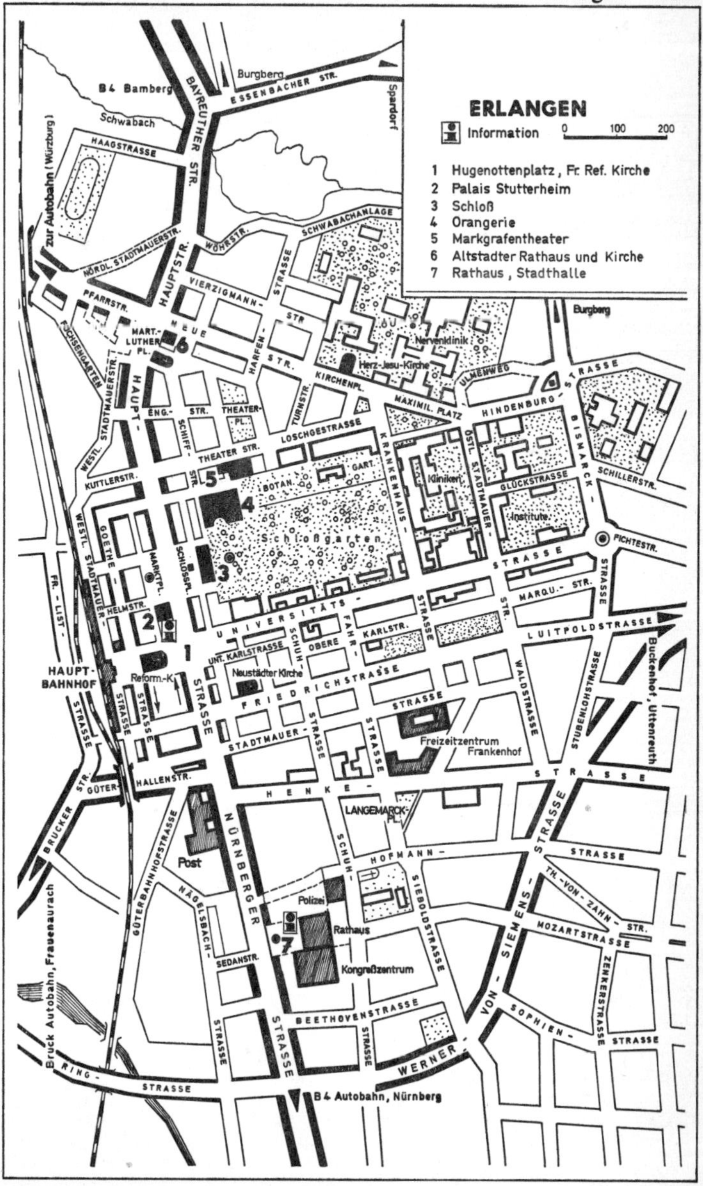
ERLANGEN
Information
0 100 200
1 Hugenottenplatz, Fr. Ref. Kirche
2 Palais Stutterheim
3 Schloß
4 Orangerie
5 Markgrafentheater
6 Altstadter Rathaus und Kirche
7 Rathaus, Stadthalle
B4 Bamberg
Burgberg
Essenbacher Str.
Spardorf
Bayreuther Str.
Schwabach
Haagstrasse
zur Autobahn (Würzburg)
Nördl. Stadtmauerstr.
Wöhrstr.
Schwabachanlage
Hauptstr.
Vierzigmann-Str.
Pfarrstr.
Neue Str.
Mart.-Luther-Pl.
Fuchsengarten
Harfen-Str.
Nervenklinik
Herz-Jesu-Kirche
Kirchenpl.
Ulmenweg
Hindenburg-Strasse
Maximil. Platz
Bismarck-Strasse
Schillerstr.
Haupt-Strasse
Eng.-Str.
Theater-Pl.
Turnstr.
Loschgestrasse
Krankenhaus-Strasse
Östl. Stadtmauer-Str.
Westl. Stadtmauerstr.
Schiff-Str.
Theater Str.
Bot. Gart.
Kliniken
Glückstrasse
Kuttlerstr.
Institute
Fichtestr.
Schloßgarten
Goethe-Str.
Marktpl.
Schlosspl.
Fr.-List-Str.
Helmstr.
Universitäts-Strasse
Marqu.-Str.
Luitpoldstrasse
Unt. Karlstrasse
Schuh-Str.
Obere Karlstr.
Fahr-Str.
Buckenhof, Uttenreuth
Haupt-Bahnhof
Reform.-K.
Neustädter Kirche
Friedrichstrasse
Waldstrasse
Stubenlohstrasse
Freizeitzentrum Frankenhof
Stadtmauer-Strasse
Hallenstr.
Güter-Str.
Henke-Strasse
Langemarck-Pl.
Brucker Str.
Güterbahnhofstrasse
Post
Nürnberger Strasse
Hofmann-Strasse
Von-Siemens-Strasse
Th.-von-Zahn-Str.
Polizei
Rathaus
Mozartstrasse
Nägelsbach-Strasse
Siebold-Strasse
Sedanstr.
Kongreßzentrum
Zenkerstrasse
Bruck Autobahn, Frauenaurach
Beethovenstrasse
Sophien-Strasse
Werner-
Ring-Strasse
B4 Autobahn, Nürnberg

An der *Universitätsstr. 19* das **Zoologische Museum,** mit Sammlung der heimischen Tierwelt und Evolution der Tiere; geöffnet Mo–Fr 8–16 Uhr, zweimal monatlich auch So.

Palais Stutterheim, *Marktplatz 1,* als Adelspalais 1728 erbaut, von 1836–1971 diente es als Rathaus, heute beherbergt es die Städt. Galerie (geöffnet Mo–Fr 10–18.30 Uhr, Sa, So 10–17 Uhr) sowie andere kulturelle Einrichtungen wie die Stadtbücherei.

Schloß,1700–1704 von Antonio della Porta erbaut, markgräfliche Nebenresidenz und seit 1825 Sitz der Universitätsverwaltung. Die breitgelagerte Barockfassade mit betontem Mittelrisalit ist durch Attikafiguren von Elias Räntz geschmückt; sie stellen Allegorien der Jahreszeiten sowie die damals bekannten vier Erdteile dar. Vor der Fassade das Denkmal des Universitätsgründers Markgraf Friedrich von Bayreuth. Dahinter erstreckt sich der weitläufige **Schloßgarten,** 1704–1706 im französischen Stil angelegt, noch im 18. Jh. zu einem englischen Landschaftsgarten umgestaltet; hier das Reiterstandbild des Markgrafen Christian Ernst von 1711 sowie der **Hugenottenbrunnen** von Elias Räntz, 1706, eine Skulpturenpyramide aus Sandstein, die Verherrlichung des Markgrafen als Feldherrn darstellend.

Am *Theaterplatz* mit besonders hübschem **Rokokohaus** aus dem Jahre 1760 das

Markgrafentheater, 1718 erbaut, 1744 umgestaltet, mit Barockdekorationen von Giovanni Paolo Gaspari. 1959 nach historischem Vorbild renoviert; es ist das älteste bespielte Barocktheater Bayerns (Gastspiele mit Galerie im Markgrafen-Theater; im Redoutensaal von 1718 Konzertaufführungen.

Am *Martin-Luther-Platz* das **Altstädter Rathaus,** ein imposanter Barockbau von 1736; bis 1812 Rathaus der »Altstadt Erlangen«, heute Stadtmuseum ständige Schausammlung (Vorgeschichte) und kleines Puppenmuseum; geöffnet täglich außer Sa, Fr und So nur vormittags (sonst auch nachmittags) und Stadtarchiv.

Die **Altstädter Kirche,** 1709–1721 im Markgrafenstil erbaut, geht auf eine Vorgängerkirche aus dem 14. und 17. Jh. zurück, die im Dreißigjährigen Krieg und beim Stadtbrand 1706 zerstört worden war.

Eine Attraktion ist der 1982 eröffnete **Skulpturengarten** am Burgberg mit 15 großen Bronzen des in Erlangen vor 80 Jahren geborenen Bildhauers Heinrich Kirchner; der forumartige Platz ist von zwei Seiten durch Mauern und Grün abgeschirmt.

Veranstaltungen:
Im Markgrafentheater Oper und Schauspiel, Aufführungen von September bis Juni. – Konzerte bekannter Orchester und der Erlanger Musikvereinigungen in der Stadthalle und in der Orangerie. – Internationale Theaterwoche der Studentenbühnen. – Internationale Kongresse in der neuen Stadthalle. – Die in Franken bekannte »Bergkirchweih« findet alljährlich in der Pfingstwoche am Festplatz beim Kellerhäuschen statt.

Greding

Kr. Roth bei Nürnberg, 423 m, 6500 Einw. Die romantische alte Stadt ist staatlich anerkannter Erholungsort

im Naturpark Altmühltal, im Tal der Schwarzach, inmitten bewaldeter Höhenzüge. Sie ist noch von ihrer alten Stadtmauer mit drei Toren und 20 Türmen (14./16. Jh.) umgeben, die alle noch bewohnt sind. Innerhalb der Stadtmauer die Altstadt mit schönen mittelalterlichen Bauten.

Auskunft: Fremdenverkehrsverein im Rathaus, 8547 Greding, Tel. 08463/233.
Verkehr: Autobahnanschlußstelle zur A9 München – Nürnberg; »Deutsche Ferienstraße Alpen–Ostsee«, Abzweigung bei Kinding (8 km).

Sehenswert:
Die mauer- und türmebewehrte Altstadt mit mittelalterlichen Bauten. Am weiten *Marktplatz* mit stattlichen Bürgerhäusern das

Rathaus, 1699 von dem eichstättischen Hofbaudirektor Jakob Engel erbaut; das ehemalige **fürstbischöfliche Schloß** von 1590 mit Prähistorischem Museum sowie das **Jägerhaus,** 1741 von Gabriel de Gabrieli aus Eichstätt als fürstbischöfliches Forstamt erbaut.

Stadtpfarrkirche St. Jakob, ein Barockbau, im Inneren reich mit Stukkaturen geschmückt; Altarbild des Augsburger Meisters Bergmüller von 1727.

Am Nordrand der Altstadt auf einem Hügel die **Kirche St. Martin,** eine romanische Pfeilerbasilika aus dem 11./12. Jh. mit Wandmalereien aus dem 12. bis 16. Jh. – Hinter der Kirche, im Friedhof, die romanische **St.-Michaels-Kapelle** mit Karner (Beinhaus); die unzähligen Gebeine und Schädel wurden hier gesammelt, weil man den Friedhof wegen der Stadtmauer nicht erweitern konnte.

Gredings romantische Altstadt ist ein noch wenig bekanntes Kleinod

Ingolstadt

90800 Einw. Bedeutende Industriestadt und zweitgrößte Oberbayerns, an der Donau; ehemals Residenz wittelsbachischer Herzöge, Universitätssitz und Festungsstadt. Die Altstadt ist noch großenteils von der spätmittelalterlichen Stadtmauer und dem Grünanlagenring des Glacis der ehemaligen Festungsanlagen umgeben.

Auskunft: Städtisches Verkehrsamt, Hallstr. 5, 8070 Ingolstadt, Tel. 0841/305-415.

Geschichte:

Als karolingisches Kammergut erstmals 806 erwähnt, kam Ingolstadt 841 in wesentlichen Teilen durch Schenkung Ludwigs des Deutschen an das Kloster Niederaltaich und wurde um die Mitte des 13. Jh. durch den bayerischen Herzog zur Stadt erhoben und mit Wall und Graben umgeben. 1392 bis 1447 war Ingolstadt Haupt- und Residenzstadt des Herzogtums Bayern-Ingolstadt.

Sehenswert:

Großenteils erhaltener **Stadtmauerring** von 1363 bis ca. 1430 mit Altem Feldkirchner Tor von 1368 (Teil des Bayerischen Armeemuseums). **Kreuztor** von 1385, das mit dem Münster im Hintergrund ein eindrucksvolles Bild bietet, und Taschentorturm von ca. 1390.

Münster zur Schönen Unserer Lieben Frau, eine der größten Hallenkirchen der deutschen Gotik; beispiellos ist das Westwerk mit übereckgestellten, unvollendeten Türrahmen. Es wurde 1425 als Herrschaftskirche des Teilherzogtums Bayern-Ingolstadt begonnen und 1503 bis 1504 durch Hanns Rottaler zur Staffelhalle umgestaltet und gewölbt.

Kreuztor Ingolstadt

Neues Schloß, eindrucksvoller gotischer Bau, der das Stadtbild von der Donau her maßgeblich bestimmt. 1418 unter Herzog Ludwig dem Bärtigen erbaut. Herzog Georg der Reiche baute das Schloß ab 1484 zur fürstlichen Residenz der Spätgotik aus. Im Neuen Schloß befindet sich heute das **Bayerische Armeemuseum** mit Waffen, Fahnen, Uniformen, Schlachtenbildern, Zinnfiguren, Erinnerungen an die alte Garnison Ingolstadt. Von den klassizistischen Anlagen der 1828 im Auftrag König Ludwigs I. begonnenen **bayerischen Landesfestung** Ingolstadt sind noch wichtige Teile erhalten.

Veranstaltungen:

Stadttheater (ganzjährig), Volksfeste im Frühjahr und Herbst, alle zwei Jahre Mittelbayerische Ausstellung (1989), Konzerte, Kunstausstellungen.

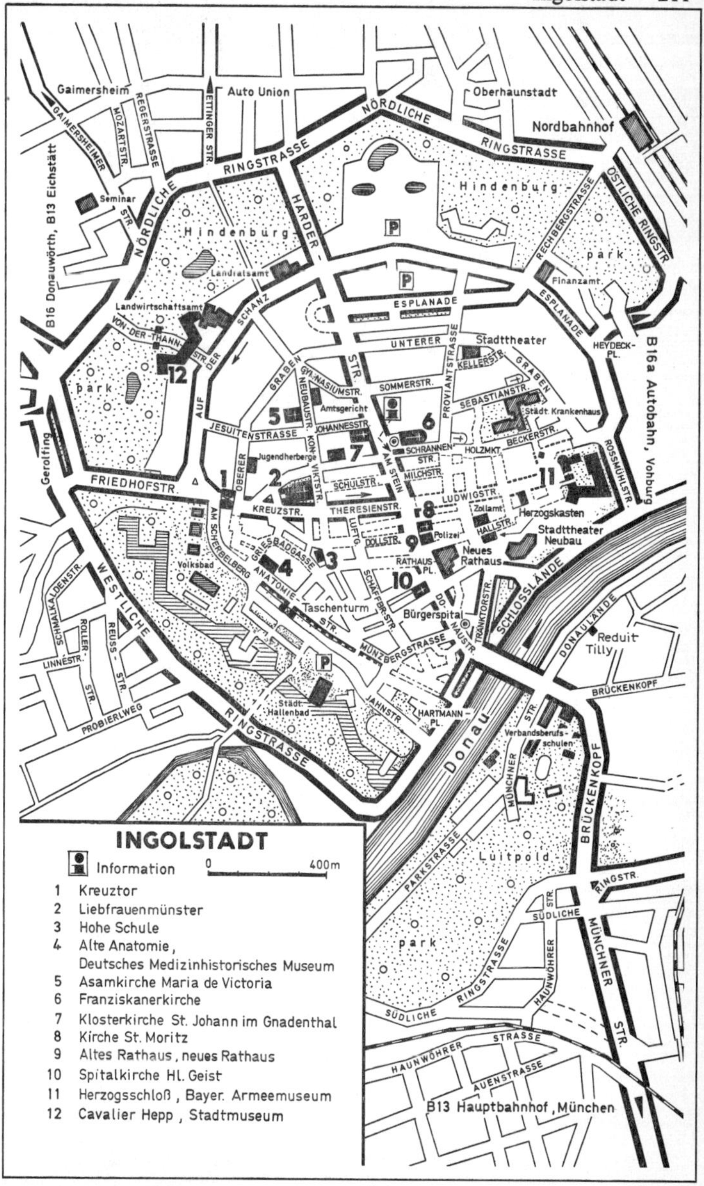
INGOLSTADT
Information
0 400m
1 Kreuztor
2 Liebfrauenmünster
3 Hohe Schule
4 Alte Anatomie,
Deutsches Medizinhistorisches Museum
5 Asamkirche Maria de Victoria
6 Franziskanerkirche
7 Klosterkirche St. Johann im Gnadenthal
8 Kirche St. Moritz
9 Altes Rathaus, neues Rathaus
10 Spitalkirche Hl. Geist
11 Herzogsschloß, Bayer. Armeemuseum
12 Cavalier Hepp, Stadtmuseum
Gaimersheim
Auto Union
Oberhaunstadt
Nordbahnhof
NÖRDLICHE RINGSTRASSE
ÖSTLICHE RINGSTR.
B16 Donauwörth, B13 Eichstätt
B16a Autobahn, Vohburg
B13 Hauptbahnhof, München
Hindenburg-park
Seminar
Landratsamt
Landwirtschaftsamt
Finanzamt
ESPLANADE
Stadttheater
Amtsgericht
Jugendherberge
Städt. Krankenhaus
Zollamt
Herzogskasten
Stadttheater Neubau
Polizei
Neues Rathaus
Taschenturm
Bürgerspital
Volksbad
Städt. Hallenbad
Reduit Tilly
Verbandsberufsschulen
Luitpold-park
Donau
WESTLICHE RINGSTRASSE
SÜDLICHE RINGSTRASSE
FRIEDHOFSTR.
JESUITENSTRASSE
SCHLOSSLÄNDE
DONAULÄNDE
BRÜCKENKOPF
MÜNCHNER STR.
HAUNWÖHRER STRASSE
AUENSTRASSE
PARKSTRASSE
Gerolfing

Neuburg a. d. Donau

Große Kreisstadt, 403 m, 25 000 Einw. Die alte Herzogstadt und ehemalige Residenz des Fürstentums Pfalz-Neuburg mit historischer Altstadt auf einem Jurafelsen am hochgelegenen rechten Ufer der Donau, zwischen Ingolstadt und Donauwörth, zählt wegen ihrer hervorragenden Baudenkmäler zu den sehenswertesten Donaustädten. Die verkehrsgünstig gelegene Stadt ist auch kulturelles Zentrum, verfügt über verschiedene Schultypen sowie über ansehnliche Industrie und Kieselerde-Bergbau.

Auskunft: Städtisches Verkehrsbüro, 8858 Neuburg a. d. Donau, Tel. 08431/55240.
Verkehr: B 16 Donauwörth – Ingolstadt. – Autobahnanschlußstelle Ingolstadt-Nord (23 km) zur A 9 München – Nürnberg.

Geschichte:
Südwestlich eines römischen Kastells entstand eine Siedlung. Nach der bayerischen Landnahme wurde »Niwinpurc« Herzogsgut der Agilolfinger. Kaiser Karl der Große machte nach der Absetzung des letzten Agilolfingerherzogs die »Stadt« Neuburg 788 zum fränkischen Königsgut. 947 übernahmen die Liudolfinger als bayerische Herzöge die Herrschaft und erbauten die Alte Burg. 1332 erneuerte Ludwig der Bayer das alte Stadtrecht, 1505 entstand nach dem Testament des Wittelsbachers, Herzog Georg des Reichen von Landshut, das Fürstentum Neuburg (Junge Pfalz; bis 1799) für seine Erben, die kurpfälzischen Prinzen Ottheinrich und Philipp. Ottheinrich, ein glänzender Renaissancefürst, ab 1556 mit der Kurfürstenwürde ausgestattet, und durch seine Bautätigkeit in Heidelberg berühmt, machte Neuburg zu seiner Residenz (Bestand bis 1685). Seine Nachfolger wurden die wittelsbachischen Herzöge und Pfalzgrafen von Zweibrücken-Veldenz, von denen alle heute lebenden Wittelsbacher abstammen.

Sehenswert:
Residenzschloß, von Ottheinrich, dem ersten Fürsten von Pfalz-Neuburg 1530–1545 als Residenz im Sinne der Renaissance erbaut. Unter Pfalzgraf Wolfgang Wilhelm erhielt die Ostfassade des Westflügels Sgraffiti. Pfalzgraf Philipp Wilhelm ließ 1655–1675 den Ostflügel als Barockschloß umbauen. Die mächtige Vierflügelanlage zeigt an der Westseite, die der Hauptstraße zur Oberstadt zugekehrt ist, die Renaissancebauten Ottheinrichs mit Satteldächern und Stufengiebeln; an der Ostfassade die freigelegten Sgraffiti mit biblischen Szenen. Der Ostflügel mit seinen schönen Rundtürmen, der Barockbau von Philipp Wilhelm, beherrscht heute das Stadtbild.

Schloßkapelle aus der Zeit Ottheinrichs, doppelgeschossig, von Hans Bocksberger nach 1543 im Geist der Reformation ausgemalt.

Hofkirche Unsere Liebe Frau, 1607–1627 nach Plänen von Josef Heintz erbaut mit stattlicher Einturmfassade; der bedeutende Spätrenaissance-Bau weist hier deutlich auf den kommenden Barockstil hin.

Veranstaltungen:
Theater- und Musikaufführungen namhafter Gastspiel-Ensembles im Stadttheater. Neuburger Konzerte im Kongregationssaal. Musikalischer Sommer mit Konzerten im Schloß und in der Hofkirche.

Nördlingen

17500 Einw. Wirtschaftlicher Mittelpunkt des geologisch interessanten fruchtbaren Ries-Kessels, ehemals Freie Reichsstadt. Nördlingen konnte das alte Stadtbild rein erhalten und gibt daher einen guten Eindruck einer blühenden mittelalterlichen Stadt. Um die Georgskirche ordnet sich ringförmig der Stadtkern, dessen alte Umgrenzung im Grundriß noch deutlich zu erkennen ist. Den zweiten konzentrischen Ring bildet die imposante, erhaltene Stadtmauer mit 5 Toren und 11 Türmen.

Auskunft: Städtisches Verkehrsamt, Marktplatz 15, 8860 Nördlingen, Tel. 09081/4380 und 84116.

Geschichte:
Nördlingen, das erstmals urkundlich 898 erwähnt wurde, soll an der Stelle einer römischen Siedlung entstanden sein. Unter dem Staufenkaiser Friedrich II. wurde es 1215 Freie Reichsstadt. Als Handelszentrum zwischen Norden, Südosten und Westen gewann es im 14. und 15. Jh. Reichtum.

Sehenswert:
St.-Georgs-Kirche, das bedeutendste Bauwerk der Stadt, eines der großartigsten Denkmäler der Spätgotik in Süddeutschland und gleichzeitig ein schönes Zeugnis für den Kunstsinn der bürgerlichen Stifter dieses anspruchsvollen Gotteshauses. Am Bau wirkten Niklas Eseler von Alzey (1439–62) und Stefan Weyrer (1495–1505) als Baumeister. Der 90 m hohe Turm, *Langer Daniel* genannt, gehört zu den schönsten Turmbauten Deutschlands. Die Besteigung (365 Stufen) lohnt sehr.

Der Marktplatz erstreckt sich bis zu dem freistehenden gotischen

Rathaus, 13. Jh., mit Renaissancefreitreppe, 1618 von Walberger, überdacht, mit Wappen und Ornamenten geschmückt, mit gotischem Einschlag. Im ersten Stock die Ratsstube. Im zweiten Stock die sogenannte Bundesstube; in diesem Raum hielt der Schwäbische Bund bei seinen Zusammenkünften in Nördlingen seine Tagungen ab.

Tanz- oder **Brothaus,** gegenüber der Westseite des Rathauses, von 1442 mit einer Statue des Kaisers Maximilian; daneben das *Hohe Haus* von 1442 mit 9 Stockwerken; gegenüber der Ostseite das *Leihhaus* von 1522, jetzt Stadtbibliothek.

»Klösterle«, im nördlichen Stadtteil, ehemalige Barfüßerkirche mit schönem Portal. In der Nähe ziehen sich an beiden Seiten des Egerflüßchens die Gerbergassen entlang. An diesen stehen aus Holz und Fachwerk gebaute **Gerberhäuschen** mit Altanen und windschiefen malerischen Steilgiebeln.

Reichsstadtmuseum, im Spital, mit Gemälden der altschwäbischen Schule u. a. Gerätschaften, Gegenständen zur Stadtgeschichte und dem Reliefbild der Schlacht von Nördlingen 1634 mit 6000 Zinnsoldaten; das **vor- und frühgeschichtliche Museum** zeigt Funde aus dem Rieskessel und von seinen Siedlern.

Veranstaltungen:
Stabenfest, altüberliefertes Frühlingsfest der Schuljugend mit Umzug durch die Stadt und buntem Wiesenbetrieb, im Mai. – Scharlachrennen, vielseitige Pferdeschau Süddeutschlands, Mitte Juli. – Freilichtbühne »Alte Bastei«, Juli bis Mitte August.

Nürnberg

468 000 Einw. Die zweitgrößte Stadt Bayerns mit historischer Altstadt beiderseits der Pegnitz, in der waldreichen Ebene des Mittelfränkischen Beckens, expandiert seit Ende des Zweiten Weltkrieges unaufhaltsam auch in den die Stadt auf drei Seiten umgebenden Reichswald. Im Mittelalter entwickelte sich die Freie Reichsstadt am Schnittpunkt wichtiger europäischer Verkehrswege zur berühmten Kunst- und Handelsmetropole. In ihrer 900jährigen Geschichte fehlen aber auch die Perioden des Niedergangs nicht.

Heute ist Nürnberg ein wirtschaftlicher Schwerpunkt der Bundesrepublik und Zentrum im mittelfränkischen Ballungsraum mit Sitz von Behörden und namhaften Industrien. Die moderne, dynamische Halbmillionen-Metropole ist auch das kulturelle Zentrum Frankens. Neben der Akademie für bildende Künste entstand die wirtschafts- und sozialwissenschaftliche Fakultät der Universität Erlangen-Nürnberg; Bildungsstätten verschiedenster Art und berühmte Museen stehen zur Verfügung. Dem Wiederaufbau der im Krieg weitgehend zerstörten, von Mauern mit Türmen und Toren umgebenen und von der Kaiserburg überragten Altstadt mit hervorragenden Baudenkmälern folgte seit den siebziger Jahren eine sorgfältige Sanierung der noch erhaltenen alten Bausubstanz, so daß das überlieferte Stadtbild des 15. bis 17. Jh. weitgehend wiederhergestellt werden konnte.

Auskunft: Verkehrsverein Nürnberg, Eilgutstr. 5, 8500 Nürnberg, Tel. 0911/204256.

In der Altstadt scheint die Zeit seit Albrecht Dürer stillzustehen

Geschichte:

Nürnberg ist eine Gründung Kaiser Heinrichs III. (1039–1056), der als Stützpunkt für seine Feldzüge gegen den Böhmenherzog auf dem Nürnberger Burgfelsen eine Königsburg errichten ließ. Im 13. Jh. nahm die Stadt unter der Herrschaft der staufischen Kaiser eine glänzende Entwicklung. 1219 stellte Kaiser Friedrich II. der damals noch königlichen Stadt (ohne Selbstverwaltung) den »Großen Freiheitsbrief« aus, und während der heftigen Kämpfe zwischen Kaiser und Papst (Mitte des 13. Jh.) erhielt sie ihre volle Selbständigkeit. 1256 wird erstmals ein Nürnberger Rat erwähnt, und noch im gleichen Jahr trat Nürnberg dem Rheinischen Städtebund bei.

Ihre großen politischen Erfolge verdankt die Stadt vor allem der Gunst der deutschen Kaiser, die ihr während des ganzen Mittelalters erhalten blieb. 1356 erließ Kaiser Karl IV. die »Goldene Bulle«, in der er durch Reichsgesetz jeden künftigen Herrscher Deutschlands verpflichtete, seinen ersten Reichstag in Nürnberg zu halten. Damit war Nürnberg neben Frankfurt und Aachen zu einer Hauptstadt des Reiches geworden. Mit der Verlagerung der Welthandelswege und durch den Dreißigjährigen Krieg verlor Nürnberg an Bedeutung.

Mit der Auflösung des alten Reiches kam Nürnberg 1806 zum Königreich Bayern und erlebte im 19. Jh. einen neuen Aufstieg, als 1835 die erste Eisenbahnlinie zwischen Nürnberg und Fürth eröffnet wurde.

Autobahn, B4 Bamberg
ST. JOHANNIS
BUCHER STR.
PIRCKHEIMER
STRASSE
Maxfeld
MAXFELDSTR.
Autobahn, B2 Bayreuth
VEILLODTERSTR.
MAXTOR-GRABEN
WIELANDSTR.
Kaiserburg 11
Maxtor
Universität
Laufer Tor
JOHANNISSTR.
BURGSCHMIETSTR.
Johannisfriedhof
GRABEN
Tiergärtnertor
TETZELGASSE
EGIDIEN-PL.
18
19
AUSSERE LAUFER G.
RATHENAU-PLATZ
Autobahn, B14 Lauf
Neutor
NEUTORGR.
12
A.-DÜRER-STR.
10
BURGSTR.
LAMMSG.
THERESIENS.
I. LAUFER G.
BECKSCHLAGERG.
RATHS-PL.
13
9
SEBALD
AM HALLERTOR
14
MAXPL.
Hallertorbrücke
LAUFERTORGRABEN
Postscheckamt
15
HAUPTMKT.
8
7
NEUE G.
KONTUMAZGARTEN
WESTTORGR.
Maxbr.
Karlsbr.
TRÖDELMKT.
INSEL SCHÜTT
Westtor
UNSCHLITT-PL.
Fleischbr.
PRINZREGENTENUFER
PRATER
Norishalle
JOSEPHS-PL.
ADLERSTR.
Post
6
LORENZER PL.
Gewerbemuseum
MARIENTORGR.
STRASSE
SPITTLERTORGR.
Polizeipräsidium
KAROLINENSTR.
B8 Würzburg
LORENZER STR.
Kunsthalle
Marientor
Tiergarten
16
STR.
LORENZ
4
KÖNIGSTR.
MARIENSTR.
LUDWIGSSTR.
JAKOBSPL.
JAKOB-STR.
KORNMKT.
HALLPL.
AM PLÄRRER
Spittlertor
FÄRBER-STR.
5
3
2
KÖNIGSTORGR.
GLEISSBÜHL-STR.
1
BAHNHOFS-PL.
BAHNHOFSTRASSE
Autobahn
FRAUENTORGRABEN
RICHARD-WAGNER-PLATZ
B2 Augsburg, B14 Ansbach
STEINBÜHLER STR.
SANDSTRASSE
17
Oberpostdirektion
Hauptbahnhof
Städt. Bühnen
Zollhof
TAFELHOF
Autobahn B8 Regensburg
TUNNELSTR.
SCHLOSSÄCKERSTR.
PETER-HENLEIN-STR.
WIESENSTRASSE
LANDGRABENSTR.
STRASSE
MELANCHTHON-PL.
STEINBÜHL
HUMBOLDTSTRASSE
GUGELSTRASSE
GIBITZENHOF-
Gibitzenhof, Autobahn
NÜRNBERG
0 300m
Information
1 Königstor, "Handwerkerhof"
2 St. Marthakirche
3 St. Klarakirche
4 Mauthalle
5 Germanisches Nationalmuseum
6 St. Lorenz, Nassauer Haus
7 Heilig-Geist-Spital
8 Frauenkirche, Schöner Brunnen
9 Rathaus, Lochgefängnisse
10 Stadtmuseum Fembohaus
11 Burg (Kaiserburg, Burggrafenburg, Kaiserstallung)
12 Albrecht-Dürer-Haus
13 St. Sebaldus
14 Spielzeugmuseum der Stadt Nürnberg
15 Weinstadel, Henkersteg, Unschlitthaus
16 St. Elisabethkirche, Weißer Turm, St. Jakobskirche
17 Verkehrsmuseum
18 St. Egidien-Kirche, Pellerhaus
19 Tucher-Schlößchen

Sehenswert:

Mauthalle, Königstraße, 1498 bis 1502 durch den Stadtbaumeister Hans Beheim als Kornspeicher errichtet, seit 1572 Zollstätte.

Germanisches Nationalmuseum, *Kornmarkt/Kartäusergasse,* in den modernen Museumsbauten sowie unter den Dächern des ehem. Kartäuserklosters. Das 1852 »zur Rettung der Dokumente deutscher Vergangenheit« gegründete Museum entwickelte sich zur größten kunst- und kulturhistorischen Sammlung Deutschlands. Geöffnet täglich außer Mo 9–16 Uhr, Do auch 20–21.30 Uhr.

St. Lorenz, evang. Stadtpfarrkirche, von 1260 bis 1370 als gotische dreischiffige Basilika nach dem Vorbild der älteren St.-Sebald-Kirche für die Südstadt erbaut.

Das Innere mit Vorhalle und hohem, engem Langhaus, durch Pfeiler unterteilt, mündet in den lichten, breit gelagerten Hallenchor mit prächtigem Sterngewölbe. Architektur und Ausstattung sind hochrangig. Ein großer Teil des Einrichtungsgutes ist durch reiche Patrizierfamilien gestiftet. Im Hallenchor der 55kerzige *Marienleuchter* von Jakob Pullmann, Tuchersche Stiftung von 1518. Er beleuchtet den ebenfalls von Tucher gestifteten *»Engelsgruß«,* die frei im Chor hängende und wohl berühmteste Holzplastik von *Veit Stoß* (1517/18). Das weltberühmte *Sakramentshaus* von Adam Krafft, Imhoffsche Stiftung, 1493–1496. Im Chor weitere bedeutende spätgotische Altäre. Von größter Bedeutung die erhalten gebliebenen *Glasfenster* aus dem 15. Jh. – An der Nordseite der Kirche der

Tugendbrunnen von Benedikt Wurzelbauer, 1584–1598. – Über die *Museumsbrücke* zur Sebalderstadt. Rechts Blick auf das

Heilig-Geist-Spital auf der Insel Schütt, Zugang *Spital-/Heubrücke.* Im 14. bis 16. Jh. in mächtigen Steinbrückenbögen über der Pegnitz erbaut, eine der größten sozialen Stiftungen des Mittelalters. – Jenseits der Brücke

Hans-Sachs-Denkmal, am *Hans-Sachs-Platz,* von 1874.

Frauenkirche am *Hauptmarkt,* 1352–1361 als Stiftung Kaiser Karls IV., des »böhmischen Königs«, nach dem Vorbild böhmischer Kirchen erbaut und dem »weichen Stil« der Parler-Schule verwandt.

Die überaus reiche Fassade zum Hauptmarkt ist durch den prunkvollen zweigeschossigen Vorbau und Adam Kraffts 1506–1508 ergänztes Michaels-Chörlein mit Filigrangiebel gegliedert; in ihm das berühmte »Männleinlaufen«, ein kunstreiches mechanisches Uhrspielwerk des Jörg Heuß, täglich um 12 Uhr Lauf der sieben Kurfürsten, die Kaiser Karl IV. huldigen.

Im Inneren hochbedeutende Ausstattungsstücke. Im nördlichen Seitenschiff der *Tucher-Altar* von etwa 1400.

Schöner Brunnen, am *Hauptmarkt,* vor der Fassade der Frauenkirche, 1385–1396 von Heinrich Beheim erbaut.

Fembo-Haus mit **Stadtmuseum,** *Burgstraße 15.* Der 1591–1605 errichtete prächtige Spätrenaissancebau ist das einzige im Krieg unzerstört gebliebene bedeutende Patrizierhaus Alt-Nürnbergs. Das in ihm eingerichtete Stadtmuseum demonstriert Alt-Nürnberger Entwicklungsgeschichte und Wohnkultur.

Burg, eine vielgestaltige Anlage, bei der drei Gebäudegruppen zu unterscheiden sind: auf dem westlichen Burgfelsen die staufische Kaiserburg, anschließend die Hohenzollern-Burggrafenburg, im Osten die sog. Kaiserstallung der Freien Reichsstadt.

Albrecht-Dürer-Haus, *Am Tiergärtnertor* (Tel. 162271). Das Fachwerkhaus der Nürnberger Spätgotik aus dem 15. Jh., das Dürer 1509 erwarb und bis zu seinem Tod im Jahr 1528 bewohnte, wurde nach schwerer Kriegszerstörung wiederhergestellt. Es ist als Museum gestaltet und zeigt anschaulich, wie Dürer seinerzeit lebte und arbeitete.

St. Sebaldus, evang. Stadtpfarrkirche, Mittelpunkt der gleichnamigen älteren Stadthälfte zu Füßen der Kaiserburg. Die Raumwirkung im Inneren ist bestimmt durch den Gegensatz der frühgotischen westlichen Kirchenhälfte und des spätgotischen, lichten Hallenchors. Eine Fülle bedeutender Kunstwerke gehört zur Ausstattung.

Im Hallenchor das berühmte *Sebaldusgrab,* schönstes Werk deutscher Gießkunst von Peter Vischer d. Ä. und seinen Söhnen, in den Jahren 1507–1512 und 1514–1519 entstanden.

Den Hauptaltar ziert eine *Kreuzigungsgruppe* von Veit Stoß (Maria und Johannes von 1508, Kruzifixus 1520). Im Chorumgang weitere Arbeiten des Veit Stoß.

Spielzeugmuseum der Stadt Nürnberg, *Karlstr. 13,* in einem alten Patrizierhaus mit Chörlein und Stufengiebel. Verschiedenes Spielzeug vom Mittelalter bis zur Gegenwart, aus Europa und Übersee, kann aus Platzmangel nur zum Teil ausgestellt werden.

Verkehrsmuseum Nürnberg. Es ist der Eisenbahn und der Post gewidmet. Ausgestellt sind Originalfahrzeuge (u. a. der erste deutsche Eisenbahnzug) und Modelle.

Blickfang über den Dächern Nürnbergs ist die Burg

Schwabach

Kreisfreie Stadt, 338 m, 36 000 Einw. Die lebhafte Industriestadt mit historisch reicher Altstadt im Rangau, unweit südlich von Nürnberg-Fürth, erstreckt sich beiderseits der Schwabach, einem Nebenfluß der Rednitz. Sie ist im Kern noch von den Resten der alten Stadtbefestigung umgeben, bewahrt sehenswerte kunstgeschichtliche Baudenkmäler, schöne Fachwerkhäuser und idyllische Plätze. Durch moderne Sportanlagen, Park- und Grünflächen sowie Naherholungsgebiete besitzt Schwabach hohen Freizeitwert. Der vielseitigen Industrie der ehem. Goldschläger- und Nadlerstadt entspricht in der Umgebung der Tabak- und Hopfenanbau.

Auskunft: Stadtverwaltung, 8540 Schwabach, Tel. 091 22/86 03 76.
Verkehr: Autobahnanschlußstelle Schwabach/Roth zur A 6 (Autobahnkreuz Nürnberg Süd – Ansbach).

Geschichte:
Schwabach entstand vermutlich schon um 728. Als »Villa suaba« wurde der Ort 1117 erstmals urkundlich erwähnt. Bis 1281 gehörte Schwabach zum Kloster Ebrach, kam danach in kaiserlichen Besitz und später an die Burggrafen von Nürnberg. 1371 erstmals Stadt genannt, wurde es im 15. Jh. eine der Münzstätten im Fürstentum Ansbach. Im Dreißigjährigen Krieg belagert und geplündert, nach schweren Schäden allmählicher Wiederaufstieg, zunächst durch die Aufnahme österreichischer Flüchtlinge, ab 1686 entscheidend aber durch die Niederlassung gewerbefleißiger Hugenotten beeinflußt (Gobelin- und Strumpfwirkerei).

Sehenswert:
Marktplatz, eigentlich der zum *Königplatz* erweiterte Hauptstraßenzug Königstraße, heute Fußgängerzone (Tiefgarage); er gehört aufgrund seiner geschlossenen Bebauung durch Fachwerkhäuser und Giebelfronten zu den schönsten in Bayern. Das **Rathaus** mit offenen Lauben entstand mit dem Hauptbau 1528, das Fachwerk-Obergeschoß erst 1799. Auf dem Platz der **Schöne Brunnen** von 1716, eine hervorragende Schöpfung des Barock.

Stadtkirche St. Johannes und St. Martin, an der Stelle einer fränkischen Königshofkirche 1469–1495 erbaut. Der von außen schlichte gotische Sandsteinbau mit 72 m hohem Turm, ist im dreischiffigen basilikalen Inneren mit Kreuzrippengewölben reich ausgestattet. Bedeutend der 16 m hohe, über 6 m breite Hochaltar aus der Werkstatt von Dürers Lehrer Michael Wolgemut, vermutlich unter Mitwirkung des Holzschnitzers Veit Stoß.

Veranstaltungen:
Frühlingsfest, Stadtteilkirchweihen, Wöhrwiesenfest, Bürgerfest im Sommer, Schwabacher Kirchweih im September.

Spalt

Kr. Roth bei Nürnberg, 371 m, 4800 Einw. Malerisches Städtchen im Rangau, im Talgrund der Fränkischen Rezat, namhafter Hopfenanbau und -handel sowie Kirschgärten. Vom 8. Jh. ab bestand ein Benediktinerkloster (bis 1806); erste urkundliche Nennung 810, 1297 eichstättisch, Stadtrecht im 14. Jh., ältestes deutsches Hopfensiegel (1538).

Auskunft: Stadtverwaltung, 8545 Spalt, Tel. 09175/601 und 602.
Verkehr: B 466 Gunzenhausen – Schwabach, Abzweigung bei Obererlbach (7 km); Autobahnanschlußstelle Schwabach (25 km).

Sehenswert:
Pfarrkirche, ehemalige Stiftskirche St. Emmeram (regensburgisch) des 12. Jh., ab 1698 barock verändert. – Zweitürmige ehemalige **Stiftskirche St. Nikolaus,** um 1300, ab 1767 im Rokoko verändert. – **Altes Rathaus** von 1525. – Prächtige alte **Fachwerkhäuser** mit hochgiebeligen Hopfenböden, **Hopfensiegelhalle** von 1457, **Hof Mühlreisig** vom 18. Jh. – Reste der **Stadtbefestigung** des 15. Jh. mit fünf Türmen und Tor (1422). – **Gottesackerkirchlein** mit Freikanzel von 1557. – **Heimatmuseum.**

In der Umgebung:
Nach **Absberg,** 1½ bis 2 Std. südwestlich; mark. Weg über Hagsbronn mit altem Bergkirchlein und Stockheim nach Absberg; die 958 gegründete Burg wurde 1520 vom Schwäbischen Bund zerstört; Deutschordensschloß von 1725 mit kath. Kirche; evang. Kirche von 1598.

Wolframs-Eschenbach

1800 Einw. Mittelalterliches Städtchen, das sich sein ursprüngliches Aussehen bewahren konnte, abseits von den großen Verkehrswegen zwischen Ansbach und Gunzenhausen gelegen. Stadt des Deutschen Ritterordens und Heimat des Minnesängers und Dichters der Parzivallegende, Wolfram von Eschenbach (um 1170 bis 1228).

Auskunft: Stadtverwaltung, Wolfram-von-Eschenbach-Platz 1, 8802 Wolframs-Eschenbach, Tel. 09875/265.

Geschichte:
Anläßlich einer Kirchenweihe durch den Eichstätter Bischof ist »Eschelenbach« um 1065 bezeugt. Um 1200 übernahmen die Grafen Wertheim-Rieneck die Siedlung und begannen den Bau einer Wallmauer, gaben »Eschinbach« aber schon 1220 an den Deutschen Ritterorden ab. Im frühen 14. Jh. erhielt der Orden die umliegenden Ländereien der Wertheimer sowie jene der Riesgrafen von Oettingen im Tausch gegen Bopfinger Liegenschaften. Die Komturei unterstand zunächst jener von Nürnberg, später der fränkischen Ordensballei in Ellingen. Kaiser Ludwig der Bayer verlieh 1322 Stadtrechte. Die bis zum 15. Jh. ausgebaute Mauer ist erhalten. Seit 1917 nennt sich die Stadt nach dem hier geborenen Sänger des Parzivalliedes.

Sehenswert:
Unversehrte **Befestigungsanlagen** des 14. und 15. Jh. mit Mauern, Toren, Türmen und Zwingern von malerischem Reiz.

Deutschordensschloß (jetzt Rathaus), sehr originelles Bauwerk des frühen 17. Jh. – **Wolframs-Archiv.** – Wolframs-Denkmal.

Liebfrauenmünster, um 1230, 1280 zur Halle erweitert, stattliches romanisch-gotisches Gotteshaus, der 81 m hohe Turm ist mit glasierten Ziegeln gedeckt, 1429 bis 1450; im Kircheninnern nach der Überlieferung Grab Wolfram von Eschenbachs, am nördlichen Seitenaltar Rosenkranzrelief von 1470. – **Pfründehaus,** Fachwerkbau, 1250.

Vom Frankenwald in die Oberpfalz

Ein Blick auf die Karte zeigt, daß viele Landschaften zwischen Frankenwald und Oberpfalz in Grenznähe liegen, sei es zur DDR, in die der Frankenwald mit seinem thüringischen Abschnitt hinüberreicht, sei es zur Tschechoslowakei, die dem Fichtelgebirge und dem Oberpfälzer Wald benachbart ist. Die Namen der Gebirge verraten schon, daß hier die ganze Schönheit der Mittelgebirge vertreten ist. Höchste Höhe erreicht dabei der 1051 m hohe Schneeberg des Fichtelgebirges, das nicht zufällig so etwas wie den Mittelpunkt unseres Ausflugsreviers darstellt.

Das Fichtelgebirge muß man zu den ältesten Gebirgen Europas rechnen, von dem freilich heute nur noch der Grundstock erhalten ist: Bevor die Flüsse im Laufe vieler Jahrmillionen die Höhen abtrugen, war es mit seinen Phylliten und Gneisen ein stattliches Gebirge, das übrigens auch für geologisch Interessierte manchen interessanten Mineralienfund ermöglicht. Demgegenüber besteht der zum Thüringer Wald zählende Frankenwald weitgehend aus erheblich jüngeren Schichtgesteinen. Der Oberpfälzer Wald ähnelt – wenn auch wesentlich niedriger – dem südöstlich anschließenden Bayerischen Wald. Gemeinsam ist jedoch all diesen Gebirgen, wie ja schon ihre Namen erkennen lassen, der Waldreichtum und die damit verbundene reine Luft. Das macht sie für erholsame Ausflüge und Wanderungen so genußreich, zumal die Besiedlung nicht so dicht wie in industriellen Ballungszonen ist.

Dennoch fehlen die ansehnlichen Städte nicht, von denen Hof, an der Saale gelegen und einst Mittelpunkt des (heute zur DDR zählenden) Vogtlandes, Bayreuth, Weiden und Coburg die größten sind. Keine hat es jedoch zur Großstadt gebracht. Um so beachtlicher sind dagegen die Klein- und Mittelstädte mit ihren oft noch malerischen Ortsbildern und ihren Burgen, die insbesondere im fränkisch-thüringischen Grenzgebiet aus historischen Gründen besonders zahlreich sind. Viele Ausflüge lassen sich als Entdekkungsfahrten zu Burgen durchführen, von denen insbesondere Lauenstein, Veste Coburg, Plassenburg, Leuchtenberg und Rosenberg genannt werden müssen.

Aber auch Kirchen und Klöster von Rang sind hier nicht selten: etwa Waldsassen, Kappel, Hof oder Marktredwitz.

Als willkommene Abwechslung zu den Städten laden Heilbäder zum Besuch, die mit ihren Quellen gegen eine Reihe von Beschwerden helfen: Berneck, Steben, Alexandersbad.

Dennoch: Immer wieder steht die Natur hier im Mittelpunkt, sei es mit dem Felsenlabyrinth von Wunsiedels weithin bekannt gewordener Luisenburg, seien es die Tausender des Fichtelgebirges oder so namhafte Flüsse wie Main, Saale oder Naab.

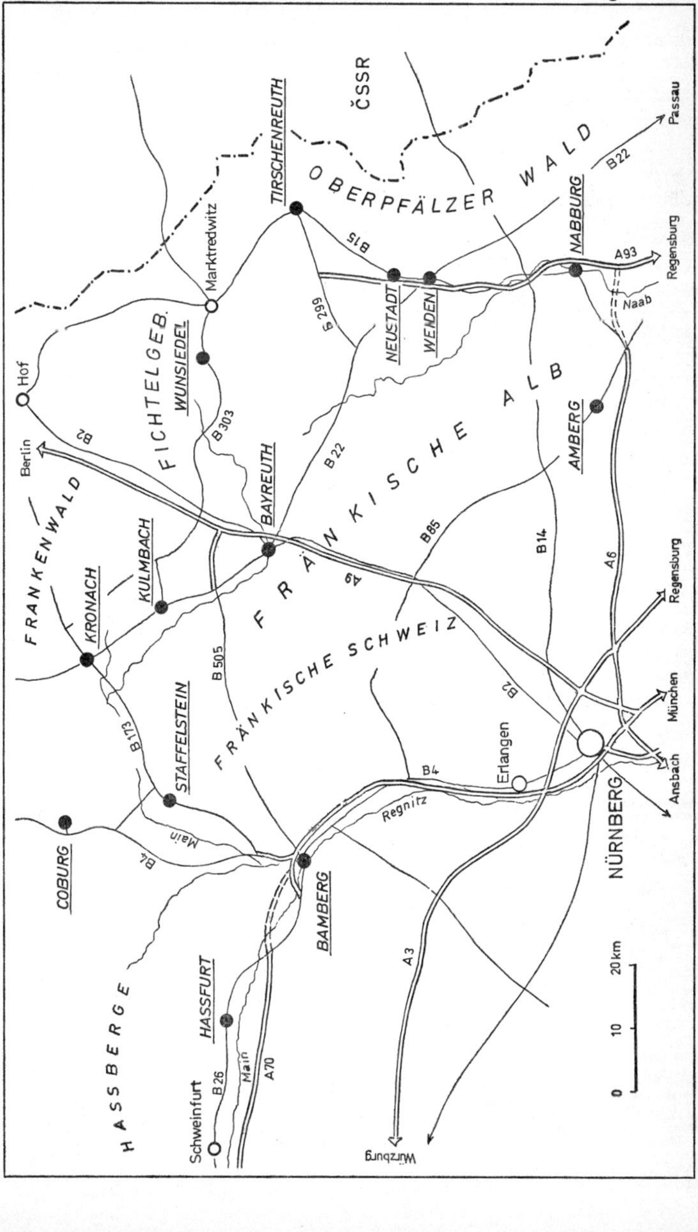
ČSSR
OBERPFÄLZER WALD
FICHTELGEB.
FRANKENWALD
FRÄNKISCHE ALB
FRÄNKISCHE SCHWEIZ
HASSBERGE
TIRSCHENREUTH
Marktredwitz
WUNSIEDEL
Hof
Berlin
NEUSTADT
WEIDEN
NABBURG
Passau
Regensburg
Naab
AMBERG
BAYREUTH
KULMBACH
KRONACH
STAFFELSTEIN
COBURG
BAMBERG
HASSFURT
Schweinfurt
Würzburg
Erlangen
NÜRNBERG
München
Ansbach
Main
Regnitz
B15
B22
B299
B303
B2
B85
B14
B505
B173
B4
B26
A93
A9
A6
A3
A70
0
10
20 km

Amberg

Kreisfreie Stadt und Sitz des Landkreises Amberg-Sulzbach, 374 m, 47000 Einw. Ehemalige Haupt- und Residenzstadt der Oberpfalz, die ihren mittelalterlich-wehrhaften und stattlich bürgerlichen Charakter im Stadtkern erhalten hat und auch vom Krieg unversehrt blieb. Landschaftlich schön im Tal der Vils, an den Ausläufern des Oberpfälzer Waldes (Naabbergland) gelegen. Behörden-, Schul- und Industriestadt mit staatlichen und städtischen Bibliotheken und Archiven.

Auskunft: Städtisches Kulturamt, Salzgasse, 8450 Amberg, Tel. 09621/10231.
Verkehr: Kreuzungspunkt der B 85 und 299. – Autobahnanschlußstelle zur A 6 (Nürnberg – Amberg).

Geschichte:
Amberg bestand vermutlich bereits im 9. Jh. als karolingischer Königshof »Villa ammonberg«. Das mit großen Handels- und Zollfreiheiten begabte Gemeinwesen (1242 Stadtsiegel) kam 1269 als Teil des konradinschen Erbes an Bayern. Seine seit dem 12. Jh. betriebenen Eisenerzgruben wurden auf Jahrhunderte Grundlage bedeutender Eisenerzeugung und -verarbeitung, die mit der »Großen Hammer-Einung« von 1387 Beziehungen von den Hansestädten bis zum Vorderen Orient (Treidelschiffahrt auf Vils und Donau) bewirkten. Durch den wittelsbachischen Teilungsvertrag 1329 kam ein Teil des bayerischen Nordgaus mit Amberg an die Rheinpfalz, und es wurde Sitz des pfälzischen Viztumamtes, später der Regierung für die Obere Pfalz.

1810 wurde der Sitz der Oberpfälzer Regierung von Amberg nach Regensburg verlegt. Neuen Aufschwung erfuhr Amberg durch den Bahnanschluß 1859 und den Aufschwung alteingesessener und neuer Industriebetriebe. Der in den Jahren 1882/83 errichtete erste Hochofen bildete den Grundstock für das Hüttenwerk Luitpoldhütte, das jedoch 1964 seinen Erzbergbau und Hochofenbetrieb stillegte.

Sehenswert:
St. Martin von 1421 bis 1483, mit 98 m hohem Turm (Obergeschoß und Haube aus dem 18. Jh.). Sie ist nach dem Regensburger Dom die größte Kirche der Oberpfalz und kündet vom Wohlstand des einstigen Patriziats. Der Kirchenraum, eine hohe, dreischiffige Halle auf schlanken Bündelpfeilern mit Rippengewölben, wird von einem Kranz von 19 Kapellen mit umlaufender Empore umgeben und zusammengehalten. Diese Sonderform ist in dieser Zeit in Deutschland einmalig. Über der Sakristeitür das ehem. Hochaltarbild von Caspar Crayer (Rubensschule); unter dem Hochaltar das Hochgrab des Kurprinzen Rupprecht Pipan (gestorben 1397); in der Kreuzkapelle ein Taufstein von 1417; in der Steinhauser Kapelle ein spätgotisches Gemälde aus dem Ende des 15. Jh.

Am rechten Vilsufer das **alte kurfürstliche Schloß,** die »Alte Veste« aus dem 15. Jh. mit Treppengiebel; hier ist das sehenswerte **Museum der Stadt** untergebracht. Gezeigt werden Amberger Steingut, Objekte aus der Amberger Gewehrfabrik, religiöse Volkskunst, Bilder und Möbel aus Renaissance und Barock; Schloßkapelle mit Glasmalereien des frühen 15. Jh.

Paulanerkirche von 1720, von Joh. Wolfg. Dientzenhofer mit schönen Stukkaturen von F. Ch. Muttone.

Nahebei das weitbekannte zweitürmige **Nabburger Tor** (15./16. Jh.), Wahrzeichen Ambergs.

Zeughaus mit seiner originellen Verbindung *»Stadtbrille«*, 1450 entstanden; die beiden Bögen über der Vils ergeben mit der Spiegelung des Wassers gleichsam Brillengläser. Am gegenüberliegenden Vils-Ufer das **Neue Schloß** oder **Kurfürstliche Schloß**, 1417 erbaut, Umbauten im 17. Jh., jetzt Landratsamt.

St.-Georgs-Kirche, älteste Pfarrkirche der Stadt, 1094 bereits erwähnt. Ein Stadtbrand von 1356 vernichtete sie, doch begann der Neubau schon drei Jahre später. Nachdem sie im 16. Jh. zuerst den Lutheranern, dann den Kalvinisten gedient hatte, zogen 1622 (bis 1808) die Jesuiten, zuletzt die Malteser ein. Im 17. und 18. Jh. wurde die Kirche erweitert und im Barockstil umgestaltet. Das Äußere, mit wuchtigem Westturm und durch Strebepfeiler gegliedertem Mauerwerk, entspricht noch ganz dem gotischen Bau. Das Innere bewahrt zwar die gotische Raumstruktur, ist jedoch meisterhaft barock verändert: Prächtige Struckdekorationen aus Girlanden, Rosetten, Bandwerk und Ranken sowie 12 Apostelfiguren im Mittelschiff schmücken die Wände, vermutlich von Joh. Bapt. Zimmermann.

Die Kirche befindet sich innerhalb des ehemaligen **Jesuitenkollegs**, 1665–1689 unter Mitwirkung von Georg Dientzenhofer entstanden. Im stimmungsvollen Kongregationssaal (1678) ein Altar mit einem Gemälde von Caspar Crayer. Bibliothekssaal mit Stukkaturen von um 1730.

Am Schrannenplatz das ehem. Salesianerinnenkloster, mit der nach Plänen von Joh. Wolfgang Dientzenhofer 1694 erbauten **Schulkirche** (ursprünglich Klosterkirche), ein unauffälliger Bau mit prächtigem Portal. Das Innere überrascht durch vollkommene Rokokoausstattung.

Veranstaltungen:
Bergfest auf dem Mariahilfberg in der Woche um den 2. Juli; Pfingstdult; Herbstdult; Altstadtfest im Juni.

In der Umgebung:
Auf den **Mariahilfberg**, 529 m, 30 Min. nordwestlich (auch Busverbindung); östlich vom Bahnhof durch die Unterführung auf dem Mariahilfbergweg, vorbei am Krankenhaus; zuletzt auf den mit Kreuzwegstationen gekennzeichneten Weg hinauf zur **Wallfahrtskirche Mariahilf** am Südhang, wenig unterhalb des mit prächtigem Wald bedeckten Berges. An der Stelle einer mittelalterlichen herzoglichen Burg entstand im Pestjahr 1634 eine Votivkapelle. Ein Neubau nach Plänen von Wolfgang Dientzenhofer 1696–1711 wurde wegen des großen Andrangs der Wallfahrer erforderlich. Eine Monumentaltreppe führt zur äußerlich schlichten Wandpfeilerbasilika mit gedrungenem Turm am Chor und streng gegliederter Fassade. Das Innere mit Wandpfeilern, Querschiff und Emporen ist glanzvoll im Barockstil ausgestattet. Giovanni Batt. Carlone und sein Schüler P. d'Aglio schufen den reichen Stuck, Putten, Propheten und Heilige; Cosmas Damian Asam malte die Fresken, die die Geschichte der Wallfahrt sowie Allegorien erzählen; den Hochaltar schufen ebenfalls Carlone und d'Aglio. In ihm das vielverehrte Gnadenbild der Madonna. – Neben der Kirche das *Franziskanerkloster* sowie eine *Gastwirtschaft*. An den großen Wallfahrtstagen werden die Gottesdienste im Freien abgehalten.

Bamberg

Kreisfreie Stadt und Verwaltungssitz des gleichnamigen Landkreises, 231–386 m, 70 500 Einw. Die größte Stadt Oberfrankens liegt auf sieben Hügeln am Eintritt der Regnitz in das Maintal. Die über tausendjährige Kaiser- und Bischofsstadt gilt wegen ihrer vielen gut erhaltenen historischen Bauwerke und Kunstschätze als eine Sehenswürdigkeit europäischen Ranges. Sie ist Sitz des Erzbischofs, einer Universität und verfügt über zahlreiche kulturelle Institutionen. Darunter die Staatsbibliothek, eine Reihe von Museen, das E.-T.-A.-Hoffmann-Theater und die Bamberger Symphoniker, die 1945 aus der Prager Philharmonie hervorgegangen sind. Durch den modernen Staatshafen ist die Wirtschaft der Stadt (Textil, Lederverarbeitung, Elektrotechnik u. a.) mit dem Rhein-Main-Donau-Kanal verknüpft. Auch würziges Bier wird gebraut. Zehn selbständige Brauereien arbeiten hier. Eine Spezialität ist das Bamberger »Rauchbier« (Ausschank u. a. im »Schlenkerla«, Obere Sandstraße, nahe dem Dom).

i *Auskunft:* Städtisches Fremdenverkehrsamt, Hauptwachstr. 16, 8600 Bamberg, Tel. 09 51/2 64 01 und 8 73 70.
Verkehr: Bundesbahnknotenpunkt, Autobahnanschluß zur A 73, Schiffsanlegestelle (Hafenrund- und Tagesfahrten), Sportflugplatz, Internationaler Flughafen: Nürnberg (60 km). Die 20 innerstädtischen Buslinien führen zu allen Sehenswürdigkeiten (Auskunft Tel. 771).
Unterkunft: Zahlreiche Hotels, Gasthöfe, Pensionen, Jugendherberge und Campingplatz.

Geschichte:
Die Siedlungsgeschichte des Bamberger Raumes reicht bis in die jüngere Steinzeit zurück. Bamberg wird erstmals 902 als »Castrum Babenberh« erwähnt. Neueste Spuren weisen aber auf eine kontinuierliche Besiedlung schon im 8. Jh. hin. 973 fiel die »Civitas Papinberc« als Schenkung Kaiser Ottos II. an den Bayernherzog Heinrich (den Zänker). Dessen Sohn, Heinrich II. (der Heilige) machte sie zur Kaiserpfalz. Für ihn war die Stadt Zentrum seines Reiches – »Caput orbis«, das Haupt der Welt.

1003 wurde mit dem Bau des Doms begonnen, 1007 das neue Reichsbistum gegründet. Um das beherrschende Domstift entstanden weitere Klöster, Zentren des Geisteslebens. 1046 wurde Bischof Suitger als Clemens II. zum Papst gewählt.

Während die geistliche Stadt auf der weiterhin »Burg« genannten Anhöhe bereits in voller Blüte stand, konnte sich die bürgerliche Unterstadt erst im 12. Jh. auf der nach einer Regnitz-Regulierung entstandenen Insel fortentwickeln. Kunstsinnige Bischöfe und baufreudige Patrizier des 17. und 18. Jh. machten Bamberg zu einer Barockstadt, deren Schönheit sich bis heute erhalten konnte.

Die Brüder Dientzenhofer sowie Balthasar Neumann, Maximilian v. Welsch und Joh. Michael Küchel bauten glanzvolle Kirchen, Paläste und prächtige Bürgerhäuser. 1802 wurde das Fürstbistum säkularisiert und Bayern zugeteilt. E. T. A. Hoffmann leitete von 1808 bis 1813 als Kapellmeister das neugegründete Theater. Heute steht die gesamte Altstadt unter Denkmalschutz. Darüber hinaus werden den Bürgern im Rahmen des »Bamberger Modells« Zuschüsse für die denkmalpflegeri-

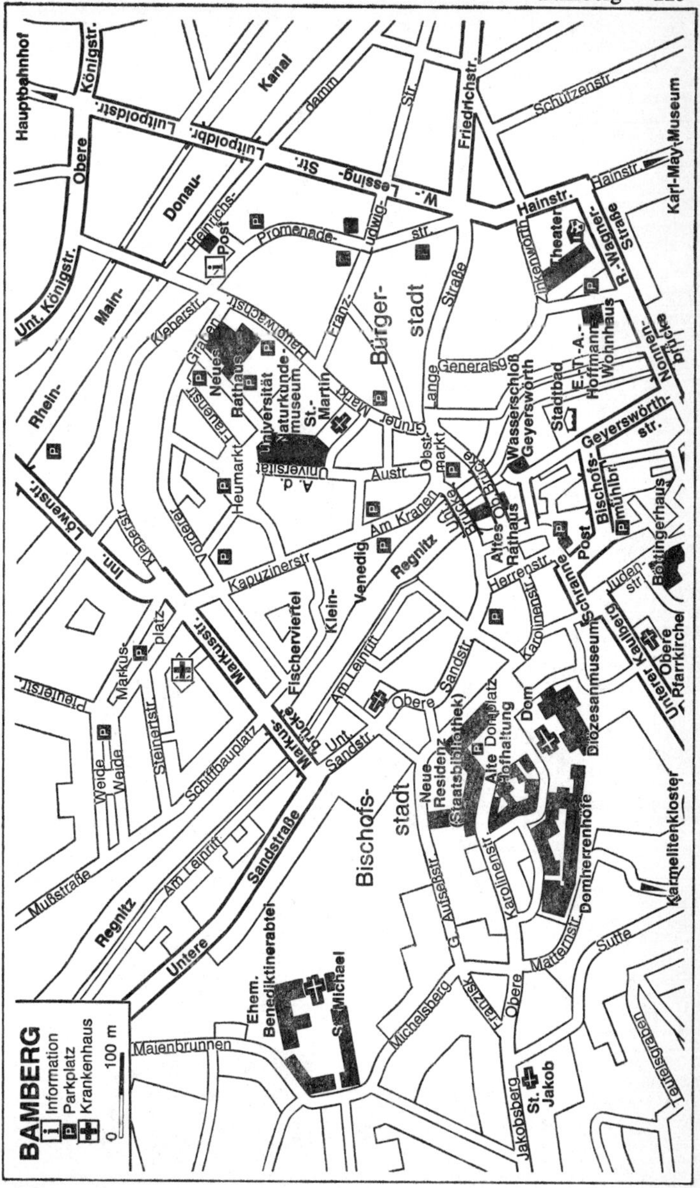
BAMBERG
Information
Parkplatz
Krankenhaus
0
100 m
Hauptbahnhof
Königstr.
Obere
Luitpoldstr.
Luitpoldbr.
Kanal
damm
Donau-
W.-
Lessing-
Str.
Friedrichstr.
Schützenstr.
Karl-May-Museum
Hainstr.
Heinrichs-
Post
Promenade-
Ludwig-
str.
Unt. Königstr.
Main-
Rhein-
Kleberstr.
Graben
Neues Rathaus
Hauptwachstr.
Franz-
Bürger-
stadt
Lange
Straße
Theater
Inkenwörth
R.-Wagner-Straße
E.-T.-A.-Hoffmann-Wohnhaus
Nonnen-brücke
Generalsg.
Universität
Naturkunde-museum
St. Martin
Grüner Markt
Frauenstr.
Heumarkt
Universität
A. d.
Austr.
Obst-markt
Wasserschloß Geyerswörth
Stadtbad
Geyerswörth-str.
Bischofs-mühlbr.
Böttingerhaus
Löwenstr.
Inn.
Kleberstr.
Vorderer
Kapuzinerstr.
Am Kranen
Regnitz
Untere Brücke
Obere Brücke
Altes Rathaus
Herrenstr.
Schranne
Post
Judenstr.
Venedig
Klein-
Fischerviertel
Markusstr.
Markus-platz
Pfeuferstr.
Weide
Steinertstr.
Schiffbauplatz
Markus-brücke
Am Leinritt
Obere Sandstr.
Unt. Sandstr.
Karolinenstr.
Kaulberg
Unterer
Obere Pfarrkirche
Diözesanmuseum
Dom
Domplatz
Alte Hofhaltung
Neue Residenz (Staatsbibliothek)
Bischofs-
stadt
Mußstraße
Sandstraße
Untere
Am Leinritt
Regnitz
Ehem. Benediktinerabtei
St. Michael
Maienbrunnen
Michelsberg
G. Aufseßstr.
Karolinenstr.
Domherrenhöfe
Karmelitenkloster
Matternstr.
Sutte
Obere
Jakobsberg
St. Jakob
Teufelsgraben

sche Bewahrung erhaltenswerter Altstadthäuser gewährt.

Sehenswert:
Kaiserdom, eines der bedeutendsten mittelalterlichen Bauwerke in Deutschland. Der Dom, 1012 geweiht, wurde zweimal – 1081 und 1185 – durch Brand zerstört. Den heutigen Bau, eine kreuzförmige Basilika mit zwei Chören und zwei Turmpaaren, hat Bischof Ekbert von Andechs-Meranien zwischen 1203 und 1237 im Geist der Stauferzeit erbaut. Ostbau und Langhaus sind im Äußeren romanisch, der Westbau ist frühgotisch.

Am Domplatz das prächtige *Fürstentor,* mit Standbildern der Apostel und dem »Jüngsten Gericht«.

Das dreischiffige Innere ist von eindrucksvoller Schlichtheit. Seine Proportionen entsprechen dem romanischen Stil, Spitzbogen zeigen den Übergang zur Gotik. Das Innere, im 17. Jh. barock ausgestaltet, wurde Anfang des 19. Jh. wieder weitgehend dem mittelalterlichen Bild angeglichen. Kostbar ist die Ausstattung mit Meisterwerken der Plastik des hohen und späten Mittelalters. Am Ostchor erhebt sich das *Hochgrab* Kaiser Heinrichs II. und seiner Gemahlin Kunigunde, aus Treuchtlinger Marmor gefertigt. Es ist ein Hauptwerk Tilman Riemenschneiders aus den Jahren 1499 bis 1513. Im Georgenchor (Ostchor) befinden sich die wertvollsten Bildwerke des Doms. An seinem Aufgang steht der berühmte *Bamberger Reiter,* Sinnbild mittelalterlichen, christlichen Königtums, von einem unbekannten Meister um 1235. In der östlichen Krypta unter dem Georgenchor der Sarkophag König Konrads III. (gest. 1152) und die Grabmäler der Bischöfe Gunther (gest. 1065) und Otto II. von Andechs-Meranien (gest. 1196). Im Westchor – nicht zugänglich – das Grabmal des zweiten deutschen Papstes, Clemens II. (gest. 1047), der unter dem Namen Suitger Bischof von Bamberg war. Es ist das

Bamberger Reiter

einzige Grab eines Papstes in Deutschland. Im südlichen Querschiff befindet sich der berühmte *Marienaltar* (Weihnachtsaltar) des Veit Stoß, von 1520 bis 1523 gefertigt, ein letztes großes Alterswerk des Meisters.

Diözesanmuseum, mit dem berühmten Domschatz, im ehem. Kapitelhaus, unmittelbar südlich des Doms. Hier befinden sich neben den Skulpturen der Adamspforte u. a. Gegenstände aus der Zeit Heinrichs II. und wertvolle Prunk- und Kirchengewänder (wie der

»Sternenmantel« des Kaisers). Geöffnet Di–Fr 10–17 Uhr, an Wochenenden und Feiertagen 10–15 Uhr. (Vom 1. Nov. bis Ostern geschlossen außer Krippenausstellung, die von Dezember bis Anfang Januar am Wochenende zugänglich ist.)

Alte Hofhaltung, ebenfalls am Domplatz (z. Zt. in Restaurierung). Die einstige Kaiser- und Bischofspfalz mit Resten des alten Reichssaals stammt aus dem 11. Jh. Der Giebelbau in Richtung Domplatz ist die *Ratsstube.* Sie ist im Renaissancestil von 1569 erbaut (heute Historisches Museum der Stadt). Daneben das *Reiche Tor* (16. Jh.), mit Allegorien der Flüsse Regnitz und Main, dem Kaiserpaar und den Dompatronen sowie einem Modell des Doms. Der Innenhof (im Juli finden hier Freilichtaufführungen statt) ist von spätgotischen Fachwerkhäusern umsäumt.

Neue Residenz, östlich des Domplatzes. Der imposanteste barocke Profanbau der Altstadt wurde 1695 bis 1704 unter Lothar Franz von Schönborn, Fürstbischof von Bamberg und Kurfürst von Mainz, durch Joh. Leonhard Dientzenhofer errichtet. 40 Räume sind reich im Stil des 17. bis späten 18. Jh. ausgestattet. Hervorzuheben sind die Stuckarbeiten von Joh. Jakob Vogel. Man kann u. a. die Kurfürstenzimmer, das fürstbischöfliche Appartement sowie Kaiserzimmer und *Kaisersaal* (Konzerte der Bamberger Symphoniker) besichtigen. Im Rosengarten an der Rückseite des Hauptbaues ein elegantes Rokoko-Gartenhaus (1757) von Joh. Michael Küchel. Die Neue Residenz beherbergt heute die *Staatsbibliothek* (u. a. mit 4500 Handschriften ab 5. Jh.) und eine Gemäldegalerie mit Bildern altdeutscher und barocker Meister, Tafeln des Meisters des Marienlebens, Hans Baldung Grien, und Werke von Lucas Cranach d. Ä. Außerdem gibt es wechselnde Kunstausstellungen. (Geöffnet 1. 4.–30. 9. täglich 9–12 Uhr und 13.30–17 Uhr. 1. 10.–31. 3. nachmittags nur bis 16 Uhr.)

Domherrenhöfe, nahe dem Dom. Hinter mächtigen Wappentoren residierten hier die Bamberger Domherren des Mittelalters.

Auch einige weitere Kirchen Bambergs sind besonders sehenswert:

St. Jakob mit dem ältesten Kircheninneren Bambergs, eine romanische

Der Bamberger Krippenweg

Etwa von Advent bis Mitte März kann man auf 19 Stationen eine einzigartige Krippentradition verfolgen. Der Gang beginnt im Dom mit dem Weihnachtsaltar des Veit Stoß. Höhepunkte sind die barocken Krippen im Diözesanmuseum, die zauberhaft erleuchteten Bilder in der Maternkapelle und vor allem die etwa 190 Figuren in der Pfarrkirche Zu unserer Lieben Frau auf dem Mittleren Kaulberg. Leider sind nicht alle Ausstellungen zugleich geöffnet. Einige beginnen erst Mitte Dezember, andere haben eingeschränkte Besuchszeiten. Ein Prospekt des Verkehrsvereins stellt alle Stationen kurz vor in Bild und Text.

Säulenbasilika von 1072 bis 1109 mit zwei Krypten erbaut, mit spätgotischem Chor und Turmoberbau von 1491; barocke Veränderung 1771 von F. I. Neumann; 1956 wurde die Kirche gründlich renoviert. Von der spätgotischen Ausstattung sind nur wenige Fresken, zwei Bildteppiche (um 1475) und eine Barbarafigur (um 1500) erhalten geblieben.

St.-Michaels-Kirche auf dem Michaelsberg. Sie gehört zur einstigen, von Heinrich II. 1015 gegründeten Benediktinerabtei (heute Altersheim). Ihr jetziges barockes Aussehen erhielten Kirche und Kloster im 17./18. Jh. Über der großen Freitreppe des Joh. Dientzenhofer erhebt sich eine prächtige Fassade Joh. Leonhard Dientzenhofers. Der dreischiffige, im Barockstil geschmückte Kirchenraum verrät noch die romanische Basilika. Aus der nachgotischen Zeit blieben Netzrippengewölbe und Chorschluß. Die prächtige Kanzel schuf Georg Reuß 1751. Seitlich unterhalb des Chores das Grab des Bischofs Otto (12. Jh.). Bewirtschaftete Aussichtsterrasse.

Obere Pfarrkirche (ab 1325 erbaut), auf dem Mittleren Kaulberg. Sie ist das gotische Hauptwerk der Stadt. Der kapellenumkränzte Chor (1370–1387), eine herausragende baukünstlerische Leistung, wird der Parlerschen Bauschule zugeschrieben. Im Inneren eine barocke Ausstattung von Joh. Jakob Vogel (1711–1713). Das Gemälde »Christi Himmelfahrt« (16. Jh.), im südlichen Seitenschiff, soll ein Werk Tintorettos sein.

Karmelitenkloster und Kirche, unweit westlich, um 1120 gegründet, 1692–1701 von Joh. Leonhard Dientzenhofer barock umgestaltet. Der Westflügel des Konventsgebäudes stammt von Balthasar Neumann. Sehenswert ist der spätromanische Kreuzgang (1250–1303), der größte Deutschlands, mit wunderbar skulptierten Kapitellen.

Böttingerhaus (1707–1713), Judenstraße. Es gilt als eines der schönsten barocken Bürgerhäuser Deutschlands. Vermutlich war Joh. Dientzenhofer der Architekt. Überreich dekorierte Schauseite; im Innern prächtige Stuckdecken. Unweit das

Wasserschloß Concordia (1716 bis 1722), ein prunkvolles Sommerpalais von Joh. Dientzenhofer, mit bemerkenswerter Stuckausstattung und Ziergärten.

E.-T.-A.-Hoffmann-Wohnhaus, am Schillerplatz. Hier lebte der romantische Dichter von 1809 bis 1813. Im Inneren Sammlung von Erinnerungsstücken. Gegenüber das *E.-T.-A.-Hoffmann-Theater*.

Altes Rathaus über die Obere oder Untere Brücke, auf der Regnitz-Insel. Zwei Wappen an diesem originellen Rathausbau weisen jeweils in die Richtung der geistlichen und der weltlichen Stadt. Das Bauwerk wurde aus einem gotischen Torturm von Michael Küchel 1744–1756 im prunkvollen Barockstil umgestaltet. Von der Unteren Brücke schöner Blick auf die malerische Fischersiedlung *Klein-Venedig* am rechten Regnitzufer. Von der Oberen Brükke erblickt man das ehemalige Fürstbischöfliche Wasserschloß *Geyerswörth* (1585–1587).

St.-Martins-Kirche von Georg und Joh. Leonhard Dientzenhofer (1685–1693), ehemalige Jesuitenkirche. Im Inneren eine illusionistische Kuppelausmalung von G. Marchini, eine gotische Pietà (um 1340) und ein Hochaltarblatt von Andrea Pozzo (Anfang des 18. Jh.). – An die Kirche anschließend die

Universität, 1696–1735 als Jesuitenkolleg nach Plänen von Joh. Leonhard Dientzenhofer erbaut. Schöner Innenhof. Sehenswert ist auch die Bibliothek. Öffnungszeiten erfragen.

Naturkundemuseum, Fleischstraße 2. Naturwissenschaftliche Sammlungen zur Zoologie, Paläontologie, Mineralogie sowie Herbarien. Geöffnet Mo–Fr 8–12 und 13–17 Uhr. Außerdem an jedem 1. So im Monat 9–17 Uhr.

Neues Rathaus, am Maximiliansplatz, 1732–1737 von Balthasar Neumann als Priesterseminar erbaut. Seine prächtige Barockfassade beherrscht den nach dem Bayernkönig Max I. benannten Platz, auf dem täglich ein Blumen- und Gemüsemarkt stattfindet. Den *Maximiliansbrunnen* mit dem Bronzestandbild König Josephs schuf Ferdinand Miller 1880.

Karl-May-Museum. Geöffnet Mi 15–17, Fr und Sa 10–12 und 15–17 Uhr, So nur 10–12.

Veranstaltungen: Fränkisches Weinfest, Konzerte der Bamberger Symphoniker, Kammermusikabende im Kaisersaal der Neuen Residenz, E.-T.-A.-Hoffmann-Theater mit eigenem Schauspielensemble und Gastspielen (Oper, Operette, Ballett). Freilichtaufführungen im Juli in der Alten Hofhaltung, die sog. Calderónspiele. Katakombenführungen ab 25 Personen.

Blick auf die malerische Fischersiedlung Klein-Venedig an der Regnitz

Bayreuth

Kreisstadt und Sitz der Regierung von Oberfranken, 345 m, 72 000 Einw. Die Stadt zwischen den Ausläufern des Fichtelgebirges im Nordosten und der Fränkischen Schweiz im Südwesten gelegen, ist vor allem wegen ihrer Richard-Wagner-Festspiele bekannt. Doch neben Richard Wagner lebten und arbeiteten hier auch der Literat Jean Paul und Richard Wagners Schwiegervater, der Komponist Franz Liszt. Große Bedeutung für die Stadt hatte auch die »Muse von Bayreuth« genannte Markgräfin Wilhelmine, geistreiche und kunstliebende Schwester Friedrichs des Großen. Mit dem Bayreuther Markgrafen Friedrich verheiratet, gab sie der Stadt als Bauherrin und Gartengestalterin einen glanzvollen architektonischen Akzent.

Bayreuth ist Sitz einer noch relativ jungen Universität (1975), einer Pädagogischen Hochschule, einer Industrie- und Handelskammer sowie namhafte Industrie.

Auskunft: Fremdenverkehrsverein, Gästedienst, Luitpoldplatz 9, 8580 Bayreuth, Tel. 09 21/2 20 11, Gästedienst 2 20 15.
Verkehr: Kreuzungspunkt der B 2, B 22 und B 85. Autobahnanschlüsse Bayreuth-Nord und -Süd.

Geschichte:

Das 1194 erstmals urkundlich erwähnte »Baierrute« wurde vermutlich Mitte des 12. Jh. von den Grafen von Dießen und Andechs, den späteren Herzögen von Meranien, gegründet und erhielt 1231 die Stadtrechte. 1260 erbten die zollerischen Burggrafen von Nürnberg das inzwischen meranische Gebiet um Bayreuth. Die Hussiten brannten die Stadt 1430 völlig nieder. 1603 machte Markgraf Christian Bayreuth zur markgräflichen Residenz. Der damit verbundene Aufschwung wurde jedoch durch den Dreißigjährigen Krieg unterbrochen. Die eigentliche kulturelle Glanzepoche erlebte die Stadt unter Markgraf Friedrich (1745–1763) und seiner Gattin Wilhelmine (1709–1758), unter deren Regentschaft zahlreiche prächtige Bauwerke, darunter das Markgräfliche Opernhaus und das Neue Schloß, entstanden. 1791 traten die Markgrafen Bayreuth an Preußen ab, 1810 wurde es dem Königreich Bayern zugeschlagen.

1872 machte Richard Wagner Bayreuth zu seiner Wahlheimat und legte auf dem »Grünen Hügel« den Grundstein für sein Festspielhaus, das 1876 mit der Uraufführung des »Ring der Nibelungen« feierlich eingeweiht wurde. Nach seinem Tod 1883 führten seine Gattin Cosima und später sein Sohn und seine Enkel die Festspieltradition fort. Die Veranstaltung zählt zu den kulturellen Höhepunkten Deutschlands.

Sehenswert:
Vom Bahnhofsplatz durch die Bürgerreuther Straße zum **Festspielhaus,** einem äußerlich schlichten Bau auf dem »Grünen Hügel« im Norden der Stadt, 1876 eröffnet, mit 1900 Plätzen. Besichtigung außerhalb der Proben und Festspielzeit täglich außer Mo möglich. Von der Terrasse blickt man über Bayreuth zum Sophienberg.

Altes Schloß (heute Finanzamt), im 16. Jh. erbaut und im 17. Jh. um zwei Flügel erweitert. Auch später wurde die Anlage mehrmals baulichen Veränderungen unterzogen. Markantester Teil des Bauwerks ist der achteckige Turm (um 1600) mit einer Innentreppe, auf der bis zur

Dachgalerie hinaufgeritten werden konnte. An der Fassade des Erdgeschosses Büsten und Reliefs von E. Räntz. Im Ehrenhof des Schlosses steht eine Statue König Maximilians II. Auf dem Schloßberg die 1756 vollendete **Schloßkirche** mit den Marmorsärgen von Wilhelmine und Friedrich und ihrer Tochter.

Das Markgräfliche Opernhaus. Markgräfin Wilhelmine ließ das Opernhaus nach Plänen des Piemonteser Architekten Joseph Saint-Pierre bauen. 1748, anläßlich der Hochzeit ihrer Tochter Friederike Sophie mit dem Herzog Karl Eugen von Württemberg, wurde es eröffnet. Die Feierlichkeiten dauerten vier Wochen. Das prachtvolle barocke Interieur schuf der Bologneser Theaterarchitekt Carlo Galli-Bibiena nach Entwürfen seines Vaters Giuseppe. Geöffnet täglich außer Mo 9–11.30 und 13.30–16.30 Uhr, im Winter 10–11.30 und 13.30–15 Uhr.

Stadtmuseum im »Moll'schen Haus«, Ecke Kanzlei-/Maximilianstraße, mit Dokumentationen zur Stadtgeschichte, Fayencen, Gläsern, Waffen, handwerklichen Geräten und Hausrat. Geöffnet täglich außer Mo 10–17 Uhr (nur Juli und August auch am Mo).

Stadtkirche, südlich der Maximilianstraße. Das Langhaus der gotischen Pfarrkirche entstand in den Jahren 1438 bis 1470. 1607 ausgebrannt, wurde die Kirche 1611 bis 1614 wiederaufgebaut. Die barokken Kuppeln der hohen Doppeltürme stammen aus dem 17. Jh. Einziges Überbleibsel der vom Brand zerstörten gotischen Innenausstattung ist das *Küffnersche Epitaph,* ein Flügelaltar mit der ältesten gemalten Ansicht der Stadt des Bayreuther Hofmalers Heinrich Bollandt.

Der barocke Markgrafenbrunnen vor dem **Neuen Schloß,** mit einem Reiter-Standbild des Markgrafen Christian-Ernst, wurde 1699 bis 1705 von Elias Räntz nach Plänen von J. L. Dientzenhofer gemeißelt. Das langgestreckte Schloß haben 1753/54 Saint-Pierre und Gontard erbaut. Der südlich anschließende frühklassizistische »Italienische Bau« wurde erst 1759 errichtet und 1764 baulich mit dem Schloß verbunden. Die kostbare Rokoko-Innenausstattung aus der Zeit des Markgrafenpaares Wilhelmine und Friedrich ist noch weitgehend erhalten. Im Schloß befindet sich eine *Gemäldegalerie* mit Werken vorwiegend des 17. und 18. Jh. Im reizvollen *Hofgarten* mehrere Plastiken, teilweise von J. D. und L. W. Räntz. Geöffnet täglich außer Mo 10–11.30 und 13.30–16.30 Uhr, im Winter nur bis 15 Uhr.

Am Rande des Hofgartens liegt **Haus Wahnfried.** Im ehemaligen Wohnhaus des Komponisten ist heute das *Richard-Wagner-Museum* untergebracht. Es zeigt auf drei Etagen eine Sammlung zu seinem Leben und Werk sowie zur Geschichte der Festspiele. Im »Klingenden Museum« im Erdgeschoß sind historische Aufnahmen zu bekannten Wagner-Interpreten zu hören. Im Garten von Haus Wahnfried befinden sich die Gräber von Richard und Cosima Wagner. Das Museum ist täglich von 9–17 Uhr geöffnet, die Musikvorführungen finden jeweils um 10, 12 und 14 Uhr statt.

Links neben dem Haus Wahnfried zeigt das **Jean-Paul-Museum** Auszüge aus dem Werk des Dichters und Dokumentationen zu seinem Leben. Geöffnet täglich 9–12 und 14–17 Uhr, im Winter Sa und an Fei 10–13 Uhr, So geschlossen. In der Wahnfriedstraße steht auch das Sterbehaus des Komponisten Franz Liszt (Nr. 9).

Die **Eremitage** (4 km vom Stadtzentrum, Stadtbus) liegt, von einer Main-Schleife umgeben, in einem weitläufigen, im englischen Stil angelegten Landschaftspark. Sie besteht aus zwei Lustschlössern, dem »Alten« und dem »Neuen« Schloß.

Das *Alte Schloß* ließ Markgraf Georg Wilhelm 1715–1719 von J. D. Räntz erbauen, 1736 wurde es von Markgräfin Wilhelmine um zwei Flügel erweitert. Die Wasserspiele im »Grottenturm« sind im Sommer jeweils um 10, 11, 14, 15 und 16 Uhr in Betrieb. Im Inneren des Gebäudes reiche Rokoko-Ausstattung, Stukkaturen und Deckengemälde sowie Klausnerzellen und eine im Original erhaltene Küche. Geöffnet täglich außer Mo 9–11.30, 13–16.30, im Winter 10–11.30 und 13–14.30 Uhr. Das *Neue Schloß*, mit einem achteckigen, frühklassizistischen »Sonnentempel« in der Mitte, baute Saint-Pierre 1749–1753 als Lustschloß für Markgräfin Wilhelmine. Vorbild für dieses Bauwerk war das Trianon in Versailles. Im Zweiten Weltkrieg zerstört, wurde es inzwischen völlig restauriert. Vor dem Schloß die »Untere Grotte«, ein geschwungenes Wasserbassin mit Fontänen, Tritonen, Putten und Delphinen der Brüder Räntz.

Veranstaltungen: Volksfest, in der Pfingstwoche. – Oberfrankenausstellung (Messe für Industrie, Handel, Handwerk und Landwirtschaft), alle zwei Jahre im April/Mai. – Musica Bayreuth (Konzertwoche), im Mai oder Juni. – Fränkische Festwoche (Gastspiele der Bayrischen Staatsoper und des Staatsschauspiels im Markgräflichen Opernhaus), Ende Mai bzw. Anfang Juni. – Bürgerfest, Anfang Juni. – Richard-Wagner-Festspiele, Mitte Juli bis Ende August. – Sommernachtsfest, Anfang August in der Eremitage. – Internationales Jugendfestspieltreffen (Konzert- und Theateraufführungen), im August – Theater- und Konzertgastspiele.

Neues Schloß der Eremitage. Offene Arkaden umgeben halbkreisförmig den achteckigen Sonnentempel, gekrönt von einer goldenen Apollstatue

Coburg

Kreisfreie Stadt und Sitz des gleichnamigen Landkreises, 300 m, 45 000 Einw. Sie ist Mittelpunkt des reizvollen Coburger Landes in der Vorhügelzone des Thüringer- und Frankenwaldes und liegt eingebettet ins liebliche Tal der Itz. Die trutzige Veste Coburg erhebt sich über der ehemaligen Residenzstadt (bis 1918), mit ihrer sehenswerten Renaissance-Architektur. Die Stadt an der Grenze zur DDR lag früher im geographischen Zentrum Deutschlands. Zur Industrie gehören u. a. Holzverarbeitung (Polstermöbel), Elektrotechnik, Maschinenbau, Kunststoffverarbeitung und Spielwaren. Zu den kulturellen Einrichtungen zählen das Landestheater (Oper, Operette, Schauspiel), die Landesbibliothek und verschiedene bedeutende Museen.

Auskunft: Fremdenverkehrsamt Stadt und Land Coburg, Herrngasse 4, 8630 Coburg, Tel. 09561/95071/72.
Verkehr: Kreuzungspunkt B 4 (Bamberg – DDR-Grenze Rottenbach/Eisfeld) und B 303.

Geschichte:

1056 erstmals erwähnt (als Herrenhof Kaiser Ottos) wird Coburg, nunmehr im Besitz der Herzöge von Andechs-Meranien, 1225 »sloss« genannt. Vorläufer der im 12./13. Jh. begonnenen Veste war eine Fliehburg zur Zeit der Völkerwanderung. Erster Herzog von Sachsen-Coburg-Gotha war von 1586 bis 1633 Johann Casimir. Die während seiner Regierung entstandenen Renaissancebauten prägen bis heute das Bild der historischen Stadt.

Lucas Cranach d. Ä. weilte um 1500 als Hofmaler des sächsischen Kurfürsten Friedrich des Weisen mehrmals auf der Veste. Von ihm stammen auch die ältesten Darstellungen aus dem Jahre 1506. Martin Luther suchte hier 1530 für die Dauer des Augsburger Reichstages Zuflucht. 1826 erhielt Herzog Ernst I. das Herzogtum Sachsen-Gotha mit der Bezeichnung Sachsen-Coburg und Gotha. 1840 fand die Hochzeit zwischen Königin Victoria von Großbritannien und Prinz Albert aus dem Coburger Herzoghaus statt. Herzog Ernst II. (1818–1892) machte die Stadt zu einem Mittelpunkt der nationalen deutschen Einigungsbewegung.

Typisch für Coburg sind die reichverzierten hohen Erker

Sehenswert:
Umfang und Grundriß der nach dem 12. Jh. planmäßig angelegten ältesten Stadt lassen sich anhand der beiden noch erhaltenen inneren Stadttore **(Juden- und Spitaltor)** ablesen, Reste der ehemaligen Befestigungsanlage. Im Schnitt

der die ehemals vier Tore verbindenden Hauptstraßen liegt der *Markt,* ein großes Viereck (Parkplatz und möglicher Ausgangspunkt für den Rundgang). Alle Gebäude stehen unter Denkmalschutz. An der Südostecke das **Rathaus** mit einer Fassade von 1750. Vom älteren Bau (1579) erhalten sind der sog. Coburger Erker von Hans Schlachter sowie im Inneren (2. Stock) der große Renaissancesaal. Auf dem Giebel der in Kupfer getriebene Stadtheilige St. Mauritius von 1530 mit jüngerem Wappenschild, der als »Bratwurstmännle« ein Coburger Wahrzeichen ist.

Stadthaus (früher Regierungsgebäude, »Cantzley«) von 1597 bis 1599, schöne Renaissance-Hauptfassade zum Markt, die begiebelten Schmalseiten zur Spital- und Herrngasse, das reichgeschmückte Portal ebenfalls zur Spitalgasse. Dem Bau diente offenbar der vierzig Jahre ältere Ottheinrichsbau des Heidelberger Schlosses zum Vorbild (die Mutter des Herzogs Johann Casimir war eine pfälzische Prinzessin). – Im Westen und Osten wird der Markt harmonisch durch

Bürgerhäuser abgeschlossen.

Gymnasium Casimirianum von 1605, an der Neugasse, Coburgs bedeutendster Renaissancebau, mit Glockenturm und schönen Treppengiebeln an den Schmalseiten sowie dem Standbild des Gründers der Schule, Herzog Johann Casimir (sein Standbild wird alljährlich zum Stiftungsfest mit Eichenlaub geschmückt). Goethes Vater Johann Caspar besuchte diese Schule von 1725 bis 1730.

Hauptkirche St. Moriz, deren ungleiche Türme das Stadtbild bestimmen; der Nordturm ist 85 m hoch. An dem spätgotischen Hallenbau wurde vom Anfang des 14. bis zum Ende des 16. Jh. gebaut. Am Portal Steinfiguren des 15. Jh. (Adam und Eva).

Im Inneren (im 18. Jh. barockisiert) Emporen und wertvoller Orgelprospekt von 1750. Im Chor prunkvoller 12 m hoher Alabaster-Epitaph (1591 bis 1598) des Herzogs Johann Casimir für seinen Vater Johann Friedrich den Mittleren.

Schloß Ehrenburg, an der Steingasse. 1250 als Franziskanerkloster erbaut, 1542 bis 1547 nach der Aufhebung durch die Reformation unter Herzog Johann Ernst zum Stadtschloß (als Geviert) umgebaut; aus dieser Zeit ist fast nichts mehr erhalten. Unter Herzog Johann Casimir (Regierungszeit 1586–1633) begann eine neue Bauphase mit Um- und Erweiterungsbauten, hauptsächlich durch den aus Straßburg stammenden Baumeister Michael Frey.

So entstand um 1590 im Stil der deutschen Renaissance der noch erhaltene *Südflügel* an der Steingasse mit dem wappengeschmückten Portal, dem reizvollen Eck-Erker und den Zwerchgiebeln des Dachsattels. Auch erhielt die Ehrenburg drei stattlich umbaute Innenhöfe. Heute ist ein Teil des Schlosses (Prunkräume, Gemäldegalerie, Schloßkirche) als **Museum** zugänglich (Führungen 1. 4. bis 31. 10.: 10, 11, 13.30, 14.30, 15.30, 16.30 Uhr; 1. 11.–31. 3.: 10, 11, 13.30, 14.30, 15.30 Uhr).

Veste Coburg, 167 m über der Stadt gelegen und weithin sichtbar, im Volksmund »Fränkische Krone« genannt. Die mächtige Anlage (135 × 260 m) ist mit ihrer dreifachen Ringmauer, ihren zwei Höfen und vier Basteien eine der größten und schönsten Burgen Deutschlands.

Die Schauräume der Veste Coburg (geöffnet April bis Oktober täglich 9.30–13 und 14–17 Uhr; November bis März täglich außer Mo 14–16 Uhr) umfassen: Mittelalterlicher Rittersaal, Lutherstube, Intarsien-Jagdzimmer, Rüstkammer und Marstall; Meisterwerke mittelalterlicher Plastik (Vesperbild von 1320), der Malerei (Lucas Cranach d. Ä.) und des Kunsthandwerks (Möbel, Gläser von 1500 bis zur Gegenwart), Jagdwaffen (16.–20. Jh.), Kunstgewerbe. Das Kupferstich-Kabinett (300 000 Blätter) umfaßt 5000 Meister aller Schulen Europas vom 15. Jh. an. – Im Fürstenbau (geöffnet 1. 4.–31. 10. täglich außer Mo 9.30–12 Uhr, 14–16 Uhr; 1. 11.–31. 3. täglich außer Mo 14 Uhr, 14.45 und 15.30 Uhr) sind zu besichtigen: Herzogliche Wohnräume, Lutherkapelle, Lucas-Cranach-Zimmer, Speisesaal, Fahnensaal, kostbare Möbel, Uhren, Porzellan, silbernes Tafelgerät.

In der Veste wird seit 1986 ein *Feuerwehr-Museum* eingerichtet.

Veranstaltungen:
Landestheater Coburg (Oper, Operette, Schauspiel). Sinfoniekonzerte, Studiobühne.

Spaziergänge, Wanderungen:
Veste Coburg (s. oben), 30 Min. vom Marktplatz über Schloßplatz und Hofgarten.

Lutherzimmer im Fürstenbau der Veste Coburg

Haßfurt

Kr. Haßberge, 224 m, 11 500 Einw. mit den Stadtteilen. Die unterfränkische Kreisstadt mit stolzer Vergangenheit (seit 1230 Stadt), liegt schön am rechten Ufer des Mains, zwischen Bamberg und Schweinfurt, unmittelbar an und zwischen den Grenzen der Naturparke Haßberge und Steigerwald. Heute ist Haßfurt weit über die ehem. Mauern des gepflegten historischen Stadtkerns hinausgewachsen, ist Sitz von Behörden und Schulen und verfügt über eine vielseitige Wirtschaft; kleine und mittlere Betriebe charakterisieren die industrielle Struktur; ein Schutz- und Umschlaghafen entstand im Rahmen des Rhein-Main-Donau-Kanals; die Verbindung zum Hinterland wird durch den wöchentlich stattfindenden traditionellen »Säulesmarkt« dokumentiert. Der Feriengast findet in Haßfurt außer sehenswerten Kulturdenkmälern, gastlichen Unterkünften und gemütlichen Gaststätten auch gute Sport- und Wandermöglichkeiten.

Auskunft: Stadtverwaltung Haßfurt, Rathaus, Zimmer Nr. 3, 8728 Haßfurt, Tel. 09521/241 und 242.

Verkehr: B 26 Schweinfurt – Bamberg. – Autobahnanschlußstellen zur A 7 »Rhönlinie« und A 3 (Nürnberg – Würzburg).

Geschichte:

An der Grenze der hier aufeinandertreffenden geistlichen Territorien der Hochstifte Würzburg und Bamberg entstand schon vor der ersten urkundlichen Erwähnung der Stadt (oppidium) »Hasevurte« eine Furtsiedlung an der Mündung der Nassach in den Main. Ältester Siedlungskern war die heutige Obere Vorstadt. Eine Burg, eine Fischersiedlung und eine Marienkirche befanden sich hier. Zur Zeit der Stadternennung, in der ersten Hälfte des 13. Jh., entstand unter dem Würzburger Fürstbischof Hermann I. von Lobdeburg – Haßfurt war schon damals würzburgisch – die Stadtbefestigung. Als Stellvertreter des Landesherren residierte im Herrenhof der fürstbischöfliche Vogt (bis zur Säkularisation 1803).

Sehenswert:

Zwischen dem Main und dem Bogen der Nassach (Umgehungsstraße B 26) erstreckt sich als Rechteck die historische Altstadt. Ihre Längsachse bildet die *Hauptstraße,* seit jeher wichtiger Verbindungsweg zwischen Schweinfurt und Bamberg. Zwei **Tortürme,** eindrucksvolle Zeugen der mittelalterlichen Stadtbefestigung, schließen sie nach beiden Richtungen ab. An ihr schöne Fachwerkhäuser sowie Bauten aus fürstbischöflicher Zeit wie das ehemalige **Zehnthaus** mit Treppengiebel, und Nr. 5, das barocke **Landratsamt,** einst fürstbischöfliche Kellerei. In der Mitte weitet sie sich zum geräumigen *Marktplatz.*

Hier das **Rathaus** von 1521, ein dreigeschossiger Bau mit spätgotischem Fialengiebel; im Rathaussaal schöne Stuckdecke und Porträts von Fürstbischöfen.

Der Platz wird im Norden durch die zweitürmige **kath. Pfarrkirche** abgeschlossen. Eine spätgotische, dreischiffige Halle, im Inneren mit Netzgewölben und beachtenswerter Ausstattung. Als Kostbarkeit sind zwei Riemenschneider-Skulpturen zu nennen: Johannes der Täufer und eine Madonna mit Kind; die Frankenapostel Kilian, Kolonat

Haßfurt, Ritterkapelle

und Totnan stammen aus der Riemenschneider-Werkstatt; Relieftafeln von 1605 stellen das Leben Mariens dar.

In der oberen Vorstadt, dem ältesten Siedlungskern, die berühmte spätgotische

Ritterkapelle, ein Marienheiligtum der 1406 in Haßfurt gegründeten adeligen »Bruderschaft von Klerikern und Laien beiderlei Geschlechts«; bis zur Mitte des 14. Jh. befand sich an ihrer Stelle die erste Pfarrkirche der Stadt, 1465 wurde der noch nicht vollendete Neubau geweiht. Unter Fürstbischof Julius Echter wurde er 1603–1605 erneuert, im 19. Jh. vollendet. Ältester Bauteil ist der dreiseitig geschlossene Chor, ein Meisterwerk des Niklas von Schaffhausen.

Wesentlich einfacher gegliedert ist das einschiffige Langhaus. Die insgesamt 270 Wappen der Kirche stellen ein einzigartiges steinernes Wappenbuch des deutschen Adels dar. Im Bogenfeld des Westportals ein vielbewundertes Relief, »Reiterzug der Hl. Drei Könige zur Krippe« von um 1430.

Kronach

Kreisstadt in Oberfranken, 307–550 m, 18000 Einw. Schöne mittelalterliche Stadt am Westrand des Frankenwaldes, landschaftlich reizvoll am Zusammenfluß von Haßlach, Kronach und Rodach gelegen, gekrönt von der Festung Rosenberg.

Auskunft: Städt. Verkehrsamt, Marktplatz 5, 8640 Kronach, Tel. 09261/97236.
Verkehr: Kreuzungspunkt der B 85 (Kulmbach – Ludwigsstadt), B 173 (Hof – Lichtenfels) und B 303 (Coburg – Marktredwitz).

Geschichte:
Die bereits um 1003 genannte »Urbs crana« wurde 1122 von Kaiser Heinrich V. dem Bamberger Hochstift übergeben. Bischof Otto der Heilige ließ 1130 auf der Bergzunge ein »steinernes Haus mit einem Turm« errichten, die Anfänge der Festung Rosenberg, als nördlichen Eckpfeiler der bambergischen Landesverteidigung. Stadt und Umgebung blieben beim Hochstift, bis im Jahre 1803 Bayern die Herrschaft erlangte.

Kronach ist Geburtsstadt von Lucas Cranach d. Ä. (1472–1553), einem der Hauptmeister der süddeutschen Renaissance-Malerei.

Sehenswert:
An der vollständig erhaltenen **Stadtmauer** führt ein Fußweg entlang. Eine Gedenktafel (Schwedenstraße) erinnert, daß es den tapferen Frauen zu verdanken sei, den stürmenden Schweden im März 1634 erfolgreich zu verwehren, in die Stadt einzudringen.

Stadtpfarrkirche St. Johannes. Ihr Chor, in den Grundmauern romanisch, ist frühgotisch, das Langhaus, eine dreischiffige Halle auf Rundpfeilern, entstand nach 1400, zum Teil um 1500, das Glockengeschoß um 1558, das hölzerne Gewölbe 1655. Baumeister war wahrscheinlich der Nürnberger Hans Beheim, dem auch das herrliche *Nordportal* zugeschrieben wird; Figur des Täufers von Hans Hartlin, 1498. Im Inneren (im 19. Jh. purifiziert, 1958 renoviert) achteckiger Taufstein von 1560, Epitaph des Eichstätter Bischofs Martin von Schaumberg für seine Eltern (1580), Wandtabernakel, 1405.

Altes Rathaus von 1583, ein imposantes zweigeschossiges Haus im Renaissancestil. Am Portal aus dem 17. Jh. befinden sich mehrere Steinwappen: In der Mitte das des Fürstbischofs von Gebsattel (1599 bis 1609), rechts das des Festungshauptmanns Hans Veit von Würtzburg (1596–1610) und links das frühere Stadtwappen (Turm mit drei Rosen). Die Cranach-Gemälde, die früher im großen Rathaussaal hingen, befinden sich heute auf der Feste Rosenberg (s. u.), in der »Fränkischen Galerie«.

Feste Rosenberg, 378 m, eine der großartigsten Festungsanlagen mit fünf Bastionen. Ihr Erbauer, Bischof Otto der Heilige von Bamberg, ließ ursprünglich (1102) ein »steinern Haus mit einem Turm« errichten, das Räume für Gesinde und den Berghauptmann nebst Amtsschreiber hatte.

Von 1562 bis 1572 wurde die Burg von Daniel Engelhardt zum fürstlichen Residenzschloß ausgebaut; weitere An- und Ausbauten folgten. Nach wiederholten, vergeblichen Kämpfen und Belagerungen ließ Bischof Philipp Valentin Voit von Rieneck nach dem Ende des Dreißigjährigen Krieges das heutige Festungsfünfeck mit fünf vorspringenden Bastionen und verbindenden Wallmauern, hinter denen der hohe Festungswall liegt, nach Plänen des Italieners Antonio Petrini errichten.

Führungen täglich 11 und 14 Uhr oder nach Anmeldung beim Burgwart (Tel. 9 73 12).

Veranstaltungen: Historische Festungsprozession zur Erinnerung an die Tapferkeit der Frauen bei der Stadtverteidigung gegen die Schweden 1634 (die Frauen gehen den Männern voran), alljährlich am Sonntag nach Fronleichnam. – »Kroniche Freischießn«, zehntägiges Schützenfest auf der Hofwiese, alljährlich um den 15. August. – Weinfest in der Jahnallee, alljährlich Anfang Juli. – Altstadtfest, alljährlich am 1. Samstag im September.

Kulmbach

Große Kreisstadt in Oberfranken, 306 m, 29 000 Einw. Die ehemalige Markgrafen-Residenz und weltbekannte Bierstadt liegt am Fuß des Reh- und Buchbergs im Tal des Weißen Mains, der sich im Stadtteil Melkendorf mit dem Roten Main vereinigt. Die Stadt wird von der gewaltigen Plassenburg überragt.

Auskunft: Verkehrsamt im Rathaus, 8650 Kulmbach, Tel. 0 92 21/80 22 16.
Verkehr: Kreuzungspunkt der B 85 (Kronach – Bayreuth) und B 289 (Münchberg – Lichtenfels). – Autobahn A 70, Anschluß Kulmbach/Bayreuth (8 km).

Geschichte:
Kulmbach wird urkundlich 1035, die Plassenburg um 1135 erstmals erwähnt. Die Herren von Dießen-Andechs waren als Grafen von Plassenburg Besitzer der Burg. Im Jahr 1208 wurde diese durch die Heirat des Grafen Otto von Plassenburg mit der Enkelin Kaiser Barbarossas, Beatrix von Burgund, Kulturmittelpunkt Ostfrankens. 1340 gelangte Kulmbach in den Besitz der Burggrafen von Nürnberg aus dem Haus Hohenzollern. Der Bundesständische Krieg 1553/1554 führte zur totalen Zerstörung von Stadt und Burg. Das heutige Bild der Altstadt zeigt noch das charakteristische Bild des Wiederaufbaus von 1557 bis 1567.

Sehenswert:
Rathaus, um 1560 erbaut, 1748 bis 1752 von J. Saint-Pierre mit schöner Rokokofassade versehen.

Petrikirche, spätgotische Hallenkirche von 1439 mit reichem Frühbarockaltar, reliefgeschmücktem Taufstein und Epitaphien aus dem 17. Jh. – Bemerkenswerte alte **Fachwerkhäuser** in der Oberen Stadt.

Barocke **Spitalkirche** von 1738 und **Nikolaikirche** von 1573, an die sich der alte *Terrassenfriedhof* mit Denkmälern vom Barock bis zum Empire anschließt. – Unterhalb der Petrikirche die ehemalige

Markgräfliche Kanzlei von Caspar Vischer, deutsche Renaissance, 1563.

Plassenburg, über 100 m hoch über der Stadt thronend, zu Fuß in 20 Min. zu erreichen. Geöffnet April bis Sept. täglich 10–16.40 Uhr, Okt. bis März 10–15.30 Uhr, Mo geschlossen. Eintrittskarten bis 30 Min. vor Schließung.

Der »Schöne Hof« derPlassenburg

Sie ist eine der bedeutendsten Schöpfungen der deutschen Renaissance, erbaut 1559 bis 1569 durch Caspar Vischer, den Mitschöpfer des Heidelberger Schlosses. Die Schauräume werden in Führungen gezeigt. Außerdem beherbergt die Burg Zweigmuseen des Bayerischen Nationalmuseums (Jagdwaffen) und der Bayerischen Staatsgemäldesammlung (Jagd- und Schlachtengemälde). Eine besondere Sehenswürdigkeit ist das

Deutsche Zinnfigurenmuseum, mit 300 000 Exponaten die größte Zinnfigurensammlung der Welt. Es bietet geschichtliche und kulturgeschichtliche Darstellungen. Eine Zinnfigurenbörse wird alle zwei Jahre mit ungeraden Jahreszahlen (1989) abgehalten.

Naturwissenschaftliche und Kunstsammlungen (Landschaftsgeschichte, Ebstorfer Weltkarte von 1230, Galerie, Wechselausstellungen fränkischer Künstler). Vom Westrondell der Burg gute Stadtübersicht und Ausblick.

Veranstaltungen: Regelmäßige Gastspiele auswärtiger Bühnen, Konzerte, Plassenburg-Serenaden sowie Theaterveranstaltungen im Schönen Hof der Plassenburg im Sommer. Büttnertanz. Altstadtfest, Anfang Juli. Kulmbacher Bierwoche, Ende Juli bis 1. Wochenende im August.

Nabburg

Kr. Schwandorf, 367–627 m, 6500 Einw. Die über tausendjährige Stadt im Naturpark Oberpfälzer Wald, hoch über dem Naabtal aufgebaut, bewahrt als einstiger kultureller Mittelpunkt interessante Baudenkmäler und malerische Stadtpartien. – Beliebte Reisemitbringsel sind Zinn und Keramik von ansässigen Betrieben.

Auskunft: Stadtverwaltung, 8470 Nabburg, Tel. 09433/180.
Verkehr: Anschlußstelle zur A 93/B 15 Regensburg – Weiden.

Sehenswert:
Rathaus am Oberen Markt, im Renaissancestil mit Lauben im Obergeschoß von 1550; Zinnen und Türmchen kamen im 19. Jh. hinzu.

Pfarrkirche St. Johann Baptist, hochgotisch, aus der ersten Hälfte des 14. Jh., außen reich gegliedert durch Strebepfeiler, Türmchen und Maßwerkfiguren; an der Südwand ein Grablegungsrelief sowie ein Schmerzensmann. Das Innere der kreuzförmigen Basilika mit zwei Chören und Kreuzrippengewölben ist wohlproportioniert. Von der al-

Wehrturm der alten Stadtbefestigung

ten Ausstattung blieben drei Glasgemälde des 14. Jh. sowie eine spätgotische Muttergottesfigur erhalten.

Stadtbefestigung aus mittelalterlicher Zeit mit den erhalten gebliebenen Wehrtürmen: *Pulverturm* im Nordosten, *Obertor* im Nordwesten, *Dechantturm* (Dechanthof) im Südosten sowie dem *Mähntor*. Auf einem Mauerrundgang kann man sie alle besichtigen.

Neustadt a. d. Waldnaab

Kreisstadt, 492 m, 6000 Einw. Die lebhafte Stadt im Naturpark Nördlicher Oberpfälzer Wald, schön auf einem Bergrücken zwischen Waldnaab und der hier mündenden Floß gelegen, dokumentiert im historischen Stadtkern sowie den Schlössern reiche Vergangenheit. Die Produkte der ansässigen Bleikristallindustrie stehen in gutem Ruf.

Auskunft: Stadtverwaltung, 8482 Neustadt a. d. Waldnaab, Rathaus, Tel. 09602/7021.
Verkehr: B 15 Regensburg – Hof.

Geschichte:
Neustadt wurde bereits 1232 Stadt, kam als niederbayerischer Besitz 1329 an die Kurpfalz und mit anderen Herrschaften der nördlichen Oberpfalz durch Verkauf an Karl IV. und somit an die Krone Böhmens. Als böhmisches Lehen erhielten es 1563 die Lobkowitz, später in den Fürstenstand erhobene Reichsgrafen, bis es 1808 an Bayern kam.

Sehenswert:
Langgestreckter Marktplatz, durch oberes und unteres Tor abgeschlossen, von stattlichen Bürgerhäusern mit Fassadengiebeln, z. T. aus dem 17. Jh., gesäumt.

Pfarrkirche St. Georg, etwas zurückgesetzt, 17. Jh., mit reicher Barockausstattung. – Den nördlichen, höhergelegenen Abschluß bilden die beiden fürstlich Lobkowitzschen Schlösser:

Altes Schloß, ein schlichter Bau aus dem 17. Jh., teilweise noch im Stil der Spätrenaissance, mit Freitreppe.

Neues Schloß, heute Landratsamt, 1689–1720 von A. della Porta und A. Ritz im Stil des italienischen Barock errichtet, mit reich gegliederter, dem Markt zugewandter Fassade; gut erhaltene Repräsentationsräume.

Wallfahrtskirche St. Felix, 20 Min. südöstlich, eine Stiftung der Fürsten Lobkowitz, 1735 erbaut, 1765 erneuert, mit kleeblattförmigem Chor.

Altenstadt a. d. Waldnaab, südlich angrenzend, die ursprünglich ältere Dorfsiedlung, bewahrt in der Pfarrkirche aus dem 14. Jh. romanisch-gotische Grabsteine.

Staffelstein

Kr. Lichtenfels, 264 m, 10 300 Einw. Malerische altfränkische Stadt und Soleheilbad am Obermain, südwestlich von Lichtenfels, am Fuß des von Viktor v. Scheffel besungenen Staffelbergs. Staffelstein ist Ausgangspunkt für den Besuch der Glanzpunkte des Gebiets, des Klosters Banz und der Wallfahrtskirche Vierzehnheiligen.

Auskunft: Städt. Verkehrsamt, Alte Darre am Stadtturm, Bamberger Str. 25, 8623 Staffelstein, Tel. 09573/200.
Verkehr: B 173 Bamberg – Lichtenfels.

Geschichte:

Der schon um 800 erwähnte Ort erhielt 1130 Stadt- und Marktrecht. Im Jahr 1422 wurde die Stadt mit Wällen, 13 Türmen und Gräben befestigt. Im Jahr 1487 erhielt sie eine eigene Stadtordnung. Im Markgrafenkrieg (1553) und im Dreißigjährigen Krieg hatte Staffelstein sehr zu leiden. Der berühmte Rechenmeister Adam Riese wurde hier 1492 geboren; er stellte 1550 das erste Rechenbuch her.

Sehenswert:
Rathaus, 1687 als prächtiger Fachwerkbau entstanden, am malerischen *Marktplatz.*

Im Rathaus das **Viktor-v.-Scheffel-Museum** mit interessanten vorgeschichtlichen Funden und geologischen Sammlungen. – Denkmal für Adam Riese. 1959.

Stadtpfarrkirche des 15.–18. Jh., ursprünglich eine der 14 Slawenkirchen, die Karl der Große errichten ließ.

Früheres fürstbischöfliches **Amtshaus,** stattlicher Barockbau von 1720.

Reste der **Stadtbefestigung** mit Torturm.

Spaziergänge, Wanderungen:
Wandertafeln am Rathaus und am Bahnhof.

Vierzehnheiligen, 1¼ Std. nordöstlich, mark. weiß-blau, über Wolfsdorf. Berühmteste Wallfahrtskirche Frankens.

Kloster Banz, 1¼ Std. nördlich, über Rothof, Unnersdorf (unmittelbar nach der Mainbrücke rechts abbiegen) und zum Kloster.

Staffelberg, 539 m, 1 Std. südöstlich, vorbei an einer tausendjährigen Linde. Er ist ein uralter Sagen- und Götterberg mit den Resten der keltischen Siedlung »chenosgada«. Seine bizarre Felskrone ist weithin im Maintal sichtbar; das Gebiet ist geologisch und botanisch interessant. Vom Gipfel hervorragende Fernsicht. *St. Aldegundiskapelle* von 1658 und bewirtschaftete Klause. Viktor v. Scheffel dichtete 1859 hier das Wanderlied »Wohlauf, die Luft geht frisch und rein«. Rückweg vom Keltenwall über Romansthal und Gasthaus Zur Schönen Schnitt'rin.

Tirschenreuth

Kreisstadt, 503 m, 9500 Einw. Das mehr als 600 Jahre alte Städtchen in der nördlichen Oberpfalz liegt an der noch jungen Waldnaab in anmutiger Hügel- und Weiherlandschaft zwischen den Höhen des Steinwaldes und des Oberpfälzer Waldes. Es ist der historische Mittelpunkt des sog. »Stiftlandes«, des früheren Kernbesitzes des Klosters Waldsassen. Die traditionelle Tuchmacherei hat einen guten Ruf. Durch das Vorkommen von Kaolinerde und Ton entwickelte sich die Porzellan- und keramische Industrie. Außerdem gibt es Knopf- und Kunststoffabriken und eine Stilmöbelfabrik.

Auskunft: Stadtverwaltung und Verkehrsamt, Mähringer Str. 7, 8593 Tirschenreuth, Tel. 09631/88223.
Verkehr: B 15 Weiden – Marktredwitz.

Sehenswert:
Maximiliansplatz, der nach dem Stadtbrand von 1814 großzügig angelegte Marktplatz mit *Denkmal* für Johann Andreas Schmeller (1785–1852), Sprachforscher und Verfasser des Bayerischen Wörterbuches, der in Tirschenreuth geboren wurde.

Rathaus von 1582/83 mit wappengeschmücktem Renaissance-Erker, 1963/64 renoviert.

Stadtpfarrkirche Maria Himmelfahrt, ursprünglich gotisch von 1299. Der nach einem Brand 1487 wiederhergestellte gotische Chor ist in den Barockbau des 17. Jh. einbezogen. Kunsthistorisch bedeutend ist das Holzrelief Mariä Heimsuchung, eine Schnitzarbeit von 1510.

Wallfahrtskirche zur Schmerzhaften Muttergottes, 18. Jh. Eine Seltenheit dieser Region ist der spätgotische Flügelaltar mit der Darstellung des Kalvarienberges.

Peterskirchlein, bereits im 10. Jh. entstanden, doch 1720 größtenteils neu erbaut. Es war bis etwa 1300 Pfarrkirche des Gebiets bis Eger.

Klettnerturm, Wahrzeichen der Stadt am südlichen Stadteingang. Der alte Wachturm ist ein letzter Überrest der alten *Stadtbefestigung,* 1330 erbaut, 1579 aufgestockt, 1972 renoviert.

Fischhof, östlich der Stadt, 1680 erbaut, ehem. Klostergut des Klosters Waldsassen aus dem 12. Jh. Zu ihm führt die **Fischhofbrücke,** eine Steinbrücke von 1748/50 mit zehn Jochen.

Vierungskirche im Stadtteil *Marchaney,* 7 km südöstlich, im Stil der Wallfahrtskirche Kappel bei Waldsassen, früher ein berühmtes Wallfahrtskirchlein. Es wurde 1733 von Philipp Muttone erbaut. Im Innern sehenswerte Deckengemälde des Malers Elias Dollhopf.

Alte Wehrkirche im Stadtteil *Wondreb,* 5 km nordöstlich, im Jahr 1712 zur Barockkirche umgestaltet. Im Innern spätgotische Statue der hl. Barbara von 1420. Der große Pfarrhof war früher Sitz des Klosterrichters. In der Friedhofskapelle ein berühmtes Deckengemälde, ein Totentanz von 1669, Nachbildungen der Kupferstiche in der »Todten-Capelle Abraham a Santa Claras«.

Weiden/Opf.

Kreisfreie Stadt, 396 m, 42300 Einw. Max-Reger-Stadt und Wirtschaftsmittelpunkt der nördlichen Oberpfalz, reizvoll im Tal der Naab gelegen, am Westrand des Naturparks Nördlicher Oberpfälzer Wald. Um den noch erhaltenen Kern der historischen Altstadt entwickelte sich im 20. Jh. die heutige moderne Stadt mit beachtlicher Industrie (Porzellanfabriken, Webwaren-Versandhaus), zahlreichen Behörden, Schulen und Einkaufsmöglichkeiten. – Max Reger (geboren am 19. 3. 1873 in Brand, gestorben am 11. 5. 1916 in Leipzig), der große Komponist, verbrachte viele Jahre seines kurzen Lebens (1874–1890 und 1898–1901) in Weiden und schuf hier berühmte Orgelwerke.

Auskunft: Kultur- und Fremdenverkehrsamt, Altes Rathaus, 8480 Weiden, Tel. 0961/81-411.
Verkehr: A 9 Nürnberg – Berlin (Abfahrt Pegnitz/Grafenwöhr). A 6

Nürnberg – Amberg, weiter über B 14 und B 15. A 53 München – Regensburg. B 15 Regensburg – Hof; B 22/Ostmarkstraße – Eibendorf – Passau. B 470 – Forchheim.

Geschichte:
Weiden wurde 1241 erstmals urkundlich erwähnt; 1251 kam es mit der Herrschaft Parkstein an Bayern, wurde jedoch unter König Rudolf von Habsburg wieder Reichsgut und in der Folgezeit mehrfach an Bayern, Böhmen, Leuchtenberg, Sachsen und Nürnberg verpfändet. Mitte des 13. Jh. erhielt es Stadtrecht und war von 1421 bis 1714 Pflegeamtssitz der Pfalzgrafenschaft Neumarkt, der Kurpfalz und des Herzogtums Sulzbach; 1777 gelangte die Stadt wieder an Bayern. Unter Kaiser Karl IV. erlebte Weiden eine wirtschaftliche Blüte, als es Handelsplatz an der Goldenen Straße zwischen Nürnberg und Prag und der von Regensburg nach Mittel- und Norddeutschland führenden Magdeburger Straße wurde.

Sehenswert:
Altstadt, etwa 1 km nordöstlich des Bahnhofs. Sie entspricht der Stadterweiterung um das Jahr 1300. Von Ost nach West wird sie durch den breiten Straßenmarkt Oberer und Unterer Markt durchzogen.

Rathaus, in der Mitte des Marktes, ein Renaissance-Bau, 1539–1545 errichtet mit Achteckturm und schönen Giebeln; Giebelvorbau und Freitreppe kamen 1915 hinzu. Im Mosaik von 1937 Hinweis auf die erste urkundliche Nennung 1241. Über der Treppe ein Maskenstein aus dem 15. Jh., an der Nordecke Reste des Prangers. In den Durchgängen befinden sich seit Fertigstellung des neuen Rathauses hübsche Läden.

Bürgerhäuser am Unteren Markt, mit schönen Staffelgiebeln in seltener Geschlossenheit; sie entstanden in den Jahren des Wiederaufbaus nach 1536 und 1540.

Renaissance-Rathaus aus dem 16. Jh. in Weiden

Altes Schulhaus, neben der Kirche. Ein gewaltiger Bau mit drei Untergeschossen und vier Dachgeschossen, an den Längsseiten Giebel. Anstelle eines 1529 errichteten Gebäudes mit Kornspeicher entstand nach einem Brand 1566 der heutige Bau, nunmehr Kulturzentrum mit Stadtbücherei und *Stadtmuseum.*

Pfarrkirche St. Michael, in unmittelbarer Nachbarschaft, mit gotischem Chor des 15. Jh. und spätbarockem Turm von 1761.

Veranstaltungen:
Starkbierfest (im März). – Weidener Literaturtage (im Mai). – Sommerserenaden im Max-Reger-Park.

Wunsiedel

10 000 Einw., Hauptort des Fichtelgebirges nordwestlich von Marktredwitz, im Röslautal. Dank seiner zen-

tralen Lage ist Wunsiedel Ausgangspunkt für viele Wanderungen im Fichtelgebirge. Der von den nahen, waldreichen Bergen gewährte Schutz begründet die klimatischen Vorzüge.

Auf der nahen Luisenburg, der ältesten Naturbühne Deutschlands, finden in jedem Sommer die bekannten Luisenburg-Festspiele statt.

In Wunsiedel wurde Jean Paul (eigentlich Jean Paul Friedrich Richter, 1763–1825), Romanschriftsteller, Ästhetiker und Pädagoge, geboren.

Auskunft: Städt. Verkehrsamt, Rathaus, 8592 Wunsiedel, Tel. 09232/602162/602160.

Geschichte:

Die alte Niederlassung wird 1163 erstmals urkundlich erwähnt. Durch die Entwicklung des Bergbaus und die Schürfung von Zinn gelangte sie zu Wohlstand und wurde 1326 zur Stadt erhoben. Aus den Marmorbrüchen der Umgebung wurde eine Stadtmauer errichtet. So wurde Wunsiedel bewundernd die Stadt der »marmelsteinernen Mauern« genannt.

Mehrere schwere Brände, vor allem 1731 und 1834, zerstörten die alte Stadt fast vollständig. So sind heute nur noch Reste der Stadtmauer und das Koppetentor als mittelalterliche Bauten erhalten. Das klassizistische Stadtbild entstand durch den Wiederaufbau nach 1834.

Sehenswert:

Die **Stadtpfarrkirche St. Veit** geht auf das 12. Jh. zurück. Das Erscheinungsbild der 1906 neugeweihten jetzigen Kirche wird bestimmt von einem gotischen Chor des 15. Jh. und einem spätbarocken Langhaus von 1736, das aus Fichtelgebirgs-Granitquadern erbaut wurde. Der dreigeschossige unbewohnte *Turm,* Wahrzeichen der Stadt, an der Westseite der Kirche, gehört der Stadt.

Fichtelgebirgsmuseum (Eingang Spitalhof). Geöffnet täglich außer Mo 9–17 Uhr, So und Fei 10–17 Uhr. Es enthält viele Dokumente zur Geschichte des Fichtelgebirges, seiner Bewohner, seiner Trachten sowie zur Entwicklung von Gewerbe und Industrie; außerdem eine Gedenksammlung für Jean Paul.

Von besonderem Interesse ist die reichhaltige Mineraliensammlung, die einen hervorragenden Überblick über »Bayerns steinreiche Ecke« vermittelt.

In der Umgebung:

Luisenburg, bis auf 785 m aufsteigende Teilerhebung des **Kösseine-Bergstocks** südlich von Wunsiedel. Wegen ihres Felsenlabyrinths und der Naturbühne, der ältesten Deutschlands, und wohl auch einer der schönsten, zählt sie zu den Hauptattraktionen im Fichtelgebirge. Das Felsenlabyrinth ist ein »Meer« aus übereinandergeschichteten und -geworfenen Felsblöcken mit Höhlen, Grotten und Schluchten.

Rundgang:
Der Rundgang durch das Felsenlabyrinth mit seinen vielen Sehenswürdigkeiten beginnt bei der Labyrinth-Kasse. Aufstieg blauer Pfeil, Abstieg roter Pfeil. Treppenwege und schmale Pfade durch Felsenschluchten gut begehbar, festes Schuhwerk vorausgesetzt. Dauer des Rundwegs ca. 1 Std.

Veranstaltungen:

Luisenburg-Festspiele, Ende Juni bis Mitte August.

Bayerischer Wald

Zwischen dem Fichtelgebirge im Norden und der Donau im Süden erstreckt sich ein rund 230 Kilometer langes, mächtiges Waldgebirge, über das in seiner ganzen Länge die Grenze zwischen Bayern und der Tschechoslowakei verläuft. Diesseits der Grenze heißt der nördliche Teil des Gebirges Oberpfälzer Wald und der südliche Teil Bayerischer Wald. Das Tal der Cham und des Regens trennen die beiden Teile voneinander. Jenseits der Grenze heißt das Gebirge Böhmerwald, seine gesamte Ostabdachung liegt auf tschechoslowakischem Gebiet. Der Kammverlauf des Bayerischen Waldes ist zudem Wasserscheide zwischen den Einzugsgebieten von Donau und Elbe und damit auch ein Teil der Wasserscheide zwischen Nordsee und Schwarzem Meer.

Der Bayerische Wald ist ein reines Waldgebirge. Dichte Wälder überziehen seine Höhen, Hänge und Täler, und nur wenige der höchsten Gipfel des Hauptkammes ragen darüber hinaus. Die meisten Höhen des Gebirges sind flachgewölbte Kuppen und Rücken, ruhige Linien prägen deshalb seinen Charakter. Lediglich dort, wo die Gesteine des Grundgebirges infolge Verwitterung zutage treten, sind die Gipfel felsig, ja geradezu alpin. Wo die höchsten Erhebungen während der Eiszeit Firnkappen trugen, schürften Gletscher an den Hängen tiefe Kare aus, in denen heute reizvolle Seen liegen. Charakteristisch für den Bayerischen Wald sind aber auch die Hochmoore und Moorwälder, die von Krüppelfichten, Birken und Spirken (den Baumformen der alpinen Latschen) besiedelt werden, ausgesprochen genügsamen Arten, denen das rauhe Klima nichts anhaben kann. Besonders rauh ist die Witterung in der kalten Jahreszeit, wenn der eisige Böhmwind aus östlichen Richtungen über den Gebirgskamm herunterweht und klirrende Kälte verbreitet.

Besondere Bedeutung kommt im Bayerischen Wald dem 1970 errichteten, 12000 Hektar großen »Nationalpark Bayerischer Wald« zu, dem ersten Nationalpark der Bundesrepublik. Er befindet sich innerhalb des größten und ursprünglichsten Waldgebietes Mitteleuropas am Rachel-Lusen-Gebirgsmassiv und findet auf tschechischer Seite seine Fortsetzung im Nationalpark Sumava (Böhmerwald). Bis ins 19. Jahrhundert haben in diesem Gebiet noch Bären und Wölfe gelebt, und es ist geplant, die Fauna allmählich wieder in ihren früheren Zustand zurückzuführen. In einem großen Schaugehege leben bereits wieder Wisente, Luchse, Fischotter, Wölfe und Hirsche, während Rot- und Rehwild und vieles andere Getier wie Füchse, Marder, Siebenschläfer, Igel und zahlreiche selten gewordene Vogelarten in freier Wildbahn anzutreffen sind. Neben diesem Nationalpark existieren im Bayerischen Wald 3 Naturparks.

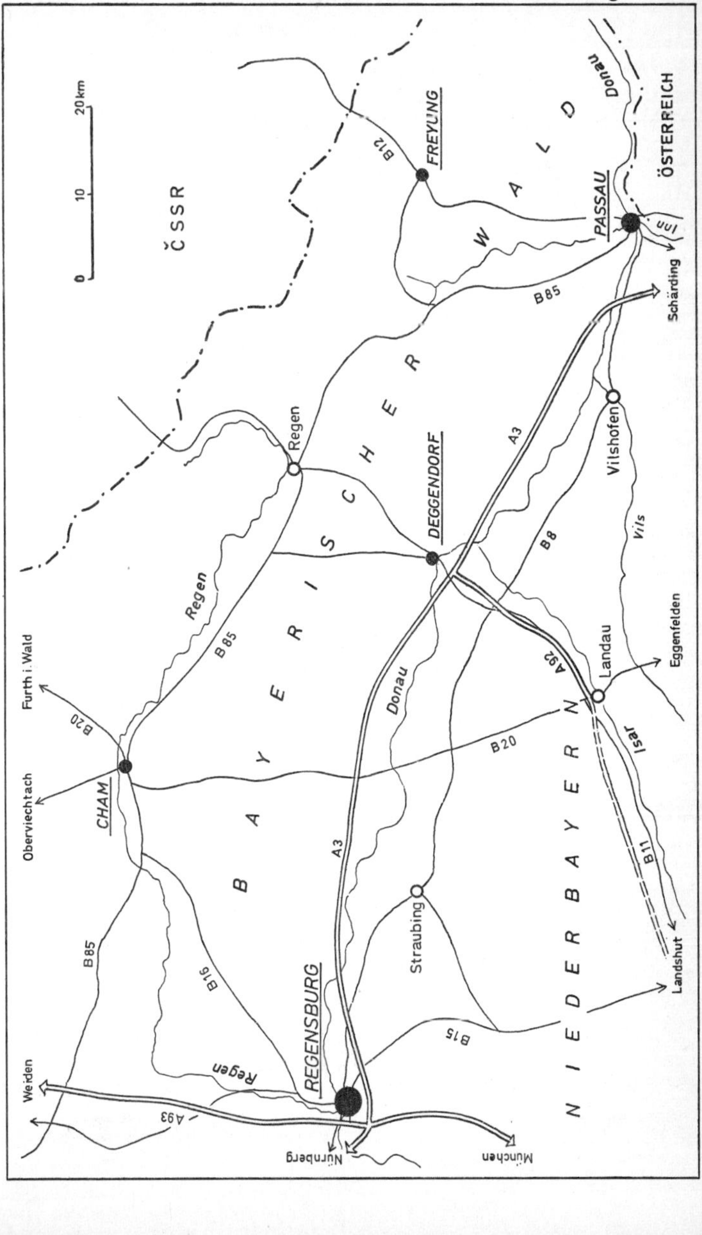
0
10
20km
ČSSR
FREYUNG
B12
B A Y E R I S C H E R
W A L D
PASSAU
Inn
Donau
ÖSTERREICH
Schärding
B85
Regen
DEGGENDORF
A3
Vilshofen
Vils
B8
Eggenfelden
Landau
A92
Isar
B11
Landshut
Furth i. Wald
B20
Oberviechtach
CHAM
Regen
B85
Donau
B20
N I E D E R B A Y E R N
A3
Straubing
B85
B16
B15
Regen
REGENSBURG
Weiden
A93
Nürnberg
München

Cham

16500 Einw. Wirtschafts- und Verkehrsmittelpunkt im Naturpark Oberer Bayerischer Wald, im Tal des Regen, an der Mündung der Cham; beide Flüsse bilden die Further Senke, die geographisch den Bayerischen vom Oberpfälzer Wald trennt. Die tausendjährige Stadt mit historischem Ortskern an der uralten Völker- und Handelsstraße nach Böhmen und inmitten früher Kulturstätten lag im Schutz einer Reichsburg »Civitas Camma« (Reste auf dem Galgenberg).

Auskunft: Städt. Verkehrsamt, Rosenstr. 1 (beim Rathaus), 8490 Cham, Tel. 09971/4933.

Sehenswert:
Stadtbefestigung aus dem 14. Jh., teilweise erhalten (**Straubinger Turm, Biertor,** Wahrzeichen der Stadt).

Am *Marktplatz* einige historische Bürgerhäuser: Apotheke und Köppl-Haus.

Rathaus, spätgotisch mit Treppengiebel und Erker.

Cordonhaus, restaurierter Renaissance-Bau des 16. Jh., Rest einer Benediktinerpropstei mit Arkadenhof; im Erdgeschoß heute das *Heimatmuseum.*

Pfarrkirche St. Jakob, im 13. Jh. erbaut, Chor aus dem 14. Jh., später barock verändert.

Spitalkirche Hl. Geist, spätgotisch von 1514, im 18. und 19. Jh. teilweise verändert.

In der Umgebung:
Chammünster, 30 Min. südöstlich, am linken Ufer des Regen.

Mönche von St. Emmeram zu Regensburg gründeten im 8. Jh. ein Benediktinerkloster als Missionszentrum für das Umland; es wurde im 10. Jh. säkularisiert. Erhalten blieb das *Marienmünster,* die heutige Pfarrkirche Mariae Himmelfahrt. Der dreischiffige Bau mit basilikalem Langhaus des 15. Jh. und dem Chor, der zum großen Teil aus dem 13. Jh. stammt, demonstriert noch Größe und einstige Bedeutung.

Romanisches Taufbecken in Chammünster

Veranstaltungen:
Frühlingsfest im Mai; Volksfest Ende Juli/Anfang August.

Deggendorf

Große Kreisstadt, 305–1114 m, 31000 Einw. Die alte Wittelsbacher-Stadt am linken Ufer der Donau, nahe der Isarmündung, ist Tor zum Bayerischen Wald. Sie besitzt einen bedeutenden Donauhafen, Werften, Industrie und regen Handel. Auf uraltem Kulturboden, wie Ausgrabungen immer wieder beweisen, ist Deggendorf 1002 erstmals urkundlich erwähnt. 1316 erhielt Deggendorf das

Stadtrecht (das Stadtrecht von Landau diente als Vorbild).

Auskunft: Kultur- und Verkehrsamt, Oberer Stadtplatz, 8360 Deggendorf, Tel. 0991/ 380169, 380170.
Verkehr: Autobahnanschlußstellen zur A 3 (Regensburg – Passau) und A 92/B 11 (Landshut – Regen).

Sehenswert:
Altstadt, eine typisch altbayerische Anlage mit schönem Stadtplatz (Luitpoldplatz). In dessen Mitte das spätgotische **Rathaus** von 1535 mit Treppengiebel, überragt vom massigen Stadtturm (1790 nach oben ergänzt).

Spätgotisches Rathaus mit dem Stadtturm in Deggendorf

Heiliggrabkirche, an der Südseite des Platzes. Eine dreischiffige gotische Basilika, 1337–1360 als Sühnetat für eine Hostienschändung erbaut; den schlanken Barockturm schuf J. M. Fischer nach einem Entwurf von J. B. Gunetzrhainer (1727). Da die Kirche große Ablässe erhielt, nannte das Volk die von Massen besuchten Wallfahrtstage (Ende September/Anfang Oktober) »die Gnad«.

Pfarrkirche Mariae Himmelfahrt, ursprünglich romanisch, der Chor spätgotisch aus dem 15. Jh., in den Barock-Neubau des 17. Jh. durch K. Bader einbezogen; 1748 verändert. Im Inneren Marmorhochaltar, 1749 für den Eichstätter Dom geschaffen, 1884 nach Deggendorf verkauft. Etwa von 1700 stammt der Sandstein-Kreuzweg.

Städt. Heimatmuseum, Rosengasse, i. d. ehemaligen Knabenschule, mit einer Sammlung alt- und jungsteinzeitlicher Fundgegenstände, spätgotischen Skulpturen, Möbeln, Keramik, Hinterglasbildern aus dem Bayerischen Wald.

Freyung

Kr. Freyung-Grafenau, Sitz der Kreisverwaltung, 654–680 m, 7000 Einw. Der anerkannte Luftkurort und Wintersportplatz am Südostrand des Nationalparks Bayerischer Wald liegt umrahmt von waldbedeckten Höhen an einem Südhang über dem Saußbachtal. 1953 zur Stadt erhoben (es ist die östlichste der Bundesrepublik), erhielt Freyung bereits 1354 Marktrechte.

Auskunft: Direktion für Tourismus, Rathaus, 8393 Freyung, Tel. 08551/4455.
Verkehr: B 12 Passau – Philippsreuth/Grenzübergang zur ČSSR.

Sehenswert:
Pfarrkirche Maria Himmelfahrt von 1877 mit barocken Passionsgemälden, einer Vespergruppe

aus der gleichen Stilepoche sowie sehenswertem Kruzifixus von 1730.

Schraml-Haus, Abteistraße, um 1700 entstanden, das älteste erhaltene bäuerliche Anwesen. Es beherbergt das *Wolfsteiner Heimatmuseum* mit Sammlungen zur Geschichte bäuerlicher Wohnkultur, sakrale Volkskunst, Hinterglasbilder, Trachten und bäuerliche Kleidung, altes Handwerk und bäuerliches Gerät. Geöffnet 15. 6.–15. 9. Di–Fr 15–17 Uhr; sonst (außer Nov. bis Mitte Dez.) Di und Do 14–17 Uhr.

Schloß Wolfstein, nördlich der Stadt auf einem Felsen über dem Saußbach. Im Jahre 1204 durch den Passauer Bischof Wolfker erbaut, 1590 im noch erhaltenen Renaissancestil unter Bischof Urban von Trenbach verändert. Ursprünglich diente es den Passauer Fürstbischöfen als Jagdschloß und Pflegamt, den Säumern des »Goldenen Steiges« bot es im Mittelalter Schutz und Herberge. 1982 wurde eine Kunstgalerie für Werke von Künstlern aus dem ostbayerischen Raum eingerichtet.

Passau

52 000 Einw. Die alte Bischofs- und Grenzstadt kann wohl als eine der schönsten Städte Deutschlands bezeichnet werden. Die einzigartige Lage am Zusammenfluß der Donau (von Westen), des Inn (von Süden) und der Ilz (von Norden) gab ihr auch den Namen »Dreiflüssestadt«. Passau besteht aus der Altstadt (eigentliche Stadt), die sich auf einer felsigen Landzunge zwischen Donau und Inn erstreckt, und aus den Vorstädten Innstadt und Ilzstadt. Im Südosten wird die Stadt von der Wallfahrtskirche Mariahilf überragt (prachtvolle Aussicht), im Norden von der Feste Oberhaus. Die Häuser der Altstadt sind zum größten Teil im sogenannten Inn-Salzach-Stil erbaut, der an italienische Bauten erinnert. Diese Bauweise ist eine Folge der im 17. Jh. wütenden Stadtbrände, die wertvolle mittelalterliche Bauten zerstörten.

Auskunft: Verkehrsverein Passau e. V., Nibelungenhalle, 8390 Passau, Tel. 08 51/3 34 21. – Schiffsanlegestelle für Kreuzfahrten in die Donauländer und zum Schwarzen Meer, Ausflugsfahrten (Regensburg – Passau – Deggendorf sowie Passau – Linz) und Dreiflüsse-Rundfahrten.

Geschichte:

Etwa 80 bis 100 n. Chr. entstand in der Rosenau das römische Wachkastell »Bojodurum« (jüngste Ausgrabungen in der Innenstadt). Um 130 n. Chr. entstand ein zweites Römerkastell, Batava, auf dem Altstadthügel. Im Jahr 739 wurde Passau durch den hl. Bonifatius zum Bischofssitz ernannt, mit dem Auftrag zur Missionierung des Ostens. Am Kreuzungspunkt wichtiger Handelsstraßen entwickelte sich Passau zu einer bedeutenden Handelsstadt. Nach Böhmen führte seit dem 13. Jh. der »Goldene Steig«, der für den Salzhandel große Bedeutung hatte. 1143 baute Bischof Reginbert eine Innbrücke.

Sehenswert:

Domplatz, umgeben von ehem. Domherrenhöfen: *Dompropstei* im Süden mit Binnenhöfen von 1544 und 1632; *Domdechantei;* ehem. Kapitelhof von 1725; *Lamberghof* mit beachtenswert schöner Fassade von 1724; *Neugebäude* oder ehem. Sala terrena (Postamt), 18. Jh., mit eindrucksvoller Fassade im Wiener Barockstil.

Passau. Blick auf Veste Oberhaus und Niederhaus von der Donau aus. Ein schöner Spazierweg führt hinauf auf den Burgfelsen

Dom St. Stephan: Bis Anfang des 14. Jh. erfolgten Bauarbeiten, ohne daß es zur endgültigen Vollendung des Dombaues kam. Nach dem Stadtbrand 1662 wurde er durch den Prager Baumeister italienischer Herkunft Carlo Lurago barock ausgebaut und nach dem abermaligen Brand von 1680 auch durch ihn wiederhergestellt. Auf dem höchsten Punkt der Altstadt stehend beherrscht der mächtige Bau (101 m lang) das Stadtbild. Im *Innern* zeigt die riesige Basilika reichen Barock.

Die Orgel, 1925–28 von G. F. Steinmeyer gebaut, besteht aus fünf selbständigen Orgeln mit 231 klingenden Registern und 17388 Pfeifen. Sie ist die größte Kirchenorgel der Welt. Orgelkonzerte Mitte Mai bis Mitte Oktober täglich außer So und Fei 12–12.30 Uhr, Do auch 19.30–20.15 Uhr.

Römer-Museum im restaurierten gotischen Gruberhaus, seit 1982 mit den am Innufer freigelegten Grundmauern des Römerkastells »Boiotro«. Zu besichtigen sind Funde aus der spätrömischen und frühmittelalterlichen Zeit Passaus.

Veste Oberhaus: 1219, nach der Erhebung zum Reichsfürsten, ließ Bischof Ulrich II. die Anlage als Trutzburg der Bischöfe gegen die sich auflehnende Passauer Bürgerschaft errichten. Im 15. und 16. Jh. wurde die Anlage weitgehend um- und ausgestaltet; im 17. Jh. wurde die Errichtung ausgedehnter Verteidigungswerke notwendig, die Innenräume durch G. Pieroni und C. Lurago bis 1723 barock verändert. Nach der Säkularisation wurde Oberhaus Kaserne, Gefängnis und Jugendherberge.

Regensburg

333 m, 128000 Einw. Hauptstadt des Regierungsbezirks Oberpfalz, alte Bischofsstadt und seit 1967 Universitätsstadt. Regensburg ist die viertgrößte Stadt Bayerns, zugleich der Mittelpunkt Ostbayerns, das Tor zum Bayerischen Wald, Oberpfälzer Wald und Oberpfälzer Jura. Es liegt als wichtiger Umschlaghafen am nördlichsten Punkt der Donau, in die hier der Regen und wenige Kilometer westlich die Naab mündet. Das Stadtbild der 2000 Jahre alten Stadt, als römische Festung Castra Regina im Jahre 179 n. Chr. gegründet, wird bestimmt durch ihren romanisch-gotischen Stadtumriß mit unzähligen sakralen und vor allem profanen Baudenkmälern, die auch im letzten Krieg, mit Ausnahme der Obermünsterkirche, erhalten geblieben sind; ihre Sanierung, seit Jahren vorbildlich betrieben, wirft dennoch vielfältige Probleme auf.

Auskunft: Städt. Fremdenverkehrsamt, Altes Rathaus, 8400 Regensburg, Tel. 0941/5072141.
Verkehr: Kreuzungspunkt der Autobahnen A 3 Nürnberg – Passau und A 93 (München-)Holledau – bis Luhe; B 8, B 15, B 16.

Geschichte:
Regensburg ist eine der ältesten Städte Deutschlands. Bei Ausgrabungen im Stadtraum kamen alle Kulturen seit der Steinzeit zum Vorschein. Im 1. Jh. n. Chr. errichteten die Römer auf dem Königsberg in Kumpfmühl ein Kohortenlager und 179 n. Chr. unter Kaiser Marc Aurel die mächtige Festung »Castra Regina«; Steinquader mit Gründungsinschrift im Stadtmuseum. Die Porta Praetoria, Nord- und Südostecke, sowie weitere Mauerteile, z. B. ein 56 m langes Teilstück am Dachauplatz, sind erhalten. Weitere Ausgrabungen im Niedermünster.

Im 6. Jh. wurde »Reganespurc« Hauptstadt von Bayern unter den Agilolfingern, im 8. Jh. karolingische Königspfalz, dann wieder Hauptstadt Bayerns unter den Welfen und Wittelsbachern. 739 gründete der heilige Bonifatius hier einen Bischofssitz. Vom 11. bis 14. Jh. stand die Stadt, die um 1250 Freie Reichsstadt wurde, in höchster Blüte, bis sie von Nürnberg, Augsburg und Wien im Handel überflügelt wurde. Die Buchmalerei vor allem der Klöster St. Emmeram und später auch Prüfening genoß hohes Ansehen. Die wohl größte Kostbarkeit dürfte das Sakramentar für Heinrich II. sein, mit den berühmten Königsbildern. Aus dieser großen Zeit Regensburgs stammen als Zeichen bürgerlicher Macht das Alte Rathaus (das am originalsten erhaltene gotische Rathaus Deutschlands) und die Patriziertürme nach italienischem Vorbild. Von alters her Stätte zahlreicher Reichsversammlungen, wurde Regensburg nach dem Dreißigjährigen Krieg, von 1663 bis 1806, Sitz des »Immerwährenden Reichstags«, der als das erste deutsche Parlament bezeichnet wird. 1748 ließen sich die Fürsten von Thurn und Taxis, als Vertreter des Kaisers am Reichstag, in Regensburg nieder. Von 1803 bis 1810 unter Carl von Dalberg Fürstentum geworden, kam es wieder zu Bayern und wurde Hauptstadt der Oberpfalz. Hochbauten in den Außenbezirken verleihen der Reichsstadt heute neue Akzente.

Sehenswert:
Römermauer, in der Anlage nördlich des Ernst-Reuter-Platzes. Hier wurde die Südostecke des ein-

stigen Lagers Castra Regina freigelegt und gesichert. Ein weiteres Teilstück befindet sich weiter nördlich am Dachauplatz.

Museum der Stadt Regensburg, in den Komplex einbezogen die frühgotische *Minoritenkirche* aus dem 13. Jh., Chor 14. Jh. und die Klostergebäude aus dem 14. und 15. Jh. (hier starb 1272 der bekannte Prediger Berthold). In über 100 Räumen sind die bedeutenden Kunst- und kulturgeschichtlichen Sammlungen ausgestellt:

Alte Kapelle, wahrscheinlich vor 800 gegründet, karolingische Pfalzkapelle; die romanische Basilika des 12. Jh. erhielt 1450 einen gotischen Chor. Der freistehende Glokkenturm zeigt im Unterbau römische Quader. Am Kirchenportal romanische Steinplastiken des 12. Jh. (Beichtvater und -kind). Das Innere wurde im 18. Jh. reich im Rokokostil umgestaltet; Gemälde von Thomas Scheffler. In der anschließenden *Gnadenkapelle* eine süddeutsche Madonnen-Ikone des 13. Jh. in einem kostbaren Rahmen.

Niedermünster, eine hochromanische, dreischiffige Basilika aus der Mitte des 12. Jh., im 17. Jh. barockisiert, wertvolle Innenausstattung.

Erhardkrypta, östlich des Niedermünsters, eine kleine, dreischiffige Hallenkapelle aus frühkarolingischer Zeit (ca. 750). – Westlich durch den Römerturm zum *Domplatz;* rechts zuerst die doppelgeschossige

Ulrichskirche, ehem. Dompfarrkirche von 1230–1270, mit schöner Maßwerkrose an der Westfront, Innenausstattung aus dem 16. Jh., vor wenigen Jahren renoviert; hier ist das *Diözesanmuseum,*

Dom St. Peter (Führungen), eines der bedeutendsten gotischen Bauwerke Süddeutschlands, eine dreischiffige Basilika mit Querschiff und zwei Westtürmen. Anstelle eines romanischen Vorläufers (davon Eselturm an der Domnordseite) wurde der Bau 1250 im Geist der französischen Gotik begonnen; Ende des 13. Jh., nachdem er zur Hälfte vollendet war, zerstörte ein schwerer Brand große Teile.

Die **Außenfassaden** des Doms sind vielfältig und überreich mit meisterlichen Figuren geschmückt. Die zunehmenden Emissionsschäden machten Konservierungsarbeiten der Dombauhütte notwendig.

Das **Innere** ist 85 m lang, 32 m breit, 32 m hoch im Mittelschiff, 17 m hoch in den Seitenschiffen: Der weite Innenraum überrascht durch die Leuchtkraft der noch original erhaltenen farbigen Glasscheiben. Die *Glasfenster* im Hochchor stammen aus dem 14. Jh., die im südlichen Querhaus mit der Darstellung der Wurzel Jesse aus dem 13. Jh.; als Gegenstück die Glasfenster der Westwand, 2. Hälfte des 19. Jh., bedeutende Steinplastiken.

Dom

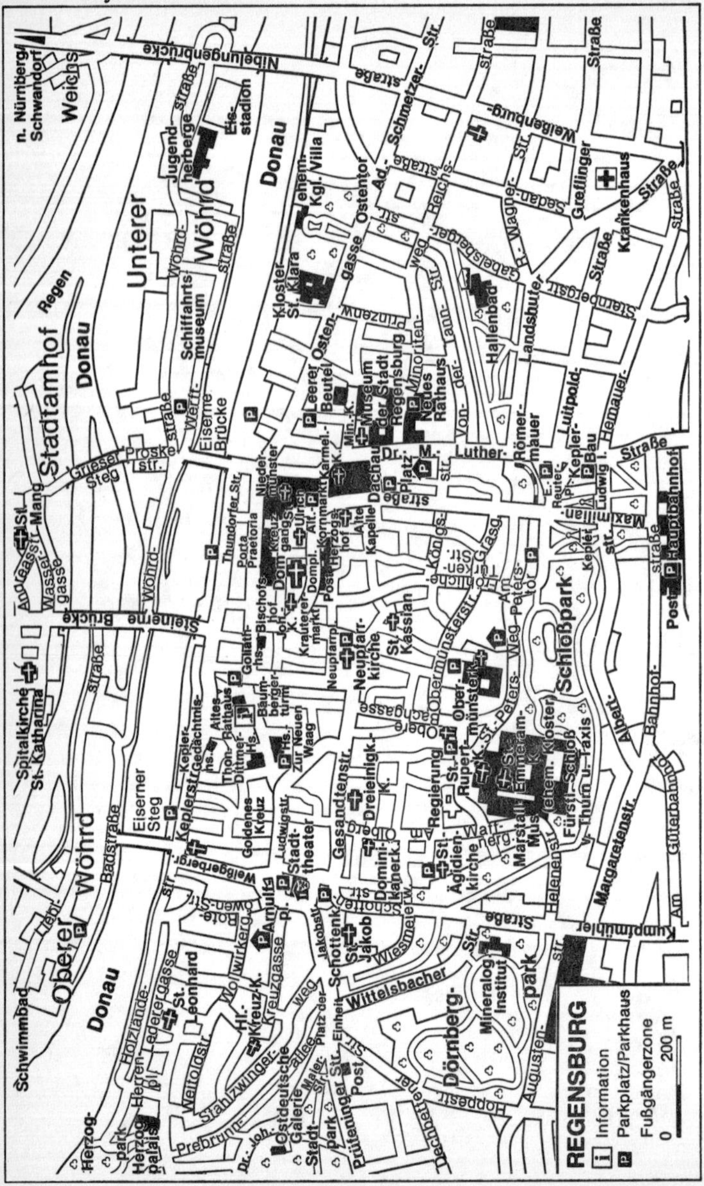
REGENSBURG
Information
Parkplatz/Parkhaus
Fußgängerzone
0
200 m
n. Nürnberg/Schwandorf
Weichs
Regen
Donau
Stadtamhof
Unterer Wöhrd
Oberer Wöhrd
Schwimmbad
Jugendherberge
Eisstadion
Schiffahrtsmuseum
Eiserne Brücke
Steinerne Brücke
Eiserner Steg
Grieser Steg
Nibelungenbrücke
Spitalkirche St. Katharina
St. Mang
Kloster St. Klara
ehem. Kgl. Villa
Ostentor
Museum der Stadt Regensburg
Neues Rathaus
Hallenbad
Niedermünster
Dom
Porta Praetoria
Altes Rathaus
Goldenes Kreuz
Stadttheater
Neupfarrkirche
St. Kassian
Obermünster
Schloßpark
St. Emmeram
Fürstl. Schloß Thurn u. Taxis
Marstall-Museum
Dreieinigk.-K.
Dominikanerk.
Regierung
St. Rupert
St. Ägidienkirche
Schottenk. St. Jakob
Arnulfspl.
St. Leonhard
Hl.-Kreuz-K.
Mineralog. Institut
Dörnbergpark
Herzogpark
Herzogpalais
Ostdeutsche Galerie
Stadtpark
Hauptbahnhof
Post
Krankenhaus
Keplerstr.
Maximilianstr.
Luitpoldstr.
Margaretenstr.
Albertstr.
Kumpfmühler Straße
Wittelsbacher Str.
Landshuter Straße
Weißenburgstr.
Greflinger Straße
Sedanstr.
Gabelsbergerstr.
Dr.-M.-Luther-Straße
Von-der-Tann-Str.
Ostengasse
Schmetzerstr.
Prüfeninger Str.
Güterbahnhof

Zugang zum **Domschatzmuseum.** Besondere Kostbarkeit ist das berühmte Ottokarkreuz aus dem 13. Jh., gefertigt aus Gold und kunstvoll verziert mit Granat und Perlen. – Vom Dom-Kreuzgang zugänglich

Allerheiligenkapelle, im 12. Jh. als Grabkapelle für Bischof Hartwig II. als Zentralbau im lombardischen Stil errichtet. Die noch erhaltenen romanischen Fresken zeigen Darstellungen aus der Allerheiligenliturgie.

Steinerne Brücke, ein Meisterwerk mittelalterlicher Ingenieur- und Baukunst, 1135 bis 1146 erbaut; mit 16 Bogen überspannt sie in 308 m Länge die Donau. 800 Jahre lang war sie die einzige Brücke. Von den Steinbildwerken des Brückenturms wird das eine als König Heinrich der Finkler (Ende des 13. Jh.), das andere als König Philipp von Schwaben (1207) gedeutet.

Das sagenumwobene *Brückenmännchen* in der Mitte der Brücke, ein nur mit Lendenschurz bekleideter Jüngling in reitender Stellung, ist eine Kopie von 1854.

Schottenkirche St. Jakob. Im 11. Jh. gründeten irische Mönche ein Kloster, im 16. Jh. wurde es Abtei schottischer Benediktiner, 1878 aufgelöst. Die jetzige Kirche stammt aus dem 12. Jh. Sie ist der bedeutendste romanische Bau des Donaugebietes und bis auf geringe Veränderungen im 19. Jh. (später beseitigt) vollständig erhalten. Sehenswertes Portal mit rätselhaften Skulpturen.

Altes Rathaus, eine Gebäudegruppe, bestehend aus dem frühgotischen Rathausturm, dem Reichssaalbau von 1350 mit Portal von 1408 sowie neueren Bauten aus dem 16. bis 18. Jh. (mit dem Ratskeller).

Porta Praetoria, das Nordtor des römischen Castra Regina, 179 n. Chr. unter Kaiser Marc Aurel errichtet; daneben die Reste des östlichen Flankenturms des Römerkastells, daneben wird das Straßenniveau von Castra Regina sichtbar.

Porta Praetoria, das Nordtor des Römerlagers Castra Regina

Veranstaltungen: Stadttheater; Regensburger Bauerntheater, im Colosseum, Stadtamhof 5; Frühjahrsdult im Mai; sommerliche Serenaden und Orgelkonzerte im Stadtmuseum; »Kunst an historischen Stätten«, alljährlich von Ende Mai bis Ende August stattfindendes Kulturprogramm mit Musik, Theater und Kunstausstellungen. Rathauskonzerte – Bach-Wochen im Juni; Orgelstunden in der Minoritenkirche (ganzjährig), Darbietungen der Regensburger Domspatzen während des ganzen Jahres (sonn- und feiertags um 9 Uhr in der Dompfarrkirche Niedermünster); Regensburger Christkindlmarkt vom letzten Freitag im November an; Herbst-Dult Ende August; Altstadtfest am letzten Juni-Wochenende (alle zwei Jahre).

Schwarzwald, Kaiserstuhl, Hochrhein

Auf der Landkarte läßt sich der Schwarzwald klar umgrenzen, wenn man ein paar Städte mit Linien verbindet: Karlsruhe, die kunstsinnige badische Hauptstadt, die Goldstadt Pforzheim, die Höhenkurstadt Freudenstadt, die Uhrenstädte Villingen-Schwenningen und Donaueschingen, Waldshut am Hochrhein, Basel und Lörrach im Dreiländereck, Freiburg, Offenburg und schließlich noch das berühmte Baden-Baden am Rand der sonnigen Oberrheinebene.

Aber eine einheitliche Landschaft ist der Schwarzwald deshalb nicht. Zum Teil ist das auf den unterschiedlichen geologischen Untergrund zurückzuführen: Die Berge im Süden und Westen, aus Granit und Gneis bestehend, verwitterten im Lauf der Jahrmillionen zu runden Kuppen; im Norden und Osten dagegen trägt der Buntsandstein weite Waldebenen. Überall aber stößt man auf tief eingeschnittene Täler und manchmal auf wilde Schluchten. Sehr bekannt sind die Wutachschlucht und das Höllental mit der Ravennaschlucht, aber auch das Murgtal im Norden oder die Schluchten von Wehra und Schlücht im Süden sind imposant. Die Schluchten sind eng benachbart zu den höchsten Gipfeln des Gebirges: der Feldberg (1493 m), das Herzogenhorn (1415 m) und der Belchen (1414 m) im Süden, der Kandel (1241 m) in der Mitte, die Hornisgrinde (1164 m) und der Schliffkopf (1055 m) im Norden.

Auch Seen hat der Schwarzwald eine ganze Menge zu bieten: im Norden gleich zwei Mal einen Wildsee, außerdem noch den Mummelsee, den Herrenwieser See und die Nagoldtalsperre bei Erzgrube. Im Süden unter anderen drei Seen, die durch die landschaftlich reizvolle Dreiseenbahn verbunden werden: Titisee, Windgfällweiher und Schluchsee.

Besonders bekannt aber ist der Schwarzwald natürlich für seine ausgedehnten dunklen Nadelwälder, in denen die legendären Schwarzwaldtannen und vor allem Fichten wachsen – trotz des sauren Regens!

In der Nachbarschaft all dieser landschaftlichen Höhepunkte liegen bekannte Kurorte, Ferien- und Ausflugsziele von Wildbad bis Höchenschwand, Baden-Baden bis Triberg. Aber auch kleine und mittelständische Industrie ist für die Städtchen des Schwarzwaldes charakteristisch. Von hier kommen die weltberühmten Schwarzwalduhren.

Rund um den Schwarzwald herum liegen sehr liebliche Hügellandschaften, Weinbaugebiete wie die Ortenau, der Kaiserstuhl, der Tuniberg und das Markgräflerland; außerdem das milde Hochrheintal und die ranke Hochebene der Baar.

Kurz: Wer sehr verschiedene Landschaften auf engstem Raum beieinander haben will, wird im Schwarzwald bestimmt auf seine Kosten kommen.

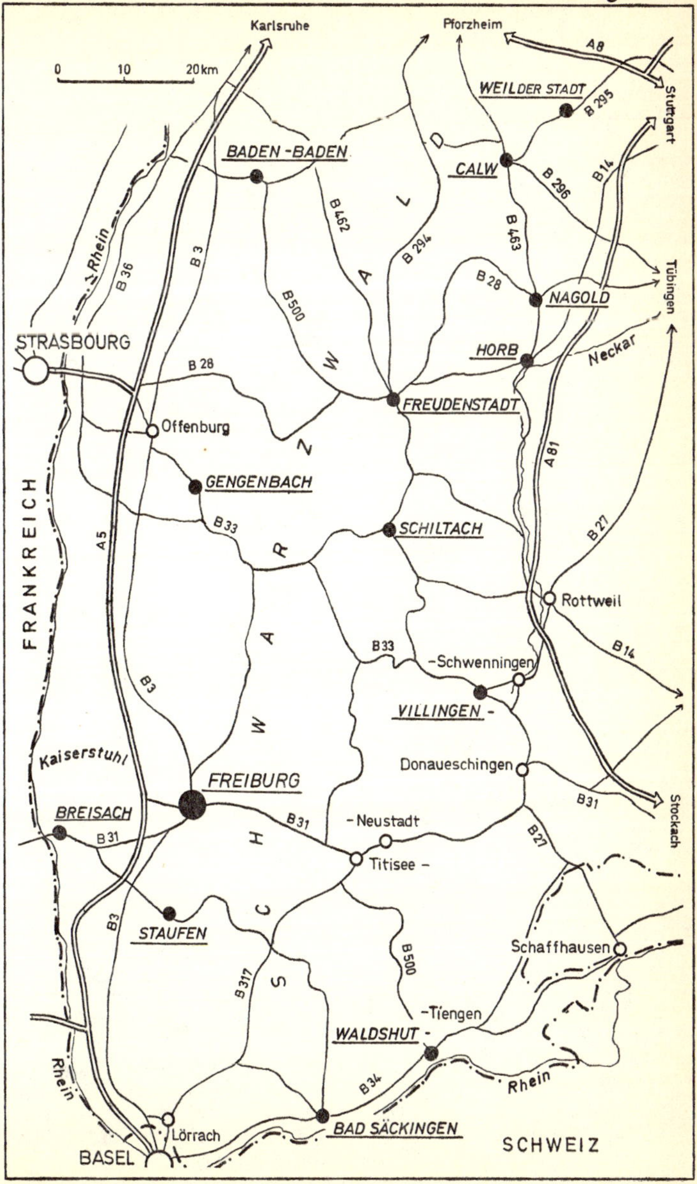
Karlsruhe
Pforzheim
A8
Stuttgart
0 10 20km
WEIL DER STADT
B 295
BADEN-BADEN
CALW
B 296
B 14
Rhein
B 36
B 3
B 462
B 294
B 463
B 500
B 28
NAGOLD
Tübingen
STRASBOURG
HORB
Neckar
B 28
FREUDENSTADT
Offenburg
A 81
FRANKREICH
GENGENBACH
A5
B 33
SCHILTACH
B 27
Rottweil
B 33
-Schwenningen
B 14
B 3
VILLINGEN -
Kaiserstuhl
Donaueschingen
FREIBURG
BREISACH
B 31
B 31
-Neustadt
Stockach
B 31
B 27
Titisee -
B 3
STAUFEN
B 500
Schaffhausen
B 317
-Tiengen
WALDSHUT -
Rhein
B 34
Rhein
Lörrach
BAD SÄCKINGEN
BASEL
SCHWEIZ
SCHWARZWALD

Baden-Baden

50 000 Einw. Heilbad von internationalem Ruf im Tal der Oos, am Abhang des Battert und des Merkur ansteigend, in herrlicher, waldreicher Umgebung am Westabfall des Nördlichen Schwarzwaldes zur Rheinebene. Das Klima ist infolge der gegen Nord- und Ostwinde geschützten Lage sehr mild; es bewirkt ein vorzeitiges Frühjahr, eine üppige, fast südländische Vegetation (Edelkastanien). Die warmen Tage des Herbstes gestatten bis in den November hinein den Aufenthalt im Freien. Bereits die Römer wußten das milde Klima und die Thermalquellen zu schätzen. Die Stadt Baden-Baden, bekannt auch als Kongreßstadt, ist Treffpunkt der eleganten internationalen Gesellschaft. – Stadtteile von Baden-Baden sind Ebersteinburg, 450 m, 1200 Einw., ein bekannter Luftkurort und Neuweier, 200–600 m, 2190 Einw., einer der bekanntesten Weinorte im badischen Rebland, dessen Weinbau auf das 16. Jh. zurückgeht. Weiterhin die Orte Varnhalt, Steinbach-Umweg, Sandweier und Haueneberstein.

Auskunft: Gäste-Information im Haus des Kurgastes, Augustaplatz 8, 7570 Baden-Baden, Tel. 07221/275200 und 275252.

Kureinrichtungen: **Caracalla Therme,** 1985 eröffnete Badelandschaft mit Freibecken und Hallenbad, Sauna und Solarien, ganzjährig geöffnet; Thermal-Badehaus Friedrichsbad, weltbekannt durch das Römisch-Irische Bad; Haus des Kurgastes mit Sitz der Kurdirektion; zahlreiche Sanatorien.

Geschichte:

Die heißen Quellen von Baden-Baden wurden bereits vor etwa 2000 Jahren von den Römern genutzt, vom 1. Jh. n. Chr. bis 260 n. Chr. existierte eine beachtliche Ansiedlung mit kaiserlichen Thermen im Bereich des heutigen Markt- und Römerplatzes. Der Ort hieß Aquae Aureliae. Auf dem Battert ist ferner eine vorgeschichtliche Siedlung nachgewiesen (Wallanlagen). 987 wird Baden-Baden wieder urkundlich genannt, Kaiser Otto III. schenkte seinen dortigen Besitz mit Kirche dem Grafen von Nellenburg. Später im Besitz der Zähringer, die die Burg Hohenbaden errichteten (11. Jh.), seit dem 15. Jh. Hauptsitz der Markgrafschaft Baden, Verlegung der Residenz in das neue Schloß, Zerstörung 1689 durch die Franzosen, Residenzstadt wurde dann Anfang des 18. Jh. schließlich Rastatt.

Bereits aus dem frühen 14. Jh. ist ein geregelter Badebetrieb bekannt, die Thermen wurden bei der Ummauerung der Stadt um 1360 mit einbezogen. Im 15. Jh. bestanden Badeherbergen, und 1473 hielt sich Kaiser Friedrich III. hier zu einer siebenwöchigen Badekur auf. 1507 führte Markgraf Christof I. die erste bekannte Kurtaxe ein. Das 16. Jh. brachte eine erste Blütezeit des Badebetriebs, es bestanden in der Stadt 12 Badehäuser mit 389 Badekästen, in denen man bis zu 10 Stunden täglich bei gutem Essen im heißen Wasser saß. Im späten 18. Jh. brachte der beginnende Kurbetrieb wieder einen Aufschwung; nach der Niederlegung der alten Befestigungen wurde Baden-Baden im 19. Jh. als Kurort zum Treffpunkt der großen internationalen Gesellschaft, es wurden Hotels gebaut, Baden-Baden entwickelte sich zur »Sommerhauptstadt Europas«. Hauptattraktion war die 1808 eröffnete Spielbank (kürzlich durch Brand beschädigt). 1860 fand ein Fürstenkongreß statt, 1863 trafen sich hier Kaiser Franz Josef von Österreich, Napoléon III. und der russische Zar Alexander II. 40 Jahre lang kam Kaiser Wilhelm I. regelmäßig nach Baden-Baden zur Kur.

Sehenswert:
Trinkhalle an der Kaiserallee, 1839–1842 von Hübsch erbaut, ein Arkadenbau mit Fresken von Götzenberger (14 der schönsten Schwarzwaldsagen), einer 90 m langen Wandelhalle und dem Trinksaal (Friedrichsquelle, Nürtinger Heinrichsquelle).

Kurhaus, ein schlichter klassizistischer Bau, 1822–1824 durch Weinbrenner erbaut, 1851 um die neuen Säle, 1912–1917 durch den Bau eines Theater- und Konzertsaales erweitert. Vornehm ausgestattete Innenräume. Geöffnet 10–12 Uhr.

Kleines Theater, nahe dem Kurhaus, 1862 errichtet und 1926 erweitert.

Staatliche Kunsthalle an der Lichtentaler Allee mit wechselnden Ausstellungen.

Friedrichsbad, 1873 von Dernfeld nach dem Vorbild alter römischer Bäder erbaut. – Ruinen der einstigen **römischen Thermen,** die 1847 wieder aufgefunden wurden (geöffnet Di–So 10–12 Uhr, 14.30–17 Uhr).

Spielzeug-Museum, Gernsbacher Str. 48. Liebevoll dargestellte Sammlung von Puppen und Spielzeug, die ein Stück Kostüm- und Kulturgeschichte aus zwei Jahrhunderten widerspiegeln. Geöffnet Di–So 14–18 Uhr.

Stiftskirche Zu Unserer Lieben Frau, der spätgotische Umbau einer früheren romanischen Kirche. Im Innern zahlreiche Grabmäler der Markgrafen von Baden, im Hochchor ein Kreuz von Nikolaus Gerhaert von Leyden (1467), eines der bedeutendsten Kunstwerke des Oberrheins.

Marktplatz; er wurde in den letzten Jahren neu gepflastert, wobei die darunterliegenden früheren römischen *Caracalla-Thermen* farblich gekennzeichnet wurden.

Neues Schloß, ein Renaissancebau (1437) aus der Zeit des Markgrafen Jakob I. Nachfolgebau einer Burg aus dem 14. Jh., seit 1479 Residenz,

Spielbank Baden-Baden

1575 zum dreigeschossigen Renaissanceschloß umgestaltet. Von den Franzosen 1689 stark beschädigt. Im 18. Jh. wurde nur der Hauptflügel erneuert und später romantisch verändert. Heute im Besitz des Markgrafen Max von Baden. Von der Terrasse bietet sich eine prachtvolle Rundsicht. Im Innern sind das **Zähringer Museum** und die **Stadtgeschichtlichen Sammlungen** untergebracht. Geöffnet täglich außer Mo 10–12.30 Uhr und 14.30–18 Uhr.

Rumänische Kapelle (Stourdza-Kapelle) auf dem Michaelsberg, erbaut 1866 von Fürst Michael Stourdza nach Plänen von Klenze in klassizistischem Stil; Grabkapelle der Familie.

Brahms-Haus, am Ausgang der Maximiliansstraße, geöffnet Mo, Mi und Fr 15–17, So 10–13 Uhr und nach Vereinbarung (Tel. 7 11 72). Archiv und Erinnerungsstücke des Komponisten.

Im Stadtteil Lichtental:
Zisterzienser-Nonnenkloster »Lucia vallis«, 1245 von Markgräfin Irmengard gestiftet, heute Internat; ehem. gotische *Fürstenkapelle* mit Gräbern der badischen Markgrafen (u. a. ein vom Straßburger Meister Wölflin v. Rufach 1350 geschaffenes Grabmonument der Stifterin). Von 1669–1771 wurden hier nur noch die Herzen der Mitglieder der markgräflichen Familie beigesetzt. Renaissance-Kanzel (1606), Chorgestühl von 1764. Im Hof Renaissancebrunnen mit Madonna (1602), Äbtissinnenbau (1730).

Klostermuseum mit wertvollen Gegenständen. Geöffnet werktags 9–12 und 14–17.30 Uhr, So und Fei 15–17 Uhr, am 1. So im Monat geschlossen (nur Gruppenbesichtigung ab 5 Personen).

Im Stadtteil Ebersteinburg:
Pfarrkirche mit Turm und Chor von 1468, das ursprünglich gotische Langhaus wurde 1807 durch ein neues ersetzt.

Ruine Ebersteinburg (Alt-Eberstein), 489 m, einst eine der bedeutendsten Festungen dieser Gegend. Angeblich soll die Burg auf eine vorrömische Anlage zurückgehen. Die erhaltenen Reste stammen aus dem 10.–12. Jh. Schöner Blick vom Bergfried. Eindrucksvoll ist die etwa um 1100 erbaute 14 m hohe Schildmauer. Heute ist hier eine Gaststätte eingerichtet.

Veranstaltungen: Zahlreiche internationale Kongresse im modernen Kongreßhaus. – Pferderennen auf der Rennbahn in Iffezheim, 12 km nordwestlich. Internationale Rosenschau und Serenaden in den Gönneranlagen. – Modeschauen. – Rundflüge über Baden-Baden.

Bad Säckingen

Kr. Waldshut, 292–600 m, 15 000 Einw. Staatl. anerkanntes Thermalbad und Erholungsort am Hochrhein zwischen Hotzenwald und Schweizer Jura, bekannt durch Viktor von Scheffels Dichtung »Der Trompeter von Säckingen«. Thermal- und Mineralbad.

Auskunft: Kurverwaltung GmbH, 7880 Bad Säckingen, Tel. 0 77 61/5 13 16. Kurmittelhaus, Berseestr. 59, Tel. 40 10.
Verkehr: B 34 Basel – Waldshut.

Geschichte:

Das Kloster St. Fridolin soll um 500

gegründet worden sein. 878 wird erstmalig ein Frauenstift genannt. Der Ort selbst ist 926 urkundlich erwähnt. Als Stadt ist Säckingen 1250 bezeugt; sie gehörte später zum österreichischen Breisgau und fiel 1806 an Baden.

Sehenswert:
Fridolinsmünster, ehemalige Nonnenstiftskirche, eine gotische Basilika, deren Bauzeit in das 14. und 15. Jh. fällt. 1678 niedergebrannt. Das Turmpaar wurde 1570, die Kirche selbst 1681–1698 im Barockstil erneuert. *Innenausstattung* 1751 durch den Stukkateur J. M. Feichtmayr und den Freskenmaler F. J. Spiegler im Rokokostil. Nach einem Brand 1926 wurde das Münster 1927–1929 erneuert. An der Außenwand des Chors *Grabstein* des »Trompeters von Säckingen«, des Werner Kirchhofer und seiner Gemahlin Ursula von Schönau (gest. 1690 und 1691). Über dem Portal das Wappen der Fürstäbtissin von Wasserstelz und darüber der hl. Fridolin mit Landgraf Urso.

Am Rhein das **Schloß Schönau** (»Trompeterschlößchen«), ursprünglich romanisch, mehrfach verändert, Schauplatz von Scheffels »Trompeter von Säckingen«; mit Park. – **Hochrheinmuseum** im Trompeterschlößchen mit prähistorischer Sammlung (geöffnet Di, Do, So 15–17 Uhr.)

Alte gedeckte hölzerne **Rheinbrücke,** 220 m lang, 1570–1620 erbaut, die zum Schweizer Ufer führt (Grenzübergang); von der Brücke und vom jenseitigen Ufer schöner Blick auf Münster und Stadt.

Breisach am Rhein

Kr. Breisgau-Hochschwarzwald, 191 m, 8300 Einw. Ehemalige Reichsfestung, des Heiligen Römischen Reiches Deutscher Nation »Schlüssel und Ruhekissen«, früher irrtümlich auch »Alt-Breisach« genannt im Gegensatz zu dem elsässischen »Neu-Breisach«. Das Stadtbild bietet einen malerischen Anblick. Auf der Höhe eines steil aus der Ebene und hart am Rheinufer emporragenden Basaltfelsens erhebt sich das St.-Stephans-Münster mit zwei Türmen als Wahrzeichen der Stadt. Um das Münster, an den Abhängen des Münsterbergs und des benachbarten Schloßberges, gruppieren sich die Häuschen der einst berühmten und viel umstrittenen Grenzstadt, die dem Breisgau den Namen gab.

Auskunft: Stadtverwaltung, 7814 Breisach am Rhein, Tel. 07667/128.
Verkehr: B 31 Freiburg i. Br. – Breisach. – Autobahnanschlußstelle Bad Krozingen (11 km).

Geschichte:
Ausgrabungen auf dem Münsterberg und in der näheren Umgebung weisen frühgeschichtliche Siedlungen nach. Später war der Ort von den Kelten besiedelt, die ihm den Namen gaben. Die Römer befestigten im 4. Jh. den Mons Brisiacus unter Kaiser Valentinian als Brükkenkopf. Jahrhundertelang war Breisach eine der stärksten Festungen. Die Zähringer Herzöge bauten im 13. Jh. ein festes Schloß. 1275 wurde Breisach Reichsstadt. Von 1331 bis 1638 gehörte die Stadt meist zu Österreich. In der Folgezeit war sie bald von den Franzosen, bald von den Österreichern besetzt. 1743 zerstörten die Franzosen

Schloß und Befestigungen, 1793 die Stadt in einer fünftägigen Beschießung.

Sehenswert:
Das **Münster St. Stephan,** in beherrschender Lage auf dem höchsten Punkt der Stadt, bietet mit seinem vorspringenden Chor und den beiden Flankentürmen einen stolzen Anblick. Im wesentlichen lassen sich drei Bauabschnitte unterscheiden: die romanische Anlage um 1200 (das dreischiffige Langhaus), die gotische Epoche zu Beginn des 14. Jh. (Chor, Westjoch und Oberteil des Südturmes) und des 15. und frühen 16. Jh. (Einwölbung, Sakristei und Innenausstattung). Der romanische Bau zeigt Anlehnung an das Baseler Münster. Das Innere zeigt sich als kreuzförmige Pfeilerbasilika. Der steinerne **Lettner,** 1495–1496, ist ein kunstvolles Werk der Spätgotik.

Der prachtvolle, aus Lindenholz geschnitzte, dreiflügelige **Hochaltar** des Meisters »HL«, 1523–1526, stellt die Krönung Mariä, die Heilige Dreieinigkeit sowie die Stadt- und Münsterpatrone dar; in der Predella die vier Evangelisten. Der Altar ist eines der großen Werke deutscher Plastik, »die Spätgotik in voller Auflösung, aber nicht nach der Renaissance, sondern nach dem Barock hin« (Dehio).

Im gotischen Teil des Innern, an West-, Süd- und Nordrand Reste monumentaler **Fresken** vom Jüngsten Gericht und der Auferstehung, von Martin Schongauer aus Colmar, der 1491 in Breisach starb.

Veranstaltungen:
Historische Festspiele, Freilichtaufführungen am Schloßplatz, alljährlich im Juni bis August an den Wochenenden. – »Rebenbummler«, Dampflokzug zwischen Breisach und Riegel, an vier Tagen im Sommer.

Calw

Große Kreisstadt, 23 000 Einw. Erholungsort zwischen steilen, dichtbewaldeten Bergwänden im Nagoldtal, ehemalige bedeutende Handelsstadt mit reizvoller Altstadt und zahlreichen historischen Fachwerkhäusern. Ausgangspunkt zahlreicher Wanderwege. In Calw wurde 1877 Hermann Hesse geboren.

Auskunft: Verkehrsamt, 7260 Calw, Tel. 07051/5671.

Geschichte:
Der Ort wird erstmals 1075 als »Calewa« genannt. Einst Sitz der weithin herrschenden, einflußreichen Grafen von Calw, deren Vorfahren von Karl dem Großen als Gaugrafen eingesetzt waren. Seit Mitte des 13. Jh. Stadtrecht. Calw gehört seit dem Jahre 1345 zu Württemberg. Zwischen dem 15. und dem 17. Jh. entwickelte sich Calw zu einem der bedeutendsten Handelsplätze für Textilien.

Sehenswert:
Im Stadtzentrum malerische **Fachwerkhäuser** aus dem 17. und 18. Jh., so das Haus Rau (Lederstraße) und das Haus Vischer (Bischofstraße 48), ein Rokokopalais von 1790. Heute **Heimatmuseum** mit Hermann-Hesse-Gedenkstätte.

Altertümliches **Rathaus** mit Torbogen aus dem Jahre 1673, dessen offenes Erdgeschoß als Markt diente.

St.-Nikolaus-Kapelle in rein gotischem Stil, etwa aus der Zeit um 1400. Sie steht auf der historischen Nagoldbrücke.

In der Umgebung:
Hirsau, Ortsteil von Calw. Wahrzeichen des Ortes sind die Klosterruinen sowie die Überreste von zwei bedeutenden Kirchen.

Geschichte:

Mit der Berufung des ehemaligen Priors Wilhelm von Sankt Emmeram in Regensburg (1069) zum Abt begann die Blütezeit des Klosters. Neubau der Klostergebäude auf der linken Nagoldseite. 1091 Weihe der gewaltigen neuen Basilika St. Peter und Paul. Hirsau wurde Ausgangspunkt der vom burgundischen Cluny eingeleiteten Klosterreform für ganz Deutschland und angrenzende Regionen. Der Einfluß Hirsaus reichte bis nach Thüringen, Bayern und Kärnten. Von 1629–49 wurde das Kloster noch einmal für kurze Zeit von Mönchen aus Weingarten bewohnt. Zur gleichen Zeit war Hirsau beliebter Sommersitz der württembergischen Herzöge, die unter der Leitung von Georg Beer und Heinrich Schickhardt ein Jagdschloß errichten ließen. 1692 zerstörten französische Truppen Kirchen, Kloster und das benachbarte Schloß des Herzogs von Württemberg. Klostergebäude, Kirche und auch das Schloß wurden nicht mehr aufgebaut und dienten in der Folgezeit als Steinbruch.

Sehenswert:
Aureliuskirche, dreischiffige Pfeilerbasilika (830–838) durch Grabungen nachgewiesen, im Grundriß den frühchristlichen Kirchen ähnlich. 1049 errichtete man auf den Ruinen eine weitere Basilika mit kräftigen Säulen, quadratischer Vierung und wahrscheinlich tonnengewölbtem Chor. Vor der Apsis bestand eine quergangähnliche Krypta. Nach der Reformation verfiel die Kirche, 1584/1585 wurde sie bis auf das Langhaus abgetragen und als Scheune genutzt. Erst 1955 erneut konsekriert. Restaurierungsarbeiten legten das für die Hirsauer Schule charakteristische Sockelprofil am gestuften Westportal frei.

St.-Peter-und-Pauls-Kirche, 1082 bis 1091 erbaut. Erhalten blieben lediglich der Nordwestturm (1110–1120), der sog. »Eulenturm«, sowie Reste der Umfassungsmauern. Der Grundriß der ehemaligen 97 m langen Basilika konnte rekonstruiert werden. Danach bestand eine dreischiffige Anlage mit acht Arkaden, das Querschiff trug drei Quadrate, eine Krypta existierte nicht.

Von den gotischen Erweiterungsbauten seitlich des Chors ist die südliche, zweigeschossige **Marienkapelle** (heute ev. Gemeindekirche) erhalten, 1508–1516 von Martin v. Urach erbaut. Die ehemalige Bibliothek im Obergeschoß ist heute Museum mit Fundstücken des Klosters und des ehemaligen Schlosses.

An der Südwand der Kirche der **Kreuzgang,** im Nordostteil romanisch, sonst spätgotisch, erbaut 1485–1494.

Herzogliches Jagdschloß, südlich, parallel zum Kreuzgang. 1592 vollendeter Renaissancebau von Georg Beer und Heinrich Schickhardt. Von der ehemaligen Dreiflügelanlage stehen nur noch die Umfassungsmauern und Giebelteile sowie der achteckige Torturm. Im Innern die von Ludwig Uhland besungene mächtige Ulme.

Veranstaltungen:
Kammerkonzerte, Klosterspiele im Juli und August.

Freiburg im Breisgau

178 000 Einw. Sitz des Regierungsbezirks Freiburg. Die Stadt liegt in der Freiburger Bucht, einer Ausbuchtung der Rheinebene am Fuß der Schwarzwald-Vorberge. Über der Altstadt erhebt sich der Schloßberg. Das prachtvolle Münster beherrscht das Stadtbild Freiburgs. Um die Altstadt erstrecken sich Villenvororte, im Weichbild der Stadt sind mehrere Satellitenstädte entstanden. Auch der Schauinsland liegt auf Freiburger Gemarkung. Die Freiburger Bucht gilt als das klimatisch mit am meisten begünstigte Gebiet der Bundesrepublik. Freiburg besitzt seit 1457 eine Universität, ist seit 1827 Sitz einer Erzdiözese; heute bedeutende Messe- und Kongreßstadt. Typisch für Freiburg sind die »Bächle« in der Altstadt, kleine, durch Gassen und Gäßchen fließende Bäche, die im Mittelalter die Aufgabe hatten, bei entstandenen Bränden Löschwasser zu liefern.

Auskunft: Freiburg-Information (Städt. Verkehrsamt), Rotteckring 14, Postfach 1549, 7800 Freiburg i. Br., Tel. 0761/216-3289.

Bergbahnen: Schauinsland-Kabinenbahn, Tst. südlich Günterstal, 473 m, Bst. Schauinsland 1220 m. Fahrzeit 16 Min. Mit Straßenbahnlinie 2 und Omnibus zur Talstation. – Kleinkabinenseilbahn auf den Schloßberg (täglich 11 bis 18 Uhr, So bis 21 Uhr, Di bis 17 Uhr).

Geschichte:

Freiburg wurde gegen Ende des 11. Jh. von den Herzögen von Zähringen nach einem einheitlichen Plan angelegt. Herzog Konrad verlieh der Siedlung 1120 das Markt- und Stadtrecht. Der Ort entwickelte sich als selbständige »freie Burg« rasch zur Hauptstadt des Breisgaus. Im Jahr 1368 begab sich Freiburg freiwillig unter die Oberhoheit des Hauses Habsburg und war nach dem Dreißigjährigen Krieg auch die Hauptstadt Vorderösterreichs. 1457 wurde durch die Habsburger eine Universität gegründet. 1498 hielt Kaiser Maximilian I. in Freiburg einen Reichstag ab. Im 30jährigen Krieg wurde die Stadt von Schweden, Bayern und Franzosen mehrmals erobert. Ab 1677 baute Marschall Vauban Freiburg zu einer starken französischen Festung aus. Mit der Entstehung des Rheinbundes unter Napoléon und der Gründung des Großherzogtums Baden kam die Stadt in dessen Besitz.

Stadtbesichtigung:

Busrundfahrt »Freiburg zum Kennenlernen«, Mo, Mi, Fr 10 Uhr. Stadtrundgang mit Führung »Gässle, Bächle und das Münster«, Sa 10 Uhr. Kunsthistorische Stadt- und Münsterführungen, Do 9 Uhr.

Sehenswert:

Gegenüber der Hauptpost das Colombi-Schlößle mit dem *Museum für Ur- und Frühgeschichte.* Durch die *Rathausgasse* (Fußgängerzone) zum *Rathausplatz* mit dem (wiedererrichteten) **Alten Rathaus** und dem **Neuen Rathaus** 1896 bis 1900, die durch eine Überbrückung verbunden sind.

St.-Martins-Kirche, an der Nordseite des Platzes, eine gotische dreischiffige Basilika vom Ende des 13. Jh. und Anfang des 14. Jh.

Haus zum Walfisch, hinter der Martinskirche in der Franziskanergasse, jetzt Sparkasse der Stadt Freiburg, 1514–1516 durch Jakob Villinger, den Generalschatzmeister Kaiser Maximilians, angeblich als Alters- und Ruhesitz für diesen erbaut.

Reichgegliedertes spätgotisches Portal und Erker.

Münster U. L. Frau, aus rotem Sandstein erbaut, eine der wenigen großen gotischen Kirchen Deutschlands, die im Mittelalter vollendet wurden. Sie gehört vier verschiedenen Bau- und Stilperioden an: An der Stelle einer älteren Vorgängerkirche begann der größere Neubau mit Querhaus und Chor in spätromanischen Formen der Zeit um 1200. In diese Bauphase gehören auch die Untergeschosse der beiden Hahnentürme. Das Langhaus entstand in der Frühgotik; zwei östliche Joche entstammen der ersten und vier weitere Joche der zweiten Hälfte des 13. Jh. Der Turm, 116 m hoch, mit durchbrochener Helmpyramide, »der schönste Turm der Christenheit« genannt, wurde im Unterbau etwa 1280 und vom Mittelbau bis zur Spitze etwa 1320 vollendet.

(Turmbesteigung vom rechten Seitenschiff aus, beim Haupteingang rechts, 10–17 Uhr, So und Fei 12–17 Uhr, Mo geschlossen). Schöne *Aussicht* vom Umgang am Fuß der Helmpyramide. Sehenswert die *Turmwächterstube* mit Uhr und der hölzerne Glockenstuhl mit den 13 Glocken, darunter die 100 Zentner schwere »Hosanna«, 1258 gegossen.

Das Kircheninnere ist dreischiffig, mit Querhaus und Chorumgang mit Kapellenkranz, 124 m lang, 30 m breit, 27 m hoch, und erscheint als einheitlicher gotischer Raum. Die farbenprächtigen *Glasgemälde* der Seitenschiffe, im wesentlichen aus der 1. Hälfte des 14. Jh., sind von den Zünften gestiftet worden.

Auf dem Münsterplatz findet täglich *Markt* statt; an Samstagen ist er besonders stark besucht.

Freiburg, Münster U. L. Frau

An der Südwestecke des Münsterplatzes der **Georgsbrunnen,** gegenüber das ehem. **Haus zum Ritter,** einst für die Breisgauer Ritterschaft erbaut, seit 1827 Erzbischöfliches Palais. Alte Fassade mit schönen Balkongittern.

Kaufhaus nahebei, neben dem Münster das Wahrzeichen der Stadt, erbaut 1525 bis 1532 vermutlich von dem Münsterbaumeister Lienhard Müller von Ettlingen, interessanter Renaissancebau aus der Übergangszeit, an der Front Standbilder der Habsburger: Maximilian I., Philipp der Schöne, Karl V., Ferdinand I., im Obergeschoß großer *Festsaal.*

Kornhaus, an der Nordseite des Münsterplatzes, im alten Stil wiederaufgebaut. Davor wurde anläßlich der 850-Jahr-Feier der Stadt der spätgotische **Fischbrunnen** 1970 wiedererrichtet.

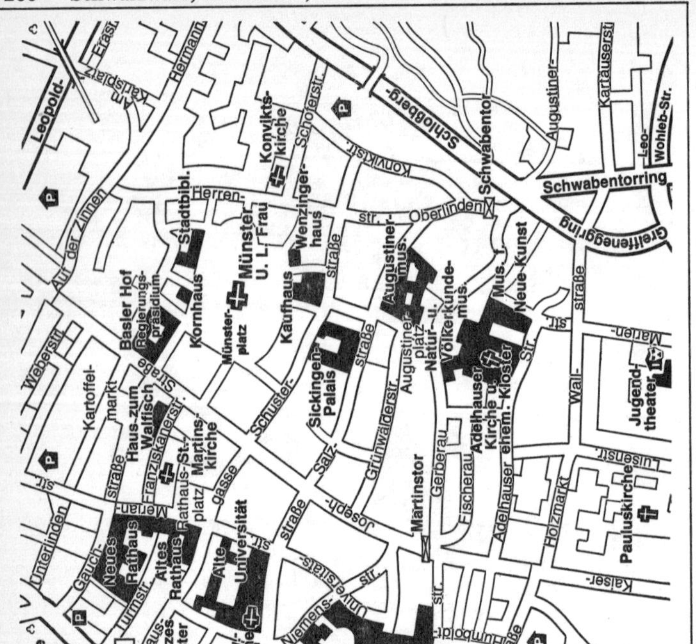
FREIBURG
Information
Parkplatz/Parkhaus
Leopold-
Karlsplatz
Hermann
Schloßberg-
Konviktstr.
Konvikts-kirche
Schoferstr.
Schwabentor
Augustiner-
Kartäuserstr.
Leo-Wohleb-Str.
Schwabentorring
Greiffeneggring
Oberlinden
Herren-
str.
Stadtbibl.
Münster U. L. Frau
Wenzinger-haus
straße
Auf der Zinnen
Basler Hof
Regierungs-präsidium
Kornhaus
Münster-platz
Kaufhaus
Augustiner-mus.
Natur- u. Völkerkunde-mus.
Mus. f. Neue Kunst
Augustiner-platz
Marien-
Jugend-theater
Weberstr.
Kartoffel-markt
straße
Haus zum Walfisch
Franziskanerstr.
Schuster-
Sickingen-Palais
straße
Grünwälderstr.
Adelhauser Kirche u. ehem. Kloster
Wall-
straße
Rathaus-platz
St. Martins-kirche
gasse
Salz-
Martinstor
Gerberau
Fischerau
Adelhauser
Holzmarkt
Luisenstr.
Pauluskirche
Merian-
str.
Unterlinden
Gauch-
Neues Rathaus
Altes Rathaus
Turmstr.
Alte Universität
straße
Joseph-
Universitäts-
str.
Kaiser-
Niemens-
Univ.-kirche
Humboldt-
Rathaus-
Schwarzes Kloster
Bertold-
Universität
Rempartstraße
Colombischlößle
Mus. f. Ur- u. Frühgeschichte
Colombi-park
Rotteckring
straße
Europaplatz
Werthmann-platz
Werder-ring
Allegarten
str.
Gartenstr.
Werderring
Haupt-post
Eisenbahn-
straße
Stadt-theater
straße
Univ.-Bibliothek
Milchstr.
str.
Glacisweg
Erbprinzen-
Wilhelmstr.
Faulerbad
Straße
Moltkestraße
Bismarckallee
Haupt-bahnhof
Omnibus-bahnhof
Bertold-
Konr.-Adenauer-Platz
Sedan-
Belfort-
Im Grün
Wilhelmstr.
Adlerstr.
Belfortstr.
Schnewlinstr.
Faule-

Die *Marktgasse* führt vom Münsterplatz zurück zur *Kaiser-Joseph-Straße*. Hier der **Basler Hof**, erbaut 1494 bis 1505, nach 1945 wiederhergestellt; ehemaliger Sitz des Basler Domkapitels, welches nach der Reformation der Stadt Basel 150 Jahre lang in Freiburg residierte.

Am Platz *Oberlinden*, einem echten Stück Alt-Freiburg, das **Schwabentor**, um 1230 errichtet, Rest der ehemaligen Stadtbefestigung. Nur wenige Schritte stadteinwärts **das Gasthaus »Bären«**, das mit dem »Riesen« in Miltenberg am Main um den Ruhm streitet, ältester urkundlich nachgewiesener Gasthof Deutschlands zu sein.

Vom Schwabentor führt ein Fußweg auf den **Schloßberg** (auch Personenaufzug vom Fußgängersteg am Schwabentor zum Greiffenegg-Schlößle).

Universitätskirche, in der *Bertoldstraße,* 1685 von den Jesuiten erbaut, nach der Zerstörung 1944 im Jahr 1955 wiedererrichtet; unmittelbar anschließend die **Alte Universität** von 1576 mit Instituten.

In der Salzstraße befindet sich das **Augustinermuseum** im ehem. Augustinerkloster. Es enthält u. a. die sehenswerten *Städtischen Sammlungen* zur Kunst- und Kulturgeschichte der Stadt und des badischen Oberlandes sowie das *Erzbischöfliche Diözesanmuseum*. Geöffnet Di–So 10–17 Uhr, Mi 10–20 Uhr, Mo geschlossen. – Südlich des Museums die sog. *»Insel«*.

Museum für Naturkunde, Gerberau 32. Überblick über Botanik, Zoologie, Geologie und Mineralogie. Edelsteinkabinett. Geöffnet wie Augustinermuseum.

Museum für Völkerkunde, Gerberau 32. Abteilungen Afrika, Amerika, Asien, Südsee mit Australien. Neue Abteilung Oastasien. Geöffnet wie Augustinermuseum.

Museum für Ur- und Frühgeschichte, Colombischlößchen. Schwerpunktmuseum der archäologischen Denkmalpflege im Regierungsbezirk Freiburg. Drei Geschosse: Urgeschichte, Römerzeit, frühes Mittelalter. Im Keller reiche Gold- und Silberfunde des Frühmittelalters. Geöffnet täglich 9 bis 19 Uhr. Führungen Mi 18 Uhr, So 11 Uhr.

Richard-Fehrenbach-Planetarium, Friedrichstr. 51 (Gewerbeschule). Vorführungen Di und Fr 19.15 Uhr.

In der Umgebung:
Schauinsland, 1284 m, Freiburger Hausberg genannt, bequem zugänglicher Gipfel (Seilbahn, Rennstrecke) des südlichen Schwarzwalds. Ungefähr 500 m nordöstlich des Gipfels liegt über der Kappeler Wand das Observatorium zur Sonnenforschung, *Fraunhofer-Institut,* errichtet 1942. – Der Schauinsland zählt zu den beliebtesten Skibergen des Schwarzwalds (Skilifte).

Veranstaltungen:
Kongresse im Kongreßhaus am Karlsplatz. – Messen, Ausstellungen, Großveranstaltungen in der Stadthalle am Messeplatz. – Freiburger Frühjahrs- und Herbstmesse, Freiburger Weintage, im Juni. Fest an der Stadtmauer, im Juli, Theaterfestival, im Juli. Folk-Festival. Jazztage, im November. Zelt-Musik-Festival, am Messeplatz, im Juli. Schauinsland-Sportwagen- und Motorrad-Bergrennen, im Juni. Weihnachtsmarkt am Rathausplatz. Freiburger Fasnet, mit Umzügen. Narrentreiben.

Freudenstadt

Sitz des gleichnamigen Kreises, 700–1000 m, 19 500 Einw. (Freudenstadt allein 14 000 Einw.). Höchstgelegene Stadt Württembergs, heilklimatischer Kurort und Wintersportplatz auf sanft abfallender Hochebene zwischen Murg und Kinzig. Ausgedehnte Wälder reichen bis nahe an die Stadt heran. Freudenstadt mit den Stadtteilen Wittensweiler, Grüntal-Frutenhof, Musbach, Dietersweiler-Lauterbad, Zwieselberg, Kniebis und Igelsberg ist Zentrum des Fremdenverkehrs im Nördlichen Schwarzwald und liegt im Schnittpunkt der Hauptverkehrslinien. Die Stadt ist bekannt wegen ihres großen quadratischen Marktplatzes, umsäumt von Arkadengängen, und ihrem mühlebrettähnlichen Grundriß.

Auskunft: Städtische Kurverwaltung, Postfach 440, 7290 Freudenstadt, Tel. 07441/6074.

Geschichte:

Im Jahre 1599 erfolgte durch Herzog Friedrich I. von Württemberg die Stadtgründung »mitten im Wald«, um für die Bergleute im nahen Christophstal Wohnungen zu schaffen und um ev. Glaubensflüchtlinge aus Kärnten, Krain und der Steiermark aufzunehmen. Die neue Stadt im Zentrum des Herrschaftsgebietes sollte auch die neue Residenzstadt werden. Friedrich I. war Graf von Mömpelgard (Montbéliard), hatte elsässische Besitzungen und regierte das straßburgische Renchtal. Die Pläne seines Baumeisters Heinrich Schickhardt sahen in der Mitte des zentralen Platzes ein herzogliches Schloß vor. Der Tod Friedrichs I. 1608 verhinderte die Ausführung. Durch Ausbeutung der silberhaltigen Stollen erlebte die Stadt zunächst eine erste wirtschaftliche Blüte. 1610 erlagen etwa 800 Bewohner der Pest; viele weitere wanderten danach aus. 1632 wurde die Stadt durch ein Großfeuer fast völlig vernichtet; erhalten blieb die als Winkelbau angelegte Stadtkirche von 1601. 1664 kam das Renchtal wieder an Straßburg, so daß Freudenstadt als Grenzstadt zur Festung ausgebaut wurde, obwohl sich seine Lage im Grunde nicht dafür eignete.

Sehenswert:
Um den weiten viereckigen **Marktplatz** sind über den Arkaden an Stelle der Giebelhäuser Traufhäuser entstanden. Großzügig wirken daneben die breiten Hauptstraßen, repräsentativ die neuen öffentlichen Gebäude, wie das Rathaus, das Stadthaus und das Kurhaus am Promenadeplatz mit Kurgarten. Gegenüber dem Stadthaus Gedenksäule für den Wiederaufbau (»Hypothekenvenus«).

Ev. **Stadtkirche** an der Südwestecke des Marktplatzes, eine seltene Winkelhakenkirche, erbaut 1601–1608 von Heinrich Schickhardt im Renaissancestil. Im Inneren ein Netzgewölbe. Die Kirche wurde 1945 sehr schwer beschädigt, im Innern vereinfacht, äußerlich jedoch der ursprünglichen Form entsprechend wieder aufgebaut.

Herzog-Friedrich-Turm. 1899 aus Anlaß der 300jährigen Stadtgründungsfeier erbaut, ein markantes Wahrzeichen der Stadt auf dem Kienberg, 799 m, lohnende Aussicht.

Vierröhrenbrunnen auf dem Marktplatz, mit steinernen Brunnensäulen: Neptunbrunnen von 1763, Gerechtigkeitsbrunnen (1766) mit der Justitia und der Herzog-Eugen-Brunnen (1780).

Gengenbach

11 000 Einw. Staatl. anerkannter Erholungsort in vorzüglicher klimatischer Lage inmitten von Obstgärten und Weinbergen am rechten Ufer der Kinzig und am Fuß des waldreichen »Moos«, das von Grimmelshausen im »Simplicissimus« beschrieben wurde. Ehemalige Freie Reichsstadt mit gut erhaltenem historischem Stadtbild (unter Denkmalschutz).

Auskunft: Verkehrsamt, am Marktplatz, 7614 Gengenbach, Tel. 07803/8258.

Geschichte:
Gengenbach erhielt 1231 Stadtrechte. Von 1366 bis 1803 war es Freie Reichsstadt mit Befestigungsanlagen; Benediktinerabtei und Reichsstift, eine iro-schottische Gründung aus dem 8. Jh., stark gefördert von den fränkischen Königen und Graf Ruthard, 1803 säkularisiert. Funde auf dem »Bergle« weisen darauf hin, daß bereits in gallo-römischer Zeit hier eine Kultstätte bestanden haben muß.

Sehenswert:
Ehemalige Abteikirche, die heutige Stadtkirche. Im Hirsauer Stil in der ersten Hälfte des 12. Jh. erbaut, eine der wenigen erhaltenen romanischen Kirchen in diesem Raum.

Rathaus von 1784, am historischen Marktplatz, ein klassizistischer Bau mit sehenswertem Treppenhaus. – Reizvolle Fachwerkfassaden alter **Bürgerhäuser.** – **Narrenmuseum** im Niggelturm, einem Rest des früheren Offenburger Tores. – **Heimatmuseum** im Löwenbergschen Haus. – Reste der Stadtbefestigung, so im Norden das *Haigeracher Tor,* z. T.

Gengenbach, Marktplatz

noch aus dem 13. Jh., Schwedenturm, Prälatenturm, *Kinzigtor* (14. Jh., barockisiert).

Wallfahrtskapelle, Auf dem Bergle, 1681 neu erstellt, mit Außenkanzel von 1747. Von hier schöner Blick auf die Stadt und das Kinzigtal.

Nagold

15350 Einw. Anerkannter Luftkurort mit zum Teil malerischem alten Stadtkern an der Nahtstelle zwischen Schwarzwald und Gäu, schön im tiefen Tal der Nagold gelegen, die hier die Waldach aufnimmt. Bewaldete Berge schützen vor rauhen Wintern. Wahrzeichen der Stadt ist die Burgruine Hohennagold.

Auskunft: Bürgermeisteramt, 7270 Nagold, Tel. 07452/4001.

Geschichte:
Nagold wird schon 786 als »Villa Nagaltuna« urkundlich erwähnt. Zur Zeit Karls des Großen war es Sitz der Gaugrafen von Nagold. Deren Nachfolger, die Pfalzgrafen von Tübingen (seit 1078), legten im 13. Jh. die heutige Stadt an.

Sehenswert:
Stadtkern mit ellipsenförmigem mittelalterlichem Grundriß, schönen Giebelfronten alter Fachwerkhäuser und Brunnen, die vom »Alten Turm« (1401), dem allein erhaltenen Glockenturm der im 19. Jh. abgerissenen Liebfrauenkirche, überragt werden.

Rathaus, im Kern Fachwerk aus dem 17. Jh., 1756 erneuert, mit Arkaden und Dachreiter.

Hotel Post, einst Absteigequartier von Kaisern und Königen. Bemerkenswert ist das schmiedeeiserne Gasthausschild an der Ecke des Gebäudes.

Oberamt, Fachwerkbau des 16. Jh. mit späteren Umbauten, ehemaliger Fruchtkasten.

Remigiuskirche mit wertvollen mittelalterlichen Freskomalereien (um 1300), eine der ältesten Kirchen des Landes, auf römischen Grundmauern erbaut, heute Friedhofskirche, außerhalb der mittelalterlichen Stadt gelegen.

Burgruine Hohennagold, auf dem Schloßberg, eine der größten Burgruinen im Nordschwarzwald. Ringmauern, der Bergfried, ein Wachtturm, Reste des Palas und die Vorburg sind noch erhalten.

Schiltach

Kr. Rottweil, 300–800 m, 4000 Einw. Anerkannter Luftkurort an der Einmündung der Schiltach in die Kinzig. Das altertümliche Städtchen war früher Hauptsitz der Kinzigflößer. Die Altstadt wurde unter Denkmalschutz gestellt.

Auskunft: Städt. Verkehrsamt, 7622 Schiltach, Tel. 07836/648.
Verkehr: B 294 Freudenstadt – Wolfach

Sehenswert:
Mittelalterlicher **Marktplatz,** umrahmt von schönen Fachwerkhäusern. – Alter **Marktbrunnen.** – **Rathaus** aus dem Jahre 1590 mit Altertümersammlung. – Auf dem Schloßberg Reste der **Burg Schiltach.**

Staufen im Breisgau

6300 Einw. Ferienort und malerische Kleinstadt an der Mündung des Münstertals in die Rheinebene, südöstlich von Bad Krozingen. Das Städtchen liegt inmitten von Rebhügeln zu Füßen des Schloßbergs mit der Staufenburg.

Auskunft: Verkehrsamt, 7813 Staufen im Breisgau, Tel. 07633/6041 und 6740.

Geschichte:
Staufen ist 770 erstmals genannt, 1337 als Stadt bezeugt. Es wurde 1805 mit dem Breisgau badisch.

Sehenswert:
Reizvolles **Stadtbild** mit schönen Giebelhäusern und *Brunnen, Gasthaus zum Löwen,* der Sage nach

die Sterbestätte des Schwarzkünstlers Dr. Faust (1539).

Rathaus, Renaissancebau von 1546 mit sehenswertem Saal. – *Unteres Schloß* (heute Forstamt und Winzergenossenschaftskeller). – *Zunftstubenhaus.*

Stadtkirche St. Martin, spätgotisch. Auf dem Hochaltar Kruzifixus von 1520 von Meister Sixt aus Staufen.

Burg Staufen, Ruine auf dem rebenbewachsenen kegelförmigen Schloßberg, 375 m, im Dreißigjährigen Krieg zerstört.

Villingen-Schwenningen

Große Kreisstadt, Oberzentrum der Region Schwarzwald–Baar–Heuberg, 660–975 m, 79000 Einw. Die Städte Villingen und Schwenningen haben sich 1972 zu einer »gemeinsamen Stadt« zusammengeschlossen.

Auskunft: Kur- und Bad GmbH, Romäusring 2, 7730 Villingen-Schwenningen, Tel. 07721/822 32 und 823 11.
Verkehr: Kreuzungspunkt B 33 Offenburg – Konstanz, B 27 Tübingen – Schaffhausen. Autobahn A 81 (Stuttgart – Westl. Bodensee), Anschlußstelle.

Stadtbezirk Villingen

Tausendjährige Stadt an der Brigach, Höhenluftkurort und Kneippkurort in einer flachen Mulde am östlichen Eingang des Schwarzwaldes, von bewaldeten Höhen umgeben. Im Stadtzentrum große Fußgängerzone mit vielen erkergeschmückten Bürgerhäusern. Wahrzeichen Villingens ist der Romäusturm.

Geschichte:
Das Gebiet um Villingen ist seit der Urnengräberzeit (1200 v. Chr.) besiedelt. Aus der Hallstattzeit stammt der Fürstenhügel des Magdalenenberges. In der Nähe (beim Zollamt) zieht die Römerstraße von Hüfingen nach Rottweil. Der Ort wird 817 erstmals urkundlich als »ad Filingas« genannt, erhielt im Jahr 999 von Kaiser Otto III. auf Ersuchen Bertholds, des Stammvaters der Zähringer, das Marktrecht und wurde 1120 nach einem einheitlichen Plan zur Stadt ausgebaut. Im Dreißigjährigen Krieg, an den der Schwedendamm südlich der Stadt erinnert, wurde die Stadt dreimal, im Spanischen Erbfolgekrieg einmal (1704) belagert. In der Barockzeit war sie Sitz eines blühenden Kunstgewerbes: der Schreinerei, Bildschnitzerei und Goldschmiedekunst.

Sehenswert:
Mittelalterliches **Stadtbild,** die altertümliche Zähringerstadt, in ovaler Form angelegt, ist noch von großen Teilen der Stadtmauer umgeben (heute Klosterring, Benediktinerring, Romäusring). Drei der ehemaligen **Stadttore** sind erhalten.

Münster Unserer Lieben Frau, frühgotische Basilika aus dem 13. Jh., nach Stadtbrand 1271 wiedererrichtet und im 17. und 20. Jh. umgebaut. Vollendung der Türme im 15./16. Jh. Dreischiffiger Bau mit einschiffigem verstrebtem Chor, der zwischen den beiden Türmen hervortritt. Der südliche Turm besitzt einen romanischen Unterbau und ist reicher gestaltet als der Nordturm; spätgotischer Oberbau. Schönes romanisches Doppelportal auf der Südseite. Im Münsterschatz herrliches Scheibenkreuz von 1268 und der Fürstenberger Kelch (1275).

Altes Rathaus, gegenüber dem Münster. Spätgotischer Stufengiebel. Schöner Renaissance-Saal mit

Holztäfelung. Museum (Altertümersammlung), Wechselausstellungen.

Neues Rathaus, Barockbau des 18. Jh. am Münsterplatz.

Altes Kaufhaus, ehemals Heilig-Geist-Spital, 1286 gestiftet, bis 1825 Spital, vierbogiger Bau von 1726 von Jodokus Beer.

Franziskaner-Museum, Rietstraße, umfangreiches Regionalmuseum mit Funden aus dem Fürstenhügel am Magdalenenberg, Sammlungen aus Vor- und Frühgeschichte, Glassammlung, Trachten- und Uhrenabteilung u. a.

Romäusturm, am Romäusring, zur Erinnerung an den 1513 gestorbenen Villinger Stadthelden Romäus Mans.

Magdalenenberg, südlich der Stadt, wo ein keltisches Hügelgrab aus dem 6. Jh. v. Chr. (Hallstattzeit) gefunden wurde. Nahebei (östlich) die sog. **Schwedenschanze**; hier versuchten die Schweden 1634, die Stadt durch den Stau der Brigach zu überschwemmen.

Veranstaltungen:
Kurkonzerte im Kurpark (in der Saison), Theater-Gastspiele (Theater am Ring), Meisterkonzerte und Jazzkonzerte im Franziskaner-Konzerthaus, Tanz und Bauerntheater im Kurgarten-Café, Gesundheitswochen, Kurgastwanderungen, geführte Radwanderungen, Tunnelbähnlefahrt, Stadtführungen, Führung »Klöster und Kirchen«, Museumsführungen. Villinger Fasnet, großer Umzug am Fastnachtsdienstag, einer der bekanntesten im alemannischen Raum. Europafest, im Juli. Tag der Heimat, Mitte September.

Stadtbezirk Schwenningen

Einkaufsstadt mit Uhrenindustrie auf der Baar, am Ursprung des Neckars zwischen Schwarzwald, Schwäbischer Alb und Bodensee. Südlich des Stadtgebiets liegen das »Schwenninger Moos« (NSG) und die Neckarquelle im Stadtpark Möglingshöhe, im Norden das vielbesuchte felsenreiche »Neckartäle«.

Geschichte:
Funde in Hügelgräbern nahe der Stadt weisen auf eine Besiedelung in der Bronzezeit und Hallstattzeit hin. In der Römerzeit lag die Siedlung an der Heerstraße von der Schweiz zum Neckartal. Schwenningen wird erstmals im Jahr 895 als »Swaninga« genannt. 1444 kam die Stadt unter Graf Ulrich V. zu Württemberg, im Jahr 1765 findet man die ersten Uhrmacher erwähnt. 1830 wurde ihr das Marktrecht verliehen, und 1907 wurde sie zur Stadt erhoben.

Sehenswert:
Altes Pfarrhaus am **Muslenplatz,** stattlicher Fachwerkbau von 1747, 1980 restauriert. **Ehemalige Stadtapotheke,** Biedermeier, 1832. – **Evang. Stadtkirche,** 1700 und 1837 erbaut, Turm des Vorgängerbaus (beim Brand von 1633 stehengeblieben). – **Rathaus,** 1927 von Herkomer erbaut.

Städtisches Heimatmuseum, Kronenstr. 16, mit naturgeschichtlicher vor- und ortsgeschichtlichen Abteilungen. Nachbildung eines keltischen Grabhügels. Sammlungen zur Stadtgeschichte, Bauernstuben, Nachbildung einer Uhrmacherwerkstatt, Werkzeug, Sonderausstellungen.

Uhrenmuseum, 1961 gegründet und 1982 neu geordnet, im Gebäude des Heimatmuseums. Ausstellung zur

Geschichte der Zeitmessung aus vier Jahrhunderten.

Veranstaltungen: Messegelände »Südwestmesse«, Gewerbeausstellung (jährlich). Theateraufführungen.

Waldshut-Tiengen

Große Kreisstadt, 20000 Einw. Durch Zusammenschluß der Städte Waldshut und Tiengen am Hochrhein am Südabfall des Hotzenwaldes entstanden. Grenzübergang in die Schweiz.

Auskunft: Städtisches Verkehrsamt, Im Oberen Tor, 7890 Waldshut-Tiengen 1, Tel. 07751/1614. Städtisches Verkehrsamt, Peter-Thumb-Str. 1, 7890 Waldshut-Tiengen 2, Tel. 07741/3011.

Stadtteil Waldshut

Die Stadt liegt am Südfuß des Hotzenwalds am Rhein, gegenüber dem schweizerischen Ort Koblenz, wo die Aare in den Rhein mündet. Waldshut hat 11800 Einw.

Geschichte:
Waldshut wurde zwischen 1241 und 1249 von dem Grafen Albrecht IV. von Habsburg gegründet und befestigt. 1259 wird es als »Waldishutc« erstmals urkundlich erwähnt, als Stadt 1327 genannt. 1524 gingen von hier die Unruhen aus, die am Oberrhein zum Bauernkrieg führten. 1805 kam die Stadt an Baden.

Sehenswert: **Städt. Heimatmuseum,** Kaiserstr. 62. – Rheinpromenade, 4 km lang. – Die Kaiserstraße (Hauptstraße) mit zwei schönen **Stadttoren,** 13. Jh. – Geschäfts- und Zunfthäuser

Waldshut ist eine schweizerisch anmutende Zähringerstadt

mit kunstvollen Reliefverzierungen. – **Wallgraben** aus dem 12. Jh. – **Friedhofskapelle,** 1683 erbaut, 17. Jh. flache Kassettendecke, Barockaltäre von 1683 und 1710; Nachbildung des hl. Grabes anstelle des Altars.

Stadtteil Tiengen

Tiengen ist ehemaliger Mittelpunkt des Klettgaus, wird auch »Viertälerstadt« genannt, denn auf ihrer Gemarkung fließen Wutach, Schlücht und Steina in den *Rhein. Sie besitzt viele Sehenswürdigkeiten und ist Ausgangspunkt zu den wildromantischen Schwarzwaldtälern der Schlücht, der Wutach und der Steina. Tiengen hat 8300 Einw.*

Geschichte:
Tiengen wurde im Jahre 858 am Ort einer germanischen Thingstätte von den Alemannen als »Tugo« gegründet und erstmals genannt. 1229 wurde es Stadt.

Sehenswert:
Schloß der Sulzer Landgrafen (1499), einfacher Bau der Jahre 1609 und 1660; bemerkenswertes Tor zum Schloßhof.

Storchenturm (Wehrturm), Unterbau 13. Jh., Obergeschoß mit Dach, 15. Jh., und Reste der *Stadtmauer.*

Barockkirche mit stattlichem Turm von Peter Thumb (Vorarlberger Barockschule), 1753 erbaut; Deckengemälde des Nürnberger Malers Eusebius Gabriel. – Josefsbrunnen und Marienbrunnen, barock. – Historische *Wandmalereien* (Sgraffiti).

Langer Stein, ein keltischer Menhir, einstmals Thingstätte. – *Naturkunde-Museum.*

Veranstaltungen:
»Chilbi«, das größte Heimatfest am Hochrhein, im August. – Heimatfest Schwyzertag, 1. Juli-Sonntag.

Weil der Stadt

Kr. Böblingen, 369–557 m, 16000 Einw. Ehemalige Freie Reichsstadt im östlichen Vorland des Schwarzwaldes, Geburtsort des Astronomen Johannes Kepler (1571–1630) und des schwäbischen Reformators Johannes Brenz (1499–1570), des Malers Lucas Moser (Magdalenen-Altar in Tiefenbronn) und vieler anderer berühmter Männer. Charakteristische Landschaft des Heckengäus.

Auskunft: Bürgermeisteramt, Postfach 11 20, 7252 Weil der Stadt, Tel. 0 70 33/3 01 10.
Verkehr: B 295 Calw – Stuttgart. A 8 Karlsruhe – Stuttgart, Ausfahrt Stuttgart-West – Leonberg (14 km).

Sehenswert:
Die altertümliche Stadt besitzt viele alte Mauern, **Wehrgänge, Tore** und **Wehrtürme.** – Historischer **Marktplatz** mit Rathaus (1532) und Brunnen (Karl V., 1537), Kepler-Denkmal (1870). – Geburtshaus des Astronomen Johannes Kepler, **Kepler-Museum** – am Marktplatz. – Zweitürmige, spätgotische Stadtkirche **St. Peter und Paul** (1492 erbaut) mit 11 m hohem Sakramentshaus von 1611. Sehenswerter Kirchenschatz mit einer der größten Monstranzen. – **Spitalkirche,** 14. Jh. Barockaltar mit gotischen Schnitzfiguren aus dem 15. Jh. – Ehem. **Augustinerkloster,** 14. Jh., jetzt Pfarr- und Schulhaus.

Im Staddteil Merklingen: **Kirchenburg** mit St.-Remigius-Kirche, eine der größten und historisch bedeutendsten Wehrkirchenanlagen Württembergs.

Die historische und altertümliche Stadt im Heckengäu ist Geburtsort des Astronomen Johannes Keppler

Kraichgau, Schwäbischer Wald

*D*runten im Unterland, do isch's halt fei...« beginnt ein bekanntes schwäbisches Volkslied. Dieses Land, das »Gäu« mit fruchtbarsten Lößböden, beidseits des Neckars gelegen, ist Kornkammer Schwabens und Heimat berühmter Weine. Das westlichste Gäu, der badische Kraichgau, liegt zwischen Odenwald und Schwarzwald. Weiter im Osten, im Württembergischen, schließen sich Heckengäu, Langes Feld und Schmidener Feld an. Einzelne Bergrücken ragen daraus hervor; Stromberg und Heuchelberg (Naturpark), zwei kleine Waldgebirge, schließen das liebliche Zabergäu ein. In den Muschelkalk, den geologischen Untergrund der Gäulandschaften, schnitten Flüsse (z. B. Neckar, Enz, Glems, Rems) tiefe Täler ein. Das Unterland, wirtschaftlich und politisch seit jeher wichtiges Zentrum im deutschen Südwesten, ist reich an sehenswerten Städten, Schlössern, Burgen, Kirchen. Aus vielen der schmucken Fachwerkstädtchen wurden Industriezentren, aber die Schwaben sind viel zu stolz auf ihre Geschichte, um sie unter moderner Industrie ersticken zu lassen. So wird man vielen Städten ihr wirtschaftliches Potential auf den ersten Blick nicht ansehen, sie präsentieren sich behaglich und sauber: Waiblingen, Leonberg, Ludwigsburg, Bietigheim, Marbach, Markgröningen, Besigheim, Lauffen, Beilstein, Weinsberg und Schwaigern – überall findet man schwäbisches Fachwerk, Kirchen vor allem aus gotischer Zeit und in vielen der genannten Orte Geburtshäuser schwäbischer Dichter.

*G*anz anders ist der landschaftliche Charakter des Schwäbischen Waldes (Naturpark). Der Schwäbische Wald, eigentlich ein Bergland, das man aber nur an seinem steilen Westabfall als solches wahrnimmt, ist nicht so fruchtbar wie das Nekkarland. Ackerbau lohnt sich auf den armen Böden des Keupersandsteines kaum. Wald bedeckt weite Flächen. Auch hier schnitten sich Bäche tief in den Untergrund ein und bildeten die für das Keuperbergland so charakteristischen Bachklingen. Die Täler zergliedern den Schwäbischen Wald in Teillandschaften, einzelne Höhenzüge, die nach ihren Hauptorten benannt wurden: Löwensteiner Berge, Mainhardter, Murrhardter und Welzheimer Wald, Waldenburger und Limpurger Berge, Frickenhofer Höhe und Ellwanger Berge. Südlich an den Schwäbischen Wald, manchmal auch noch zu ihm gerechnet, schließt sich – zwischen Rems und Neckar – der Schurwald an.

*F*ruchtbares Gäu und stiller Wald mischen sich zu einem abwechslungsreichen Landschaftsmosaik. Seit Jahrtausenden siedelten Menschen hier und hinterließen ihre Spuren: unnennbare Völker der Urzeit, Kelten, Römer, Alemannen, schließlich unsere Vorfahren in Mittelalter und Neuzeit. Erstrangigen Dokumenten der Kunst- und Baugeschichte begegnet man überall.

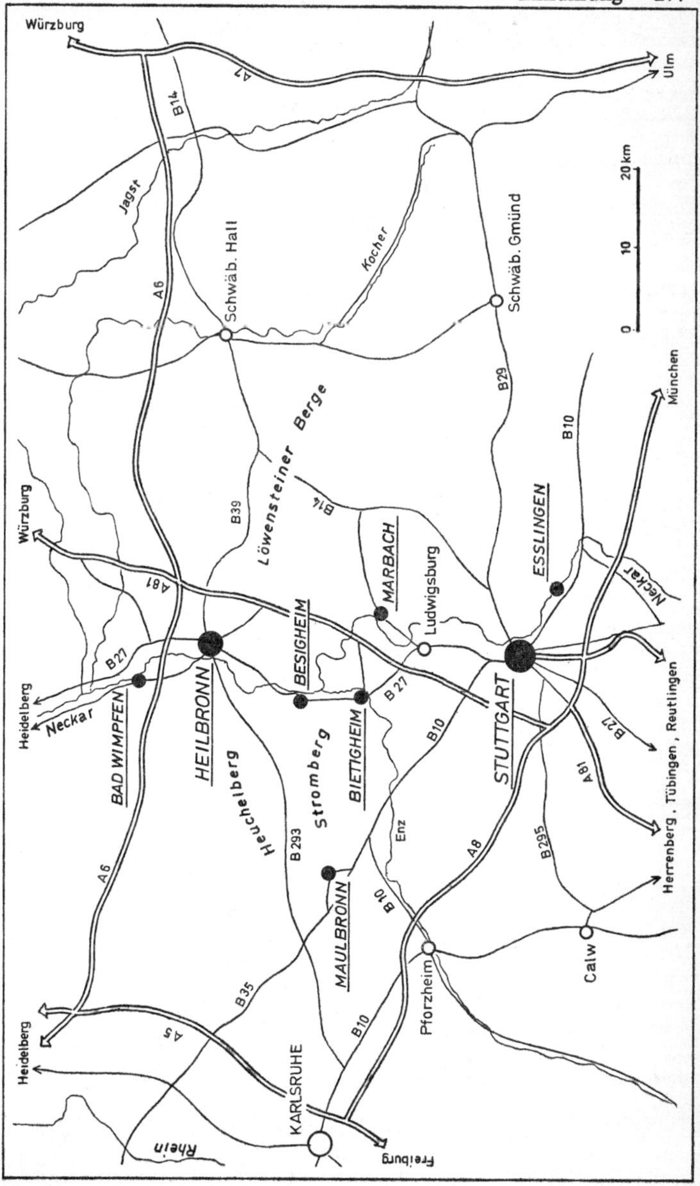
Würzburg
A7
Ulm
B14
A6
Jagst
Schwäb. Hall
Kocher
Schwäb. Gmünd
0
10
20 km
B29
München
B10
Löwensteiner Berge
B39
B14
Würzburg
A81
MARBACH
Ludwigsburg
ESSLINGEN
Neckar
BESIGHEIM
HEILBRONN
B27
Heidelberg
Neckar
BAD WIMPFEN
B 27
BIETIGHEIM
STUTTGART
B10
B27
Tübingen, Reutlingen
Heuchelberg
Stromberg
B293
Enz
A81
Herrenberg
B295
A8
MAULBRONN
B10
A6
B35
Calw
Pforzheim
A5
B10
Heidelberg
KARLSRUHE
Rhein
Freiburg

Bad Wimpfen

6000 Einw. Solebad am Neckar nahe der Jagstmündung. Es besteht aus den Ortsteilen Wimpfen im Tal, Wimpfen am Berg und Wimpfen-Hohenstadt. Mit seiner Altstadt, die als ganzes unter Denkmalschutz steht, bietet Wimpfen eines der eindrucksvollsten Stadtbilder in Deutschland.

Auskunft: Verkehrsamt, Marktplatz 1, 7107 Bad Wimpfen, Tel. 07063/7051 bis 7053.

Geschichte:
In vorgeschichtlicher Zeit befand sich hier der Neckarübergang einer West-Ost-Völkerstraße von Frankreich zum Balkan. Diese Völkerstraße wurde im 2. Jh. von den Römern übernommen und ausgebaut, gleichzeitig eine Holzbrücke errichtet (Reste davon wurden bei der Insel Fischerwöhr festgestellt). Da der *Limes* an Wimpfen vorbeizog, wurde in seinem Schutz das Kastell Cornelia in Wimpfen im Tal angelegt. Im Mittelalter erhielt Wimpfen eine hohenstaufische Kaiserpfalz, die unter Kaiser Friedrich II. auf den Ruinen eines früheren Palastes erbaut wurde. Einen weiteren Aufschwung nahm die Siedlung durch ihre Erhebung zur Freien Reichsstadt (1342) durch Kaiser Ludwig IV.

Sehenswert:
Blick vom Neckartal auf die herrliche Silhouette der Stadt.

Ritterstiftskirche St. Peter, frühgotischer Bau, im Stadtteil *Wimpfen im Tal,* einer von Mauern, teils römischen Ursprungs, umgebenen kleinen Siedlung; an einem Platz mit alten Kastanien, an der Stelle eines bedeutenden Römerlagers. Sie war die erste gotische Kirche und also Vorbild im Neckarland.

Im *Innern* sind auf dem Fußboden des Langhauses die Grundrißlinien eines vorher hier stehenden romanischen Zentralbaues eingeritzt.

Anstoßend die *Konventgebäude* des ehemaligen Ritterstifts mit einem stimmungsvollen *Kreuzgang,* 13. bis 15. Jh., mit bemerkenswerten Maßwerkfeldern und hölzernen Balkendecken.

Hohenstaufentor, im Stadtteil *Wimpfen am Berg,* einer mittelalterlichen Stadt auf einem 80 m steil

Hoch über dem Neckar thront die Kaiserpfalz von Bad Wimpfen

abfallenden Neckarhang mit malerischen Winkeln, Türmen und Tor.

Kaiserpfalz, in *Wimpfen am Berg.* Die um 1200 begonnene Pfalz war eine ausgedehnte, stark befestigte Anlage, etwa 225 m lang und 90 m breit, flankiert von dem Roten Turm und dem Blauen Turm (Aussicht! Zutritt). Die ursprünglichen Bauten sind jetzt durchsetzt mit Wohnhäusern späterer Zeit. Es sind noch erhalten: die Ringmauer (außer auf der Westseite) mit Türmen, die Nordmauer des Saalbaus mit herrlicher doppelter Arkadenreihe (jetzt Gemeinschaftsraum der Jugendherberge), das fünfgeschossige Steinhaus, 13. Jh. jetzt Heimatmuseum und Archiv, der größte romanische Wohnbau in Deutschland, und die wiederhergestellte Pfalzkapelle. Es ist nachgewiesen, daß Friedrich I. Barbarossa, Heinrich VI., Friedrich II. und Heinrich VII. sich in Wimpfen aufgehalten haben.

Stadtpfarrkirche, am Markt, zweitürmig; von dem ursprünglich romanischen Bau stammt der Unterbau der Türme, dazwischen der schöne frühgotische Chor (um 1300). Das spätgotische Langhaus wurde 1516 vollendet.

Wormser Hof mit der Zehntscheuer, nördlich. – Sehenswert sind die zahlreichen alten **Fachwerkhäuser** sowie Adlerbrunnen und Löwenbrunnen. Besonders malerisch ist die Klostergasse. Man gelangt auf ihr zur

Dominikanerkirche. Der ursprünglich gotische Bau (begonnen 1269) wurde 1713–1715 umgestaltet. Im Innern großer Hochaltar von 1737, prachtvolles Rokoko-Chorgestühl (1774), an der Südwand des Langhauses bedeutende Holzbildwerke von 1480, Teile des früheren Hochaltars. Anstoßend der schöne Kreuzgang des einstigen Klosters.

Veranstaltungen: Talmarkt, an Peter und Paul, im Juni. – Weihnachtsmarkt.

Besigheim

Kr. Ludwigsburg, 185 m, 8500 Einw. Reizvoll am Zusammenfluß von Neckar und Enz, am Rand des Strombergs gelegenes Städtchen mit gut erhaltenem mittelalterlichem Stadtbild, mit Ortsteil Ottmarsheim. Berühmte Weinlage.

Auskunft: Bürgermeisteramt, 7122 Besigheim, Tel. 07143/374-1.

Verkehr: B 27 Heilbronn – Ludwigsburg. – Autobahnanschlußstellen Ludwigsburg-Nord (10 km) und Mundelsheim (11 km).

Sehenswert: Das malerische *Stadtbild* mit einigen Resten der mittelalterlichen Befestigung. – **Stadtkirche** aus dem 14. und 15. Jh. mit späteren Veränderungen; im Chor Fresken mit Szenen aus dem Leben Christi, wohl 14. Jh., spätgotischer *Hochaltar* mit reichen Schnitzereien, 16. Jh. – Historisches **Rathaus** von 1459. – **Marktbrunnen,** 16. Jh. – Historische *Weinkeller* und Zehntscheuer.

Bietigheim-Bissingen

Kr. Ludwigsburg, 200 m, 33500 Einw. Stadt an der Enz in bewaldeter Umgebung Erste urkundliche Erwähnung 789. 1364 erhielt Bietigheim Stadtrechte, heute bedeutende Industriestadt.

Auskunft: Verkehrsamt, Rathaus, 7120 Bietigheim-Bissingen, Tel. 07142/74203.
Verkehr: B 27 Heilbronn – Ludwigsburg. – Autobahnanschlußstelle Ludwigsburg-Nord (6 km).

Sehenswert:
Im Stadtteil Bietigheim: Spätgotische **Pfarrkirche** aus dem 15./16. Jh. – **Rathaus** von 1507 mit besonders schönem spitzhelmigem Turmerker (kunstvolle Uhr von 1608). Davor der **Marktbrunnen** mit Standbild des Herzogs Ulrich von 1549. – **Hornmoldhaus** von 1526, ehemaliges Vogthaus mit prächtigem fränkischen Zierfachwerk und Innenbemalung aus der Renaissance. – **Japangarten** mit Gedenkstein für Prof. E. Bälz. – Fräuleinbrunnen von 1557. – Untertorturm, 14. Jh. – Reste der einstigen Befestigung. – Enzviadukt. Im Stadtteil Bissingen: **Kilians-Kirche** von 1520.

Esslingen am Neckar

Große Kreisstadt, 241 m, 96000 Einw., alte Reichsstadt, landschaftlich schön im Neckartal gelegen, Ausgangsort für Touren im Schurwald zwischen Neckar, Fils und Rems.

Auskunft: Kulturamt, Marktplatz 16, 7300 Esslingen, Tel. 0711/3512-441 und 3512-645.
Verkehr: B 10 Stuttgart – Ulm. – Autobahnanschlußstelle zur A 21/E 11 (6 km).

Geschichte:
Esslingen entwickelte sich aus einer frühmittelalterlichen Alemannenniederlassung und wurde zur Zeit der Staufer Freie Reichsstadt. Es war damals von einem Mauerring umgeben, der im 16. Jh. verstärkt wurde. 1803 wurde Esslingen württembergisch.

Sehenswert:
Evangelische **Stadtkirche St. Dionys,** geht auf eine romanische Basilika des 11. Jh. zurück und erhielt im 13. Jh. allmählich ihre wuchtige Gestalt – im Kern eine siebenjochige Basilika mit hochgotischem Chor, die **Glasmalereien** der Chorfenster gelten als die ältesten und wohl bedeutendsten des süddeutschen Raumes, Hochaltar von 1604, Kanzeldecke von 1609 in den Formen der deutschen Spätrenaissance.

Ehemalige **Dominikanerklosterkirche St. Paul,** früheste deutsche Bettelordenskirche, 1255–1268 erbaut, ein Bauwerk aus einem Guß, von einfachem Äußeren, ohne Turm, nur einen schlichten Dachreiter tragend, eine dreischiffige Basilika mit hohem Mittelschiff, die zum Vorbild für viele schwäbische Kirchen wurde, völliger Verzicht auf Plastik, durch ihre Raumschönheit jedoch von eindringlicher Wirkung, 1268 von dem berühmten Albertus Magnus eingeweiht, kam später außer Gebrauch und ist seit 1860 katholische Kirche.

Die **Frauenkirche,** das Juwel Esslingens, am Fuß der Neckarhalde, von 1326 bis nach 1516 als reichsstädische Kirche erbaut, eine der besten gotischen Schöpfungen auf deutschem Boden und der Ausgangspunkt für die Hallenkirchen der süddeutschen Reichsstädte.

Ein dreischiffiger Hallenbau von herrlicher Wölbung, am Chor außen und an den Portalen mit reichem Bilderschmuck; der Westturm mit einem kunstvoll durchbrochenen Steinhelm wirkt wie ein Filigranwerk. Am Westende des Chores der Grabstein von Hans Beblinger, dem Meister des Turmes, und der seines Sohnes, der auch an der Kirche gebaut hatte.

Das **Alte Rathaus,** ein Denkmal des reichsstädtischen Bürgertums, um 1430 vornehmlich als Steuer- und Kaufhaus der Stadt erbaut, die Rückseite ist mit stattlichem Fachwerk versehen, die Front zum Markt (Rathausplatz) gilt als eine Köstlichkeit ersten Ranges, ein vielfach geschwungener Staffelgiebel, der die Kunstuhr umrahmt und in einem zweigeschossigen Türmchen gipfelt (Glockenspiel). Im Innern im 1. Stock der prachtvolle Bürgersaal, im 2. die Renaissancehalle und das **Stadtmuseum** (geöffnet werktags 14–16 Uhr, So 10.30–12 Uhr).

In der Ritterstraße der stattliche Rokokobau des **Reichsstädtischen Rathauses** (Amtsgericht) mit dem großen Saal, dem »Kaisersaal«, einer Verherrlichung des Stadtstaates und der seine Selbständigkeit garantierenden Kaiseridee; die allegorisierenden Deckengemälde sind noch erhalten.

Von der Oberen Beutau führt, vorbei an einem Barockbrunnen, eine gedeckte Treppe an der alten Stadtmauer zur **Burg** hinauf. Diese, 1303 erstmals erwähnt, war nie eine »Burg« im Sinne des Wortes, sondern nur ein Teil der Stadtbefestigung; sie bietet heute einen schönen Blick auf die Altstadt, die neuen Industrieviertel und die Schwäbische Alb.

Veranstaltungen:
Reges Musikleben, Württembergische Landesbühne.

Etwas abseits der Altstadt steht Esslingens berühmte Frauenkirche

Heilbronn

110 000 Einw. Regsame Weinbau-, Industrie- und Handelsstadt, wichtiger Verkehrsknotenpunkt und großer Umschlaghafen am Rhein-Neckar-Kanal. Bedeutendster kultureller und wirtschaftlicher Mittelpunkt des württembergischen Unterlandes.

Heilbronn ist alte Reichsstadt, eingebettet in ein heiteres Tal, dessen Lebensader der Neckar ist, umgeben von Weinbergen, Gärten und Wäldern.

Der Arzt und Physiker Robert Mayer (1815–1878) ist hier geboren und begraben. Er hat in Heilbronn sein umwälzendes Gesetz der Erhaltung der Energie entdeckt. Theodor Heuss (1884–1963), der erste Bundespräsident, wuchs in Heilbronn auf und besuchte hier das Gymnasium. Durch das »Käthchen von Heilbronn« hat Kleist in einem stimmungsvollen Schauspiel die Stadt bekannt gemacht.

Auskunft: Städtisches Verkehrsamt, Rathaus, Marktplatz, 7100 Heilbronn, Tel. 07131/562270–71.
Verkehr: Kreuzungspunkt B 27 und B 39; Ausgangspunkt B 293; Autobahnanschlußstellen; Schiffsanlegestelle.

Geschichte:
An der Stelle eines »Heiligen Brunnens«, eines Stammesheiligtums der Alemannen, die nach 260 in der Gegend ansässig wurden, entstand in fränkischer Zeit eine Ansiedlung mit einer dem hl. Michael geweihten Kapelle. Doch erst 741 ist die »villa Helibrunna«, später »Heiligbrunno« urkundlich bezeugt. Um die Mitte des 12. Jh. ist für Heilbronn ein Markt- und Münzrecht erwähnt, im 13. Jh. umgab sich die Stadt mit einer Mauer, 1265 führte sie ein Stadtsiegel, Kaiser Rudolf I. verlieh ihr ein neues Stadtrecht, und Ende des 13. Jh. ist Heilbronn als Reichsstadt beurkundet. Um 1400 hatte Heilbronn dasselbe Steueraufkommen wie Zürich und war reicher als Bern. Durch die Religions- und Franzosenkriege sowie durch Bauernkrieg und Dreißigjährigen Krieg wurde die Stadt zwar arg in Mitleidenschaft gezogen, erlebte aber dennoch bis zum Ende des 18. Jh. einen außerordentlichen Aufschwung, der sie z. B. befähigte, den Steuersatz zu senken. 1803 fiel Heilbronn an Württemberg. Im 19. Jh. setzte ein rasches Bevölkerungswachstum und die Entwicklung zur Industriestadt ein; 1832 besaß Heilbronn die meisten Fabriken in Württemberg, und es war um 1900 noch die größte Industriestadt des Landes. Im Dez. 1944 fiel der Stadtkern unter dem Bombenhagel in Asche. Den systematischen Wiederaufbau leiteten die Bürger durch einen sogenannten »Ehrendienst« ein.

Sehenswert:
Kilianskirche, 13. bis 16. Jh., benannt nach dem Missionar und Begründer des Bistums Würzburg, dem hl. Kilian, den Scheffel den »Winzerschutzherrn« nennt. Weitbekannter Heilbronner Altar des Hans Seyffer von 1498. An der Südseite der Kilianskirche fließt wieder der Siebenröhrenbrunnen, dem die Stadt ihren Namen verdankt.

Kiliansturm, Westturm der Kirche und Wahrzeichen der Stadt, entstand zur Zeit des Bauernkrieges und der Reformation; er ist das erste bedeutende Bauwerk der Renaissance in Deutschland, 1513–1529, mit eigenwilliger

Form, phantastischem Schmuck, gekrönt von dem Kiliansmännle, einem Landsknecht, der das Feldzeichen der Stadt trägt. – Das **Rathaus** mit eindrucksvoller Freitreppe ist einer der schönsten und berühmtesten Rathausbauten Deutschlands. Ursprünglich gotisch (1417), wurde es 1579–1582 im Renaissancestil umgebaut.

Das Gesamtbild des Rathauses mit Marktplatz und Kilianskirche ist sehr eindrucksvoll. Am kostbarsten ist der farbige Uhrengiebel mit der großartigen dreiteiligen Kunstuhr von Isaak Habrecht. Die Tierkreiszeichen und die Planetenzeichen sind auf den Tafeln angeordnet. Mit dem kunstvollen Mechanismus der Uhr, die Zeiten, Jahre, Tage, Stunden und Minuten anzeigt, sind verschiedene bewegliche Figuren verbunden: posaunenblasende Engel, mit den Hörnern sich stoßende Widder, ein krähender und flügelschlagender Hahn und ein Putto, der mit einem Hammer die Viertelstunden anschlägt.

Käthchenhaus, neben dem Rathaus, ein Bürgerhaus des 16. Jh. aus der Zeit der Freien Reichsstadt.

Veranstaltungen:
Pferdemarkt, am letzten Wochenende im Febr. – Internationale Motor- und Rennbootregatta, am Pfingstsonntag. – Unterländer Volksfest, Ende Juli, Anfang Aug. – Heilbronner Herbst, traditionelles Weindorf rund um das Heilbronner Rathaus, am ersten und zweiten Wochenende im Sept. – Schauspiel und Operette des Heilbronner Theaters, Sept. bis Mai. – Kunstausstellungen, Promenadenkonzerte, an Samstagen und Sonntagen von Mitte April bis Mitte Okt. – Weihnachtsmarkt auf dem Marktplatz.

Heilbronner Rathaus

Marbach am Neckar

Kr. Ludwigsburg, 229 m, 13 000 Einw., altertümliche, an einer Schleife des mittleren Neckars gelegene, 972 erstmals urkundlich erwähnte Stadt, von Mauern und Türmen umgeben, Geburtsstadt Friedrich von Schillers.

Auskunft: Bürgermeisteramt, 7142 Marbach, Tel. 07144/19292.
Verkehr: Schnellstraße Stuttgart – Bottwartal. – Autobahnanschlußstelle zur A 8/E 70 Pleidelsheim (5 km).

Sehenswert:
Spätgotische **Alexanderkirche,** 1450–63 erbaute dreischiffige Hallenkirche, ein Frühwerk von Aberlin Jörg mit Deckenfresken und Kruzifix des 15. Jh.; an Erinnerungstagen wird die 1859 von den Deutschen in Moskau gestiftete Schillerglocke geläutet.

Geburtshaus Friedrich von Schillers (10. 11. 1759–9. 5. 1805), ein guterhaltener Fachwerkbau, der vom Marbacher Schillerverein in würdigen Zustand versetzt wurde (persönliche Erinnerungsstücke, Möbel, Bilder, Dokumente usw. – Geöffnet täglich 9–12 Uhr, 14–17 Uhr). – Gegenüber ein alter **Brunnen** mit der sagenhaften Riesenfigur des »Wilden Mannes« (Gedicht von Gustav Schwab).

Schiller-Nationalmuseum, in Anlehnung an Schloß Solitude 1901–03 durch den Schwäbischen Schillerverein errichtet, birgt Handschriften, Briefe, Erstausgaben, Bildnisse und Plastiken des großen Sohnes der Stadt. Sämtliche Dichter des schwäbischen Raumes, von Wieland bis zu denen der Gegenwart, sind hier mit ihren Werken vertreten (geöffnet täglich 9–17 Uhr). 1955 wurde das **Deutsche Literaturarchiv** als wissenschaftliche Institution im Rahmen des Schiller-Nationalmuseums gegründet. – **Rathaus** mit Marktbrunnen.

In Schillers Geburtshaus ist heute ein Museum eingerichtet

Maulbronn

Enzkreis, 253 m, 6000 Einw. Kleines Städtchen und idyllischer Ferienort am Südwestrand des Strombergs, inmitten von Wald und Rebenhügeln gelegen. Der Ort ist durch die weiträumige Anlage des ehemaligen Zisterzienserklosters ein beliebtes Reiseziel geworden. Zu Maulbronn gehören die Stadtteile Schmie und Zaisersweiher.

Auskunft: Stadtverwaltung, 7133 Maulbronn, Tel. 07043/6061.
Verkehr: B 35 Bretten – Vaihingen a. d. Enz; Abzweigung beim Bahnhof Maulbronn-West (3 km).

Sehenswert:
Kloster Maulbronn. Es wurde 1147 durch Bischof Günther von Speyer als Zisterzienserkloster gegründet und 1504 wieder aufgehoben. Seit diesem Zeitpunkt entwickelte sich die Klosterschule über ein ev.-theologisches Seminar zu dem heutigen humanistischen Gymnasium mit Internat. Große Männer wie Friedrich Hölderlin und Hermann Hesse waren Absolventen dieser Schule.

Paradiesische Ruhe im Innenhof des Klosters

Die Klosteranlage gilt als die besterhaltene mittelalterliche Anlage dieser Art nördlich der Alpen. Sie umfaßt mehr als 30 einzelne Bauten und teilweise noch erhaltene Wehrgänge sowie drei Wehrtürme. Im *Klosterhof* finden sich alte Fachwerkgebäude mit Schneckengiebeln, Vordachtreppen und sehr kräftigem Mauerwerk.

Die **Klosterkirche**, Mittelpunkt der Anlage, entstand in über 30jähriger Bauzeit. Die in ihr verschmolzenen Stilrichtungen reichen von frühromanisch bis spätgotisch. Die Kirche, geweiht 1178, besitzt ein reichgeschnitztes Chorgestühl; in einer Nische der Chor-Nordwand steht eine holzgeschnitzte Madonna aus dem 13. Jh. Drei schwere, schmiedeeisern beschlagene, einst mit Schweinsleder bezogene Türen führen von der Vorhalle in die Kirche. Das *Innere* ist durch eine romanische Chorschranke in den Laienchor und den Herrenchor unterteilt; vor dieser Steinschranke im Laienchor steht ein großes Kruzifix aus dem Jahre 1473, das aus einem einzigen Sandsteinblock herausgearbeitet wurde, vermutlich von Conrad von Sinsheim = Conrad Seyfert aus Sinsheim, wie es die Meisterinitialen CVS nahelegen.

Die westliche *Vorhalle* der Kirche (»Paradies«), der Südflügel des malerischen *Kreuzgangs* und das *Herrenrefektorium* gehören zu den besten Bauten des romanisch-gotischen Übergangsstils (13. Jh.). Im *Kapitelsaal* und im *Parlatorium* verdienen die Stern- und Netzgewölbe besondere Beachtung. Der Ostflügel des *Kreuzganges* gilt als meisterhaftes Beispiel hochgotischer Prachtentfaltung.

Beachtenswert ist das *Brunnenhaus*, dessen Gewölbe ein altes Fresko besitzt, welches auf die Gründung des Klosters hinzuweisen scheint: Der Sage nach haben die weißen Mönche auf der Suche nach einem geeigneten Ort für ihr Kloster ein Maultier vor sich hergetrieben und den Ort der Quelle, an der dieses ausruhte, als den von Gott bestimmten Platz betrachtet.

Spaziergänge, Wanderungen:
Um die Klosteranlage: Klostertor – Friedhofweg – Hexenturm – Klosterberg – Tiefer See – Heilbronner Straße.

Stuttgart

Die Metropole der Schwaben zwischen Wald und Reben

207–555 m, 555 000 Einw., Hauptstadt des Bundeslandes Baden-Württemberg, verkehrsmäßiger, wirtschaftlicher und kultureller Mittelpunkt Südwestdeutschlands. Als »Großstadt zwischen Wald und Reben« gilt Stuttgart wegen seiner landschaftlichen Lage als eine der schönsten Großstädte Europas. Unter den Großstädten der Bundesrepublik Deutschland rangiert Stuttgart an 9. Stelle. Das Stadtgebiet umfaßt rund 207 qkm.

Der Kern der Stadt liegt in einem nicht allzu geräumigen Talkessel, den ein linkes Nebenflüßchen des Neckars, der längst überbaute Nesenbach, durchquert. Gärten und Felder dehnten sich vor den Mauern aus und zogen sich die Hänge hinauf, die auf der Sonnenseite mit Reben bepflanzt waren. Auf den Höhen lockten Stuttgarts Wälder, die einstigen Jagdgründe der württembergischen Fürsten. Heute ist der Wald zwar hier und da durch die sich immer mehr ausbreitenden Wohnviertel zurückgedrängt, bildet aber immer noch, durch Straßenbahn- und Stadtbuslinien leicht erreichbar, das Hauptausflugs- und Spaziergangsgebiet für die Stuttgarter. Ehemalige Weinbergwege mit eingebauten Treppen führen noch heute auf die Höhen; großzügig angelegte Höhenstraßen geben immer wieder genußreiche Ausblicke auf die Stadt frei. Die Unternehmen der sehr bedeutenden Stuttgarter Veredelungsindustrie haben sich in der Hauptsache in den Vororten im Norden der Stadt und im Neckartal angesiedelt. Stuttgart beherbergt rund 500 Industriebetriebe der elektrotechnischen, feinmechanischen und optischen Industrie, des Maschinen- und Fahrzeugbaus sowie der Textil- und Bekleidungsindustrie; viele von ihnen genießen Weltruf. Der Neckarhafen der Stadt ist einer der bedeutendsten Warenumschlagplätze Südwestdeutschlands und der achtgrößte Binnenhafen der Bundesrepublik.

Eine besondere Stellung im Kranz der äußeren Stadtteile nimmt ***Bad Cannstatt*** *mit seinen Mineralquellen ein. Am Neckarufer gelegen, mit Alt-Stuttgart durch moderne Brücken verbunden, trägt Bad Cannstatt in seinem Kern noch immer das Gepräge eines alten Handelsplatzes und zugleich eines im vorigen Jahrhundert mit königlicher Gunst bedachten, berühmten Badeortes. Mit 18 Mineralquellen besitzt Stuttgart nach Budapest das stärkste Mineralwasservorkommen Europas.*

i *Auskunft:* Touristik-Zentrum »i-Punkt« des Verkehrsamtes in der Klett-Passage am Hauptbahnhof (Tel. 07 11/2 22 80), geöffnet Mo–Sa 8.30–22 Uhr, So 11–20 Uhr (im Winterhalbjahr Sonntagsdienst 13–18 Uhr). (Schriftliche Anfragen an das Verkehrsamt, Stuttgart 1, Postfach 8 70).

Geschichte:

Stuttgart, 1160 erstmals urkundlich erwähnt, geht vermutlich auf einen von Herzog Liutolf um 950 im sumpfigen, bewaldeten Talgrund des Nesenbachs angelegten »Stutgarten« zurück. Deshalb zeigt das Stadtwappen ein schwarzes »Rößle« auf goldenem Grund. Stuttgart gewann erst an Bedeutung, als Graf Ulrich der Stifter nach dem Zerfall der Hohenstaufenmacht um 1250 (Erhebung zur Stadt) seine Herr-

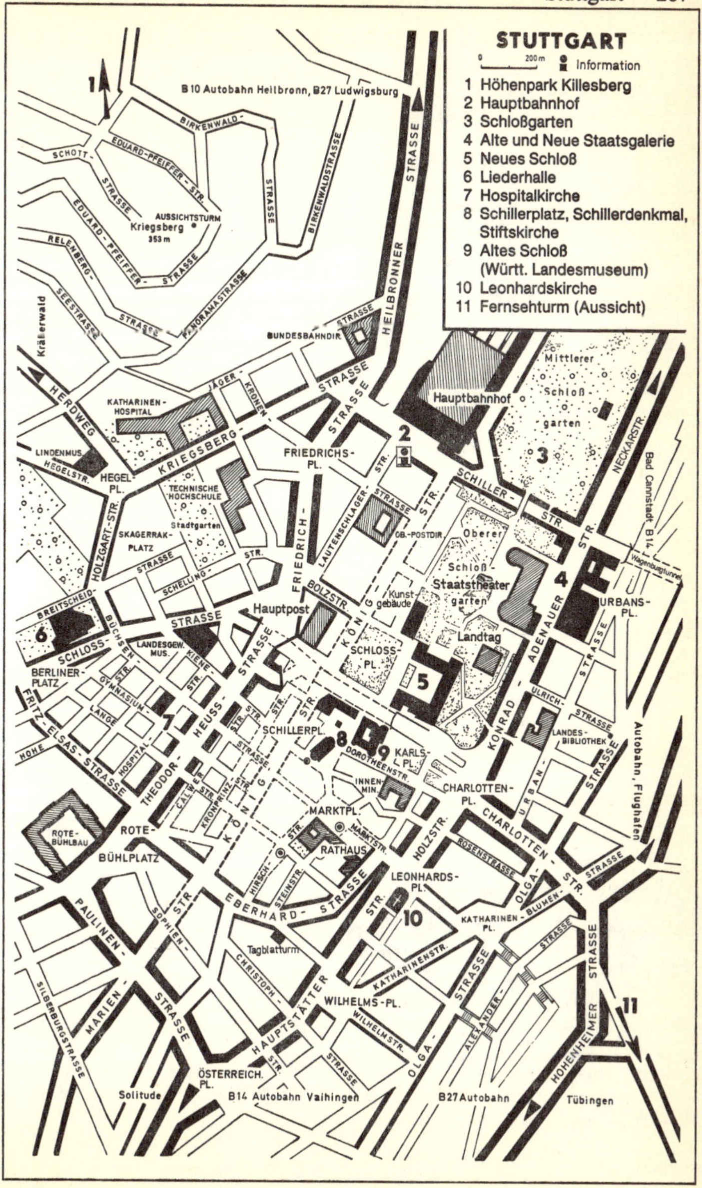
STUTTGART
0 200 m
Information
1 Höhenpark Killesberg
2 Hauptbahnhof
3 Schloßgarten
4 Alte und Neue Staatsgalerie
5 Neues Schloß
6 Liederhalle
7 Hospitalkirche
8 Schillerplatz, Schillerdenkmal, Stiftskirche
9 Altes Schloß (Württ. Landesmuseum)
10 Leonhardskirche
11 Fernsehturm (Aussicht)
B 10 Autobahn Heilbronn, B 27 Ludwigsburg
BIRKENWALD-
SCHOTT-
EDUARD-PFEIFFER-STR.
STRASSE
BIRKENWALDSTRASSE
AUSSICHTSTURM
Kriegsberg
353 m
EDUARD-PFEIFFER-STRASSE
RELENBERG-
SEESTRASSE
PANORAMASTRASSE
HEILBRONNER STRASSE
BUNDESBAHNDIR.
HERDWEG
KATHARINEN-HOSPITAL
JÄGER-
KRONEN-
STRASSE
LINDENMUS.
HEGELSTR.
HEGEL-PL.
KRIEGSBERG
FRIEDRICHS-PL.
Mittlerer Schloß-garten
Hauptbahnhof
NECKARSTR.
Bad Cannstadt B 14
TECHNISCHE HOCHSCHULE
Stadtgarten
SKAGERRAK-PLATZ
HOLZGART-STR.
LAUTENSCHLAGER-STR.
SCHILLER-STR.
OB.-POSTDIR.
Oberer Schloß-garten
Staatstheater
Wagenburgtunnel
BREITSCHEID-STRASSE
SCHELLING-STR.
FRIEDRICH-STR.
BOLZSTR.
Hauptpost
Kunst-gebäude
KÖNIG
URBANS-PL.
SCHLOSS-PL.
Landtag
ADENAUER
SCHLOSS-
BÜCHSEN-STR.
LANDESGEW. MUS.
KIENE-STR.
BERLINER-PLATZ
GYMNASIUM-STR.
HEUSS-
ULRICH-
STRASSE
LANDES-BIBLIOTHEK
LANGE-
SCHILLERPL.
KARLS-PL.
DOROTHEENSTR.
KONRAD
FRITZ-ELSAS-STRASSE
HOHE
HOSPITAL-
THEODOR-
CALWER STR.
KRONPRINZ-STR.
INNEN-MIN.
CHARLOTTEN-PL.
URBAN-
CHARLOTTEN-STR.
Autobahn, Flughafen
ROTE-BÜHLBAU
ROTE-BÜHLPLATZ
MARKTPL.
MARKTSTR.
RATHAUS
HOLZSTR.
ROSENSTRASSE
OLGA-
STRASSE
PAULINEN-
SOPHIEN-STR.
HIRSCH-
STEINSTR.
EBERHARD-STRASSE
LEONHARDS-PL.
KATHARINEN-PL.
BLUMEN-
Tagblatturm
CHRISTOPH-
KATHARINENSTR.
SILBERBURGSTRASSE
MARIEN-STRASSE
HAUPTSTÄTTER STR.
WILHELMS-PL.
WILHELMSTR.
ALEXANDER-STRASSE
OLGA-
HOHENHEIMER STRASSE
ÖSTERREICH. PL.
Solitude
B 14 Autobahn Vaihingen
B 27 Autobahn
Tübingen

schaft erweiterte und seinen Sitz von der Stammburg Wirtemberg (Württemberg) auf den Rotenberg nach Stuttgart verlegte. Herzog Christoph (1550–68) baute die Wasserburg seiner Väter zum Renaissanceschloß um. Das 1944 ausgebrannte und nach dem Krieg wiedererstandene Neue Schloß erinnert an Herzog Karl Eugen (1737–1793), den Erbauer der Schlösser Solitude und Hohenheim und Begründer der Hohen Karlsschule, aus der Friedrich Schiller, der die Schule von 1773 bis 1780 besuchte, und eine Reihe anderer bedeutender Persönlichkeiten hervorgegangen sind.

Unter dem ersten württembergischen König Friedrich (1797–1816) gewann, durch den Gebietszuwachs von Napoleons Gnaden, auch Stuttgart als Residenzstadt an Bedeutung. 1811 wurde die Königstraße zur Prunkstraße ausgebaut und die königlichen Anlagen angelegt. Dank der Tatkraft ihrer Bürger (unter ihnen Cotta, Steinbeis, Daimler, Bosch) und der Förderung durch das Königshaus entwickelte sich die Stadt in der zweiten Hälfte des 19. Jh. zu einer Verlags-, Handels- und Industriestadt. Im Zweiten Weltkrieg hat Stuttgart manchen für die einstige Residenzstadt typischen Winkel verloren.

Sehenswert:

Alte Kanzlei, Schillerplatz, erbaut 1543–66 unter den Herzögen Ulrich und Christoph, nach dem Krieg wiederhergestellt; in unmittelbarer Nähe die Merkursäule und das Kosakenbrünnele.

Altes Schloß, hervorgegangen aus dem Wasserschloß, das Graf Ulrich der Stifter im 13. Jh. errichten ließ; die ältesten erhaltenen Teile stammen aus dem 14. Jh., die Haupttrakte wurden 1553–1578 von Aberlin Tretsch sowie den Brüdern Blasius und Martin Berwarth im Stil der deutschen Renaissance errichtet. Beachtenswert ist der Schloßhof mit seinen dreigeschossigen, durch korinthisierende Säulen getragenen Galerieumgängen. Die kleine Schloßkirche wurde 1560–1562 durch A. Tretsch geschaffen; sie war das erste protestantische Gotteshaus in Württemberg, im 19. Jh. z. T. neugotisch restauriert. Die Schloßräume beherbergen die wertvollen Sammlungen des Württembergischen Landesmuseums.

Hospitalkirche, Hospitalstraße, ehem. Dominikanerkirche, als dreischiffige Hallenkirche 1471–1493 von Aberlin Jörg errichtet, Turm von 1730–1738, 1950–1960 z. T. neu errichtet. Innen bemerkenswerte gotische Kreuzigungsgruppe des Heilbronner Meisters Hans Seyffer von 1501 sowie zahlreiche Grabdenkmäler aus dem 16./17. Jh.

Neues Schloß, 1746–1807 als Stadtresidenz der württembergischen Herzöge und späteren Könige nach den Plänen Leopold Rettis durch Retti selbst sowie seine Nachfolger Philippe de la Guêpière und Nikolaus von Thouret errichtet und ausgestattet. Die hufeisenförmige Anlage mit drei gleichen Flügeln brannte 1944 vollständig aus und wurde 1958–1963 wiedererrichtet. Die Schloßräume beherbergen das Finanz- und Kultusministerium wie die Repräsentationsräume des Ministerpräsidenten. Vor dem Schloßbau das **Kunstgebäude** (1912–1913 von Theodor Fischer errichtet) und die 1841 errichtete Jubiläumssäule.

Planetarium, mittlerer Schloßgarten, am Parkeingang zur Straßen- und U-Bahnstation »Staatsgalerie«, 1977 als modernstes seiner Art in Europa eingeweiht.

Stuttgarts Stiftskirche wurde nach starken Kriegszerstörungen originalgetreu wiederaufgebaut

Schloßgarten, Oberer, Mittlerer und **Unterer Garten,** mit direktem Fußgängerzugang vom Hauptbahnhof, zieht sich das Nesenbachtal abwärts bis zum Neckar, sehr abwechslungsreich mit Wasserspielen, Gartenschach, Bocciabahn. Mittlerer und unterer Schloßgarten durch die Bundesgartenschau 1961 und 1977 großzügig umgestaltet.

Stiftskirche, Schillerplatz, gotischer Nachfolgerbau einer romanischen Basilika aus dem 12./13. Jh. von der noch der Unterbau des Südostturmes erhalten ist; der Chor ist von 1327–1347, das dreischiffige Langhaus wurde 1433–1460 von Aberlin und Hänslin Jörg errichtet, der Westturm stammt von 1490–1531. Nach schweren Zerstörungen im Zweiten Weltkrieg wurde die Kirche bis 1958 wiedererrichtet; weitgehend erhalten blieb am südlichen Seitenschiff das prächtige Aposteltor aus dem 15. Jh. Im Innern: 11 Renaissancestandbilder württembergischer Grafen.

Fernsehturm, 1956 nach den Plänen von Fritz Leonhardt errichtet, eines der modernen Wahrzeichen der Stadt mit Aussichtsplattform und Höhenrestaurant in 150 m Höhe. Der Turm ist einschließlich seiner Antenne 217 m hoch und wird der »Vater« der modernen Fernsehtürme genannt.

Württembergisches Landesmuseum, Altes Schloß, Tel. 21931. Die Sammlungen bieten eine Übersicht über die kulturelle und künstlerische Vergangenheit Württembergs und Gesamtschwabens von der Altsteinzeit bis zum frühen 19. Jahrhundert.

Staatsgalerie Stuttgart, Konrad-Adenauer-Str. 32 (früher Neckarstr.), Tel. 2125108. Malerei vom Mittelalter bis zur Gegenwart mit

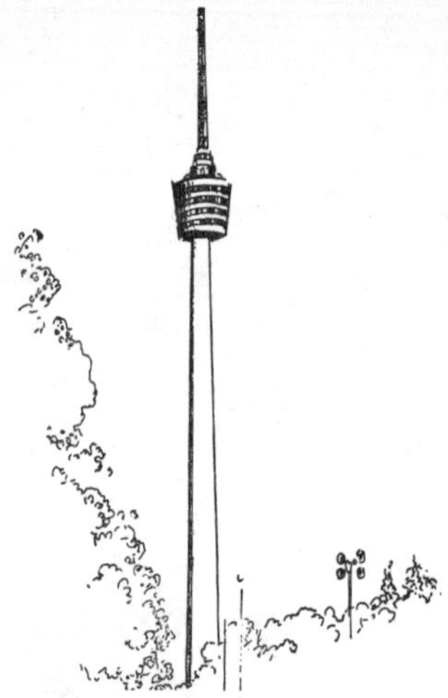

Hoch über der Stadt steht der erste Stahlbeton-Fernsehturm

Werken von Zeitblom, Cranach, Ratgeb, Carpaccio, Tintoretto, Tiepolo, Rembrandt, Hals, Brouwer, Schönfeld, Maulbertsch, Schick, Friedrich, Renoir, Monet, Cézanne, Gauguin, Liebermann, Slevogt, Corinth, Picasso, Braque, Gris, Kirchner, Nolde, Beckmann, Baumeister, Schlemmer, Pollock, Manessier, Hartung sowie schwäbischer Malerei des 19. und 20. Jahrhunderts.

Graphische Sammlung: Europäische Handzeichnungen und Druckgraphik (Dürer, Rembrandt, Tiepolo); französisches 19. und 20. Jahrhundert (Renoir, Degas, van Gogh, Matisse, Picasso, Léger); deutsche Expressionisten.

Galerie der Stadt Stuttgart, Kunstgebäude am Schloßplatz, Tel. 295556. Malerei des 19. und 20. Jahrhunderts in Baden-Württemberg mit Werken von Hetsch, Morff, Seele, Steinkopf, Pilgram, Herter,

Faber du Faur, Kappis, Schüz, Schönleber, Keller, Landenberger, Pleuer, Reiniger, Hölzel, Baumeister, Schlemmer, Brühlmann, Pellegrini, Kerkovius. Malerei und Plastik der Gegenwart; Otto Dix; Sammlung von Handzeichnungen und Druckgraphik.

Lapidarium der Stadt Stuttgart, Mörikestr. 24, Sammlung von Steindenkmälern.

Stadtgeschichtliche Sammlungen der Stadt Stuttgart, Konrad-Adenauer-Str. 2 (früher Neckarstr.), Wilhelmspalais, Tel. 23 34 34, mit Sammlung Dr. Fritz Kauffmann, »Mörike und seine Freunde«.

Linden-Museum für Völkerkunde, Hegelplatz 1, Tel. 22 58 81. Kulturen Afrikas, der Südsee und Amerikas.

Staatliches Museum für Naturkunde, Schloß Rosenstein, Tel. 54 10 71. Stammesggeschichte der Tiere, biologische Gruppen, Stammesgeschichte des Menschen, Darstellungen der einheimischen Vögel und Säugetiere, Fossilien aus dem Erdmittelalter Württembergs, Entstehungsgeschichte der südwestdeutschen Landschaft.

Stuttgarter Bibelmuseum, Hauptstätter Str. 51 B, Tel. 24 73 41.

Automobilmuseum der Daimler-Benz-AG, S.-Untertürkheim, Mercedesstr. 136, Tel. 3 02-25 78. Besuch nur nach Anmeldung möglich.

Postgeschichtliche Sammlung der Oberpostdirektion Stuttgart (Fernmeldetechnischer Teil), Friedrichstr. 13, Zugang Lautenschlagerstr. neben Air Terminal, Tel. 20 00-25 20.

Deutsches Spielkartenmuseum, Leinfelden-Echterdingen 1, Schönbuchstr. 32, Tel. 75 55 49 (vom 1. 4.–31. .10.).

Wilhelma, ehemalige Schloß- und Parkanlage, 1842 bis 1853 von Zanth für König Wilhelm I. in maurischem Stil erbaut, einer der schönsten und größten zoologisch-botanischen Gärten Europas (Zugang Neckartalstraße); neues Aquarium mit Krokodilhalle und Terrarium, Magnolienhain, modernes Menschenaffenhaus, Kakteen-, Orchideen- und Azaleenhäuser, Tierkinder das ganze Jahr.

In *S.-Hohenheim:* **Schloß Hohenheim,** 391 m, ehemals Burg und Stammsitz der Familie des Paracelsus, kam später in den Besitz der Herren von Garbe. Herzog Karl Eugen ließ 1785 das Schloß erbauen. Er verbrachte dort mit seiner Gemahlin Franziska von Hohenheim als fürstlicher Landwirt die letzten Jahrzehnte seines bewegten Lebens, bewirtschaftete das Hofgut selbst und ließ den exotischen Garten anlegen. Heute ist Hohenheim Universität (Landwirtschaftliche Hochschule) mit verschiedenen Instituten.

Auf dem *Württemberg* (411 m, Aussicht), 10 km östlich, **Grabkapelle,** die König Wilhelm I. für seine Gemahlin 1820–24 in Form einer griechischen Rotunde erbauen ließ.

Veranstaltungen: Stuttgarter Frühlingsfest Ende April/Anfang Mai. – Cannstatter Volksfest Ende September/Anfang Oktober. – In den Sommermonaten Serenadenabende und »Lange Nächte« des Verkehrsamts. – Auf dem Killesberg das ganze Jahr Kongresse und Ausstellungen. – So 11–12 Uhr Promenadenkonzerte auf dem Schloßplatz. – Stuttgarter Weinfest, September.

Schwäbische Alb

Wie ein Riegel durchschneidet die Schwäbische Alb das Schwabenland von Südwesten nach Nordosten. Jenseits des Nördlinger Rieses setzt sich dieser Riegel im Fränkischen Jura fort, und im Süden, am Randen, endet die Alb am Schweizer Jura.

Das Schicksal des Gebirges steht und fällt mit dem Jurakalk, dem Gestein, aus dem es aufgebaut ist. Der Kalkstein bildete sich vor rund 150 Millionen Jahren am Grund des Jurameeres aus den Überresten von Meerestieren. Geologische Prozesse führten später dazu, daß das Kalkgebirge bis an die 1000-Meter-Grenze in die Höhe gehoben wurde. Einige Gipfel der Südwestalb sind sogar noch höher, beispielsweise der Lemberg (1015 m) oder der Plettenberg (1005 m). Blendend weiße Kalksteinfelsen ragen am steilen Nordwestrand der Alb, dem Albtrauf, empor. Manche Jurakalkschichten sind außerordentlich reich an Versteinerungen. Für ihre Sammler ist die Alb daher ein Traumziel.

Kalk ist ein wasserdurchlässiges Gestein, und man findet daher nur selten Bäche und Flüsse auf der Albhochfläche. Die Täler waren nur in den Eiszeiten, als der Boden gefroren war, von Gewässern durchflossen. Heute sind sie Trockentäler. Die Flüsse der Alb sind im Boden versteckt. Sie durchfließen ausgedehnte Höhlensysteme im Untergrund und treten erst am Rand des Gebirges als Karstquellen oder »Töpfe« wieder zutage.

In den Albdörfern klagt man deshalb ständig über Wassermangel. Wasser wird als kostbares Gut in den »Hülen«, kleinen Dorfteichen, gesammelt. Ackerbau ist nicht überall möglich, auf vielen trockenen Kuppen lohnt sich nur die Schafhaltung. Dornenreiche Gewächse wie Silberdistel und Wacholder halten sich auf den Schafweiden neben giftigen Pflanzen, die die Tiere ebenfalls verschmähen: Orchideen und Enziane gehören als botanische Kostbarkeiten dazu.

Burgen, heute bekannte Ausflugsziele, stehen am Albtrauf. Von dort aus läßt sich das dicht besiedelte Albvorland überblicken, das aber auch einsamere Teile wie den dicht bewaldeten Schönbuch aufweist. Auf der Alb selbst wie besonders im Vorland locken heimelige Fachwerkstädtchen viele Besucher an. Bekannteste Beispiele sind die traditionelle Universitätsstadt Tübingen, Urach oder Wiesensteig.

Der Albtrauf ist ein geologisch unruhiges Gebiet. Hier stehen zahlreiche Vulkanruinen, heute herrliche Aussichtsberge, und Magma aus dem Erdinneren erwärmt die Thermalquellen von Bad Boll oder Bad Sebastiansweiler. Das Gebiet des Zollerngrabens ist bekannt als eines der Erdbebenzentren Deutschlands. Aber keine Angst: Die Bauwerke in dieser Gegend sind im Falle eines Falles erdbebensicher. Niemand braucht sich also vor einem Ausflug in die Alb zu fürchten.

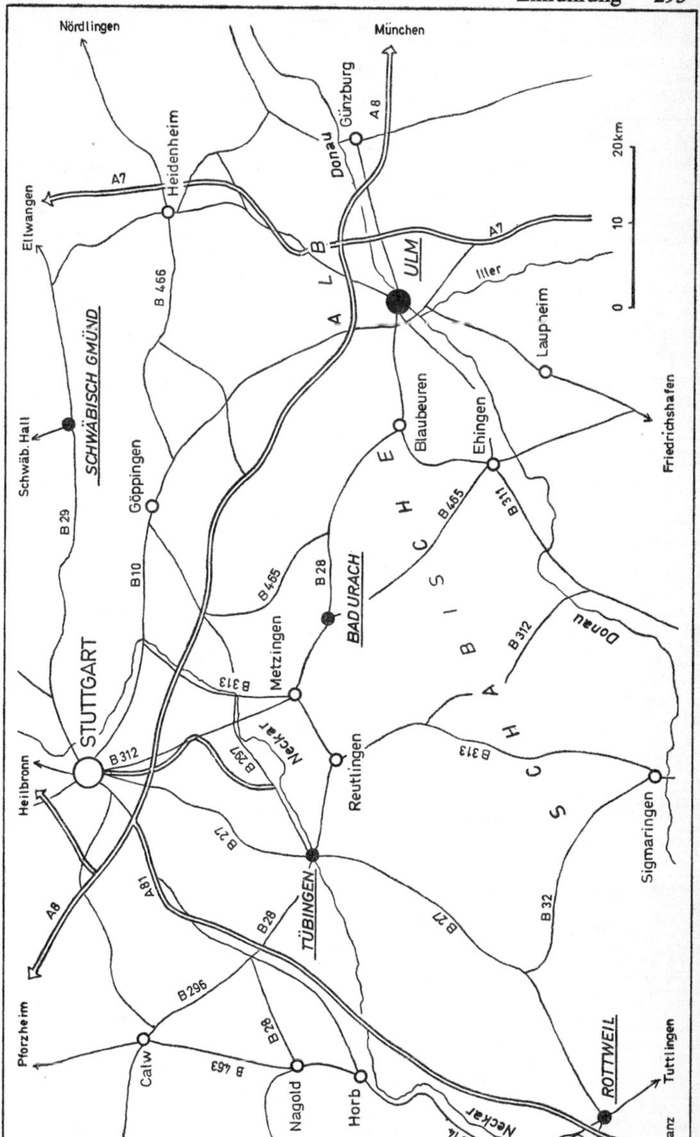
Nördlingen
München
Günzburg
A 8
Donau
Heidenheim
A7
Ellwangen
B 466
SCHWÄBISCH GMÜND
ALB
ULM
A7
Iller
Laupheim
20 km
10
0
Schwäb. Hall
B 29
Göppingen
Blaubeuren
Ehingen
Friedrichshafen
B 10
B 465
B 28
BAD URACH
B 465
B 311
SCHWÄBISCHE
Donau
B 312
STUTTGART
Metzingen
B 313
Heilbronn
B 312
Neckar
B 297
Reutlingen
B 313
Sigmaringen
B 27
TÜBINGEN
A 81
A 8
B 28
B 27
B 32
B 296
Pforzheim
Calw
B 463
B 28
Nagold
Horb
ROTTWEIL
Tuttlingen
Neckar
B 14
Konstanz

Bad Urach

11 500 Einw. Malerisch gelegenes altes Städtchen und staatl. anerkannter Luftkurort mit Heilquellen-Kurbetrieb im Ermstal an der Einmündung der Elsach, von dichtbewaldeten, bis 870 m ansteigenden Bergen umrahmt, von denen namentlich der Hochberg und der Tiergartenberg einen schönen Ausblick über Stadt und Täler bieten.

Auskunft: Städt. Kurverwaltung, Bei den Thermen 4, 7432 Bad Urach, Tel. 0 71 25/17 62.

Geschichte:
Urach geht auf eine alte alemannische Siedlung zurück. Seit Anfang des 12. Jh. unterstand der Ort den auf der Burg Hohenurach sitzenden Grafen von Urach, die Erhebung der Talsiedlung zum Markt erfolgte um 1140. 1264/65 kam die Grafschaft Urach an Württemberg, doch saßen die Uracher Grafen noch immer auf der Burg, bis 1443 die Hofhaltung hinunter in die Stadt, ins Wasserschloß, verlegt wurde. Nach der Landesteilung Württembergs, 1442, war Urach bis zur Wiedervereinigung sogar Residenzstadt und erlebte unter dem Grafen Eberhard eine Blütezeit.

Sehenswert:
Residenzschloß im Süden der Stadt, nahe der Kirche, ein Bau aus dem Jahr 1443. Historisches Museum des Württembergischen Landesmuseums Stuttgart (geöffnet April–Sept. Di–Sa 10–12, 14–18 Uhr, So 10–12, 14–18 Uhr, Okt.–März Di–Sa 14–17 Uhr, So 13–17 Uhr.

Stiftskirche St. Amandus, um 1475 bis 1500 von Peter von Koblenz erbaut: prachtvolle Kanzel; im südlichen Seitenschiff Betstuhl des Grafen Eberhard; Epitaphien im Chor (1549 bis 17. Jh.).

Rathaus, erbaut von 1560 bis 1564, erneuert 1905, ein stattlicher Fachwerkbau. – Vor dem Rathaus ein kleiner, von Fachwerkhäusern umstandener Marktplatz mit dem *Marktbrunnen,* einer schlanken, turmartigen Brunnensäule, die Graf Eberhard im Bart stiftete, Entwurf von Peter von Koblenz.

Weberbleiche (vom Wilhelmsplatz bis zum Grünen Herz), 1599 von Herzog Friedrich als Webersiedlung mit 29 Reihenhäusern angelegt.

Hohenurach, 692 m, mit der Ruine einer alten Burg, die um 1050 erbaut und nach wechselvollem Schicksal vom 18. Jh. an abgebrochen wurde.

Veranstaltungen:
Schäferlauf, seit 1723 in Jahren mit ungerader Jahreszahl um Jakobi (Juli), Wettläufe der Schäfer und Schäferinnen, folkloristische Tänze, Festzug.

Horb am Neckar

Kr. Freudenstadt, 420–630 m, 21 000 Einw. Überragt von der Stiftskirche (Heilig-Kreuz-Kirche) und dem Schütteturm, eingerahmt von Wiesen und bewaldeten Höhen, von denen man wunderbare Ausblicke auf das Neckartal und die Höhenzüge des Schwarzwaldes und der Schwäbischen Alb hat, ist die schwäbische Kleinstadt Horb am Neckar ein liebenswerter Ort, in dem sich geruhsam leben läßt. Der alemannische Volksschriftsteller und Pfarrer Heinrich Hansjakob bezeichnete Horb am Neckar als »die zweifellos schönste unter den vielen Städten und Städtchen des gesamten Schwarzwaldes«, ein Prädikat aus berufenem Munde, auf das die Horber mit Recht stolz sind.

Auskunft: Verkehrsbüro, Marktplatz 8, 7240 Horb am Neckar 1, Tel. 07451/3611.
Verkehr: B 14 Rottweil – Stuttgart.

Geschichte:

Horb wird erstmals 1100 als Ort erwähnt. Anfang des 13. Jh. Stadt, 1381 österreichisch, 1805 württembergisch. Einstmals das »Goldene Horb« genannt. Die Stadt wurde wiederholt von schweren Bränden heimgesucht, von denen nur einige Tore, Türme und Fachwerkhäuser verschont blieben.

Sehenswert:
Teile der **Wehrmauer** und einige Wehrtürme sowie vier Tore. – **Heilig-Kreuz-Kirche.** Ihr Kleinod ist die »Horber Madonna« (um 1430 entstanden), das Werk eines unbekannten Meisters. Diese Statue hat vermutlich das künstlerische Schaffen von Veit Stoß beeinflußt, der bekanntlich in Horb geboren wurde. – Die gotische **Liebfrauenkirche,** 1521 erbaut, mit schiefem Chor, in reichster Spätgotik ausgeführter Flügelaltar aus dem Anfang des 16. Jh. – Sehenswerter oberer Marktplatz mit **Rathaus** aus dem Jahre 1765 und dem **»Horber Bilderbuch«,** das man zu den wirklichen Besonderheiten zählen darf. 1927 von Kunstmaler Klink bemalt, gibt es äußerst interessante Einblicke in die Geschichte Horbs. – **Heimathaus** Hoher Giebel aus dem Jahre 1622.

Rottweil

Kreisstadt und Sitz des gleichnamigen Kreises, 560–640 m, 24 000 Einw. Malerische Stadt hoch über dem Neckartal auf einem von zwei Talschluchten umgebenen Muschelkalkfelsen gelegen. Die ehemalige wehrhafte Reichsstadt am Rande des Schwarzwaldes zur Schwäbischen Alb zeigt sich als ein Meisterwerk mittelalterlichen Städtebaus mit prächtigen Baudenkmälern.

Auskunft: Städt. Verkehrsbüro, Rathaus, 7210 Rottweil, Tel 0741/94280-81.
Verkehr: A 81 Stuttgart – Singen, Ausfahrt Rottweil oder Villingen-Schwenningen. Kreuzungspunkt der B 14 Horb a. N. – Tuttlingen, B 27 Tübingen – Schwenningen.

Geschichte:
Rottweil geht auf die römische Siedlung »Arae Flaviae« zurück, die um 74 v. Chr. bezeugt ist. Der Name Rottweil erscheint zuerst als Bezeichnung eines fränkischen Königshofes, aus dem sich die mittelalterliche Siedlung entwickelte. Gegen Ende des 12. Jh. dürfte die heutige Stadt angelegt worden sein. Sie zeigt das Schema der Zähringergründungen. Der Markt »Rotwil« entwickelte sich zur Reichsstadt. Rottweil genoß Ansehen als Sitz des Kaiserlichen Hochgerichts und erwarb nach und nach ein ansehnliches Territorium. Von der wirtschaftlichen Blüte der mittelalterlichen Stadt und ihrer Wehrhaftigkeit zeugen noch heute bedeutende Kirchenbauten, schöne Bürgerhäuser und Reste der Befestigungsanlage.

Sehenswert:
Das **Stadtbild,** bestimmt durch die eigentümliche alemanni-

sche Bauweise. Die Häuser stehen nicht mit der Giebel- sondern mit der Traufseite zur Straße. Eine ganze Anzahl der Häuser stammt nachweislich aus dem 14. und 15. Jh. Teilweise gotische Fenster und Erker. Andere Patrizierhäuser im Renaissancestil oder Barockstil.

Heilig-Kreuz-Münster, katholisch, 13. bis 16. Jh. Schiff und Chor zählen zu den schönsten im schwäbischen Raum. Hochgotischer Chor vom Anfang des 15. Jh. Dreischiffiges Langhaus mit wohlgegliederten Säulen (1497 bis 1531) und reichen Netzgewölben, Kruzifix auf dem Hochaltar von Veit Stoß. Gotische Altäre. Sehenswerter Apostelaltar im südlichen Seitenschiff. Auf dem linken Seitenaltar die **»Rottweiler Madonna«.** Prächtige Kanzel, von einem sitzenden Löwen getragen. Geschnitzte Stuhlwangen.

Kapellenkirche, katholisch, auf dem Platz einer früheren Marienkapelle mit 70 m hohem gotischem Turm, 14. bis 15. Jh., der schönen Skulpturenschmuck trägt. Langhaus 1727 im Barockstil umgebaut. In der Turmkapelle spätgotische Pietà.

Dominikanerkirche, heute evangelische Stadtpfarrkirche, ohne Turm, mit aufragendem Chor. Erstes gotisches Bauwerk der Stadt (1268), durch den Predigerorden erbaut. In der Barockzeit (1753) Umgestaltung des Chors und Anbau eines neuen Schiffs.

Pelagiuskirche, katholisch, in der Altstadt, Urkirche zu Ende des 7. Jh. gegründet. Von ihr war auch die Heilig-Kreuz-Kirche 200 Jahre abhängig. Von dem Bau (etwa 1100) ist die Form der romanischen Basilika erhalten. Unter dem Chor der Rest einer römischen Therme.

Stadtmuseum, Hauptstraße 20. Reiche Sammlung von Funden aus der Römerzeit; u. a. Münzsammlung, Schmuck- und Kultgegenstände, bedeutendes Orpheus-Fußboden-Mosaik. Ferner Urkunden und Kunstwerke aus der Reichsstadtzeit. Zunftfahnen, Rottweiler Fastnachtstypen. Modell der mittelalterlichen Stadt.

Kunstsammlung Lorenzkapelle, Lorenzgasse 23, einstige Friedhofskapelle (1580 erbaut), gewährt Überblick über das schwäbische Kunstschaffen zwischen 1300 und 1550. Altartafeln, Holzbildwerke und Steinfiguren bedeutender Meister, u. a. von Multscher und Syrlin d. Älteren (geöffnet Di–Sa 10–12 und 14–17 Uhr, So 14–17 Uhr).

Veranstaltungen: Rottweiler Narrensprung Fastnachtsmontag 8 Uhr und Fastnachtsdienstag 8 Uhr und 14 Uhr mit fast 2000 altüberkommenen, wertvollen Originalmasken. Der Rottweiler Narrensprung ist im ganzen Land bekannt und wird von vielen Fremden besucht. Beginn des Umzugs jeweils vom Schwarzen Tor, durch das sich die ganze Flut der Narren ergießt. – Heilig-Kreuz- und Kirchweihmärkte im Herbst. – Kammerkonzerte. – Freilichttheater, im Juli.

Schwäbisch Gmünd

60000 Einw. Die ehemalige Freie Reichsstadt an der Rems ist bekannt durch die Gold- und Silberwarenindustrie. Aus Gmünd stammte die berühmte Baumeisterfamilie Parler.

Auskunft: Städtisches Verkehrsamt, Johannisplatz 3, 7070 Schwäbisch Gmünd, Tel. 07171/603415.

Geschichte:
Älteste Stauferstadt, schon 1162 als Stadt beurkundet. Später Freie Reichsstadt, 1802 württembergisch.

Sehenswert:
Hl.-Kreuz-Münster, bedeutendste und älteste gotische Hallenkirche Süddeutschlands, das Hauptwerk der Parler, erbaut um 1300–1400. Es handelt sich um ein mächtiges, hochgiebeliges Bauwerk mit besonders fein gestaltetem Chor (Baubeginn 1351), fein gearbeiteten Portalen und einem malerischen Kapellenumgang um den Hochaltar. Von der Innenausstattung sind bemerkenswert das Heilige Grab, ein Werk der Parler, Sippenaltar in der Taufkapelle etwa 1512, Sebaldus-Altar aus der Werkstatt Dürers 1507, das Chorgestühl im Renaissancestil von Adolf Daucher, Augsburg (1550), und das barocke Orgelgehäuse von Johann Michael Maucher, 1688; der Kirchenschatz umfaßt Stücke von der Gotik bis zur Gegenwart.

Nördlich vom Münster ragt der Glockenturm auf, wohl aus einem alten Stadtturm umgebaut.

Hl.-Kreuz-Münster Schwäb. Gmünd

Johanniskirche zwischen Marktplatz und Johannisplatz, eine dreischiffige, romanische Basilika, um 1220, an Stelle einer älteren, der Sage nach von der Herzogin Agnes, der Stammutter der Staufer erbauten Kirche. Rätselhaftes Bildwerk heidnischen und christlichen Ursprungs ist in Friesen und Einzelfiguren über das ganze Bauwerk zerstreut.

Ev. **Augustinerkirche,** spätgotische Klosterkirche, 1756/57 barockisiert, mit Fresken von Johann Anwander (18. Jh.).

Fachwerkbauten 1500, wie die Grät, das Amtshaus der Spitals und das Kornhaus. – Barockhäuser von Johann Michael Keller, wie das Rathaus, das Schlößchen im Stadtgarten u. a.

Von der Stadtbefestigung sind nur noch wenige Mauerreste und sechs Türme, darunter der malerische Fünf-Knopf-Turm, erhalten.

Prediger, ehemaliges Dominikanerkloster (1294), heute kultureller Mittelpunkt der Stadt, u. a. mit dem **Städt. Museum** (Naturkunde, Landschafts- und Stadtgeschichte, Kunsthandwerk, geöffnet Di–Fr 14–17 Uhr, Sa und So 10–12 Uhr, 14–17 Uhr, Mo geschlossen).

St.-Salvator-Kapelle, eine uralte Kultstätte, 1617 zu einer Doppelkapelle in Sandstein umgestaltet. Ölberggruppe in der oberen Kapelle von Kaspar Vogt, 1620.

Franziskanerkirche, 13. Jh., mit Fresken von Josef Wannenmacher und prächtigem Hochaltar von Dominikus Zimmermann (18. Jh.).

Tübingen

Kreisstadt 320–470 m, 73 000 Einw., Universitätsstadt in anmutiger Landschaft am Neckar.

Auskunft: Verkehrsverein, Eberhardsbrücke, 7400 Tübingen, Tel. 0 70 71/3 50 11.

Kloster Bebenhausen

Verkehr: Kreuzungspunkt der B 27, B 28 und B 297.

Geschichte:
Einstige alemannische Siedlung, Burg urkundlich seit 1078, Stadterhebung 1231, 1477 Gründung der Universität durch den Grafen (später Herzog) Eberhard im Bart; Herzog Ulrich führte die Reformation ein und begründete 1536 das theologische Stift, aus dem zahlreiche berühmte Männer hervorgingen; damals lehrte Philipp Melanchthon an der Universität.

Sehenswert:
Vom Bahnhof am Denkmal Ludwig Uhlands vorbei, durch die Platanenallee und über die Neckarbrücke und durch den Zwingel, dem Weg zwischen den beiden ehemaligen Stadtmauern, zum **Hölderlinturm,** in dem der Dichter die umnachteten Jahrzehnte seines Lebens zugebracht hat. Dann zur **Bursa,** einem der ältesten Universitätsgebäude (jetzt Seminargebäude)), am evangelischen **Stift** aufwärts, aus dem berühmte Männer hervorgingen: Johannes Kepler, die Philosophen Hegel und Schelling, die Dichter Eduard Mörike, Friedrich Hölderlin, Justinus Kerner, Wilhelm Hauff, Hermann Kurz, Fr. Th. Vischer, Gustav Schab.

Durch das Wiener Gäßle führt der Weg zum Marktplatz mit dem **Marktbrunnen** (Neptun) und dem **Rathaus,** einem Fachwerkbau mit Bemalung und mit astronomischer Uhr (1511) von Johannes Stöffler. Durch die Hirschgasse, eine typische Tübinger Altstadtgasse, die Collegiumsgasse mit Wilhelmsstift, dem katholischen Konvikt, und die Lange Gasse hinauf zu der auf den Berg gebauten Stiftskirche (1470–83) mit dem aufs Rad geflochtenen hl. Georg, dem Wahrzeichen Tübingens, im Chor Begräbnisstätte des württembergischen Fürstenhauses.

In der Umgebung:
Bebenhausen. Ehemalige **Klosterkirche** mit reicher Innenausstattung und bemerkenswertem gotischen Dachreiter. – **Klostergebäude** mit spätgotischem Kreuzgang, 1471–1496, frühgotischer Kapitelsaal, Sommerrefektorium mit lebensvoll gemaltem Rankenwerk und Winterrefektorium, ein behaglicher Saal mit großem romantischem Fresko. Die Nebengebäude umgibt ein innerer Mauerring (um 1300), die Wirtschaftsgebäude schließt ein zweiter Befestigungsgürtel (15. und 16. Jh.) ein. **Museum:** Mittelalterliche Kunst (geöffnet: Oktober bis März täglich 10–12 und 14–16 Uhr; April bis September täglich 8–12 und 14–18 Uhr), Führungen.

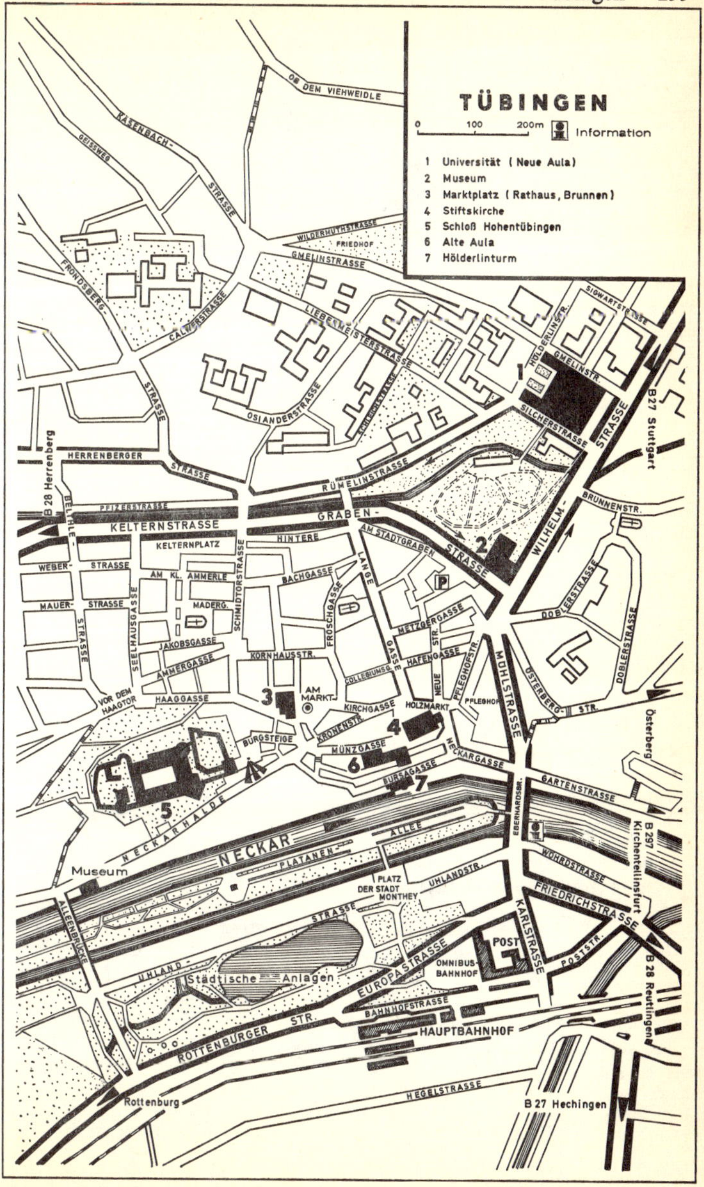
TÜBINGEN
0 100 200m
Information
1 Universität (Neue Aula)
2 Museum
3 Marktplatz (Rathaus, Brunnen)
4 Stiftskirche
5 Schloß Hohentübingen
6 Alte Aula
7 Hölderlinturm
OB DEM VIEHWEIDLE
RASENBACH-
GEISSWEG
STRASSE
WILDERMUTHSTRASSE
FRIEDHOF
GMELINSTRASSE
FRONDSBERG-
CALWERSTRASSE
LIEBERMEISTERSTRASSE
SIGWARTSTRASSE
HÖLDERLINSTR.
GMELINSTR.
SILCHERSTRASSE
STRASSE
B 27 Stuttgart
OSIANDERSTRASSE
HERRENBERGER
STRASSE
RÜMELINSTRASSE
B 28 Herrenberg
PFIZERSTRASSE
KELTERNSTRASSE
GRABEN-
BRUNNENSTR.
WILHELM-
BELTHLE-
KELTERNPLATZ
HINTERE
AM STADTGRABEN
STRASSE
WEBER-
STRASSE
AM KL. AMMERLE
BACHGASSE
LANGE
MAUER-
STRASSE
MADERG.
SCHMIDTORSTRASSE
FRÖSCHGASSE
DOBLERSTRASSE
SEELHAUSGASSE
METZGERGASSE
JAKOBSGASSE
KORNHAUSSTR.
GASSE
STR.
HAFENGASSE
PFLEGHOFSTR.
MÜHLSTRASSE
ÖSTERBERG-STR.
AMMERGASSE
COLLEGIUMSG.
NEUE
PFLEGHOF
VOR DEM HAAGTOR
HAAGGASSE
AM MARKT
KIRCHGASSE
HOLZMARKT
Österberg
KRONENSTR.
BURGSTEIGE
MÜNZGASSE
NECKARGASSE
BURSAGASSE
GARTENSTRASSE
EBERHARDSBR.
NECKARHALDE
B 297 Kirchentellinsfurt
NECKAR
ALLEE
PLATANEN-
Museum
WÖHRDSTRASSE
UHLANDSTR.
PLATZ DER STADT MONTHEY
FRIEDRICHSTRASSE
ALLEENBRÜCKE
STRASSE
KARLSTRASSE
POST
POSTSTR.
B 28 Reutlingen
UHLAND
Städtische Anlagen
EUROPASTRASSE
OMNIBUS-BAHNHOF
BAHNHOFSTRASSE
HAUPTBAHNHOF
ROTTENBURGER STR.
HEGELSTRASSE
Rottenburg
B 27 Hechingen

Ulm

98 330 Einw. Ehemalige Reichsstadt mit reicher Geschichte an der Grenze zweier Landschaftsräume: der Schwäbischen Alb und des Schwäbischen Alpenvorlandes. Ulm liegt am nördlichen Ufer der Donau. Im Münster besitzt die Stadt ein überaus prächtiges Bauwerk mit dem höchsten Kirchturm der Welt.

Die günstige Lage an wichtigen Eisenbahnstrecken und Fernverkehrsstraßen ließ Ulm zum Wirtschaftszentrum zwischen Schwäbischer Alb und Bodensee werden.

Auskunft: Verkehrsbüro, Münsterplatz 51, 7900 Ulm, Tel. 0731/1613026 und 64161.

Geschichte:
Ulm geht auf alte Siedlungen der Vorzeit und Alemannenzeit zurück. In einer Urkunde Ludwigs des Deutschen wurde Ulm im Jahr 854 zum ersten Male als königliche Pfalz genannt. Zunächst war es eine stattliche Burganlage, in der wichtige kaiserliche Hof- und Reichstagungen stattfanden. Östlich anschließend entstand allmählich eine Marktsiedlung, die sich etwa bis zum Reichenauer Hof erstreckte. Im Kampf um die deutsche Kaiserkrone zwischen Welfen (Lothar von Sachsen) und Staufer (Konrad von Schwaben) wurden die Pfalz, der Markt und die Vororte 1134 völlig zerstört. Die Staufer bauten sie wieder auf, größer und stärker als vorher, und gaben der neuen Siedlung 1165 das Stadtrecht. 1274 wurde Ulm Freie Reichsstadt. 1316 begann eine großzügige Stadterweiterung. Der neue Mauerring umfaßte das Vielfache des alten Stadtgebietes.

Im Jahre 1397 wurden die lange zwischen Patriziern und Zünften schwelenden Konflikte durch den »Schwörbrief« beigelegt, der Dokumentation einer demokratisch ausgeglichenen Verfassung wurde. In den anderthalb Jahrhunderten seiner Gültigkeit blühte Ulm auf. Sein Reichtum stützte sich auf das Textilgewerbe, den Salz-, Wein- und Holzhandel. Der Wohlstand der Stadt wurde mit »Venedigs Macht und Augsburgs Pracht« gleichgestellt. Ulm war die Reichsstadt mit dem zweitgrößten Umland und gehörte nach seiner Einwohnerzahl zu den damaligen großen Städten.

Sehenswert:
Münster. Ulm hat noch eine zweite Geschichte, eine kulturelle. In ihrem Mittelpunkt steht das Münster, dessen Bau 1377 begann. Der Baumeister Ulrich von Ensingen, Nachfolger der drei Parler, die den Chor bauten und die großen Ausmaße des Gesamtbaues festlegten, faßte den Plan, das mittlere Schiff der von den Parlern geplanten Hallenkirche zu vergrößern, um einem ungewöhnlich großen Fenster Raum zu schaffen und einen Turm von bisher unerreichter Höhe zu bauen, wie er jetzt als der höchste Kirchturm der Welt mit 161 m dasteht.

768 Stufen führen zur Turmspitze. 1530 verfügte der Stadtrat die Einstellung der Arbeiten. Am Turmbau hatten sich Risse gezeigt. Die Arbeit ruhte dann etwa 350 Jahre lang. 1844 begann man erneut mit dem Bau, der Errichtung der Strebepfeiler und Strebebögen, der Fialen, des Chorumganges, der beiden Seitentürme und des Hauptturmes, der dann endlich 1890 fertiggestellt war.

Inneres: Im Bildersturm der Reformation gingen zahlreiche Meisterwerke verloren, trotzdem ist die Ausstattung noch reich zu nennen. Hier ragen aus der Fülle der sehenswerten Details heraus:

das **Sakramentshäuschen** am 1. Chorbogen, das mit dem Figurenreichtum seines 26 m hohen Turmgebäudes ein Gegenspiel zum Kanzeldeckel aus Lindenholz ist.

Ferner das **Chorgestühl,** das Meisterwerk Syrlins, in seinem strengen architektonischen Aufbau beider Seiten das schönste gotische Chorgestühl Deutschlands.

Im **Chor** sind weiter erwähnenswert das *Glasgemälde* von Peter von Andlau, »Deutschlands größtem Glasmaler«, der *Hutzaltar* (nach der Stifterfamilie benannt) von Martin Schaffner, Maler und Bildhauer, im Museum sein Meisterbild von Eitel Besserer.

Vom Münsterplatz südlich zur Neuen Straße. Hier steht der

Neue Bau, Ende des 16. Jh. als Lagerhaus errichtet. Schöner Innenhof mit Sgraffitoschmuck.

Schwörhaus am Weinhof, 1613 an der Stelle der ehemaligen Königspfalz erbaut. Jedes Jahr am sog. Schwörmontag erneuert der Oberbürgermeister den Eid auf die Stadtverfassung von 1397.

Schiefes Haus, am Ufer der Blau. Schöner Fachwerkbau aus dem 15. Jh. mit versetzten Dachgauben. Zusammen mit dem umliegenden malerischen

Fischer- und Gerberviertel ist noch ein Stück des mittelalterlichen Ulm gerettet worden. Hier steht das **Zunfthaus** der Schiffleute, ein Fachwerkbau des 15. Jh., 1976 völlig restauriert (Gaststätte).

Metzgerturm aus dem Jahr 1340, dem schiefen Turm Ulms mit 2,05 m Neigung des Dachfirstes gegen Nordwesten. Er diente als Stadtgefängnis.

Rathaus (1370) Kaufhaus der Weber, Kramer und Sattler, 1419 Rathaus, ein Bau der Spätgotik und Renaissance mit reichen Wandmalereien (biblische und antike Stoffe).

Museum der Stadt Ulm, am Taubenplätzchen, mit Sammlungen Ulmer und oberschwäbischer Kunst sowie zeitgenössischer Graphik. Geöffnet Di–So 10–12 Uhr, 14–17 Uhr; Juli–September 10–17 Uhr.

Schuhhaus, gegenüber, an der Kramgasse. Das schöne Arkadengebäude von 1537 war das Zunfthaus der Schuhmacher.

Adlerbastei, auf der der Ulmer Schneider Albrecht Berblinger im Jahre 1811 seinen ersten Flugversuch über die Donau unternahm (Erinnerungsplatte und Denkmal für Max Eyth, den Dichter des historischen Romans »Der Schneider von Ulm«).

Zeughaus, an der gleichnamigen Gasse, mit schönem Renaissanceportal, einst der Stolz der Ulmer, ums Jahr 1800 seiner Schätze beraubt, durch den Zweiten Weltkrieg größtenteils zerstört, Hauptgebäude originalgetreu wiederaufgebaut. Dachgauben und Sgraffitoputz.

Deutsches Brotmuseum, Fürstenekkerstr. 17, erläutert die 4000jährige Geschichte der Getreideverarbeitung und Brotherstellung (geöffnet Mo–Fr 10–12 Uhr und 15–17.30 Uhr).

Veranstaltungen:
Der Schwörmontag ist ein traditionsreiches Volksfest.

Bodensee, Oberschwaben

Der Bodensee und Oberschwaben, zwischen Alb, Allgäu und Alpen gelegen, sind geologisch gesehen recht junge Landschaften. Zur Zeit, als sich die Alpen auffalteten, dehnte sich hier ein Meer, an dessen Grund sich als Gestein die Molasse bildete. Bei der Alpenfaltung wurde die Molasse schließlich auch noch ein Stück gehoben, und die Gegend fiel trocken. Das Rad der Erdgeschichte drehte sich weiter: Es folgte das Eiszeitalter mit mehreren starken Abkühlungen. Schnee und Eis der Alpen schmolzen nicht mehr, und Gletscher quollen aus dem Gebirge. Sie suchten sich im Alpenvorland Raum und hobelten beinahe überall die weichen Molassefelsen ab. Nur einige wenige von ihnen blieben stehen, so zum Beispiel der Bussen, der »Heilige Berg Oberschwabens«, und die Höhen und Inseln am und im Bodensee. Als die Gletscher bei einer Klimaverbesserung abschmolzen, hinterließen sie teilweise große Löcher im Boden, die sich mit Wasser füllten. So entstanden der Bodensee, der Federsee und zahlreiche andere Seen, die zum größten Teil heute bereits verlandet sind. Auch das Wurzacher Ried war damals von einem See erfüllt. An anderen Stellen häuften die Gletscher große Schuttberge auf, die Moränen, die heute als reizvolle Hügelzüge Oberschwaben durchziehen.

Die Gletscher der letzten Eiszeit erreichten nur noch den südlichen Teil Oberschwabens. Darum gibt es dort noch ausgeprägtere Moränen und noch mehr Seen. Nördlich davon haben Winde und Wasser die Moränenhügel längst wieder eingeebnet; die meisten Seen sind verlandet. Durchbrochen wird die Eiszeitlandschaft von Flüssen, die ursprünglich alle nordwärts zur Donau zogen. Erst später zapfte der Rhein den Bodensee an, und dann wurde es für verschiedene Flüsse wie Schussen und Argen »attraktiv«, nun in umgekehrter Richtung nach Süden zu fließen.

Die Täler, allesamt durch die ungeheuren eiszeitlichen Schmelzwassermengen sehr breit ausgeräumt, wurden ideale Handelswege. Hier entstanden Handelsstädte wie Biberach und Ravensburg. Handel blühte auch rings um den Bodensee. Lindau, Friedrichshafen, Meersburg und Konstanz waren »echte« Hafenstädte, an deren Kais Handelsschiffe be- und entladen wurden. Heute legen hier lediglich große Auto-Fährschiffe und die weiße Bodenseeflotte an, Passagierdampfer, auf denen man eine vergnügliche Reise über das »Schwäbische Meer« machen kann.

Die katholische Kirche hat in Oberschwaben und am Bodensee immer eine wichtige Rolle gespielt. Ausdruck kirchlicher Pracht und Macht im 18. Jahrhundert ist das »Oberschwäbische Barock«, das man in herrlichen Kirchen der Gegend kennenlernen kann.

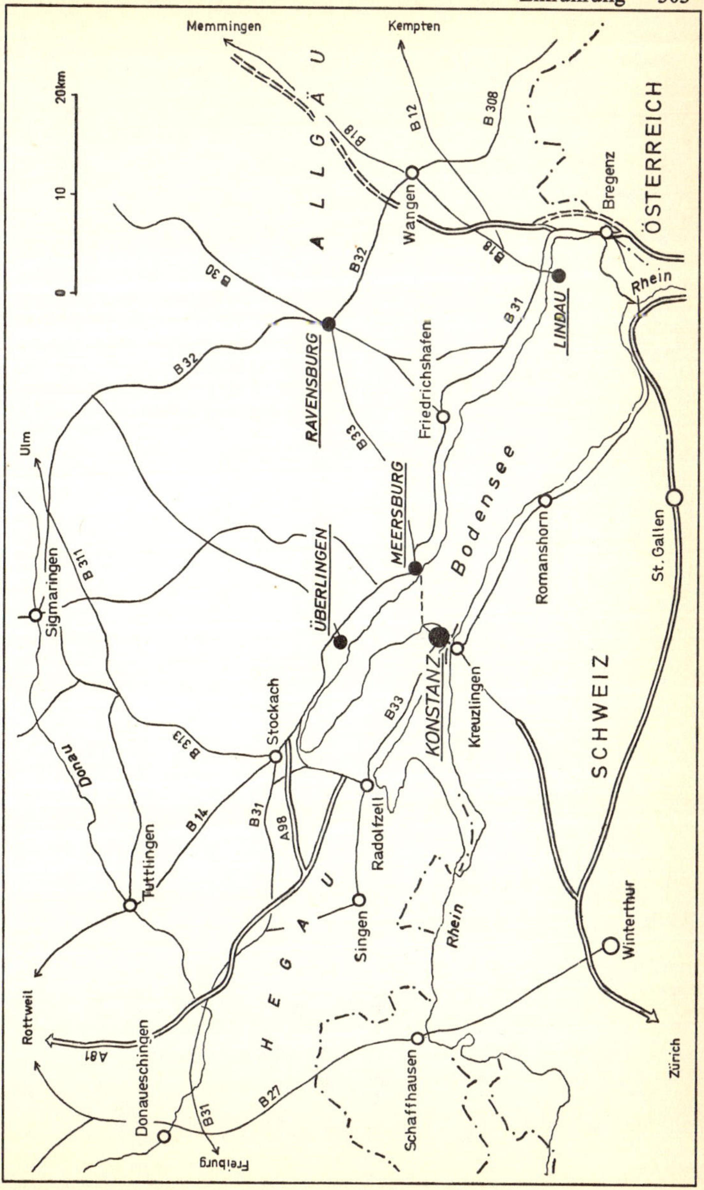
Memmingen
Kempten
0
10
20km
A L L G Ä U
ÖSTERREICH
Bregenz
Wangen
LINDAU
RAVENSBURG
Friedrichshafen
MEERSBURG
ÜBERLINGEN
Bodensee
Romanshorn
St. Gallen
KONSTANZ
Kreuzlingen
SCHWEIZ
Ulm
Sigmaringen
Stockach
Radolfzell
Tuttlingen
Donau
Singen
H E G A U
Rhein
Winterthur
Zürich
Schaffhausen
Donaueschingen
Rottweil
Freiburg
B 308
B12
B18
B 30
B32
B 31
B33
B 311
B 313
B 14
A98
A81
B27

Konstanz

Große Kreisstadt, 407 m, 70 000 Einw. Bedeutendste und größte, auch historisch wichtigste Stadt des Bodenseegebiets, Brennpunkt des Fremdenverkehrs, das deutsche Eingangstor zur Schweiz und die einzige deutsche Stadt am südlichen Ufer von Bodensee und Rhein, welcher hier den Obersee verläßt und sich bald darauf zum Untersee erweitert. Die Altstadt liegt am Obersee und Rhein, die eingemeindeten Orte am Überlinger See. – Kultureller und wirtschaftlicher Mittelpunkt des Bodenseegebiets; moderne Universität.

Auskunft: Tourist-Information Konstanz, Bahnhofsplatz 13, D-7750 Konstanz, Tel. 07531/284376.
Verkehr: B 33 Singen – Konstanz.

Geschichte:
Die Konstanzer Bucht ist seit der Mittelsteinzeit ständig besiedelt; es fanden sich Spuren vermeintlicher Pfahlbaudörfer aus der Jungsteinzeit und der Bronzezeit sowie einer römischen Siedlung aus dem 1. Jh. und eines römischen Kastells auf dem Münsterhügel vom späten 3. Jh., das wahrscheinlich im Jahr 355 nach dem Kaiser und Heerführer Constantius II. den Namen Constantia erhielt. Seit dem späten 6. Jh. war die Stadt Bischofssitz des größten deutschen Bistums.

Die Stadt Konstanz ist aus einer Siedlung von Kaufleuten vor der bischöflichen Burg (Marktrecht um 900) entstanden; unter den Staufern wurde Konstanz Reichsstadt (1192 Steuerprivileg) und errang sich in schweren Kämpfen mit den Bischöfen die völlige Freiheit. Leinenexport, vor allem ins Mittelmeergebiet, brachte die Stadt damals zu beachtlichem Wohlstand (tela di Costanza). Zur Zeit des Konstanzer Konzils 1414–1418 kam hier die politische und geistliche Welt des christlichen Abendlandes zusammen, um unter Mitwirkung von König Sigismund die große Kirchenreform zu beraten; Höhepunkt dieser »glänzendsten Kirchenversammlung des Mittelalters« war die Wahl von Papst Martin V. und damit das Ende der vierzigjährigen Kirchenspaltung. In der Reformation spielte Konstanz eine wichtige Rolle als aktive Mittlerin zwischen den schweizerischen Reformierten und Zwingli und den norddeutschen Lutheranern; durch den unglücklichen Ausgang des Schmalkaldischen Krieges kam die Stadt aber 1548 in die Reichsacht. – Ein Angriff kaiserlich-spanischer Truppen zur Vollstreckung der Acht wurde mit Mühe abgewehrt, später mußte Konstanz auf die Reichsfreiheit verzichten und die österreichische Landeshoheit anerkennen. 1805 fiel Konstanz an Baden. 1848 erfolgte die erste Ausrufung der deutschen Republik durch F. Hecker.

Sehenswert:
Das alte **Kaufhaus**, sog. **Konzil**, seit der Erbauung 1388 als Korn- und Weinspeicher äußerlich nahezu unverändert; hier fand 1417 die Papstwahl Martins V. statt, während die Sitzungen des Konstanzer Konzils im Münster abgehalten wurden.

Rosgartenmuseum, ehemals Zunfthaus der Metzger, das Funde der Vor- und Frühgeschichte, der Stadtgeschichte und reiche Bestände mittelalterlicher Kunst und des Kunstgewerbes enthält (geöffnet Oktober–März Di–Sa 9–12 Uhr, 14–16 Uhr, So 10–12 Uhr; April–Septem-

ber Di–Sa 9–12 Uhr, 14–17 Uhr, So 10–12 Uhr).
Unweit davon das

Rathaus, ein stilreiner Renaissancebau von 1594; ein Schmuckkästchen ist der Hof (runde Treppenführung), in dem während der Sommermonate Serenadenkonzerte stattfinden. Im Rückgebäude liegt der **Ratssaal** (geschnitzte Holzdecke).

In der Hussenstr. 64 das **Johannes-Hus-Museum** (geöffnet nach Vereinbarung mit dem Rosgarten-Museum), es enthält Dokumente aus dem Leben und Wirken des Joh. Hus, um 1369–1415, und des Hieronymus von Prag, gest. 1416. Außerdem **Hus-Haus,** in dem der böhmische Reformator während des Konzils gewohnt hat, jetzt als *Museum* und *Bibliothek* mit fast 5000 Bänden.

Wessenberghaus, einst Domherrenwohnung des letzten Konstanzer Generalvikars von Wessenberg, eines großen Wohltäters der Stadt; hier sind die Wessenberg-Bibliothek, die Städt. Gemäldegalerie und die regelmäßig wechselnden Ausstellungen des Kunstvereins untergebracht (geöffnet Di–Sa 14–17 Uhr, So 11–13 Uhr).

Münster U. L. Frau (Basilika), auf dem höchsten Punkt der Stadt und – wahrscheinlich – an der Stelle des römischen Kastells erbaut, ist das bemerkenswerteste Baudenkmal von Konstanz. Die große Bedeutung des Münsters liegt in der im wesentlichen erhaltenen romanischen Anlage mit dem Grundriß des einfachen romanischen Kreuzes und der mit ihren ehemaligen Zugangsstollen und Nebenräumen wohl ältesten und größten Kryptenanlage dieser Art.

Im einzelnen zeigt der Grundriß eine dreischiffige Basilika mit östlichem Querschiff, geradem Chor mit Anbauten; das Langhaus besitzt angebaute Kapellenreihen. Eine Turmgruppe im Westen; auf der Nordseite befindet sich der Rest des ehemaligen Kreuzgangs.

Die Baugeschichte (übersichtliche Darstellung links vom Haupteingang) zieht sich durch Jahrhunderte hindurch. Mit der Aufhebung des Bistums Konstanz, 1821, wurde das Münster eine einfache Pfarrkirche, die bald sehr verwahrloste. 1844–1860 erfolgte jedoch eine großangelegte Restaurierung: Umgestaltung der drei Türme zu ihrer heutigen Form, Wiederherstellung des Inneren 1922/23.

Das Haus *Münsterplatz* Nr. 5, **Haus Zur Kunkel** (geöffnet Mo–Fr 10–12 Uhr, 14–17 Uhr), enthält die berühmten Weberfresken, Darstellungen der Leinen- und Seidenweberei um 1300, eine der ältesten profanen Wandmalereien Deutschlands.

Unweit davon das **Bodensee-Naturmuseum** (geöffnet Di–Sa 10–12 Uhr, 15–17 Uhr; So 10–12 Uhr).

Die *Strandpromenade (Seestraße)* führt unter schattigen Bäumen und mit schöner Aussicht auf die Schweizer Berge rund 1000 m am See entlang zur **Spielbank** (Roulette und Baccarat) und weiter zum schön gelegenen **Jachthafen** (Städt. Gästehaus mit Lese- und Aufenthaltsräumen).

Veranstaltungen:
Symphoniekonzerte im Kaufhaus (Mitte Juni–Mitte Juli, Internationale Musiktage). – Münsterkonzerte. Historische Fasnet (»Hemdglonker-Umzug«).

Lindau (Bodensee)

26000 Einw. Bayerische Inselstadt im Bodensee, an der von Gebirgen umrahmten Bregenzer Bucht, unweit der Grenze zu Österreich und der Schweiz. Sie teilt sich in die Alt- oder Inselstadt und die festländische Gartenstadt. Die auf ursprünglich drei (jetzt vereinigten) Inseln liegende Altstadt ist mit dem Festland durch die 156 m lange Seebrücke und seit 1853 mit einem 550 m langen Eisenbahndamm verbunden.

Die malerische Ferieninsel hat alte reichsstädtische Tradition und zahlreiche historisch interessante Bauwerke vorzuweisen und ist als Urlaubs- und Badeort mit Kurmöglichkeiten sowie als Ausflugsziel, Kongreß- und Tagungszentrum und reizvolle Einkaufsstadt gleichermaßen beliebt.

Seit 1976 ist die ganze Insel Lindau in die Liste der »geschützten Ensembles« aufgenommen und steht somit unter Denkmalschutz.

Auskunft: Verkehrsverein e. V., Am Bahnhofsplatz, 8990 Lindau (Bodensee), Tel. 08382/5022.

Geschichte:

Im 13. Jh. zur Stadt und dann zur Reichsstadt erhoben. In der Folgezeit spielte Lindau als Mitglied des Bundes der Bodenseestädte sowie auch wirtschaftlich eine große Rolle; über Lindau ging ein großer Teil des Handels von Oberschwaben nach Italien, bis zur Mitte des 19. Jh. auch ein regelmäßiger wöchentlicher Kurierdienst nach Mailand, der »Lindauer Bote«. 1802 endete die Reichsfreiheit Lindaus. 1805 wurde die Stadt bayerisch.

Sehenswert:
Bahnhof und Hafen liegen nebeneinander auf der Südseite der Insel. Auf der westlichen *Hafenmole* »wacht« ein 33 m hoher **Leuchtturm,** auf der *Ostmole* ein 6½ m hoher bayerischer **Löwe** (von 1854) aus Kelheimer Marmor von Bildhauer J. von Halbig. Der *Leuchtturm* bietet den besten Rundblick auf den Hafen, den See, das gegenüberliegende Rheintal und die Berge vom Pfänder bis zum Säntis. Eines der mittelalterlichen Wahrzeichen der Stadt ist der **Alte Leuchtturm.**

Vom *Hafenplatz* führt der Rundgang nördlich zum **Lindavia-Brunnen** von 1884, dann rechts durch die *Ludwigstraße* zur ehemaligen **Barfüßerkirche,** jetzt *neues Stadttheater;* im Chor der Kirche ein Konzertsaal in prächtiger Gotik, die Kirche wurde 1241–1270 errichtet.

Um den *Marktplatz* gruppieren sich die *Stephanskirche* (schöne Orgel) und die *Stiftskirche St. Maria,* das große *Spitalgebäude,* die *Alte Hauptwache* und das schöne

Patrizierhaus zum Cavazzen aus dem 18. Jh., benannt nach einem früheren Eigentümer, dem Junker Richus de Cavazzo. Dem Kunsthistoriker Dehio galt es als »schönstes Bürgerhaus am Bodensee«. In dem Gebäude sind jetzt die *Städtischen Kunstsammlungen* und das *Heimatmuseum* untergebracht.

Vom Marktplatz westlich gelangt man durch die *Cramergasse* in die *Maximilianstraße,* die autofreie Prachtstraße der Stadt, mit sehenswerten Patrizierhäusern, dem **Sünfzen,** der früheren Trinkstube des Stadtadels, und den **Brodlauben.**

Altes Rathaus, das schönste Gebäude der Stadt, 1422 bis 1436

Ein Prunkstück ist Lindaus buntbemaltes Rathaus

erbaut. 1578 im Renaissancestil umgebaut, 1885 prächtig renoviert, 1972–1974 Nord- und Südfassade erneuert. Ein Prachtstück alter Profanbaukunst. Hier tagte 1496/97 der Reichstag.

Die **Ratsherrentreppe,** eine malerische gedeckte Freitreppe, geschmückt mit der Darstellung der Zehn Gebote in biblischen Bildern, führt auf einen Altan. Der Große und Kleine Ratsaal besitzen gewölbte Holzdecken mit spätgotischer Schnitzerei. Im Erdgeschoß befindet sich die ehemals reichsstädtische *Bibliothek* mit 18 000 Bänden, darunter viele Frühdrucke.

Der Weg führt weiter durch die Maximilianstraße, dann rechts zum *Oberen Schrannenplatz* mit der ehemaligen **Peterskirche** aus dem 10. Jh., einer der ältesten Kirchen am Bodensee. Turm von 1272; die Kirche, jetzt Kriegergedächtnisstätte, enthält wiederentdeckte Fresken von Hans Holbein d. Ä.

Veranstaltungen: Stadttheater, Fischergasse 37; Stadtpark; Spielcasino; Inselhalle am See; Kurkonzerte am Seehafen. – Theater- und Konzertgastspiele, Gästeabende, Ausstellungen im Alten Rathaus und im »Haus zum Cavazzen«. – Spielbank (täglich ab 15 Uhr). – Modellbahn-Großanlage (Hintere Insel). – »Gumpiger Donnerstag« und »Großer Narrensprung« (am Fastnachtssonntag).

Meersburg

5000 Einw. Reizvolles Städtchen mit mittelalterlichem Stadtbild, einstige Residenz der Konstanzer Bischöfe, bekannt durch seine guten Weine und sein Kunstgewerbe. Die Unterstadt liegt am See, die Oberstadt hoch darüber auf mächtigem Felsen.

Auskunft: Kur- und Verkehrsverwaltung, Schloßplatz 4, 7758 Meersburg, Tel. 07532/ 82383.

Geschichte:

Meersburg erhielt 1299 Stadtrecht. Der Ort entstand neben einer wohl schon seit dem 7. Jh. bestehenden Burg. 1526 verlegten die Bischöfe ihre Residenz aus dem protestantisch gewordenen Konstanz hierher. Durch die baufreudigen Barockbischöfe des 18. Jh. erlebte Meersburg einen großen Aufschwung.

Sehenswert:

Greth- oder **Kornhaus** von 1505, am Hafen, ein schöner spätgotischer Speicherbau mit hohem Staffelgiebel; hier beginnt die Seepromenade.

Altes Schloß, ein malerischer Burgkomplex, dessen Mittelturm mit 3 m dicken Mauern aus Findlingssteinen wohl auf das 7. Jh. zurückgeht. 1803 ging es in Staatsbesitz über, sollte abgebrochen werden, wurde aber dann an den Freiherrn Joseph von Laßberg verkauft, der hier seine großen Sammlungen unterbrachte und einen Mittelpunkt der deutschen Romantiker schuf. Seine Schwägerin, die Dichterin Annette von Droste-Hülshoff, lebte hier längere Zeit, starb auch hier 1848.

Meersburg, Altes Schloß

Zugänglich sind die malerischen Höfe mit alten Skulpturen, zwei schöne Rittersäle mit musealer Einrichtung, die Dürnitz-Wachtstube der Kriegsleute, das Arbeits- und Sterbezimmer der Dichterin Annette von Droste-Hülshoff (1797–1848) mit einzigartiger Aussicht auf den See (geöffnet täglich 9–18 Uhr, 1. Nov.–28. Febr. von 10.30–17 Uhr).

Neues Schloß, dem alten benachbart. Ehemals fürstbischöfliche Residenz, auf Veranlassung des Kardinals Hugo von Schönborn nach Plänen von Balthasar Neumann 1741–1750 erbaut; Stuckarbeiten von Jos. A. Feuchtmayer. 1759–62 Umbau durch Franz Anton Bagnato. Die Innenausstattung besorgten Carlo Pozzi, Giuseppe Appiani und der Kunstschlosser Joh. Oberhofer.

Parterre mit wechselnden Kunstausstellungen und Darstellung des Meersburger Kunsthandwerks. Im *1. Stock* das **Dornier-Luftfahrtmuseum**, ein Heimatmuseum, Barockkrippe und Gemälde lokaler Künstler. Das *Obergeschoß* enthält den Spiegelsaal mit Deckenfresken von Giuseppe Appiani und die ehemaligen fürstbischöflichen Wohnräume. Geöffnet April–Oktober täglich 10–13 und 14–18 Uhr.

Nördlich des Schloßparks führt die malerische *Vorburggasse* zum

Weinbaumuseum »Heilig-Geist-Torkel«, Nr. 11, gut restauriertes Haus von 1680, dessen Erdgeschoß den wohl ältesten Torkel des Bodenseegebietes enthält (1607). Das berühmte Türkenfaß kann 50160 Liter aufnehmen. Geöffnet April–September, Di, Fr, So 14–17 Uhr.

In der *Steigstraße* alte malerische **Fachwerkhäuser** und der »Brunnen der Ehrbaren Gesellschaft der 101 Bürger«.

Fürstenhäuschen, um 1640 als bischöfliches Rebhäuschen in den Weinbergen gebaut, später Besitz der Dichterin Annette von Droste-Hülshoff (Droste-Museum, geöffnet April–September täglich 10–12 Uhr und 14–18 Uhr, So und Fei 14–18 Uhr).

Kapelle von 1450 (schön geschnitzte Altäre) und Grabmäler der Dichterin Annette von Droste-Hülshoff, des Freiherrn von Laßberg, des Naturforschers Fr. Anton Mesmer und des Philosophen Fritz Mauthner.

Veranstaltungen: Bodensee-Weinfest im September. – Internationales Schloßkonzert im Spiegelsaal des Neuen Schlosses.

Ravensburg

43 000 Einw. Wirtschaftlicher und kultureller Mittelpunkt Oberschwabens, einstige Reichsstadt im Tal der Schussen mit zahlreichen Zeugnissen einer bewegten Vergangenheit. Die Innenstadt weist mit alten Türmen und gotischen Bauten noch weitgehend mittelalterlichen Charakter auf.

Auskunft: Kultur- und Verkehrsamt der Stadt Ravensburg, 7980 Ravensburg, Tel. 07 51/8 23 24 und 8 23 26.

Geschichte:

Die hoch über der Stadt liegende Veitsburg war einer der ältesten Stammsitze des Welfengeschlechts. Herzog Welf IV., der Gründer des Klosters Weingarten, ist wahrscheinlich auch der Gründer der Stadt. Ende des 12. Jh. kam der welfische Besitz in Oberschwaben in die Hand der Staufer, die hier ihren Sitz der königlichen Reichs- und staufischen Hausgutverwaltung in Schwaben einrichteten. 1276 wurde Ravensburg Reichsstadt. Im Spätmittelalter war Ravensburg eines der bedeutendsten oberdeutschen Wirtschaftszentren; die »Große Ravensburger Handelsgesellschaft«, die 1380 entstand, kontrollierte von hier aus einen großen Teil des Handels in Südeuropa. Unter einer vorwiegend aristokratischen Verwaltung blieb die Stadt selbständig und einflußreich, bis sie 1806 zu Württemberg kam.

Sehenswert:

Kornhaus, 1375 bereits erwähnt, war die Getreidebörse ganz Oberschwabens. An der Stirnseite des Gebäudes noch spätromanische Rundbogenfriese, im Inneren die ursprüngliche Holzstützenkonstruktion sichtbar.

Vogthaus, um 1480 errichtet, eines der wenigen mittelalterlichen Fachwerkhäuser. Seit 1955 ist hier das *Stadtmuseum* untergebracht. Es zeigt zahlreiche Dokumente aus der Geschichte der Stadt in z. T. original erhaltenen Räumen aus der Erbauungszeit, u. a. zwei Zimmer mit gewölbten Holzdecken. Geöffnet Mi–Sa 15–17, So 10–12 und 15–17 Uhr.

Gemalter Turm, am nordwestlichen Ende der Unterstadt, Teil der noch sichtbaren Stadtbefestigung aus dem 14. Jh. Der ca. 50 m hohe Turm trägt auf der Ostseite gemalte Rauten und Wappen, die ihm seinen Namen verliehen.

Wehrturm, östlich. Runder, zinnengekrönter Turm der alten Stadtbefestigung im 16. Jh. zur Verstärkung angegliedert.

Zehntscheuer, nahe beim Wehrturm. Schlichtes alemannisches Fachwerk unter mächtigem Walmdach.

Pfarrhaus St. Jodok, eines der schönsten Barockgebäude der Stadt, das auf J. C. Bagnato zurückgeht. Es wurde 1753 erbaut; gegenüber Pfarrkirche St. Jodok, 14. Jh.

Untertor von 1350, das bis ins 19. Jh. durch Vorwerk und Graben gesichert war. Der gedrungene Turm mit Staffelgiebel, in reichsstädtischer Zeit auch Zollstation, wurde im 16. Jh. auf seine Höhe von 36 m aufgestockt.

Hirschgraben, der noch erhaltene Abschnitt der Stadtmauer, ebenfalls im 16. Jh. mit einem weiteren Wehrturm verstärkt wie im Norden.

Lederhaus, Marienplatz, Ecke Bachstraße. Reich verziertes Bauwerk aus der Renaissance mit prächtigen Grisaille-Malereien (restauriert). Es war das Markthaus der lederverarbeitenden Gewerbe.

Waaghaus mit angebautem **Blaserturm,** auf der gegenüberliegenden Seite. Hier befanden sich die Stadtwaage und einzelne Großhandelslager. Der Turm diente ursprünglich als Teil der Stadtbefestigung, danach als Wachtturm des Stadtwächters. Über dem Eingang das reichsstädtische Wappen.

Untere Mang, im Norden des Marienplatzes. Reicher Fachwerkbau (Obergeschosse). Das Haus diente im 16. Jh. zum Mangeln und Färben der Leinwand.

Grüner Turm, 14./15. Jh., als einer der wenigen Türme Ravensburgs hat er seine ursprüngliche Gestalt behalten. Auch die grün glasierten Ziegel stammen zum Teil noch aus der Erbauungszeit.

Kirche U. L. Frau, Kirchstraße. Im 15. Jh. bekam die bis dahin dreischiffige Basilika ein südliches Seitenschiff hinzu. Erhebliche Veränderungen an der baulichen Substanz nahm man Ende des 19. Jh. vor. Das Innere (renoviert) enthält bedeutende Glasgemälde und einen geschnitzten Figurenschrein aus dem 15. Jh. Aus der gleichen Zeit stammen Hochaltar und das steinerne Sakramentshaus. Im rechten Seitenschiff eine Kopie der berühmten Schutzmantelmadonna, das Original steht in Berlin-Dahlem.

Humpis-Haus, Ecke Burgstraße, das älteste Fachwerkgebäude der Stadt, 1450 gebaut und nach einer der reichsten Patrizierfamilien benannt.

Haus der Großen Ravensburger Handelsgesellschaft aus dem Jahre 1446. Es war die größte deutsche Handelsgesellschaft im Mittelalter, sie bestand bis 1530. Im hinteren Gebäudeteil wurden romanische Mauerreste und Rundbogenfenster freigelegt. Die Gewölbemalereien im Durchgang sind auf das 15. Jh. zu datieren.

Obertor, das älteste Stadttor, heutiger Bau aus dem 16. Jh. Unter dem Staffelgiebel ein Erker, von dem aus Pech auf die Angreifer geschüttet werden konnte.

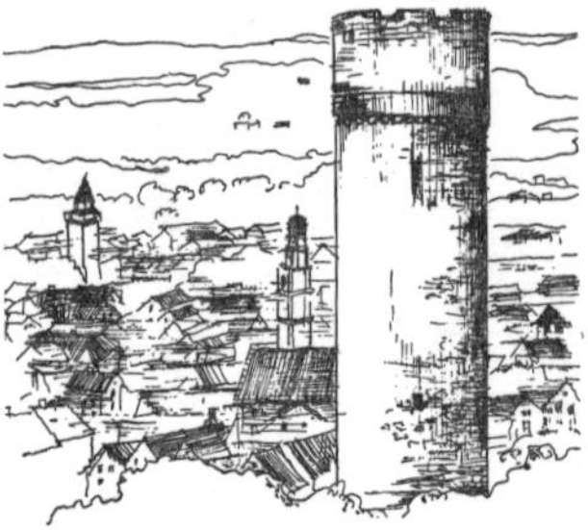

Ravensburg, Stadt der Türme

Mehlsack, das Wahrzeichen Ravensburgs, 1350 an der höchsten Stelle der Stadt erbaut. Der Turm diente den Bürgern zur Kontrolle des Veitsburg-Geländes, das sich bis ins 17. Jh. in der Hand der Landvögte, der politischen Gegner der Freien Reichsstadt befand.

Veitsburg, 526 m, die alte Rabenburg der Welfen, König Rudolf von Habsburg erklärte sie zum Reichseigentum, seitdem war sie Sitz eines österreichischen Landvogts, 1637 brannte sie nieder; das jetzige *Schlößchen* wurde 1750 erbaut (Jugendherberge). Von hier aus bietet sich eine weite Fernsicht gegen den Bodensee und die Alpen sowie über die oberschwäbische Hochebene.

Veranstaltungen: Historisches Rutenfest, Ende Juli.

Überlingen

Bodenseekreis, 404–650 m, 18000 Einw. Mit den eingegliederten Gemeinden. Malerischer Luftkurort und südlichstes deutsches Kneippheilbad in landschaftlich reizvoller und klimatisch begünstigter Lage am Nordufer des Überlinger Sees. Ehemals Freie Reichsstadt mit überliefertem mittelalterlichem Gepräge.

Auskunft: Städtische Kurverwaltung, Landungsplatz 7, 7770 Überlingen, Tel. 07551/87291 und 4041.
Verkehr: B 31 Meersburg – Stockach (Umgehungsstraße), kein Durchgangsverkehr.

Geschichte:
Überlingen war um 600 Sitz des Alemannenherzogs Gunzo; erste urkundliche Erwähnung 770. Marktgründung mit Stadtrecht unter den Staufern, ab Mitte des 13. Jh. Freie Reichsstadt mit bedeutender politischer Rolle in den Städtebünden, wichtigster Getreidehandelsplatz am Bodensee. Als Mineralbad bekannt ist Überlingen seit dem 16. Jh. Die mächtigen Befestigungen schützten die Stadt während der schwedischen Belagerung 1634, konnten aber die Eroberung durch die Besatzung des Hohentwiel 1643 und durch die Kaiserlichen 1644 nicht verhindern. 1803 kam Überlingen an Baden.

Sehenswert:
Mittelpunkt der Stadt ist das fünfschiffige **Nikolausmünster,** eine spätgotische Pfeilerbasilika aus Sandstein, zwischen 1350 und 1586 an der Stelle einer um die Mitte des 12. Jh. erbauten spätromanischen Basilika errichtet. Der eigenartig anmutende Nordturm ist 78 m hoch, der andere, mit der 177 Zentner schweren Osannaglocke (1444), nicht ausgebaut. 1408 wurde der Chor vollendet, das Langhaus 1429 vergrößert. Der riesige geschnitzte *Hochaltar* von Jörg Zürn, 1613–1616, ist ein Meisterwerk des deutschen Frühbarock, ebenso das steinerne Sakramentshäuschen.

Das **Rathaus** von 1490 am Münsterplatz (daneben der Pfennigturm); im Rathaussaal, einem der schönsten Deutschlands, befinden sich berühmte Holzschnitzereien des Jacob Ruß aus Überlingen aus dem Jahr 1494 (40 Statuetten der Reichsstände).

Franziskanerkirche, ursprünglich spätgotisch, 1753–1760 im Rokokostil umgebaut, mit feinen Plastiken Feuchtmayers.

Die **Altstadt** ist vom mittelalterlichen Mauerring und dem davor tief in den Felsen eingeschnittenen Graben umgeben.

Veranstaltungen: Schwedenprozession im Mai und Juli. Historische Fasnet mit »Hänselejuck«.

Allgäu und bayerisches Schwaben

Unter »Allgäu« versteht man das Gebiet zwischen dem Bodensee im Westen, dem Ammergau im Osten und dem Grenzkamm der Allgäuer Alpen und der Bregenzerwaldberge im Süden und Südwesten. Im Norden grenzt das Allgäu an das mittelschwäbische Alpenvorland, das sich fast bis zur Linie Illertissen – Kurmbach – Augsburg erstreckt.

Das Allgäu ist ein Teil Schwabens und wird von Schwaben bewohnt. In ihrer Sprache, ihren Bräuchen, ihrer Tracht, ja sogar in ihrer Bau- und Siedlungsweise sind die Allgäuer deshalb viel mehr mit den württembergischen Schwaben verwandt als mit den Bayern. Obwohl das Allgäu politisch zu Bayern gehört – bis auf einen kleinen baden-württembergischen Teil.

Der Süden des Allgäus wird von den Allgäuer Alpen beherrscht, die mit ihrem die 2000-Meter-Grenze weit überschreitenden Hauptkamm zu den höchsten und schönsten Berggruppen der Nördlichen Kalkalpen gehören. Berühmt sind die Allgäuer Alpen aber auch durch ihre zahlreichen Höhenwege und Klettersteige, die nirgendwo sonst in den nördlichen Ostalpen in einer solchen Vielzahl vorhanden sind. Zentralste und eine der abwechslungsreichsten Landschaften des Allgäus ist das Illertal zwischen Kempten, der Hauptstadt des Allgäus, und Oberstdorf. Das hügelige Gelände westlich von Kempten erreicht Höhen von über 1000 Metern, während sich im Osten der ausgedehnte Kemptner Wald erstreckt. Nach Süden zu reiht sich ein bedeutender Fremdenverkehrsort an den anderen, bis hin nach Oberstdorf. »Das oberste Dorf« des Allgäus, südlichste Markgemeinde Deutschlands, gehört zu den renommiertesten bayerischen Fremdenverkehrsorten und wird in einem Atemzug mit Berchtesgaden und Garmisch-Partenkirchen genannt. Eines der schönsten Alpentäler in diesem Gebiet ist das Stillachtal mit der kleinen Ortschaft Einödsbach, der südlichsten Dauersiedlung Deutschlands. Hauptort des Ostallgäus ist Füssen, die barocke Bergstadt am Lech und Schlußakkord und Glanzpunkt der Romantischen Straße. In nächster Umgebung stehen die berühmten Königsschlösser Hohenschwangau und Neuschwanstein.

Bleibt noch das westliche Allgäu, das sich zwischen dem Illertal und dem Lindauer Raum erstreckt und den württembergischen Teil mit einschließt. Im Gegensatz zu den hochalpinen Gipfeln des Ober- und Ostallgäus besteht die Bergwelt hier aus einem Gewimmel von Grasbergen, und wo Gestein zutage tritt, handelt es sich um die bröckelige Nagelfluh. Hier gibt es viel Wald und herrliche Aussichten ins Alpenvorland, vom Grünten, dem »Wahrzeichen« des Allgäus, oder von den Bergen um Pfronten, ebenso von der Deutschen Alpenstraße aus, auf der man das ganze Allgäu von West nach Ost durchfahren kann.

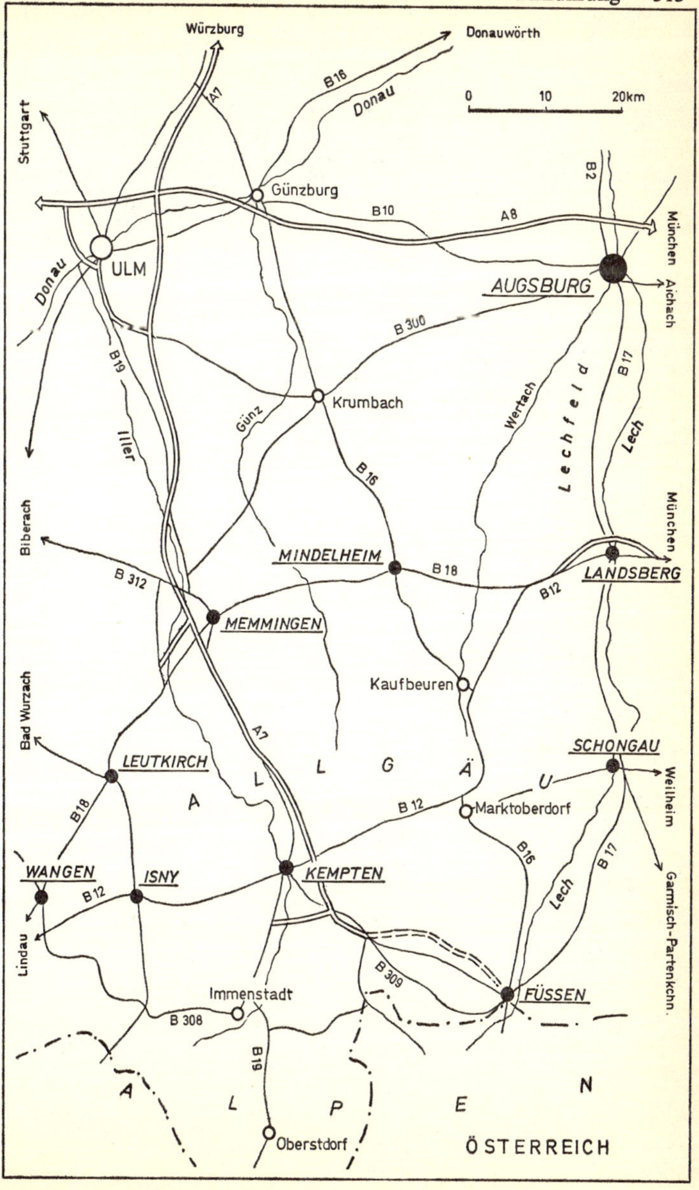
Würzburg
Donauwörth
Stuttgart
B16
A7
Donau
0 10 20km
Günzburg
B2
B10
A8
München
ULM
Donau
AUGSBURG
Aichach
B 300
B19
B17
Krumbach
Wertach
Lechfeld
Günz
Lech
Iller
B 16
Biberach
München
MINDELHEIM
B 18
LANDSBERG
B 312
B12
MEMMINGEN
Kaufbeuren
Bad Wurzach
A7
SCHONGAU
LEUTKIRCH
A L L G Ä U
Weilheim
B 12
Marktoberdorf
B18
B16
B 17
WANGEN
ISNY
KEMPTEN
B12
Lech
Garmisch-Partenkchn.
Lindau
B 309
Immenstadt
FÜSSEN
B 308
B19
A L P E N
Oberstdorf
ÖSTERREICH

Augsburg

240000 Einw. Am Zusammenfluß von Lech und Wertach sowie am Schnittpunkt von alters her wichtiger Verbindungsstraßen gelegen. Reges geistiges und wirtschaftliches Leben (Sitz einer Universität), prächtige Patrizierhäuser in der guterhaltenen Innenstadt einerseits (beachtenswerte Fußgängerzone), moderne Bauten (118 m hoher Hotelturm, Kongreßhalle) und Industrieanlagen andererseits weisen auf die seit dem Mittelalter immerwährende Bedeutung als Kultur-, Handels- und Industriezentrum hin. Augsburg ist die Geburtsstadt der Familien Holbein und Mozart sowie von Bertolt Brecht.

Auskunft: Verkehrsverein, Bahnhofstr. 7, 8900 Augsburg, Tel. 0821/36024. Stadtrundfahrten durch den Verkehrsverein (Mai–Oktober täglich 10.30 Uhr ab Rathausplatz).

Geschichte:

Augusta Vindelicorum war zur Römerzeit Hauptort der Provinz Raetien und blieb auch später eine feste Metropole des deutschen Südens. An seinen Mauern zerbrach der Ansturm der Ungarn (Bischof Ulrich, Schlacht auf dem Lechfeld, 955). Durch seine Tore ging später fast der gesamte deutsche Handelsverkehr nach Italien. Seine Patriziergeschlechter, an erster Stelle die Fugger und Welser, beherrschten das Wirtschaftsleben ihrer Zeit. Jakob Fugger der Reiche war der mächtigste Mann Europas; Bartholomäus Welser entdeckte und eroberte das heutige Venezuela; die Welser behielten dieses Land fast 100 Jahre als private Kolonie.

Zeugen der Blütezeit sind in der Altstadt die für Augsburg charakteristischen hochgiebeligen Zunft- und Patrizierhäuser und die Figurenbrunnen der Renaissance und des Barock, die zu den schönsten Brunnen Deutschlands gehören. Das einzigartig schöne, künstlerische Stadtbild wird abgerundet durch viele Bauwerke aus älterer und jüngerer Zeit, vor allem zahlreiche, meist gotische, in Barock und Rokoko ausgeschmückte Kirchen mit reichen Kunstschätzen.

Sehenswert:

Domkirche St. Maria, auch »Hoher Dom«, alte romanische, bis zum 11./12. Jh. mehrfach veränderte Basilika. Im Inneren wertvolle altromanische Friese aus dem 11. Jh., prächtige Schlußsteine, Konsolen und Zwickelmalereien von 1330 bis 1343. Beachtenswert: ein Gemälde des hl. Christophorus (1491). – Im Mittelschiff, aus dem wohl ältesten Glasgemälde-Zyklus der Welt, fünf figürliche Darstellungen der Propheten Jonas, Daniel, Hosea, Moses und David von 1132. An den vier Altären des Mittelschiffs (zwei östlichen Pfeilerpaaren) Gemälde von Holbein, 1493. – Sehenswerte Ausstattung (Glasgemälde, Altäre und Grabmäler) in den gotischen Kapellen des Ostchors.

St.-Anna-Kirche (gegenüber Maximiliansmuseum) des ehemaligen, 1321 gegründeten Karmeliterklosters, seit 1525 evangelisches Gotteshaus. Dreischiffige Basilika (von 1487 bis 1497 entscheidender Umbau einer älteren Anlage), von 1747 bis 1749 von A. Schneidmann und J. G. Bergmüller barockisiert.

Großartige Kanzel (1682) von Heinrich Eichler. Im Altar (19. Jh.) eingesetzes Gemälde von Lucas Cranach d. Ä. »Christus als Kinderfreund« (1531). Ebenfalls

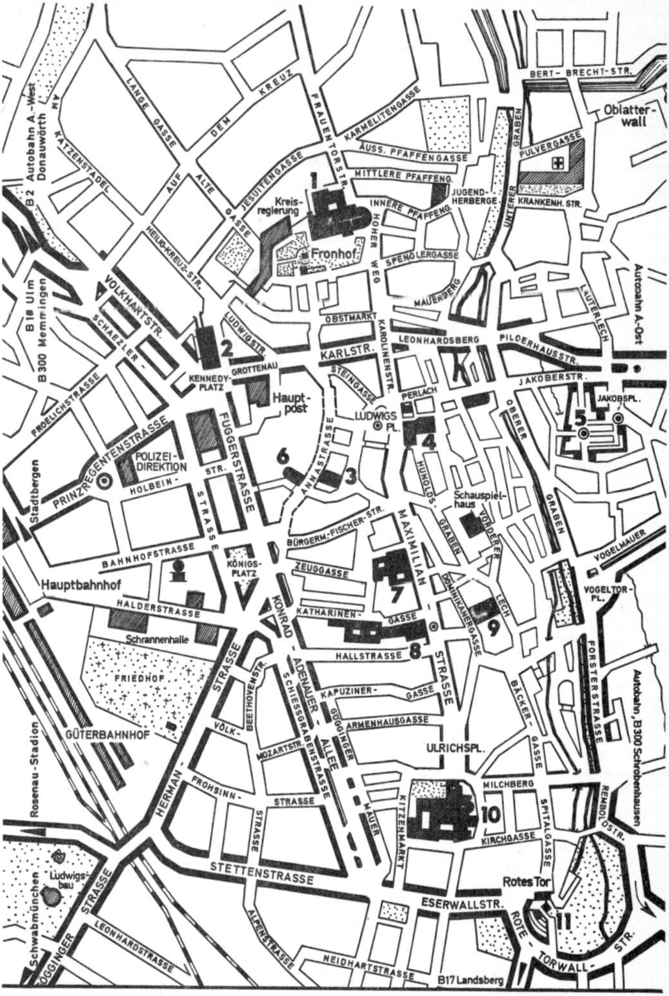

AUGSBURG
INNENSTADT

Information

0 100m 200m 300m

1 Domkirche St. Maria
2 Stadttheater
3 Maximilianmuseum
4 Rathaus
5 Fuggerei
6 St.-Anna-Kirche, Grabkapelle der Fugger
7 Stadtpalast der Fugger mit Damenhof
8 Schaezlerpalais, Städt. Kunstsammlung
9 Römisches Museum (ehem. Dominikanerkirche)
10 St.-Ulrich-Kirchen
11 Freilichtbühne

von Lucas Cranach »Dr. Martin Luther« und »Kurfürst Johann Friedrich von Sachsen« von 1529.

Fuggersche Grabkapelle, 1509 bis 1518, eine Stiftung Jakob Fuggers des Reichen und seiner Brüder. Besonders wertvoll und beachtenswert als das erste Renaissancewerk in Deutschland. – Nördlich des Ostchores schließt sich die **Goldschmiedekapelle** (1420 bis 1425) an, eine Stiftung von einem Patrizierehepaar, das von der Pest verschont worden war. Später Kapelle der Goldschmiedezunft, 1496 erweitert. Von größter kunsthistorischer Bedeutung sind die gotischen Fresken, die man 1889 wieder entdeckte und ausgezeichnet restaurierte.

Rathaus, 1615–1620, von Elias Holl, dessen Hauptwerk und sicher eines der bedeutendsten Bauwerke der deutschen Renaissance. Die Innenausstattung stammte von Joh. Matth. Kager, 1623 vollendet. 1944 wurde das Rathaus stark beschädigt und dabei der »Goldene Saal« total zerstört. Zur 2000-Jahr-Feier 1985 wurde dieses Kleinod wiederhergestellt. Besonders eindrucksvoll ist die Ostfassade. Erhalten blieb der »untere Rathausflez«.

Fuggerei, 1516–1525 Stiftung Jakob Fuggers, als Wohnstätte für arme Bürger bestimmt und damit wohl die älteste soziale Siedlung der Welt. Die Miete beträgt noch heute im Jahr 1,71 DM = Gegenwert eines Rheinischen Gulden. Baumeister war Thomas Krebs. Ehemals 53 Häuser mit etwa 106 Wohnungen, nur noch z. T. im ursprünglichen Zustand.

Stadtpalast der Fugger, an der Maximilianstraße (beim Palasthotel Drei Mohren), 1512–1515 als Gästehaus erbaut. Frühe Kassettenbemalung der Außenfassaden. Berühmt sind die Innenhöfe.

Städt. Kunstsammlungen im Schaezlerpalais, Maximilianstraße 46/I: Einzige deutsche Barockgalerie

Die Fuggerei wurde von Jakob Fugger als Wohnstätte für arme Bürger gestiftet

(17./18. Jh.) sowie Stiftung Haberstock und Plastiksammlung Fritz Koelle (geöffnet täglich außer Mo 10–16 Uhr, freier Eintritt).

Schaezlerpalais, 1765–1767, von Karl A. von Lespilliez, großartigster und besterhaltener barocker Profanbau Augsburgs. Besonders bemerkenswert von der Inneneinrichtung das Treppenhaus sowie der Große Bankettsaal mit seiner Rokokostukkatur (Feichtmayer), seiner geschnitzten Vertäfelung (P. Verhelst) und Deckenfresken (G. Guglielmi).

Staatsgalerie (ehemalige Katharinenkirche). Vom Schaezlerpalais her zugänglich. Altdeutsche Malerei (15./16. Jh.), augsburgische und schwäbische Malerei; sieben Basilikenbilder und die Valentinslegende von Zeitblom, schwäbische Altarwerke von hohem Rang.

Ehem. **Dominikanerkirche St. Magdalena** von 1513 bis 1515, 1716 bis 1724 barockisiert, Stukkaturen von Anton Feichtmayer und seinen Brüdern Franz Xaver und Johann Michael.

Ev. **Ulrichkirche** von 1457, 1710 barockisiert, ursprünglich nur Bet- und Predigtsaal der Benediktiner. Bemerkenswerte Ausstattung; schöne strenge Stukkierung, prächtige Kanzel von Daniel Scheppach, 1712–1714.

Ehem. **Benediktiner-Reichsstift St. Ulrich und Afra** von 1475 bis 1500. Chor von 1500 bis 1607. – Baumeister: V. Kindlein, Burkhard Engelberg, Hans König und Konrad Stoß.

Römisches Museum in der ehem. Dominikanerkirche (Dominikanergasse). Neu aufgestellte Sammlung römerzeitlicher und frühgeschichtlicher Funde aus Augsburg und Bayerisch-Schwaben; Eintritt frei, Mo geschlossen.

Das Rathaus gilt als ein Hauptwerk der deutschen Renaissance

Städtisches Maximiliansmuseum, Philippine-Welser-Straße 24: Römische Steindenkmäler, Stadtgeschichte, Kulturgeschichte und Kunstgewerbe Augsburgs sowie Schatzkammer der Augsburger Gold- und Silberschmiede.

Fuggereimuseum, Mittlere Gasse 13, eine der letzten alten Fuggereiwohnungen mit Hausrat des 16.–18. Jh. Ganztägig geöffnet.

Veranstaltungen:
Augsburger Frühjahrsmesse, Friedensfest 8. August; zahlreiche Märkte. – Frühjahrs- und Herbst-Plärrer, Volksfest an der Schwimmschulstraße (ehem. Kleiner Exerzierplatz). – »Christkindlesmarkt« auf dem Rathausplatz; er zählt zu den eindrucksvollsten deutschen Weihnachtsmärkten.

Füssen

800 m, 13000 Einw. Kneippkurort, Mineral- und Moorbad, Wintersportplatz, altertümliche, malerische Stadt (im Stadtwappen drei Füße) am linken Lechufer und am Südufer des Forggensees gelegen, unmittelbar an der Tiroler Grenze.

Ein Kranz großartiger Felsgipfel und neun Bergseen umschließen die vielbesuchte Bergstadt am Lech, in deren nächster Umgebung die Königsschlösser Neuschwanstein und Hohenschwangau liegen.

Auskunft: Kurverwaltung, Augsburger-Tor-Platz 1, Postfach 1165, 8958 Füssen, Tel. 08362/7077–78.

Geschichte:
Füssens Geschichte reicht bis in die Zeit der Römer zurück, die hier ein Kastell hatten. Anfang des 14. Jh. erhielt Füssen Stadtrechte und fiel (1313) an das Bistum Augsburg. Schwere Tage erlebte der Ort im Schmalkaldischen Krieg und den nachfolgenden Wirren sowie im Dreißigjährigen Krieg. 1745 im Gasthof »Zum Goldenen Posthorn« Friedensschluß zwischen dem Kurfürsten Max II. von Bayern und Maria Theresia (Österreichischer Erbfolgekrieg). Bei der Säkularisation des Bistums Augsburg (1812) kam die Stadt an Bayern.

Sehenswert:
Das auf einem Felsen malerisch gelegene **Hohe Schloß** (835 m) der einstigen Fürstbischöfe von Augsburg, 1322 erbaut, um 1500 von Bischof Friedrich von Zollern, um 1830 von König Max II. und von Ludwig I. von Bayern erneuert, mit gewaltigem Bergfried, ist das Wahrzeichen der Stadt.

Rittersaal mit schön bemalter Kassettendecke. Fürstenzimmer mit einem gotischen Kachelofen. Im südlichen Gebäudeteil jetzt das Amtsgericht. Nach der Renovierung von 1977 befindet sich hier eine Filiale der Bayerischen Staatsgemäldesammlungen. Vom Uhrenturm oder dem Fallturm schöner Blick auf die Stadt.

Pfarrkirche, unterhalb des Schlosses, ehem. Stiftskirche St. Mang (Magnus), 1701–1717 von Jakob Herkomer in wuchtigem Barock erbaut mit schöner Kuppel. Rokoko-Orgel von Andreas Jäger (1754).

Im *Innern* (Besichtigung außerhalb des Gottesdienstes, wochentags 9–12 und 15–18 Uhr, So und Fei nur 15–18 Uhr) interessante Grabdenkmäler, meist mit kunstvollen Marmorreliefs, und Gemälde (die beiden Gemälde der großen Seitenaltäre sind Originale von Pellegrin). Im Chor ein altes, gut erhaltenes Gemälde, das Kaiser Karl den Großen darstellt. Stola, Stab und Kelch des heiligen Magnus, des »Apostels des Allgäus«, der im 8. Jh. hier wirkte, werden in der Magnuskapelle gezeigt.

Eingang zur beachtenswerten Krypta vom Hauptschiff der Kirche, in einer Fensternische die Hll. Gallus und Magnus (9. Jh.); sie gehören zu den ältesten Fresken des deutschen Sprachgebietes (Ähnlichkeit mit den Fresken in St. Prokulus bei Naturns).

St.-Anna-Kapelle, unmittelbar neben der Kirche (Besichtigung täglich 8–11 und 14–16 Uhr, Sa 8–12 Uhr) mit dem berühmten *Füssener Totentanz* (Fresken) aus dem 16. Jh. von dem Füssener Maler Jacob Hiebeler und Grabmäler aus dem 16. und 17. Jh.

Ebenfalls neben der *Pfarrkirche* das **Kloster St. Mang,** die ehem. Benediktinerabtei, 1703–1727 von Jakob Herkomer erbaut. Die Benediktinerabtei wurde vom heiligen Magnus 728 gegründet, dann von Pippin ausgebaut, 788 zerstört und von Bischof Sigmund wieder erneuert. 1803 wurde sie aufgehoben. Der nördliche, 1911 umgebaute Teil ist jetzt **Rathaus.** Sehenswert die ehem. Prunkräume im Barock- und Rokokostil (Besichtigung 1. 5.–30. 9. täglich 10.30 Uhr); Refektorium, Fürstensaal, Papstzimmer, Bibliothekssaal im *Heimatmuseum.*

In der Stadt zahlreiche schöne alte **Giebelhäuser;** sehr malerisch die alte Stadtmauer mit ihren Toren und Türmen, besonders bei der **Franziskanerkirche** (bemerkenswerte Ausstattung).

In der Umgebung:
Schwangau, *3300 Einw. Beliebter Luftkurort und Wintersportplatz am Fuß der Königsschlösser Neuschwanstein und Hohenschwangau, umgeben von Bergen und vier Seen (Forggensee, Alpsee, Schwansee und Bannwaldsee).*

Auskunft: Verkehrsamt, Rathaus, 8959 Schwangau, Tel. 08362/81051.

Gondelbahnen: Tegelbergbahn, Tst. 830 m – Bst. Tegelberghaus 1720 m.

Sehenswert:
Wallfahrtskirche St. Coloman, mächtiger Bau mit reichem Stuck, 1673 vom Wessobrunner Meister Johann Schmuzer errichtet; schöne spätgotische Schnitzfiguren.

Auf einem Ausläufer des Schwarzenberges

Schloß Hohenschwangau, 864 m, über dem Alpsee und Schwansee prächtig gelegen; 5 Min. Fußweg vom Ort Hohenschwangau.

An der Stelle der heutigen Burg stand vermutlich schon vor dem 10. Jh. eine ursprünglich welfische, später staufische Burg Schwanstein. Der letzte Hohenstaufe, Konradin, trat von hier die Italienfahrt an; er wurde 1268 in Neapel hingerichtet. Die Burg Schwanstein hatten die Edlen von Schwangau zu Lehen, ihr berühmtester Sproß, der Minnesänger Hiltepold von Schwangau, ist mit über 20 Liedern und Gemälden in der Manessischen Handschrift erwähnt. Nach dem Ruin der Ritter von Schwangau kamen Burg und Herrschaft Hohenschwangau 1535 in den Besitz der Augsburger Patrizierfamilie Paumgartner, die 1538 bis 1547 hier ein neues Schloß errichtete, das später zerfiel. 1832 wurde die Ruine Eigentum des Kronprinzen, späteren Königs Max II., der das Schloß in Anlehnung an die italienischen Pläne von 1538 unter dem Namen Hohenschwangau wieder aufbauen ließ. Später war das Schloß Lieblingsaufenthalt des unglücklichen Bayernkönigs Ludwig II., des Sohnes des Erbauers.

Besichtigung 1. 4.–1. 10. täglich 8.30–17.30 Uhr, 1. 10.–1. 4. täglich 10–16 Uhr.

Man betritt zunächst den *Schloßhof;* hier ein Marienbrunnen. Im *Schloßgarten* Schwanenbrunnen, Marmorbad und Löwenbrunnen. Im Erdgeschoß Halle und Hauskapelle. Im *1. Stockwerk* Schwanritter- und Schyrensaal, Orient-, Schwangauer-, Bertha- und Burgfrauenzimmer. Im *2. Stockwerk* Helden- und Hohenstaufensaal sowie Autharis-, Ritter-, Tasso- und Welfenzimmer. – In den meisten Räumen Gemälde (Szenen aus der deutschen Sage und Geschichte darstellend) von Lindenschmit, Moritz von Schwind, Neher und Quaglio. Ausstellung von Erinnerungsgegenständen an Prinzregent Luitpold, von Briefen König Ludwigs II. und Richard Wagners. – Von den Fenstern des 2. Stockwerks großartiger Blick auf Berge und Täler.

Dem Aufgang nach Hohenschwangau gegenüber beginnt die Straße nach (30 Min.)

Schloß Neuschwanstein, 964 m, wohl der eindrucksvollste Burgbau der Neuzeit, auf gewaltigem, aus der Pöllatschlucht emporstrebendem Felsen aufragend. König Ludwig II. ließ die Burg an Stelle der Ruinen Vorder- und Hinterschwangau 1869 bis 1886 (Kemenate nach dem Tod des Königs bis 1892) durch Jank, Riedel und Dollmann in romanischem Stil und mit großartiger Prachtentfaltung erbauen. – Wenige Minuten vom Schloß Burgrestaurant.

Besichtigung 1. 4. bis 1. 10. täglich 8.30–17.30 Uhr, 1. 10. bis 1. 4. täglich 10–16 Uhr.

Schloß Neuschwanstein

Zugang durch den *Torbau:* gegenüber die Grundmauern der nicht ausgeführten Burgkapelle und des Bergfrieds (Hauptturm); dann über eine Steintreppe zum *Oberen Schloßhof,* den Ritterbau (rechts), Frauenbau-Kemenate (links) sowie (zwischen beiden) den von einem 65 m hohen Turm überragten Palas umschließend.

Im *Erdgeschoß* die Wirtschaftsräume mit der Schloßküche. Eine Freitreppe führt zu einem Vorplatz, von dem rechts eine breitere, gegenüber eine engere Turmtreppe zu den Stockwerken hinaufgeleiten.

Der *1. Stock* enthält die Räume der Dienerschaft, der *2.* ist unvollendet (Rohbau), der

3. Stock enthält die Königswohnung. Bei den bildlichen Darstellungen in den Gemächern – ausgeführt von Aigner, Hauschild, Jul. Hoffmann, Piloty, Schwoiser u. a. – haben durchwegs Vorlagen aus der deutschen Sage und mittelhochdeutschen Dichtung Verwendung gefunden: im Vorplatz Darstellungen aus der Edda (Sigurdsage), im Arbeitszimmer (grün mit gold) Tannhäuser; Im Wohnzimmer (blau mit silber) Lohengrin; im Ankleidezimmer (violett mit goldgestickten Pfauen) Motive nach Walther von der Vogelweide und Hans Sachs; im Schlafzimmer (blau mit gold) Tristan und Isolde; Bett mit gotischem Aufsatz: vom Balkon und Erker herrliche Aussicht; im Speisezimmer (bordeauxrot mit Gold-Gobelin-Malerei) das Leben auf der Wartburg. Vom Treppenvorplatz rechts in den Thronsaal, byzantinischer Stil: 20 m lang, 12 m breit und 13 m hoch. 2 Galerien mit Stucksäulen, Decke mit Sonne, Mond und Sternen, den Himmel darstellend, während auf dem Fußboden in Marmormosaik die Erde mit ihren Pflanzen und Tieren wiedergegeben ist. In der Thron-Nische Gemälde, Christus, Maria und Johannes mit den sechs heiliggesprochenen Königen darstellend; vom Balkon, der an den Saal anstößt, unvergleichlicher Blick auf Seen, Wald und Berge.

Im *4. Stock*, zu dem die Haupttreppe hinaufführt, zunächst ein Vorsaal mit einem am Fuß einer mächtigen, aus einem Stück gegossenen Palme kauernden, wunderlichen Drachen aus der Siegfried-Sage, dann (nach Durchschreiten des säulen- und freskengeschmückten »Tribünen«-Ganges) der Fest- oder Sängersaal (27 m lang, 10 m breit) mit bildlichen Darstellungen aus Wolframs Parsifal, der Sängerlaube mit der Weltesche, Minnesänger-Bildnisse, mit Klingsors »Zauberwald«, gemalt von Chr. Jank, dem Planer des Schlosses Neuschwanstein, und mit herrlichem Blick in die Pöllatschlucht und auf die Marienbrücke.

Veranstaltungen: Kurkonzerte, Heimatabende, Bauerntheater, Diavorträge, Stadt-, Museums- und Kirchenführungen, archäologische Rundgänge, geführte Wanderungen, Fotospaziergänge, Gästestammtisch, Wildfütterung.

Isny im Allgäu

12 500 Einw. 700–1118 m hoch gelegener heilklimatischer Kurort und vieltürmiges mittelalterliches Reichsstädtchen. Mauernumgeben liegt es inmitten sanfter Höhenzüge, die über 1000 m erreichen und den württembergischen Anteil an den deutschen Voralpen ausmachen.

Auskunft: Kur- und Gästeamt, Rathaus, 7972 Isny, Tel. 07562/70110.

Sehenswert:
Ev. Pfarrkirche St. Nikolaus, romanische, dreischiffige Basilika mit flacher Renaissance-Kassettendecke und spätgotischem Chor von 1455; geschnitzte Kanzel von 1643.

St.-Georgs-Kirche, weiter oberhalb (ehemals Benediktiner-Klosterkirche), 1660 bis 1666 als Hallenkirche neu erbaut, mit Rokoko-Dekorationen. Im Innern schöner Hochaltar und Rokoko-Kanzel von Hans Georg Gigli; die Deckengemälde stammen von Michael Holzhey.

Rathaus, am Markt, malerisch mit Erkervorbauten und Arkaden, erbaut 1680 als Patrizierhaus. Innen schöne Holzdecken, Holztäfelungen und ein Winterthurer Kachelofen von 1685.

Graben, vollkommen erhaltene mittelalterliche Stadtbefestigung mit Mauern und Diebsturm.

Josefkapelle, in der östlichen Vorstadt, barocker Zentralbau von 1751/52, ausgemalt vom Isnyer Gastwirt und späteren Hofmaler Franz Anton Dick (1754–1771). In der Kirche eigenartige Echowirkung.

Kempten (Allgäu)

Kreisfreie Stadt und Hauptstadt des Allgäus, 689 m, 58 000 Einw. Die Stadt ist beiderseits der Iller schön gelegen und gliedert sich in die Altstadt an der Iller (die ehemalige Reichsstadt), die höher gelegene Neustadt (deren älterer Teil Stiftsstadt ist) und die in jüngster Zeit entstandenen neuzeitlichen Stadtteile. Kempten ist Handels- und Industrie-

stadt. Der Handel erstreckt sich vornehmlich auf den Vertrieb der milchwirtschaftlichen Erzeugnisse des Allgäus (Haus der Milchwirtschaft, Süddeutsche Butter- und Käsebörse, Allgäuhalle). Die Industrie befaßt sich in der Hauptsache mit der Herstellung von Erzeugnissen der Weberei und Spinnerei, Papierverarbeitung (meist in Großbetrieben). Ansehnlich sind auch Maschinen- und Instrumentenerzeugung, Brauereien und Druckgewerbe. Glockengießerei.

Auskunft: Stadt Kempten, Verkehrsamt, Rathausplatz 14, Tel. 08 31/2 52 52 37; Amtliches Allgäuer Reisebüro, Tel. 2 65 11.
Verkehr: Kreuzungspunkt der B 12 Marktoberdorf – Isny und B 19 Sonthofen – Oberstdorf. Ausgangspunkt der B 309 nach Nesselwang. – Autobahn A 7, Anschlußstellen.

Geschichte:
Strabo (griechischer Geograph, gest. 19 n. Chr.) nennt Cambodunum als Sitz der keltischen Estionen. Um 752 wurde die Benediktinerabtei gegründet. Macht und Besitztum der Abtei wuchsen im Lauf der Jahrhunderte zu beachtlicher Größe. Seit dem Ende des Mittelalters zählte der Abt von Kempten zu den Fürsten des Reiches. – Die Stadt, heutige Altstadt, die ursprünglich unter der Herrschaft der Fürstabtei stand, wurde 1289 Freie Reichsstadt. Stadt und Fürstabtei wurden bald zu Rivalen, bis 1525 die letzten Rechte der Abtei in der Stadt abgelöst wurden. – Der Dreißigjährige Krieg machte der Blütezeit von Stadt und Abtei ein Ende. Sie wurde bald von den Kaiserlichen, bald von den Schweden besetzt, zuletzt (1633) von den Kaiserlichen gestürmt, 1818 fielen Stadt und Abtei an Bayern.

Sehenswert:
Residenzgebäude der Fürstäbte, erbaut (1651–1674) im Barockstil, heute Sitz verschiedener staatlicher Behörden. Im *Innern* (Besichtigung nach Anmeldung beim Hausmeister des Landgerichts, nur Sa nachmittags und So vormittags) reich ausgestattete Säle mit Rokokodekorationen, die zum besten bayerischen Rokoko gehören, darunter der Fürstensaal (mit Bildnissen der Äbte) und der hervorragend schöne **Thronsaal** sowie **Prunkräume**, Bibliothek und Schlafzimmer der Fürstäbte.

Erhöht gelegen die westlich an die Residenz angebaute ehemalige **St.-Lorenz-Kirche,** jetzt Stadtpfarrkirche und päpstliche Basilika (basilica minor), 1652–1666 von dem Vorarlberger Michael Beer und dem Graubündner Johann Serro erbaut, die erste nach dem Dreißigjährigen Krieg auf deutschem Boden errichtete Kirche in diesem Stil und in dieser Bauart, mit markanter Silhouette (stattliche Kuppel, zwei Türme, 1900 ausgebaut). Das *Innere* weist reichen ornamentalen Schmuck auf, es enthält u. a. die Grabdenkmäler der Fürstäbte.

Im **Zumsteinhaus** am Residenzplatz die »Römische Sammlung Cambodunum«, die Naturwissenchaftliche Sammlung und das Alpenrelief.

Kornhaus, eine Schöpfung des Fürstabtes Rupert von Bodman (Anfang des 18. Jh.), mit dem **Allgäuer Heimatmuseum,** das in 23 Räumen die Sammlungen der Stadt und des Heimatvereins Kempten enthält (wertvolle vorrömische Altertümer, Münzsammlung, Gemälde, Wohnkultur in Stadt und Land, Fürstabtei und Reichsstadt).

Rathaus, ein reizvolles Bauwerk von 1474, im 16. Jh. im Renaissancestil umgebaut. 1934 wurden Wand und Decke der ehemaligen Weberzunftstube in die Rathaussäle eingebaut und das Äußere in Anlehnung an den ursprünglichen Stil umgestaltet.

Rathausbrunnen, einer der schönsten Renaissancebrunnen Deutschlands, 1604 von H. Krumper errichtet, einen helmgeschmückten Ritter darstellend.

St.-Mang-Kirche, in den Anfängen etwa aus dem 8. Jh.; 1426–1428 Neubau mit spätgotischem Chor. Das Kirchenschiff wurde 1767 barock erneuert; 1970/71 renoviert. Schöne Glasmalereien von Kreling und Gemälde (u. a. von Hau). Besichtigung 8 bis 18 Uhr. Mesner: Reichsstraße 13/III.

Veranstaltungen: Konzert- und Theateraufführungen, Folklore, Allgäuer Festwoche und Festspiele auf der Freilichtbühne Burghalde in der 2. Augusthälfte. – Stadtführungen.

Landsberg am Lech

19 000 Einw. Terrassenförmig an den Steilufern des Lechs aufgebaute sehenswerte Stadt, die eine der ältesten und stärksten Festungen Bayerns war.

Auskunft: Städtisches Verkehrsamt, Hauptplatz 1, 8910 Landsberg, Tel. 08191/128246.

Geschichte:
Heinrich der Löwe errichtete 1160 die »Landespurc« zum Schutz der Handelsstraße (Salzstraße), die über den Lech führte. Landsberg erhielt um 1280 Stadtrechte und wuchs rasch zur ansehnlichen Stadt mit Mauern, Türmen und Toren. Pest und zahlreiche Kriege verwüsteten die Stadt und dezimierten die Bevölkerung. Anfang 1950 begann ein neuer Aufschwung, Landsberg wurde Garnisonsstadt und ist einer der größten Standorte der Bundeswehr in der Bundesrepublik.

Sehenswert:
Von dem aus dem 13. bis 15. Jh. stammenden Befestigungsring sind noch große Teile erhalten, so der Schöne **Turm** am Hauptplatz, das großartige **Bayertor** auf der Höhe der Lechleite, das **Bäckertor** am Mühlbach, das **Sandauer Tor,** das **Färbertor,** der **Nonnenturm** u. a.

Von besonderer Schönheit ist der malerische **Stadtplatz** mit barockem **Marienbrunnen** und **Rathaus,** 17.–18. Jh., Stuckfassade von Dominikus Zimmermann, der in

Bayertor in Landsberg

Landsberg als Bürgermeister amtierte.

Turnierhof aus der Zeit des Landsberger Bundes (16. Jh.) im Staffinger Anwesen am Sandauer Tor und **Stadtmuseum** im Mutterturm (erbaut von H. v. Herkomer).

Johanniskirche, 1750–1752 von Dominikus Zimmermann erbaut.

Stadtpfarrkirche Mariä Himmelfahrt, 1454–1488 erbaut, wertvolle gotische Glasfenster von 1500, Rosenkranzaltar von Dominikus Zimmermann, gotische Madonna aus Lindenholz von Hans Multscher um 1460 u. a. Kunstschätze.

Klosterkirche an der Herkomerstraße (1720–1725 nach Plänen und unter Mitarbeit von Dominikus Zimmermann erbaut).

Heilig-Kreuz-Kirche (Malteserkirche) auf beherrschender Höhe über der Stadt (Barockkirche mit großen Deckenfresken von Chr. Thomas Scheffler, 1752–1754 neu erbaut).

Veranstaltungen:
Alle drei Jahre wird im Juli das historische Ruethenfest gefeiert. Dieses jahrhundertealte Kinderfest mit großem Festzug und historischer Theateraufführung veranschaulicht die bedeutendsten Begebenheiten aus der Geschichte der Stadt. – Bekannte Rathauskonzerte.

Leutkirch im Allgäu

20000 Einw. Ehemalige Freie Reichsstadt mit bewegter Vergangenheit am Ostrand der Leutkircher Heide, malerisch an der Wilhelmshöhe.

Auskunft: Verkehrsbüro, 7970 Leutkirch im Allgäu, Tel. 07561/3665.

Sehenswert:
Rathaus von 1739–1743 mit geschmackvollen Rokokodekorationen und Stuckdecke im Sitzungssaal.

Stadtbefestigung: Reste der ehem. Stadtbefestigung mit Bockturm und Pulverturm sind noch erhalten. – Sehenswertes **Stadtbild** mit schönen Fachwerk- und Laubenhäusern aus der Reichsstadtzeit.

Pfarrkirche St. Martin, 1514–19, gotische Hallenkirche, spätgotische Anna Selbdritt, um 1485, auf nördlichem Seitenaltar.

Heimatmuseum mit Bock-Gebäude, mit Exponaten aus der Steinzeit, Handwerk und Zunftwesen, Wohnkultur und Malerei.

Spaziergänge, Wanderungen:
Wilhelmshöhe, 704 m, 5 Min. östlich der Stadt, inmitten hübscher Anlagen mit Kneippbad. Umfassendes Alpenpanorama.

Schloß Zeil bei **Unterzeil,** 1–2 Std. nördlich, weithin sichtbar auf einem Höhenrücken gelegen. Besitz des Fürsten von Waldburg-Zeil, erstmals genannt 1123. Neubau einer großen vierflügeligen Anlage mit Eckpavillons 1598 unter dem Truchsessen Froben (gest. 1614) durch Baumeister Jörg Reutter.

Pfarrkirche Mariä Himmelfahrt, zusammen mit dem Schloß, zu dem ein Gang hinüberführt, erbaut, bis 1808 mit einem Kollegiatsstift verbunden. Hochaltar 1763/64 von J. A. Feuchtmayer, J. Georg und Franz Anton Dürr, reich geschnitztes Chorgestühl von Jakob Bendel, 1611. – Vom Schloß bei klarem Wetter herrliche Sicht bis zur Zugspitze.

Veranstaltungen: Konzerte, Heimatabende, Theatergastspiele, Stadtführungen, geführte Wanderungen und Radwanderungen.

Memmingen

38 000 Einw. Ehem. Freie Reichsstadt, altertümliche, malerische Stadt mit wohlerhaltenen Türmen und Toren. Mittelpunkt eines weiten bäuerlichen Hinterlandes.

Auskunft: Städt. Verkehrsamt, Ulmer Str. 9, 8940 Memmingen, Tel. 0 83 31/85 03 38.

Geschichte:
Alemannisches Sippendorf an römischer Straße, dann fränkischer und welfischer Fronhof, 1131 zerstört. Um 1160 gründete Welf VI. die Stadt, die nach 1191 staufisch und nach 1268 Freie Reichsstadt wurde. Blütezeit im 14. und 15. Jh. 1525 entstanden in der Kramerzunft zu Memmingen die bekannten 12 Bauernartikel, Auslöser des deutschen Bauernkrieges. 1551 gewaltsame Verfassungsänderung durch Kaiser Karl V., an die Stelle der Zünfte trat ein patrizisches Stadtregiment.

Sehenswert:
Ulmer Tor, nördliches Stadttor, 1495 mit Satteldach und Glokkentürmchen erbaut. An der Ulmer Straße das

Grimmelshaus, ein ehemaliges Patrizierhaus mit Stukkaturen des 18. Jh., das heute als Städtisches Kulturzentrum Bibliothek, Archiv, Volkshochschule etc. beherbergt, und das

Parishaus, ein restauriertes Patrizierhaus von 1736, in dem sich das Städtische Verkehrsamt befindet.

Marktplatz. Wegen seiner Geschlossenheit gilt er als einer der schönsten der schwäbischen Städte, mit

Rathaus im Renaissance-Stil 1589 erbaut, 1765 erneuert und mit Rokokostuck dekoriert.

Steuerhaus von 1495 mit offenem Laubengang im Erdgeschoß.

Großzunft von 1719 mit Schneckengiebel und Dachgauben, ehemaliges Gesellschaftshaus der Patrizier, Ecke Marktplatz/Kalchstraße.

Kreuzherrenkirche, ebenfalls in der Kalchstraße, ursprünglich gotisch, 1709 von Matth. Stiller im Wessobrunner Stil stuckiert.

Hermansbau, 1766, in der Zeugmeisterstraße westlich des Marktplatzes. An der Westseite des spätbarokken Patrizierpalais Eingang zum *Städtischen Museum* (Vorgeschichte, Bürgerkultur, Künersberger Fayencen, kirchliche Kunst; geöffnet Juni–Oktober Di–Fr und So von 10–12 und 14–16 Uhr). Gegenüber

St.-Martins-Kirche, bedeutendste Kirche der Stadt, auf dem Standort einer römischen Befestigung im 10. Jh. gegründet; der jetzige Bau wurde 1500 vollendet. Sehenswert das Chorgestühl (prachtvolles Schnitzwerk, 1501–1507 von Memminger Meistern geschaffen) und die Fresken in der Zeugmeisterkapelle von Bernhard Strigel (1460–1528).

Fuggerbau, 1581–1589 von Jakob Fugger, dem Augsburger Handelsherren, erbaute Faktorei (Stadtschloß). Hier nahm der kaiserliche General Wallenstein seine Absetzungsurkunde entgegen.

Sehenswert sind ferner die noch erhaltenen mittelalterlichen **Stadttore** (Kempter Tor im Westen, Ulmer Tor im Norden, Lindauer Tor, Westtor, Einlaß) mit 5 Türmen und die zum großen Teil erhaltene **Stadtmauer.**

Empfehlenswerter Rundgang um die Stadt entlang der Stadtmauer, etwa 1 Std.

Veranstaltungen: Alljährlich findet hier Mitte Juli nach dem Kinderfest der sogenannte Fischertag statt, ein altüberliefertes dreitägiges Volksfest, bei dem der Stadtbach ausgefischt und der Fänger des größten Fisches zum Fischerkönig gekrönt wird. Sitz des Schwäbischen Landesschauspiels. – Konzerte, Theater.

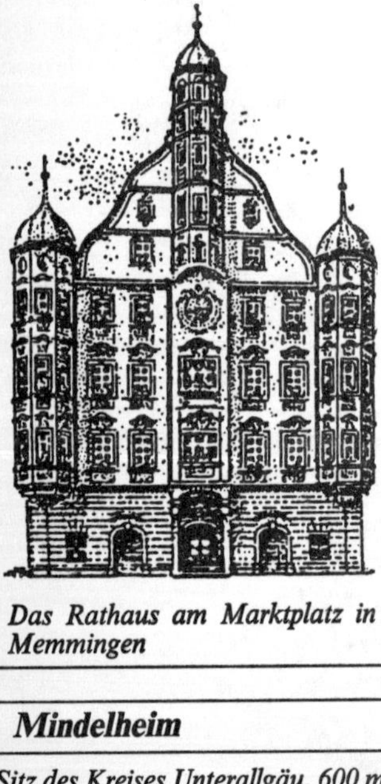

Das Rathaus am Marktplatz in Memmingen

Mindelheim

Sitz des Kreises Unterallgäu, 600 m, 12 500 Einw. An der Mindel gelegene Stadt und Erholungsort mit reicher geschichtlicher Vergangenheit. Geburts- und Sterbeort des bekannten Landsknechtführers Georg von Frundsberg (1473 bis 1528).

Auskunft: Städtisches Verkehrsamt im Rathaus, Tel. 08261/4041.

Verkehr: Kreuzungspunkt der B 16 Krumbach – Kaufbeuren und der B 18 Buchloe – Memmingen.

Geschichte:

Aus der Zeit der Völkerwanderung sind über 150 Alemannengräber freigelegt, 1046 urkundlich erwähnt, um 1250 zur Stadt erhoben. Stand unter der Herrschaft der Mindelberger, Hochschlitz, Teck, Rechberg, Frundsberg, Fugger und fiel 1617 an Bayern. 1706 entzog der Kaiser dem geächteten Kurfürsten von Bayern die Herrschaft und gab sie dem Herzog von Marlborough als eigenes Fürstentum zu Lehen. Seit 1714, dem Rastatter Frieden, ist Mindelheim wieder bayrisch.

Sehenswert:

Marienplatz mit Brunnen (1763) und Mariensäule. – Am **Rathaus** Standbild Georgs von Frundsberg (1903) von dem Münchner J. Bradl. – Mittelalterliches **Stadtbild,** Reste der **Stadtbefestigung** mit Türmen und Toren (Gefängnisturm, Einlaßtor, Oberes und Unteres Tor).

Pfarrkirche St. Stephan, Neubau 1712 von V. Brenner, 1933 und 1958–61 erneuert. Barocke Ausstattungsteile. Bedeutendes gotisches **Doppelgrabrelief** (frühes 15. Jh.) des Herzogpaares Ulrich von Teck und seiner Gemahlin Ursula (gest. 1432 bzw. 1429). In der nördlichen Seitenkapelle Grabrelief der ersten Gemahlin des Herzogs, Anna von Teck (gest. 1425).

Auf dem Kirchplatz die **Gruftkapelle** (zweigeschossig), 15. Jh., barockisiert. – **Jesuitenkirche,** 1625, von J. Holl, Chor spätgotisch. Stattlicher Bau mit hervorragenden Stuckdekorationen aus dem frühen 18. Jh., bemerkenswerte Kanzel. – **Liebfrauenkapelle,** 18. Jh., mit Rosenkranztafel von 1641 und bedeutendem spätgotischem Holzrelief **»Mindelheimer Sippe«**, um 1520, von einem unbekannten Meister. Vor der Kapelle der Fünfwundenbrunnen mit Heilandsfigur, 1662. – **Katharinenkapelle** von 1606 mit bemerkenswertem Altar, um 1740. – **Mindelburg,** Schloß aus dem 14. Jh. mit Burgfried (Aussichtsturm), spätgotisch mit späteren Umbauten. Besitz der Herzöge von Teck, später Sitz Georgs von Frundsberg (1476–1528). – **Heimatmuseum** im Kloster Hl. Kreuz. – **Turmuhrenmuseum** in der ehem. Silvesterkirche.

Veranstaltungen: Theateraufführungen, Stadtführungen. – Alle drei Jahre (Juni/Juli 1988) findet das **Frundsbergfest,** eines der größten historischen Trachtenfeste in Bayern, statt. Großer Festzug in prachtvollen Farben und anschließendes Festspiel auf dem Marienplatz.

Schongau

10 500 Einw. Staatlich anerkannter Erholungsort und hübsches Städtchen in reizvoller Umgebung am Lech gelegen, daher stark besucht. Schongau ist Zentrum des kunstberühmten Pfaffenwinkels.

Auskunft: Verkehrsverein, Bahnhofstr. 44, 8920 Schongau, Tel. 0 88 61/72 16.

Sehenswert: Die Stadt auf ovalem Bergrücken, der von markplatzähnlich breiter Straße durchzogen wird; schönes **Stadtbild.**

Stadtpfarrkirche Mariä Himmelfahrt, Chor noch spätgotisch, Langhaus nach Plan von Dominikus Zimmermann 1750–1753, herrliche Deckenfresken von Matth. Günther, großartiger Hochaltar von Ignaz Günther, 1758.

Ballenhaus, ehem. Stapelhaus, 1419 und 1515 erweitert. Schöne Treppengiebel, geschnitzte Balkendecke im Ratssaal.

Stadtbefestigung (Polizeidienerturm). Stadtmauer mit Türmen zum größten Teil gut erhalten, z. T. noch mit Wehrgang. Blick von der Stadtmauer gegen Süden lohnend! Maxtor und Frauentor interessant. Zwinger erhalten. Vor dem Maxtor **Heiligkreuzkapelle,** von Joh. Schmuzer aus Wessobrunn erbaut; Votivtafeln.

Spitalkirche Hl. Geist, vermutlich von Jos. Schmuzer, barock, mit prachtvollen Altären.

Ausflüge: **Hoher Peißenberg,** 988 m, der »Bayerische Rigi« genannt, einer der herrlichsten Aussichtsberge der Voralpen (Rundsicht auf die gesamte bayerische Alpenkette und 11 Seen).

Kloster Wessobrunn, von dem nur noch der romanische, freistehende Glockenturm und einige im 17. Jh. errichtete Gebäudeteile mit reichen Stuckarbeiten erhalten sind. Um 800 entstand hier das »Wessobrunner Gebet«, eines der ältesten deutschen Sprachdenkmäler.

Sonthofen

750 bis 1050 m, 20000 Einw. Mit dem Stadtteil Altstädten Luftkurort und Wintersportplatz, südlichste deutsche Stadt, zwischen Iller und Ostrach gelegen. Vom Ort und seinen Nebenortschaften schöner Bergblick auf die Ostrachtaler und Oberstdorfer Berge. Idealer, zentral gelegener Stützpunkt für alle Ausflüge und Touren in das obere Allgäu.

Auskunft: Verkehrsamt, Rathausplatz 3, 8972 Sonthofen, Tel. 08321/76291.

Geschichte:
Der Ort wird urkundlich erstmals im Jahr 839 erwähnt. Im Mittelalter war der Ort im Besitz der Geschlechter von Rettenberg und Heimenhofen, später des Bistums Augsburg. 1429 erhielt Sonthofen Marktrechte, und 1963 wurde es zur Stadt erhoben.

Das stattliche Sonthofen ist Luftkurort und Wintersportplatz in einem; im Bild die Pfarrkirche

Sehenswert:
Das 1497 von dem Brixener Domherrn Konrad Wenger erbaute **Spital** und die zwei Jahre später errichtete **Spitalkirche** wurden 1945 durch Bomben zerstört und 1948–1953 neu erbaut.

Pfarrkirche St. Michael aus dem 15. Jh., im 18. Jh. umgebaut, mit schönen Schnitzarbeiten von Anton Sturm.

Friedhofskapelle von 1824, mit bemaltem Flügelaltar aus der Zeit von um 1520.

Heimathaus mit Heimatmuseum hinter der Pfarrkirche.

Veranstaltungen:
Standkonzerte, Heimat- und Folkloreabende, Konzertveranstaltungen, Theatergastspiele. Allgäuer Kunstausstellung alle zwei Jahre (1987, 1989). Eggaspiel, alter bäuerlicher Brauch, alle drei Jahre am Fastnachtssonntag (1987).

Wangen im Allgäu

23500 Einw. Hauptort des württembergischen Allgäus, an der Oberen Argen gelegen. Luftkurort, der sein mittelalterliches Aussehen vortrefflich erhalten hat.

Auskunft: Gästeamt und Reisebüro im Rathaus, 7988 Wangen, Tel. 07522/74-0.

Geschichte:
Wangen ist einer der ältesten Orte im Allgäu. Bereits um 600 hat der Ort nachweisbar bestanden. Seit 815 St. Galler Besitz, im 11. Jh. welfisch, erhielt Wangen 1217 von den Hohenstaufen das Stadtrecht, 1281

Wangen im Allgäu hat sich sein mittelalterliches Stadtbild weitgehend erhalten

wurde es Freie Reichsstadt und gelangte als solche durch seinen Handel (besonders Tuchhandel, der sich bis weit nach dem Süden erstreckte) zu hoher Blüte, die durch den Dreißigjährigen Krieg beendet wurde. 1802 kam Wangen an Bayern, 1810 an Württemberg.

Sehenswert:
Liebfrauentor, das auf der Innenseite mit Bildern und Reliefs geschmückt ist, und Herrenstraße mit schönen **alten Häusern** und Wirtshausschildern.

St.-Martins-Kirche, mit Turm aus der Zeit der Hohenstaufer. Spätgotische, flachgedeckte Säulenbasilika aus dem Jahre 1468 mit guten Altargemälden von A. v. Gegenbaur und schönen Deckengemälden.

Rathaus (1721), ein reizvoller Barockbau mit schönen Stukkaturen und Kunstschmiedearbeiten und malerischem Torturm; sehenswerter Ratssaal. Nahebei an mehreren Häusern schöne Wandmalereien.

In dem Viertel an der Argen ist die alte **Stadtmauer** gut erhalten; hier malerische alte Winkel.

Heimat- und Käsereimuseum in der sog. **Eselmühle** an der Stadtmauer, Dokumentation der Stadtgeschichte und -kultur in einem sehenswerten Fachwerkbau mit farbiger Fassade (16. Jh.). An die Mühle schließt eine Wehrmauer aus dem 15. Jh. an.

Veranstaltungen:
Heimatabende, Trachtenfeste, Stadtführungen. Veranstaltungskalender »Wangen informiert« beim Gästeamt erhältlich. – Traditionelle Fastnachtsbräuche.

Niederbayern

Wer hier nicht zu Hause ist, der hat mit der Geographie einige Mühe. Denn Oberbayern, für den Fremden mit den Bergen der bayerischen Alpen identisch, reicht als Regierungsbezirk weit über München hinaus nach Norden, sogar weiter als Ingolstadt, bis an die Donau. Demgegenüber beginnt Niederbayern nordöstlich von München, am deutlichsten durch den Namen der Stadt Landshut gekennzeichnet.

Das Auffallendste dieser Landschaft ist, daß sie flach ist. Zwei große Moorgebiete, hierzulande Moose genannt, erstrecken sich in den Räumen von Dachau und Erding, wobei das Erdinger Moos ursprünglich 240 Quadratkilometer umfaßte, heute aber durch Kultivierung seine Urnatur weithin verloren hat und vor weiterer Verstümmelung bewahrt werden muß. Das scheint aber leider mehr als fraglich zu sein, denn schon begann man mit dem Bau des umstrittenen Großflughafens für den Raum München, so daß der Landschaftsverbrauch weitergeht.

Wasser spielt für beträchtliche Teile unseres Ausflugsgebiets eine Rolle. Nach Norden bildet die Donau eine Grenze, und zu ihr fließen, dem alten Schulreim folgend, in diesem Raum Lech, Isar und Inn, zu denen kleinere Flüßchen in der weiten Landschaft kommen: Ilm und Laaber, Salzach und Vils, Amper und Rott, an denen sich zwangsläufig die Städte angesiedelt haben. Größtes stehendes Gewässer des Bereichs ist der Speichersee bei Ismaning, nordöstlich von München.

München ist verständlicherweise die beherrschende Stadt des ganzen Landes, Millionenstadt mit (dennoch) ländlichem Charme und individuellem Charakter, reich an Kunst, Kultur und natürlich auch wirtschaftlichen Vorzügen. Aber der Ausflügler wird mit Vorliebe jene kleineren Städte aufsuchen, deren traditionelles Gesicht die Vergangenheit lebendig werden läßt. Das gilt für Landshut mit seiner Burg, für Straubing mit seinem Stadtturm, aber auch für kleinere Städte wie Mühldorf oder Landau, für Dingolfing oder Erding. Ungemein zahlreich und nicht selten kunstvoll sind die alten Kirchen, die oft die Städte prägen: Altötting, Freising, Moosburg oder Eggenfelden. Schließlich sind Burghausen und Landshut oder auch Grünau und Grünwald ihrer Burgen wegen reizvolle Ausflugspunkte.

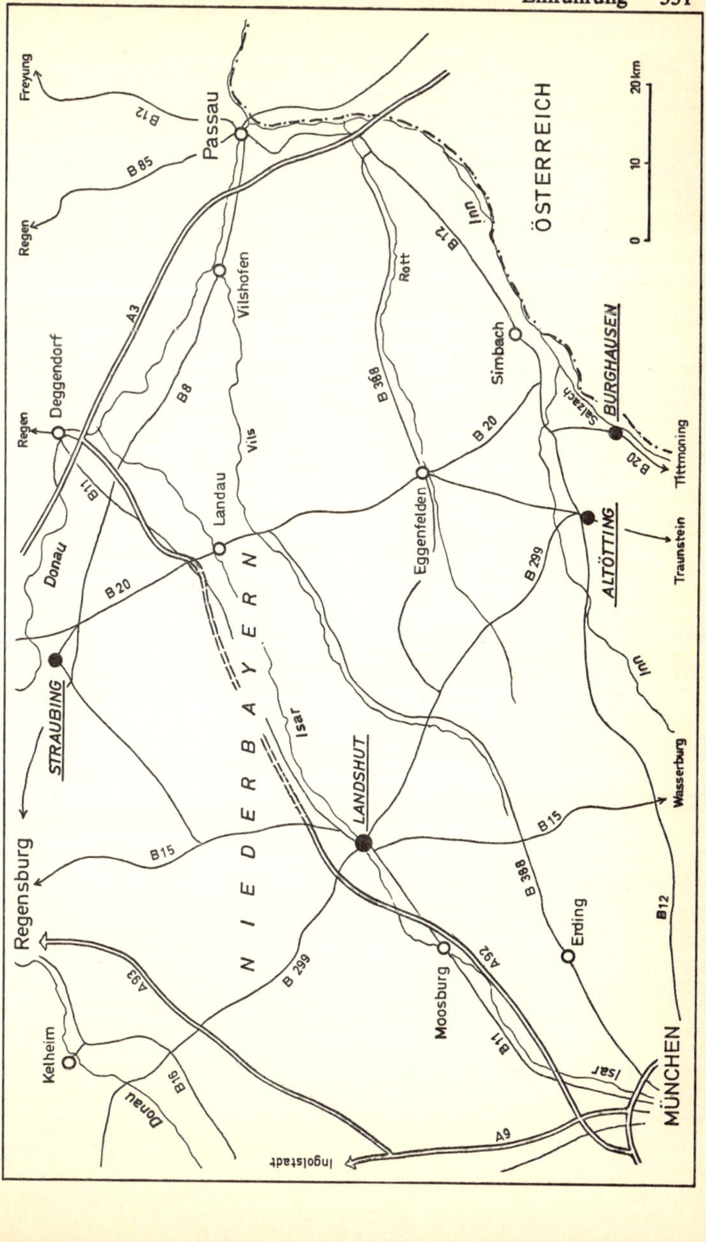
Freyung
B12
Passau
B85
Regen
ÖSTERREICH
0
10
20 km
Inn
B12
Rott
Vilshofen
A3
Deggendorf
Regen
B8
B388
Simbach
BURGHAUSEN
Salzach
B20
Tittmoning
Vils
Landau
B11
Donau
Eggenfelden
B20
ALTÖTTING
Traunstein
B20
B299
NIEDERBAYERN
STRAUBING
Isar
Inn
LANDSHUT
Wasserburg
Regensburg
B15
B15
B388
Erding
B12
A93
B299
Moosburg
A92
Kelheim
B11
Isar
MÜNCHEN
B16
Donau
A9
Ingolstadt

Altötting

10 000 Einw. Deutschlands bedeutendster Marienwallfahrtsort auf einer Inn-Terrasse unweit der Einmündung der Alz und nahe am Zusammenfluß mit der Salzach gelegen, ist alljährlich das Ziel einer Million Pilger sowohl des deutschsprachigen Raumes als auch aus vielen Ländern Europas. Der historisch bedeutende altbayerische Ort ist seit 1489 Wallfahrtsort.

Auskunft: Wallfahrts- und Verkehrsverein e. V., Kapellplatz 2a, 8262 Altötting, Tel. 08671/8068.

Geschichte:

Anlaß zur Wallfahrt gab 1489 ein örtliches Ereignis, als eine Mutter ihren ertrunkenen Dreijährigen der Muttergottes zu Füßen legte und das Kind zum Leben erwachte. Die nun einsetzende Wallfahrt fand während des Dreißigjährigen Krieges einen ersten Höhepunkt, denn Kurfürst Maximilian I. (1598 bis 1654) war ein großer Marienverehrer: das Banner seines Feldherrn Tilly zeigte die Gnadenkapelle. Auf das beschlossene »Aussterben« anläßlich der Säkularisation 1803 folgte unter König Ludwig I. 1826 eine Wiederbelebung und erneute Blüte, die beim Papstbesuch 1980 ihren jüngsten Höhepunkt erfuhr.

Sehenswert:

Geistlicher Mittelpunkt ist der *Kapellplatz,* eine barocke Anlage um den mittelalterlichen Kern, bestehend aus Gnadenkapelle, Stiftskirche und St. Magdalena-Kirche; in Distanz die barocken Chorherrenhäuser.

Stiftskirche St. Philipp und Jakob. Anstelle der karolingischen Klostergründung entstand 1499–1511 durch Jörg Perger der spätgotische Neubau mit seinen weithin sichtbaren schlanken Doppeltürmen (Turmfront durch Stiftsgebäude verbaut) und Maßwerkfenstern.

Kreuzgang, im Süden der Kirche, eine romanische Anlage, später gotisiert mit Grabdenkmälern berühmter Bayern aus vier Jahrhunderten. Ferner Sebastianskapelle aus dem 17. Jh., Siebenschmerzenkapelle, zweigeschossig, spätgotisch mit Barockstuck, sowie Tillykapelle, gotisch, seit 1642 Grabstätte derer von Tilly.

Gnadenkapelle Unserer Lieben Frau, ein zierlicher Rundbau, wahrscheinlich auf das 8. oder 9. Jh. zurückgehend, im 15. Jh. durch das spätgotische Langhaus mit spitzem Dachreiter auf achteckigem Türmchen erweitert. Das Langhaus ist gleichsam die Vorhalle zum Oktogon der Gnadenkapelle von nur 9,4 m Durchmesser, mit 8 Rundnischen und achtseitiger Kuppelwölbung, zum Langhaus durch ein spätromanisches Portal verbunden. Im Zentrum der Silbertabernakel des Gnadenaltars von 1645 mit der »Schwarzen Muttergottes«, eine burgundische Schnitzarbeit von etwa 1330, eingehüllt in ein barockes Prunkornat.

Im Umgang der Kapelle berichten etwa 2000 Votivtafeln von den Danksagungen.

Burghausen/Salzach

18 000 Einw. Die ehemalige Wittelsbacher Herzogstadt an der Salzach, halbwegs zwischen Passau und Salzburg, ist Grenzstadt zu Österreich. Im tiefen Flußtal erstreckt sich entlang der Salzach-Schleife die historische Altstadt, überragt von Deutschlands längster Burg auf einem nach drei Seiten steil abfallenden Bergrücken und landeinwärts vom Wöhrsee begrenzt; nach Norden entwickelte sich die Neustadt mit Geschäftszentrum und modernen Wohnvierteln.

Die vorbildliche Sanierung der weitgehend mittelalterlichen Architektur der Altstadt, 1969 begonnen und zu 80 Prozent vollzogen, veranlaßte die vom Europarat veranstaltete Kampagne zur Stadterneuerung, Burghausen als »Beispielstadt« zu wählen.

Auskunft: Städt. Verkehrs- und Kulturamt, Stadtplatz 112/114, 8263 Burghausen, Tel. 08677/2435 und 2051.
Verkehr: B 20 Freilassing – Eggenfelden. Grenzstation nach Ach/Oberösterreich. – Bahnstation.

Geschichte:
Die Stadt im Tal geht auf eine alte Flußufersiedlung zurück, die mit einer Zollstelle des Salzverkehrs verbunden war. Dieser wichtige Verkehrspunkt erhielt bereits 1235 Stadtrecht. Als die Stadt 1255 an Niederbayern fiel, errichteten die bayerischen Herzöge auf dem Bergrücken zwischen Salzach und Wöhrsee (einem alten Salzacharm) eine Burg, die wiederum auf einen befestigten Königshof und späteren Sitz der Grafen von Burghausen zurückging. Im 15. und 16. Jh., zur Zeit der »Reichen Herzöge« von Niederbayern, war Burghausen neben Landshut die zweite Residenz.

Sehenswert:
Stadtplatz der Altstadt, umrahmt von Wohnbauten im Inn-Salzach-Stil mit geradlinig abschließenden Straßenfronten, hinter denen sich Grabendächer verbergen, einige mit Laubenhöfen. An

Den schönsten Blick auf Burghausen hat man vom österreichischen Salzachufer

der Flußseite das **Rathaus** aus dem 14. Jh. sowie das ehemalige churbaierische **Regierungsgebäude** mit drei Giebeltürmchen und prächtigem Wappen.

Burg Burghausen, Aufgang 10 Min. ab Stadtplatz über Hof- oder Ludwigsberg. Mit einer Ausdehnung von etwa tausend Metern in der Länge folgt die in mehrere Abschnitte gegliederte Anlage – fünf Höfe, Hauptburg mit Toranlage, Wehrmauern, Gräben, Geschütztürmen und Burgkapelle, Wohn- und Wirtschaftsgebäuden – in allen Teilen der Form des langgestreckten Höhenzugs zwischen Stadt und Salzach einerseits und dem Wöhrsee andererseits. An der Burg wurde vom 13. bis ins frühe 16. Jh. gebaut.

Veranstaltungen:
Alljährlich im März Internationale Jazzwoche. – Theater- und Konzertaufführungen in historischen Stätten. – Von Mai bis Okt. Plättenfahrten auf der Salzach mit Salzachdurchbruch zwischen Tittmoning und Burghausen auf den flachen Kähnen, die im Mittelalter für den Salztransport verwendet wurden (für Gesellschaften, Vereine usw.).

Deggendorf

Große Kreisstadt, 305–1114 m, 31 000 Einw. Die alte Wittelsbacher-Stadt am linken Ufer der Donau, nahe der Isarmündung, ist Tor zum Bayerischen Wald. Sie besitzt einen bedeutenden Donauhafen, Werften, Industrie und regen Handel. Auf uraltem Kulturboden, wie Ausgrabungen immer wieder beweisen, ist Deggendorf 1002 erstmals urkundlich erwähnt, ursprünglich im Besitz der Grafen von Bogen. Diesen folgten Mitte des 13. Jh. die Wittelsbacher. 1316 erhielt Deggendorf das Stadtrecht (das Stadtrecht von Landau diente als Vorbild).

Auskunft: Kultur- und Verkehrsamt, Oberer Stadtplatz, 8360 Deggendorf, Tel. 0991/ 380169, 380170.
Verkehr: Autobahnanschlußstellen zur A 3 (Regensburg – Passau) und A 92/B 11 (Landshut – Regen).

Sehenswert:
Altstadt, eine typisch altbayerische Anlage mit schönem Stadtplatz (Luitpoldplatz). In dessen Mitte das spätgotische **Rathaus** von 1535 mit Treppengiebel, überragt vom massigen Stadtturm (1790 nach oben ergänzt).

Heiliggrabkirche, an der Südseite

Spätgotisches Rathaus mit dem Stadtturm in Deggendorf

des Platzes. Eine dreischiffige gotische Basilika, 1337–1360 als Sühnetat für eine Hostienschändung erbaut; den schlanken Barockturm schuf J. M. Fischer nach einem Entwurf von J. B. Gunetzrhainer (1727). Da die Kirche große Ablässe erhielt, nannte das Volk die von Massen besuchten Wallfahrtstage (Ende September/Anfang Oktober) »die Gnad«.

Pfarrkirche Mariae Himmelfahrt, etwas weiter südlich, ursprünglich romanisch, der Chor spätgotisch aus dem 15. Jh., in den Barock-Neubau des 17. Jh. durch K. Bader einbezogen; 1748 verändert. Im Inneren Marmorhochaltar, 1749 für den Eichstätter Dom geschaffen, 1884 nach Deggendorf verkauft. Etwa von 1700 stammt der Sandstein-Kreuzweg.

Wasserkapelle, neben der Pfarrkirche, wahrscheinlich ehem. Karner (Beinhaus) aus dem 15. Jh.; in der Innenwand das romanische Tympanonrelief (13. Jh.) der alten Kirche.

Städt. Heimatmuseum, Rosengasse, i. d. ehemaligen Knabenschule, mit einer Sammlung alt- und jungsteinzeitlicher Fundgegenstände, spätgotischen Skulpturen, Möbeln, Keramik, Hinterglasbildern aus dem Bayerischen Wald.

Landshut

Kreisfreie Stadt und Sitz der Regierung von Niederbayern, 393 m, 56000 Einw. Die wohlerhaltene mittelalterliche Stadt der »Reichen Herzöge« – Idealbild einer rein altbayerischen Stadt – liegt reizvoll beiderseits der Isar. Am rechten Ufer die seit 400 Jahren fast unverändert erhaltene Altstadt mit platzartigen Straßenzügen wie »Altstadt« und »Neustadt«, von stattlichen Bürgerhäusern mit Laubengängen und Giebelfassaden gesäumt, überragt vom Turm des gotischen Münsters St. Martin und der Burg Trausnitz. Sie bildet den stilvollen Rahmen für die berühmte historische Festveranstaltung »Landshuter Hochzeit 1475«.

Auskunft: Verkehrsverein, Altstadt, im Rathaus, 8300 Landshut, Tel. 0871/23031.
Verkehr: Kreuzungspunkt der B 11 (München – Deggendorf), B 15 (Regensburg – Wasserburg) und B 299.

Geschichte:
Die Geschichte der Stadt Landshut begann wie die der Burg, als Herzog Ludwig der Kelheimer, der als zweiter Wittelsbacher Bayern regierte, 1204 anfing zu »pauen das geschlos Landshut«. Somit hat die Stadt von der Burg, die erst seit dem 16. Jh. die »Trausnitz« genannt wird, ihren Namen. 1279 erhielt Landshut, nachdem es bereits seit 1255 Residenz der Herzöge von Niederbayern war, das Stadtrecht.

Unter den »Reichen Herzögen« (1392–1503) war Bayern-Landshut eine der bedeutendsten Residenzen des »Heiligen Römischen Reiches Deutscher Nation«. Landshuter Macht und Pracht zeigten sich sinnfällig in dem Ereignis, das als eines der größten höfischen Feste des Mittelalters in die Geschichte eingegangen ist: der Landshuter Hochzeit von 1475, als sich Herzog Georg der Reiche mit der polnischen Königstochter Hedwig verheiratete.

Das Landshuter Plattnerhandwerk stand in hohem Ansehen: Als Götz von Berlichingen 1405 seine Hand im Landshuter Erbfolgekrieg vor den Toren der Stadt verlor, fertigten ihm die Landshuter seine berühmte

»eiserne Hand«. In diese Zeit der Blüte fiel auch das Wirken des großen Baumeisters Hans von Burghausen, irrtümlich genannt Stethaimer (1360–1432), sowie des Bildschnitzers Hans Leinberger.

Nach dem Erlöschen der Landshuter Linie war der Ort nur noch Sitz des jeweiligen Thronfolgers von Bayern-München, blieb aber weiterhin als Provinzhauptstadt bedeutsam. Das Gebäude des 1802 aufgehobenen Dominikanerklosters beherbergte bis 1826 die von Ingolstadt hierher verlegte Universität, an der u. a. die Juristen A. Feuerbach und Fr. K. v. Savigny sowie der Theologe und spätere Bischof Johann Michael Sailer lehrten.

Sehenswert:
Altstadt, platzartiger langer Straßenzug von der Heiliggeistkirche im Norden bis zum Münster St. Martin im Süden, gesäumt von Giebelhäusern des 15./16. Jh., zum Teil mit spätgotischen Lauben.

Münster St. Martin, dreischiffige Backstein-Pfeiler-Hallenkirche, 1389 bis 1500 an der Stelle einer romanischen Basilika (Ausgrabungen) neu erbaut, mit über 28 m Gewölbehöhe, mehr als 75 m Länge und 130,6 m hohem Turm ist sie ein machtvolles Zeugnis gotischer Baugesinnung. Die bis ins 19. Jh. angenommene Vorstellung, daß der Baumeister Hans von Burghausen mit dem Meister Hans Stethaimer identisch ist, hat sich als Irrtum herausgestellt. Statt dessen ist Stethaimer ein Neffe des Hans von Burghausen, der sein Nachfolger für den Bau von St. Martin wurde.

Reichgeschmückte Portale, am Mittelpfosten des Hauptportals St. Martin und der Bettler.

Das Innere zeigt in einzigartiger Konsequenz die Verwirklichung des spätgotischen Raumideals: die strenge, aber lichte Betonung der Vertikalen, unterstrichen durch die hohen, sehr schlanken Pfeilerpaare und die gleichmäßige Lichtführung der in halber Raumhöhe beginnenden Fenster. Steinerner Hochaltar und Kanzel vom Anfang des 15. Jh.; an den Wandpfeilern farbige Terrakottafiguren (um 1470), u. a. Johannes der Täufer. Im Chor, mit schönem Netzrippengewölbe, überlebensgroßes Triumphkreuz eines Ulmer Meisters von 1495. Das aus Eichenholz geschnitzte spätgotische Chorgestühl besitzt reichen Figurenschmuck. Im rechten Seitenschiff Muttergottes von Hans Leinberger (1518), bedeutende Schnitzarbeit der Spätgotik. Von Hans

Johannes der Täufer im Landshuter Münster

Leinberger stammen ebenfalls die beschädigten Epitaphe der Familie Rohrer (1524) und der Barbara Nothaft († 1521).

Stadtresidenz, der erste Renaissancepalast auf deutschem Boden. 1536 ließ Herzog Ludwig X., Bruder des in München residierenden Herzogs Wilhelm IV., in der Altstadt von Landshut ein Stadtpalais von einheimischen Meistern beginnen, und von einer Italienreise zurückgekehrt, 1537 bis 1543 von italienischen Baumeistern nach dem Vorbild des Palazzo del Té in Mantua fertigstellen.

Der vollkommen regelmäßig angelegte dreiflügelige Bau mit prächtigem Arkadenhof und Nebengebäuden jenseits der Ländgasse bewahrt hervorragende Prunkräume: Italienischer Saal mit kassettierter, tonnengewölbter Decke, die auf schwarz-marmornen Pilastern ruht, reich stuckiert, Reliefmedaillons von Thomas Hering; Hans Bocksberger d. Ä. aus Salzburg schuf die bedeutenden Malereien in den Dekkenfeldern (Taten des Herkules). Das Kaminrelief von 1541 zeigt die sieben Planetengötter mit dem Herzogswappen. Bemerkenswert das Deckengemälde des Sternenzimmers mit Sternbildern und Tierkreiszeichen von Ludwig Refinger.

Burg Trausnitz, hoch über der Stadt gelegen (Treppenwege und Zufahrtsstraßen mit Parkplatz). 1204 zur »Hut des Landes« anstelle einer hölzernen Warte unter herzog Ludwig dem Kelheimer errichtet. (Bergfried, ehem. Kemenate/Fürstenbau, der ehem. Palas, Kapellentrakt und Dürnitz.)

In der Blütezeit der »Reichen Herzöge«, im 15. Jh., erfolgten zahlreiche Umbauten der Hauptburg, Neubau einer Kemenate sowie Befestigungen im äußeren Burgbereich (Mauern, Türme, Wehrgänge, Wachhäuser, Tore).

Nach dem Erlöschen der Landshuter Linie, 1503, wurde die Trausnitz Sitz des jeweiligen Thronfolgers von Bayern-München. Als Thronanwärter ließ der spätere Herzog Wilhelm V. 1568 bis 1579 die Burg zum prächtigen Renaissanceschloß umgestalten; als letzte Baumaßnahmen entstanden der Italienische Anbau, neue Dekorationen in den Räumen des Fürstenbaus sowie die Laubengänge des Hofes. Nach einem verheerenden Brand 1961 konnte die Wiederherstellung 1981 abgeschlossen werden; sie wurde mit einem Schönheitspreis der internationalen Denkmalschutzvereinigung »Europa nostra« ausgezeichnet.

Über den *äußeren Burghof* mit Zwinger, Torhaus, Hofstall- und Kellereigebäude erreicht man über eine Zugbrücke, die den Hühner-, Löwen- oder Hirschgraben überspannt, den *inneren Burghof.* Die Hauptburg besteht aus mehreren dicht aneinandergebauten Trakten. Unmittelbar über dem Halsgraben erhebt sich der mächtige mittelalterliche *Bergfried,* auch Wittelsbacher Turm genannt. Anschließend der Fürstenbau, der ehemalige Palas, sowie der davor liegende *Italienische Anbau;* die Laubengänge schuf Friedrich Sustris, 1597. Durch Brand zerstört und wiederhergestellt die Prunkräume, wie z. B. der Weiße Saal sowie die 1576 entstandene »Narrentreppe«, von Padovano mit lebensgroßem Figurenzyklus aus der Commedia dell'Arte ausgemalt.

Veranstaltungen:
»Landshuter Hochzeit 1475«, die größte historische Veranstaltung Deutschlands zur Erinnerung an die Vermählung des Erbprinzen von Bayern-Landshut mit der polnischen Königstochter Hedwig (Jadwiga); Festspiel, Hochzeitszug, Tänze, Lagerleben und Turniere, alle vier Jahre (1989) Ende Juni/Anfang Juli.

Straubing

Kreisfreie Stadt, 332 m, 44000 Einw. Die altbayerische Herzogstadt am Südufer der Donau, vor den Toren des Bayerischen Waldes, bewahrt den vollkommen erhaltenen historischen Stadtkern. Straubing ist wirtschaftlicher Mittelpunkt, Handels-, Geschäfts- und Industriezentrum des sogenannten Gäubodens, der »Kornkammer Bayerns«.

Auskunft: Städt. Verkehrsamt, Rathaus, 8440 Straubing, Tel. 09421/16307.
Verkehr: Kreuzungspunkt der B 8 Regensburg – Passau und B 20 Landau – Cham; Anschlußstelle zur A 3 Regensburg – Passau.

Geschichte:
Bereits in der Jungsteinzeit bewohnt (Fundstellen z.B. in Oberschneidung), war der Ort eine bedeutende Keltensiedlung, die nach Eroberung durch die Römer ab 69 n. Chr. zum Kastell »Sorviodurum« ausgebaut wurde. Im 6. Jh. entstand die bajuwarische Siedlung durch Niederlassung der Sippe des Strupo. Um das Jahr 1000 gelangte »Strupinga«, inzwischen Königsgut geworden, an das Augsburger Domkapitel, das in der zweiten Hälfte des 12. Jh. als Mittelpunkt des Ortes die St.-Peters-Kirche erbaute. 1218 erfolgte durch Herzog Ludwig den Kelheimer die Gründung der Neustadt. Von 1353 bis 1425 war sie Residenz und Hauptstadt eines selbständigen Herzogtums.

Sehenswert:
Stadtmittelpunkt ist der zweigeteilte Stadtplatz mit Ludwigs- und Theresienplatz. Hier stehen der 68 m hohe gotische **Stadtturm** aus dem 14. Jh. sowie das gotische **Rathaus**, im 14. Jh. erbaut, später verändert, mit sehenswertem Rathaussaal.

Jakobsbrunnen am Ludwigsplatz, umgeben von stattlichen Patrizierhäusern

St.-Jakobs-Kirche, ein bedeutender gotischer Backstein-Hallenbau von Hans von Burghausen, Ende des 14. Jh. begonnen, 1512 vollendet. Der 85 m hohe Turm fand 1590 seinen Abschluß. Im Inneren sind hervorzuheben der mit Fresken (17./18. Jh.) reich ausgestattete Kapellenkranz, der Hochaltar mit Gemälden des Michael Wohlgemut, des Lehrers von Dürer, die Mirowskyzel (18. Jh.), das Kastenmayr-Epitaph (gest. 1431), die fünf spätgotischen Glasfenster von 1418, das Gemälde »Maria mit Kind«, das Hans Holbein d. Ä. zugesprochen wird (Schusterkapelle), die Gemälde C. D. Asams (18. Jh.; Kircheneingang, Zeller- und Andreaskapelle) und das Sakramentshäuschen vom Ende des 15. Jh.

St.-Peters-Kirche, in der Altstadt, am östlichen Ortsrand. Eine romanische Basilika, im 12. Jh. als Wehrkirche erbaut; die Türme wurden später erhöht. Im Tympanon des Hauptportals Reliefdarstellungen mit dem hl. Georg, am Seitenportal Fabeltiere. Das Innere wurde in jüngster Zeit renoviert und von späteren Dekorationen befreit, so daß wieder die strenge romanische Raumwirkung zur Geltung kommt. Über der Vierung ein romanisches Kruzifix, Teil der ursprünglichen Ausstattung. Aus der gotischen Epoche stammen das Steinrelief der Kreuzigung Christi von um 1450, die Holzfiguren der hl. Katharina und Barbara sowie die Pietà am nördlichen Chorpfeiler, alle frühes 15. Jh.; von Bedeutung das Renaissance-Grabmal für J. Walkhaimer von Hans Leinberger.

Karmelitenkirche, 1370 bis 1430, Backstein-Hallenbau, Weiterführung von Hans Stetthaimer, im 18. Jh. von J. W. Dientzenhofer, G. B. Carlone, P. d'Aglio und J. M. Götz barockisiert; Marmortumba des Herzogs Albrecht II. Von den gotischen Figuren in der Kirche besonders beachtenswert ein Erbärmdechristus und eine Madonna mit Kind beim Sebastiani-Altar (beide um 1410).

St.-Peters-Kirche, romanisches Tympanon des Hauptportals

Gäubodenmuseum mit vor- und frühgeschichtlichen Beständen, vor allem aber mit dem berühmten »römischen Schatzfund«, 1950 aus einer Straubinger Lehmgrube geborgen, u. a. vergoldete Masken des 3. Jh. n. Chr., sowie Zeugnissen niederbayerischen Brauchtums. Geöffnet Di bis So 10 bis 16 Uhr.

Veranstaltungen: Gäubodenvolksfest, alljährlich im August in Verbindung mit der Ostbayernschau. – Agnes-Bernauer-Festspiel, alle vier Jahre (1989) im historischen Schloßhof (300 Mitwirkende). – Christkindl-Markt.

Oberbayern

In Oberbayern drängt sich vieles zusammen, was schön, großartig und erhaben, aber auch lieblich und anmutig ist. Da sind einmal die Berge: Von grünen Almbergen über stille Waldberge bis zum felsigen Hochgebirge reicht die Palette. Ja sogar Gletscher sind vereinzelt anzutreffen. Und die zahlreichen Täler, von denen diese Bergwelt kreuz und quer durchzogen wird, gehören mit zum Schönsten, was Bayern zu bieten hat. Und schließlich die Seen: große wie Chiemsee, Starnberger See und Ammersee, mittlere wie Schliersee, Tegernsee und Walchensee, und zahlreiche kleine, vom stillen Moorsee bis zum einsamen Bergsee.

Aber auch das gehört zu Oberbayern: märchenhafte Schlösser, prachtvolle Kirchen und ehrwürdige Klöster, herrliche Werke des Barock und Rokoko; schmucke Dörfer mit einem noch unverfälscht bayerischen Charakter; alte Städte und Marktflecken mit Kulturdenkmälern, behäbigen Bürgerhäusern und interessanten Heimatmuseen; aber auch moderne Heilbäder und Kurorte mit internationalem Flair. Und noch etwas gehört zu Oberbayern: altes bodenständiges Brauchtum, das sich widerspiegelt in Musik und Tanz, im Volks- und Bauerntheater und in der Tracht. Allenthalben trifft man auf Vereine, die die alten Bräuche pflegen und am Leben erhalten. So sind die beiden ältesten Dorftheater Deutschlands ebenso hier zu finden wie die weltbekannten Oberammergauer Passionsspiele. Traditionelle Ereignisse besonderer Art sind das Aufstellen des Maibaums in fast jeder Ortschaft, die Fronleichnamsprozession in Tegernsee, die Wallfahrt nach Andechs oder die Leonhardifahrten von Kreuth und Bad Tölz.

Landschaftlich ist Oberbayern keine geschlossene Einheit, sondern es besteht aus zahlreichen unterschiedlichen Einzelgebieten: Im äußersten Osten liegt das Berchtesgadener Land mit dem berühmten Königssee und seinen gewaltigen, sagenumwobenen Bergen. Westlich schließt sich der Chiemgau an, eine alte Kulturlandschaft rund um den Chiemsee. Dann folgt das Gebiet der bayerischen Voralpen zwischen Isar und Inn mit dem lieblichen Tegernsee mittendrin. Es folgen Isarwinkel und Werdenfelser Land, die reich sind an Kulturdenkmälern und landschaftlichen Höhepunkten, wo aber auch einige renommierte Kurorte zu finden sind. Nördlich davon erstreckt sich ein liebliches Voralpenland mit den beiden nach dem Chiemsee größten bayerischen Seen – Starnberger und Ammersee – und einer kulturträchtigen Vergangenheit. Im Südwesten dieses Gebietes befindet sich der Pfaffenwinkel – so benannt seiner Kirchen und Klöster wegen. Im äußersten Westen schließlich liegt der Ammergau mit seinen überwiegend noch einsamen Berggebieten, mit den Glanzpunkten Kloster Ettal, Oberammergau und Schloß Linderhof.

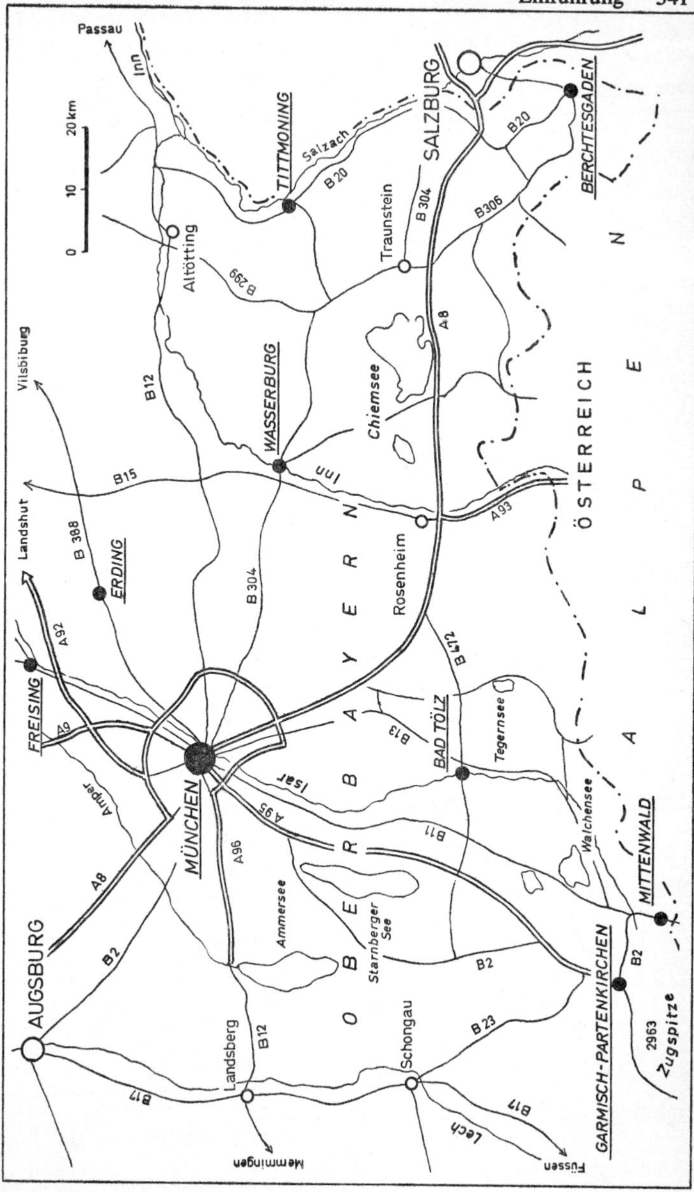
AUGSBURG
MÜNCHEN
FREISING
ERDING
WASSERBURG
TITTMONING
SALZBURG
BERCHTESGADEN
BAD TÖLZ
MITTENWALD
GARMISCH-PARTENKIRCHEN
Zugspitze
2963
Landsberg
Schongau
Ammersee
Starnberger See
Tegernsee
Walchensee
Chiemsee
Rosenheim
Traunstein
Altötting
Passau
Landshut
Vilsbiburg
Memmingen
Füssen
Inn
Isar
Lech
Amper
Salzach
O B E R B A Y E R N
ÖSTERREICH
A L P E N
A8
A9
A92
A93
A95
A96
B2
B11
B12
B13
B15
B17
B20
B23
B299
B304
B306
B388
B472
0
10
20 km

Bad Tölz

370 m, 12 500 Einw. Heilbad, malerisch zu beiden Seiten der Isar mit einem Stausee an der Stelle, wo sie die Alpen verläßt und breit gewunden zwischen Kiesbänken dahinfließt. Am rechten Ufer die Altstadt, am linken der neuzeitliche Badeteil mit modernen Kuranlagen. Bad Tölz verdankt seinen Weltruf als Kurbad den Jodquellen.

Auskunft: Städtische Kurverwaltung, Ludwigstraße 11, 8170 Bad Tölz, Tel. 0 80 41/7 00 71.

Sesselbahnen: Blombergbahn, Tst. Stallauer Weiher (3 km westlich) 680 m – Bst. 1200 m.

Geschichte:

Bad Tölz liegt an der alten Salzstraße, die hier schon zur Römerzeit über die Isar führte. 1182 wird in einer Urkunde ein Heinrich von Tolnze genannt. Im Zusammenhang mit der Gründung Münchens Ende des 12. Jh., wuchs Tölz infolge des zunehmenden Handelsverkehrs auf der Isar rasch an. Als Markt erscheint der Ort im Jahr 1281, 1331 wurde er zum Markt mit Münchener und Wolfratshausener Recht erhoben.

Nach der Wiederentdeckung der Jodquellen im Jahr 1846 durch Prof. Dr. Sendtner (die Quellen sollen bereits im Mittelalter bekannt gewesen sein) erlebte Tölz einen großen Aufschwung als Kurort. 1906 wurde Tölz zur Stadt erhoben.

Sehenswert:
Die **Altstadt** auf dem rechten Isarufer zählt zu den baulich und volkstümlich interessantesten Orten Südbayerns. Besonders sehenswert ist die **Marktstraße** (Fußgängerzone) mit ihren alten, historischen und mit Freskobildern gezierten Häusern: Marienstift, Höckhaus, Moralthaus, Pflegerhaus.

Veranstaltungen:
Traditionelle, weithin bekannte Leonhardifahrt am 6. November mit ca. 60 Vierergespannen. – Bridge-Turniere, geführte Wanderungen, Stadtführungen, Kurkonzerte, Bauerntheater, Marionettentheater, Theatergastspiele, Heimatabende, Diavorträge.

Berchtesgaden

540–1100 m, 8700 Einw. Der um das ehem. Chorherrenstift entstandene Markt im äußersten Südostzipfel Bayerns, am Zusammenfluß der Ramsauer, Bischofswiesener und Königsseer Ache zur Berchtesgadener Ache, ist Mittelpunkt des Berchtesgadener Landes, das zum Schutz seiner großartigen Gebirgslandschaft zum Nationalpark erklärt wurde. Über der charakteristischen Silhouette der Berchtesgadener Kirchtürme erhebt sich als Wahrzeichen das gewaltige Bergmassiv des Watzmanns mit seinen imposanten Zacken.

Die einstige Residenz der Pröpste und Fürstpröpste, später Jagd- und Sommerresidenz der Wittelsbacher Prinzen, ist traditionsreicher Fremdenverkehrsort und heilklimatischer Kurort.

Auskunft: Kurdirektion Berchtesgadener Land, Königsseer Str. 2, 8240 Berchtesgaden, Tel. 0 86 52/50 11.

Bergbahnen:
Obersalzbergbahn (Tel. 2561), Seilschwebebahn mit 8 Kabinen, Tal-

station in der Nähe des Bahnhofs, 510 m, Bergstation, 1000 m, an der Höhenringstraße Obersalzberg-Scharitzkehl; verkehrt im Sommer 8.30–17.30 Uhr, im Winter 9–16.30 Uhr, halbstündlich und nach Bedarf.

Jennerbahn. Kombinierte Fahrkarten Obersalzberg- und Jennerbahn.

Geschichte:
Bergrechte auf Salz- und Erzlager, die Kaiser Friedrich Barbarossa dem Chorherrenstift bestätigte, bewirkten den Aufstieg Berchtesgadens. Die Fürstpropstei kam 1809 an Bayern. Die Wittelsbacher, nun Könige von Bayern, ließen das Klostergebäude in bevorzugter landschaftlicher Lage und inmitten herrlicher Reviere der Hochgebirgsjagd zum königlichen Schloß umgestalten; Maximilian II. ließ die »Königliche Villa« (heute Hotel) erbauen.

Sehenswert:
Marktplatz, der bürgerliche Mittelpunkt, gesäumt von **Bürgerhäusern** im alpenländischen Barockstil.

Stiftskirche St. Peter und Johannes, für das ehem. Augustiner-Chorherrenstift im 12. Jh. als dreischiffige romanische Basilika mit zwei Türmen erbaut, 1283–1303 im frühgotischen Stil vergrößert, im 16. Jh. in der heutigen Form als dreischiffige Halle umgestaltet, im 19. Jh. vor allem außen verändert.

Königliches Schloß Berchtesgaden. Der weitläufige Gebäudekomplex des ehem. Augustiner-Chorherrenstiftes, fürstpröpstliche Residenz und königlich-bayerisches Schloß, entstand in sieben Jahrhunderten, mit Bestandteilen der Romanik, der frühen und späten Gotik, der Renaissance sowie des 18. Jh. Noch heute bildet es mit der Stiftskirche den städtebaulich überragenden Mittelpunkt und demonstriert in seiner Anlage über einem Abhang die wehrhafte Klosterburg des Mittelalters. Zentrum der ursprünglichen Klosteranlage ist der romanische **Kreuzgang** aus dem 12. Jh. An der Ostseite das frühgotische *Dormitorium,* um 1300 entstanden, eine zweischiffige Halle. Sie bildet den Rahmen für die *Kunstsammlung* spätmittelalterlicher Skulpturen und Tafelbilder von Kronprinz Rupprecht.

Besichtigung: Ostern bis 30. Sept. täglich außer Sa 10–13 und 14–17 Uhr; Winterhalbjahr Mo–Fr 10–13 und 14–17 Uhr, außer Sa, So und an Fei; Einlaß bis eine Stunde vor Schließung (Tel. 2085).

Heimatmuseum, Schroffenbergallee 6 (Tel. 4410).

Königliche Villa, am Luitpoldpark im Südwesten (Hindenburg-Allee), 1848 als Sommersitz und Jagdschloß für das Bayerische Königshaus erbaut, heute Hotel.

Salzbergwerk, im Norden von Berchtesgaden, unterhalb des Marktes, am rechten Ufer der Ache.

Führungen: 1. Mai bis 15. Okt., sowie Ostern täglich 8–17 Uhr, im Winterhalbjahr Mo–Sa 13–16 Uhr. Dauer 1½ Std. (Tel. 4061).

Erding

Kreisstadt, 464 m, 23000 Einw. Mit den Stadtteilen Altenerding und Langengeisling altertümliche Stadt am Rand des Erdinger Mooses. Schon um 900 als Hauptort des Semptgaues erwähnt. 1228 bereits zur Stadt erhoben.

Auskunft: Fremdenverkehrsamt, Landshuter Str. 1, 8058 Erding, Tel. 08122/4080.
Verkehr: Autobahn A 9, Anschlußstelle Eching (20 km). – B 388 München – Vilsbiburg.

Sehenswert:
Stadtpfarrkirche St. Johannes, gotische Hallenkirche aus dem 14./15. Jh., prächtiges Kruzifix von Hans Leinberger, 1515. Vor der Kirche der Glockenturm mit Glockenstube. – **Spitalkirche** und **Frauenkirche,** ebenfalls aus dem 14. und 15. Jh. – **Friedhofskirche, St. Paul,** 17. Jh. – **Wallfahrtskirche Hl. Blut,** gegründet 1300, jetziger Bau von 1675 mit reicher Innenausstattung. – Von der alten **Stadtbefestigung** ist noch das Landshuter Tor (»Schöner Turm«) von 1500 erhalten. – **Rathaus** von 1721. – **Bürgerhäuser** mit schmucken Giebeln und Erkern, teils vom 18. Jh. – Hübscher **Stadtpark** mit Wildgehege.

Freising

Große Kreisstadt, 446 m, 34000 Einw. Die älteste Stadt an der Isar, auf einem Hochufer des Flusses gelegen, der hier das weite Erdinger Moos begrenzt. Dem Domberg gegenüber Weihenstephan, ehemalige Benediktinerabtei, jetzt weltberühmte Hochschule für Brauerei, Landwirtschaft und Gartenbau mit einer der ältesten Brauereien.

Auskunft: Stadtverwaltung, 8050 Freising, Tel. 08161/54122.
Verkehr: Autobahn A 9/92, Anschlußstelle Freising-Ost (3 km) – B 11 München – Landshut; Ausgangspunkt der B 301 (Deutsche Hopfenstraße) nach Mainburg.

Geschichte:
Schon um 700 war Freising Residenz der bayerischen Herzöge. 739 errichtete Bonifatius in Freising ein Bistum, das zunächst der Erzdiözese Mainz, ab 798 Salzburg unterstellt war. Die Burg »Frigisinga« wurde 744 urkundlich erstmals genannt. Ebenfalls im 8. Jh. war Freising eine Königspfalz. Bischof Arbeo (764–783) war der Begründer des geistigen Freising. Unter seiner Amtszeit wurde u. a. das grundlegende Wörterbuch der althochdeutschen Sprache, der »Abrogans«, angefertigt. Unter Bischof Erchanbert (836–854) entstand hier mit dem »Petruslied« das erste deutsche Kirchenlied. Die in Freising gepflegte Orgelkunst drang im 9. Jh. bis nach Rom. Kaiser Otto III. verlieh 996 dem Freisinger Bischof das Regensburger Münzrecht, einen Tagesmarkt und das Zollrecht. Seit der Errichtung des Marktes begann sich zu Füßen des Domberges die bürgerliche Untere Stadt zu entwickeln.

1140 wurde Freising auch ein Jahresmarktrecht verliehen. Von 1138 bis 1158 wirkte in Freising Bischof Otto I., ein Oheim des Kaisers Friedrich I. Barbarossa. Otto I. war einer der bedeutendsten Historiker des Mittelalters. Freisings Einfluß und missionarisches Wirken hatte sich bis in das heutige Jugoslawien erstreckt. In Kärnten, Tirol und der Steiermark hatte Freising Herrschaftsgebiete. Im 13. Jh. wurden die Bischöfe Freisings in den Stand unmittelbarer Reichsfürsten und souveräner Landesherren erhoben. Freising wurde somit »Hochfürstliche Haupt- und Residenzstadt«. Seit dem wachsenden Aufblühen Münchens nach der Verlegung der Föhringer Brücke im Jahre 1158 verringerte sich Freisings Bedeutung, vor allem im politischen Bereich, allerdings immer mehr, wenn es auch noch über Jahrhunderte kirchlicher und kultureller Mittelpunkt Altbayerns blieb. Der letzte Freisinger Fürstbischof war Joseph Conrad Freiherr von Schroffenberg (1790–1803). Nach der Säkularisation von 1803 fielen die Besitzungen Freisings an Bayern und Österreich.

Sehenswert:
Domberg mit dem weithin sichtbaren zweitürmigen **Dom,** romanische Basilika, 1160 nach dem Brand von 1159 erbaut, später wiederholt verändert. Inneres 1723–24 von den Brüdern Asam in reichem Barockstil ausgeschmückt. Altargemälde von P. P. Rubens und seiner Werkstatt: »Das apokalyptische Weib« (Kopie! Original seit 1804 in München). Vierschiffige romanische *Krypta* (vor 1205), nach Speyer die größte Unterkirche in Deutschland, mit 3 × 8 verschiedenartigen Tuffsäulen. Sarkophag mit den Gebeinen des hl. Korbinian. Reichgeschnitztes Chorgestühl von 1486–88, im Dom sowie im Kreuzgang zahlreiche großartige alte Grabsteine der Bischöfe und Domherren vom 14. bis 18. Jh. Dombibliothek mit Rokokosaal. Der *Fürstengang* verbindet die einstige Residenz mit dem Dom. Dombesichtigung Samstagnachmittag und Sonntag; Domführung nach Vereinbarung. Von der Dombergterrasse großartiger Blick auf die Hochebene bis zu den Alpen. Östlich, angebaut an die Krypta, die **Maximilianskapelle** von 1710 mit Deckenfresken von Hans Georg Asam, dem Vater von Cosmas Damian und Ägid Quirin Asam.

Gegenüber dem Dom die ehemalige **Fürstbischöfliche Residenz,** 1537, erster Frührenaissancebau in Altbayern. – **Diözesanmuseum** des Erzbistums München-Freising, Domberg 21 (geöffnet Di, Mi, Do 13–18 Uhr, Fr, Sa, So 10–18 Uhr). *Bestände:* Bayerische Malerei und Plastiken vom 13. bis 18. Jh. Barockgalerie mit 70 Gemälden sowie Sammlung tirolischer gotischer Malerei; hervorzuheben sind Plastiken von Erasmus Grasser, Hans Leinberger, Gemälde von Jan Pollak (dem Meister der Pollinger Tafeln), Hans Mielich. Außerdem befindet sich im Diözesanmuseum die Domschatzkammer.

Ehemaliges **Prämonstratenserkloster Neustift St. Peter und Paul,** gegründet 1142, eindrucksvolle Klosterkirche, üppiger Barockbau, 1700–1715 von Giov. Antonio Viscardi ausgeführt. Nach Brand von J. M. Fischer 1751–1756 wieder errichtet, reiche elegante Innenausstattung von J. B. Zimmermann und Fr. X. Feichtmayr sowie prachtvoller Hochaltar von Ignaz Günther (1765).

Veranstaltungen:
Bauerntheater.

Garmisch-Partenkirchen

700–800 m, 27 500 Einw. Heilklimatischer Kurort, internationaler Wintersportplatz, Hauptort des Werdenfelser Landes. Garmisch-Partenkirchen liegt am Zusammenfluß von Loisach und Partnach in einem weiten Talkessel, umgeben von Wiesen, Viehweiden, Wäldern, Seen und Bergen, die bis fast 3000 m Höhe ansteigen. Weithin sichtbare Zeichen des Doppelortes sind die Zugspitze, 2966 m, Deutschlands höchster Berg, und die markante Pyramide der Alpspitze, 2628 m. Großzügige Sportanlagen und Kureinrichtungen, zahlreiche Hotels und Pensionen, meist im Stil der Landschaft, alte Berghäuser mit weitausladenden, steinbeschwerten Holzschindeldächern, buntbemalte Fassaden und Kapellen ergeben ein reizvolles, freundliches Gesamtbild. Seinen Weltruf als Heilklimatischer Kurort verdankt Garmisch-Partenkirchen den natürlichen Heilmitteln: Höhenluft und Höhensonne; ganzjähriger Kurbetrieb.

Auskunft: Kurverwaltung, Schnitzschulstr. 19, 8100 Garmisch-Partenkirchen, Tel. 08821/53093.

Geschichte:
Partenkirchen wurde bereits im 3. Jh. als römische Straßenstation Parthanum an der Straße von Augsburg nach Italien genannt. Garmisch ist bajuwarischen Ursprungs und findet als Germareskauune erstmals 802 urkundliche Erwähnung. Nach der um 1180 erbauten Burg Werdenfels erhielt das Ländchen zwischen Scharnitz und Griesen den Namen Werdenfelser Land und war von 1294 bis 1803 reichsunmittelbare freisingische Grafschaft.

Sehenswert in Garmisch:
Alte Kirche, im 8. Jh. gegründet; Turm und Nordwand stammen noch von dem romanischen Bau des 13. Jh., der 1521 gotisch umgebaut und vergrößert wurde; bedeutende Wandgemälde des 13. sowie 15./16. Jh., darunter Kolossalfigur des hl. Christophorus aus der Mitte des 13. Jh.; im Chor Malereien und Glasgemälde aus dem 15. Jh.

Ehem. Hotel Husar, das schon 1611 als Gasthaus diente; an der Front guterhaltene Außenbemalung aus der Biedermeierzeit.

Landhaus (1908, E. v. Seidl) des Komponisten *Richard Strauss,* der hier einen Teil seiner bedeutendsten Werke schuf und hier auch am 8. September 1949 verstarb (Besichtigung nur auf Anmeldung möglich).

Pfarrkirche St. Martin, 1730–34 von Josef Schmuzer im Barockstil erbaut; beachtenswerte Gemälde an der Decke von Matthias Günther, an der Empore von Franz Zwinck; schöne geschnitzte Rokokokanzel von 1782.

Am Marktplatz (Marienplatz) die **Alte Apotheke,** 1790 im italienischen Empirestil erbaut, die **Spielbank,** das ehemalige Marktplatzhotel mit goldenem Erkerdach und Clausings Posthotel mit guter Küche.

Wallfahrtskirche und **Franziskanerklause St. Anton.** 1708 errichtet und 1738 von Josef Schmuzer vergrößert; Hochaltarbild von Letterini; hervorragendes Kuppelfresko von Johann Holzer.

Das **Werdenfelser Heimatmuseum** mit sehenswerten Sammlungen zur Geschichte und Volkskunst des Werdenfelser Landes.

Altes Haus, das aus der Barbarossazeit stammt (1772 umgebaut).

Olympia-Eisstadion, eines der größten Kunsteisstadien, 1936 für die Olympischen Winterspiele errichtet, mit Halle und zwei Außenflächen.

Olympia-Skistadion am Gudiberg. Das Skistadion mit den beiden weithin sichtbaren **Olympia-Sprungschanzen** wurde 1936 für die Olympischen Winterspiele erbaut und 1940 beträchtlich erweitert.

Olympia-Bobbahn am *Rießersee,* 1,5 km lang, 103 m Gefälle.

Veranstaltungen: Von Mai bis September 3mal täglich Kurkonzerte im Kurpark Garmisch. Gelegentlich Standkonzerte in Partenkirchen. Theater- und Konzertgastspiele sowie Kleinkunst im Kurtheater. »Kleines Haus«. Bauerntheater Partenkirchen im Rassensaal in der Ludwigstraße. Spielcasino am Marienplatz (Roulette, Baccarat und Craps). In der Bayernhalle und mehreren Gaststätten Heimatabende, Trachtentänze, Jodler, Zithermusik u. a. In den großen Hotels Kabarett, Modenschauen und dergleichen. Bridgestube, Schachklub, Leseräume für Gäste in den Kurhäusern Garmisch und Partenkirchen. Garmischer Heimatwoche und Partenkirchner Festwoche im Juli/August; Postkutschenfahrten nach Grainau, Pferdeschlittenfahrten, traditionelles Hornschlittenrennen mit Austragung der Bayerischen Meisterschaften; Wildfütterung; geführte Bergtouren.

Mittenwald

Kr. Garmisch-Partenkirchen, 913 m, 8900 Einw. Im Werdenfelser Land, unmittelbar zu Füßen des Karwendelgebirges gelegener, sehr beliebter Luftkurort, Touristenstützpunkt und Wintersportplatz. Seine internationale Bedeutung verdankt Mittenwald der seit 1684 betriebenen Herstellung von Saiteninstrumenten, besonders Geigen. »Lüftlmalerei« (Freskomalereien) aus dem 18. Jh. am Kirchturm und einigen Häusern.

Auskunft: Kurverwaltung, Dammkarstr. 3, 8102 Mittenwald, Tel. 08823/1051.

Verkehr: B 2 Garmisch-Partenkirchen – österreichische Grenze (Scharnitz).

Geschichte:
Mittenwald liegt an einer alten Römer- und Handelsstraße und wurde 1080 urkundlich erstmalig genannt. Bis 1803 gehörte es zur Grafschaft Werdenfels. Die Glanzzeit Mittenwalds dauerte von 1487 bis 1679. Die damals mächtigen venezianischen Kaufleute verlegten infolge eines Streits mit Bozen 1487 die großen Bozener Märkte nach Mittenwald. Tore und Tonnengewölbe in zahlreichen Mittenwalder Häusern erinnern an diese Zeit. Als 1679 der Bozener Markt nach Bozen zurückverlegt wurde, kam Mittenwald zu neuem Ansehen, nachdem Matthias Klotz (1653–1743), der Legende nach ein Schüler des berühmten italienischen Geigenbauers Amati, den Geigenbau in Mittenwald eingeführt hatte.

Sehenswert: Barocke **Pfarrkirche St. Peter und Paul,** Wahrzeichen von Mittenwald; prächtiger Turm mit schöner Bemalung. Die Kirche wurde vom Wessobrunner Baumeister Josef Schmuzer von 1737 bis 1740 errichtet, Weihe 1749; innen schöne Stuckarbeit. Deckengemälde und Gemälde des Hochaltars von Matthias Günther.

Obermarktstraße mit reizvoller Staffelung der **Häuser.** Fassadenmalereien aus dem 18. Jh.

Geigenbau- und Heimatmuseum, mit Wohnstube, Originalinstrumenten und Rekonstruktionen vom 12. bis 20. Jh., Kunsthandwerk und Mittenwalder Tracht.

Veranstaltungen: Bauerntheater, Kurkonzerte, Kirchen- und Violinkonzerte, Blaskonzerte der Trachtenkapelle.

München

München, die bayerische Landeshauptstadt, kultureller und wirtschaftlicher Mittelpunkt Bayerns, ist mit 1,3 Mill. Einwohnern die zweitgrößte Stadt der Bundesrepublik und die größte in Süddeutschland. Sie liegt 480 bis 580 m hoch auf der oberbayerischen Hochebene zu beiden Seiten der Isar.

München ist unter den großen deutschen Städten vor allem die Stadt der Kunst, der heiteren Musen und der urwüchsigen Lebensfreude. Vor dem Nordrand der Alpen, zwischen den alten und geschichtsreichen Städten Augsburg und Salzburg als bayerische Landesresidenz erbaut, von kunstsinnigen Fürsten Jahrhunderte hindurch geprägt und beschirmt, ist München trotz aller kulturellen und künstlerischen Verfeinerung und seiner lebensnotwendigen kommerzialisierten Weltstadtmodernität in seinem Wesen eine bodenständige, der bayerischen Oberlandbevölkerung vertraute Stadt geblieben. Die Eigenart und Schönheit der »Weltstadt mit Herz« und ihrer Umgebung, die umgängliche Lebensart ihrer Bewohner, die einmalige Mischung von Tradition und Aufgeschlossenheit gegenüber dem Neuen – das in nicht geringem Maße mitgeschaffen wird –, bewirken eine Atmosphäre, die München als Schmelztiegel der Kulturen mit nur wenigen anderen Metropolen vergleichbar macht.

Trotz der großen Bedeutung der Industrie für das Wirtschaftsleben der Stadt und ganz Bayerns tritt diese im Stadtbild kaum hervor. Während der Reisezeiten ist die Stadt vor allem vom Fremdenverkehr geprägt. Durch den Umstand, daß München mit seinen Museen und Hochschulen, Kunstausstellungen, Theatern und Konzerten eine der bedeutendsten

Nicht zu Unrecht »Weltstadt mit Herz« genannt

Kunststädte der Bundesrepublik ist, daß große Messen und Kongresse hier stattfinden, werden jährlich Millionen von Menschen in die bayerische Landeshauptstadt geführt. So entwickelte sich München zu einer großen Fremdenverkehrsstadt, und es entstand ein Hotelgewerbe von hohem internationalen Rang. Die Geschäftsstraßen der Münchner Innenstadt mit ihren eleganten Läden und vielfältigen Kaufanreizen sind zudem für den auf »Augenweide« bedachten Stadtbummler gestaltet. Besonders die Fußgängerzone ist zum beliebten Treffpunkt der Einheimischen und Gäste geworden. Das Schwabinger Leben, das altberühmte Hofbräuhaus und das »Platzl« sowie die zahlreichen Münchner Gaststätten und Biergärten tragen dazu bei, daß München stets von neuem zu begeistern vermag.

Was die Jahrhunderte von der Gotik bis zum Ende des 18. Jh. unter der feudalen Intention eines fast tausendjährigen Fürstenhauses, gleichwohl aus dem regen Bürger- und Gewerbefleiß schufen, ist das alte München, das nach schweren Kriegsschäden wieder sein teilweise altes Aussehen zurückgewann. Die Kunststadt München schuf Ludwig I. in den 23 Jahren seiner Regierung, aber auch noch danach aus seinen Privatmitteln. Die Großstadt München, die Stadt von europäischer Kultur, entwickelte sich während der unheroischen, aber um so segensreicheren Regierung des Prinzregenten Luitpold (1886 bis 1912), einer Periode in der Geschichte Münchens, für die Thomas Mann das treffende Wort prägte: »München leuchtet ...«. In jener Zeit formte sich die Gestalt Münchens durch viele neoklassizistische Bauten und die Anlage von breiten Repräsentationsstraßen. In eine neue Phase der kühlen Sachlichkeit trat München mit der Erstellung großer Parkwohnsiedlungen, Ringstraßen, Stadtautobahnen und schließlich des eigenwilligen Olympiakomplexes.

Auskunft: Fremdenverkehrsamt München (Quartiervermittlung, mehrsprachige Auskunft, Prospekte, Stadtrundgänge), Sendlinger Str. 1, Tel.-Sammel-Nr. 23911. – *Außenstellen:* Hauptbahnhof, Bahnhofplatz 2 (gegenüber Gleis 11). Tel. 2391256-257, täglich geöffnet von 8 bis 23 Uhr; Flughafen, Ankunftshalle. Tel. 907256. – Keine telefonische Zimmervermittlung.

Geschichte:

Schon frühzeitig bestand eine Siedlung »Munich« an der Isar; 777 wird sie bereits in einer Urkunde des Klosters Schäftlarn erwähnt. Doch sind die Nachrichten aus jener Zeit spärlich. Erst Mitte des 12. Jh. betreten wir den eigentlichen historischen Boden: Salz, das kostbare Handelsgut des Mittelalters, und ein Handstreich führten zur Gründung Münchens. Von den Salinen und Bergwerken des Salzkammerguts rollten die Wagen mit ihren Lasten auf der großen Salzstraße nach Westen. Bei Oberföhring, am nördlichen rechten Isarufer, überquerten sie die Isar auf einer dem Bistum Freising gehörenden Brücke. *Heinrich der Löwe* (1139–1180), Eigner der Lande ringsum, hätte gerne die beachtlichen Zölle und Abgaben, die dem Bischof zuflossen, selbst eingenommen. So ließ er 1158 kurzerhand die Brücke abbrechen und weiter südlich, auf eigenem Grund, eine neue errichten.

Im folgenden Rechtsstreit bestätigte Kaiser Friedrich I. Barbarossa zum Dank für kriegerische Unterstützung die vollzogene Tatsache, und der Welfenherzog begann unverzüglich, zum Schutze der neuen Brücke und zur Förderung des nunmehr einsetzenden Handels Wälle, Mauern und eine größere Siedlung zu erbauen. Nach den bereits vorhandenen Niederlassungen der Mönche aus Tegernsee und Schäftlarn wurde der Ort »Munichen« benannt. Bald erhielt die neue Gemeinde Markt- und Münzrecht. Doch kaum zwei Jahrzehnte später geriet Herzog Heinrich durch Verweigerung der Heeresfolge in Reichsacht, und Bayern, mit dem Munichen, wurde *Otto von Wittelsbach* verliehen, dem Freund und Helfer des Kaisers bei seinem Rückzug durch die Veroneser Klause. Für fast 800 Jahre sollte nunmehr sein Geschlecht die Geschicke des Landes und seiner späteren Hauptstadt bestimmen. Zur dauernden Residenz der Wittelsbacher wurde München erst 1255 unter *Herzog Ludwig II.*, dem Strengen (zunächst Teilherzogtum; weitere Residenzen in Landshut, Ingolstadt, Straubing), der seinen Wohnsitz im Alten Hof, der herzoglichen Burg zu München, nahm. Zu dieser Zeit hatte sich München bereits die erste Stelle unter den Orten des oberen Bayern erobert. Aufstrebender Handel, Handwerk und Gewerbe, vor allem die Zünfte der Brauer, Schäffler, Müller, Schmiede, prägten dann bis zum Ausgang des Mittelalters das Antlitz der Stadt.

Unter der folgenden Regierung *Kaiser Ludwigs des Bayern* (1294–1347; Kaiserkrönung 1328) erhielt München nachhaltige Förderung.

Längst hatte München die anderen bayerischen Residenzstädte Ingolstadt, Landshut, Straubing und Burghausen weit überflügelt, und als es 1504 zur Residenz- und Landeshauptstadt ernannt wurde, entsprach das durchaus seiner Vormachtstellung.

Nach Beendigung des Dreißigjährigen Krieges (Errichtung der Mariensäule) begann der großartige Ausbau der Residenz. Die rege Bautätigkeit im Stil des Hochbarock erfuhr eine ungeahnte Blüte während der Regierungszeit *Ferdinand-Marias* (1636–1679; Regierung ab 1651) und seiner kunstsinnigen Gemahlin *Henriette Adelaide von Savoyen* (Theatinerkirche aus Anlaß der Geburt des Thronfolgers; Schloß Nymphenburg). Vom Stil des französischen Hoflebens und seiner Kultur beeinflußt, errang das bayerische Kunstschaffen unter *Max II.* Eigenständigkeit und europäischen Rang (Erweiterung von Schleißheim und Nymphenburg mit Pagoden- und Badenburg).

König *Ludwig I.* (1786–1868; Regierung 1825–1848) wurde sozusagen der zweite Begründer der Stadt, ihm verdankt sie ihre Bedeutung, namentlich in künstlerischer Beziehung. Er machte wahr, was er in den ersten Jahren seiner Regierung gelobt hatte: »Ich will aus München eine Stadt machen, die Teutschland so zur Ehre gereichen soll, daß keiner Teutschland kennt, der nicht München gesehen hat.« Sein Wirken ist noch überall lebendig. Er war der Initiator der Ludwigstraße mit ihren, damals wegen ihrer geradezu gigantischen Baukosten kritisierten Prachtbauten, von Odeonsplatz, Königsplatz, Pinakothek, Ruhmeshalle, Siegestor, Propyläen, Bonifatiuskirche. Während seiner Regierungszeit wurde München Sitz des neuen Erzbistums München-Freising (1818; früher Freising) und 1828 Universitätsstadt.

Mit der Thronbesteigung des jungen, musikliebenden Königs *Ludwig II.* (1845–1886; König ab 1864) hielt das musikalische Drama in München seinen Einzug: Richard Wagner wurde in die Hauptstadt berufen, »Tristan und Isolde« und die »Meistersinger« (1865 und 1868) erlebten hier ihre Uraufführung. Mehrere Königsschlösser außerhalb Münchens sind Zeugen der Baulust des Königs. Mit dem Eintritt Bayerns in das Deutsche Reich (1871) verlor der König seine Souveränität. Sein tragisches Ende im Starnberger See ließ ihn in der Erinnerung des Volkes zu einer von Geheimnissen umgebenen, romantischen Gestalt werden.

In der Regierungszeit des Prinzregenten *Luitpold* (1821–1912; Regent ab 1886) entwickelte sich München zu einer modernen Großstadt.

Sehenswert:
Münchens Sehenswürdigkeiten sind so vielseitig, daß an dieser Stelle nur das Allerwichtigste in alphabetisch geordneten Stichworten erwähnt werden kann.

Alter Hof, Burgstraße (Innenstadt). Der Alte Hof (der Name besteht erst seit 1827), die ehemalige Ludwigsburg oder die Alte Veste, war die erste Residenz der bayerischen Herzöge. Der Bau wurde 1253 von Ludwig dem Strengen mit dem südlichen Flügel am Torbau gegen die Burgstraße begonnen und von Kaiser Ludwig dem Bayern, der hier in der Alten Veste geboren wurde, nach Westen fortgesetzt. Der Alte Hof ist das Kernstück des »Graggenauer Viertels«, zu dem auch der **Münzhof,** die **Pfistermühle,** das **Platzl,** das **Zerwirkgewölbe,** der **Weinstadl** und das **»Dallmayr-Haus«** gehören. Zusammen mit dem Hacker-, Kreuz- und Angerviertel hat es seinen Namen bei der frühesten Stadtvierteleinteilung Münchens in der Mitte des 15. Jh. erhalten. Seit 1979 ist dieses ganze Viertel, in dem auch noch viele schöne Münchner Bürgerhäuser stehen, unter Denkmalschutz gestellt.

Antikensammlungen im wiederaufgebauten Gebäude der ehemaligen Neuen Staatsgalerie an der Südseite des Königsplatzes, gegenüber der Glyptothek. Sie beherbert in insgesamt 11 Räumen die weltberühmte Sammlung griechischer Vasen, römische und etruskische Kleinplastik, etruskischen Goldschmuck, etruskische Gläser und Terrakotten, hinzu kommen Schenkungen von James Loeb und Hans von Schoen. Insgesamt stellt die hier gezeigte Sammlung eine der bedeutendsten der Welt dar.

Deutsches Museum, gegenüber dem Müllerschen Volksbad, auf der Museumsinsel, die zwischen Ludwigsbrücke und Corneliusbrücke von der Isar umflossen wird. Das Deutsche Museum ist eines der größten naturwissenschaftlich-technischen Museen der Welt und zugleich die am stärksten besuchte Sammlung in dem an Museen reichen München.

Englischer Garten. Ein Glanzstück Münchens mit seinen künstlerisch angelegten wundervollen Baumgruppen und Wiesen, schattigen Wegen und sonnigen Ruheplätzen. Der Park stellt eine großartige Verwirklichung des klassischen Garten- und Landschaftsideals dar. Er wurde 1789 auf Anregung des *Grafen Rumford* von Kurfürst Karl Theodor als Volkspark gestiftet und von *Fr. Ludwig von Sckell* entworfen und ausgeführt. Mit der Hirschau umfaßt er eine Fläche von 372,8 ha. In der Königinstraße befindet sich der Haupteingang zum Park. Hier beginnt der schöne, bis zum Kleinhesseloher See führende Mittelweg.

Frauenkirche, Dom und Pfarrkirche zu Unserer Lieben Frau. Sie ist die berühmteste und volkstümlichste Kirche Münchens. Als ein Denkmal des Selbstbewußtseins und der gläubigen Hingabe des Münchner Bürgertums in seiner mittelalterlichen Blütezeit ist sie noch heute, nach fast 500 Jahren, von grandioser Wirkung. Kraftvoll und monumental, herb und schlicht in der äußeren und inneren Erscheinung, ragt der dunkelrote Blankziegelbau mit seinem mächtigen Dach weithin sichtbar über die Stadt empor. Die beiden wuchtigen, oben achteckigen Türme sind mit ihren kupfernen Kuppelhauben das Wahrzeichen Münchens. Die Frauenkirche ist eine dreischiffige, spätgotiche Hallenkirche mit einem hohen Steildach, 109 m lang, 36 m breit. Die Türme sind 99 m hoch.

Glyptothek, Königsplatz, nördliche Seite. Die Glyptothek wurde auf Wunsch König Ludwigs I. erbaut, um die antiken Marmorskulpturen aufzunehmen, die der König schon als Kronprinz zu sammeln begonnen hatte. Der Bau, 1816–1834 errichtet, ist der erste, den *Klenze* in München schuf. Die 160 weltberühmten Sammlungsobjekte sind seit 1971 wieder der Öffentlichkeit zugänglich.

Ludwigstraße, zwischen Odeonsplatz und Siegestor. Im Zusammenhang mit der Stadterweiterung nach Norden entstand zwischen 1816 und 1843 auf Veranlassung und nach der Idee von König Ludwig I. (1786–1848; König seit 1825) als Schöpfung der beiden Architekten *Leo von Klenze* (1784–1864) und *Friedrich von Gärtner* (1792–1847) diese im wahrsten Sinne des Wortes königliche Straße. Leo von Klenze übernahm mit den Bauten am Odeonsplatz und den ersten Gebäuden in der Ludwigstraße, dem Leuchtenbergpalais, Odeon und dem ehem. Kriegsministerium, die Gesamtplanung; er baute in den Formen der Frührenaissance. Friedrich von Gärtner führte den Plan mit den Bauten der Ludwigskirche, der Staatsbibliothek, der Blindenanstalt der Universität, des Georgianums und des Max-Joseph-Stifts weiter; er baute in den Formen der oberitalienischen Romantik. Anfang und Ende bilden weithin sichtbare Gedenkbauten: im Süden die **Feldherrnhalle** nach dem Vorbild der Loggia dei Lanzi in Florenz und im Norden das **Siegestor**, nach dem Konstantinsbogen in Rom; beide von F. Gärtner. So dokumentiert diese 1000 Meter lange und 37 m breite Prachtstraße auch den Machtanspruch des bayerischen Königtums. Ein großer Teil der Monumentalbauten dient der staatlichen Verwaltung oder Bildungszwecken. Unterbrochen wird die strenge Häuserfront nur auf der Ostseite durch die vertikale Linie der zweitürmigen **Ludwigskirche.**

Marienplatz, das Zentrum der Stadt, gehört mit der Peterskirche, dem Tal und dem Jakobsplatz zum ältesten München. Ursprünglich hieß er Marktplatz, vorübergehend auch Kornmarkt, dann Schrannenplatz, und erst seit 1855 trägt er den Namen Marienplatz. Er war jahrhundertelang der geographische Mittelpunkt der Stadt und der Ausgangspunkt für die bayerische Landesvermessung. An diesem Platz befanden sich einst die herzogliche Münze, dann das Hofgericht, im Mittelalter fanden auf ihm Turniere statt. Das auf der Nordseite befindliche **Neue Rathaus** wurde 1867 begonnen, während das östlich stehende **Alte Rathaus** mit dem **Alten Rathausturm,** dem Talbruck- oder -burgtor, schon 1470 entstand. Bereits im 19. Jh. wurde der Marienplatz stark verändert, wie auch nach den Zerstörungen des letzten Krieges. Die 1638 errichtete **Mariensäule** und der wiederaufgerichtete **Fischbrunnen** sind noch Denkmäler von früheren Zeiten. Am Rathaus und am Haus Nr. 17 finden sich Darstellungen der Altmünchner Sagenwelt. Heute hat der Marienplatz oberirdisch den Charakter einer »Piazza«, in den Untergeschossen befinden sich der S- und U-Bahnhof.

Maximilianeum. Am rechten Isarufer, über der Maximiliansbrücke thronend, steht das 1857–1874 nach Entwürfen von *Friedrich Brüklein* und *Gottfried Semper* als Abschluß der Maximilianstraße errichtete und weithin sichtbare Maximilianeum. Es war von König Max. II. dazu bestimmt, eine Gemäldegalerie und ein adeliges Erziehungsinstitut, die Pagerie, aufzunehmen. Seit 1949 ist der Bau, der neuerdings erweitert wurde, Sitz des **Bayerischen Landtags** und des **Bayerischen Senats.**

Michaelskirche, Neuhauser Straße (Fußgängerzone), die reinste, gewaltigste und schönste Schöpfung der deutschen Renaissance. Hundert Jahre nach der benachbarten gotischen Frauenkirche erbaut (1583–1597), wurde sie zum Symbol der gegenreformatorischen Bewegung in Bayern und der geistigen und kulturellen Macht der Jesuiten. Bauherr war der fromme Herzog Wilhelm V., der die Kosten größtenteils aus eigenen Mitteln deckte und dem Jesuitenorden ein mächtiger Förderer war. Die Pläne stammen von dem Niederländer *Frederik Sustris.*

Münchner Stadtmuseum, St.-Jakobs-Platz 1, vermittelt in Dauer- und Sonderausstellungen Einblick in Münchens Stadt- und Kulturgeschichte. Zur Zeit sind folgende Dauerausstellungen zu sehen:

Bayerisches Nationalmuseum, Prinzregentenstr. 3. Unter den Museen Münchens eines der schönsten und reichhaltigsten; zeigt Kunst und Kunsthandwerk vom frühen Mittelalter bis zum 20. Jahrhundert aus ganz Europa, teilweise aus ehemals wittelsbachischem Besitz, einen Schwerpunkt des Sammelgebietes bilden Süddeutschland und Bayern.

Nationaltheater. An der Ostseite des Max-Joseph-Platzes. 1811 bis 1818 als Hoftheater von *Karl von Fischer* im frühklassizistischen Stil errichtet und 1823–1825 nach einem Brand von *Leo von Klenze* wiederhergestellt, war das Münchner Hoftheater über ein Jahrhundert eine der größten und bedeutendsten Bühnen Deutschlands. Uraufführungen, darunter 1865 »Tristan und Isolde«, 1868 die »Meistersinger«, 1869 »Rheingold«, 1870 »Walküre« und 1876 Richard Wagners vollständiger »Ring des Nibelungen«.

Nymphenburg, Schloß und Park. Die ehemalige Sommerresidenz der bayerischen Kurfürsten und Könige gehört zu den bedeutendsten barokken Schloß- und Gartenanlagen Deutschlands. Das **Schloß** wurde 1664 durch den italienischen Baumeister *Agostino Barelli* für Henriette Adelaide von Savoyen begonnen, nachdem ihr Gemahl, Kurfürst Ferdinand-Maria von Bayern, ihr das Gelände anläßlich der Geburt des Thronfolgers Max Emanuel geschenkt hatte. An den Mittelbau ließ Kurfürst Max Emanuel seit 1702 durch *Enrico Zuccalli* und *Antonio Viscardi* und seit 1715 durch *Joseph Effner* symmetrisch angelegte Pavillons mit Galerien und Seitentrakten (Orangerie, Marstall) anfügen, die zusammen heute eine Breitenausdehnung von rund 600 m haben. Gleichzeitig wurde vor dem Schloß das Rondell, ein halbkreisförmiger Ehrenhof mit Bassin und Springbrunnen, geschaffen. Zu den im 18. Jh. am Rand dieser großartigen Platzanlage erbauten Kavaliershäusern gehört auch das Gebäude, in dem seit 1761 die **Nymphenburger Porzellanmanufaktur** arbeitet.

Olympiapark. Der Olympiapark umfaßt den südlich des Mittleren Rings gelegenen Teil des ursprünglichen olympischen Gesamtgeländes. Dieses Gesamtgelände, das 2,8 km² große Oberwiesenfeld, ehemals Flugplatz und Schuttkippe, war bereits Mitte der sechziger Jahre für einen Sport- und Erholungspark vorgesehen. Leitmotiv der Planung waren menschliches Maß, Leichtigkeit, kühle Eleganz sowie die Einheit von Landschaft und Architektur. Prägendes Element ist das 75000 m² große Zeltdach. Der Olympiapark ist heute Europas größtes Veranstaltungs- und Erholungszentrum. Hier befinden sich das Olympiastadion, die Olympiahalle und die Olympia-Schwimmhalle, überdeckt und zu einer Einheit verbunden durch die markante Zeltdachkonstruktion. Weiterhin umfaßt der Olympiapark das Olympia-Radstadion, das Eissport-Stadion mit der Freieisfläche, die Werner-von-Linde-Halle und den Olympiaturm. Von besonderem landschaftlichen Reiz ist der 80000 m² große künstliche See unterhalb des Olympia-Berges (565 m), an dessen Ufer das »Theatron«, eine Freilichtbühne, liegt.

Residenzmuseum. Eingang Max-Joseph-Platz 3. Die fast unüberschaubar langen, kostbar ausgestatteten und verschwenderisch reich eingerichteten Raumfluchten, die Raumkunst und Sammlungsgut aus fünf

Jahrhunderten enthalten, werden in zwei Führungslinien (vormittags und nachmittags) museal, also ohne Führung, gezeigt. In der nachfolgenden kurzen Zusammenstellung werden in den beiden Gruppen nur die wichtigsten Besichtigungsobjekte erwähnt.

Staatliche Sammlung ägyptischer Kunst, im Hofgartentrakt der Residenz, Eingang beim Obelisken in der Hofgartenstraße (U-Bahn-Station Odeonsplatz). Als »Kunstmuseum« unter den ägyptischen Sammlungen Deutschlands konzentriert sich die Sammlung auf künstlerische Spitzenwerke aller Epochen der altägyptischen Kultur von der Frühgeschichte (3000 v. Chr.) bis in die christlich-islamische Zeit (1000 n. Chr.), die nicht nur den geographischen Raum des ägyptischen Niltals umfassen, sondern auch den Sudan und die ägyptisierende Kunst des römischen Italien einschließen. Neben wichtigen Denkmälern des alten Sammlungsbestandes – z. B. die Würfelstatue des Bekenchons (Raum II), den Bronzefiguren ägyptischer Götter (Raum III und IV) und dem Goldschatz einer meroitischen Königin (Raum V) – genießen auch einige der Neuerwerbungen der letzten Jahre bereits Weltgeltung, so die Doppelstatue des Königs Niuserre (Raum I), die vergoldete Kultstatue eines Krokodilgottes und die Büste des Königs Amenemhet III. aus dem Mittleren Reich, die Kniefigur des Senenmut (Raum I), die Porträtköpfe des Thutmosis IV., Echnaton und Eje (Raum II) sowie ein Relieffries aus der koptischen Zeit (Raum VI).

Theatinerkirche St. Kajetan, Odeonsplatz. Die ehemalige Hof- und Klosterkirche der Theatiner verdankt ihre Entstehung dem Dankgelübde der aus Italien, aus dem Haus Savoyen stammenden Kurfürstin Henriette Adelaide für die Geburt des Erbprinzen Max Emanuel (11. 7. 1662). Sie ist die erste Barockkirche auf süddeutschem Boden. Wie keine andere Münchner Kirche hat sie den Baustil des ganzen Landes beeinflußt und löste die mächtige Welle aus, der Altbayern so einzigartige barocke Kirchen- und Klosterbauten verdankt. Nach der Frauenkirche (Gotik) vom Ende des 15. Jh. und der Michaelskirche (Renaissance) vom Ende des 16. Jh. ist die Theatinerkirche (Barock) vom Ende des 17. Jh. der dritte der drei großen Typen der Münchner Kirchen.

Viktualienmarkt. Auf dem Gelände des Heiliggeistspitals entstand um 1807 zwischen Peters- und Heiliggeistkirche der in den letzten Jahren baulich erneuerte Viktualienmarkt. Auf zahlreichen Ständen und in kleinen Holzhäuschen werden hier täglich Obst, Gemüse, Blumen, Kräuter, Eier, Butter, Käse aus dem In- und Ausland in reicher Auswahl angeboten. Aber auch Fisch, Fleisch, Wildbret und Geflügel aller Art werden verkauft. Zum Westen hin bildet die Freibank, wo Fleisch aus Notschlachtungen billig zu kaufen ist, den Abschluß des Viktualienmarktes. Gegenüber dem Viktualienmarkt, zum Marienplatz hin, sind die »Zwölfapostelmetzger« seit alters her am Fuße des Petersbergl, im Schatten des Alten Peter, beherbergt. Das Stadtrecht von 1365 erlaubte den Metzgern, sich nur an diesem Platz in der Stadt niederzulassen. Die einzelnen Läden wurden bis 1870 jährlich neu verlost. Im Zuge der Umbauarbeiten am Viktualienmarkt wurden 1979 auch die historischen Metzgerläden modernisiert.

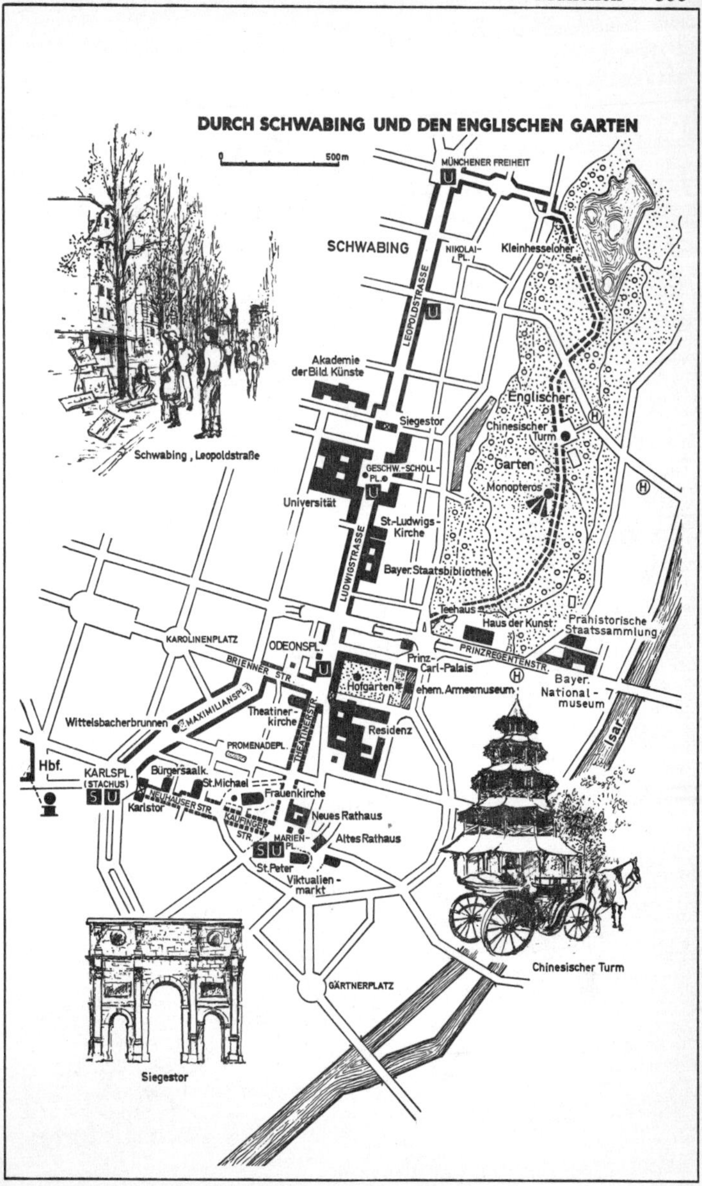
DURCH SCHWABING UND DEN ENGLISCHEN GARTEN
0
500m
MÜNCHENER FREIHEIT
SCHWABING
NIKOLAI-PL.
Kleinhesseloher See
LEOPOLDSTRASSE
Akademie der Bild. Künste
Englischer Garten
Chinesischer Turm
Siegestor
GESCHW.-SCHOLL-PL.
Monopteros
Universität
St.-Ludwigs-Kirche
LUDWIGSTRASSE
Bayer. Staatsbibliothek
Teehaus
Haus der Kunst
Prähistorische Staatssammlung
KAROLINENPLATZ
ODEONSPL.
PRINZREGENTENSTR.
BRIENNER STR.
Prinz-Carl-Palais
Hofgarten
ehem. Armeemuseum
Bayer. National-museum
MAXIMILIANSPL.
Theatiner-kirche
THEATINERSTR.
Wittelsbacherbrunnen
Residenz
Isar
PROMENADEPL.
Hbf.
KARLSPL. (STACHUS)
Bürgersaalk.
St. Michael
Frauenkirche
NEUHAUSER STR.
Karlstor
KAUFINGER STR.
Neues Rathaus
MARIEN-PL.
Altes Rathaus
St. Peter
Viktualien-markt
GÄRTNERPLATZ
Schwabing, Leopoldstraße
Chinesischer Turm
Siegestor

Tittmoning

5000 Einw. Die historisch bedeutende Kleinstadt am linken Ufer der Salzach, halbwegs zwischen Laufen und Burghausen, ist Grenzübergangsort nach Österreich. Unterhalb der wehrhaften Burg erstreckt sich die Altstadt mit Bürgerhäusern im Inn-Salzach-Stil und brunnenreichem trapezförmigem Stadtplatz.

Auskunft: Verkehrsamt, Stadtplatz 1, Postfach 11 06, 8261 Tittmoning, Tel. 0 86 83/2 14.

Sehenswert:
Der zum **Stadtplatz** erweiterte Hauptstraßenzug mit Storchenbrunnen von 1627, Floriansbrunnen, 1706, Nepomuksäule von 1717 und Mariensäule von 1758 wird von Bürgerhäusern in der Bauweise des Inn-Salzach-Stils mit Grabendächern hinter gerade abschließenden Frontmauern gesäumt; ihre Bausubstanz geht auf den Wiederaufbau nach der großen Brandkatastrophe 1571 zurück. Hier auch das

Rathaus mit Türmchen, im 17. und 18. Jh. verändert; Rokokofassade; die vergoldeten Büsten römischer Imperatoren erinnern an die Zeit als römische Siedlung.

Allerheiligenkirche, unter Erzbischof Max Gandolph von Khuenberg 1682 mit dem Augustiner-Eremitenkloster gestiftet, ist ein prächtig ausgestatteter Barockbau.

Stadtbering, 13. und 15. Jh. mit Torbauten, teilweise erhalten.

Burg Tittmoning, 1234 unter Bischof Eberhard II. von Salzburg erbaut; nach Beschädigung durch die Truppen des bayerischen Kurfürsten Maximilian, 1611, teilweise zerstört, erfolgte nach 1614 der Umbau zum Jagdschloß und Sommersitz der Salzburger Fürst-Erzbischöfe. Heute beherbergt die Burg das

Heimathaus des Rupertiwinkels. Die überaus reichen Sammlungen umfassen Geräte des früheren bäuerlichen Alltags, Handwerkszeug von zum Teil ausgestorbenen Berufen, ferner 180 schmiedeeiserne Grabkreuze, die in spätromanischen Gewölben aufgestellt sind, und über 120 Schützenscheiben. Die vor- und frühgeschichtliche Sammlung wurde durch ein 1974 vor der Stiftskirche gefundenes römisches Mosaik aus dem 2./3. Jh. bereichert.

Besichtigung: 1. Mai bis 30. Sept. täglich außer Do nur im Rahmen der Führungen um 14 Uhr.

Veranstaltungen:
Standkonzerte, Heimatabende. Malkurs im August. – Modelleisenbahnclub im Haus des Gastes (Sa 14–16 Uhr).

Wasserburg am Inn

Kr. Rosenheim, 421 m, 10 000 Einw. Hinsichtlich Lage und Bauart kann Wasserburg zu den interessantesten Städten Bayerns gezählt werden. Der historische Stadtkern drängt sich auf einer löffelförmigen Halbinsel, die fast völlig von einer Schleife des Inn umzogen ist. Der Zugang führt vom Westen her über einen Bergrücken, auf dem die alte Burg den Eingang zur Stadt flankiert. Im Südosten verbindet eine malerische, holzverkleidete Eisenbrücke mit dem rechten, ansteigenden Flußufer. So bildet die umgebende Flußlandschaft einen ungewöhnlichen Rahmen für die typische Innstadt mit weiten, saalartigen Plätzen, vielgestaltigen Laubengän-

gen und schmalen, tiefen Seiten- und Nebengassen, die sich in ein mittelalterliches Gassengewinkel verlieren.

Auskunft: Städt. Verkehrsbüro, Rathaus, 8090 Wasserburg a. Inn, Tel. 08071/10522.
Verkehr: Kreuzungspunkt der B 15 Landshut – Rosenheim mit der B 304 München – Altenmarkt.

Geschichte:
Die Zeit der ersten Ansiedlung in der »Hohenau« genannten Talniederung läßt sich nicht feststellen. Ebensowenig der Zeitpunkt, zu dem die Grafen von Limburg, die Hallgrafen, einen Wasserburg genannten Wohnsitz über der Ortschaft Hohenau anlegten. 1137 verlegte Hallgraf Engelbert den Mittelpunkt seiner umfangreichen Besitzungen vom heutigen Althohenau an die Innschleife. Am Fuß der Burg entwickelte sich aus der schon bestehenden Fischersiedlung die heutige Stadt, mit Handel und Gewerbe, begünstigt durch die hier den Strom übersetzende Salzstraße mit Zollstätte. Aus den vom Bayernherzog übertragenen Rechten entstand der einzige Markt im Umkreis. Kaiser Ludwig der Bayer verlieh 1334 das allgemeingültige Stadtrecht.

1439 erhielt Wasserburg das Recht, von jeder transportierten Salzscheibe einen Pfennig Zoll zu erheben. Aus der Blütezeit des Salzhandels im 15. und 16. Jh. stammen die meisten Bürgerhäuser.

Sehenswert:
Burg, auf schmalem Grat über dem Inn und noch immer das Stadtbild beherrschend. Sie wird von Westen auf der Münchner Straße erreicht. Die alte »Wasserburg« der Hallgrafen war als befestigter Platz mit Vorburg und Hauptburg, von beiden Seiten durch tiefe Gräben und befestigte Tore getrennt, angelegt.

Brucktor, als Eingangstor an der Innbrücke seit 1374 nachgewiesen, öfters umgebaut und noch heute Tordurchfahrt für den gesamten innerstädtischen Verkehr. An der Innfront ein Fresko von 1568.

Hl.-Geist-Spital und **Spitalkirche,** neben dem Brucktor, 1341 durch den Pfleger Zacharias von Hohenrain gestiftet.

Im ehem. Spital befindet sich als besondere Attraktion das **Erste Imaginäre Museum – Sammlung Günter Dietz,** mit über 400 Repliken.

Rathaus, *Marienplatz,* ein spätgotischer Bau, Mitte des 15. Jh. an der Stelle eines um 1250 entstandenen erbaut.

Kernhaus, *Marienplatz* 9–10, schönstes Bürgerhaus am Platz, mit reich stuckierter Fassade von Joh. Bapt. Zimmermann, 1740.

Heimatmuseum, *Herrengasse,* hinter dem Rathaus, im Herrenhaus.

Wasserburg am Inn

West-Berlin

Berlin, die alte deutsche Hauptstadt, erstreckt sich zwischen 13° 25′ östlicher Länge und 52° 31′ nördlicher Breite. Mit einer Flächenausdehnung von 883 qkm und insgesamt etwa 3 Millionen Einwohnern umfaßt Berlin auch heute noch das weitaus größte Stadtgebiet Deutschlands. Auf West-Berlin entfallen davon 480 qkm und 1,9 Millionen Einwohner. Die Stadt liegt 35–50 m über NN an Havel und Spree inmitten eines von Elbe und Oder begrenzten Teilgebietes des Norddeutschen Tieflandes.

Berlin ist eine alte Stadt, 1244 erstmals urkundlich erwähnt. Es wurde Residenz der brandenburgischen Kurfürsten, der preußischen Könige, der deutschen Kaiser. Es ist die Hauptstadt der deutschen Republik, dann auch Sitz der nationalsozialistischen Regierung gewesen.

Von alldem ist im Stadtbild wenig geblieben. Die Geschichte hat prächtige Kirchen, stolze Paläste entstehen lassen, natürlich auch langweilige Kasernen und scheußliche Verwaltungsgebäude – die Geschichte hat vieles wieder vernichtet. Schönes und Häßliches. Berlin, wie es sich heute darbietet, ist eine moderne Stadt, deren zahlreiche Hochhäuser und Schnellstraßen charakteristischer sind als die Altertümer. 75 Millionen Kubikmeter Trümmerschutt, rund ein Sechstel der zerstörten deutschen »Nachkriegsmasse«, blieben nach 1945 zurück. Soweit sie sich nicht zur »Resteverwertung« eigneten, wurden – inzwischen grün bewachsene – Berge daraus (Insulaner, Teufelsberg).

Eine Altstadt im üblichen Sinne gibt es nicht mehr. Die mittelalterliche Bürgerstadt, die Renaissanceresidenz der Kurfürstenzeit – sie sind verschwunden. Die erste Stadtmauer, die Festungswälle des Großen Kurfürsten, die Ringmauer, die 1735–1867 bestand, sie sind beseitigt. Nur einzelne Gebäude und Straßennamen erinnern an das Vergangene. In Berlin war man schon immer »abrißfreudiger« als sonstwo, eine Tatsache, die auch im aktuellen Geschehen zu heftigen politischen Kontroversen führt. Vor allem hat die Gründerzeit der siebziger und der folgenden Jahre der Innenstadt, dem »Zentrum«, seine alte Gestalt genommen. Geblieben sind das Straßennetz und die Plätze an den Toren, besonders deutlich erkennbar an der Linie vom Brandenburger Tor mit Pariser Platz (einst Quarré) zum Potsdamer Tor mit dem achteckigen Leipziger Platz, dem Oktogon – heute Grenze zwischen West- und Ost-Berlin – und im Süden dem runden Belle-Alliance-, jetzt Mehringplatz, dem Rondell am Halleschen Tor.

Auskunft:
Verkehrsamt Berlin im Europa-Center, Berlin 30, Tel. 21234; Auskunftstelle Eingang Budapester Straße. Tel. 2626031, geöffnet täglich 7.30–22.30 Uhr, mit Zimmervermittlung. Telefon-Service zum Ortstarif von allen Orten in Westdeutschland: Tel. 0130/3150. Verkehrsamt im Flughafen Tegel, Tel. 4101-3145, geöffnet täglich 8–22.30 Uhr, mit Zimmervermittlung. Verkehrsamt am Grenzkontrollpunkt Dreilinden, Tel. 8039057, geöffnet täglich 8–23 Uhr. Informationszentrum Berlin, Hardenbergstr. 20, Tel. 310040, geöffnet Mo–Fr 8–19 Uhr, Sa 8–16 Uhr; zuständig für spezielle, z.B. politische Auskünfte über die Stadt.

Geschichte:

Berlin ist als Residenz der Kurfürsten von Brandenburg mit dem

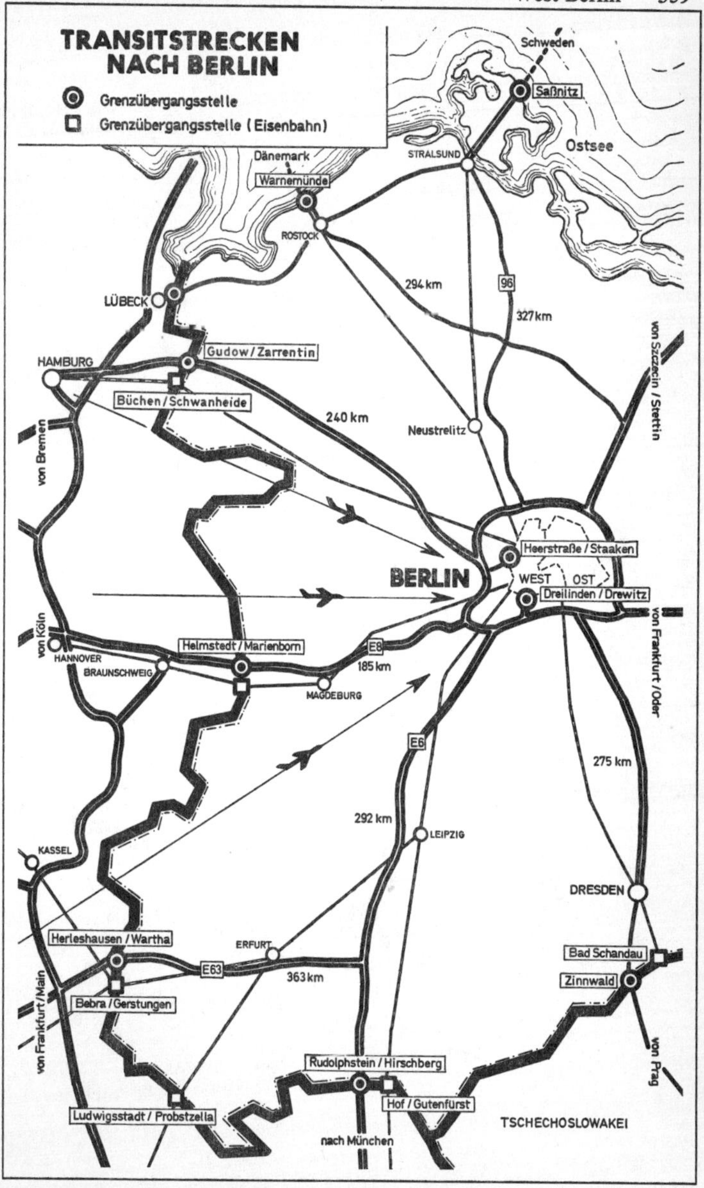
TRANSITSTRECKEN NACH BERLIN
Grenzübergangsstelle
Grenzübergangsstelle (Eisenbahn)
Schweden
Saßnitz
Ostsee
STRALSUND
Dänemark
Warnemünde
ROSTOCK
294 km
96
327 km
LÜBECK
Gudow / Zarrentin
HAMBURG
Büchen / Schwanheide
240 km
Neustrelitz
von Szczecin / Stettin
von Bremen
Heerstraße / Staaken
BERLIN
WEST
OST
Dreilinden / Drewitz
von Köln
HANNOVER
Helmstedt / Marienborn
E8
BRAUNSCHWEIG
185 km
MAGDEBURG
von Frankfurt / Oder
E6
275 km
292 km
LEIPZIG
KASSEL
DRESDEN
Herleshausen / Wartha
ERFURT
E63
363 km
Bad Schandau
Zinnwald
Bebra / Gerstungen
von Frankfurt / Main
von Prag
Rudolphstein / Hirschberg
Hof / Gutenfürst
Ludwigsstadt / Probstzella
TSCHECHOSLOWAKEI
nach München

Wachsen des Staates 1701 die Hauptstadt Preußens und nach 1848 zur volkreichsten der deutschen Städte aufgerückt, 1871 Hauptstadt des Deutschen Reiches geworden. Entstanden ist es als bürgerlicher Handelsplatz an der Spree in der Zeit der ostdeutschen Landnahme. Unter Kaiser Otto dem Großen wurde die Grenzfeste Brennaburg 948 Sitz eines Bischofs, und sein Markgraf Gero unterwarf das Land bis zur Peene und Oder. Aber ein großer Aufstand warf 983 die Deutschen zurück. Seit 1100 begann die Wiederbesiedlung des alten Germanenbodens aufs neue und nachhaltig. Der Askanier Albrecht der Bär, Zeitgenosse Heinrichs des Löwen und des Kaisers Friedrich Barbarossa, 1134 mit Geros Nordmark belehnt, nannte sich seit der endgültigen Besitznahme der Havelfeste Markgraf von Brandenburg. Das älteste deutsche Rechtsbuch, der Sachsenspiegel (um 1230), erwähnt bereits den Markgrafen von Brandenburg als Erzkämmerer des Reiches und als einen der sieben Kurfürsten.

Schon in wendischer Zeit hat der Fernhandel das Spreeland durchzogen. Eher als Berlin erscheinen hier Spandau, gegenüber der Mündung in die Havel, spreeaufwärts Köpenick (O) dicht am Müggelsee, vormals slawische Burgorte. Noch günstiger bot sich ein Übergang zwischen beiden dort, wo die Höhenränder des Barnim und des südlichen Teltow das breite Urstromtal der Spree einengen. Hier traf der Weg von Meißen nach Stettin auf die alte Straße von Magdeburg und Spandau nach Polen und Rußland. Hier entstand als Brückenort die Doppelstadt Berlin-Cölln, urkundlich zuerst 1237 erwähnt.

Als sich der Kurfürst in Königsberg als souveräner Herr über Preußen, das nicht dem Kaiser unterstand, 1701 zum König krönte, trat der Name Brandenburg zurück, Berlin war eine Königsstadt, königlich wurde sie geschmückt. Andreas Schlüter prägte sie mit seinem norddeutschen Barock: Schloß, Zeughaus, Reiterstandbild des Großen Kurfürsten.

Die bevorzugte Sommerresidenz war seit dem Großen Kurfürst *Potsdam* geworden. Friedrich II., 1740–1786, seit der Besitznahme Schlesiens »der Große« genannt, hat dort gewohnt und von dort regiert. Von der »Tafelrunde in Sanssouci« mit Voltaire und anderen Franzosen schied sich um so deutlicher das Eigenleben Berlins. Zwar hat der fürstliche Wille das Stadtbild großartig bereichert mit Oper, Bibliothek und Dom, mit den hochragenden Turmkuppeln auf dem Gendarmenmarkt, mit eindrucksvollen Prachtfassaden. Unter den Linden und den Wilhelmplatz hat er mit den Denkmälern seiner Generäle geschmückt. Aber in dem wirtschaftlichen Berlin, vom König mit voller Absicht zum gewerblichen Mittelpunkt Preußens gemacht, wirkte immer stärker die Mitarbeit freier Unternehmer; es wurde zur größten Textilstadt Deutschlands. Ganz selbständig hat sich das Geistesleben der Hauptstadt entwikkelt, neben der erneuerten Akademie ein umfangreiches Vortragswesen, eine bürgerliche Gesellschaft als »Öffentlichkeit«.

Zu Beginn des 19. Jahrhunderts erlebte Berlin die erste Fremdherrschaft: Im Oktober 1806 zog Napoleon durch das Brandenburger Tor und sandte die Quadriga nach Paris. Im Juni 1814 kehrte sie zurück. Die Reformzeit Preußens gab der Hauptstadt die Selbstverwaltung und durch Wilhelm von Humboldt 1810 die Universität, die bald zur ersten Deutschlands aufstieg.

Unbestreitbar hat die Reichsgründung 1871 die Anziehungskraft Berlins verstärkt. Seit den achtziger Jahren wuchsen die Vororte nach Berlin hinein, seine Nachbardörfer wurden eigene Städte, die Industrie schritt »von der Werkstatt zur Werkstadt« in Siemensstadt und Borsigwalde. Stark prägte sich der Zug nach dem Westen aus, zur Havel, von der Kaiser-Wilhelm-Gedächtniskirche 1895 bis zum Funkturm 1926.

Der zweite Weltkrieg brachte der Stadt durch zahllose Luftangriffe, vor allem ab 1943, schwere Zerstörungen der Wohnviertel und der Industrieanlagen, mit dem tragischen Kampf um Berlin in den letzten Apriltagen 1945 jedoch den fast völligen Untergang. 1950 wurde die Verfassung West-Berlins, die sich zum parlamentarischen Regierungssystem bekennt, in Kraft gesetzt.

Wie Hamburg und Bremen erhielt die Stadt den Status eines Bundeslandes (Art. 23). Aufgrund der besatzungsrechtlichen Bestimmungen steht den Abgeordneten im Deutschen Bundestag aber nur eine beratende Funktion zu.

Folgenschwerstes Ereignis der jüngsten Geschichte waren der Streik von Ost-Berliner Bauarbeitern und der Volksaufstand vom 16./17. Juni 1953, der nur durch den Einsatz sowjetischer Truppen niedergeschlagen wurde. Die nun noch verstärkte Fluchtbewegung der Bevölkerung der DDR nach Berlin und Westdeutschland führte zum Bau der Mauer nach dem 13. August 1961, durch die die Teilung der Stadt endgültig vollzogen wurde.

Sehenswert:
Berlins Sehenswürdigkeiten sind so vielseitig, daß an dieser Stelle nur das Allerwichtigste in alphabetisch geordneten Stichworten erwähnt werden kann.

Ägyptisches Museum. Einen vollständigen Überblick über die altägyptische Kultur bietet das 1967 neu eröffnete Ägyptische Museum. Unter den Exponaten befindet sich die berühmte Kalksteinbüste der Königin Nofretete. Schloßstraße 70 (Charlottenburg).

Brandenburger Tor. In Anlehnung an die Propyläen der Athener Akropolis erbaute C. G. Langhans 1788–91 dieses Berliner Wahrzeichen, das heute im Sperrgebiet zwischen der Straße des 17. Juni und der Straße Unter den Linden steht. Die über 6 Meter hohe Quadriga, die das Tor krönt, schuf G. Schadow.

Checkpoint Charlie. Mittelpunkt der Ausstellung ist die Berliner Mauer: ihre Geschichte seit dem 13.8.1961, eine Sammlung von Fluchtobjekten sowie die Mauer, wie sie verschiedene Künstler sehen. Friedrichstraße 44 (Kreuzberg).

Europa-Center. Der 1963–65 erbaute, 20stöckige Büro- und Geschäftskomplex beherbergt Kinos, eine Kunsteisbahn, die Berliner Spielbank, das Kabarett »Stachelschweine« sowie zahlreiche Restaurants, Bars und Kneipen. Am Breitscheidplatz.

Grunewald. Der berühmte Grunewald, Berlins »grüne Lunge«, ist ein 3041 ha großes Forstgebiet, das sich zwischen der Havel und der Grunewald-Seenkette erstreckt. Hier gibt es insgesamt sieben Naturschutzgebiete. Mitten durch die Waldungen führt die über 10 km lange Havelchaussee. Auf ihr erreicht man nicht nur die Ausflugslokale an der Schildhorn genannten historischen Landzunge, sondern auch den Grunewaldturm. Er wurde 1897 erbaut. Von seiner 53 m hohen Aussichtsplattform bietet sich ein unvergleichlicher Rundblick über die tief unten liegende Havel und den Grunewald. – **Jagdschloß Grunewald:** Kurfürst Joachim II. erbaute 1542 am Südende des Grunewaldsees ein hübsches Jagdhaus im Stil der Renaissance. Um 1700 wurde dieser beliebte und deshalb bald schon zu klein gewordene Bau erweitert. Es entstand das heutige Jagdschloß. Seit damals ist das interessante Bauwerk unverändert erhalten geblieben. In seinem Inneren ist seit 1932 ein Museum untergebracht. Es stellt Gemälde deutscher und flämischer Meister (Rubens, Cranach u. a.) sowie wertvolle alte Möbel aus. Im Herbst ist das Jagdschloß Treffpunkt Berliner Reiter, die von hier aus ihre traditionellen Hubertusjagden in den ausgedehnten Waldungen des umliegenden, 3041 ha großen Grunewalds unternehmen.

Insulaner. Den Untergrund des beliebten Freizeitparks bilden viele hunderttausend Kubikmeter Trümmerschutt. In der Wilhelm-Foerster-Sternwarte auf dem »Gipfel« des Bergs und im nahegelegenen Planetarium finden interessante Vorführungen statt. Munsterdamm 90 (Schöneberg).

Internationales Congress-Centrum. Das ICC, ein wuchtiges Betongebäude mit Aluminiumfassade, wurde 1979 eröffnet. Über eine Brücke gelangt man zum Messegelände, das Schauplatz so attraktiver Ausstellungen wie der Grünen Woche, der Internationalen Funkausstellung oder der Internationalen Tourismus-Börse Berlins ist. Vom Funkturmrestaurant bietet sich ein guter Ausblick.

Kaiser-Wilhelm-Gedächtniskirche. Von der 1891–1895 erbauten Kirche blieb nach dem 2. Weltkrieg nur die 68 m hohe Ruine des Westturms stehen. 1959–61 wurde der achteckige Neubau errichtet. Breitscheidplatz.

Kupferstichkabinett. Zu den Sammlungen des Berliner Kupferstichkabinetts zählen Handzeichnungen alter Meister des 14.–18. Jahrhunderts, illustrierte Bücher von 1460–1550, Einzelblätter mit mittelalterlicher Buchmalerei, Skizzenbücher des 16.–18. Jahrhunderts sowie 350 000 Blatt Druckgraphik vom Holzschnitt bis zum Siebdruck; darunter zahlreiche Exponate von Weltrang. Arnimallee 23/27 (Dahlem).

Museumsdorf Düppel. Seit 1960 wird hier an der Ausgrabung einer mittelalterlichen Dorfsiedlung gearbeitet. Im 1975 gegründeten Museumsdorf kann der Besucher im Sommer den Fortgang der Rekonstruktion verfolgen und sich über frühgeschichtliche Handwerkstechniken informieren. Clauertstraße 11 (Zehlendorf).

Museum für Völkerkunde. Neun Abteilungen informieren über die unterschiedlichsten Zivilisationen, von Europa über Afrika, die Südsee und Amerika bis nach Asien. Eine Besonderheit ist das 1970 eingerichtete »Junior-Museum«, das Kindern auf gelungene Weise fremde Kulturen nahebringt. Arnimallee 27 (Dahlem).

Pfaueninsel. Die 1500 m lange und 500 m breite Insel in der Havel wurde 1793 von Wilhelm II. erworben. Er ließ an ihrer Südspitze ein zweitürmiges Schlößchen errichten, und zwar im damals sehr beliebten Rui-

nenstil. Wilhelm III. diente das Bauwerk später als Residenz. Heute befindet sich im Schlößchen ein Museum mit Einrichtungsgegenständen des 18./19. Jhs. Der 98 ha große Landschaftspark wurde von P. J. Lenné gestaltet.
Die Pfaueninsel ist wegen des alten Baumbestandes als Naturschutzgebiet ausgewiesen. Besucher erreichen das Eiland mit einer Fähre.

Philharmonie. Das asymmetrische, zeltartige Gebäude wurde 1960–63 von Hans Scharoun erbaut. Der Konzertsaal mit über 2000 Sitzen ist die Heimat der Berliner Philharmoniker unter Herbert von Karajan. Matthäikirchstraße 1.

Reichstagsgebäude. Im 1884–1894 nach den Plänen von Paul Wallot errichteten, 1933 in Brand gesteckten, 1945 fast völlig zerstörten und von 1957–70 wiederaufgebauten ehemaligen Reichstagsgebäude wurde die Ausstellung »Fragen an die deutsche Geschichte« eingerichtet, die über Deutschland in der Zeit von 1800 bis zur Gegenwart informiert. Paul-Löbe-Straße (Tiergarten).

Schloß Charlottenburg. Die Kernanlage dieses bedeutendsten historischen Bauwerks im westlichen Teil der Stadt entstand 1695–99. Elemente des Spätbarocks, des Rokokos und des Klassizismus spiegeln die fast hundertjährige Bauzeit wieder. Schloß Charlottenburg war 1943 fast völlig ausgebrannt. Beim Wiederaufbau wurden zahlreiche historische Räume rekonstruiert, die heute besichtigt werden können. Im Park befinden sich drei weitere Anziehungspunkte: das Belvedère, der Neue Pavillon und das Mausoleum. Luisenplatz (Charlottenburg).

Schloß Tegel. K. F. Schinkel erweiterte 1822–24 für Wilhelm von Humboldt ein Jagdhaus aus dem 16. Jahrhundert zum klassizistischen Schlößchen. Schloß Tegel beherbergt die Antikensammlung des Hausherrn, des Gründers der Berliner Universität; sie kann im Sommer besichtigt werden. Adelheidallee 19–21 (Tegel).

Siegessäule. Das in Erinnerung an die Feldzüge von 1864, 1866 und 1870/71 errichtete Denkmal besitzt in 48 m Höhe eine Aussichtsplattform. Die Spitze wird von einer vergoldeten Viktoria gekrönt. Großer Stern (Tiergarten).

Spandau. Spandau besitzt zahlreiche interessante Sehenswürdigkeiten, da dieser Vorort der älteste Teil Berlins ist. Die Altstadt Spandau umringt die zentrale Nicolaikirche aus dem 15. Jh. Hier gibt es noch Reste der mittelalterlichen Stadtbefestigung, und zwar am Hohen Steinweg, der ältesten Straße Berlins. Interessant ist auch ein Blick in das Innere der Nicolaikirche mit einem Bronze-Taufbecken von 1398 und einem Renaissancealtar von 1582.
Besonders beliebt ist die historische Alte Kolkschenke, wo man noch heute einkehren kann. – **Zitadelle:** Die Zitadelle wurde in der zweiten Hälfte des 16. Jahrhunderts an der Mündung der Spree in die Havel erbaut. An eine Wasserburg, die sich vorher hier befand, erinnert der Juliusturm, das Wahrzeichen Spandaus.

Heute beherbergt die Zitadelle u. a. das Heimatmuseum Spandau und ein Burgrestaurant, das weit über die Grenzen Berlins hinaus bekannt ist.

Zoo. Der Berliner Zoo, er ist der älteste in Deutschland, wurde nach dem 2. Weltkrieg modern wiederaufgebaut.

Die ständigen Begleiter
Verlagsprogramm

Irland
Republik Irland und Nordirland. Entdeckungsmöglichkeiten auf der Grünen Insel. Dublin, Belfast, Nationalparks.

Jugoslawien
Adriaküste und Binnenland. Slowenien, Kroatien, Bosnien und Hercegovina, Serbien, Montenegro, Makedonien.

Kärnten
Urlaub zwischen Bergen und Seen. Drautal, Karawanken, Karnische Alpen, Schobergruppe, Kärntner Seenplatte.

Korsika
Faszinierende Gebirgswelt für Bergsteiger, weite Strände für Sonnenhungrige. Geschichte und Kultur Ajaccio, Bastia, Calvi, Bonifacio.

Loiretal · Atlantikküste
Weltberühmte Schlösser an der Loire. Badestrände am Atlantik. Weinland Gironde. Orléans, Nantes, Bordeaux.

London und Umgebung
Ausflüge in die Umgebung. Stadtlexikon von A bis Z und zahlreiche Tips für die Entdeckung von „Swinging London".

Mallorca · Menorca · Ibiza
Die Balearen in ausführlichen Einzeldarstellungen der Inseln, ihrer Kultur und Landschaft.

Marokko
Küste. Rif- und Atlasgebirge. Oasen der nördlichen Sahara. Die vier Königsstädte: Rabat, Meknès, Fès, Marrakech.

Mittelitalien
Marken, Umbrien, Latium, Abruzzen, Apennin, Perugia, Assisi, Orvieto, Spoleto, L'Aquila.

Niederlande
Amsterdam, Den Haag, Rotterdam, Utrecht, Arnhem. Scheldemündung, Zuidersee.

Nordspanien Mittelspanien
Aragonien, Navarra, Baskenland, Asturien, und Galicien. – Avila, Guadalajara, Madrid, Salamanca, Segovia, Toledo.

Normandie · Bretagne
Nordwestfrankreich von Le Havre bis zur Loiremündung, vom Kanal bis zum Atlantik.

Norwegen
Land der Kontraste. Fjorde, Gletscher und Hochplateaus Lofoten und Finnmark. Oslo, Bergen und Nordkap.

Oberösterreich
Landschaft zwischen Inn, Donau und Enns. Innviertel, Mühlviertel, Salzkammergut. Linz, Wels, Steyr.

Ostschweiz
Vom Bodensee ins Engadin. Kantone Schaffhausen, Sankt Gallen, Appenzell, Graubünden. Chur, Davos, St. Moritz.

Paris und Umgebung
Stadtrundgänge und Ausflüge: Chantilly, Chartres, Compiegne, Fontainebleau, Versailles, Loiretal.

Portugal
Landschaften und Klöster: Minho, Alentejo und Algarve. Batalha, Mafra und Tomar. Lissabon, Coimbra, Porto.

Rom und Umgebung
Stadtrundgänge und Ausflüge: Ostia, Albaner Berge, Palestrina und Tivoli. Ausführliches Stadtlexikon.

Rumänien
Donauniederung, Karpaten, Siebenbürgen, Banat, Donaudelta, Schwarzmeerküste, Moldaugebiet, Bukarest.

Salzburger Land
Salzburg und Salzkammergut. Landschaft zwischen Salzach, Enns und Salzburger Seenplatte. Pinzgau, Hohe Tauern.

Sardinien
Sandstrände und Badebuchten; Nuraghen, Cagliari, Sassari, Olbia, Nuoro, Oristano. Costa Smeralda.

Schottland
Royal Edinburgh. Glasgow. Inverness. Highlands and Islands. Lochs of Scotland. Jedem Clan sein Castle.

Schweden
Zwischen den Weiten Lapplands und Norbottens und dem fruchtbaren Süden. Stockholm und Umgebung.

Sizilien
Palermo, Agrigento, Selinunte, Siracusa, Taormina, Liparische Inseln. Kulturdenkmäler, Ätna-Touren.

Südfrankreich Ost
Provence, Côte d'Azur, Französische Alpen. Einzigartige Verbindung von Kultur und Landschaft. Land zwischen Rhône und Mittelmeer.

Südfrankreich West
Languedoc, Roussillon, Pyrenäen. Von der Rhônemündung zum Atlantik. Mit Anhang Andorra.

Südspanien · Mittelspanien
Andalusien, Kastilien-La Mancha, Aragonien. Madrid, Toledo, Cordoba, Sevilla, Malaga, Murcia, Alicante.

Südtirol Ost Östliches Trentino
Bozen, Dolomiten, Eisack und Etsch. Sextener Dolomiten, Cortina, Marmolata, Rosengarten, Belluno.

Südtirol West Westliches Trentino
Bozen, Meran, Brentagruppe, Gardasee. Vinschgau mit Seitentälern.

Teneriffa
Sonne das ganze Jahr, Sta. Cruz de Teneriffe, Ausflüge in die kanarische Inselwelt

Tessin, Oberitalienische Seen
Locarno am Lago Maggiore. Lugano und Ascona. Valle Maggia. Bergdörfer im Valle Verzasca.

Tirol Ost / Osttirol
Zwischen Innsbruck und Kitzbühel. Osttirol mit Lienzer Dolomiten und Hohe Tauern. Defereggar Alpen.

Ortsregister